선교적 교회의 논의에서 반드시 언급되는 주제인 크리스텐덤을 중심에 놓고 한국 교회를 논한 최초의 책을 접하게 되었다. 이제 한국 상황에서의 선교적 교회를 구현할 개척자들은 이 책을 읽고 시작하라. 이 책은 당신들을 위한 필독서다.

김종일 | 동네작은교회 대표 디렉터, 개척학교 숲(SOOP) 대표 코치

신학이 상황과 시대의 도전에 응답하는 것이 곧 선교적 과제다. 서구 신학이 주도해온 흐름은 이런 점에서 더 다양한 주체에 의해 새롭게 해석되어야 하고, 그 실천도 선교적 관점에서 파송된 공동체의 과제에 집중해야 한다. 이런 점에서 오늘의 시대를 '후기 세속 사회' 혹은 '포스트크리스텐덤'으로 이해하려는 것은 근대의 서구적 신학과 선교에 대한 반성을 동반한다. 우리가 이 성찰에 동참하는 것은 우리의 상황에서 요구되는 실천적 과제에 응답하는 새로운 신학적 관점과 방법론을 모색하는 것이다. 이 책의 저자는 그러한 시대적 요청에 복음적 방식으로 응답하고 있다. 모쪼록 한국교회의 공공성을 높이고 새로운 교회의 존재 양식을 찾는 일에 귀하게 사용되기를 바란다.

성석환 | 장로회신학대학교 기독교와문화 교수

『포스트크리스텐덤 시대의 한국 기독교』는 21세기 한국교회에 대해 자칫 딱딱하게 접근할 위험을 가뿐히 넘어 저자의 개인적 서사와 함께 경험적이고 목회적인 애틋함을 느낄 수 있는 책이어서 방대한 듯하지만 잘 읽히는 책이다. 특히 서구 크리스텐덤에 대한 교회사적인 통찰에 덧붙여 한국교회의 유사 크리스텐덤 현상에 대한 저자의 분석은 우리에게 매우 큰 도움을 준다. 현실 교회를 고민하는 이들에게 일독을 권한다.

지성근 | 일상생활사역연구소 및 미션얼닷케이알 대표

19세기 말 서구 선교사들에 의해 전파된 기독교가 한국 사회에 유사 크리스텐덤으로 형성되는 과정을 통찰력 있게 추적하는 이 책은 오늘날 한국교회가 경험하고 있는 문제점들을 다양한 층위에서 설명할 수 있는 근거들을 제시한다. 저자는 보다 총체적인 신학적 관점을 견지하는 역사신학자로서 서구 크리스텐덤과 한국 종교 문화의 다층적 요인들이 융합되어 형성된 유사 크리스텐덤의 형태인 한국 교회가 안고 있는 교회론과 성경 해석 그리고 실천의 문제점들을 날카롭게 비판하고 분석한다. 더 나아가 저자는 이미 세속 사회로 변한 포스트크리스텐덤 시대를 살아가고 있는 우리 모두에게 교회의 본질과 새로운 교회됨 그리고 교회의 재형성을 위한 실천적 대안을 제시한다. 지금 한국교회는 위기에 대한 인식을 넘어서 혼돈과 해체에 직면해 있다고 해도 과언이 아니다. 오늘날 한국 그리스도인들은 교회의 기반과 기독교 신앙의 근거를 붕괴시키는 포스트크리스텐덤의 가치들이 지배하는 사회 문화에서 살아가고 있다. 이러한 긴박한 상황에서 "하나님의 선교"의 의미를 깨닫고 삼위 하나님에 의해 부름을 받고 일상의 삶이 이루어지는 공적 영역으로 보냄을 받았다는 깊은 성찰과 새로운 성경 읽기를 통해 치열하게 복음을 살아내기를 열망하는 목회자와 신학자 그리고 신학생과 그리스도인 모두에게 일독을 권한다.

최형근 | 서울신학대학교 선교학 교수

한국적인 선교적 교회를 모색하는 모든 분의 필독서가 될 책으로 적극 추천한다. 이 책은 몇 가지 점에서 특별하다. 첫째, 역사신학자인 저자는 레슬리 뉴비긴의 선교 신학과 선교적 교회 담론(missional church discussion)을 단순히 소개하는 데 그치지 않고, 한국교회가 걸어온 역사를 반성적으로 고찰하면서 한국교회에 필요한 "한국적인 선교적 교회론"을 제안한다. 둘째, 저자는 서구교회가 서구 크리스텐덤의 유산에 대해 반성적으로 성찰한 것을 소개하면서 한국교회가 지난 과거에 추구하려던 것의 실체를 "유사 크리스텐덤"과 같은 것이라고 규정한다. 나는 한국교회에 대한 이와 같은 자기 성찰적인 역사적 이해와 평가 없이 한국적인 선교적 교회론을 전개할 수 없다고 평소 주장했기에 저자의 이런 주장에 전적으로 공감하고 동의한다. 셋째, 저자는 한국교회에 대해 여러 가지로 쓴소리를 하고 있음에도 불구하고 한국교회에 대해 시종일관 따뜻한 시선을 보낸다. 그리고 무엇보다 현재 한국교회를 나누고 있는 진보-보수의 프레임을 넘어서는 대안을 제시하려 애쓴다. 이 점 또한 이 책이 현재의 한국교회에 꼭 필요한 이유다. 마지막으로, 이 책의 장점은 한국교회가 처한 현재의 이와 같은 역사적 상황 가운데서 목회자들이 목회 현장에서 어떻게 선교적인 교회를 세워나갈 것인가에 대해 구체적인 목회 방향을 제시해주고 있다는 점이다. 저자가 강단의 신학자이면서 동시에 목회를 해왔던 목회자였기 때문에 가능한 일이라 생각한다. 한국교회의 과거와 현재를 바로 이해하고, 이를 토대로 미래의 방향을 찾고자 하는 목회자들과 신학생들에게 특히 강력히 추천한다.

허성식 | 횃불트리니티신학대학원대학교 선교학 외래교수

기다려왔던 이 책의 출판을 진심으로 축하한다. 이 책은 저자의 방대한 지식과 지혜의 깊이에 대해 놀라움을 자아낸다. 크리스텐덤의 역사와 한국 사회의 유사 크리스텐덤에 대한 저자의 평가는 예리한 통찰력을 보여준다. 포스트크리스텐덤 시대에 성령의 주도적인 인도를 따른, 그리스도 중심적 성경 읽기에 대한 제안은 성경 메시지의 핵심으로 인도한다. 마지막으로 저자는 성경에서 심각하게 이탈하여 급속도로 무너져 내리는 한국교회를 성경적인 교회로 회복하고 다시 일으켜 세우기 위한 대안을 제시하는데, 그것은 실제적이고 대단히 유용하다. 누구든지 교회 본질을 회복하고자 하는 마음만 있으면 얼마든지 실현할 수 있고 또 많은 열매를 기대할 수 있는 대안이다. 심각한 위기에 직면한 한국교회를 다시 살려내기 위해 진지하게 고민하며 길을 찾고 있는 분들은 이 책에서 결정적인 도움을 받으리라 확신한다.

홍인규 | 백석대학교 신학대학원 신약학 교수

포스트크리스텐덤 시대의
한국 기독교

포스트 크리스텐덤 시대의 한국 기독교

장동민 지음

Post Christendom

새물결플러스

| 목차 |

감사의 글

사람의 걸음은 여호와로 말미암나니 사람이 어찌 자기의 길을 알 수 있으랴(잠 20:24).

가장 지혜로우시고 의롭고 은혜로우신 하나님은 때로 자기의 자녀들을 얼마 동안 여러 가지 시험들과 마음의 부패성에 버려두신다. 그렇게 함으로써…의롭고 거룩한 목적을 위하여 더욱 깨어 있게 하신다(웨스트민스터 신앙고백서 제5장 5항).

내가 일생 만나게 될 세속성은 대학 1, 2학년 때 모두 맛본 듯싶다. 기독교 가정과 교회의 온실에서 보호받던 작은 풀잎이 한 세대 후 하나님 없는 세속 사회 대한민국의 축소판이라 할 가시덤불에 심어졌다. 기운이 막혀 자라지도 못하고 숨 한 번 크게 못 내쉬었다. 반기독교적 철학 교수들의 쉼 없는 지적(知的) 도전에 그동안 신뢰했던 모든 것에 대한 심각한 회의가 싹텄다. 한시도 조용할 새 없던 반정부 투쟁의 구호와 전단으로부터 도피하고 싶은 마음과 열등감이 번갈아 찾아왔다. 선배·동료들의 날이 선 언어와 낯선 문화 안에서 쉴 곳을 찾지 못했다. 이때 경험했던 것들이 억압된 기억으로 남아 지금까지 나를 괴롭힌다. 평범한 일상을 살다가도 살을 찌르는 세속성에 순간적으로 감전될 때가 있다. 그럴 때면 영락없이 젊은 시절의 회의와 고통이 고스란히 떠올라 내가 비단 이불이 아닌 섶나무(新) 위에 누워 있음을 새롭게 자각하곤 한다.

그러나 하나님은 가장 지혜로우시고 의롭고 은혜로우신 분이다. 젊은 시절 세속성의 시련과 유혹들 때문에 나는 "거룩한 목적"을 위한 탐구에 착수했고 오랜 세월 이를 지속해왔다. 내가 경험했던, 또한 지금도 매일 경험하는 세속성을 나의 삶과 신학의 주제로 삼았다. 내가 알지 못하던 사이에, 웨스트민스터 신앙고백서의 용어로 말하자면 '섭리' 가운데, 하나님은 나를 싸움에 나갈 사람으로 준비시켜주셨다. 창과 방패로 무장한 전사는 아니라도 나팔과 항아리를 든 졸병의 한 사람으로 말이다. 이 작은 책이 새로운 시대를 알리는 나팔이자 구시대의 균열을 경고하는 항아리로 사용되기를 원한다.

같은 문제를 안고 씨름하는 선배 저자와 동시대 동료들이 없었더라면, 세속 한가운데서 영원한 세계의 가치를 지키려 애처롭게 씨름하는 성도들이 없었더라면, 눈물을 음식 삼아 소망의 노래를 부르는 절박한 신앙의 사람들이 없었더라면, 자신의 일생을 드려 계란으로 바위를 부수려는 무모한 도전을 결심하는 젊은이들이 없었더라면, 그리고 이 모든 영혼이 함께 모인 '교회'가 없었더라면, 나는 아마 진즉에 싸움을 포기했을지 모른다. 나의 신학적 여로를 편안치 못하게 인도하신 하나님께 작은 신뢰와 감사를 보낸다. 언젠가 그분의 인도하심이 완전했음을 깨닫고 온전한 감사를 드릴 날을 고대하면서.

몇몇 분들에게 특별한 감사의 인사를 드리고 싶다. 내가 과연 진짜 목사인가를 스스로 묻도록 늘 도전을 주시는 존경하는 백석대학교 총장 장종현 목사님께 감사드린다. 2018년 1년간 편안히 집필할 수 있도록 연구년을 허락한 학교 당국에 감사드린다. 내가 갖지 못한 것을 대화와 가르침을 통해 아낌없이 나눠주신 사랑하는 백석학원의 동료 교수들께 감사드린다. 졸고를 선뜻 출간해주겠다고 승낙하신 새물결플러스 김요한 대표님께 감사드린다. 편집과 교정의 고된 작업을 맡아주신 새물결플러스 출판사 직원들에게 감사드린다. 추천사를 써주신 존경하는 교수님과 목사님들, 미완의 원고를 읽고 귀한 조언을 주신 변준교 목사님, 최영민 목사님에게도 감사드린다. 나를 따르고 배우고 싶어 하는 젊은 제자들에게 미안한 마음과 감사를 보낸다. 무엇보다도 노약한 몸으로 부족한 아들을 위해 날마다 기도하시는 부모님과, 30년을 함께하며 변함없이 나를 이해하고 지지해주는 사랑하는 아내에게, 그리고 포스트크리스텐덤 사회에서 믿음의 좁은 길을 걸어갈 삼 남매에게도 감사의 말을 전한다.

2019년 5월
장동민

서론

"터가 무너지면 의인이 무엇을 하랴?"(시 11:3)

When the foundations are being destroyed, what can the righteous do?

나의 교회 생활 이야기

이야기를 나의 교회 생활 회고담으로 풀어나가려 한다. 나는 지금까지 축복받은 교회 생활을 했다. 부모님이 섬기시던 교회는 서울 홍은동에 있는 홍성교회(지금은 서울홍성교회로 이름이 바뀌었다)였다. 황해도 출신 고 황금천 목사님께서 개척해 목회하셨던 전형적인 합동 측 중형 교회였다. 아버지는 신앙의 가정에서 자라셨고, 어머니는 아버지의 팔짱을 끼고 교회 가는 재미로 신앙에 입문한 후 회심을 경험하고서 열정적으로 교회를 섬기셨다. 나는 그 교회에서 유아세례를 받았고, 발음도 분명하지 않은 유아 때 시편 23편을 외워서 칭찬을 받았다고 한다. 부모님은 장로와 권사로 오래 봉직하시다가 십여 년 전 은퇴하셨다. 아버지는 교회를 건축할 때 건축 위원장으로서 살던 집을 팔아 교회에 바칠 정도로 헌신하셨다. 어머니는 십여 년 동안 봉사 부장으로 교회의 궂은일을 도맡아 하셨을 뿐 아니라 새롭게 입주하는 아파트 단지에 구역장으로 임명받아 매년 십여 가정을 전도하는 전도왕이셨다.

초등학교 때는 할머니와 함께 가까운 동네 교회인 갈현교회에 다녔다. 지금은 소천하신 최승강 목사님이라는 키 크신 목사님이 개척해 목회하는 그리 규모가 크지 않은 교회였다. 나는 워낙 말이 없고 순종을 잘하는 '범생이' 타입이라서 교회에서 시키는 일은 다했다. 매 주일 오전과 오후 예배에 출석하는 것은 물론이고 수요일 5시 어린이 예배에도 글자 그대로 한 번도 빠지지 않았다. 여름성경학교 때에는 "아침해 웃으면서 솟아오르면…" 반주에 맞추어 열심히 노래도 불렀다. 초등학교 4학년 때부터 성경을 읽기 시작했다. 처음에는 어머니의 강요로 읽기 시작했는데 (안 읽으면 환란과 핍박이 따라옴) 금세 재미가 붙었다. 6학년 때 열린 암송 대회에서는 마태복음 5-7장에 실린 산상수훈을 한 글자도 틀리지 않고 외웠다.

중학교에 들어가면서 부모님이 섬기는 홍성교회로 옮겼는데, 재미있는 추억이 많이 있다. 꽤 먼 길을 한 번도 빠지지 않고 출석했음은 물론이고, 주일은 온종일 교회에 붙어 있었다. 오전 예배, 오후 집회, 성가 연습 등의 공식적인 모임 외에도, 어른들 몰래 기타도 배우고 탁구도 쳤다. 여름과 겨울 방학마다 독경회(讀經會)라는 모임을 가졌다. 매일 새벽 열두어 명의 중학생이 그을음이 많이 나는 조그만 석유난로 주위에 쪼그리고 앉아 성경을 읽고 기도하는 모임이었다. 뭘 알아서라기보다 그저 선배들이 해오던 대로 했다. 노래를 잘하지 못했지만 계속 성가대를 하다 보니 음치는 면했다. 중학교 2학년 때 수련회에서 은혜를 받고 눈물 콧물 흘리며 밤새 회개하고, 목사가 되기로 결심했다. 어머니는 목사가 되려면 미리 어학을 공부해야 한다고 주장하셔서 고등학생인 나는 성경 그리스어 및 히브리어를 배운다고 여기저기 쫓아다녔다. 모두가 신앙에 진지하던 시절이었다.

대학생 때는 교회가 나의 안식처요 피난처였다. 학교 생활에 적응하지 못해 다니는 둥 마는 둥 했지만, 교회만은 빠지지 않았다. 대학이 싫었던 이유는 두 가지다. 첫 번째는 봄 학기 개강과 동시에 시작되는 시위였다. 사실 나는 좀 늦된 편이라서 친구들이 데모하는 데 동조할 용기가 없었고, 데모하는 이유도 그저 짐작만 할 뿐이었다. 낮에는 데모하고 저녁에는 술을 마시는데 어느 쪽도 참여할 수 없었다. 두 번째 이유는 실존적인 문제였다. 내가 지금까지 믿어온 신앙에 대한 의심이라든가 혹은 살아야 하는 이유라든가 하는 정체성 위기 말이다. 학교에서는 누군가를 만나 이런 이야기를 털어놓을 수 없었고, 설사 털어놓는다 해도 이해하지 못했을 것이다. 원래 철학이라는 전공이 이런 문제를 다루어야 하는데, 당시 은사님들께는 죄송하지만 그분들도 당신들이 무얼 가르치는지 잘 모르는 것 같았다.

그러나 교회에서는 내 집에 온 것 같았다. 선배, 친구들과 함께 예배드리고 기도할 때는 신앙적 갈등이 사라졌다. 말씀을 듣는 귀가 열려 설교가 재미있을 뿐 아니라 내 눈앞에서 기적을 체험해 확신을 얻었다. 대학 4년 동안 중등부 교사로 봉사했는데, 연초에 10명 정도 학생들을 맡으면 연말에는 30명 정도로 부흥했다. 토요일 오후에 지나가는 학생들을 붙들고 교회에 나오라 권하면 이튿날 교회에 나오곤 했다. 전도가 잘되던 때였다. 모든 사람과 좋은 관계를 맺었고, 모든 사람의 칭찬을 받았다. 이미 목사가 되기로 결심했는데, 일생 이런 즐거움을 누리며 살 생각을 하니 사뭇 기대가 컸다.

사역의 경험

학부를 졸업한 후 신학대학원에 진학했고, 23세 어린 나이에 갈현동에 있는 세광교회(김윤배 목사 시무)의 중등부 전도사가 되었다. 이후 세광교회에서 4년, 미국 필라델피아 성도교회에서 6년 반, 귀국 후 남부전원교회에서 10년, 백석대학교회에서 12년 동안 사역을 했다. 파트타임으로 16년, 풀타임 전임 목사로 17년간 교회와 성도를 섬겼다. 만 33년 동안 교회 밥을 먹은 셈이다. 돌이켜보면 행복한 순간의 연속이었다. 괄목할 만한 부흥과 성장을 이룬 것은 아니었지만 새로운 영혼들이 회심하는 것을 보는 것만으로도 큰 보람이었다. 수많은 선배와 동료들을 만나 많은 것을 배웠고 사랑으로 교제했다. 좋은 성도들도 많이 만났는데, 내가 그들을 위해 말씀의 사역을 한 것이 아니라 그들이 내게 도전을 주고 나를 형성해준 것 같다. 내가 겪었던 즐거운 기억을 다 말하려면 하룻밤 가지고는 어림도 없다. 아 참, 일생의 배우자를 만난 것도 교회에서였다. 사역하던 교회 여자 청년이었는데, 1년 동안 몰래 데이트하느라고 혼났다.

성도들로부터 대우도 잘 받았다. 미국에서 다른 전공을 공부하는 내 또래의 유학생들은 섭씨 50도가 넘는 세탁소에서 땀을 비 오듯 흘리며 아르바이트를 했는데, 나는 아이들과 놀면서 한 달에 천 달러씩 꼬박꼬박 받았다. 풀타임으로 사역할 때는 다른 교수나 목사들보다 더 대우를 잘 받았다. 우리 집 김치냉장고에는 성도들이 담가준 김치가 떨어지지 않았고, 명절에는 사과·배 상자가 쌓였으며, 때에 따라 홍삼과 넥타이 선물을 많이 받았다. 과거 우리 선배 부흥사들이 목사를 잘 섬겨야 복을 받는다고 설교한 덕을 내가 다 보았다. 아마 이렇게 대우받는 것은 우리 세대가 마지막일 것 같다. 다음 세대의 목회자들은 그런 낙을 누리지 못할 것 같아 미안하다.

나는 교역자 생활을 하는 내내 교회에 대해 낙관적으로 생각했다. 사도행전 2장에 묘사된 초기 교회를 이루는 것도 아주 불가능한 일은 아니라고 생각했다. 물론 유무상통하는 데까지 이르지는 못하겠지만 말이다. 점수를 매기자면 한 80점대 후반 정도일까? 100점은 안 되겠지만, 보통은 80점이고, 때로 90점까지도 줄 수 있을 것 같았다. 파트타임으로 섬기던 세광교회 중등부 시절과 미국 필라델피아에서의 교회 생활이 너무 좋았기 때문에, 나도 이런 좋은 교회를 내 생전에 만들고 섬겨야겠다는 생각으로 지금까지 교역에 임하고 있다. 간혹 교회에서 안 좋은 일이 있을 때도, 덕이 되지 못하는 일을 보았을 때도, 내가 좀 더 희생하면 과거에 내가 경험했던 좋은 교회를 재현할 수 있으리라는 희망과 기대와 어느 정도의 자신감을 늘 가지고 있었다.

내가 박사 학위를 받고 교수가 된 것도 훌륭한 제자들을 양성해 그들을 통해 조국 교회가 부흥하기를 바랐기 때문이다. 그리스도인이 많아지고 기독교가 더 큰 세력을 얻으면 머잖아 대한민국은 기독교적 정신이 지배하는 나라가 될 것이라 믿었다. 조금 더 기다리면 남북통일도 이루어지고, 세계 평화에 기여하는 날이 올 것을 의심하지 않고 기도했다. 보수적인 기독교인들이 민주화 운동에 참여하지 않았다고 해서 비난을 받는 것은 가슴 아픈 일이었으나, 우리 청년들이 마음을 새롭게 다지고 통일 조국을 형성하는 데 기여한다면 그 비난도 상쇄될 것이라 기대했다. 선교의 대국이 되어 내 제자들이 전 세계에 흩어져 내가 경험했던 그 영광스럽고 행복한 교회를 세워줄 것을 믿고 열심히 가르쳤다.

이렇게 해피엔딩으로 내 일생을 마칠 수 있었다면 얼마나 좋을까? 나는 우리 바로 앞 세대 목회자가 부럽기만 하다. 내가 그때 태어나서 목회를 했더라면 얼마나 좋았을까? 물론 그분들이 젊었을 때는 나보다 훨씬 더 많은 고생을 했을 것이다. 황무지에 십자가를 꽂고 천막 치며 교회를 시작하는 일이 어디 쉬운 일인가? 그러나 고생 끝에 낙이 온다는 말을 실감할 수 있던 시절이었다. 교회는 급격한 상승 곡선을 그리며 성장했고, 성도들은 목사를 존경했으며, 사회도 좋은 영향을 끼칠 것을 기대하며 교회를 바라보았다. 목사들은 사역의 열매를 누렸고, 아직 아무 걱정이 없을 때, 아니면 걱정하기에는 늦은 나이가 되었을 때, 노후를 보장받고 은퇴했다.

신학교 교수만 해도 30년 전에는 할 만했다. 학생들은 스승의 그림자도 밟지 않았고, 학생이 교수를 평가한다는 것은 상상도 하지 못했다. 실력이 없어도, 성격이 안 좋아도, 휴강을 밥 먹듯 해도, 큰 저항에 부닥치지 않았다. 희소성 때문인지 교회에 초청받아 예배를 인도하면 지루한 설교에도 불구하고 최고의 대우를 받았다. 당시는 목회자 후보생이 감소해 직장 잃을 염려를 할 것이라고는 꿈에도 생각하지 못했을 것이다.

현실에 눈뜨다

자, 지금부터는 비판적인 이야기를 하고자 한다. 한국교회에 대한 비판은 지겹도록 들어서 피곤할지 모른다. 그러니 내가 겪은 일들을 중심으로 간단히 풀어보려 한다. 문제의 발단은 지금부터 약 10년 전, 2007년쯤으로 거슬러 올라간다. 그때까지도 나는 낙관적으로 생각했다. 벌써 교회를 걱정하는 학자들 사이에서는 별별 힘든 이야기들이 많이 오고 갔지만, 그동안 쌓아놓았던 교회에 대한 내 믿음은 하루아침에 무너지지 않았다. 그 비판의 내용에 고개가 끄덕여지기는 했지만 가슴에 와 닿지는 않았다.

교회에서 목회 사역을 하는 도중 신학교 교수로 부름을 받아 목회와 교수의 두 직분을 맡았다. 30대 후반부터 40대 중반까지는 그야말로 인생의 황금기라고 할 수 있었다. 젊은 시절 그렇게도 괴롭히던 실존적 고민도 어느 정도 해결되었다. 박사 학위 논문을 쓰고 연구하는 법을 알며, 학위를 받으니 고지(高地)에 올라선 느낌이었다. 결혼을 하고 아이를 낳아

가정이 주는 안정과 행복을 누렸다. 교회 사역에서도 열매가 있었다. 많은 사람이 설교를 듣고 은혜를 받았다 말하고, 필리핀과 중국 등지에서 온 외국인 노동자를 위한 사역을 시작해 주목할 만한 성과를 거두었다. 기독교 학교 운동에 관심이 있어 교회 안에 기독교 교육을 위한 기관을 만들기도 했다.

교수가 되어서는 이런 목회적·학문적 성취를 바탕으로 강의안을 준비하고 학생들을 가르쳤다. 처음 백석대학교 신학대학원에 부임하던 1999년에는 조직신학을 가르치는 분이 거의 없어서 조직신학 전 과목 강의안을 준비했다. 그때만 해도 젊어서 책을 읽으면 머리에 쏙쏙 들어왔다. 조직신학 전 과목은 물론이고, '기독교와 한국 종교', '기독교와 21세기 한국 사회사상', '현대 신학', '한국교회 역사와 신학', '변증학', '기독교 세계관', '기독교 영성' 등의 과목들을 개발했다. 참으로 생산적인 날들이었다. 신학대학원 학생들도 내 강의를 좋아하고 나를 가까이 따랐다. 고통스러운 경험도 없지는 않았으나, 지나고 보면 다 필요한 것들이었고, 내 생각을 세련되게 하며 잘못된 습관을 고치시려는 하나님의 배려였다. 이대로만 쭉 가서 정년을 맞고, 수많은 제자와 동료들의 축복과 아쉬움 속에 은퇴하는 그림을 그리고 있었다.

이렇게 '자뻑'이 심하던 시절은 교수 된 후 10년 정도 지속되었다. 10년이 지나면서부터 주변이 보이기 시작했고, 나를 만들어준 교회에 대한 책임감도 생겼다. 맨 먼저 눈에 들어온 것은 우리 제자들의 형편이었다. 내가 속한 백석대학교 신학대학원은 매년 300명의 신학생을 모집하고 그만큼 졸업시킨다. 적을 땐 200명 정도, 여성 안수가 통과된 이후에는 매년 250명 정도 안수를 받는다. 신학대학원에서는 3년 동안 100학점 넘게 과목을 이수해야 하는데 한 과목이 2학점이다. 리포트를 쓰고, 시험을 보며, 학점을 따서 졸업하려면 3년간 풀타임으로 공부에 전념해야 한다. 고생이 막심하다. 적잖은 액수의 등록금도 매 학기 내야 한다. 그런데 막상 졸업을 하고 나면 갈 데가 없단다!

내가 신학대학원에 다닌 1980년대의 신학생들은 졸업과 동시에 풀타임 부교역자로 부임해 3-4년 수련 기간을 거친 후 기존 교회에 청빙을 받든지 개척을 하든지 했다. 간혹 선교사로 나가는 사람도 있었다. 내가 아는 졸업 동기들은 거의 대부분 지금까지 어디서든지 목회 사역을 하고 있다. 가끔 목회를 하지 않는 사람이 있으면, "어떻게 하다가 그렇게 됐대?" 하며 화제에 오른다.

현재 신학생들의 경우는 어떠한가? 정확한 통계가 나와 있지 않은데, 만일 통계를 낸다면 더욱 민망한 일이 될 것이다. 신학교를 졸업한 후에도 그동안 파트타임으로 있던 교회에서 부교역자로 시무하는 경우가 많다. 그러나 봉급이 너무 적을 뿐 아니라 지위도 불안정하다. 담임 목사의 눈 밖에 나면 그날로 그만두어야 한다. 기존 교회에 청빙을 받아서 부임하는 경우는 극히 드물다. 졸업생 누군가 살 만한 봉급을 주는 교회에 청빙을 받으면, "어떻게 하다가 그렇게 됐대?" 하며 화제에 오른다. 백석대학교 신학대학원 출신이 다른 신학교 출신보다 개척 목회를 선택하는 경우가 많다고는 하는데, 오늘날 개척이 어디 그리 쉬운가? 아무것도 없이 맨땅에 헤딩하는 모습을 보면 가슴이 짠하다. 대책 없는 낙관적 믿음에 경외감이 들기도 하지만 안타까움의 한숨이 나온다. 어찌어찌해서 선교사로 나가는 친구들도 있지만, 가서 보면 너무 영세해 있는 것을 다 털어주고 와야 한다. 교역(敎役)을 하지 못하고 전에 가졌던 직업으로 돌아가거나, 아니면 이도 저도 아닌 채 가족을 고생시키는 제자들이 너무 많다.

이런 사실을 어느 정도는 알고 있었다. 목회자 수급(需給)의 문제는 30년 전부터 예견되었다. 그런데 신학교에 몸담은 지 10년이 지나자 제자들의 어려움이 피부로 다가온 것이다. 좀 더 노골적으로 말하자면 학생들이 밤새 알바해서 낸 등록금으로 내가 편하게 살고 있는 것이다. 그러면서도 "교수님, 교수님" 하면서 존경의 눈으로 바라보는 학생들 앞에서 한국교회가 어떠니 하며 열을 올리는 것이 부끄러웠다. 신학교도 조직 사회인지라 파워게임의 희생양이 되기도 하고 적극적인 플레이어가 되기도 하는 내 모습을 보는 것은 슬픈 일이다. 골몰히 생각하다 보면 "내가 이러려고 목사로 헌신했나?" 하는 자괴감에 빠진다. 몇 년 전에는 우울감이 한두 해 지속된 적도 있었다. 다행히 우울증으로 발전하지는 않았다.

　교회의 수요에 비해 신학생 공급이 많다 보니 부작용도 만만치 않다. 교회에서 부교역자를 뽑을 때 부교역자 선발권이 있는 담임 목사들은 부리기 쉬운 사람을 뽑는다. 실력 있고, 설교 잘하며, 기도 많이 하고, 성도를 잘 돌보며, 독립성과 창의성이 있는 사람보다는, 담임 목사의 말에 순종하는 사람, 자기보다 좀 떨어지는 신학생을 좋아한다. 그러다 보니 자연스럽게 신학생들도 거기에 맞게 순치(馴致)되어가는 것 같다. 이 글을 읽는 신학생들은 화가 나긴 하겠지만 부인하지는 못할 것이다. 여기서 잠깐, 담임 목사들은 부교역자를 자신의 목적을 이루는 도구로 생각해서는 안 된다. 이들은 미래 한국교회의 지도자들이요, 개척자가 일군 교회를 물려받아 목회해야 할 후배들이다. 사실 담임 목사와 부교역자의 관계는 담임 목사의 목회의 성격을 보여주는 시금석이다. 교인들에게는 고객에게 하듯 한없이 친절하게 대하고 젊은 부교역자는 종업원처럼 대하는 목사는 종교사업가일 뿐 영적 지도자는 아니다.

　나는 젊은이들이 좀 더 패기가 있어야 한다고 생각하는 편이다. 우리 사회에 의사·법조인도 필요하고 공무원이 되는 것도 중요하지만, 모든 똑똑한 젊은이들이 안정적인 직업을 추구하게 만드는 사회는 정상적인 사회가 아니다. 안정적인 길을 택한 젊은이들이 자신의 진정한 꿈을 펼치지 못해 불행한 삶을 사는 경우를 많이 보았다. 젊은이들은 기성세대가 만들어놓은 세상을 비판적인 눈으로 바라보아야 하고, 대안을 제시하지는 못해도 저항이라도 할 수 있어야 한다. 그래야 다음 세대가 우리 세대보다 나아질 희망이 있지 않겠는가? 하나님 나라를 위해 헌신한 신학생이라면 진리의 좁은 길을 기쁘게 걷고, 기성세대의 불의한 관행에 대항해 항거하며, 새로운 길에 도전해야 한다. 노인들은 자신들이 평생에 걸쳐 세운 집을 허물려고 작정한 것 같고, 젊은이들은 허물어져 가는 낡은 집에 안주하려 한다.

베이비부머 세대의 은퇴

나는 앞으로 10년을 매우 중요한 시기로 생각한다.[1] 베이비부머 세대가 목회 전선에 뛰어든 것이 1970년대에서 1980년대 중반까지다. 나도 베이비부머 세대의 맨 끝자락이다. 당시는 한국교회가 한창 부흥할 때, 천막 치고 십자가만 걸어도 교회가 된다던 시대였다. 당시 매년 수천 명씩 목사 안수를 받고, 기존 교회에 청빙되거나 개척 교회를 시작했다. 그 교회들의 상당수가 크게 성장했고, 그 성장은 한국교회 전체의 성장을 견인했다. 이제 10년 안에 베이비부머 목회자들이 은퇴를 맞이한다.

한 지역 교회에서 목회자의 은퇴는 교회가 맞는 가장 큰 변화다. 교

---

[1]   미래학자 최윤식은 자신이 쓴 저서들에서 한국교회가 맞을 위기에 대해 수치를 들어 제시한다. 최윤식, 『2020-2040 한국교회 미래지도: 지속 가능한 한국교회를 위한 최초의 미래학 보고서』(서울: 생명의말씀사, 2013)와 최윤식·최현식, 『2020-2040 한국교회 미래지도2: 하나님이 한국교회에 주신 마지막 골든타임 10년을 놓치지 마라』(서울: 생명의말씀사, 2015).

회가 목회자에게 너무 많은 것을 의존해왔기 때문이다. 위기와 기회가 동시에 주어질 수 있으나 대다수의 경우는 위기로 이어진다. 몇 가지 이유가 있다. 성도들은 일단 목회자가 바뀌는 것 자체에서 허전함을 느낀다. 오랜 기간 동안 이전 목회자와 함께 신앙생활 했던 사람들이 그의 은퇴와 더불어 교회를 옮기는 경우가 많다.

또한 목사가 은퇴하는 과정에서 '전별금' 문제로 교인들이 시험에 빠진다. 전별금(餞別金)은 온 힘을 다해 30-40년 목회를 한 목사에게 고마움을 표시하자는 좋은 의도에서 시작된 것이다. 과거 목사들은 지금과 달리 자신의 재산을 거의 갖지 않았다. 가난한 사람들이 목사가 되었기 때문이기도 했지만, 혹시 물려받거나 모아놓은 재산이 있더라도 예배당을 건축할 때 모두 헌금했다. 그러니 은퇴하는 분에게 집 한 칸과 생활비를 보조하는 것은 교회의 당연한 의무였다. 그런데 문제는 교회에 여윳돈이 없다는 데 있다. 대한민국이 고도 성장기를 지났기 때문에 큰돈을 헌금할 성도들이 많지 않고, 성도들은 무리한 건축을 위해 이미 헌금을 많이 한 상태다. 그런데 은퇴하는 목회자들은 안정된 노후를 교회가 책임져주길 원한다. 70세에 은퇴해도 앞으로 살날이 20년은 남았기 때문에 교회에서 주는 전별금은 아무리 생각해도 모자란다. 더 많은 것을 요구하는 은퇴 목사와 주지 못하겠다고 하는 제직들 간의 줄다리기 과정에서 많은 성도가 상처를 입고 목회자와 교회에 대해 회의를 느낀다.

은퇴한 목사가 '원로 목사'가 되면 그다음부터 또다시 전쟁이 시작된다. 원로 목사와 담임 목사의 갈등이다. 새로 부임한 목사에 만족하는 성도들도 있을 것이고, 구관이 명관이라고 불만족스러운 사람도 있을 것이다. 시간이 가면서 갈등이 증폭되고, 새로운 담임 목사의 두려움과 원로 목사의 서운함이 깊어지며, 결국 성도들도 양분된다. 갈등이 수면 위로 드러나고 폭발하는 데 걸리는 시간은 보통 3년이다. 새로운 담임 목사의 돈 문제, 성적 스캔들, 과거 전력, 교리적인 문제 등이 이슈화된다. 흠 잡힐 게 하나도 없는 사람이 어디 있겠는가? 원로 목사가 힘이 있는 교회는 담임 목사가 쫓겨나고 세력이 비등할 때는 교회가 분열된다. 이런 과정이 지속되면서 성도들의 질이 떨어지고, 신앙이 여린 성도들은 교회를 떠나며, 교회는 힘을 잃는다.

내 주변에 있는 교회 분쟁의 대다수는 목회자의 은퇴를 둘러싸고 일어났다. 교회의 크기나 원로 목사의 지명도와 하등 관계가 없다. 유명한 교회들이 더 매스컴에 오르내린다. 이런 문제를 해소하기 위해 은퇴하는 목회자의 아들을 세워 목회하게 하기도 한다. 소위 교회의 '세습'이 이루어지는 이유다. 세습은 한 지역 교회의 문제를 해소하는 데 일부 도움을 주기도 하지만, 공정성(公正性)을 중요한 가치로 생각하는 현재 대한민국에서는 사회적으로 용인되기 어렵다. '58년 개띠'가 정년을 맞는 2028년까지는 이런 분쟁이 대규모로 일어날 것이다. 이 전망은 미래에 대한 예측이기도 하고, 또한 지금 우리 교회의 현주소를 보여주는 민낯이기도 하다.

교회의 속성: 거룩함과 하나 됨

제자들의 미래를 염려하면서 시작된 한국교회에 대한 염려와 문제의식이 좀 더 깊어졌다. 미래 기독교인의 감소나 교회의 영향력 축소와 같은 통계적이며 공학적(engineering) 접근을 넘어서, 교회의 본질과 관련된 회의가 생겼다. 통계적·공학적 접근은 나의 사회적 자아에 경각심을 불러일으켰고, 본질적 접근은 실존적 자아로 하여금 고민에 빠지게 만들었다.

한번은 내가 존경하는 어떤 교수님께서 "과연 지금의 한국교회를 '교회'라 할 수 있는가?"라는 질문을 던졌다. 그는 대안 없이 비판만 하는 '교수'가 아니라 평생을 진리와 성경적 교회를 찾아 구도자의 길을 걸은 분이다. 교회에 대한 소망이 남아 있던 나는 지금의 교회가 많이 타락했지만 그래도 교회는 하나님이 세우셨다고 대답했다. 그러나 그의 질문은 그후 목에 가시처럼 남아 있다. 정말 지금 내가 섬기고 있는 교회가, 미래를 위해 제자를 양성하는 교회가, 예수님께서 세우신 교회가 맞는가?

내가 고민한 교회의 본질에 관한 질문은 다음과 같은 것이다. 전통적 신학에서 말하는 교회의 속성은 두 가지인데, 하나는 거룩함(purity)이고 다른 하나는 하나 됨(unity)이다. 이 두 본질적 속성을 잃어버린 교회는 이름만 가지고 있을 뿐 교회라 할 수 없다. 과연 우리 교회가 이 두 가지 속성에 부합한 특징을 가지고 있는가? 비신자들이 교회를 생각할 때 이 두 가지를 떠올릴 수 있을까?

우선 거룩함부터 생각해보자. 교회가 세상의 관습을 좇지 않고 하나님께서 원하시는 거룩함을 갖고 있는가? 우리는 보통 거룩함이라고 하면 주로 성적인 문제를 생각한다. 음란한 세상의 문화를 피하기 위해 '세상친구'를 멀리하고, 음행의 전 단계인 술·담배를 끊어야 한다고 가르친다. 음행을 주제로 설교할 때면 남편을 걱정하는 여성도들은 한숨을 쉬고, 듣고 있는 남성들은 막연한 죄책감에 사로잡힌다. 그러나 나는 거룩함의 문제가 음행으로 축소되어서는 안 된다고 생각한다. 7계명의 죄는 다른 계명이 금하는 죄악들과 그물처럼 연결되어 있기 때문이다. 어떤 유명 교회 목회자가 논문을 표절했다고 해서 사회적 물의를 빚은 적이 있다. 나도 정의롭지 못하다고 생각되어 불평하듯이 비난했는데, 내 이야기를 듣고 있던 아내는 "바람피운 것도 아닌데 뭘 그래요!"라고 한마디 했다. 하나님이 원하시는 거룩함은 육체적 순결을 포함하지만 그게 전부는 아니다.

성도들이, 세상이 원하는 비성경적인 가치관을 거부하고 하나님이 원하는 방식으로 살아가고 있는가 하는 것이 거룩함의 요체다. 세속주의 (secularism)의 물결에 자신을 맡기지 않는 것이다. 한국교회는 다음과 같은 질문들을 마주해야 한다. 물질주의적 사고를 가지고 사업을 하고 사람을 대하며 자녀를 양육하고 투자를 하고 사윗감을 고르지는 않는가? 권력자 앞에서는 두 손을 공손히 모으지만 자기보다 약한 사람들에게는 으름장을 놓지 않는가? 사회적 약자들을 나와 동등한 하나님의 형상이 아닌 동정과 구제의 대상으로만 여기지 않는가? 북한 이탈주민이나 이주노동자 혹은 난민에 대해 세상과 똑같은 기준으로 생각하지 않는가? 사회의 양극화나 실업, 사회적 갈등에 대해 나와 다른 입장에 귀를 기울이려는 노력이 있는가? 교회가 목회자를 청빙하는 기준과 회사가 CEO를 모집하는 기준이 유사하지 않은가? 교회 안의 파워게임과 교회들 사이의 경쟁이 비즈니스 세계에서 일어나는 현상과 본질적으로 같지 않은가? 국회 국정 농단 청문회에 증인으로 나온 한 증권 회사 대표는 문제가 된 대기업을 비판하면서, "그들은 기업 가치에는 관심이 없고 오로지 지분과 세습에만 골몰한다"고 일갈했는데, 오늘날 교회 지도자들을 묘사하고 있는 것 같아 가슴이 뜨끔했다.

나는 이런 문제들을 가지고 씨름하고 이를 설교에 반영해 성도들의 의식을 깨우며 가치관을 변화시키기 위해 노력했다. 그러나 과연 내 설교가 성도들의 변화를 이끌어내었는지 설교할 때마다 회의가 들었다. 오히려 이런 것들을 문제 삼는 설교를 들은 성도들에게 변화가 나타나지 않고, 대신 성경적 가치관에 대한 감수성이 높아졌다고 자위하는 모습을 보았다. 결국은 내 문제다. 내 자신이 희생은 하지 않고 아는 것만 많은 사람이기 때문에 설교에 힘이 없는 게 아닐까? 과연 '설교'를 통해 사람이 변화될 수 있을까?

예수님은 자신의 제자들의 삶을 묘사하시면서 제자들은 세상에 속한 사람이 아니기 때문에 세상으로부터 미움을 받을 것이라고 말씀하셨다(요 15:19). 그분은 제자들이 세상을 사랑하지 않아야 하고, 세상은 그런 제자들을 박해할 것이라고 하셨다. 그러나 지금 우리의 모습을 정직하게 평가하자면, 우리는 세상을 미워하기는커녕 세상의 것을 갖지 못해 조바심을 내고, 세상의 것에서 성공을 거두면 기도 응답을 받았다고 좋아한다. 세상은 이런 기독교인들을 박해하는 대신 조롱한다.

두 번째 교회의 속성은 하나 됨이다. 그리스도 안에 있는 성도들이 성령 안에서 사랑으로 교제하는 것이다. 교회 안에서 사랑의 교제가 이루어지는 것처럼 보이기도 한다. 주일 아침 예배 때 목사는 성도들에게 인사를 강요하고 ("당신이 있어서 행복합니다. 모든 일이 잘될 것입니다") 성도들은 (억지) 웃음을 지으며 서로 인사한다. 예배 후 아는 성도들과 반갑게 악수하고 함께 식사하며, 성가대와 주일학교에서 봉사하고, 지난겨울 다녀온 비전 트립에서 은혜 받은 이야기를 나누며, 다음 달 바자회 계획을 짠다. 금요일 점심이면 식당과 찻집마다 삼삼오오 둘러앉아서 담소를 나누는데, 곁에서 들어보면 십중팔구 구역 예배 모임이다. 요새는 셀 처치나 가정 교회로 전환하는 교회도 많은데, 이런 전환은 모두 공동체의 친밀한 사귐을 중요한 가치로 생각하기 때문에 일어난다.

그러나 성경이 말하는 교회의 하나 됨은 이 정도에서 머무는 것이 아니다. 성경적인 교회 공동체는 비슷한 사람들끼리 모여서 사랑을 나누는 사교 클럽이 아니라, 민족과 인종과 사회적 계급과 성별을 뛰어넘어 교제하는 대안 공동체다(갈 3:28; 골 3:11). 유대인과 이방인이 하나 되는 신인류가 바로 그리스도인이다(행 11:26). 서로 다른 언어와 문화와 인종과 계급이 하나가 되는 과정에서 갈등이 없을 수 없지만, 용서받은 공동체로서 성령의 도움으로 이 장벽을 뛰어넘는 것이 교회다.

과연 우리 교회가 맺는 사귐이 사회적 장벽을 뛰어넘는 사귐인가, 아니면 나와 비슷한 계층에 한정된 사귐인가? 한국 기독교는 사회적 분열을 치유하고 하나가 되는 모범을 보이는 것이 아니라 한쪽으로 치우쳐 다른 사람을 배제하는 공동체가 되어버렸다. 같은 나라 안에 살면서 다른 문화를 가진 사람들을 형제로 대하지 못한다. 교회는 외국인 노동자, 다문화 가정, 북한 이탈 주민 등에 대해 무관심하고 배타적이다. 장애인을 비롯한 사회적 소수자들을 시설 속에 가두고 특수 선교의 대상으로 생각했을 뿐 교회의 일원으로 받아들이지 못한다. 중산층 중심의 교회가 되어 사회 경제적 약자들의 삶과 고난에 동참하지 않는다. 지금 우리 사회를 양분하고 있는 정치적 보수와 진보에 대해 대체로 보수 편을 들고 있다. 이는 진보적인 사람과 젊은이들을 교회에서 밀어내는 결과를 낳았다.

　교회가 거룩함과 하나 됨을 잃어버렸다는 것은 단지 교회가 영향력 면에서 축소되었다는 것만을 의미하는 게 아니다. 오히려 복음의 본질을 상당 부분 이미 상실해버렸다는 뜻이기 때문에 문제가 더욱 심각하다. 복음의 본질이 무엇인가? 복음은 하나님 앞에서 죄인인 인간이 그리스도의 십자가를 믿음으로써 구원을 얻었다는 것이다. 죄를 자각하고 철저하게 회개한 사람은 다른 사람을 자신보다 낫게 여기기 마련이다. 그는 모든 사회적 지위를 벗어버리고 완전히 낮아져서 자신을 죄인의 괴수라고 고백한다. 그리스도와의 교제로 가까이 가면 갈수록 자신의 마음이 죄악으로 얼룩져 있음을 알고 더 절박하게 그리스도의 십자가와 그분의 중보 기도를 요청한다. 이 사람이 바로 사회적 계층의 차이와 문화적 관습을 뛰어넘을 수 있고, 그 복음의 기쁨으로 충만해 세상을 변화시킬 수 있는 사람이다. 그러니 교회의 속성인 거룩함과 하나 됨을 잃어버린 것이 바로 복음의 본질이 희미해진 것이 아니고 무엇인가!

"터가 무너지면 의인이 무엇을 하랴?"

거룩함과 하나 됨이라는 속성을 보여주지 못하는 교회를 반성하다가 문득 나 자신을 돌아보게 되었다. 교회에 대해 더 이상 꿈을 꾸지 않는 나를 발견하고 화들짝 놀랐다. 젊은 시절 큰 기대를 가지고 간절하며 열정적으로 교회를 섬겼었는데 말이다. 목회자의 한 사람으로서 매 주일 설교하고 성도를 인도하고 있지만, 내가 하고 있는 일이 교회를 관리하는 종교 관료의 역할인 것 같은 생각이 들어 자괴감을 느낀다. 내가 교회를 개척한 것도 아니고, 불신자를 직접 전도해 제자를 삼거나 세례를 주지도 않는다. 기존 교회에 청빙을 받아 정해진 기간 동안 직업인처럼 맡겨진 일(주로 설교)을 감당할 뿐이다. 주일에 품위 있는 예배를 인도하면 안도의 한숨을 쉬고, 한 해를 대과(大過) 없이 보낸 것을 흡족해한다. 내 설교를 듣고 성도들이 큰 변화를 일으키는 것도 아니고 부흥이 일어나는 것도 아닌 것 같다. 만일 내가 교회를 사임하면 나와 비슷한 목사가 부임해 내가 하던 일을 할 것이다.

　　많은 경우 교회의 중요 의제(agenda)는 교회 조직을 유지하는 것이다. 교회력에 따른 연례적인 집회와 행사들은 매년 겪다 보니 신선함이 떨어진다. 교회의 무기력함을 돌파하기 위해 목회자들은 교회 성장 세미나에 참여해 그 세미나에서 권하는 이런저런 프로그램을 도입한다. 그러나 성도들은 시큰둥한 반응을 보이는데, 이는 경험상 몇 달 동안 강조하다가 아무런 효과 없이 흐지부지 없어질 것이 뻔하기 때문이다. 일 년에 한두 차례는 바자회를 열고, 비전 트립이나 성지 순례 등을 계획해 교회에 활력을 불어넣고자 한다. 교회에 가장 큰 활력을 불어넣는 프로젝트는 뭐니 뭐니 해도 예배당 건축이다. 성도들의 힘을 하나로 모을 수 있고 매주 가시적인 성과를 볼 수 있다는 점에서 최고의 기획이다. 그러나 그 분주함과 소란스러움이 정말 영적 활력인지 아니면 알맹이 없는 허세인지 판단하기 어렵다.

성도들은 재생산을 하지 못하는 영적 소비자로 전락했고, 교회는 사교의 장소로 변질되고 말았다. 죄악으로 가득한 세상 속에서 예수님의 제자로 살아가는 것을 바라기 어렵다. 세상과 다른 가치관을 가지고 살다가 사회로부터 유무형의 박해를 받는 성도들의 이야기를 들어본 적이 별로 없다. 우리에게 박해가 없는 것은 우리 사회가 성숙해졌기 때문이 아니라, 교회와 세상이 가치를 공유하기 때문이다.

어떤 사람들은 교회의 하락에 대해 분석하면서, 지금 우리 사회는 성숙한 사회가 되어 더 이상 신의 도움을 필요로 하지 않는다는 분석 결과를 내놓는다. 옛날 미개한 시대에는 절대자의 도움을 찾았지만 오늘날처럼 과학이 발달한 시대에는 종교가 설 자리가 없다고 한다. 몸이 아프면 의사를 찾고, 문제가 생기면 변호사를 고용하며, 정신적인 어려움은 상담가에게 털어놓으면 된다. 일주일의 삶을 끝낸 후 불타는 금요일 밤을 보내고, 토요일에 여행을 떠나서 일요일까지 놀다오기 때문에 교회를 찾을 필요가 없다. 인간이 하나님을 찾는 대신 스스로 하나님이 되기로 작정했다고까지 말한다.[2]

---

2   인간 사회를 낙관적으로 보는 가장 영향력 있는 저서로, 유발 하라리, 김명주 역, 『호모 데우스: 미래의 역사』(서울: 김영사, 2017)를 보라. 또한 종교성이 강한 미국과 서구 기독교적 배경을 가진 사회이지만 종교성이 가장 약한 스칸디나비아의 덴마크와 스웨덴을 비교해 후자의 장점을 서술한 필 주커먼, 김승욱 역, 『신 없는 사회: 합리적인 개인주의자들이 만드는 현실 속 유토피아』(서울: 마음산책, 2012)는 나에게도 큰 도전을 주었다. 종교 없는 세속적이며 개인주의적 사회, 파국을 막고 함께 잘 사는 사회를 만들고자 하는 공동체를 지향하는 사회가 과연 가능한가? 이와 유사한 우리나라의 저서로는, 문유석, 『개인주의자 선언: 판사 문유석의 일상유감』(서울: 문학동네, 2015)이 있다. 최근 미니시리즈로 제작된 〈미스 함무라비〉의 저자이기도 한 현직 판사 문유석은 자신이 철저한 개인주의자이지만 개인주의적 편안함을 유지하기 위해서라도 공동체 유지를 위한 타

그러나 풍요의 사회, 세속적인 사회가 되었기 때문에 정말 영적인 필요가 없어진 것일까? 결코 그렇지 않다. 오히려 정반대다. 풍요한 삶을 산다고 해서 사람의 영적인 욕구가 채워지는 것이 아니다. 물질만능의 사회가 되고 사람들과의 관계가 기계적이 되었기 때문에 그 영적 갈급함을 채우기 위해 영성을 추구하는 사람들이 더 많아졌다. 영적인 욕구는 하나님의 형상을 따라 만들어진 인간의 공통적 특징이다. 사실 영성의 르네상스가 도래했다고 생각할 만큼 도처에서 영성 운동이 활발하게 일어나고 있다. 전 세계적으로 전통적인 종교가 부흥하는 것은 물론이고, 영화나 소설, 대중음악 등이 영성을 주제로 삼을 정도다. 이는 근대주의가 만들어 놓은 세계에 대한 반발이라고 해석할 수 있겠다. 이 대열에서 한국교회만 뒤떨어진 것으로 보여 조급증이 인다.

한국교회 위기론

한국교회의 위기론이 회자되기 시작한 것은 1990년대부터였다. 한국전쟁 이후 1970-80년대에 이르는 약 30년 동안은 부흥과 성장의 시대였다. 1990년대 이후 교회의 성장은 멈추었고, 2000년대 초반 이후로는 내리막길을 걷고 있다. 명목상의 신자는 늘었지만, 교회에 출석하는 사람은 계속 줄고 있다. 백만을 헤아린다고 하는 '가나안' 성도도 의미 있는 현상으로 주목받고 있으며,[3] 또 그만큼의 잠재적인 '가나안' 성도가 있다. 헌

협과 연대가 필요하다고 강조한다. 여기에 종교가 설 자리는 없다.

3 한국교회의 위기 상황과 미래의 어두운 전망에 대한 진지한 미래학적 연구가로서 한국교회에 적잖은 충격과 도전을 준 사람은 최윤식이다. 최윤식, 『2020-2040 한국교회 미래지도: 지속 가능한 한국교회를 위한 최초의 미래학 보고서』(서울: 생명의말씀사,

금을 할 수 있는 연령대는 줄어들고, 젊은이를 교회에서 찾아보기 어려워졌으며, 지역의 중소 교회들은 무기력하게 현상 유지에 급급하다. 각 교단의 신학교들은 목회지망생의 감소로 인해 구조 조정을 하거나 새로운 생존의 길을 모색하고 있다. 세상을 설명하고 변혁시키려는 큰 뜻을 품은 신학(*Theologia*)[4]은 사라져가고, 신학은 전문적인 목회자를 길러내는 실용적 학문으로 전락했다.

기독교인의 숫자는 줄어드는 데 반해 교회의 주변 기관들은 늘어났다. 기존의 기관인 노회, 연회, 총회에 더해 지역 연합회나 초교파적 연합 기구들이 많이 생겼다. 전통적인 한국기독교교회협의회(NCCK)와 한국기독교총연합회(한기총) 외에도 한국교회연합(한교연), 한국교회총연합회(한교총), 한국장로교총연합회(한장총) 등 연합 기구가 여럿 생겼다. 수십 개의 기독교 출판사가 난립하고, 기독교 인구에 비해 너무 많은 숫자의 방송국들이 경쟁을 하고 있다. 기독실업인회(CBMC)도 지역 단위로 분화되었고, 직능별 단체와 선교회, 협의회들의 숫자를 헤아리기 어렵다. 기독교 기관들의 형세가 마치 2008년 경제 위기 시대를 연상하게 한다. 실제 부동산 값의 여러 배에 해당하는 금융 파생 상품의 버블이 형성되었고, 이게 한번에 꺼지면서 대혼란이 찾아왔던 글로벌 경제 위기 말이다. 경제 위기의 주범들은 보너스를 챙겨 유유히 빠져나갔고, 서민들은 그 피해를 고스란히 떠안았다.

지난 10여 년 동안 한국교회를 염려하는 신학자와 저술가들은 위기

2013). '가나안 성도' 현상에 대해서는 양희송, 『가나안 성도, 교회 밖 신앙』(서울: 포이에마, 2014); 정재영, 『교회 안 나가는 그리스도인』(서울: IVP, 2015) 등을 보라.

4   신학 교육을 비판한 고전적 저서로는 Edward Farley, *Theologia: The Fragmentation and Unity of Theological Education* (Eugene, OR: Wipf and Stock Publishers, 2001)을 들 수 있다.

의 원인을 찾아내려고 고민했고 또한 저마다 나름대로의 해결책을 제시했다. 한국교회 위기의 원인으로 가장 많이 꼽히는 것은 교회가 세속주의에 물들었다는 것이다. 교회가 세속적 물질과 권력과 대형화를 추구하고, 심리적인 만족만을 주는 가벼운 설교와 엔터테인먼트를 결합하며, 세속적 마케팅의 방법으로 교회 성장을 도모한다는 원인을 찾아냈다.[5] 또한 성직자 중심의 계급화된 교회 제도에 대한 비판도 거세다. 평신도가 교회의 주체가 되고, 목회자는 민주적 리더십을 가진 목회자가 되어야 하며, 소그룹 중심의 셀 처치나 가정 교회로 전환할 것을 권한다.[6] 그 외에도 전통적 개혁주의 교회관에서 멀어진 것이 교회의 위기이므로 전통을 회복해야 한다는 해결책도 제시되었고, 교리적으로 잘못되었기 때문에 진정한 성경적 교리를 회복하는 것에 중점을 둔 해결책도 제시되었다.[7] 포스

5 　옥성호의 "부족한 기독교 3부작"이 대표적이다. 『심리학에 물든 부족한 기독교』(서울: 부흥과개혁사, 2007); 『마케팅에 물든 부족한 기독교』(서울: 부흥과개혁사, 2007); 『엔터테인먼트에 물든 부족한 기독교』(서울: 부흥과개혁사: 2010); 그 외에도 메가 처치 현상을 철저하게 해부한 신광은, 『메가 처치 논박』(서울: 정연, 2009); 신광은, 『메가 처치를 넘어서』(서울: 포이에마, 2015); 또한 백소영, 『세상을 욕망하는 경건한 신자들』(서울: 그린비, 2013); 김두식, 『교회 속의 세상, 세상 속의 교회』(서울: 홍성사, 2010); 박영돈, 『일그러진 한국교회의 얼굴』(서울: IVP, 2013); 김진호, 『시민 K 교회를 나가다: 한국 개신교의 성공과 실패, 그 욕망의 사회학』(서울: 현암사, 2012); 김선주, 『한국교회의 일곱 가지 죄악』(서울: 삼인, 2009).

6 　한국교회의 문제점을 성직자 위주의 교회에서 찾고 평신도 운동을 시작한 대표적인 목회자는 고 옥한흠 목사였다. 옥한흠, 『평신도를 깨운다』(서울: 국제제자훈련원, 1984년 초판 발행). 이후 한국교회 위기의 해결책으로서 교회의 민주화를 주장한 저서들이 많이 나왔다. 백종국, 『바벨론에 사로잡힌 교회』(서울: 뉴스앤조이, 2003); 김덕수, 『건강한 목회를 통해 세워가는 건강한 교회』(서울: 대서, 2008); 황성철, 『주님, 어떻게 목회할까요?: 건강한 교회를 세우기 위한 성경적 목회 지침』(서울: 새물결플러스, 2014); 김동호 외, 『건강한 교회, 이렇게 세운다』(서울: IVP, 2008); 최영기, 『가장 오래된 새 교회: 가정교회』(서울: 두란노, 2015).

7 　대표적인 학자로서 개혁주의 교회론을 바로 이해하고 적용해야 한다고 주장하는 이승구를 들 수 있다. 이승구, 『교회란 무엇인가: 하나님 나라 증시를 위한 종말론적 공동체

트크리스텐덤 세계에서 교회의 본질을 다시 생각하자는 미셔널 처치 운동이 나왔고,[8] 교회가 공공성을 회복하는 것이 대안이라고 말하는 사람도 있다.[9]

2013년 '새물결플러스' 출판사는 위에서 살핀 논의들을 정리해 『한국교회, 개혁의 길을 묻다: 새로운 한국교회를 위한 20가지 핵심과제』라는 책을 편찬한 바 있다.[10] 이 책에 논문을 기고한 20명의 저자들이 자신의 관점에서 한국교회를 진단하고 해결책을 제시했는데, 그것은 크게 4부로 나눌 수 있다. 이 책 각 장의 제목을 훑어보는 것만으로도 한국교회 내에서 지금까지 논의된 것들을 개략적으로 알 수 있다. 제1부는 "근본정신 회복하기"라는 제목 아래에서 신학적 빈곤, 반지성주의, 인문학적 감수성이 부족한 설교, 값싼 구원론 등을 다루었다. 제2부 "교회 문화 직시하기"에서는 교회의 세속화를 질타했다. 기고자들은 무속적·상업적 성령 운동

와 그 백성들의 자태』(서울: 여수룬, 1996); 또한 『한국교회가 나아갈 길』(서울: SFC, 2007).

8   미셔널 처치 운동의 창시자는 레슬리 뉴비긴이다. 그의 대표적인 저서는, 홍병룡 역, 『다원주의 사회에서의 복음』(서울: IVP, 2007)이고, 그의 착상을 이어받은 미국 신학자들의 대표적인 저서는 다음과 같다. George R. Hunsberger, Craig Van Gelder eds., *The Church Between Gospel and Culture: The Emerging Mission in North America* (Grand Rapids: Eerdmans, 1996); Darrell L. Guder ed., *Missional Church: A Vision for the Sending of the Church in North America* (Grand Rapids: Eerdmans, 1998); Craig Van Gelder ed., *Confident Witness-Changing World: Rediscovering the Gospel in North America* (Grand Rapids: Eerdmans, 1999) 등이다. 우리말로 번역된 저서로는, 마이클 프로스트·앨런 허쉬, 지성근 역, 『새로운 교회가 온다: 문화 속에 역동하는 21세기 선교적 교회를 위한 상상력』(서울: IVP, 2009).

9   차정식, 『예수, 한국사회에 답하다: 우리 시대 23가지 쟁점과 성서적 해법』(서울: 새물결플러스, 2012); 미로슬라브 볼프, 김명윤 역, 『광장에 선 기독교: 공적 신앙이란 무엇인가?』(서울: IVP, 2014); 『인간의 번영』(서울: IVP, 2017).

10 강영안 외 19명, 『한국교회, 개혁의 길을 묻다: 새로운 한국교회를 위한 20가지 핵심과제』(서울: 새물결플러스, 2013).

비판, 주일성수·십일조·교회 건물에 국한된 신앙 행태, 맘몬 숭배, 잘못된 신앙 언어 사용, 교회 내 성차별, 쇼로 변질된 예배 등을 세속화의 양상으로 예시했다. 제3부에서는 "구조개혁 시도하기"를 통해 교회의 제도가 잘못되었음을 지적하고 변화의 방향을 모색한다. 메가 처치 현상, 사제주의, 교회 세습, 목회자 납세, 신학교 구조 조정, 교단의 현실 등을 문제로 지적했다. 제4부의 제목은 "참여 방식 점검하기"로 한국교회가 사사화(私事化)되고 공적 영역에 무관심하다는 점을 비판했다. 기고자들은 공적 신앙의 중요성을 역설하고, 타 종교를 무시한 공격적 선교를 비판하며, 생태 문제와 통일 운동에 참여해야 한다고 말한다.

『한국교회, 개혁의 길을 묻다』에 기고한 신학자와 저술가들은 모두 그동안 한국교회의 자성(自省)과 개혁을 주장해온 대표적인 지성인들이다. 이들의 분석은 과학적이고, 태도는 진지하다. 저자들은 자신의 주장을 진지하게 실천해온 사람들이다. 그럼에도 그들의 글을 읽을 때 나는 무언가 허전함을 느꼈다. 그들의 주장은 모두 현재 한국교회의 현상을 분석할 뿐 역사적 요인을 고려하지 않기 때문이다. 나는 교회에 문제가 생기는 것은, 많은 경우 역사적 변동에 제대로 대처하지 못했기 때문이라고 생각한다. 역사적 변동을 고려하지 않는다면 그 방안은 대증요법(對症療法)에 불과할 수 있다. 아마 내가 역사신학 전공자로서 사건들의 역사적 요인을 늘 생각해왔기 때문에 이런 허전함을 느낀 것이리라.

예를 들어 목회직의 대물림(세습)을 문제 삼으려 할 때, 단지 세습의 현상을 조사하고, 그 폐해를 지적하고 비판하는 것으로는 충분치 않다. 성경에서 세습 문제에 대한 대답을 찾기는 어려운데, 이는 성경 시대에는 그런 문제 자체가 없었기 때문이다. 나는 목회직의 세습이 왜 유독 지금 우리 사회에서 부각되었는지 그 역사적 배경을 살펴보아야 한다고 생각한다. 1990년대 이후 우리나라의 사회 경제적 발전과 국민의 요구를 이해하고, 우리 현실에서 '공정성'이라는 덕목의 중요성을 알며, 이전 세대의 유교적 가치와 '공정성'이 어떻게 충돌하는지를 분석해야 한다. 우리는 이런 방식을 통해 문제의 실체에 더 가까이 접근할 수 있고, 상대의 주장을 이해하며, 결국 해결책을 도출해낼 수도 있다. 한 사람 혹은 한 집단을 악으로 규정하고 때린다고 해서 문제가 해결되는 게 아니다. 세습과 같은 특정한 문제를 분석할 때만 역사적 접근이 필요한 것은 아니다. 그 문제들의 집합체인 한국교회 전체 아니 우리 사회 전체를 볼 때도 역사적 안목이 반드시 필요하다.

'포스트크리스텐덤'의 발견

나는 '교회사가'(church historian)라기보다는 '역사신학자'(historical theologian)다. 역사적인 한 사건을 조사하고 분석하는 것에 큰 관심을 두지 않고 성경적·신학적 안목으로 역사의 흐름을 전망하는 일을 좋아한다. 역사신학자의 한 사람으로 한국교회를 다시 살리는 일에 기여할 수 있을까를 늘 기도하고 연구한다. 한 7-8년 전쯤으로 기억하는데, 묵상 중 불현듯 다섯 글자가 떠올랐다. 크-리-스-텐-덤. 직통계시(?)를 받은 것 같은 강도로 기억의 저 구석에서 잠자던 단어가 또렷이 살아났다.

그 당시 나는 몇몇 대형 교회들의 문제를 노회와 총회가 교회법에 따라 처리하지 못한 것에 대한 원인을 생각하고 있었다. '권징'(勸懲)은 노회나 총회가 세워진 중요한 목적 중 하나다. 교회에서 권징이 제대로 시행되지 못한다면 이단의 창궐을 막을 수 없고 도덕적 타락을 저지할 수 없다. 그런데 한국교회에서는 정의로운 권징이 시행되지 않고, 큰 교회의 이익에 따라 노회나 총회 재판이 좌지우지되고 있는 실정이다.[11] 큰 교회에서 상회비를 내지 않으면 노회를 운영할 수 없기 때문이고, 노회 내의 여러 개척 교회들이 큰 교회의 보조에 의존하기 때문이기도 하다. 도저히 부인할 수 없는 죄과가 드러나서 권징을 피할 수 없게 되면, 다른 노회로 적(籍)을 옮기면 되고, 그것도 아니면 아예 교단을 탈퇴해 독립을 선언할 수도 있다.

신학교에서 교회의 3대 표지(標識) 중 하나가 "권징의 신실한 시행"이라고 만날 가르쳐도 소용이 없고, 요즈음은 권징이 시행되지 않는다고 안타깝게 외쳐보아야 공허한 메아리다. 신학자들은 칼뱅 시대에 얼마나 권징이 잘 시행되었는지 논문을 발표하지만, 논문 쓰는 대학원생들 몇이 읽을 뿐이다. 정치하는 목사들이 '권징 조례'나 '총회 결의'를 숙지하는 이유는 정치적 맞수가 자신들을 '불법'이라고 걸지 못하도록 하려는 데 있을 뿐이다.

교회나 노회에서 권징이 시행되지 않는 이유가 무엇인가? 권징의 필요성을 설명하는 성경을 알지 못해서일까? 신학적 지식이 부족해서일까? 내 답은 시대가 바뀌었기 때문이라는 것이다. 권징이 권위 있게 시행되려면, 권징을 받는 사람이 두려움을 느낄 만큼의 사회적 압력이 필요하다. 청교도 시대에는 이것이 가능했다. 간음죄를 지은 주지사(Governor)에게 '수찬정지'(성찬을 주지 않는 징계)를 선언하면 그는 다음 번 선거에서 낙선할 것이었다. 이단적인 사상을 가르치는 목사에게 정직(停職)의 벌을 가하면 그는 아무 데서도 목회를 하지 못한다. 교회와 세속 사회의 권력이 겹치는 부분이 있을 때 비로소 권징이 의미가 있다. 교회가 권징을 하면 교

---

11   장로교회는 동일성(parity)에 기반을 둔 일인(一人) 일표제 혹은 일교회(一敎會) 일표제인데, 자본주의 주주 총회처럼 일주(一株) 일표제의 방향을 띠었다.

인은 형사 처분까지 받지는 않더라도 최소한 사회적 압력이라도 느낄 수 있어야 한다.

그러나 지금은 그런 시대가 아니다. 공적인 사회는 더 이상 종교 내부의 문제에 관여하지 않는다. 여러 교파들이 공존하기 때문에, 또 한 교파 안에서도 노회끼리 회원(목사) 수를 놓고 경쟁하기 때문에 권징이 시행되기 어렵다. 노회나 총회에서 판결을 내려도, 이에 불복하고 이 문제를 다시 세속 법정으로 가지고 간다. 이런 환경에서 교회가 신실하게 권징을 한다는 것이 무슨 의미가 있는가? 정말 성경의 기준으로 옳고 그름을 가리고 싶다면, 신학교에서 배운 오래된 방식이 아니라 다른 방식을 고민해야 할 것이 아닌가?

이런 생각을 하던 중 '크리스텐덤'이라는 단어가 떠오른 것이다. **크리스텐덤 시대에 형성된 교회법을 포스트크리스텐덤 시대에 적용시키려는 것이 시대착오적이다**는 말이다. 일단 이 단어가 머릿속에 자리 잡자 다른 많은 문제들도 이 범주에 넣어 생각하게 되었다. 억지로 생각을 끌어 맞춘 것이 아니라 그동안 해결을 못 하고 속에 넣어두었던 문제들이 저절로 척척 맞아 들어가는 것을 느꼈다. 소위 '프레임'(frame)이 내 안에서 형성되어갔다고나 할까.

예를 들면 다음과 같은 것들이다. 교회에서 가장 중요한 것은 메시지다. 메시지를 전하는 방법뿐 아니라 그 내용도 크리스텐덤 시대와 달라야 한다. 우리 시대 교회의 회중은 일주일에 엿새를 세상 속에서 살아야 하는 세속 사회의 시민이다. 유아세례를 받고 어렸을 적부터 교회에 출석했고 1년 동안의 교리 공부를 마쳐서 기독교적 마인드가 형성된 기독교 세계의 백성이 아니라 계몽사상의 세례를 받고 최소 12년 이상 국가가 주도하는 학교 교육을 마친 근대인이라는 말이다. 오늘날 12년의 공교육을 마치면 하나님 없이 세상을 설명하려 하는 '방법론적 무신론자'(methodological atheists)가 되어 졸업하기 마련이다. 하나님의 존재와 성경의 권위를 전제로 신앙을 강요하는 설교는 이들에게는 전혀 다른 세계의 언어로 들릴 것이다. 우리 시대의 설교자는 교회에서만 통용되는 종교적 클리셰(cliche)를 반복할 것이 아니라 외부 세계와 대화하고 그들의 언어로 복음을 설명하는 법을 배워야 한다.

또한 교회의 형태를 생각해보자. 우리가 몸담고 있는 대부분의 교회들, 곧 장로교, 감리교, 성결교, 침례교, 순복음 등은 모두 크리스텐덤 시대부터 시작된 교회들이다. 크리스텐덤 사회에 디자인된 교회의 형태는 포스트크리스텐덤 시대를 사는 우리들에게 마치 몸에 맞지 않는 옷처럼 어울리지 않는다. 교회의 정치적 제도뿐 아니라 조직과 법과 윤리와 습속(習俗) 등을 모두 재점검해야 한다. 예배의 날짜와 시간, 회집의 장소, 헌금을 모으고 사용하는 방식, 목사·장로·집사의 역할과 선출 방법, 목회자의 지위와 역할 등 거의 모든 것이 재고(再考)의 대상이다. 선교에 대한 새로운 정의와 방법도 긴급히 정립해야 한다.

교회의 메시지와 영성과 제도를 뒷받침하는 것을 '신학'이라고 한다면, 포스트크리스텐덤 시대에는 신학 자체를 비평적으로 보아야 한다. 청교도 시대를 배경으로 하는 전통적 개혁주의 신학이 우리 시대에 어떻게 재해석되어야 하는가? 새로운 시대를 알리는 칼 바르트의 신정통주의의 출현이 의미하는 바가 무엇인가? 진보적 에큐메니컬 신학과 보수적 복음주의 신학으로 양분된 배경은 무엇이고, 이 분리를 어떻게 극복하고 통합으로 나아갈 수 있는가? 신학의 내용뿐 아니라 보존과 전달의 과정도 중요한데, 우리 시대에 적합한 신학교의 구조와 교과 과정은 어떻게 변해야 하는가? 나는 그동안 나를 괴롭히던 이런 문제들을 크리스텐덤/포스트크리스텐덤이라는 해석의 프레임 속에서 해결할 수 있는 실마리를 찾기 시작했다.

해 아래 새 것이 없다

나는 세기적인 발견을 한 것 같은 기쁨에 들떠서 대화가 통하는 동료와 학생들에게 내 주장을 설명하고 동의를 얻으려 했다. 포스트크리스텐덤 시대에 적합한 교회가 어떤 모습을 하고 있어야 할지 연구해 강의안을 만들었다.

그 무렵의 나는 교회론에 관계된 책들을 읽기 시작했는데, IVP에서 막 출간된 『새로운 교회가 온다』라는 책을 만났다. 마이클 프로스트와 앨런 허쉬라는 호주의 작가들이 공동으로 저술한 책이다.[12] 당시 찬반양론이 비등했던 '이머징 처치' 운동을 설명하는 책이겠거니 짐작하고 읽기 시작했는데, 첫 장부터 '파산한 크리스텐덤'이라는 주제가 등장했다. 단숨에 읽어내려갔는데, 내 마음을 그대로 표현해주고 있는 것 같아서 반가웠다. 그러나 한편으로는 "그러면 그렇지. 나만 포스트크리스텐덤 개념을 생각하고 있었던 게 아니었구나. 역시 해 아래 새 것은 없어!"라는 서운한 생각도 들었다.

알고 보니 포스트크리스텐덤을 문제 삼은 사람들이 꽤 많이 있었다. 『새로운 교회가 온다』의 인도에 따라 레슬리 뉴비긴의 저서를 섭렵했다. 뉴비긴은 우리 시대가 포스트크리스텐덤 시대이고 그 시대를 사는 우리가 새로운 교회론을 정립해야 한다고 역설하기 시작한 사람이다. 뉴비긴의 포용성과 학문성 그리고 기독교의 본질을 수호하려는 사명감에 큰 감명을 받았다. 이 글을 쓰면서도 그의 『다원주의 사회에서의 복음』[13]을 세 번째 정독하고 있는데, 매번 새롭게 배울 것이 많다. 레슬리 뉴비긴이 이

---

12 마이클 프로스트·앨런 허쉬, 지성근 역, 『새로운 교회가 온다』(서울: IVP, 2009).
13 레슬리 뉴비긴, 홍병룡 역, 『다원주의 사회에서의 복음』(서울: IVP, 2007).

책을 처음 출간한 것은 1989년이었고, 한국어 번역판 초판은 1998년에 출간되었다. 이후 6쇄를 거듭하다가 2007년에 재판이 나온 것이니, 사실 내가 너무 늦게 읽은 것이다. 뉴비긴의 아이디어가 미국에 전파되어 1990년대 GOCN(Gospel of Our Culture Network, 복음과 우리 문화 네트워크)이라는 논의의 장이 생겼다. 그들은 자신들의 새로운 논의를 '미셔널 처치'(missional church) 운동이라고 불렀다. 곧 복음주의자들도 미셔널 처치 운동을 받아들여 교회의 본질과 형태에 대해 깊이 고민했다. 제일 유명한 분이 뉴욕 센터처치의 팀 켈러(Tim Keller)다. 미셔널 처치 운동은 한국에도 소개되어 많은 교회 개혁가와 개척자들이 이 운동에 동참하고 있다.

미셔널 처치 운동과 큰 관계는 없지만 재침례파 학자들도 포스트크리스텐덤 시대가 되었다는 것을 자각하고 환영한다. '재침례파'(Anabaptists)의 기원은 종교개혁 시대까지 거슬러 올라간다. 재침례파는 급진적 종교개혁(Radical Reformation)의 일파로서 지금도 그 전통을 이어받아 유럽과 미국을 비롯한 전 세계에 4백만 명 이상의 신도들이 흩어져 있다. 그중 메노파(Mennonites)와 아미시파(Amish)가 가장 숫자가 많고 잘 알려져 있다.『예수의 정치학』(The Politics of Jesus, 1972)[14]으로 유명한 존 하워드 요더도 메노파 신학자다.

이들이 '재침례파'라는 이름으로 불리게 된 것은 로마 가톨릭과 대다수 개신교들이 유아에게 베푸는 세례를 비성경적이라며 반대했기 때문이었다. 이들에 따르면 세례는 오로지 자신의 입으로 신앙을 고백한 사람에게만 베풀어져야 한다. 이는 단순히 명목상의 기독교인(nominal Christians)을 반대하기 위함만이 아니다. 기독교 세계를 유지하고 계승하는 최초의 단계가 유아세례이기 때문에 이를 반대한다는 것은 기독교 사회 전체를

---

14   존 하워드 요더, 신원하 등 역,『예수의 정치학』(서울: IVP, 1994).

거부한다는 의미다.[15] 이들은 교회 타락의 원인을 밀라노 칙령(313)으로부터 시작된 크리스텐덤에 있다고 생각했다. 이들이 국가 교회를 반대하는 중요한 이유는 바로 예수님이 가르친 평화의 복음이 전쟁을 반대하는데, 국가주의는 전쟁을 부추긴다는 데 있다. 재침례파의 신학은 당시 사회의 근간을 흔드는 것으로 여겨졌기에 이들은 어디를 가든지 박해를 받았다. 재침례파는 루터와 칼뱅의 종교개혁에 대해 교리적인 면에서는 찬성하지만 영주의 권력과 결탁해 개혁을 일으켰기 때문에 반쪽의 개혁이었다고 비판했다. 내가 공부한 신학대학원은 칼뱅주의를 신봉하고 있었기 때문에 교수님들은 이들을 이단 취급했다. 그러나 나는 이들의 주장이 상당히 일리가 있다고 생각했던 기억이 있다. 재침례파 전통에 속한 신학자들은 포스트크리스텐덤 시대야말로 명목상의 기독교인이 아닌 회심자로 구성된 진정한 교회가 세워질 수 있는 기회라고 생각해 새 시대의 도래를 환영한다.[16]

이 책의 내용

나는 이런 저서들을 접하면서 내가 알지 못하는 사이에 많은 사람이 새로

---

15 크리스텐덤 교회와 포스트크리스텐덤 교회의 행태에 대한 연구가로는 앨런 크라이더 (Alan Kreider)를 들 수 있다. Alan & Eleanor Kreider, *Worship and Mission after Christendom* (Waterloo, Ont: Herald Press, 2011). 또한 그의 저서 *The Change of Conversion and the Origin of Christendom*은 『회심의 변질』(박삼종 외 역, [대전: 대장간, 2012])이라는 제목으로 번역 출간되었다.

16 스튜어트 머레이, 강현아 역, 『이것이 아나뱁티스트다』(대전: 대장간, 2011); 문선주 역, 『아나뱁티스트 성서해석학』(대전: 대장간, 2013). 그는 크리스텐덤이 해체되는 것을 환영하고 기독교의 미래에 새로운 기회가 왔다고 믿는다. 자신의 먼 조상인 아나뱁티스트를 호의적으로 받아들이면서, 현대 사회에 적합한 대안적인 교리와 교회의 형태를 제안한다.

운 시대가 온 것을 깨닫고 준비하고 있었음을 알았다. 지금 와서 생각하니 훨씬 더 많은 위대한 신학자들이 새로운 시대를 감지하고 있었다. 칼 바르트가 계시와 종교, 하나님 나라와 교회를 철저하게 구분한 것이 그 시초라 할 수 있다.[17] 그는 크리스텐덤의 가장 사악한 형태인 독일 국가 사회주의(나치)의 출현을 예견했고, 바르멘 선언(1932)을 통해 이에 저항했다.

나는 이들이 이루어놓은 신학적 담론들을 성령의 인도에 따라 알게 되었고, 이제 대한민국 교회의 문제를 그 시각에서 분석하고 해결책을 제시하려 한다. 이 책의 내용을 한 문장으로 표현하자면 다음과 같다. **현재 대한민국에 존재하는 교회들은 크리스텐덤 시대에 형성된 교회들로서 새로운 시대에 적합하지 않기 때문에, 교회의 형태와 습속, 더 나아가 메시지와 신학도 바뀌어야 한다.**

이 책은 3부로 구성되어 있다. 제1부는 크리스텐덤의 역사를 다룬다. 제1장에서는 기원후 313년의 밀라노 칙령에서 시작한 크리스텐덤 사회와 교회의 특징을 간단히 살피고, 크리스텐덤이 해체되어가는 과정을 이야기한다. 크리스텐덤은 하루아침에 붕괴된 것이 아니고 수백 년에 걸쳐 아주 천천히 무너졌다. 르네상스와 종교개혁, 시민 혁명과 과학 혁명, 기독교 신학의 변화 등이 크리스텐덤 체제 붕괴의 요인들이다.

제2장은 한국교회와 한국 사회의 이야기다. 대한민국은 크리스텐덤이었던 적이 없다. 조선은 정치와 종교가 분리된 세계 최초의 세속 국가라 할 수 있을 정도의 사회였다. 그런데 기독교가 전래된 지 채 한 세기

---

17 Colin Gunton, "Karl Barth and the Western Intellectual Tradition, Towards a Theology After Christendom," ed. by John Thomson, *Theology Beyond Christendom: Essays on the Centenary of the Birth of Karl Barth May 10, 1886* (Eugene OR.: Pickwick Publications, 1986), 285-301. 특히 297.

가 되지 않는 한국 사회가 상당 부분 서구 크리스텐덤과 유사한 양상을 보였다. 미국식 복음주의 기독교는 한국 사회에 성공적으로 안착했고, 기독교가 사회를 주도하는 '유사 크리스텐덤'(pseudo-Christendom) 시대가 도래했다. 그러나 1980년대에 들어서면서 대한민국의 유사 크리스텐덤은 붕괴하고 온전한 형태의 세속화 사회가 이루어졌다. 변화의 시기가 찾아온 것이다.

제2부의 주제는 "포스트크리스텐덤 시대의 성경 읽기"다. 개신교 신앙에서 성경 해석의 중요성은 두말할 필요가 없다. 성경은 성도들이 영성을 형성하는 데 기초이고, 설교는 이를 가능하게 해주는 전달 양식이다. 나는 새로운 교회는 새로운 성경 읽기에서 시작해야 한다고 믿는다. 다른 말로 하자면 새로운 시대가 새롭게 성경을 읽을 것을 주문하고 있다. 제3장에서는 포스트크리스텐덤 시대를 사는 우리가 성경 읽기에서 더 중요하게 생각해야 하는 점들 몇 가지를 생각해볼 것이다. 우리 시대 기독교는 주류 세력이 아닌 주변부로 밀려났는데, 성경을 읽을 때도 이 점을 고려해야 한다. 우리 시대에 더 주의 깊게 읽어야 할 성경의 책들과 읽는 자세에 대해 이야기하고자 한다. 또한 우리에게 배어 있는 과거 크리스텐덤 시대의 성경 읽기 방식을 비판적으로 고찰한다. 크리스텐덤 시대의 특징적인 성경 읽기 방법들은 우리 시대에는 맞지 않을 뿐 아니라 성경을 왜곡해 해석한 측면도 있기 때문이다. 신학의 경우도 비슷하다. 기독교가 사회의 주류일 때는 질서와 안정을 위한 신학을 할 것이고, 반대로 주변부로 밀려났을 때는 세속에 대한 비판적 관점을 보이는 경향이 있다. 예컨대 언약신학(Covenant Theology)의 관점을 가지고 성경을 읽는 것과 선교적(missional) 관점을 가지고 성경을 읽는 것에는 큰 차이가 있다.

과거의 성경 읽기를 비판하면서 성경을 그 원래의 의도에 맞도록, 또한 우리 상황에 맞도록 해석하는 것은 쉬운 일이 아니다. 해석자 자신이 과거의 성경 해석에 의해 형성된 사람이기에, 그의 비판은 자신이 서 있는 자리를 허무는 급진적인 작업이기 때문이다. 이는 인간의 지혜와 용기로 될 수 있는 것이 아니다. 반드시 성령의 조명(照明)이 있어야 한다. 제4장에서는 성경 해석에서 주도적인 역할을 하는 주체가 성령이라는 사실을 보여주고자 한다. 크리스텐덤 교회는 신앙고백이라는 성경 해석의 틀이 있었기 때문에 성령의 역할이 잘 드러나지 않았지만, 그 틀이 깨어진 지금 새로운 시대에 우리를 진리로 이끌 분은 성령밖에 없다. 따라서 성령이 주도하는 해석이 어떻게 가능한가를 논할 것이다.

제2부가 이론 편이라면 제3부는 실천 편이다. 포스트크리스텐덤 시대의 도래를 자각하고 일어난 대표적 교회 운동으로는 미셔널 처치 운동을 들 수 있다. 레슬리 뉴비긴의 사상에서 비롯된 미셔널 처치 운동은 교회 성장을 위한 프로그램이라기보다는 교회론 전체를 근본부터 다시 보자는 본질 회복 운동이다. 제5장에서는 미셔널 처치 운동의 주안점들을 하나씩 다룰 것이다. 세상으로 보냄을 받은 교회의 의미, 복음과 문화의 관계, '하나님의 선교' 개념의 발전, 교회의 공공성과 공동체 등의 주제가 오늘날 교회에 의미하는 바가 무엇인지 살펴볼 것이다.

제6장과 제7장은 앞서 논했던 미셔널 처치 개념을 우리 현실 교회에 어떻게 적용할 수 있을지를 생각해본다. 기존에 출간된 교회론 서적들은 너무 이론적이라는 약점을 보인다. 제6장은 기존 교회들이 어떻게 변화해야 하는지를 논하고, 제7장은 개척 목회를 시작하는 사역자들을 위한 매뉴얼을 만들어보고자 한다. 일요일을 주일로 부르고 이날을 '기독교인의 안식일', 즉 거룩한 날이라고 부르는 것이 대표적인 크리스텐덤의 유산이다. 이는 성경적인 근거가 희박하고 무엇보다도 우리 시대에 맞지 않는다. 예배당을 '성전'이라 불러서 다른 장소와 구별하고, 성도를 성직자와 평신도로 구분한 것도 나름대로 이유가 있지만 극복해야 할 구시대의

산물이다. 미셔널 처치의 정신을 받아들여 우리 주변에서부터 선교의 사역을 시작해야 한다. 중산층 중심의 교회에서 탈피하기 위한 노력이 반드시 필요하다. 1980년대 이후 한국교회가 심혈을 기울였던 해외 선교도 여러 가지 이유에서 재정립할 필요가 있고, 북한 선교도 미셔널 처치의 관점을 갖고 준비하면 좋을 듯하다.

교회 변화의 중심에는 신학 훈련을 받은 풀타임 사역자가 있다. 평신도가 중요하지만 그 평신도를 전도하고 양육하는 사람이 목사나 전도사이기 때문이다. 사역자들이 훈련받는 장이 바로 신학교다. 나는 지난 20년 동안 신학생을 기르는 일에 전념하고 헌신했다. 대다수 신학교의 교과 과정과 운영 시스템은 서구의 것들을 모방한 것으로서 크리스텐덤을 경험한 일이 없는 우리 실정에는 맞지 않다고 생각한다. 우리 시대 신학교들은 '신학'으로서의 이상을 잃어버린 채 직업 성직자를 양성하는 훈련 기관이 되었고, 영성과 실천을 결여한 이론적 학문에 그쳤으며, 일정 부분 교회의 중산층화의 도구가 되었다.

제7장은 개척 목회를 생각하는 신학생이나 교회 분립을 준비하는 중대형 교회를 위해 썼다. 나는 우리 사회에서 구조적으로 복음을 들을 수 없는 상황에 있는 대상들을 위해 개척 목회를 시작하는 것이 우리 시대에 주신 소명으로 믿는다. 대상에 따라 복음 전도의 방법이 달라져야 하고, 무엇보다도 자신이 가진 소명과 은사를 확인하는 것이 중요하다.

이 책의 특징

포스트크리스텐덤 시대에 들어선 것을 깨닫고 새로운 신학과 교회를 제안하는 사람들이 많다. 특히 레슬리 뉴비긴에게서 시작한 미셔널 처치 운동은 전 세계적 반향을 일으킨 대표적 흐름이다. 이 책은 미셔널 처치 운동에 영향을 받은 결과물 중 또 다른 버전에 불과한 것인가? 이 책의 특징을 몇 가지로 정리함으로 서론을 마치려 한다.

첫째, 이 책은 한국교회의 문제의식에서 출발해 서구의 운동들을 비판적으로 수용했다. 미셔널 처치 운동은 영국과 미국 등 크리스텐덤을 경험한 나라에서 시작했기 때문에 그 운동에는 자연히 그들의 상황과 문제의식이 전제되어 있다. 그러니 이를 덥석 받아들여 우리의 것으로 삼는 것은 삼가야 한다. 그러면서도 미셔널 처치에는 오늘 한국교회가 배워야 할 메시지가 있다. 그것이 교회의 본질을 다루고 있기 때문이다.

어떤 개념을 외국에서 배워 이를 한국교회에 적용하는 일과 한국의 문제의식에서 출발해 고민 끝에 외국의 사례를 배우는 일은 서로 확연히 다르다. 외국의 이론을 배워 한국에 적용하려 할 때 자칫 단순한 번역 또는 소개가 되거나 아니면 한국의 기존 신학적 운동에 미셔널 처치의 옷을 입히는 경우도 있다. 후자의 예를 들어보자. 미국의 미셔널 처치 운동에서는 '지역성'(locality)을 매우 강조하는데, 이를 글자 그대로 한국에 도입하면 다소 이상한 결론에 이른다. 미국의 지역성과 한국의 지역성은 그 함의가 전혀 다르기 때문이다. 미국의 경우 지역(local)에 따라 살아가는 사람들의 인구 구성(population group)이 완전히 다르다. 예컨대 슬럼화된 대도시의 다운타운과 재개발된 여피족 아파트촌과 백인 중산층이 사는 대도시 교외 지역(suburbs)은 확연히 구분된다. 따라서 이들에게 맞는 선교의 방식을 택해야 한다는 것이 미셔널 처치의 주장이다. 그러나 인구 밀도가 높고 도시 구획이 잘되어 있지 않은 한국에서는 한 지역 안에 다양한 계층의 사람들이 어울려 산다. 이러한 차이에 대한 반성이 없다 보니, 미셔널 처치의 '지역성' 개념이 곧 민중 신학의 '마을 공동체'와 결합해 시골에 도서관을 세우고 농업 생산성을 높여주자는 운동으로 제한되고 만다.

미국의 상황을 전제로 한 개념을 한국에 적용시킬 때는 훨씬 세심한 접근이 필요하다. 나는 한국 상황과 교회에 대한 고민이 꽤 무르익은 후 미셔널 처치 개념을 배웠기 때문에 이런 오류로부터 어느 정도 자유롭다고 생각한다.

둘째, 이 책은 목회자의 관심과 신학자의 관심이 함께 어우러져 있다. 사실 이 둘은 구분되면 안 되는 것이고, 최소한 나에게는 구분이 되지 않는다. 목회자나 신학자나 모두 진리를 찾는 사람들이고 그 진리를 이 땅에서 실천하려는 사람들이다. 그런데 두 관점에 차이가 있는 것이 현실이다. 예컨대 GOCN(복음과 우리 문화 네트워크) 계열에서 나온 책들은 주로 신학자들이 쓴 글을 모은 것으로 이론적 바탕을 제공하지만, 어떤 방식으로 미셔널 처치를 구현해야 하는지 구체적으로 제시하지 않는다.

반면 목회자들은 미셔널 처치를 교회 성장 프로그램의 하나로 이해하려는 경향이 있다. 그렇다고 해서 내가 교회 성장을 비판만 하는 사람은 아니다. 따지고 보면 교회 성장은 영혼 구원의 동전의 뒷면으로서 성경이 명령하는 것이고 모든 사역자가 추구해야 할 바다. 교회를 개척해 자립할 수 있도록 하는 것은 복음이 우리 사회 모든 계층의 사람에게 전달되기 위해 반드시 필요하다. 그러나 나는 목회자들이 교회 성장을 유일한 목표로 추구하는 것은 반대한다. 모든 목회자가 신학적 관심을 가져야 한다. 하나님의 일하심의 방향에 대해, 그리고 그 방향에서 자신의 위치에 대해 알아야 한다.

또 한 가지 차이는 신학자들은 원칙을 말하고 목회자는 현실에 무게를 둔다. 예컨대 신학자들은 포스트크리스텐덤 시대가 도래했으니 교회를 혁신적으로 바꿔야 한다고 말하고 싶을 테지만, 목회자는 변화를 싫어하는 성도들과 함께해야 한다. 학자들이 주일은 그리스도인들의 안식일이 아니라는 사실을 성경적으로 증명해도, 일생을 주일성수에 최고의 가치를 두었던 성도들은 그런 사실을 이단적인 주장으로 받아들인다. 학자들은 보수와 진보의 초월을 쉽게 이야기하지만 실제로 교인의 90% 이상이 보수층 교회에서 목회하는 목사는 난감할 뿐이다. 이 책에서는 가능한 한 이상과 현실 사이의 간극을 줄이려고 노력했다.

셋째, 이 책은 에큐메니컬 진영과 복음주의 진영 간의 차이를 극복하려는 의도도 있다. 돌이켜보면 시대의 변화를 먼저 감지한 것은 에큐메니컬 진영이었다. 신정통주의자들은 구자유주의 신학이 결국 국가주의와 전쟁 수행의 도구로 전락하는 것을 보고 큰 충격을 받았다. 이들은 국가의 수장이 아닌 그리스도만을 주님으로 모시는 고백 교회 운동(confessing church movement)을 시작했다. 산업화로 인한 사회악과 제국주의와 냉전 등의 시대적 흐름에 대해 복음주의 진영이 제대로 대처하지 못할 때 에큐메니컬 진영이 세상의 악에 대해 더 철저히 분석하고 대응하고자 노력했다. 그렇게 하다가 그리스도 복음의 초월적 성격을 잃어버린 경우도 많았지만 말이다.

로마 가톨릭의 제2차 바티칸 회의, 베를린 장벽 붕괴와 구소련의 해체, 세계화와 신자유주의로 인한 양극화 등의 역사적 흐름은 양 진영에 영향을 주었다. 오랫동안 서로를 적대시하던 두 진영이 세계에 대한 문제의식을 공유하고, 무엇보다 같은 성경 텍스트를 가지고 토론하다 보니 그 차이는 점차 좁혀져 갔다. 복음주의자들도 구조적 악의 심각성을 이해하고 현실 참여의 중요성을 인식했다. 지금은 이제까지 대화와 논쟁에서 얻은 지혜로 포스트크리스텐덤이라는 새로운 시대를 함께 대응해야 할 시기다. 실체도 없는 허깨비 같은 해묵은 분열과 갈등을 우리의 후배들에게 물려줄 이유는 없다.

어느덧 기성세대가 되어버린 나를 발견한다. 내가 사역에 뛰어들 때 한국교회는 최고의 전성기를 구가하고 있었지만, 이제 나는 후배와 제자들에게 영광스러운 교회를 물려주기 어렵게 되었다. 복음을 위해 자신과 가족들을 이국땅에 묻은 선교사들, 일제와 공산주의라는 거대한 악의 세력과 영적 싸움을 싸우다가 순교당한 믿음의 조상들, 이름도 빛도 없이 자신의 재산과 인생을 주를 위해 바친 성도들, 이들 앞에서 면목이 없다. 지금까지 나를 길러주고 삶의 의미와 방편을 마련해준 교회의 미래를 위해 무엇이라도 해야 한다는 조바심에 새벽잠을 설친다.

과거 유사 크리스텐덤의 영광을 추억하고 그리로 돌아가려는 시도는 실패가 예견되어 있다. 오늘날 가라지 투성이의 교회가 있는 것은 바로 그 좋았던 옛 시절에 뿌려진 악의 씨앗이 자라난 결과이기 때문이다. 과거의 영화를 재현하려는 시도는 가라지와 밀을 구분할 수 있다고 생각하기에 순진하고, 그 뿌리가 얽혀 있는 것을 생각하지 않고 단칼에 없애고자 하기에 게으르며, 현재 우리의 교회가 가라지 밭으로 변해버렸음을 인정하지 않기 때문에 완미(頑迷)하다. 지혜 있는 자는 자신의 입을 티끌에 대고 상한 마음의 제사를 드릴 뿐이다. 죽어가는 것들을 사랑하면서 새로운 미래를 위해 눈물로 씨를 뿌릴 뿐이다.

제 1 부

크리스텐덤이란 무엇인가?

할리우드 재난 영화에 종종 등장하는 장면이 있다. LA 도심에 커다란 운석이 떨어지거나 지진이 일어나는 등의 대재난이 닥쳤다. 고가 도로가 엿가락처럼 휘어지고 고층 빌딩이 파괴되며 자동차가 날아다니고 사람들은 갈팡질팡 몰려다니며 온 시내가 아수라장이 되었다. 어떤 게으른 사람 하나가 늦잠을 자다가 밖이 소란스러워 잠에서 깬다. 칫솔을 입에 물고 기지개를 켜면서 무슨 일이 있나 문을 여는데, 문을 여니 곧 아찔한 벼랑이다. 건물의 반쪽이 날아가 버린 것이다. 나는 우리 신앙의 환경을 생각할 때 이 장면을 가끔 떠올린다.

교회의 문을 열고 나가면 곧 벼랑과 같이 하나님을 볼 수 없는 세상이다. 내가 12년 동안 사역하던 교회는 서울 방배역 사거리에 있다. 한 시간 남짓의 열정적인 예배를 마치고 밖으로 나오면, 정말 아무 일도 없었다는 듯 세상이 돌아가고 있다. 차들은 질서정연하게 왕래하고, 사람들은 무심한 표정으로 등산을 가며, 맥도날드에는 젊은이들이 앉아 늦은 아침을 먹고, 공사장의 드릴과 해머 소리가 간헐적으로 귀를 울린다. 눈을 들어 청명한 가을하늘을 올려다보면 당연히 계셔야 할 하나님은 보이지 않는다. 잠시 아찔한 어지럼증이 일어난다.

우리 삶의 어느 곳에서도 하나님을 찾기는 쉽지 않다. 공공의 영역에서 신앙에 대해 이야기하지 않는 것은 이미 불문율이 되었다. 신문이나 TV가 종교를 다루는 것은 의례적인 성탄절 예배 실황을 잠시 비춰줄 때나 타락상을 고발할 때뿐이다. 논문 발표장이나 학회지에서 초월적 영역에 대해 거론하는 것은 웃음거리가 될 일이다. 축구 선수가 골을 넣고 기도 세리머니를 하면 비난을 받고, 국제 대회에서 우승한 선수가 하나님께 영광 돌린다는 인터뷰 장면은 편집된다. 학교에서 특정한 종교를 선전하거나 비방하는 것은 금지되었다. 모든 교과 과정은 '방법론적 무신론'(methodological atheism)에 기초해 있다. 신이 없다고 대놓고 가르치지는 않지만, 신을 배제한 채 세상을 설명할 수 있다는 가정 아래 모든 교과 과정이 작성되었다. 언제부턴가 군부대 위문 공연 때도 종교의 자유를 침해할 소지가 있다며 예배가 금지되었다.

정치인은 자신의 신앙을 드러내기를 꺼린다. 자신의 종교와 무관하게 다른 종교의 신전에 가서 배례하고 법명을 받는다. 종교를 진지하게 생각하지 않는 것이다. 고(故) 노무현 대통령의 장례식에서는 불교, 기독교, 천주교 3대 종단이 번갈아 장례의 순서를 맡았다. 그 영혼이 천당과 극락과 연옥 사이에서 배회할 것 같았다. 2017년 한 장관 후보자가 '창조과학'을 신봉한다고 주장해 세간의 웃음거리가 되더니 끝내 국회 청문회를 통과하지 못하고 낙마하고 말았다. 그때 평론가들의 논조는 개인적으로 종교를 믿는 것은 괜찮지만 종교적 신념을 과학 세계로 가지고 들어오는 것이 문제라는 것이었다.

비즈니스의 영역에서 종교가 차지하는 자리는 더 없다. 냉혹한 약육강식의 정글에서 살아남기 위한 피 말리는 경쟁 가운데서 종교를 이야기하는 것은 현실을 모르는 한가한 사람들의 이야기로 들릴 것이다. 대기업 기획 전략실은 오너의 경영권 방어와 지분과 세습에 올인하고, 성공한 프랜차이즈 회사는 동네 빵집에 갑질하며, 미국 MBA 학위를 가진 화이트칼라는 M&A와 외환 투자와 선물 거래에 밤을 새우고, 말단 회사원은 고단한 일과를 마치고 삼삼오오 회식과 술자리와 노래방으로 흩어진다. 기독교의 이름을 내건 기업도 예외는 아니라서 "주일은 쉽니다"라는 구호를 제외하고는 기독교적 이념이 경영과 투자와 마케팅에 영향을 주지 않는다. 실제로 주일에 쉬는지도 모를 일이지만 말이다. 경쟁에서 밀려난 사람들은 비정규직으로, 알바노동자로, 임시직으로, 인턴으로, 취업 준비생으로 전락하고, 때로는 알코올 중독자와 노숙인으로 살다가 자살로 곤고한 삶을 마감한다.

유일하게 신앙에 대해 생각하는 것은 주일 예배 때인데, 이때도 설교의 대부분은 세속적인 이야기다. 반은 세속에서 성공하는 법을 가르치는 자기 계발서의 반복이고, 나머지 반은 실패한 자들을 위한 힐링 메시지다. 교회 문밖이 벼랑이 아니라 교회의 8할이 벼랑이다. 교회를 움직이는 동력이 말씀을 통한 성령의 능력일까? 혹시 이미 체제의 쳇바퀴에서 쉼 없이 돌고 있는 담임 목사의 세속적(?) 열정과 비정규직 부교역자의 맹목적(?) 충성과 '성전' 건축과 같은 보이는 영광과 성도들의 소속감과 같은 것이 아닐까?

나는 1700년대 중엽 미국 뉴잉글랜드 청교도 지역에 살고 있는 사람들의 삶으로 돌아가고 싶다고 가끔 생각한다. 당시 청교도들은 온 가족이 같은 신앙을 공유하고 같은 교회에 소속되어 있었다. 공적·사적 교육 모두가 성경에 기초해 있고, 교사와 대학 교수들이 모두 존경받는 기독교인이다. 삶은 단순했고, 동네에는 술집도, 도박장도 없다. 음란한 책을 펴내고 판매하면 법에 저촉되는 것은 물론이고, 음탕한 농담만 해도 경고를 받는다. 주일이 되면 온 식구가 멋진 옷을 입고 그 마을 언덕에 높이 솟아 있는 교회당에 가서 예배드린다. 맛있는 점심을 먹고 나서, 아이들은 교리 공부를 하고, 어른들은 경건한 책을 읽는다. 일 년의 리듬은 사순절, 감사절, 대강절 등 신앙의 달력을 따라 순환되고, 국가를 위한 기도의 날이 정해져 있어 온 국민이 하나가 되어 회개하며 기도한다. 삶은 깨끗했고, 세속적 죄에 빠질 염려도 없으며, 죄에 오염된 문화 때문에 부대낄 필요도 없다. 국가의 정책은 기독교를 기반으로 하고 있고, 성경에 기초한 윤리를 법의 정신으로 삼으며, 모든 제도와 시스템이 정욕과 탐심을 억압한다. 교회는 모든 사회 제도의 정점에 있고, 성직자는 하나님의 대리인으로 존경을 받으며, 예배당은 깨끗하게 관리되고, 주일은 모든 일을 멈추고 예배하는 날이다. 어디를 보아도 하나님이 계신다.

　　전라남도 신안군에 '증도'(曾島)라는 곳이 있다. 원래는 섬이었는데 지금은 연륙교로 연결되었다. 일제 강점기 문준경 전도사의 헌신적인 전도 활동으로 그 일대가 복음화되었다. 우리나라에서 복음화 비율이 가장 높은 곳이고, 순교 성지이기도 하다. 증도에 가면 마을마다 꽤 큰 예배당이 있고 주민의 거의 90%가 신자다. 마을 어디에도 유흥 시설이 없고 어두워지면 편의점마저 문을 닫는다. 죄를 지으려 해도 지을 수 없는 곳이다. 이곳에 가면 나도 모르게 거룩한 기운이 느껴지고, 여기서 한 일 년 살면 성화될 것 같다는 생각을 간절히 한 적도 있다.

　　21세기는 미국의 사회학자 피터 버거(Peter Berger)의 말대로 사회 질서를 유지하고 보존하는 기독교의 "신성의 덮개"(sacred canopy)가 벗겨져 나간 시대다. 개인은 공존하는 여러 가지 신앙이나 신념 체계 중 자신이 원하는 것을 고를 수 있다. 한편으로 자유를 구가할 수 있다는 점에서 환영할 만하지만 동시에 세상 어디에서도 고향에 온 것 같은 편안함을 느낄 수는 없다.[1] 이제 우리 사회에서는 물론이고 서구 사회에서도 기독교는

1　세속화에 관한 피터 버거의 주장을 알기 위해서는 다음의 책을 참고하라. Peter Berger, *The Sacred Canopy: Elements of Sociological Theory of Religion* Grandham (U.K.: Anchor Books, 1967); *The Homeless Mind: Modernization and Consciousness* (N.Y.: Vintage, 1973).

종교 소비자[2]의 기호에 따라 선택하는 사적(私的)인 종교가 되었다. 뜨거운 햇빛과 비를 가려주던 거룩한 덮개가 벗겨지고, 인류는 고통과 모순과 죄악의 현실을 벌거벗고 맞아야 한다.

어떤 사회든지 특별히 거부감 없이 사회적으로 용인하고 수용하는 신념들이 있게 마련이고, 이러한 신념들이 그 사회를 구성하고 지탱하는 중요한 요소가 된다. 이 신념의 체계를 "타당성 구조"(plausibility structure)라 부른다. 과거 크리스텐덤 사회의 사회 구성원은 모두 신이 존재한다든가, 역사의 배후에 신의 손길이 있다든가, 성경이 보여주는 보편적 규범을 따라야 한다든가 하는 신념을 공유했다.[3] 그러나 오늘날과 같은 다원주의 사회에서는 사회를 이끌어가는 타당성 구조가 존재하지 않는다. 신앙과 윤리적 규범들이 서로 경쟁하고 있고, 개인은 그것 중 하나를 택해야 한다. 모든 사람이 불확실성과 상대주의와 회의주의 및 아노미와 싸워야 한다.

내가 크리스텐덤을 부러워한다고 해서 그 시대로 다시 돌아가야만 한다고 주장하려는 게 아니다. 과거로 돌아가려는 시도는 모두 실패로 끝

---

2   Vincent J. Miller, *Consuming Religion: Christian Faith and Practice in a Consumer Culture* (N.Y.: Continuum, 2004). 빈센트 밀러는 현대 미국의 기독교는 사람들의 문화 소비 중 하나가 되었다고 평가했다. 사람들은 광고를 보고 자기 취향에 맞는 교회나 교단을 택하고 이를 통해 심리적인 만족과 행복을 누린다. 이러한 소비자의 기호에 순응하는 교회는 발전하지만 전통을 고집하는 교회는 곧 문을 닫고 만다. 신조나 의식이나 공동체와 같은 전통은 무의미해졌다.

3   '선교적 교회'(missional church)에 관한 현대적 논의의 단초를 제공한 레슬리 뉴비긴 (Leslie Newbigin, 1909-1998)은 피터 버거의 "타당성 구조" 개념으로 자신의 경험을 설명했다. 38년간의 인도 선교 사역을 마치고 영국으로 돌아온 뉴비긴의 눈에 비친 영국 사회와 그 구조는 이미 기독교 사회가 아니었다. 새로운 영국 사회의 타당성 구조는 다원주의였고, 학자들은 믿음보다는 의심을 선호했으며, 종교는 사적인 영역으로 축소되었다. 레슬리 뉴비긴, 홍병룡 역, 『다원주의 사회에서의 복음』(서울: IVP, 2007)의 제1장 및 『헬라인에게는 미련한 것이요: 복음과 서구문화』(서울: IVP, 2005) 등을 보라.

날 것이다. 이미 성인(成人)이 되었는데 어떻게 다시 순진한 어린 시절로 돌아갈 수 있겠는가? 게다가 많은 역사가가 크리스텐덤 시대를 '암흑 시대'라고 평가하는 데에는 그만한 이유가 있다. 크리스텐덤 시대에 교회의 이름으로 많은 악이 자행되었기 때문이다. 크리스텐덤은 인간의 자율성과 선택의 자유가 제한된 지극히 억압적인 세계였고, 국가와 기독교가 하나가 되어 민중을 착취하며 전쟁을 수행한 시대였다. 성경은 이성을 억압하는 도구로 사용되었고, 성경의 주장과 어긋난다는 이유로 과학적 발견을 숨겨야 했다. 그 체제에 반대하는 사람은 이단자요 마녀로서 화형을 당했다. 신앙은 자유로운 선택에 의한 것이어야 하는데 선택의 기회가 없었기 때문에 많은 그리스도인이 명목상의 기독교인으로 전락했다. 결국 국가 권력과 종교 권력의 복합체는 타락할 수밖에 없었다. 움베르토 에코의 소설 『장미의 이름』에 나오는 수도원의 타락상이나, 제레미 아이언스가 주연으로 나온 미국 드라마 〈보르지아〉(The Borgias)에서 묘사된 중세 말 교황청의 역겨운 모습을 보라.

　　과거의 특정한 한 시대를 이상적인 사회로 여기고 그리로 돌아가려는 것은 헛된 노력이다. "'옛날이 지금보다 나은 것이 어쩜이냐?' 하지 말라! 이렇게 묻는 것은 지혜가 아니니라"(전 7:10). '좋았던 시절'(good old days)은 우리의 선택적 기억력이 만들어낸 환상일 뿐 실제로 존재했던 적이 없다. 비록 그것이 성경의 어느 시대나 심지어 초기 교회 시대라 할지라도 말이다. 내가 성경과 역사를 공부하면 할수록 깨닫는 것은, 모든 시대마다 공과(功過)가 있고, 그 과(過)는 인간의 본성과 깊이 연결되어 있다는 사실이다. 역사는 진보하기보다는 순환하고, 발전하기보다는 제자리에서 맴도는 것 같다. "사람이 얼마나 많은 길을 걸어야 사람이라고 불릴까?"라고 밥 딜런(Bod Dylan)이 반전(反戰)을 노래한 지도 두 세대가 지나가지만 아직도 그 대답은 바람만이 알고 있을 뿐이다.[4] 어떤 면에서 진보가 있지만 그 진보와 더불어 인간의 죄악이 함께 자라 결국 그 사회를 무너뜨리고 만다. 무너져가는 사회에 단 하나의 희망이 있다면 하나님께서 몇 사람을 택해 그들로 하여금 미래를 내다보고 새로운 시대를 준비하게 하신다는 것이다. "밤나무와 상수리나무가 베임을 당하여도 그 그루터기는 남아 있는 것 같이 거룩한 씨가 이 땅의 그루터기니라"(사 6:13 하).

구약 이스라엘의 역사는 이러한 비관적인 역사의 순환을 잘 보여준다. 성경 가운데서 순수한 승리의 기쁨으로 가득한 빛나는 시대는 여호수아의 정복 시대였다. 그러나 한 세대가 지나가면서 번영은 사슬이 되고 자유는 족쇄가 되었다. 사사시대를 특징짓는 구절, "그때에 이스라엘에 왕이 없으므로 사람이 각기 자기 소견에 옳은 대로 행하였더라"(삿 17:6; 21:25)는 곧 이어질 왕정을 기대하게 하는 말씀이다. 하나님의 뜻을 행하는 왕과 중앙 정부가 들어서면 무정부 상태로 인한 혼란이 종식되고 정의의 통치가 지속될 수 있을 것만 같다. 그러나 실제 왕국의 모습은 기대와는 사뭇 달랐다. 다윗이 세웠다고 하는 정의(삼하 8:15)는 이내 자취도 찾을 수 없이 사라졌고, 왕정은 사사시대를 능가하는 조직적인 타락으로 끝을 맺는다. 멸망 직전의 유다 왕국은 신정 정치가 타락하면 어떻게 되는지를 보여주는 표본이다. 사사들의 정치에서 왕정으로 역사가 진보하는 것처럼 보이지만, 구조적인 악도 더불어 진화하기 때문에 이런 일이 벌어진 것이다.

바빌로니아는 창일한 하수와 같이 다윗 왕실과 성전 및 하나님의 백성을 뒤덮어 지면에서 쓸어버렸다. 공허와 혼돈만 남은 창조 이전의 세계

4　2016년 노벨 문학상을 수상한 미국의 포크송 가수 밥 딜런(Bob Dylan)의 대표곡 "Blowin' in the Wind"의 첫 구절이다("How many roads must a man walk down before you call him a man?").

로 돌아간 것 같았다. 그러나 하나님의 약속이 소멸된 것은 아니었다. 소멸되기는커녕 더 강렬한 소망으로 되살아났다. 하나님의 일하시는 방법을 깨달은 소수의 사람들이 미래를 준비했다. 하나님이 마음에 품고 계시는 미래는 옛 언약의 시대에는 상상도 하지 못할 것들이었다. 혈통에 의한 다윗 왕조를 다시 세우는 것이 아니라 다윗도 멀리서 소원하던 왕국, 곧 정의와 사랑이 가득한 메시아 왕국이 수립되는 것이다. 거기서는 짐승을 죽여 제사를 드리는 성전 예배를 회복하는 것이 아니라 성령을 모신 사람들이 살아 있는 제사를 드린다. 하나님을 아는 지식이 지역적·인종적 한계를 뛰어넘어 온 세상에 가득할 것이다. 이는 모든 계시의 완성이신 하나님의 아들 예수님의 가르침과 사역으로 세상에 드러났다.

나는 때로 구약 이스라엘 역사의 세 구분(정복과 사사시대, 왕정시대, 포로기 이후)이 기독교 역사의 세 구분, 곧 기원후 1-4세기의 어린아이와 같이 순진한 프리크리스텐덤(pre-christendom) 시대, 기독교가 권력을 가진 제정일치의 크리스텐덤 시대 그리고 크리스텐덤이 해체된 포스트크리스텐덤 시대와 겹친다고 생각한다. 박해와 혼란을 겪었던 프리크리스텐덤 시대 기독교인은 마치 사사기의 저자가 그랬던 것처럼 기독교가 권력의 핵심이 되는 시대를 바라고 기도했을 것이다. 황제가 기독교인이 되고, 단일하고 보편적인 정통 교회가 수립되며, 국가의 법과 질서가 성경에 기반을 두었을 때, 그는 그것을 환호하고 반겼으며, 잠시 안정과 평안을 누렸을 것이다.

그러나 곧 크리스텐덤은 기대하지 않았던 악이 자라는 것을 목격한다. 국가 권력자가 교회를 국가 체제에 편입시키려 하고, 교회는 권력과 야합하며, 그 권력에 신적인 영광을 덧입혀주었다. 국가는 신격화를 원하고 교회는 권력을 탐했다. 그리고 이 둘이 합쳐져 전쟁을 일으키고 백성들을 탄압한다. 그곳에는 예수님이 설 자리가 없다. 예수님이 오신다면,

그분은 교회의 교리와 제도를 수호하는 '이단 심문관'(The Grand Inquisitor)에게 잡혀 쫓겨날 것이다. 역사가 진행되면서 크리스텐덤은 균열을 일으키다가 곳곳에서 요란한 소리를 내며 경착륙했다.

서구 크리스텐덤이 무너지면서 크리스텐덤 시대의 영화를 함께 누렸던 교회들도 새로운 국면을 맞게 되었다. 뜻밖에도 로마 가톨릭교회가 그 변화의 국면을 파악하고 발 빠르게 대처했다. 1962년부터 4년에 걸쳐 진행된 제2차 바티칸 공의회는 크리스텐덤 이후의 변화된 세계에서의 교회의 위상과 예배 및 선교 방식에 대해 깊이 고민했고, 그에 걸맞은 결과를 내놓았다. 개신교 역시 변화하지 않으면 다음 세대에 살아남을 수 없을 정도로 그 위상이 약화되었음을 깨달았고, 이는 다시 교회의 본질에 대한 자성으로 이어졌다.

나는 크리스텐덤의 붕괴가 또 한 번의 기회가 될 수 있다고 믿는다. 이스라엘 백성들이 유배지에서 자신들의 과거를 돌아보고 새로운 소망의 빛을 발견한 것처럼 우리 시대에도 새로운 기독교의 역사가 펼쳐질 것을 기대한다. 그 소망은 크리스텐덤의 영화를 다시 회복한다든지, 제3세계에서 새로운 기독교 세계가 수립되는 것이 아니다. 새로운 기독교는 십자군의 깃발을 들고 전진하는 정복자의 기독교가 아니라 십자가의 정신을 이어받은 그리스도의 교회여야 할 것이다. 어그러진 세상 속으로 들어가서 세상의 구조와 삶을 변화시키는 새 포도주여야 한다. 다원주의를 이해하면서도 그리스도의 유일성을 증언하는 것이요, 세속화를 인정하면서 세속사회에서 그리스도의 제자가 되는 것이다. 부족주의(tribalism)와 자국중심주의에 종교가 영합한 문명의 충돌이 아니라 진정한 의미의 복음적 세계주의의 이상을 추구하는 것이어야 한다.

제1장 ————————————————————————————————

포스트크리스텐덤 시대

지난 2천 년의 역사를 크리스텐덤을 중심으로 프리(pre)크리스텐덤과 포스트(post)크리스텐덤으로 구분하는 것은 너무 단순한 구분임이 틀림없다. 이는 크리스텐덤을 겪어본 경험이 없는 비서구 사회를 설명하기에는 적당하지 않은 시대 구분법이다. 그러나 나는 이 구분법을 통해 세계를 보면 오늘날 우리의 사회와 교회 현상을 설명하기 용이하다고 생각한다. 이 구분법은 다른 시대의 구분법들, 예컨대 일반적으로 통용되는 고대-중세-근대-현대나, 신학계에서 사용되는 초대-중세-종교개혁 시대-현대 등과 함께 사용할 수 있다. 제1부는 포스트크리스텐덤을 설명하기에 앞서 크리스텐덤의 역사와 특징을 정리하고자 한다. 우선 제1장에서는 크리스텐덤의 역사와 크리스텐덤의 해체 과정을 몇 단계로 나누어 살펴려 한다. 크리스텐덤이 어떤 시대였는지부터 알아보자.

1. 크리스텐덤이란 무엇인가?

'크리스텐덤'(Christendom)은 기독교가 지배하는 국가나 사회라고 간단히 정의할 수 있다.[1] '기독교 세계'(Christian World)라는 말과 동의어다. 기

---

1   정확한 영어식 발음은 '크리슨덤'이지만 한국에서는 '크리스텐덤'으로 표현 및 통용

독교가 법과 정체, 사회적 이념과 관습 및 문화를 지배하는 사회이자, 또한 국가가 기독교의 교리 및 예배와 선교를 지지해준다. 크리스텐덤은 역사적으로는 기원후 313년 콘스탄티누스 황제의 밀라노 칙령에서 시작되었고, 계몽사상(Enlightenment)과 시민 혁명으로 서서히 사라지다가 20세기 말에 와서야 완전한 포스트크리스텐덤이 되었다. 16세기 종교개혁도 크리스텐덤 자체를 무너뜨리지는 않았고, 그 체제 안에서 교회를 개혁하고자 했을 뿐이다. 로마 가톨릭에서 루터파와 개혁파 등의 기독교 교단이 갈라졌지만, "영주의 종교가 신민의 종교다"(*Cuius regio, eius religio*)라는 아우구스부르크 종교 회의(1555)의 모토가 말해주듯이, 유럽에서 국가와 교회의 연합은 공고했다.

재세례파 신학자 스튜어트 머레이(Stuart Murray)는 크리스텐덤의 의미를 다음과 같이 요약했다.[2]

- 크리스텐덤은 기독교적인 지리 영역을 표현하는 것으로 그 영역 안에 살아가는 대부분의 사람은 최소한 형식적으로라도 그리스도인이다.
- 크리스텐덤은 로마 제국의 콘스탄티누스 1세가 기독교로 개종했던 4세기부터 20세기 말까지를 의미한다.

되고 있어 크리스텐덤으로 표기하고자 한다. 독일어의 Christentum이나 네덜란드어의 Christendom은 '기독교'를 의미하는 영어의 Christianity에 해당하고, 영어의 Christendom에 해당하는 독일어는 Christenheit, 네덜란드어는 Christenheid다.

2   스튜어트 머레이, 강현아 역, 『이것이 아나뱁티스트다』(대전: 대장간, 2011), 108-109. 재세례파 혹은 아나뱁티스트는 가장 강력하게 크리스텐덤을 반대해왔다. 기독교는 완전히 국가로부터 독립되어야 한다고 믿기 때문이다. 16세기 루터나 칼뱅의 종교개혁이 영주와의 결탁에 의해 이루어진 것이기 때문에 반쪽의 성공이라고 생각한다. 이들은 크리스텐덤이 종말을 고한 것에 대해 안타까워하는 것이 아니라 이를 환영한다.

- 크리스텐덤은 기독교의 이야기, 언어, 상징, 절기별 리듬에 의해 결정적으로 영향을 받은 문화를 일컫는다.
- 크리스텐덤은 교회와 국가 간의 상호 협력과 지지와 합법화를 통한 정치적 타협을 일컫는 말이다.
- 크리스텐덤은 세상 속에서 하나님의 역사하심에 대한 인간의 신념이요, 태도이며, 사고방식이다.

크리스텐덤은 단순히 국가와 종교의 관계만을 말하는 것이 아니라 크리스텐덤 나라들의 사회 제도 전반 그리고 그 안에 살고 있는 사람들의 문화 및 의식 구조까지 지배하고 있는 거대한 틀을 의미한다.

크리스텐덤의 간략한 역사

기독교가 맨 처음 시작된 곳은 로마 제국의 변방 예루살렘이다. 기독교는 당시 이방 세계에서 유대교의 한 분파로 인식되다가 속사도(續使徒) 시대에 와서 기독교라는 독립적인 종교로 인정받았다. 초기 기독교는 흔히 로마 제국 10대 박해로 알려진 200년간의 가혹한 박해의 시대를 겪어야 했다. 성도들은 토지와 직업을 빼앗겨 유랑하기도 하고 사회적 따돌림을 당했다. 지하 무덤에서 숨어 지내느라 햇빛을 보지 못하고 살았으며 잡히면 고문과 죽임을 당하는 지독한 박해를 견뎌야 했다. 박해를 당하던 사람들의 소원이 무엇이었을까? 그들은 로마 제국과 황제가 회심하고, 기독교인이 자유롭게 예배할 수 있으며, 하나님의 영광과 명예를 회복하며, 지하에 숨어 있던 하나님의 교회가 지상에 교회를 건설하는 것을 소망했다.

하나님께서 순교자들의 부르짖음에 응답하신 때가 왔다. 그 응답은 로마 황제 콘스탄티누스 대제(Constantine the Great)를 통해 주어졌다. 콘스탄티누스는 부하 막센티우스의 반란을 진압해야 했는데, 반란군의 병력이 자신의 정규군보다 두 배나 많았다. 이야기에 따르면, 그는 전투 전날 밤 꿈속에서 '키-로'라는 글자의 환영(幻影)을 보았다. '키-로'는 '크리스토스'(Χριστός)라는 그리스어 단어의 키(X)와 로(P)라는 철자로 그리스도를 의미한다. 그리고 콘스탄티누스는 "천상의 하나님의 기호를 병사들의 방패에 붙이라"는 음성을 들었다. 이를 신의 음성으로 생각한 콘스탄티누스는 이 기호를 병사들의 방패와 군기의 문장(紋章)으로 사용했다. 또한 그는 전투에 앞서 태양빛 사이로 비치는 십자가를 보았고 "이 기호로 승리하리라"는 메시지를 받았다. 그리고 마침내 이 운명의 전투에서 승리를 거두었다. 그는 이 승리가 기독교의 하나님이 자신에게 가져다준 승리라고 믿었다.[3]

곧 그는 '밀라노 칙령'을 선포했다(313). 제국 내의 신민이 기독교를 포함한 종교를 자유롭게 택하도록 했고, 몰수했던 교회의 재산을 모두 돌려주었다. 과연 콘스탄티누스가 진심으로 기독교로 귀의했는지 아니면 미신적으로 기독교 하나님의 진노를 피하려 했는지, 혹은 제국의 안정을 위해 기독교와 다른 종교들을 인정했는지에 대해서는 논란의 여지가 있다. 어쨌든 밀라노 칙령 이후 황제는 지속적으로 기독교에 호의적인 정책을 베풀었고, 로마에 큰 규모의 성당을 짓기도 했다. 그는 325년 니케아 공의회를 통해서 삼위일체 교리를 확립했고, 동서 로마를 통일한 후에 수도를 콘스탄티노플(지금의 이스탄불)로 옮기며 기독교의 부흥을 위해 노

---

3   콘스탄티누스 대제의 환영이 실제로 있었던 일인지 아니면 후대 사람들이 지어낸 신화인지에 대해 여러 견해가 있다. 기존 연구를 종합한 김경현의 『콘스탄티누스 황제와 기독교』(서울: 세창출판사, 2017)에서는 이 환영을 후대의 조작으로 보고 있다. 아울러 김경현은 밀라노 칙령도 콘스탄티누스 대제의 독창적인 업적이기보다는 선황제 갈레리우스 칙령(311)을 재확인한 것에 불과하다고 말한다(143-162).

력했다.

일반적으로 크리스텐덤은 콘스탄티누스 대제에서 시작한 것으로 인정된다. 그래서 때로 크리스텐덤을 '콘스탄티누스주의'(Constantinianism)라고 부르며, 포스트크리스텐덤을 포스트콘스탄티누스 시대(Post-Constantine Era)라고 부르기도 한다. 기독교적 가치를 기반으로 국가의 정책이 수행되고, 법과 제도와 생활의 리듬이 교회를 중심으로 제정되고 운영되었다. 교황이나 대주교와 같은 고위 성직자들이 정치적 권위를 행사했다. 니케아 공의회에서 "하나의 거룩하고 보편적이며 사도적인 교회"를 신앙한다고 고백했는데, 바로 그 교회가 제국의 종교가 되었다. 기원후 380년 마침내 황제 테오도시우스 1세는 데살로니가 칙령을 반포해 기독교를 로마 제국의 종교로 선언했다.

콘스탄티누스는 통치 말년에 제국의 수도를 비잔틴으로 옮겨 콘스탄티노플이라고 명명했다. 이제 크리스텐덤은 로마를 중심으로 한 서유럽의 서방 교회와 콘스탄티노플이 중심이 된 동방 교회(비잔틴 제국)로 각각 발전한다. 서유럽에서는 로마 제국이 멸망하자 프랑크족이 로마 제국의 뒤를 이어받아 유럽의 맹주가 되었는데, 이들도 기독교 신앙을 받아들여 국가 종교로 삼았다. 기원후 800년 크리스마스에 교황 레오 3세가 프랑크 제국의 황제 샤를마뉴에게 왕관을 씌워주었다. 동방의 비잔틴 제국 역시 크리스텐덤의 중요한 축으로서, 동쪽에서 밀려오는 이교도의 침공을 막아내면서 발전했다.

크리스텐덤이 옛 로마 제국의 영역을 넘어 전 유럽으로 확산되는 데는 언어의 통일이 큰 역할을 했다. 과거 헬레니즘 세계는 코이네 그리스어를 공용어로 사용함으로써 초기 교회의 복음 전파가 용이했다. 크리스텐덤에서도 마찬가지였다. 동방 교회는 그리스어를 사용했지만, 서방 교회는 불가타를 읽고 라틴어로 예배를 집전했다. 로마 제국 멸망 후 북유럽에 복음이 전파될 때도 역시 공용어가 라틴어였다. 예컨대 아일랜드의 패트릭(Saint Patrick, 387?-461)은 설교할 때는 자국어를 사용했지만, 예배 때 성경을 읽거나 축문(祝文)을 선포할 때는 라틴어를 사용했다. 라틴어를 권위 있는 신의 언어라고 생각했다.[4] 크리스텐덤의 통일성을 유지하는 데 공용어로서의 라틴어가 중요했다면, 후일 종교개혁 이후 성경이 각 민족의 언어로 번역되는 것은 크리스텐덤 해체의 징후가 될 것이다.

크리스텐덤은 여러 차례 분열의 위기를 겪었다. 서방과 동방 교회가 서로의 수위권을 주장하다가 1054년 로마 교황이 동방의 대주교에게 파문장을 보냄으로써 결정적으로 갈라섰다. 교회는 11세기부터 200년에 걸친 십자군 전쟁을 통해 교황을 중심으로 다시 단합했다. 동방 교회는 이슬람의 침공으로 세력이 약화되어 몇 개의 정교회(Orthodox Church)로 분열되어 오늘에 이른다. 서방 로마 가톨릭교회도 분열을 경험했는데, 프랑스의 세력이 커져서 교황권을 누르고 프랑스의 아비뇽에 교황청을 세웠다. 1309년부터 약 70년의 기간 동안 교황청이 아비뇽에 있었는데, 이를 바빌로니아 유수에 빗대어 '아비뇽 유수'라 부른다.

크리스텐덤의 가장 큰 분열은 종교개혁이다. 종교개혁은 로마 가톨릭교회의 교리적 왜곡과 윤리적 타락에 맞서 성경에 근거해 교회와 사회를 개혁하고자 하는 운동이었다. 종교개혁의 결과 크리스텐덤은 사분오열되었다. 루터를 따르는 루터파, 츠빙글리와 칼뱅을 따르는 개혁파, 재침례파와 같은 소종파 운동으로 분열되었고, 곧이어 영국 성공회, 침례교, 감리교, 성결교 등의 교파(denomination)가 생겼다. 그러나 크리스텐덤 자체가 붕괴된 것은 아니었다. 교회와 국가의 야합을 비판한 소종파들 외에는 대다수의 개신교가 국가-교회 체제를 인정했다. 사실 종교개혁은 영주

---

4   앤드루 월스, 방연상 역, 『세계 기독교와 선교 운동』(서울: IVP, 2018), 100-102.

들의 힘이 아니었으면 불가능했을 것이다.

종교개혁 이후 전 세계를 아우르는 단일한 크리스텐덤은 깨졌지만, 각각의 국가와 영주가 선택한 교파를 그 나라의 모든 백성이 따라야 하는 원칙이 생겼다. 예컨대 독일은 가톨릭과 신교(루터파) 사이의 갈등이 극심한 나라 중 하나였다. 독실한 가톨릭 신자였던 황제 카를 5세는 신교의 존재를 인정하지 않고 이를 무자비하게 탄압했다. 루터파 개신교 제후들은 황제에 대항해 슈말칼덴 동맹(1531)을 맺었고 결국 황제가 굴복해 화친을 맺었다. 이를 아우구스부르크 화의라고 하며, 이후 독일 안에서 루터파를 믿는 것이 인정되었다. 그러나 개인에게 선택권을 부여한 것은 아니다. 가톨릭을 믿는 제후들의 영지에 있는 백성들은 가톨릭을 믿어야만 했고, 루터파 제후들의 백성은 루터파를 믿어야만 했다. 제후의 종교를 따르지 않으려면 다른 곳으로 이주해야만 했다. 이 원칙을 가리켜 "그의 왕국에 그의 종교를"(*Cuius regio, eius religio*) 혹은 "영주의 종교가 신민의 종교다"라고 한다.

2. 크리스텐덤의 특징

크리스텐덤의 특징은 우선 교회와 국가의 관계에서 잘 나타난다. 중세 크리스텐덤 시대 제국 안의 유일한 종교는 기독교였다. 국왕들이 왕위에 오르려면 교황이 그 머리에 관을 씌워주었고, 기독교인이 아닌 경우 공직자가 되기 어려웠다. 당시의 종교는 그 사회를 묶어주는 중요한 역할을 했기 때문에 한 부족 혹은 한 국가는 하나의 종교 깃발 아래 결속되었고 자녀들을 낳으면 유아세례를 베풀어 종교 공동체에 속하게 했다. 교회는 자유롭게 포교 활동을 할 수 있을 뿐 아니라 필요하면 무력을 사용할 수 있었다. 기독교가 유럽의 각국에 전파될 때 집단적 개종이 일어났다. 예컨대 아일랜드의 수호신으로 알려진 성 패트릭의 전도로 아일랜드인 대다수가 가톨릭 신자가 되었고, 교황 그레고리우스 1세 시대에는 아우구스티누스라는 수도사의 브리튼(Britain) 전도로 영국의 앵글족 만 명 이상이 세례를 받았다.

크리스텐덤은 단지 국가와 교회의 관계에만 한정된 것이 아니다. 교회는 성도들의 생애 주기에 맞춘 일곱 가지 성례라는 의식을 통해 성도들의 삶을 해석하고 통제했다. 인간의 삶 전체를 하나님과의 관계에서 규정하고 각각의 단계에 의미를 부여한다. 태어나자마자 유아세례를 받아 언약의 후손으로 편입되고, 청소년기가 되었을 때 교리 공부와 입교(견진례) 의식을 통해 교회의 정회원이 된다. 매 예배 때마다 성찬에 참여해 자신이 그리스도인임을 확인하고, 죄를 지었을 때는 사제에게 고백해 용서를 받는다. 결혼도 하나님의 축복과 가호 가운데 이루어져야 하고, 중병으로 신음하는 자와 죽음에 임박한 성도를 위한 병자 성사가 행해진다. 종교개혁 이후 개신교에서는 세례와 성찬의 두 성례만 인정되지만, 실제 성도들의 삶에서는 결혼이나 죽음, 질병과 고난과 같은 중요한 삶의 여정에 목회자가 개입해 하나님의 뜻을 알려주는 일이 지속된다.

기독교가 일상의 삶을 지배하고 있음을 보여주는 가장 실제적인 예는 달력이다. 콘스탄티누스 대제는 기독교 세계의 통일을 위해 달력을 통일시켜야 한다고 생각했다. 원래 로마는 8일을 한 주 단위로 생각했는데, 콘스탄티누스 대제가 기독교를 받아들인 후 오늘날과 같은 7일을 한 주로 정했다(기원후 321). 그는 한 주의 첫 날을 '일요일'(*dies Solis*)이라 명명해 휴일로 삼았다. 일요일은 원래 태양을 기념하는 날인데 이를 기독교인들이 성스럽게 생각해오던 안식 후 첫날, 즉 '주일'과 합병한 것이다. 황제는 이날에 도시에 사는 모든 신민은 휴식을 취하고 모든 상점이 문을 닫을 것을 명했다. 로마 제국 내의 기독교인들은 이미 안식일(토요일) 대신 예수님의 부활을 기념하는 안식 후 첫날, 즉 주일을 예배의 날로 생각하고 있었다. 그렇다고 그날 노동을 중단하지는 않았다. 성도의 다수를 차지하던 노예들이 노동을 중단하기란 어려웠을 것이다.[5] 그러나 콘스탄티누스 이후 일요일을 '주일' 혹은 '기독교인의 안식일'(Christian Sabbath)이라 부르며 구약 성도들이 안식일을 지키던 것처럼 하루를 쉬면서 하나님을 예배하는 것이 크리스텐덤 시대의 중요한 특징 중 하나가 되었다.

콘스탄티누스 대제는 부활절도 확정했다. 부활절은 원래 유대인의 유월절에 맞추어 지켜지고 있었는데, 제1차 니케아 공의회(기원후 325)에서 "춘분 후의 최초의 만월 다음에 오는 첫째 주일"을 부활절로 통일했다. 대부분의 교회들이 지금까지 이와 같은 방식으로 부활절을 정해 지켜오고 있다. 원래 이날은 봄을 알리는 이교도의 축제일이었는데, 콘스탄티누스 대제는 이를 부활절과 병합해 국가적 절기로 삼았다. 콘스탄티누스는 성탄절도 12월 25일로 지정했는데, 이 또한 태양신을 섬기는 이교도의 축제일과 일치했다. 부활절과 성탄절을 기점으로 교회력이 확립되었다. 그리스도를 통한 구원의 역사를 매년 단위로 반복하는 것이다. 성탄절, 사순절, 부활절, 승천절, 성령 강림절 등에 맞추어 구원의 은총을 되새기고 삶의 의미를 확인하는 것이다. 크리스텐덤 시대에 살던 성도들은 생애의 주기뿐 아니라 일 년의 매 주일, 매 계절도 기독교적 이야기 속에서 살았다.

크리스텐덤 시대에는 기독교가 문화의 전 영역에 걸쳐 영향을 끼쳤다. 도시의 중심에 가장 위대한 건축가와 예술가가 디자인한 성당이 세워졌고, 가장 뛰어난 예술가가 만든 성상과 조각이 그 내부를 가득 채웠다. 모든 음악은 그리스도가 하신 일을 기념하기 위해 작곡되었고, 시와 소설의 주제는 성경 이야기였다. 대학은 크리스텐덤의 절정기라 할 수

---

5   참고. Wikipedia, "Roman calendar" 항목.

있는 12세기에 세워졌고, 대다수의 대학이 수도원 안에 있었으며 교수들은 수도사나 성직자들이었다. 중세 후기 기독교 세계에서 가르치던 철학을 스콜라 철학이라 부르는데, 이는 그리스의 고전 철학의 언어로 기독교의 교리를 설명하려는 노력이었다. 오감의 세계가 모두 기독교로 둘러싸여 있어, 눈을 들어도, 귀를 열어도, 사고를 하려 해도, 모두 기독교적 상징과 접할 수밖에 없었다.

기독교 국가라는 이념이 자리를 잡는 과정에서 성경 해석의 방향도 변했다. 기독교인들은 더 이상 박해받는 소수의 무리가 아니라 역사의 전면에서 세상을 책임지는 주류의 위치로 올라섰다. 성경은 역동적인 선교의 이야기보다는 사회의 안정과 유지를 위한 정적(靜的)인 법의 체제로 바뀌었다. 크리스텐덤이 확립되기 이전에는 주로 예수 그리스도의 정체성과 사역에 초점을 맞추어 성경을 해석하고 설교했는데, 이제 구약의 이스라엘과 기독교 국가가 동일시되면서 구약이 중요하게 취급되었다. 소위 '국가적 언약'이라는 해석의 틀이 생긴 것이다. 크리스텐덤 시대 성경 해석의 특징과 이를 극복하는 과정의 필요성에 대해서는 이 책 제3장에서 자세히 살펴볼 것이다.

웨스트민스터 신앙고백서에서의 교회와 국가

크리스텐덤 시대의 교회와 국가의 관계를 잘 보여주는 예를 한 가지 소개하고자 한다. 바로 웨스트민스터 신앙고백서다. 웨스트민스터 신앙고백서와 대소요리문답은 1643-47년에 걸쳐 작성된 신앙고백서로서 개혁주의 신앙을 가장 잘 표현하고 있으며, 또한 크리스텐덤의 특징도 잘 보여준다. 영국 웨스트민스터 대성당에 소집된 121명의 청교도 신학자들이 장장 5년여에 걸친 논의 끝에 선포했다. 총 33장으로 구성된 신앙고백서는 영국은 물론 미국을 비롯한 세계 각국의 장로교회, 회중교회, 침례교회들의 신앙고백서로 채택되었다. 한국에서도 대부분의 장로교회에서 웨스트민스터 신앙고백서와 소요리문답을 자신들의 신조로 채택해 고백한다. 이 고백서는 종교개혁가 장 칼뱅 사상의 집대성이면서 당시의 신학적·사회적 논쟁의 결과물이다.

먼저 한 가지 짚고 넘어갈 것은 이 신앙고백서를 작성한 웨스트민스터 공의회(Westminster Assembly)를 소집한 주체가 교회가 아닌 영국의 의회였다는 사실이다. 공의회 소집의 목적은 영국의 종교적·사상적 통일을 위함이었다. 당시 영국은 왕정에 반대하는 유혈 청교도 혁명이 일어난 직후였고, 전국이 감독주의 국교회파, 회중주의 독립파, 온건한 장로회주의 청교도 등으로 사분오열되었다. 또한 전쟁을 위해 스코틀랜드의 도움도 절실한 상황이었다. 잉글랜드 의회는 이 모든 종교적·정치적 분쟁을 종식시키고 통일된 국가를 이루기 위해 단일한 신앙고백서가 필요함을 인식했으며, 웨스트민스터 공의회를 통해 만족한 결과를 얻었다. 영국 국교회는 로마 가톨릭으로부터 완전히 단절되고, 장로회 정치 제도를 취했으며, 개혁주의 신학에 입각한 신조를 택했다. 영국 국교회를 갈라놓으려는 로마 가톨릭의 시도나 퀘이커나 재세례파 등의 무정부주의적 소종파의 노력을 배제하는 데도 성공했다. 스코틀랜드의 대표도 신앙고백서 작성에 참여해 같은 신앙을 고백함으로 잉글랜드와 정치적으로 연대할 수 있는 기틀을 마련했다. 마치 과거 콘스탄티누스 대제가 로마 제국의 통일을 이루기 위해 니케아 공의회(325)를 연 것과 같은 목적의 회의였다.

웨스트민스터 신앙고백서[6]에서 국가와 교회의 관계를 어떻게 규정하

---

6   앞으로는 특별한 이유가 없는 한 웨스트민스터 신앙고백서를 줄여 신앙고백서로 표현하고자 한다.

는지 살펴보자. 이 신앙고백서는 기독교 국가로서의 사회 통합을 목적으로 하고 있다. 사회의 통합을 방해하는 요인이 무엇인가? 이단적인 교리와 예배야말로 그리스도가 세운 평화와 질서를 파괴하는 행위다. 종교는 한 사회의 근간이기 때문에 종교적 혼란이 있으면 사회 통합은 어렵다. 예컨대 삼위일체를 반대하는 사람은 사회의 질서를 어지럽히는 자들이었다. 오늘날과 같은 세속 국가의 체제에서는 이해하기 어렵지만, 크리스텐덤 시대에는 일반적으로 그렇게 생각했다.

신앙고백서는 권위와 질서를 대단히 강조한다. 하나님께서는 한 사회의 질서를 유지하기 위해 교회와 국가라는 기관을 세우셨기에 그 권위를 함부로 무시해서는 안 된다고 말씀하신 것이다. 이단적인 교리를 가르치고 실행함으로써 교회와 사회의 질서를 파괴하는 자들은 문책을 받아 마땅하다(웨스트민스터 신앙고백서 제20장 4항). 종교개혁가들에 따르면, 중세 가톨릭교회가 그랬던 것처럼 강제로 개종시키는 것은 하나님이 주신 양심의 자유를 어기는 일이다(웨스트민스터 신앙고백서 제20장 2항). 하지만 그렇다고 이단을 허용해 사회를 어지럽혀도 안 된다. 우리가 볼 때 이런 주장은 다소 모순적으로 들리지만 어떻게 보면 균형 잡힌 주장이다. 어쨌든 양심의 자유와 이단에 대한 징계의 관계는 두고두고 문제가 될 것이다.[7]

자 그렇다면 과연 그 질서 파괴자들을 징벌하는 주체가 누구인가? 1647년판 신앙고백서의 제20장 4항은 그 주체를 다음과 같이 두 가지로 말한다.

---

7 당장 1689년 침례교 신앙고백서(The Baptist Confession of Faith) 제21장은 웨스트민스터 신앙고백서 제20장 그리스도인의 자유에 관한 1, 2, 3절을 수정 없이 받아들이면서도, 질서 유지를 위해 이단을 징벌해야 한다고 주장하는 제4장은 완전히 삭제했다. 칼뱅주의적 침례교의 경우 다른 신앙의 조항들은 다 찬동하지만, 신앙의 자유를 강제하는 것은 반대했다.

그런 자들은 교회의 견책과 국가 공직자의 권세에 의해 법정에 불려 나와 소송의 절차를 밟아야 한다.[8]

'교회'와 '국가 공직자'가 이단적 사상과 잘못된 예배를 억제할 권세를 부여받았다. 잉글랜드 의회가 이 신앙고백서를 재가해 공포하면 법적 효력이 있고, 이를 받아들이지 않는 사람은 교회의 견책을 받아 수찬 정지나 출교를 당할 것이며, 국가의 관리는 그런 자들을 구금하거나 심하면 사형대로 끌고 갈 것이다.

국가 공직자의 의무와 권한에 관한 장은 제23장인데 3항에서 교회와 국가 공직자의 의무를 다음과 같이 구분한다.

국가 공직자들은 말씀과 성례를 집행할 수 없고, 하늘 왕국의 열쇠를 자기의 것으로 취해서는 안 된다. 공직자는 질서를 유지할 권세가 있고 이것은 또한 그의 의무다. 그리함으로 교회 안에서 연합과 화평이 보존되고, 하나님의 진리가 순수하고 온전하게 보호받으며, 모든 신성 모독과 이단들은 억압되고, 예배와 훈련의 부패와 오용이 금지되고 개선되며, 하나님이 세우신 규정들이 올바로 정착되고 시행되며 지켜진다.…

신앙고백서는 말씀과 성례를 집행해 사람들을 구원으로 인도하는 것은 교회의 의무이므로 국가 공직자가 간섭해서는 안 된다고 명시함으로써 나름의 정교분리를 주장한다. 그러나 국가 공직자의 임무에는 기독교의 진리를 보호하고 이단적인 가르침을 억압하는 일이 포함되어 있다. 이를 위해 교회의 회의를 소집하고 회의를 도와야 한다. 위의 구절이 바로 잉

---

8   "by the censures of the Church, and by the power of the civil magistrate"

글랜드 의회가 웨스트민스터 공의회를 소집한 배경 중 하나다.

이제까지의 논의를 종합하자면, 1647년 공포된 웨스트민스터 신앙고백서에 따르면, 국가의 공직자들은 하나님이 세우신 사람들로서 교회를 보호하고 이단을 척결해야 할 의무가 있으며, 이를 위해 필요하다면 칼을 사용하고, 혹은 교회 회의를 소집할 권세가 있다. 세속적 국가 공직자와 교회의 목사는 그 역할만 구분될 뿐, 둘 다 하나님의 종으로서 교회와 국가를 동시에 지켜야 한다. 목사는 예배나 성례를 집행하고, 공직자는 이를 돕고 보호한다.

실제로 종교개혁 후에도 국가 공직자가 사회의 통합과 교회 보호를 목적으로 무력을 행사한 일이 있는가? 종교개혁가들이 신앙의 자유를 주장하는 글을 많이 썼지만, 이는 자신들이 로마 가톨릭으로부터 박해를 받고 있을 때였다. 하지만 각 교파가 그 사회의 주류가 된 후에는 다른 종파의 신앙의 자유를 허용하지 않았다. 루터파, 칼뱅의 개혁파, 영국 성공회를 막론하고 모든 국교회에서는 자국의 교회를 강제했다. 예배에 참석하지 않으면 벌금을 물리고, 공민권을 제한하기도 했다. 신성 모독과 우상숭배는 사형으로 다스렸고, 다른 교파의 교리를 설교하는 것을 금하며, 교회의 권위를 부정하거나 비판하면 징역형에 처했다. "영주의 종교가 신민의 종교"라는 원칙은 이런 식으로 현실화되었다. 이는 근대인들이 사용하는 종교의 자유의 의미와는 거리가 있었다.[9]

미국 교파 교회의 형성과 시민 종교

미국의 경우는 유럽 여러 나라와는 다른 특별한 상황이 전개되었다. 미국

---

9   로드니 스타크, 손현선 역, 『우리는 종교개혁을 오해했다』(파주: 헤르몬, 2018), 45-68.

에서 전개된 국가와 교회 관계에 관한 역사를 살펴보고자 한다. 미국은 유럽 여러 나라에서 온 이민들이 세운 나라다. 17세기 초부터 미국에 정착하기 시작한 이민들은 자신들의 출신 국가에 따라 각각 다른 주에 정착했다. 본국에서 한 종파를 신봉하던 사람들이 식민지 각 주를 세웠기 때문에 "영주의 종교가 신민의 종교"라는 원리가 그대로 적용되었다. 예컨대 매사추세츠에는 회중교회, 뉴저지에는 장로교회, 로드아일랜드에는 재침례파, 버지니아에는 성공회, 메릴랜드에는 로마 가톨릭이 그 주의 종교였다. 그 안에서 다른 종파는 허용되지 않았다.

단 펜실베이니아주만은 예외로서, 모든 기독교 종파는 물론 유럽에서 이단으로 박해받던 종파까지 허용되었다. 펜실베이니아에 식민지를 건설한 사람은 윌리엄 펜(William Penn)이라는 영국의 기업가이자 사상가다. 당시의 영국 왕 찰스 2세는 펜의 아버지에게 진 빚 대신 광대한 펜실베이니아 땅을 넘겨주었다(1681). 종교 전쟁을 혐오하던 퀘이커교도이자 평화주의자였던 펜은 자신이 세운 신대륙의 식민지에서는 모든 종파들이 평화롭게 살기를 염원했다. 그는 후일 미합중국 최초의 수도가 될 필라델피아를 건설했다. '필라델피아'(philadelphia)라는 이름은 요한계시록의 소아시아 일곱 교회의 하나로서 "형제 사랑"(φιλαδελφία)을 의미한다. 윌리엄 펜은 필라델피아를 비롯한 펜실베이니아주에서는 개신교도 외에도 자신과 같은 소종파나 유대교도 등 어떤 종교를 가진 사람도 차별 없이 정착해 살 수 있도록 해주었다.

17세기 초부터 시작된 미국 이민의 역사가 150년가량 되었을 때, 미국 13개 주는 영국의 식민 지배로부터 벗어나 독립할 준비를 갖추었다. 미국의 독립을 이끌었던 건국의 조상들은 새로운 나라의 헌법을 제정하고 독립을 선포했다(1776). 그 새로운 나라는 크리스텐덤이 아닌 가장 합리적이며 자유로운 공화국이었다. 독립선언 후 15년이 지나 '권리장전'(Bill of Rights)이라는 인권 선언문을 미국 헌법에 추가했는데, 바로 10개 조의 '수정 조항'(Amendments)이다. 수정 조항 제1조의 첫 부분이 정치와 종교의 관계를 규정하고 있다. 미국 건국의 조상들은 계몽사상과 종교적 관용을 신봉했을 뿐 아니라 종교 때문에 13개 주가 분열되면 연방이 형성될 수 없다는 현실적인 이유로 정교분리 정책을 채택했다. 미국 헌법 수정 조항 제1조는 다음과 같다.

> 의회는 종교의 국교화와 관련된 법이나, 종교의 자유로운 시행을 금지하는 법, 표현과 출판의 자유 혹은 평화로운 집회와 불만을 시정하기 위한 대정부 청원을 억압하는 어떤 법도 만들어서는 안 된다.[10]

이 중 종교에 관한 조항은 두 부분으로 되어 있다. 하나는 국교 금지이고 다른 하나는 종교의 자유다. 종교에 관한 이 두 가지 원칙은 후일 대한민국을 비롯한 많은 나라의 헌법의 모체가 되었다.[11]

이제 미국 안에 있는 기독교의 각 교파는 동일한 법적 지위를 얻었다. 정부가 어느 한 교파를 우대할 수도 없고, 다른 교파나 종교를 박해

---

10   1791년 통과된 수정 조항 제1조의 영어 원문은 다음과 같다. "Congress shall make no law respecting an establishment of religion, or prohibiting the free exercise thereof; or abridging the freedom of speech, or of the press; or the right of the people peaceably to assemble, and to petition the Government for a redress of grievances."

11   대한민국 헌법 제20조는 다음과 같다. "① 모든 국민은 종교의 자유를 가진다. ② 국교는 인정되지 아니하며, 종교와 정치는 분리된다." 대한민국 헌법 20조는 미국 헌법 수정 조항 제1조의 순서를 바꾸었고, 종교와 정치의 분리라는 항목을 추가했을 뿐 핵심은 동일하다. 1791년 미국은 국교의 금지가 더 중요했고, 대한민국 헌법의 경우는 종교의 자유가 국민의 기본권 조항의 하나이기 때문에 순서가 바뀐 것이다. 제2항에서 국교 금지와 더불어 "종교와 정치는 분리된다"는 항목을 추가로 넣은 것은 정치와 종교 사이의 '벽'(wall of separation)을 좀 더 높이 쌓는 표현이다.

할 수도 없다. 이른바 교파 교회가 형성된 것이다. 독립 전쟁 후 지역적 이동이 활발해지면서 원래 정착했던 자기 교파의 지역을 벗어나 사는 사람이 많아졌다. 또한 침례교나 감리교와 같이 주를 초월해 미국에서 크게 성공을 거둔 교파가 생기기도 했고, 장로교, 감리교, 회중교회, 침례교 등의 주류 교단들이 전국적인 조직을 형성하기도 했다. 식민지 시대 주 단위의 "영주의 종교가 신민의 종교"라는 원칙이 더 이상 의미가 없어졌다.

미국 연방 정부의 헌법에서는 국교가 금지되었지만, 오랜 세월 내려오던 크리스텐덤의 관습이 하루아침에 바뀌지는 않았다. 1791년 수정 조항 이후에도 미국에서의 기독교, 특히 각 교파를 망라하는 개신교는 거의 국교와 같은 지위를 유지했다. 19세기 말과 20세기 초 유럽의 각 나라들에서 대규모의 이민을 받은 후 개신교와 더불어 가톨릭과 유대인도 주류 세력의 일부에 가입했다. 역대 대통령 중 개신교인이 아닌 사람은 가톨릭 신자였던 제35대 J. F. 케네디 대통령 이외에는 없다. 대통령 취임 선서를 할 때 신임 대통령은 목사가 들고 있는 성경에 자신의 왼손을 얹고 오른손을 들고 선서한다. 선서문의 시작은 "나는 엄숙히 맹세합니다"(I do solemnly swear)로 시작해 "하나님이여 나를 도우소서!"(So help me God)라는 구절로 끝을 맺는다. 이 구절은 법관이나 상하원 의원 선서의 마지막 구절이기도 하다.

미국 대통령 취임 선서는 공공의 영역에서 기독교가 차지하는 지위가 어떠한가를 보여주는 상징적인 장면이다. 연방 헌법의 수정 조항에 국교 금지가 명시되어 있음에도 불구하고, 오랜 기간 동안 정부는 교회와 협력 관계를 유지했다. 정부가 세금을 사용해 기독교를 진흥했고, 군목 제도 유지를 위해 국가와 교회가 협력했으며, 공립 학교에서 성경을 가르치고 기도하는 일을 당연하게 생각했다. 개신교도가 아닌 사람은 공직에 출마하거나 사회생활을 할 때 음으로 양으로 차별을 받았다. 목회자는 정부

행사에 초대되어 상석에 앉았고 세금을 면제받았다. 기독교의 절기인 부활절과 추수 감사절에 전국이 일주일씩 축제를 벌이며, 정부 공공기관에 성탄 트리를 세웠다. 여호와의 증인이나 몰몬교 같은 이단에 린치와 테러를 가한 사람도 법원에서 유죄 판결을 받지 않고 방면되는 일이 허다했다.

더욱 중요한 것은 미국에서의 개신교회는 공공 정책 수립이나 윤리적 기준을 제공하는 데 독점적인 지위를 차지하고 있었다는 점이다. 한두 가지 예를 들어보자. 19세기 중엽 가장 중요한 이슈는 노예 해방(Abolitionism)이었다. 온 나라가 노예 소유를 금지한 주와 이를 허용하는 주로 양분되었고, 이 사항은 남북 전쟁의 중요한 이유가 되기도 했다. 노예제를 격렬하게 반대하는 세력의 중심에는 찰스 피니(Charles Finney)를 비롯한 미국 복음주의자들이 있었고, 반대로 노예제 찬성파도 제임스 헨리 쏜웰(James Henley Thornwell)이나 로버트 루이스 대브니(Robert Lewis Dabney) 같은 신학자들의 성경 해석에 기대었다.

19세기 말과 20세기 초에는 금주법(Prohibition)이 중요한 의제였다. 19세기 내내 개신교 복음주의 진영에서는 술을 사회악의 근원으로 생각해 이를 정죄했다. 산업화·도시화가 진행되면서 술이 사회악의 근원이라는 사회적 합의가 이루어졌기 때문이기도 하고, 개신교 복음주의자들이 와인을 즐기는 이탈리아나 아일랜드계 가톨릭교도들과 자신들을 구별 짓기 위함이기도 했다. 그들은 모든 정치력을 동원해 마침내 1919년 술의 제조와 유통을 금하는 법을 통과시켰다. 그것도 아예 헌법 안에 삽입시키는 방식으로 말이다(금주법은 헌법 수정 조항 제18조로 추가되었다가 1933년 제21조에 의해 폐지되었다).

20세기 초반 복음주의 기독교가 술의 절제와 같은 문제에 몰입하고 있을 때, 미국 사회는 산업화의 부작용으로 말미암은 구조적인 문제들이 여기저기서 터져 나오기 시작했다. 한편에는 철강, 철도, 백화점 등의 사업으로 막대한 부를 축적한 기업가들이 있고, 다른 한편에는 열악한 노동환경과 저임금에 시달리는 노동자들의 비참한 삶이 있었다. 1929년 대공황으로 기업들은 도산했고 수많은 노동자들은 길거리로 내몰렸다. 복음주의 진영에서 이 문제들에 대한 해답을 내놓지 못할 때, 이번에는 '자유주의 기독교'라 불리는 진보 진영에서 해답을 제시했다. 바로 '사회복음주의'(Social Gospel) 운동이다. 워싱턴 글래든(Washington Gladden, 1836-1918)이나 월터 라우센부시(Walter Rauschenbusch, 1861-1918) 같은 사회복음주의자들은 주로 시카고 등의 중북부 지역 도시를 중심으로 활동했고 교파로서는 북침례교에 속한 신학자들이 많았다. 이들은 예수님이 선포한 하나님 나라가 이 땅에서 실현되기 위해 마르크스의 이론으로 사회를 분석할 필요가 있다고 주장했다. 사회복음주의 운동은 짧은 기간 활동하다가 소멸되었지만 큰 반향을 일으켰고, 후일 마틴 루터 킹의 민권 운동 등에 영감을 주었다.

한마디로 미국에서는 헌법 수정 조항의 국교 금지 구절에도 불구하고 개신교가 소위 '시민 종교'(civil religion)로서 확고하게 자리매김했다. 개신교의 이런 역할은 1960년대 분출된 갖가지의 반기독교적 운동들에 의해 그 지위를 상실하기까지 거의 200년 동안 지속되었다. 미국은 법적으로 국교를 인정하지 않았지만, 기능적으로는 가장 강력한 크리스텐덤 국가 중 하나였다.[12]

나는 1989년부터 1995년 여름까지 약 6년 반 정도 미국에 살면

---

12   미국에서의 기능상의 크리스텐덤의 형성과 역사에 대해서는 다음을 참고하라. Craig Van Gelder, "Missional Challenge: Understanding the Church in North America," Darrell L. Guder ed. *Missional Church: A Vision for the Sending of the Church in North America* (Grand Rapids: Eerdmans, 1998), 47-55.

서 공부했다. 1960년대 민권 운동으로부터 거의 한 세대가 지났지만 당시에도 정부와 교회의 문제가 심심치 않게 제기되곤 했다. 지난 수백 년에 걸쳐 기독교가 삶의 모든 분야에서 영향력을 행사했기 때문에 그것의 해체 과정도 다양한 사회적 이슈들과 연관되어 나타날 수밖에 없다. 크리스텐덤 해체의 특징을 잘 보여주는 것이 일요일에 상점이 문을 여는지 여부다. 1980년대 말만 해도 편의점을 제외한 거의 모든 상점이 일요일에는 문을 닫았다. 패스트푸드 체인점만 영업을 할 뿐 대부분의 패밀리 레스토랑들도 일요일은 쉬었다. 심지어 주유소도 일요일에 영업을 하지 않아 토요일이면 반드시 주유소에 가서 기름을 채워야 했다. 그러다가 1991년 걸프전이 발발한 후 기름 값이 한두 달 사이에 무려 4배가 올랐을 때, 운영에 어려움을 느낀 주유소들이 일요일에 하나둘씩 문을 열기 시작했다. 그 후 일요일에 문을 여는 상점과 식당이 많아져서 지금은 일요일에도 어려움 없이 기름을 넣고 물건을 살 수 있다.

내가 미국에 있을 때 사회적으로 큰 이슈가 되었던 것은 공립 학교 교실에서의 기도(School Prayer) 문제였다. 앞서 말한 바와 같이 미국 연방 헌법의 수정 조항 1조는 종교의 자유를 보장하고 국교를 금지하고 있다. 이를 학교에 적용하면, 공립 학교에서 기도로 수업을 시작하고, 졸업식에 예배를 드리면 안 된다. 여러 종교를 가진 학생들이 다니는 공립 학교에서 기독교식 기도를 강요하는 것은 종교의 자유를 침해할 소지가 크고, 또한 국민의 세금으로 운영하는 공공 기관인 공립 학교가 일개 종교를 돕는 행위를 함으로써 국교 금지의 원칙을 위배하는 것이다. 공립 학교에서 성경 읽기와 기도 문제는 1960년대에 처음 제기되었다. 당시는 미국뿐 아니라 전 세계에서 반기독교적 정서가 들불처럼 번지던 시대였다. 크리스텐덤의 관습이 남아 있어 공립 학교에서도 자연스럽게 기도를 했는데, 일련의 연방 대법원 판결이 공립 학교에서의 종교 행위를 금지하는 쪽으로 기울어진 것이다. 그러나 개신교와 가톨릭을 포함한 기독교인이 미국인의 다수를 차지하고 있고, 또한 학교에서의 기도가 오랜 관습이었기 때문에, 몇 번의 판결로 공립 학교에서의 기도 문제가 완전히 해결된 것은 아니었다.

1990년대 초반 이 문제가 다시 이슈로 떠올랐다. 문제의 핵심은 교실에서 기도를 금지하는 것은 수정 조항 1조의 전반부 국교 금지 조항에 근거한 것인데, 자칫 학교가 기도를 금지하다가 수정 조항 1조의 후반부, 즉 종교의 자유를 침해하지 않겠느냐는 것이다. 동양 종교를 비롯한 다른 소수 종파의 종교 자유를 보호한다는 명목으로 학교에서 그들의 종교 행위를 허용하는데, 기독교의 기도만 허용하지 않는다면 역차별이 되는 것이 아니냐는 문제 제기였다. 내가 공부하던 미국 웨스트민스터 신학대학교의 강의실에서도 흥미로운 논쟁들이 오갔다. 법원은 학교에서 학생들의 자율적인 기도 모임은 허용하지만, 교사가 인도하는 공식적인 기도는 안 된다고 결론을 내렸다. 기도의 대안으로 '침묵의 시간'(Moment of Silence)이 권장되기도 했다. 수업 시작 전 학생들에게 2-3분 정도 침묵의 시간을 주어, 어떤 신에게든지 기도를 하거나 아니면 자신을 조용히 반성하는 시간을 갖도록 하자는 것이다. 어쨌든 다수의 미국인은 아직도 학교에서 주기도문과 십계명을 가르쳐야 한다고 생각하지만 법적으로는 금지되어 있고, 일반 사회의 관습과 의식도 법의 영향을 받아 변하는 중이다.

국교 금지와 관련해 또 한 가지 생각나는 것은 "크리스마스를 둘러싼 전쟁"(War on Christmas)이라 불리던 것이다. 내가 미국에서 처음 맞은 성탄절에는 'Merry Christmas' 대신 'Happy Holidays' 혹은 'Season's Greetings'라는 문구가 백화점과 거리에 붙어 있었다. 아기 예수는 실종되고 산타클로스와 루돌프 사슴이 주인공이었다. 공공건물이나 학교에서 크리스마스 트리를 만들거나 예수 그리스도의 탄생을 축하하는 문구를 거는 것이 법에 어긋난다는 판결 때문이었다. 이러한 경향은 1990년 대 초반 미국 사회에서 '정치적 올바름'(political correctness) 운동이 큰 반향을 얻었던 것과 무관하지 않다. '정치적 올바름'이란 한 사회의 소수자들을 비하하거나 그들에게 불이익을 주는 표현을 하거나 정책을 펴지 않아야 한다는 의미다. 크리스마스를 대대적으로 축하하는 것은 미국 사회 다수파의 종교인 기독교를 장려하는 것이고, 이는 다시 기독교 이외의 종교에 불이익을 주는 효과를 가져오기에 정치적으로 올바르지 않다는 것이다. 처음에는 시청과 같은 공공 기관과 학교들에서만 '크리스마스'라는 문구를 사용하지 않았는데, 점차 월마트 같은 대형 매장이나 백화점도 이를 따랐다. 2016년 도널드 트럼프는 대통령 선거 유세 중 '크리스마스'를 되찾아오겠다고 공언했고, 아닌 게 아니라 2017년 성탄절 트위터에 대문자로 "MERRY CHRISTMAS!!"라고 써서 그의 주요 지지층인 미국 복음주의자들을 기쁘게 했다. 이 때문에 법적 제재를 받지는 않았지만, 대통령직의 공공성을 중요시하는 많은 사람의 눈살을 찌푸리게 했다.

3. 크리스텐덤 해체의 역사적 과정

크리스텐덤의 시작은 기원후 313년의 밀라노 칙령 때부터였지만 그 끝이 언제라고는 명확히 정의할 수 없다. 1,600년 이상 지속된 크리스텐덤이 단번에 무너질 수는 없고, 여러 세기에 걸쳐 서서히 소멸되었다. 앞서 살펴본 것처럼 미국의 경우 1791년 연방 헌법에서는 국교를 금지했으나 그럼에도 오랜 세월 동안 각 주에서는 기독교에 근거한 법령들이 시행되고 있었다. 20세기 중후반에 들어와서야 비로소 기독교에 대한 정부의 지원이 제한되고 다른 종교도 동일하게 취급받았다. 독일에는 아직도 국가가 교회와 성직자를 후원하는 제도가 남아 있으며, 네덜란드의 시골 마을에 가면 지금도 일요일에 모든 상점이 문을 닫는다. 기독교 인구 비율이 한 자릿수가 된 지 오래인 유럽에서도 여전히 자신들의 문명을 기독교 문명권에 속해 있다고 생각하는 사람들이 많다. 그러나 유럽과 미국에서 크리스텐덤이 소멸하고 있는 것이 대세임은 분명하다. 크리스텐덤의 쇠퇴에 영향을 끼친 요인들을 몇 가지로 나누어 살펴보고자 한다.

르네상스와 종교개혁

돌이켜보면 크리스텐덤의 붕괴에 영향을 끼친 최초의 역사적 사건은 르네상스다. 중세 크리스텐덤 시대 모든 문화 활동은 그 정신과 가치, 소재와 제도에서 모두 절대적인 기독교의 영향 아래에 있었다. 이는 철학, 미술, 음악, 문학, 교육, 법 등 모든 분야를 망라했다. 기독교인들이 세우고 경영하는 대성당과 대학과 수도원 등이 학문과 예술의 유일한 후원자였다. 서양 고전 문명이라 할 수 있는 그리스-로마의 문화는 기독교 문명으로 흡수되든지 아니면 탄압을 받았다. 미술 작품의 소재는 예수 그리스도의 일대기와 성경 스토리에 한정되었고, 민요를 제외한 공식적 음악은 모두 교회 음악이었으며, 독특하게 발달한 기독교적 양식인 고딕과 고대 로마 양식과 결합한 비잔틴 양식이 대표적인 건축 양식이었다. 중세 철학의 집대성이라 할 스콜라 철학은 기독교 신학을 그리스 고전 철학의 언어로 풀어놓은 것이라 할 수 있다.

14세기 후반 이탈리아에서 맨 먼저 일어난 르네상스(재생 혹은 부활이라는 의미)는 문학, 예술, 건축 등의 분야에서 그리스-로마의 문화를 부흥시키려는 운동이다. 르네상스 시대의 예술가들은 중세 크리스텐덤을 인간성이 말살된 어둠의 시대로 생각하고 고전 문화를 부활시킴으로써 이를 극복하려 했다. 르네상스 시대의 예술가들이 신이 아닌 인간에 대한 관심을 깊이 가지기 시작하면서 인간이 중심이 된 문학과 예술 작품이 등장했다. 이른바 '인간'의 발견이다.

　동시대에 일어난 종교개혁은 단지 교회 내의 개혁 운동으로 그치지 않았다. 종교개혁은 크게 두 가지 점에서 크리스텐덤 해체를 도왔다. 첫째는 하나였던 교회가 여럿으로 나뉜 것이다. 크리스텐덤은 본래 보편적 교회를 전제한다. 로마 가톨릭의 권세를 대신할 교회들이 여럿 생긴다면 교회의 강제력이 타격을 받을 것임이 틀림없다. 종교개혁이 성공한 것은 자국의 재산이 로마로 흘러가는 것을 싫어한 군주들의 도움을 받았기 때문인데, 이를 뒤집어 말하면 군주들이 로마에 복종하지 않기 위해 새로운 교회를 받아들인 것이다.[13] 물론 종교개혁 당시는 "영주의 종교가 신민의 종교"라는 원칙에 따라 국가 단위로 교파를 선택하므로 정부와 교회의 연합이 흐트러지지 않았지만, 멀리 보면 종교개혁이 교회의 권위가 약화되는 시작점이 되었다는 데 모두가 동의할 것이다.

　성도 개인의 입장에서 보더라도 종교개혁 이후 여러 교파가 생겼다는 사실은 개인이 교회를 선택할 수 있는 권한이 생기는 시작점이었다. 루터는 종교개혁을 일으킬 때 새로운 교파를 형성하려는 의도가 없었음을 분명히 밝혔고, 칼뱅도 마찬가지로 자신이 하는 일을 "병사들이 자기 위치를 이탈했을 경우에 어느 누군가가 군기를 높이 쳐들고 각자는 자기 위치로 되돌아오라고 소리치는" 것일 뿐 교회를 분리시키려는 의도가 없다는 사실을 분명히 말했다.[14] 그러나 결국 그들은 루터파나 개혁파 교

13　로드니 스타크, 손현선 역, 『우리는 종교개혁을 오해했다』(파주: 헤르몬, 2018), 제1장에서 종교개혁이 기독교의 부흥을 위한 순수한 개혁 운동이라는 것을 부인하고, 그 정치경제적 배경을 분석한다.

14　오토 베버, 김영재 역, 『칼빈의 교회관: 교회에 대한 올바른 이해』(서울: 풍만출판사,

회를 세웠고, 세월이 흐르면서 수십, 수백 개의 교파가 생겨 다원주의로 가는 디딤돌을 놓았다. 그리고 다원주의 세계에서는 국가나 시장과 같은 세속적인 기관들이 교회를 대신했다.

둘째, 종교개혁은 집단이 아닌 개인을 신앙의 주체로 놓았다는 데서 크리스텐덤의 균열에 일정한 역할을 했다. 루터의 경우를 보자. 극도의 두려움 가운데 신의 구원을 찾기 위한 몸부림, 로마서에서 발견한 칭의의 은총, 지엄한 제국의 회의 석상에서 자신의 목숨을 건 단호한 신앙의 천명 등, 종교개혁은 하나님 앞에선 한 개인의 실존적 결단에서 시작했다. 칼뱅의 영향 아래에 있는 웨스트민스터 신앙고백서는 "맹신을 강요하거나 절대적이고 맹목적 순종을 요구하는 것은 양심의 자유와 이성을 파괴하는 것"이라고 말한다(제20장 2항). 면죄부를 사는 것이 한 인간의 죄를 씻을 수 없고, 교회의 제도와 신학이 하나님의 죄 용서의 선포를 대신할 수 없다.

물론 루터나 칼뱅을 자본주의와 민주주의라는 거대한 변화를 일으킨 개인주의의 창시자라고 할 수는 없다.[15] 하지만 종교개혁가들의 개인적이며 인격적 신앙 체험의 강조는 기독교의 성격에 결정적인 영향을 주었다. 여기에 한 가지 더한다면, 성경이 각국의 언어로 번역되고 인쇄술의 발달로 개인이 성경을 읽을 수 있었다는 점도 개인주의화에 중요한 역할을 했다.[16] 개인주의적인 요소들은 이후 기독교 역사에, 특히 복음주의 역사에 영속적인 영향을 끼쳤다. 우리는 존 웨슬리의 회심 체험에서, 청교도

  1985), 110.

15 로드니 스타크는 위의 책 제6장에서 종교개혁가들을 필두로 한 개신교가 자본주의 정신을 고양시켰다는 '막스 베버 테제'를 비판하면서 개신교 사회가 가톨릭 사회에 비해 개인주의가 더 발달한 것은 아니라는 점을 통계적으로 증명하려고 노력한다.

16 앤드루 월스, 방연상 역, 『세계 기독교와 선교 운동』(서울: IVP, 2018), 102-104.

가 강조하는 묵상과 개인 기도에서, 영미 복음주의들이 그리스도와의 '인격적 만남'을 강조하는 것에서, 오순절 신앙이 강조하는 '제2의 축복'에서 개인주의의 성향을 찾아볼 수 있으며, 이는 결국 크리스텐덤 해체에까지 영향을 미쳤다.

계몽사상과 과학 혁명

본격적이고 의식적인 크리스텐덤의 해체는 계몽주의자들로부터 시작되었다. 중고등학교 시절 세계사 시간에, 세계의 역사를 고대-중세-근대-현대 등으로 구분해 중세를 '암흑 시대'(Age of Darkness)라고 배웠던 기억이 있다. 중세는 대체로 크리스텐덤과 기간이 일치하므로, 사실은 기독교가 지배하던 서구의 크리스텐덤을 암흑 시대로 규정한 것이다. 역사를 이런 식으로 구분하고 중세를 암흑 시대라고 부른 것은 계몽주의자들에게서 비롯되었다. 계몽사상은 프랑스 철학자 데카르트나 영국의 로크와 흄 같은 사상가들로부터 시작되었고, 18세기 프랑스에서 꽃을 피웠다. 볼테르, 몽테스키외, 루소와 백과사전파 등이 프랑스 대혁명과 이후 부르주아 사회의 기초를 놓았다. 계몽사상은 영어로 'Enlightenment'인데, 빛을 비추어 밝게 한다는 뜻이다. 계몽사상 이후 중세 크리스텐덤은 어둠의 세계이고 근대는 그 어둠을 몰아낸 빛의 세계라고 규정하는 것이 일반화되었다.

그렇다면 계몽주의자들이 말하는 중세의 어둠을 밝힌 '빛'은 무엇인가? 흔히 계몽주의의 5대 원리라고 불리는 이성, 자연, 자율, 조화, 진보 등이 바로 이 빛이다. 계몽주의자들에 따르면 크리스텐덤 시대는 기독교회가 무한한 가능성을 가진 인간의 이성(reason)을 억압하던 시대였다. 기독교회는 갈릴레오를 비롯한 지동설을 주장하던 과학자들을 가택 연금시키고 그들의 책을 불태우는 등 과학적 탐구를 억압했다. 계몽주의자에 따르면 자연(nature), 즉 우주는 질서정연한 내재적 법칙으로 운행된다. 자연 속에 내재한 법을 '자연법'이라고 하는데, 자연법은 단지 자연 과학의 영역뿐 아니라 윤리나 종교와 같은 인간 삶의 모든 영역에 두루 걸쳐 존재하는 우주의 법칙이다. 계몽주의자들에 따르면 신의 계시라든지 혹은 기적과 같은 것은 이성이 발달하지 않은 미개인들의 무지한 주장일 뿐이다.

자연 법칙은 성경이나 신학과 같은 종교적 수단에 의해 발견되는 게 아니라 개인이 부여받은 이성과 양심을 자율적으로 활용함으로써 발견될 수 있다. 인간의 '자율성'(autonomy)을 신의 이름으로 구속하려는 종교 재판 같은 것은 진리의 추구를 가로막는 악한 제도다. 우주는 '조화'(harmony)의 원리에 따라 움직인다. 인간은 자연을 본받아 조화로운 삶을 살아야 한다. 신에게 드리는 기도는 자신을 향한 독백일 뿐 신이 세상의 일에 간섭하지는 않는다. 특히 종교의 이름을 빙자해 전쟁을 일으키는 것은 가장 악한 일이므로 다른 종파를 관용의 정신으로 용납해야 한다. 이렇게 이성의 빛에 따라 자율적으로 자연에 내재된 법칙을 따라 살면 역사에 '진보'(progress)가 있기 마련이다. 기독교는 원죄 교리를 앞세워 사람들을 죄의식 속에 가두어 지배하려 하는데, 이 원죄의 굴레를 벗어버린다면 인류의 역사는 진보를 맛볼 수 있다.

이성을 빛으로 생각하는 계몽주의자들의 정신은 과학의 발달로 이어졌다. 중세 시대에는 자연이 하나님의 은총의 세계의 일부분이었으나, 뉴턴 물리학이 발전하면서 자연은 자동 기계와 같이 법칙에 따라 움직이는 물질의 영역이라고 여겨졌다. 자연은 실험과 관찰에 의한 경험 과학의 대상으로서 인간이 이를 탐구해 이해하고 통제할 수 있다. 19세기 중엽에는 진화론(Darwinism)이 등장해 학계의 주류를 차지했다. 과학의 영역은 점점 확장되어 19세기 중엽에는 사회학이 과학의 지위를 얻고, 19세기 말에는 심리학이 과학의 지위를 얻어 인간과 사회의 모든 활동을 과학적으로 분석할 수 있게 되었다. 과학의 발전을 진두지휘한 것은 교회나 수도원이 아닌 대학이었다.

미국 대학의 경우를 잠시 생각해보자. 사실상의 크리스텐덤 사회였던 미국에서 학문의 영역은 오랫동안 기독교적 영향 아래에 있었다. 하버드, 예일, 프린스턴 등의 아이비리그 대학들이 기독교적 전통 위에 세워진 것은 물론이고 대부분의 주요 사립 대학도 기독교인들에 의해 설립되었다. 하지만 미국 경제가 한창 발전하던 1900년을 전후로 해서 주립 대학들이 세워지면서 대학이 재정적으로 교회로부터 독립했고, 존스 홉킨스 대학교나 시카고 대학교 등 연구 중심의 대학교의 위상이 높아지면서 대학의 세속화가 가능해졌다.

미국 대학의 세속화에 핵심적인 역할을 담당한 단체는 '미국대학교수협의회'(AAUP, American Association of University Professors)였다.[17] 이 단체는 1915년에 결성된 대학의 정교수 협의회로서, 유명한 교육학자 존 듀이(John Dewey)가 초대 회장이었다. 이 협의회는 기독교에 의해 지배되던 그간의 대학의 연구와 교육을 비판하면서 새로운 대학의 이상을 제시했다. 이전 세대의 진리가 성경의 가르침을 의미했다면, 이들이 말하는 진정한 의미의 진리는 "과학적 관찰자들의 의견 수렴" 행위로서 "객관적 관찰자들이 궁극적으로 동의"하는 것이었다. 진정한 교육은 기독교의 편견이 제거된 보편적인 과학의 정신과 민주주의의 이상이 결합되어야 한다

---

17 역사학자 조지 마즈던은 『미국 대학의 영혼』이라는 책에서 미국의 대학이 기독교의 영향으로부터 벗어나는 과정을 기술한다. 이 책의 부제가 "개신교 국교에서 불신앙의 국교로."다. George M. Marsden, *The Soul of the American University: From Protestant Establishment to Established Nonbelief* (New York and Oxford: Oxford University Press, 1994). 'Establishment'라는 단어는 미국 헌법 수정 조항 제1조에서 '국교'라는 의미로 사용되었다. 미국 대학의 발전에 관한 설명은 아래 306-309을 보라.

는 것이다. 이들이 기독교 신앙을 언급하기는 하지만, 이들의 기독교는 과학적 발견을 모두 인정하고 기독교를 단지 영적·윤리적 영역에만 제한시키는 구자유주의다. 이들은 대학이 이처럼 객관적인 학문의 전당이 되면 사회가 통합되고 진보할 것이라고 믿었다. 종교적 편견에 사로잡히면 사회가 분열되고 갈등이 이어지지만, 이 새로운 대학의 이상에 기초해 만들어질 사회는 공공(公共)의 도덕이 지배하는 자유롭고, 조화로우며, 진보하는 사회가 될 것이다. 근대 계몽주의의 이상(理想)이 20세기 진보적인 미국 대학교수들에 의해 구현된 것이다.

대학이 축적한 지식은 교육을 통해 다음 세대로 전수된다. 우리 시대 공립 학교 교육의 기본은 '방법론적 무신론'이다. 신이 존재하지 않는다는 말을 단정적으로 하지 않지만, 신이 없다는 가정 아래에 세상을 설명하려는 노력을 방법론적 무신론이라 부른다. 우리나라의 교과 과정을 차근차근 따라가며 공부하면 학생들은 자연스럽게 하나님이 없는 세상을 배우게 된다. 수학, 과학, 사회, 역사 등 어디에도 하나님을 설명하는 교육은 없다. 학교 교육은 장마가 오는 것을 하나님의 은총이 아닌 한반도를 오르락내리락하는 장마 전선의 영향 때문이라고, 사업이 흥하기도 하고 망하기도 하는 것은 신의 상벌이 아닌 수요-공급의 경제 법칙 때문이라고 가르친다. 12년의 공교육을 마친 학생들은 하나님 없이도 세상이 잘 돌아간다는 신념을 머릿속에 새기고 졸업한다. 방법론적 무신론이 지배하는 세계에서 성경에 기록된 창조 기사는 개인적 신앙의 고백일 뿐 이를 공적이며 학문적인 장으로 끌고 들어오면 안 된다.

시민 혁명

계몽주의자들은 과학의 발전뿐 아니라 민주주의의 발전에도 큰 영향을 끼쳤다. 그들은 의식적으로 크리스텐덤을 지양(止揚)하고, 사회계약설이라는 새로운 이념에 기초한 국가 체제를 고안했다. 사회계약설이란 모든 인간은 천부의 권리를 가지는데 그 권리의 일부를 국가에 위임했다는 이론으로서 민주주의의 근간이 된다. 여기에 교황과 왕들의 권위가 신으로부터 유래했다는 믿음이 설 자리는 없다. 계몽주의자들은 종교개혁 이후 개신교 국가와 가톨릭 국가 사이의 끊이지 않는 전쟁에 염증을 느꼈고, 종교와 상관없는 세속 국가가 되는 것이 평화를 이루는 방법이라고 생각했다. 그들은 개인에게 양심과 종교의 자유가 주어지고 국교가 인정되지 않는 세속 국가, 즉 공화국을 상상했다.

서방 세계에서 최초로 계몽사상을 실제 역사에 구현한 변혁 운동은 미국의 독립 혁명이었다. 이는 구체제 영국으로부터 탈피해 근대 세속 국가를 세우려 했다는 점에서 단순한 독립운동이 아닌 혁명이었다. 조지 워싱턴, 토마스 제퍼슨, 벤자민 프랭클린 같은 미국 건국의 아버지들은 계몽주의의 영향을 받은 합리주의자들이었다. 앞서 미국에서 독립 혁명 이후 채택된 1791년 수정 헌법 제1조에 관해 이야기했다. 이들은 헌법의 규정을 통해 국교를 금지하고 종교의 자유를 인정한 것이다. 미국의 교회는 국교 금지와 정교분리에 대해 어떤 생각을 했을까? 교회 측에서도 같은 생각을 가지고 있어야 크리스텐덤의 해체가 가능해질 것이다. 몇 년 후 일어난 프랑스 대혁명의 경우, 혁명가들은 구체제를 반대했지만 가톨릭 교회가 저항을 했기 때문에 유혈 사태가 벌어졌다. 그러나 미국의 경우는 교회가 앞장서서 정교분리를 승인했다.

당시 미국에서 신학적으로 가장 앞장섰던 교파인 미국 장로교회의 경우를 살펴보자. 미국 장로교회의 근원은 스코틀랜드와 아일랜드 이민으로 거슬러간다. "영주의 종교가 신민의 종교"라는 원칙에 따라 이들은 자신들의 종교인 장로교를 미국에 이식시켰다. 독립 혁명 후 미국 장로교회의 지도자들은 잉글랜드나 스코틀랜드에서 분리된 미국만의 총회(General Assembly)가 필요함을 인식하고, 1789년 미국 장로교회(Presbyterian Church in the United States of America)를 세웠다. 초대 총회장으로는 존 위더스푼(John Witherspoon)이 선출되었는데, 그는 프린스턴 대학교의 총장이었고 독립 선언서에 서명한 애국지사 중 한 명이었다. 정치가이자 학자이며 또한 교회를 대표하는 지도자였던 위더스푼의 영향 아래에서 미국의 정교분리는 가장 온건한 방식으로 이루어졌다.

미국 장로교회는 창립총회에서 웨스트민스터 신앙고백서와 대소요리문답을 새로운 교회의 신조로 채택했다. 흥미로운 것은 이 신앙고백서 중 교리 부분과 관련해서는 전혀 수정이 이루어지지 않았고, 교회의 권한과 국가 공직자의 권한을 명확히 구분한 세 가지 조항만 수정한 것이다. 1647년의 웨스트민스터 신앙고백서와 1789년의 신앙고백서의 수정된 부분을 비교해보자. 이미 이야기한 것처럼 1647년 판에서는 교회뿐 아니라 국가의 공직자들도 이단을 억압하고 재판할 권한이 있다고 명시했다. 다시 한번 인용하면 다음과 같다.

> 그런 자들은 교회의 견책과 국가 공직자의 권세에 의해 법정에 불려 나와 소송의 절차를 밟아야 한다(제20장 4항).

1789년 판에는 위의 조항에서 "국가 공직자의 권세에 의해"를 삭제했다. 이단을 주장하는 자들을 견책하는 권세는 오직 교회에만 주어졌을 뿐이라고 수정한 것이다. 또한 제31장 2항에서도 교회 회의를 소집하는 권한이 국가 공직자에서 교회의 목회자에게로 넘겨졌다고 수정했다. 이제 과거 니케아 공의회나 웨스트민스터 의회와 같은 종교 회의를 국가의 공직자가 소집하지 못하게 되었다.

가장 큰 변화가 있었던 것은 국가 공직자의 교회 문제에 대한 임무를 규정하는 제23장 3항이다. 요약하면 다음과 같다. 국가는 교회를 "양육하는 아버지"와 같이 보호해야 할 의무가 있음을 명시했다. 그러나 그 아버지는 모든 종교에 대해 평등한 아버지다. 종교 때문에 차별이나 괴로움을 당하지 않도록 시민을 보호해야 하고, 모든 종교의 예배가 자유롭게 드려질 수 있도록 해야 한다는 것이다. 또한 특정 교파에 특권을 주면 안 된다고 명시했다. 교회는 특정한 교리를 따르는 자발적인 단체이므로 교리적인 문제에 정부가 개입해 형사적 처벌을 할 수 없음도 분명히 했다.[18] 정부와 교회 사이에 높은 벽이 생겼다. 크리스텐덤과 전혀 다른 의미의 정교분리가 확립되었다.

두 번째, 가장 철저하고 피비린내 진동하는 체제의 변화는 프랑스 대혁명(1789)이었다. 프랑스 대혁명은 귀족과 성직자 계급이 지배하던 구체제(ancien régime)를 타파하고 자의식적으로 세속 국가의 길을 택한 시도였다. 오늘날의 프랑스는 가장 세속적인 국가로 이름나 있지만 과거에는 그 반대였다. 이탈리아와 접경하고 있다는 지정학적 위치 때문에 전통적으로 프랑스는 가톨릭을 국교로 삼았고 "교회의 맏딸"이라 불릴 정도로 로마 가톨릭과 가까웠다. 종교개혁 이후 프랑스는 개신교와 가톨릭의 대립으로 인해 가장 큰 혼란과 극심한 내란을 겪었다.[19] 종교개혁이 일어

---

18 1789년 미국 장로교회가 세워질 때 신앙고백서를 채택하면서 특히 국가와 교회의 관계에 대한 많은 논의가 있었다. 이때 소위 장로교 정치의 8대 원칙(principle)이 수립되었다. 개인이 교회를 선택할 자유, 교회의 국가로부터의 자율성, 직원을 채용하는 방법 등의 원칙은 현대적 의미의 정교분리를 확립하는 원칙이었다. 1983년 미국 장로교회에 제출된 보고서, "Report of the Special Committee on Historic Principles, Conscience and Church Government," 6-12. 다음 웹사이트를 참고하라. ⟨https://www.pcusa.org/site_media/media/uploads/_resolutions/historic-principles.pdf⟩.

19 프랑스의 교회로부터 해방을 위한 투쟁의 역사는 Jean Baubérot, "The Secular Principle," 미국 내 프랑스 대사관 홈페이지의 소논문은 다음 웹사이트를 참고하라.

났을 때 많은 프랑스 국민이 칼뱅의 영향으로 개혁파 신앙을 받아들였다. 이들을 '위그노'(Huguenots)라 불렀는데, 그들은 가톨릭과 결탁한 정부로부터 많은 박해를 받았다. 16세기 후반에 걸쳐 무려 3백만 명에 달하는 위그노 교도가 학살을 당했고, 그 절정이 성 바르톨로뮤 축일의 대학살(1572)이었다. 낭트 칙령(1598)으로 잠시 종교의 자유가 주어졌으나, 태양왕 루이 14세가 집권하면서 위그노는 다시 박해를 받았다. 가톨릭은 프랑스의 국교 지위를 회복했지만, 곧 일어난 대혁명에 의해 구체제의 한 축으로 몰려 그 영향력을 영구히 잃었다.

프랑스 대혁명의 주체는 계몽사상의 영향을 받은 정치가들로서, 이들은 기독교를 청산의 대상으로 생각해 박해했다. 혁명으로 세워진 임시 정부인 파리 코뮌(Paris Commune)은 가톨릭 사제들을 죽이거나 잡아 가두었고, 교회를 국가의 지배 아래 놓으려 했다. 1789년 혁명 초기에 소집한 국민 의회에서는 "인간과 시민의 권리에 관한 선언"을 선포해 종교의 자유를 천명했다. 그 선언은 근대적 시민의 기본권을 서술한 17개의 조항으로 구성되어 있는데, 그중 제10조가 바로 종교의 자유에 관한 조항이다. "어떤 사람도 자신의 견해 때문에, 그 견해가 종교적 견해라 할지라도, 그 견해를 발표함으로 인해 법으로 확립된 공공질서가 파괴되지 않는다면, 자신의 권리를 침해받아서는 안 된다." 이성주의자인 혁명가들은 이신론(理神論)의 일종인 "최고 존재의 종교"(the Cult of the Supreme Being)를 국교로 정하려 시도했고, 심지어 무신론적인 "이성 종교"(the Cult of Reason)를 만들기도 했다.

오랜 세월 가장 강력한 크리스텐덤의 일부였던 프랑스가 쉽게 세속화되지는 않았다. 공화국과 제국을 번갈아 경험한 19세기 내내 가톨릭

⟨http://www.ambafrance-us.org/atoz/secular.asp⟩.

의 지위도 부침을 거듭했지만 지속적인 세속화의 요구를 거스를 수는 없었다. 1882년 프랑스 의회는 세속적 국민교육법을 통과시켜 공립 학교에서 종교교육을 금지시켰고, 마침내 1905년 "교회와 국가의 분리에 관한 1905 프랑스 법"을 제정했다. 이 법에 따라 국가가 교회에 재정을 지원하는 것이 금지되었고, 모든 국가의식에서 가톨릭의 상징이 사라졌다. 지금도 통계상 프랑스 국민의 51.1%가 기독교인(대다수가 가톨릭이고 개신교는 3% 미만)이라고 하지만, 정기적으로 미사에 참여하는 사람은 5% 정도일 뿐이다. 인구의 약 40%는 어떤 종교도 갖지 않는다고 대답했다. 프랑스는 현재 세계에서 가장 세속적인 국가 중 하나다.[20]

산업화와 자본주의

크리스텐덤을 무너뜨린 또 하나의 중요한 요소는 서구 각국에 산업화가 일어나고 자본주의 시장 경제 시스템이 확립된 것이다. 크리스텐덤 시대에는 교회가 경제까지 관장했는데, 이제 시장이 교회의 지배를 벗어나 자율적으로 작동하기 시작했다. 오늘날 자본주의 이념이 우리의 삶과 마음을 지배하고 교회까지 좌우하는 것을 보면, 나는 자본주의야말로 포스트크리스텐덤 시대의 진정한 승자가 아닌가 생각한다.

　서구에서의 개신교와 자본주의의 관계를 처음 이야기한 사람은 사회학자 막스 베버다. 그는 『프로테스탄트 윤리와 자본주의 정신』(The Protestant Ethic and the Spirit of Capitalism, 1904-05)에서, 자본주의 성공의 배경에 칼뱅주의 개신교인들의 독특한 윤리 체계가 있다고 주장했다. 개신

20　참고. 위키피디아의 'Religion in France' 항목. ⟨https://en.wikipedia.org/wiki/Religion_in_France⟩.

교인들의 독특한 윤리 체계란 성직뿐 아니라 세속적인 직업을 갖는 것도 하나님의 부르심이기 때문에 자신의 소명에 따라 근면하게 일하고 금욕하는 삶을 살라는 가르침이다. 개신교도들은 향락과 태만과 낭비를 큰 죄악으로 여겼고, 열심히 일해 잘 사는 것을 바로 하나님 백성이 된 표징으로 생각했다. 이런 가치관을 가진 사람들이 많은 국가에서는 자본의 축적이 쉽게 이루어지고, 그 결과 산업화가 일어난다는 것이 "막스 베버의 명제"(Max Weber These)다. 막스 베버가 "하부 구조가 상부 구조를 결정한다"는 마르크스주의의 주장을 반대했다는 점에서 공헌이 있음은 틀림없다. 그러나 막스 베버의 명제는 여러 가지 방면에서 공격을 받아 지금은 거의 폐기된 상태다.[21]

막스 베버보다 상황을 더 종합적으로 파악한 사람은 영국 노동당의 정신적 지주인 리처드 토니(Richard H. Tawney)다. 그는 『기독교와 자본주의의 발흥』(Christianity and the Rise of Capitalism)[22]이라는 책에서 기독교와 자본주의의 관계를 좀 더 포괄적으로 역사적 진행에 따라 관찰한다. 베버는 개신교가 경제 발전에 영향을 주었다는 점을 증명하려 했다면, 토니는 당시 경제 체제의 큰 변화 가운데서 개신교의 역할을 이해해야 한다고 말한다. 근대 자본주의는 종교개혁 당시 이미 유럽에 만연해 있는 사조였다. 네덜란드나 영국의 산업화에 앞서 '대항해 시대'(Era dos Descobrimentos)를 맞이해 피렌체나 베니스 혹은 스페인의 도시들에서 이미 자본주의가 시

---

21 로버트 그린 편, 이동하 역, 『프로테스탄티즘과 자본주의: 베버 명제와 그 비판』(서울: 종로서적, 1987)에서는 베버를 찬동하는 학자와 그를 비판하는 글들을 균형 있게 소개한다. 로드니 스타크, 손현선 역, 『우리는 종교개혁을 오해했다』(파주: 헤르몬, 2018). 로드니는 제4장에서 막스 베버의 명제를 "연구가 아니라 분수에 지나친 개신교의 추측"이라고 일축한다.

22 R. H. 토니, 이경식 역, 『기독교와 자본주의의 발흥』(서울: 전망사, 1983); 최근 토니 전문가인 고세훈이 이 책을 다시 번역해 출간했다(서울: 한길사, 2013).

작되었다. 토니에 의하면 당시 기독교 사회는 이런 자본주의의 물결을 막기에 역부족이었다. 사실상 종교개혁가 칼뱅은 변화된 경제 환경을 이해하고 시장 경제를 어느 정도 인정하면서도 경제적 변화에 대해 성경적 기준을 세우려고 노력한 신학자다. 그는 물질주의의 물결을 막기 위해 제네바시를 "거대한 수도원"으로 만들고자 했다. 그러나 그의 후예인 청교도들은 자본주의의 영향을 막아내지 못하고 결국 비즈니스와 종교를 전혀 다른 영역으로 분리시켰다. 기독교는 공공 영역으로부터 전면적으로 철수했고 그 공백을 자본주의 정신이 메꾸었다.[23] 베버는 개신교가 자본주의의 발달에 끼친 영향을 자랑스럽게 생각했고, 토니는 자본주의의 물결을 막지 못한 개신교를 유감으로 생각한다.

　기독교가 자본주의의 물결을 막아내지 못한 또 하나의 예는 미국 산업화 시기의 복음주의 기독교의 제한된 역할이다. 남북전쟁 이후 약 반세기는 오늘날의 미국을 만든 거대한 산업화와 성장의 시기였다. 이때 대규모 농업뿐 아니라 철강, 광산, 도로와 철도, 은행, 백화점 등의 상공업이 급속도로 발전했다. 막대한 부를 통해 대학, 병원, 박물관, 학교, 오페라 하우스 등을 건설했고, 자선 단체와 교회에도 돈이 넘쳐 오늘날 미국 문명의 초석이 놓였다. 그러나 산업화의 풍요와 더불어 사회악도 함께 자라고 있었다. 도시화로 인한 윤리적 타락과 범죄의 증가와 같은 개인 윤리의 문제뿐 아니라 심한 노동 강도 및 소아 노동, 대규모 실업 등이라는 구조적 악이 더 중대한 산업화의 독소들이다. 여기서 한걸음 더 나아가 공급 과잉을 해소하기 위한 식민지 개척, 식민 통치를 위한 폭력, 식민지를 둘러싼 전쟁 등의 거대한 모순도 자본주의와 더불어 생겨났다.

　미국의 복음주의 기독교는 이런 구조적 악에 대해 적절한 대답을 내

23　위의 책, 고세훈 역, "토니의 사상과 한국교회", 30-34.

놓지 못했다. 그들은 독과점 체제와 저임금 구조로 인해 대부호가 된 록펠러, 워너메이커, 카네기 등이 십일조를 잘해서 복을 받았다고 설교했고, 혹은 근면하게 일해 구제하고 봉사하라는 청지기 정신(stewardship)을 내세워 이들에게 면죄부를 주었다. 이런 기독교의 위선적인 행태를 지적한 대표적인 신학자가 20세기 미국의 예언자로 일컬어지는 라인홀드 니버(Reinhold Niebuhr)였다. 그는 20세기 초 대부호들과 그들을 옹호하는 기독교를 "부르주아 이상주의"(Bourgeois Idealism)라 규정하고, 기독교가 결국 기존 질서를 옹호하는 역할밖에 하지 못했다고 비판했다.

산업화와 자본주의 시장 경제는 크리스텐덤 붕괴의 진정한 원인이었고, 또한 크리스텐덤 붕괴를 선도하는 현상이었다. 중세 교회가 경제라는 말의 고삐를 쥐고 있었는데, 그 말이 너무 사나워져서 종교개혁가들의 말도 듣지 않게 되었다. 결국 교회는 고삐를 놓치고 말았으며, 한 번 놓친 고삐를 다시는 잡을 수 없게 되었다. 지금 우리는 21세기 세계화와 신자유주의 시대에 미친 말이 날뛰는 것을 지켜보고 있을 수밖에 없다.

국가주의와 크리스텐덤

근대화와 뗄 수 없는 긴밀한 관계에 있는 것이 국가주의(Nationalism 혹은 Statism)다. 국가주의는 한마디로 국가를 인간 삶의 중심으로 생각하는 정서다. 개인이나 가족보다 국가를 우선시하고 개인은 국가를 통해 자아를 실현한다. 국가주의는 태고부터 있었던 인류 보편적인 정서가 아니다. 그럼 국가주의 혹은 민족주의가 언제부터 어떤 과정으로 생겨나게 되었을까? 중세 크리스텐덤은 보편적 교회가 전 세계를 지배하는 시대였고, 국가의 구분을 중요하게 여기지 않았다. 서양사를 배우다 보면 한 왕조가 여러 나라의 왕이 되는 경우를 많이 본다. 일례로 합스부르크 왕조는 스위스에서 시작한 작은 귀족 가문인데, 약 650년 동안 독일, 오스트리아는 물론, 스페인, 이탈리아, 폴란드, 헝가리, 네덜란드 등을 통치했다. 왕실 간의 정략결혼을 통해 이런 일이 가능했는데, 합스부르크 출신의 마리 앙투아네트(Marie Antoinette d'Autriche)를 프랑스 왕과 결혼시켜 프랑스도 지배하려 했으나 처형을 당하는 바람에 실패했다.

국가 간 전쟁의 후유증으로 상대국에 대한 적개심과 더불어 국민 의식이 강화되는 경우가 많다. 15세기 초 백년전쟁에서 영국과 프랑스가 충돌했다. 신의 계시를 받았다는 영웅 잔 다르크(Jeanne d'Arc)를 통해 프랑스가 승리를 거둔 바로 그 전쟁이다. 이 전쟁 후 영국과 프랑스에서는 국민 의식이 강화되어서, 시민들이 이전과 달리 자신을 영국인으로 혹은 프랑스인으로 생각했다. 알퐁스 도데의 단편 『마지막 수업』(1871년 발표)은 프랑스의 알자스-로렌 지역을 둘러싼 독일과 프랑스 사이의 전쟁을 배경으로 한다. 더 이상 프랑스어로 수업을 하지 못하게 되었을 때, 교사는 프랑스어를 굳게 지키는 것이 마치 감옥의 열쇠를 쥐고 있는 것과 마찬가지라고 가르쳐준다. 이 소설을 통해 프랑스인들의 애국심이 강화되었음은 물론 민족의식과 모국어가 뗄 수 없는 관계라는 생각도 자리 잡았다.

근대화 시대에 국가주의는 더욱 강화되어 오늘날과 같이 애국심이 인간의 기본적인 정서 중 하나로 자리 잡았다. 근대화의 물질적 토대는 산업화인데 산업화가 국가 단위로 이루어졌기 때문이다. 산업화가 이루어지면 그 혜택을 국민들이 나누어 갖고 산업화가 실패하면 그 피해를 국민이 떠안기 마련이다. 산업화를 먼저 이룬 나라가 다른 나라를 식민지로 삼기 위해 침략 전쟁을 일으킴으로 국가 단위의 전쟁이 일어나고, 선진국 사이에 또다시 식민지를 쟁탈하기 위한 대규모 전쟁이 발발한다. 또한 제국주의 침략을 받은 식민지의 독립을 위한 정신적 동력으로서 저항적 민족주의가 생겨난다.

근대화의 과정을 거치면서 '국민'(國民)이 탄생했다. 국민은 평화 시에는 산업화의 역군이며 전쟁이 일어나면 군인이 된다. 국민은 자신이 그 나라의 일부라는 정체성을 가진 노동자이자, 애국심 가득한 전사(戰士)다. 국민이 형성되는 기관은 다름 아닌 학교다.[24] 국가는 한 사람을 그 나라의 국민으로 만들기 위해 학교 제도를 만들었다. 12년간의 초중등 교육을 통해 순진무구한 어린아이가 애국심을 가진 국민으로 거듭난다. 같은 한민족(韓民族)이라도 한국의 학교에서 교육을 받으면 일본인을 미워하는 한국인이 되고, 북한에서 교육을 받으면 주체사상으로 충일한 북조선 인민이 되며, 중국에서 교육을 받으면 한국과 축구할 때 중국을 응원하는 중국인이 된다. 좀 오싹하지 않은가!

그렇다면 서구 크리스텐덤에서 국가주의의 발달은 그 사회를 어떻게 변화시켰을까? 과연 국가주의가 크리스텐덤을 붕괴시키는 작용을 했을까, 아니면 반대로 해체를 지연시키는 작용을 하고 있을까? 국가주의의 발달은 서로 상반되는 두 가지의 결과를 낳았다. 한편으로는 크리스텐덤의 붕괴를 가속화했고, 다른 한편으로는 국가주의와 기독교가 연합해 크리스텐덤의 해체 속도를 늦춘 면도 있다.

우선 크리스텐덤과 국가주의의 관계, 즉 국가주의의 발달로 크리스텐덤이 붕괴되는 과정을 살펴보자. 크리스텐덤의 전성기인 중세에는 국가의 개념이 없었고 대신 보편적 교회('가톨릭'[catholic]이라는 단어는 보편적이라는 의미다)가 서유럽 제국을 아우르고 있었다. 동방 교회와 서방 교회의 분열과 종교개혁의 결과로 하나의 보편적 교회라는 이상이 깨지고 대

---

24 이치석, 『전쟁과 학교: 학교는 어떻게 아이들을 전쟁으로 내몰았나』(서울: 삼인, 2005)는 한국뿐 아니라 서양에서의 학교가 어떻게 국민 교육을 통해 애국심을 고양시키고, 이를 전쟁에 이용했는지를 연구한 저서다. 저자는 '국민학교'라는 명칭을 '초등학교'로 개정하는 데 중요한 역할을 했다.

신 교파 교회가 생겼다. 앞서 잠깐 언급했지만 유럽의 군주들이 로마 가톨릭을 버리고 종교개혁 이후에 생긴 루터교회, 개혁교회, 성공회 등을 택한 것은 자신들의 신앙적 성향에 따른 것일 수도 있겠지만, 로마로 흘러들어 가는 국부(國富)를 차단하고, 수도원 소유의 토지를 몰수해 왕실의 재정을 튼튼히 하려는 목적도 있었다. 이어 일어난 절대 왕정 시대의 왕들은 강력한 통치와 외국과의 전쟁을 위해 막대한 재정과 국민정신의 통합이 필요했다. 국가의 이익과 전쟁의 승리라는 현실적 목표 앞에서 보편적 크리스텐덤은 설 자리를 잃었다. 교회가 할 수 있는 일이라고는 국민에게 전쟁의 정당성을 홍보하고 전사자들을 위해 명복을 빌어주는 일뿐이었다.

국민 국가가 출현한 이후 크리스텐덤 시대에 국가 교회가 하던 대부분의 과업을 국가가 수행하게 되었다. 정부는 통화와 재정 정책을 통해 경제를 운용하고, 교육 과정을 개발하며 학교를 운영하고 교사를 양성함으로 교육을 통제하고, 스포츠 이벤트와 보조금 제도를 통해 문화와 예술에 영향을 끼친다. 우리나라의 경우 대학도 교육부의 지배에 순치(馴致)되었다. 도시화로 인해 전통적인 가족 제도가 무너지자 국가가 복지도 책임져야 함으로써 국가 재정과 그에 따른 권한은 사적 영역을 침범하며 무한대로 뻗어가는 중이다. 여기서 '공공'(public) 혹은 '공공성'(publicity)이라는 개념이 중요해졌다. 본래 공공이라는 단어는 개인적 혹은 사적(private)이라는 단어의 반대말로서 대중과 관계된 모든 것을 의미한다. 시민 사회가 발달한 서구에서 공공이라는 단어는 때로 국가가 주도하는 것과 반대되는 뜻으로서 법과 제도를 넘어서면서도 그것들을 형성해주는, 예컨대 촛불 집회와 같은 것을 가리킬 때도 있다. 그러나 시민 사회의 발전이 뒤늦은 우리나라의 경우는 정부가 공공 영역의 많은 부분을 담당하고 있다. 이는 국가가 주도하거나, 국가 재정이 투입되거나, 국가적 목적을 위한 것들이 공공의 영역이라는 것을 의미한다. 공공재, 공공 자산, 공적 개발, 공공 서비스, 공교육, 공중 보건, 공중파, 공인, 공공시설, 공공 임대 주택, 공공선, 여론(public opinion), 공공의 이익, 공공의 적과 같은 단어들의 사용 빈도는 국가가 우리의 삶에 얼마나 광범위하게 개입하고 있는지를 보여준다.

'공공'의 반대 개념은 '사적'(private) 혹은 '자율적'(autonomous) 개념이다. 오늘날 교회는 사적 영역을 대표하는 기관이다. 다른 말로 하면 교회가 '사사화'된 것이다. 교회는 앞서 언급한 우리 사회의 거의 모든 영역에서 손을 떼고 오히려 국가의 감독을 받는 처지에 이르렀다. 오늘날 교회 법정에서 해결하지 못하는 문제를 일반 법원으로 가지고 감으로써 이런 경향이 가속화되었다. 기독교가 공공성 위주의 사회에서 어떻게 정체성을 유지하고 복음을 전하며 영향력을 끼칠 수 있을지에 대해서는 별도로 (이 책 제5장에서) 논할 것이다. 다만 여기서는 국가주의가 크리스텐덤 해체의 원인이자 중요한 현상이라는 점만 언급하겠다.

국가주의의 과잉은 선교에도 악영향을 끼쳤다. 무리한 일반화일지 몰라도 근대의 선교는 제국주의와 함께했다. 근대화의 선두주자인 크리스텐덤 교회들이 선교를 통해 식민지에 자국의 교회를 이식했는데, 이는 복음 전도를 통해 식민 통치를 용이하게 하려는 것이 아닌가 하는 혐의를 낳았다. 초월적이며 보편적인 복음이 한 국가의, 그것도 침략 국가의 이데올로기로 전락했다. 제국주의와 기독교 선교의 동반적 관계를 감지한 제3세계 각국에서는 불평등 조약과 함께 들어오는 복음을 거부했다. 이때 식민지 국가의 정신적 무기가 저항적 민족주의였다. 아편 무역과 대포와 종교를 함께 가지고 들어오는 영국을 받아들이기 어려웠던 중국의 조정과 인민은 의화단 사건(1900)을 일으켜 선교사들을 죽였다. 일본도 서양 문명으로부터 자국을 보호하려는 '나쇼날리즘'(nationalism, 바른 한국어 표현은 내셔널리즘)의 과도한 발달이 교회의 부흥을 가로막았다. 크리스텐덤의 선교는 서구의 제국주의적 침략과 동일시되어 제3세계 선교를 가로막았고, 교회는 제3세계 피선교국에서 크리스텐덤과의 단절을 선언하고 사적 영역에만 머물러 있겠다고 공언해야 겨우 살아남을 수 있었다.

둘째, 국가주의의 확산은 크리스텐덤을 지속하는 일에도 기여한다. 전통적 크리스텐덤 사회에서는 기독교와 국가주의가 융합되는 현상이 일어났다. 교회는 국가의 발전과 팽창에서 오는 혜택을 누리면서 융성했고, 대신 국가의 영광에 하나님의 이름을 덧입혀줬다. 국가는 교회와 권력을 나누었고, 교회는 국가의 통치권을 강화시켜 질서를 공고하게 해주었다. 기독교와 국가주의는 산업 혁명 시기 내내 밀월 관계를 즐겼다. 기독교 지도자들은 국가주의에 있는 악마성을 간파하지도 제지하지도 못한 채 동반 성장의 열매를 함께 누렸다. 그런 가운데 선진 제국의 국가/교회 복합체는 거대한 괴물로 성장했다.

기독교와 애국심의 복합체는 그 사회에서의 기독교의 영향력을 지속시키는 역할을 하지만, 이는 심히 왜곡된 방향으로 갈 수밖에 없다. 그것은 국민을 선민의식으로 무장시켜 타민족이나 인종과의 차별과 갈등을 조장하면서 국내에서는 집단 학살(genocide)을, 국외에서는 전쟁을 정당화하는 데까지 가고야 만다. 제3제국의 나치가 벌인 홀로코스트나 세르비아인들의 코소보 지역 알바니아계 회교도에 대한 인종 청소가 집단 학살의 대표적인 예다. 20세기 후반 기독교와 애국심의 융합은 다시 한번 소환된다. 이번에는 "문명의 충돌"로서,[25] 걸프전이나 911사태는 서구 기독교

---

25 새뮤얼 헌팅턴은 『문명의 충돌』(*The Clash of Civilization and the Remaking of World Order*, NewYork: Touchstone, 1996)에서 갈등과 전쟁이 이데올로기로 인해 기인한 것이 아니라 각 문명의 차이로 인해 기인한다고 주장했다. 한 문명 안에는 전통적인 문화와 더불어 그 핵심에 종교가 있다. 한국어 판, 이희재 역, 『문명의 충돌: 세계 질서 재

문명 vs. 이슬람 문명의 뿌리 깊은 대결로 요약된다.

미국의 경우 기독교와 애국심이 묘하게 결합되어 있다. 건국 초부터 정교분리를 국시로 하는 미국에서는 많은 지식인이 미국에서 크리스텐덤이 소멸되었다고 생각하지만, 바이블 벨트에 사는 기독교인들은 아직도 크리스텐덤에 살고 있다고 생각한다. 삶의 많은 영역, 예컨대 과학이나 경제에서는 이미 세속화가 깊숙이 진행되었지만, 이상하게도 안보와 관련해서는 미국은 아직도 크리스텐덤의 요소가 많이 남아 있다.

최근(2018) 미국에 다녀왔는데 마침 메모리얼 데이였다. 미국의 메모리얼 데이는 국가를 지키다가 전사한 군인들을 기리는 날로서 우리의 현충일에 해당한다. 내가 머무르던 곳은 뉴저지주에 있는 작은 마을의 기독교 수양관이었다. 메모리얼 데이 당일 오전 11시에 그 마을 타운십(동사무소)에서 작은 행사를 벌인다고 광고했다. 좋은 구경을 놓칠세라 나도 시간 맞추어 나가보았다. 군복을 차려입고 훈장을 가슴에 단 퇴역 군인 10명 정도가 일렬횡대로 서 있었다. 나이는 40대부터 80대까지 다양했다. 그들은 국기 게양을 하고 미국 국가를 제창한 후 나이 많은 은퇴 목사가 연설을 하기 위해 앞으로 나왔다. 그는 링컨 대통령을 주제로 연설했는데, 링컨이 연방을 지키기 위해 어떻게 노력했고, 자유를 위해 얼마나 많은 사람이 희생했는지 등을 이야기했다. 그리고 자유를 위해 목숨을 버린 군인들의 "최고의 희생"은 예수님이 우리를 죄에서 자유롭게 하시려고 희생하신 정신과 맞닿아 있다고 결론지었다. 모인 사람들 모두가 "하나님이여, 미국을 축복하소서!"(God Bless America)라는 노래를 부르면서 예식을 마쳤다. 성경의 가르침과 미국 전쟁의 역사가 묘하게 얽혀 있음을 알 수 있었다. 최소한 그때만큼은 미국은 아직도 크리스텐덤이었다.

편의 핵심 변수는 무엇인가』(서울: 김영사, 2016).

세속화와 사사화

크리스텐덤은 기독교가 한 사회의 삶 전반에 영향을 끼치는 사회라고 한다면, 포스트크리스텐덤은 그와 반대로 삶의 모든 분야에서 기독교가 후퇴하는 세속화의 과정이다. '세속화'(secularization)란 과거 교회의 지배 하에 있었던 온갖 삶의 영역들이 차츰 교회의 지배로부터 벗어나는 경향을 가리킨다.[26] 이것은 앞서 말한 계몽사상, 시민 혁명, 산업화, 국가주의 등의 원인으로 인해 정부, 은행, 기업, 미디어, 대학, 각종 전문가 집단 등이 국가의 정치, 경제, 사회, 교육, 학문, 문화 등의 영역을 지배하는 것을 말한다. 물론 이 모든 영역 중 다른 모든 것을 포괄하는 가장 큰 파워는 국가다. 포스트크리스텐덤 시대의 정치에서는 성경이 아닌 민의가 표준이고, 과학에서는 초자연적인 기적이 배제되며, 경제는 '보이지 않는 손'에 의해 움직이고, 학문은 종교적 편견에서 벗어나 객관적 진리를 발견하는 과정이다. 인간이 모든 것의 기준이자 규범이다.

요사이 세속화를 둘러싼 논의들이 무성하다. 서구 사회가 세속화되었다는 주장을 했던 사회학자 피터 버거와 같은 이들이 자신의 주장이 잘못되었음을 고백했기 때문이다.[27] 아닌 게 아니라 서구 사회에서 종교의 중요성은 감소하지 않고 있으며, 더욱이 아시아, 아프리카, 남아메리카 같

---

26 '세속화'는 '세속적'(secular) 혹은 '세속주의'(secularism)와 구분되어야 한다. '세속적'이 나 '세속주의'는 세상의 물질과 정욕을 탐하는 타락의 경향을 가리킬 때 사용된다. 때로 관용적으로 '세속화'가 '세속주의'의 의미로 쓰일 때도 있지만 말이다. 세속화된 현대 사회에 살면서도 세속주의에 빠지지 않고 경건을 유지할 수 있고, 그 반대로 종교인으로 살면서도 세속적 삶을 누리는 사람도 있다.

27 피터 버거 편, 김덕영 외 역, 『세속화냐? 탈세속화냐?: 종교의 부흥과 세계 정치』(서울: 대한기독교서회, 2014); 로드니 스타크, 손현선 역, 『우리는 종교개혁을 오해했다』(파주: 헤르몬, 2018), 제7장.

은 제3세계에서 기독교가 부흥한다. 그러나 오늘날 우리 세계가 목격하는 것은 종교와 영성의 부흥일 뿐 크리스텐덤의 회복은 아니다. 『세속 도시』(1965)로 유명한 하버드 대학교의 명예 교수인 하비 콕스는 세속화를 전망했으나, 2009년 출간한 『종교의 미래』에서는 자신의 전망이 틀렸음을 인정했다. 그 역시 미래 종교는 크리스텐덤 시대의 종교와는 다를 것이라 말했다. 그에 의하면 초기 기독교 공동체는 예수님의 가르침을 단순하게 믿는 '신앙'(faith)을 가졌는데, 크리스텐덤에 와서 신조를 믿는 '믿음'(belief)으로 퇴화했다. 그러나 이제 도래하는 성령의 시대에는 신조가 아닌 영성 중심의 시대가 될 것이라 해서 새로운 영성, 새로운 종교를 전망했다.[28] 기독교인들이 정치에 참여하지만 크리스텐덤과는 다르게 기껏해야 자발적 시민 단체를 만들든지 아니면 개인적 활동가들(activists)이 활동하는 것일 뿐이다.[29]

세속화는 기독교의(혹은 종교의) '사사화'(privatization)를 동반한다. 세속화는 가정이나 성과 같은 사적인 영역과 정치, 경제, 사회와 같은 공적 영역을 구분한다. 세속화된 사회에서 종교는 개인적인 신앙과 윤리의 영역으로 축소되었고 공적 영역에서의 종교적 담론을 끌어들이는 것은 사회적 호응을 얻지 못한다.

---

28 하비 콕스, 이상률 역, 『세속 도시: 현대 문명과 세속화에 대한 신학적 전망』(서울: 문예출판사, 2010, 원서는 1965년에 출간); 또한 하비 콕스, 김창락 역, 『종교의 미래: 예수의 시대에서 미래의 종교를 보다』(서울: 문예출판사, 2010, 원서는 2009년에 출간).

29 데이비드 마틴, "복음주의의 급증과 그 정치적 함의", 피터 버거 편, 『세속화냐? 탈세속화냐?: 종교의 부흥과 세계 정치』, 59-76.

복음주의와 크리스텐덤

지금까지 우리는 크리스텐덤의 해체 과정을 여러 방면에서 살펴보았지만, 크리스텐덤을 내적으로 작동 가능하게 하는 신학에 대해서는 거의 이야기하지 못했다. 크리스텐덤 시대에 진행되던 신학적 논의를 개괄하기에는 능력도 부족하고 지면도 제한되어 있다. 이에 따라 제3장 크리스텐덤 시대의 성경 읽기에서 웨스트민스터 표준 문서에 대해서만 비판적으로 다룰 것이다. 크리스텐덤의 해체 과정을 살펴보고 크리스텐덤의 끝자락에 나타난 중요한 신앙 운동인 복음주의에 대해 이야기하면서 크리스텐덤의 역사를 마무리하고자 한다. 복음주의는 개인적인 회심을 강조하면서 부흥 운동을 일으켜 크리스텐덤을 강화했고, 동시에 포스트크리스텐덤에도 지속될 역량과 신학을 지닌 교회적 운동이다.

우선 '복음주의'(Evangelicalism)라는 말이 무슨 뜻인지 알아보자. 이는 어원상으로는 '복음'(evangel)에 충실한 신앙을 가리킨다. 맨 처음 복음주의라는 말은 종교개혁 시대의 개혁가들을 지칭하기 위해 사용되었는데, 후에 좀 더 좁혀져서 웨슬리의 부흥 운동을 따르는 사람들을 가리키게 되었다.[30] 복음주의는 18세기 말부터 19세기 전반에 걸쳐 영국과 미국에서 일어난 위대한 부흥 운동을 통해 대서양 양안 국가들의 특징적인 기독교 운동으로 자리 잡았다.[31] 알리스터 맥그래스는 복음주의의 특징을 여섯 가지, 곧 성경의 권위, 예수 그리스도의 대속, 성령의 주권에 대한 믿음,

---

30 우리나라에서 '복음주의'와 '개혁주의'와의 관계는 다소 복잡하다. 때로는 진보 진영과 대립되는 의미에서 복음주 안에 개혁주의를 포함해 사용하기도 하고(예. 한국복음주의신학회), 칼뱅주의와 웨슬리주의를 구분하기 위해 개혁주의와 복음주의를 따로 사용하기도 한다. 이 책에서는 전자의 넓은 의미로 '복음주의'를 사용한다.

31 복음주의의 확산에 대해서는 지금 다 다룰 수 없고, 다음의 책을 참고하라. 존 울프, 이재근 역, 『복음주의 확장: 18세기 이후 복음주의 운동의 역사』(서울: CLC, 2010).

개인적 회심, 복음 전도, 교회 공동체의 중요성으로 요약하고 이런 특징을 강조하는 운동이라고 말한다.[32]

앤드루 월스는 크리스텐덤에서의 복음주의의 위치를 다음과 같은 간결하면서도 통찰력 있는 주장으로 잘 요약한다.

> 복음주의 부흥 운동은 무엇보다도 기독교 국가와 국교라는 전통적인 틀과, 개인적인 자아와 개인의 결정에 대한 진지한 인식을 결합시켰다.[33]

앞서 살펴본 것처럼 18세기에 들어오면서 크리스텐덤은 해체되어가고 있었다. 점점 힘을 더해가는 국가주의는 크리스텐덤의 보편주의를 약화시키고, 산업화가 확산되면서 교회가 경제에 대한 고삐를 놓쳤으며, 계몽사상과 과학 혁명은 기독교의 초자연적 특징을 부인하기에 이르렀다. 영국 사회의 경우 산업화와 더불어 일어난 인클로저 운동(Enclosure)으로 빈부의 차이가 크게 벌어지고 상류층과 정치인의 도덕적 타락이 극에 달했다. 더욱이 기독교 국가에서 용인되기 어려운 비인도적인 노예 무역이 성행하기도 했다.

본래 크리스텐덤 체제는 외적 강제력으로만 지탱될 수 있는 것이 아니라, 그 내부에 영적 각성 운동이 있을 때에만 유지될 수 있다. 크리스텐덤 시대 내내 여러 가지 양상의 영적 운동이 있었다. 여러 차례의 수도원 개혁 운동, 그레고리우스 1세의 개혁 정책, 신비주의, 종교개혁, 경건주의, 예수회 등등이 그것이다. 그리고 하나님께서 18세기 말 내리막길을

---

32   알리스터 맥그래스, 신상길 외 역, 『복음주의와 기독교의 미래』(서울: 한국장로교출판사, 1993), 60.

33   앤드루 월스, 방연상 역, 『세계 기독교와 선교운동』(서울: IVP, 2018), 180.

걷던 크리스텐덤에 다시 한번 기회를 주셨으니, 곧 복음주의 부흥 운동을 통한 영적 각성이다. 존 웨슬리, 조나단 에드워즈, 조지 횟필드 등과 같은 하나님의 종들의 설교를 통해 수많은 영혼이 회심을 경험하고 삶이 변화되었다. 개인적인 회개와 헌신은 개인적인 영성을 넘어 국가와 사회를 활력 있게 만들었다. 부흥 운동은 곧 사회 개혁 운동으로, 교파를 초월한 연합으로, 그리고 마침내 선교 운동으로 결실을 맺었다. 예를 들면 영국의 윌버포스는 회심을 경험한 후 노예 무역을 종식시키는 데 자신의 일생을 바쳤다. 조나단 에드워즈와 조지 횟필드를 중심으로 일어난 제1차 대각성 운동은 미국인에게 높은 자의식과 도덕의식을 심어주었고, 이는 한 세대 후 미국 독립을 가능케 한 정신적 자산이 되었다. 한 세기 후 찰스 피니를 중심으로 제2차 대각성 운동이 일어났는데, 한 세대를 휩쓴 부흥 운동의 결과 미국인의 60%가 교회에 출석했고, 위대한 사회 개혁 운동이 뒤를 이었다. 미국을 위대하게 만들었던 모든 제도가 이때 형성되었다. 노예제를 폐지하고 금주법(禁酒法)을 시행할 정도로 개신교가 강한 힘을 가졌었다. 이 시기의 미국을 "개신교 제국"(Protestant Empire)이라고 부르는 것은 조금도 이상하지 않다.

복음주의 부흥 운동의 특징은 모든 것이 개인으로부터 출발한다는 것이다. 아무리 국가 교회의 일원이라 해도, 언약의 후손으로 유아세례를 받고 명목상의 그리스도인이라 해도, 심지어 주일 예배에 참여한다 해도, 개인적으로 혹은 인격적으로 그리스도를 만나고 회심을 경험하지 못하면 구원에 이르지 못한다는 외침이 부흥 집회의 전형적인 설교 내용이었다. 개인의 회심을 강조하는 복음주의는 사회 참여의 관점에서 크게 두 가지 길로 나아가는 중이다.

첫 번째 길은 근본주의에서 뉴라이트로 나아가는 길이다. 개인의 회심을 중요하게 생각하고 또한 여기에 종교개혁 신학의 특징인 칭의론에 집중하다 보니 복음주의는 개인적 칭의에서 시작해 개인적 성화로 끝날 가능성이 농후하다. 복음주의 설교자들이 가르친 주된 윤리적 덕목은, 술, 담배, 춤, 도박 등을 멀리하고, 가정에 충실하며, 주일성수와 헌금에 힘쓰고, 개인 전도를 통해 교회를 성장시키며, 세계 선교에 헌신하자는 것이다. 19세기 후반 미국의 경우 복음주의가 사회 개혁 면에서 상당한 성과를 거둔 것은 분명한 사실이다. 그러나 19세기 말과 20세기 초 산업화로 인한 구조적인 악이나 제국주의, 공산주의, 보수와 진보의 대립 등 세계사적 변화에 대해 개인 윤리만을 강조하던 복음주의는 이에 적절하게 대처하지 못했다. 여기에 구자유주의자들이 진화론과 성경의 비평을 받아들여 지성계의 주류를 차지하자, 복음주의는 반지성주의적 성향을 띠기까지 했다. 엄청난 잠재력을 가지고 폭발적으로 성장하던 복음주의가 근본주의(fundamentalism)로 퇴행했다.[34]

근본주의란 20세기 초 새로운 과학 사상과 산업화 같은 사회적 변화에 적응하지 못한 복음주의자들이 반지성적이며 사회 개혁에 대해 반동적인 태도를 취했던 기독교의 운동이라고 정의할 수 있다. 근본주의자들은 진화론으로 대표되는 근대 과학의 발전 자체를 인정하지 않았다. 당시 계몽사상에 근거한 연구 중심의 주립 및 사립 대학들이 기독교의 영향을 거부하고 '객관적' 태도를 견지하겠다고 선언하자, 대학 자체를 부정하고 젊은이들을 대학에 보내지 않을 정도였다. 산업화로 인한 구조적 사회악이 만연하게 되었을 때도, 복음주의자들은 그 해결책으로서 개인적 절

---

34   미국 근본주의의 뿌리와 그 영향력에 대해서는 주로 개혁주의 역사학자 조지 마즈던의 책을 참고했다. G. M. Marsden, *Fundamentalism and American Culture: The Shaping of Twentieth Century Evangelicalism, 1870-1925* (New York: Oxford Univ. Press, 1980). 우리말 번역은 박용규 역, 『근본주의와 미국문화』(서울: 생명의말씀사, 1997)다. 또한 조지 마즈던, 홍치모 역, 『미국의 근본주의와 복음주의 이해』(서울: 성광문화사, 1998)도 참고하라.

제와 구빈을 제시했다. 따라서 노동 문제, 파업과 공황, 대규모 실업, 제국주의적 식민지 건설, 식민지 전쟁과 공산주의의 출현 등과 같은 구조적인 문제를 해결하기에는 역부족이었다. 복음주의자 가운데 일부는 문제의 심각성은 파악했지만 비관주의적 역사관에 빠져 사회 개혁은 도외시하고, 예수님의 재림을 앞당긴다며 해외 선교에만 열심을 내는 세대주의적 전천년설주의자들도 있었다.[35] 위대한 복음주의의 세기는 근본주의로 막을 내리고, 크리스텐덤의 이상은 더 이상 실현될 수 없을 것처럼 보였다.

하지만 미국의 근본주의는 거기서 끝나지 않았다. 현실 정치에 대해 새로운 관심을 보인 것이다. 1950년대 말 냉전이 극단으로 치달을 때 근본주의는 강한 반공주의를 선택해 현실 정치로 돌아왔다. 또한 미국식 시장 경제야말로 가장 성경적인 경제 체제라고 믿었다. 반지성주의를 탈피하기 위해 무디 신학교(Moody Bible Institute)나 캘리포니아의 바이올라 대학 같은 성경 대학(Bible College)을 세우기도 하고, 성경과 과학을 통합한 창조 과학(creation science)으로 전열을 가다듬었다. 다시 학문의 주류로 귀환하지는 못했지만 말이다. 이른바 '뉴라이트'(New Right)가 탄생한 것이다.

뉴라이트의 표본적인 인물로는, 버지니아주 린치버그라는 도시의 침례교 목사 제리 폴웰(Jerry Falwell, 1933-2007)을 들 수 있다. 그는 1971년 리버티 대학교(Liberty University)를 세우고, "도덕적 다수"(Moral Majority)라는 시민 단체를 창설해 보수적이며 근본주의적 사회 운동에 뛰어들었다. 1980년도 미국 대통령 선거에서는 가정의 중요성과 애국심을 표방한 공화당 로널드 레이건의 당선에 큰 역할을 했다. 다음은 그가 세운 리버티 대학교의 교리적 선언문으로서 여기에는 미국 근본주의자들의 사회에 대

---

35 구자유주의와 근본주의에 대해서는 졸저 『대화로 풀어보는 한국교회사 1』(서울: 부흥과개혁사, 2009), 314-338을 참고하라.

한 인식이 요약되어 있다.

> 교리적 선언의 기초는 성경의 무오성, 성경적 창조론(Creationism)을 신앙하는 것에서 시작하는 기독교 세계관, 예수 그리스도의 교회를 구원하기 위해 대환란전(pre-tribulation)에 재림한다는 전천년적인 종말론, 세계 선교에의 헌신, "정치적 정당성"(political correctness)에 대한 절대적 반대, 정치적 보수주의에 대한 강한 헌신, 사회주의에 대한 전적인 거부, 자유 기업(free enterprise)이라는 미국의 경제 제도에 대한 확고한 지지다.[36]

문자적 성경 해석, 창조 과학, 세대주의적 종말론, 세계 선교, 반동성애, 반공주의, 시장 경제가 미국 뉴라이트의 인식을 견고하게 지지해주는 체제다. 2016년 미국 대선에서 이와 유사한 가치를 내세운 도널드 트럼프가 미국 복음주의자들의 전폭적인 지지를 받아 당선되었다. 근본주의에서 뉴라이트로 진화한 미국의 복음주의는 개인적 영성과 윤리로부터 시작해 기독교 국가(크리스텐덤)의 영광을 회복하려는 일을 기획하고 있다.

　복음주의가 택한 두 번째 길은 좀 더 폭넓은 대화와 참여의 길이다. 1900년대 첫 30년의 복음주의는 대체로 근본주의 쪽에 설 수밖에 없었다. 복음주의자들이 급격하게 변화하는 사회를 따라잡을 수 없었기 때문이기도 하거니와 또한 자유주의자들의 도전을 저지하기 위해 자유주의와 근본주의 양단 간 하나를 취해야 했기 때문이다. 1925년 테네시주에

36　"리버티 대학교 안내서"(*Explore Liberty University*). 졸저, 『대화로 풀어보는 한국교회사 2』(서울: 부흥과개혁사, 2009), 330에서 재인용. 폴웰이 소천한 후의 리더들은 강한 우파적 성향을 전면에 드러내지는 않고 순화된 신앙 고백을 채택했다. 리버티 대학교 홈페이지 참고.

서 벌어진 '스콥스 재판'(Scopes Trial, 일명 '원숭이 재판')이나 프린스턴 신학교의 재편과 뒤이은 메이첸의 웨스트민스터 신학교 설립(1929)은 현대주의/근본주의 논쟁(Modernist/Fundamentalist Controversy)을 상징하는 사건들이다. 이런 과정에서 복음주의는 반지성주의의 노선을 견지했고 사회 참여에 대해서도 적극적인 참여를 기피하는 근본주의의 길을 택했다. 이런 이유로 인해 개혁주의자 존 그레샴 메이첸(J. Gresham Machen)은 반지성주의자나 분리주의자가 전혀 아니었던 사람임에도 불구하고 근본주의자로 간주된다.

그러나 복음주의가 19세기 말까지 가지고 있던 사회 개혁의 전통을 그렇게 쉽게 버릴 수는 없었다. 산업화와 국제화라는 변화된 환경에서 기독교의 정체성을 유지하면서도 사회에 광범위한 영향을 끼쳐야 한다고 생각하는 사람들이 새로운 복음주의 운동을 시작했다. 그 시초는 칼 헨리의 『현대 근본주의자들의 불편한 양심』(*The Uneasy Conscience of Modern Fundamentalism*)의 출간이었다(1947). 칼 헨리는 이 책에서 신학적 자유주의를 반대하면서 동시에 근본주의자들이 삶의 문제로 고통당하는 자들의 현실에 참여하지 않는 것을 비판했다.[37] 사람들은 이들을 '신복음주의자'(Neo-Evangelical)라고 불렀다. 신복음주의자들은 성경의 무오성을 인정하면서도 일정 부분 현대 과학의 결과를 받아들여 조화시키려 노력했고, 하나님 나라가 내세의 천국만이 아니라 이 땅에서도 이루어져야 한다고 주장했다. 칼 헨리를 비롯한 신복음주의자들은 세상이 변했다는 것을 인지하고 있었지만 그렇다고 해서 크리스텐덤의 소망을 완전히 놓지는 않았다. 그들은 복음 전도를 열심히 해서 믿는 사람이 많아지고 성령의 능

---

[37] 우리말 번역은 제목이 약간 다르다. 칼 헨리, 박세혁 역, 『복음주의자의 불편한 양심』(서울: IVP, 2009).

력으로 거룩한 교회 공동체가 형성되면, 이 세계는 교회가 제시하는 방향으로 변화할 것이라고 믿었다.[38]

영국 복음주의자들은 미국 복음주의자들보다 사회 참여에 더 적극적이었다. 영국이 미국보다 100년이나 먼저 산업화를 경험했고, 또한 두 번에 걸친 세계 대전의 격전지로서 비극적 재앙을 많이 경험했기 때문에, 사회 구조적인 악에 대해 더 깊이 생각할 기회가 있었을 것이다. 게다가 영국에서의 현대주의/근본주의 논쟁은 미국처럼 격심하지 않았기 때문에 영국의 복음주의자들은 에큐메니컬 운동에 대해서도 그렇게 큰 반감을 가지지 않았다. 물론 보수적 성향을 띤 설교자 로이드-존스가 큰 영향을 끼쳤지만, 그에 비해 존 스토트는 영국의 대표적인 온건한 복음주의자였다. 1974년 로잔 회의에서 그가 주도한 로잔위원회는 '로잔 언약'(Lausanne Covenant)을 선포했다. 이 책의 제5장에서 자세히 언급하겠지만, 로잔위원회는 그동안 에큐메니컬 진영에서 독점하고 있던 사회 참여의 문제를 복음주의자들이 진지하게 검토한 최초의 대규모 세계 대회였다. 로잔 언약 후 복음주의자들은 이 운동을 지속적으로 연구하기 위해 '로잔 운동'(Lausanne Movement)을 조직했고, 1989년 '마닐라 선언'(Manila Manifesto)을, 2010년 '케이프타운 서약'(Cape Town Commitment)을 발표했다. 로잔위원회는 일찍부터 우리 세계가 후기 식민지 사회가 되었음을 인식하면서 서구 중심의 선교관에 대한 비판적인 안목을 가지고 있었고, 마침내 2010년 케이프타운 서약에서는 우리가 사는 세상이 다원주의적인 포스트크리스텐덤 시대라는 뚜렷한 인식에 따라 선언문을 작성했다.[39] 그들은 포스트크리스텐덤의 도래를 일찍이 예견한 신정통주의 신학과 에

---

38 위의 책, 138-139.
39 우리가 사는 세상의 특징을 다루는 케이프타운 서약 제2부의 맨 첫 장의 제목은 "다원주의적이며 세계화된 세상 속에서 그리스도의 진리를 증거하기"다.

큐메니컬 신학의 문제의식과 어휘를 받아들였다.[40]

세계사적 변혁의 시기인 20세기에 들어와서는 복음주의에도 발전이 있었다. 근본주의와 뉴라이트의 길이 이미 지나간 크리스텐덤의 영광을 붙들려는 처절한 노력이라면, 로잔 언약의 길은 다원화된 세계를 인정하고 그 안에서 복음을 재정의하고 전파하려는 노력이다. 복음주의가 형성되고 발전한 시기가 크리스텐덤의 해체기와 겹친다는 사실은 단순한 우연이 아니다. 그 배후에는 개인주의의 발달이라는 거대한 흐름이 있었다. 크리스텐덤이 해체되는 시기에 일어난 복음주의의 신앙 부흥 운동은 크리스텐덤을 지속시키는 효과가 있었다.

개인적이며 인격적인 회심을 강조하는 복음주의는 크리스텐덤 국가교회를 대체할 만한 신앙의 유형이다. 복음주의의 개인주의적 특성은 크리스텐덤을 넘어서 기독교가 독자적으로 전파되고 발전할 수 있도록 해주었다. 크리스텐덤이 끝난 서구 사회에서도, 크리스텐덤과 관계가 없는 제3세계에서도 복음주의는 성장하고 있다. 복음주의의 개인주의적 특징이 포스트크리스텐덤 시대에 주효한 것이다. 문맹률이 낮은 오늘날 누구나 성경을 읽을 수 있고, 그리스도 대속의 복음을 듣고 회심을 경험할 수 있으며, 교회 공동체는 국가의 지배나 원조를 받을 필요가 없는 자발적인 결사체다. 물론 이 모든 일의 배후에는 자유롭게 일하시는 성령이 계신다. 이런 특징을 가진 복음주의적 기독교는 20세기 후반 아시아, 아프리카, 남아메리카 등 제3세계로 빠르게 확산되었으며, 서구의 주류 신학자와 선교학자들은 그 성장세에 놀라움을 금하지 못한다.[41] 그들의 영향

---

40 로잔 운동의 발전에 관해서는 이 책 제5장에서 자세히 다룰 기회가 있을 것이다.

41 대표적인 저서를 몇 권 들면 다음과 같다. 마크 놀, 박세혁 역, 『복음주의와 세계 기독교의 형성: 미국 기독교는 어떻게 세계 종교가 되었나?』(서울: IVP, 2013); 도널드 밀러 외, 김성건 역, 『왜 섬기는 교회에 세계가 열광하는가』(서울: 교회성장연구소, 2008); 이재

력이 사회 전반으로 펼쳐지기 때문에 제3세계 기독교를 "다음 세대 크리스텐덤"(Next Christendom)이라 부르기도 한다.[42]

우리나라의 기독교는 그 "다음 세대" 가운데 맨 첫 번째 주자에 해당한다. 그런데 문제는 한국교회가 급성장한 속도보다 더 빠른 속도로 내리막길을 걷는다는 점이다. 이는 복음주의의 형성기에 가지고 있던 특징 혹은 결점들, 또는 복음주의가 발전하면서 덧붙여진 속성들이 문제를 일으킨 것으로 보인다. 예컨대 개인주의, 비지성주의, 시장 친화적인 경제 사상, 국가주의와 밀착 가능성, 교회와 신학에 있는 크리스텐덤 시대의 잔재와 같은 것들을 들 수 있다. 이 책은 복음주의의 이런 문제들을 지적하고 그 해결책을 모색해보려는 노력의 하나다. 그러니 이 책은 어찌 보면 단지 우리나라 기독교만을 위한 책이 아니라 우리의 뒤를 바짝 쫓고 있는 중국과 말레이시아 및 나이지리아와 같은 나라를 위한 책이기도 하다.

4. 크리스텐덤을 어떻게 평가할까?

어쩌면 크리스텐덤 시대를 평가한다는 것은 만용이다. 과거를 공정하게 평가한다는 것 자체가 무리한 일일뿐더러, 1,600년 이상 우리가 아는 거의 모든 세계를 만들어낸 과거를 판단한다는 것은 내가 서 있는 자리를 허무는 것이기 때문이다. 그러나 우리는 어떤 식으로든지 과거 세대를 평가할 수밖에 없는데, 그렇지 않으면 한걸음도 나아갈 수 없다. 따라서 짧

근, 『세계 복음주의 지형도』(서울: 복있는사람, 2013) 등.

42 Philip Jenkins, *The Next Christendom: The Coming of Global Christianity*, 3rd edition (N.Y.: Oxford University Press, 2011). 우리말 번역은 필립 젠킨스, 김신권 등 역, 『신의 미래: 종교는 세계를 어떻게 바꾸는가?』(서울: 도마의길, 2009).

은 지면을 통해 지금까지 많은 사람이 크리스텐덤을 평가해온 내용을 정리하고 나의 소견을 밝히려 한다.

일반적으로 서양사를 구분할 때, 역사가들은 고대-중세-근대로 구분한다. 이 가운데 중세는 로마 제국이 멸망하고 대신 로마 가톨릭교회가 서방 세계의 정치적·종교적 주도권을 행사한 5세기 이후 약 1,000년을 가리킨다. 보통 중세, 특히 르네상스 이전까지를 '암흑 시대'라고 부른다. 기독교가 인간의 자율성을 억압함으로 경제와 문화 모든 면에서 그리스-로마 시대보다 후퇴한 시대라는 의미다. 역사가들은 15세기 르네상스와 인문주의의 출현을 필두로 시작된 근대를, 중세 기독교의 통치를 극복하고 인간에게 자유와 해방과 진보를 가져다준 새로운 시대라고 생각한다.

우리가 아직도 전근대적인 중세 크리스텐덤 세계에 산다고 생각해보자. 행복하겠는가, 아니면 숨이 막힐 것 같은가? 이슬람 세계에 사는 것을 상상해보면 될 것이다. 신앙이 있든 없든 하루에 다섯 차례 기도해야 하고, 한 주에도 여러 차례 모스크에 나가서 긴 예배에 참석해야 한다. 종교법이 삶을 옥죄어 자율적으로 생각하지 못하게 하고, 교리를 암기해야 하며, 기본적인 인권도 무시당한다. 수니파와 시아파의 분열에서 어느 한편을 들어야 하고, 때로는 전사(戰士)가 되어 폭탄 조끼를 입고 적에게 뛰어들어야 한다. 중세 기독교 사회는 오늘날 제정일치의 이슬람 세계에 사는 것과 유사했다.

크리스텐덤 시대의 사회악

크리스텐덤은 수많은 사회악을 낳았다. 로마 제국의 공인 이후 기독교는 가난하고 박해받는 사람들의 종교가 아니라 점차 권력자 편에서 현 체제를 옹호하는 종교로 변하고 말았다. 황제들은 교회를 이용해 자기 권력의 정당성을 인정받았고, 주교들은 황제의 도움을 받아서 그 지위에 올랐다. 교회 안에는 돈과 권력을 좇는 직업 성직자만 가득했고, 진정으로 하나님을 섬기는 목회자와 성도들은 다시 박해를 받는 지경에 이르렀다. 외적으로는 드높은 고딕 성당이 위용을 자랑하고, 웅장한 그레고리안 성가가 울려 퍼지지만, 교회에서 하나님의 통치를 찾기는 어려워졌다. 간혹 수도원 운동이 일어나 신앙과 도덕을 회복시키려 했으나 그 부패의 정도가 심해 전체 교회를 개혁하지는 못했다.

영적 권력과 세속 권력이 때때로 충돌했다. 권력과 재물과 영토를 차지하기 위해 지저분한 싸움이 계속되었다. 바티칸은 영적 권력을 차지할 뿐 아니라 정치적 위상을 높이기 위해 군대를 보유하고 영토를 확장하며 전쟁을 일삼았다. 그 싸움의 중심에는 주교를 임명하는 권한을 누가 가지느냐 하는 주교 서임권이 있었다. 역사상 주교 선임권을 둘러싼 세속 권력자와 교황의 가장 극적인 대립은 교황 그레고리오 7세(Gregorius VII)와 신성 로마 제국 황제 하인리히 4세(Heinrich IV) 간의 다툼이었다. 교황이 원래 황제가 갖고 있던 서임권이 자신에게 있다고 주장하자, 황제는 이를 거부했다. 교황은 하인리히 4세를 파문했고, 정치적 생명이 끊어질 지경에 처한 하인리히 4세는 결국 교황에게 굴복했다. 그는 교황이 머무르던 이탈리아 북부 도시 카노사의 눈밭에서 사흘 동안 무릎을 꿇고 빌어 겨우 황제로 복귀할 수 있었다. 이를 '카노사의 굴욕'(Humiliation at Canossa, 1077)이라고 부른다.

종교와 권력이 하나가 될 때 나타나는 또 하나의 폐해는 복음 전도의 방식이다. 개인적으로 복음을 전해 믿게 하고 교회를 세우는 방식이 아니라 힘으로 정복해 강제 개종을 시키는 방법으로 복음을 전파했다. 오늘날 이슬람을 비판하면서 그들의 힘에 의한 개종을 반대하는데, 오랜 세월 기독교가 바로 그렇게 복음을 전한 것이다.[43] 또한 한 사회 안에 있는 다른 종교나 이단들을 무력과 법의 힘으로 억누른다. 종교개혁이 일어난 후에도 이런 관행은 계속되었다. 웨스트민스터 신앙고백서(1647)는 국가 공직자에게 "하나님의 진리를 순수하고 온전하게 보존하며 모든 신성 모독과 이단들과 예배의 타락과 남용을 억압할 권위와 의무"가 있다고 말했다.[44]

크리스텐덤의 가장 강력한 외부의 적은 이슬람 세계였다. 기원후 7세기 이슬람의 출현 후 기독교 세계와 이슬람 세계는 지속적인 갈등 가운데 있다가 11세기에 와서 십자군 운동으로 대규모 충돌이 일어났다. 십자군 운동은 이슬람 세계의 침공에 맞서 전 기독교 세계가 긴 기간 동안 힘을 합해 무력으로 대항한 사건이다. 이 전쟁은 양 진영에 뿌리 깊은 불신을 심어준 계기가 되었고, 그 불신은 오랜 세월 지속되어 오늘날 세계 평화를 위협하는 '문명의 충돌'(Clash of Civilizations)의 단초가 되었다.

많은 역사가 중세를 무지와 미신의 시대로 평가한다. 고대 그리스-로마 시대의 활발한 지적 활동을 교회가 성경의 권위로 억눌렀다는 것이다. 르네상스(Renaissance[부활, 재생])라는 말 자체가 고전 문화의 부활을 의미한다. 계몽주의자들은 중세가 이성을 억압하는 시대였다고 말한다. 대표적인 예가 바로 코페르니쿠스나 갈릴레오 등의 천문학자들을 억압한 것이다. 르네상스 이후 폭발적인 과학적 발견이 일어나 '과학 혁명'이라 불리기까지 했다.[45]

43　자끄 엘륄, 박동열 외 역, 『뒤틀려진 기독교: 계시와 실천이 뒤집힌 교회사의 모습』(서울: 대장간, 2012), 제5장 참고. 자끄 엘륄은 콘스탄티누스의 방식이 기독교를 뒤집은 첫 단추라고 생각한다. 또한 이슬람의 영향도 무시할 수 없는데, 기독교는 이슬람이 계시를 법으로 바꾼 것을 본받았고, 법이 권력자의 손에 쥐어지면서 전쟁과 차별과 노예 제도를 낳았다고 분석한다.

44　웨스트민스터 신앙고백서(1647) 제23장 3항.

45　기독교 신앙과 과학이 상충한다는 것도 하나의 '신화'에 불과하다고 생각하는 과학사

기독교인들의 평가

그렇다면 기독교인들은 크리스텐덤을 어떻게 평가할까? 그들도 크리스텐덤에 대해 강한 거부감을 느낀다. 첫 번째는 권력으로 종교를 강요하다 보니 진실한 그리스도의 제자가 아닌 명목상의 그리스도인을 양산했다는 것이다. 콘스탄티누스와 그의 후계자들은 이교도의 개종을 위해 "유인과 강제"의 두 가지 방식을 택했다. 곧 세례 받는 자에게 공적 의무를 면제해주고 교회 지도자에게 혜택을 주었으며 그리스도인 공직자들의 지위를 확고하게 해주었다. 또한 기독교 이외의 이교나 미신을 강제로 금지시켰다. 529년에 유스티니아누스 황제(Flavius Petrus Sabbatius Iustinianus)는 모든 사람에게 개종과 세례를 강요하는 칙령을 내렸다. 이런 환경에서 많은 사람이 기독교인이 되고 세례를 받았지만, 과연 그들의 신앙이 진정한 신앙이었는지는 확인할 수 없다. 태어나자마자 유아세례를 받아 사회의 일원이 되고 신앙적 분위기에서 성장하며 교회의 예배에 의무적으로 참석하다 보니, 신앙이 삶과 죽음의 선택이 아니라 하나의 통과 의례로 전락하고 말았다. '입교'(견신례) 예식이 신앙을 확인할 유일한 기회인데 일 년 동안 요리문답을 공부하고 거기에 동의하는 의식일 뿐 진정한 신앙을 확인할 방법이 없다. 종교개혁가들의 운동을 반쪽 개혁이라고 비판했던 재세례파가 가장 비판하는 것이 바로 이 문제다. 재세례파는 명목상의 그리스도인으로 가득한 교회가 진정한 교회일 수 있느냐는 의문을 제기했다. 그들은 진정으로 회심한 그리스도인이라면 그 표식으로서 다시 세례를 받아야 하고, 그 형식도 신약성경이 가르치는 침례(浸禮)여야 한다고 주장

가들도 많이 있다. 중세 기독교가 과학의 발달을 억압하지 않았다는 것이다. Ronald L. Numbers ed., *Galileo Goes to Jail and Other Myths about Science and Religion* (M.A.: Harvard University Press, 2010).

한다.[46]

둘째, 교회 제도화의 문제다. 콘스탄티누스 이후 교회는 생명력과 역동성을 잃어버린 채 사회 제도의 하나가 되었다. 제도화의 핵심 중 하나는 예배의 장소와 관련이 있다. 신약성경 시대의 교회는 주로 가정집에서 모임을 가졌다. 그러나 점차 규모가 커지면서 교회는 좀 더 규모가 큰 모임 장소를 찾기 시작했고, 콘스탄티누스 대제가 기독교를 공인한 후 이러한 방향은 가속화되었다. 교회 지도자들은 로마 시대 법정이나 공공 집회 장소를 본 딴 바실리카 양식의 건물을 짓고 예배를 드렸는데, 점차 보이는 건물에 의미를 부여하면서 웅장한 고딕 양식으로 발전했다.

예배의 장소는 교회의 성격에도 영향을 주기 마련이다. 집에서 모일 때는 교회의 규모가 작았고 성도들 간에 가족과 같은 사랑을 나눌 수 있었다. 교회는 하나님의 택함 받은 성도들의 공동체이고 함께 핍박을 견디는 동지였다. 그러나 예배당 건물이 생기면서 교회를 예배당과 동일시하는 부작용이 생겼다. 예배당을 마치 구약의 '성전'과 같은 곳으로 생각해서 거룩한 곳으로 구별했다. 하나님과 이웃을 사랑하는 것이 신앙이 아니라 건물 안에 들어와 있는 것이 신앙인 것처럼 가르치는 부작용을 낳았다.[47] 교회를 짓기 위해 많은 돈과 인력이 소요되는데, 그것은 모두 가난한 사람들의 주머니에서 나왔다. 로마의 성 베드로 성당을 짓기 위해 면

---

46   알렌 크라이더, 박삼종 외 역, 『회심의 변질: 초대교회의 회심을 돌아보다』(대전: 대장간, 2012) 특히 제4장을 보라. 스튜어트 머레이, 장현아 역, 『이것이 아나뱁티스트다: 기독교 신앙의 본질을 말하다』(대전: 대장간, 2014)에서 크리스텐덤 시대의 회심은 예수를 따르는 제자가 되는 것을 의미하지 않게 되었고, 이는 기독교의 본질을 잃은 것이라고 강조한다.

47   성경적 교회로 돌아가기 위해 예배당 건물로 모일 것이 아니라 다시 가정에서 모여야 한다고 주장하는 가정 교회 운동이 큰 반향을 얻고 있다. 빈센트 브래닉, 홍인규 역, 『초대교회는 가정 교회였다』(서울: UCN, 2005); 로버트 뱅크스, 장동수 역, 『바울의 공동체 사상: 문화적 배경에서 본 초기 교회들』(서울: IVP, 2007).

죄부를 판 것이 루터의 종교개혁의 배경이기도 했다.

콘스탄티누스 시대 또 하나의 제도화의 양상은 바로 성직자와 평신도의 구분이다. 모든 성도가 성령의 은사를 받아 서로 봉사하고 섬기는 신약성경이 가르치는 공동체 교회의 모습이 사라졌다. 대신 교회는 복음을 소유해 이를 나누어주는 '가르치는 교회'(*ecclesia docens*)와 복음을 '듣는 교회'(*ecclesia audiens*)로 나뉘었다. 성직자는 의식을 집전하고 평신도는 그 의식에 수동적인 방관자로 참여할 뿐이다. 바실리카의 구조도 성직자를 위한 자리를 따로 마련하는 등 사제와 평신도의 계급적 차이를 반영했다. 주의 만찬도 과거 가정에서 모일 때는 공동 식사의 형태를 띠었는데, 이제 사제가 집전하는 제의의 일종으로 변천했다.[48]

성직주의를 강하게 반대하는 "평신도 신학"으로 유명한 폴 스티븐스(R. Paul Stevens)는 콘스탄티누스 대제가 전국을 교구로 분할하고 주교를 임명함으로 인해 나타난 현상을 다음과 같이 요약했다.[49]

- 로마의 주교는 이 땅에서 교회의 머리로 간주되었다.
- 예배의 언어는 더 이상 대중의 언어가 아니었다.
- 성직자는 차별되는 복장을 하고 신학교에서 별도의 문화를 익히면서 사역을 준비했다.
- 안수가 절대적인 요건이 되어 성만찬 집전 시 회중의 참여가 더 이상 필요 없다.
- 성직자는 독신 생활을 함으로 평신도의 정상적인 경험에서 멀어졌다.

---

48   홍인규, "바울과 가정 교회", 빈센트 브래닉, 위의 책의 부록, 219-259.
49   폴 스티븐스, 『21세기를 위한 평신도 신학』(서울: IVP, 2001), 54-57.

- 성만찬 때 평신도들은 잔을 받지 못했다.

성직자와 평신도의 구분은 교회의 성격을 완전히 바꾸어놓은 엄청난 변화를 가져왔다. 이런 많은 부작용을 가진 성직주의(clericalism)는 종교개혁을 통해서도 완전히 개혁되지 못했다. 종교개혁가들이 자신들이 발견한 구원론을 담을 만한 교회론을 발전시키지 못했기 때문이다. 사제의 위치를 설교자가 대신했을 뿐이고 성직을 위한 안수나 신학교 제도 등은 그대로 지속되었다.[50]

셋째, 국가 권력과 종교의 야합으로 기독교가 본질을 잃어버리고 혼합주의에 빠졌다는 비판이 있다. 혼합주의는 밀라노 칙령을 선포한 콘스탄티누스 대제부터 시작되었다. 많은 역사가들은 콘스탄티누스가 전투 직전에 신적 환영을 보고 회심했다는 이야기를 의심의 눈초리로 바라본다. 그는 단지 자신의 군사적·정치적 목적을 위해 기독교를 이용한 군주라는 것이다. 이들 역사가들은 콘스탄티누스가 환영을 본 것은 후대의 신화를 만들기 위한 것이고, 밀라노 칙령도 원래 존재하던 법을 재인가한 것에 불과하다고 본다. 콘스탄티누스는 동서로 나뉘어 있던 제국을 통일하기 위해 기독교의 후원자임을 자처했고, 삼위일체 논쟁을 둘러싼 기독교인들의 분열을 종식시키기 위해 니케아 공의회를 열었다고 평가받는다. 또한 그는 통치를 수월하게 하기 위해 달력을 통일시켰는데, 이 과정에서 태양의 날인 일요일을 예수 부활의 날과 동일시했다. 역사가들은 콘스탄티누스 대제가 부활절과 성탄절의 날짜를 확정한 것도 모두 태양신 숭배와 관련이 있다고 말한다.[51]

50 폴 스티븐스, 위의 책, 54.

51 콘스탄티누스 대제에 대해 이런 입장을 가진 사람들은 대단히 많다. 오래전 출간된 알리스테어 키, 이승식 역, 『콘스탄틴 대 그리스도』(서울: 한국신학연구소, 1988); 김경현,

크리스텐덤은 본질적으로 기독교와 권력의 연합이 문제이므로 이후에도 언제든지 이런 문제가 재발할 수 있다. 이교도의 나라에 복음이 전파될 때 그 나라의 전통 종교나 문화와 야합함으로써 진정한 기독교의 본질을 잃어버릴 위험이 있다는 말이다. 복음은 한 사회의 주도적인 사상과도 영합하기 쉽다. 고대 그리스 세계에 전파될 때, 복음은 당시 유행하던 신플라톤주의의 옷을 입었고, 중세 후기 아리스토텔레스의 사상이 우세할 때는 스콜라 철학으로 변신했다. 근대에 들어서도 마찬가지다. 과학의 발달에 직면한 기독교는 그 영향을 받은 신학('구자유주의')을 출현시켰다. 정치적으로는 국가주의와 야합해 애국적 기독교가 되었다. 많은 역사가들이 이런 모든 혼합주의의 출발은 콘스탄티누스 대제의 크리스텐덤이었다고 비판한다.

크리스텐덤이 꼭 그렇게 나쁘기만 했을까?

지금까지의 설명을 들어보면 밀라노 칙령에서 시작한 크리스텐덤은 인류가 경험했던 가장 사악한 체제인 것처럼 들린다. 교회를 그 본질로부터 멀어지게 하고, 사람들의 자유를 억압하며, 결국은 마녀 사냥과 종교 전쟁을 일으켜 인류의 역사를 후퇴시킨 것으로 보인다. 그런 어두운 시대에 태어나지 않은 것을 감사해야 하고, 어두운 시대를 물리치고 새로운 시대를 연 사람들에게 경의를 표해야 할 것 같다.

그러나 내 생각은 좀 다르다. 물론 위에서 말한 모든 비판에 대해 동의하는 점이 많지만 좀 더 공정할 필요가 있다고 본다. 위의 비판들은 중세를 어둠으로 규정한 계몽주의자들의 사상에 기초해 있다. 하지만 초월

『콘스탄티누스 황제와 기독교』(서울: 세창출판사, 2017) 등을 보라.

을 부정하고 인간 이성의 자율성만을 신뢰하는 사람들이 만든 세계 속에서 사는 현대인이 기독교 세계에 대해 공정한 판단을 할 수 있을까? 1,600년 이상의 긴 역사의 끝자락에 서 있는 우리는 과거에 대해 좀 더 겸손해야 하지 않을까? 결국 기독교 세계가 현대 서구 문명을 만든 원동력이 아닌가? 크리스텐덤이 초기 소규모 가정 교회에서 시작하여 전 로마 제국의 체제와 문화 속으로 진화해가는 기독교 확장의 역사의 한 부분이 아닐까? 역사를 주관하고 섭리하시는 분이 성령이시라면 그 역사 속에서 성령이 일하신 흔적을 찾아내는 것이 우리의 의무가 아닐까?

내가 이 책에서 포스트크리스텐덤 시대를 말한다고 해서 크리스텐덤 시대의 유산을 통째로 부정하려는 게 아니다. 물론 크리스텐덤 이전의 시대로 돌아가야 한다고 주장하려는 것도 아니다. 우리는 포스트크리스텐덤 시대에 살고 있다. 알다시피 '포스트'는 두 가지 의미를 지닌다. 하나는 '~의 끝자락에' 있다는 것을 의미하고 다른 하나는 '~이 끝난 후에' 있다는 것을 의미한다. 우리는 크리스텐덤 시대의 끝자락에 있기 때문에 크리스텐덤이 만든 것들을 누리면서 그 시대가 낳은 부작용과 모순도 함께 경험하고 있다. 그러면서도 우리는 크리스텐덤을 이제 막 빠져나와 크리스텐덤의 유산을 떨쳐버리고 싶어 한다. 허나 어느 쪽이 되었든 크리스텐덤의 영향으로부터 자유로울 수 없다. 크리스텐덤이 기독교 역사에 그리고 인류의 역사에 기여한 점들을 몇 가지 생각해보고자 한다.

첫째, 콘스탄티누스 대제의 밀라노 칙령으로 인해 기독교 박해의 시대가 끝났다. 첫 300년 동안 기독교의 전파는 매우 큰 성과를 거두어서 로마 제국 전 인구의 10%가 기독교인이 되었고, 특히 소아시아 지역은 거의 절반가량이 기독교를 믿었다고 한다. 기독교의 급속한 성장에 두려움을 느끼고 있던 황제와 지방 수령들은 지역 주민들의 기독교에 대한 고소가 있을 때 이를 적극적으로 이용했다. 특히 303년부터 시작한 디오클레티

아누스(Gaius Aurelius Valerius Diocletianus)와 그의 후계자 갈레리우스(Galerius Maximianus) 황제가 주도한 약 8년간의 박해는 역사상 유례를 찾을 수 없는 큰 박해였다. 수많은 성도와 주교들이 투옥, 고문, 추방, 사형 등의 고통을 겪었고, 교회의 건물과 성경이 불에 탔으며 재산은 몰수당했다.

이 박해 직후의 밀라노 칙령(313)은 극적인 반전이었다. 물론 이후에도 지역에 따라 기독교인에 대한 박해도 있었고, 교회가 타락함으로 진정한 신앙을 가진 사람들을 박해하는 일도 있었다. 그러나 네로 황제의 박해 이후 지난 250년 동안 로마 제국 안에서 있었던 것과 같은 대규모의 박해는 서방 기독교 세계에서는 더 이상 일어나지 않았다. 기원전 4세기를 살았던 기독교인들은 밀라노 칙령을 하나님의 승리로 받아들였음에 틀림이 없다. 제국의 변방 팔레스타인 한 구석에서 일어난 유대교의 일파인 나사렛파가 로마 제국의 국교가 될 것이라고 누가 상상이나 했겠는가?

기원후 4세기 초반 활동했던 교회사가 카이사레아의 유세비우스(Eusebius of Caesarea, 265-340)는 당시의 분위기를 대표할 만한 저술가였다. 그는 초기 사도행전 시대부터 그가 살던 시대까지의 교회의 역사를 기술한 『교회사』와 『콘스탄티누스의 생애』를 저술했다. 전 4권으로 구성되어 있는 황제의 전기에서, 유세비우스는 콘스탄티누스를 모세와 같은 하나님의 사람으로 묘사했다. 콘스탄티누스는 전쟁에 나갈 때마다 승리하고, 특히 막센티우스(Maxentius)와 벌인 전투에서 하나님의 도우심으로 기적적인 승리를 거두었다. 유세비우스는 콘스탄티누스가 325년 니케아 공의회를 개최한 일에 대해, 또한 그가 기독교를 존중하고 이교의 신전을 파괴한 업적에 대해 상세히 기록한 후, 콘스탄티누스의 신앙이 얼마나 진실했는지에 관해 많은 부분을 할애했다. 그가 엄밀한 역사가로서 자료들을 객관적으로 다루었는지에 대해 많은 사람이 의심한다. 하지만 분명한 것 한 가지는 유세비우스를 비롯한 당시의 그리스도인들은 콘스탄티누스 황

제를 기독교 박해를 끝낸 하나님의 사람으로 믿고 있었다는 사실이다.[52]

나는 기독교를 국교로 삼은 로마 제국이 타 종교를 금지하고 이교도를 물리적으로 박해한 것까지 옹호할 생각은 없다. 기독교 제국이 하나님의 법을 잘 지킴으로 이교도들의 감동을 이끌어내는 방식으로 선교가 이루어졌으면 좋았을 뻔했다. 더욱이 이슬람 세계와 무력으로 충돌한 것은 그리스도의 원수 사랑 및 비폭력의 정신과 정면으로 어긋난다.

둘째, 크리스텐덤이 기독교를 제도화함으로써 기독교가 생명력을 잃었다는 비판에 대해 생각해보자. 나는 제도화 자체가 악의 근원이라고 생각하지는 않는다. 제도화에 좋은 측면이 많이 있기 때문이다. 성경을 잠시만 살펴보아도 쉽게 알 수 있다. 구약 이스라엘이 하나님의 백성이 되는 과정이 곧 제도화의 일종이다. 하나님께서는 시내산에서 행하셨던 것처럼 불 가운데서 말씀하시는 것이 아니라 율법을 주어 당신의 뜻을 알리셨다. 제사장을 세워 제사를 집전하게 하고 율법을 가르치게 하셨다. 그분은 나라의 중앙에 성전을 세워 모든 남자가 일 년에 세 차례씩 이곳을 순례하게 하셨다. 왕을 세워 전쟁을 수행하고 정의를 세우며 왕위를 세습하도록 허락하셨다. 이 모든 제도들은 야웨 신앙을 영속화하고 세대를 건너 전달하며 만방에 전파하는 데 매우 유용했다. 이러한 외적인 제도를 주제로 수많은 신앙인의 신앙고백과 찬송시와 사랑의 노래가 쓰였다. 예루살렘의 함락을 슬퍼하는 예레미야의 애가는 이 제도들이 무너지는 것을 한탄하는 노래인데, 이는 그 제도가 본래는 정당했음을 전제로 한다.

신약의 교회도 마찬가지다. 최초의 교회는 카리스마를 가진 사도들이 지도했던 '분파'(sect)와 같은 느슨한 조직이었지만 곧 제도가 갖추어진

---

52 참고. 위키피디아 "Eusebius"와 "Life of Constantine" 항목. 또한 박영실, "신의 도성에 나타난 어거스틴의 로마사 이해", 「성경과 신학」 36권 (2004년), 345-347.

'교회'(established church)가 되었다. 최초기 교회는 집사들을 세워 구제를 담당하게 하고 사도들은 말씀과 기도에 전념했다. 사도, 예언자, 복음 전도자, 목사와 교사 등의 직제가 생겼고(엡 4:11), 다시 섬기는 자, 가르치는 자, 다스리는 자 등으로 구분되었다(롬 12:7-8). 목회 서신에서는 좀 더 세분화되어 감독, 장로, 집사 등의 직제가 등장하는 것을 볼 수 있다. 교회의 제도화를 교회의 타락으로 생각하는 학자들은 교회의 제도들을 서술하는 목회 서신을 바울의 저작으로 보지 않으려는 경향이 있다.[53] 로마서나 고린도전서에서의 바울은 역동적인 성령의 사역을 강조하는 데 반해 목회 서신에서는 제도로서의 교회를 정착시키려는 것처럼 보이기 때문이다. 그러나 나는 교회가 성장해감에 따라 제도가 생기는 것은 당연한 일이고, 바울도 이 길을 밟았다고 보는 것이 목회 서신을 바라보는 더 자연스러운 관점이라고 생각한다.

교회의 제도화는 자연스럽고 불가피한 발전이다. 가정에서 모이는 것과 예배당을 짓는 것에 대해 생각해보자. 우선 예배의 장소로서 바실리카가 생긴 것은 콘스탄티누스 대제의 밀라노 칙령과는 별 관계가 없다. 기원후 3세기 이전부터 기독교 인구가 많아지면서 가정에서 모이기 어렵게 되어 예배당을 짓기 시작했다. 이는 밀라노 칙령 이전의 일이다. 물론 밀라노 칙령으로 성도들의 숫자가 급작스럽게 많아지면서 가속화되긴 했

---

53   예를 들어 로버트 뱅크스는 『바울의 공동체 사상: 문화적 배경에서 본 초기 교회들』의 24에서 목회 서신(디모데전후서, 디도서)을 바울의 저작으로 인정하지 않는다. 같은 책 327-334에서는 목회 서신이 왜 바울의 저작으로 취급되지 않는지에 대해 몇 가지로 설명한다. 즉 그에 따르면, 목회 서신은 로마서나 고린도전서와 같은 바울의 서신과 비교할 때, 보다 정태적인 교회관을 보이고 있고, 성령의 역동적인 은사보다는 사역의 질서를, 모든 사람에게 주어진 은사를 통한 공동체 상호 간의 섬김보다는 감독이나 집사에게 주어진 권위를 강조하는 등의 특징을 보이고 있기 때문이다. 한마디로 뱅크스는 목회 서신을 교회가 역동성을 잃어버리고 제도화의 길로 들어서는 초기 단계로 보고 있다.

겠지만 말이다. 교회가 가정에서 모이는 것에는 장점이 많이 있다. 가족 같은 분위기에서 소외되는 사람이 없이 떡을 떼며 즐거움과 고난을 함께 나누는 일은 아름다운 모습이다. 그러나 가정에서 모이는 교회라고 문제가 없는 것은 아니다. 고린도 교회도 여러 가지 문제를 안고 있었다. 어떤 문제들은 제도화가 이루어질 때 정리되는 경우도 있다. 예컨대 고린도전서 14장에 나타난 것처럼 무질서한 예배로 인한 혼란은 예배 순서를 고정함으로 해결할 수 있다.

사제에게 권위가 주어지는 과정도 자연스러운 발전이었다. 예컨대 교회와 직제의 권위를 강조했던 교부 키프리아누스(Thascius Caecilius Cyprianus, 210-258)의 경우를 보자. 그가 감독으로 일하던 북아프리카 교회에 가혹한 박해가 있었다. 박해를 견딘 성도들도 있었지만 박해를 못 이겨 배교한 성도들도 있었다. 박해가 지나간 후 배교한 사람들을 처리하는 방식에 대한 논의가 열렸다. 교회는 '배교자들을 다시 받아야 할까?', '배교한 사제에게 받은 세례는 유효한가?' 등의 문제 때문에 분열되었다. 키프리아누스는 배교한 사람이라도 진심으로 회개하면 받아야 한다고 말했고, 세례는 사제가 베풀지만 사제 개인이 아닌 그리스도의 대리인 자격으로 베푸는 것이기 때문에 배교한 사제에게서 받은 세례도 유효하다고 주장했다. 그는 배교하지 않은 사람들이 교회를 떠나 다른 교회를 세우는 것을 반대하면서 "교회를 어머니로 모시지 않는 사람은 하나님을 아버지로 모실 수 없다"는 유명한 말을 남겼다. 이것은 제도로서의 교회의 권위와 주교직의 권위를 동시에 강조한 표현이다. 한 무리의 성도들이 저마다 자신의 거룩함을 주장하며 교회를 분열시킨다면 대혼란이 일어날 것이기 때문이다.

콘스탄티누스 대제가 니케아 공의회를 열어 삼위일체 논쟁을 종식시킨 것에 대해 종교의 문제에 정치권력이 개입한 나쁜 선례라고 생각하는 사람이 많이 있다. 그러나 콘스탄티누스가 무슨 정치적 의도를 가지고 공의회를 열었는지는 논외로 하고, 니케아 공의회가 기독교 세계에 얼마나 큰 유익을 가져다주었는가를 생각해보자. 니케아 공의회는 삼위일체 정통 교리를 수립했음은 물론이고 이로 인한 교회의 분열을 끝냈다. 당시의 상황에서 여러 대륙에 걸쳐 있는 기독교 지도자들을 모아 회의를 열 만한 여건을 마련할 사람은 황제밖에 없었다. 300명 이상의 대표들을 위한 숙식과 회의 장소를 준비한 것은 물론 그들이 오는 길의 안전도 보장해주어야 했다. 니케아 공의회로부터 1,300여 년이 지나 만들어진 웨스트민스터 신앙고백서도 공직자에게 역내의 안정과 평화를 위해 교회의 일치를 유지할 사명이 있다고 명시했고, 필요하다면 공회를 열 수 있는 권한도 부여했다(1647년 웨스트민스터 신앙고백서 제23장 3항, 제31장 2항). 물론 웨스트민스터 회의 자체도 영국의 장기 의회(Long Parliament)가 소집한 것이다.

셋째, 이것이 가장 중요한데, 크리스텐덤은 하나님의 통치를 세상에 구현한 역사로서 큰 의미가 있다. 구약 이스라엘이 토라에 근거한 정체였듯이, 크리스텐덤도 교회가 성경에 근거해 세상을 다스린 시대였다. 그 전성기에는 교황이 황제와 제후들의 머리에 관을 씌워 하나님이 만왕의 왕이라는 것을 과시했고, 교회가 성경의 재물관을 따라 경제를 제재했다. 대학을 비롯한 교육 기관들이 교회에 속해 있었고, 모든 예술은 창조주의 영광을 드러내며, 신학은 모든 학문의 여왕이었다. 이전 이교도 사회에서 성행하던 우상숭배와 음행과 인신 제사와 노예 제도와 일부다처제는 철폐되었다.

성경이 전망하는 교회는 처음부터 로마 제국을 대신해 세계를 하나님의 뜻대로 다스릴 의도와 능력을 가진 공동체였다. 하나님이 교회를 세우신 뜻은 "하늘에 있는 것이나 땅에 있는 것이 다 그리스도 안에서 통일되게 하려 하심이라"(엡 1:10)는 말씀처럼, 그리스도를 머리로 삼아 모든 권세와 제도를 통합하려는 데 있다. 그리스도는 교회뿐 아니라 만물을 복종케 하시는 분인데, 교회는 그리스도의 몸으로서 그리스도의 모든 좋은 것이 가득한 곳이다(엡 1:22-23). 사도 바울이 세운 교회는 로마 제국의 곳곳에 흩어져 가정(*oikos*)에서 모이는 작은 무리이면서도 "명예로운 시민의 결사체"인 '에클레시아'(*ekklesia*)로서 "시민 정치의 함의가 중심에 놓인" 보편적 시민 공동체를 지향하고 있었다.[54]

물론 이상과 현실은 다르다. 콘스탄티누스 대제가 순수한 의도로 세상을 정의롭게 다스리지도 않았고, 교회가 십자가 사랑으로 자신을 희생한 것도 아니다. 역사적 우연과 인간 죄악의 필연이 교차되어 크리스텐덤은 시작부터 권력욕과 위선으로 가득한 세상 왕국이 되어버렸다. 중세 기독교 제국과 종교개혁 이후에도 지속되는 크리스텐덤의 죄악을 고발하는 책의 목록은 끝이 없을 지경이다. 결국 20세기에 이르러 변증법적 신학자들은 크리스텐덤은 물론 교회조차도 하나님 나라의 실현이라고 말할 수 없다고 언명하기에 이르렀다.[55]

그러나 크리스텐덤이 악행으로 얼룩져 있다고 해도 그 안에 하나님의 통치가 전혀 나타나지 않았다고는 말할 수 없다. 마치 이스라엘의 남북조가 불의와 음행 때문에 무너졌다 해도, 하나님의 통치라고 할 수 있을 만한 정의와 번영을 한 번도 경험하지 못했다고는 할 수 없는 것과 마찬가지다. 다윗 왕조가 권력 남용과 분열로 내리막길을 걷다가 무너졌다 해도 예언자들은 다시 세상을 통치할 다윗의 후손 메시아를 기다리지 않았는가? 종교와 권력의 결합은 불가피하게 타락하기는 하지만 그 결합 자체 안에 악이 필연적으로 내재해 있는 것은 아니다. 지상에 나타나는 모

54　박영호, 『에클레시아: 에클레시아에 담긴 시민공동체의 유산과 바울의 비전』(서울: 새물결플러스, 2018), 414-422.

55　예를 들어, 한스 큉, 정지련 역, 『교회』(서울: 한들출판사, 2011), 120-126.

든 보이는 하나님의 통치에는 선함과 악함이 공존하는데, 악이 임계점을 넘어갈 때 그 바통을 좀 더 신선한 다른 체제에 넘겨주는 것뿐이다. 크리스텐덤이 비록 완전한 사회는 아니지만, 완전히 악한 사회도 아니다.

게다가 크리스텐덤이 무너진 이후 인류의 삶이 훨씬 나아졌음을 증명하는 것도 쉬운 일은 아니다. 예를 한 가지 들어보자. 앞서 잠깐 언급한 적이 있는 영국의 예언자적 경제사가 토니(R. H. Tawney)는 최소한 경제적 정의 면에서는 중세나 종교개혁 시대인 크리스텐덤이 현대보다 훨씬 나았다고 주장한다.[56] 중세에는 경제가 도덕의 일부였고 경제의 목적은 공공의 이익에 이바지하는 것이었다. 사회 구성원 각자가 소명을 가지고 일해야 하고, 사회의 필요에 봉사하는 사람은 정당한 대가를 받는 것에 만족해야 한다는 것이 중세의 소박한 경제관이다. 이를 벗어나는 것은 탐욕과 죄악에서 비롯된 것이다. "자신의 필요를 충족하기에 충분한 것을 가졌으면서도, 더 높은 사회적 지위를 얻기 위해서 혹은 일하지 않고 살만큼 충분한 것을 갖기 원해서 혹은 자손들이 부와 명성을 얻기 바라서 끊임없이 부를 획득하려고 노동하는 사람은 저주받을 탐욕, 음욕 혹은 교만에 자극받은 사람이다." 중세 시대 내내 대부업에 종사하는 사람은 죄인 취급을 받았고 공직에 취임할 수 없었다. 또한 시장에는 상품의 가격을 제멋대로 조작해 부당 이득을 취할 수 없도록 하는 법적·도덕적 장치가 마련되어 있었다.[57]

물론 중세의 경제 시스템이 완벽했다는 말은 아니다. 그럴듯한 성경 구절들로 포장되어 있었지만 실천에서는 별 도움이 되지 못한 경우가 많았다. 규제를 빠져나갈 구멍이 너무 많았고, 왕이나 영주, 주교나 교황의

---

56 정치나 문화나 교육과 같은 사회의 다른 분야에 대해서도 같은 관점을 가질 수 있으나 지면상 생략한다.

57 R. H. 토니, 고세훈 역, 『기독교와 자본주의의 발흥』(서울: 한길사, 2013), 97, 99, 104 등.

거래는 이 법들의 저촉을 받지 않았으며, 뻔뻔스럽게 이를 어기는 사람들이 더 많았을 것이다. 또한 상업과 도시의 발달을 따라잡지 못하는 구시대의 법으로서 사회 발전의 발목을 잡기도 했을 것이다. 그러나 오늘날 자본주의의 신조와 같이 "상행위와 종교는 별개 문제다"라는 거의 진리의 지위에 오른 언명이 우리의 정신을 지배하지는 않았다.[58] 오늘날 경제는 도덕적 규제로부터 완전히 해방되어 사람들은 욕망을 당연한 것으로 여기며 무제한적으로 부의 취득에 몰두하고 있다. 무한대로 수렴하는 양극화로 인해 세계는 폭동이 일어나기 직전이다.[59]

58 위의 책, 44-45.

59 2011년 9월 경제 불안과 양극화에 반발하는 시위대가 "월가를 점령하라"(Occupy Wall Street)는 구호로 세계의 경제 수도 뉴욕 월가에서 시위를 벌였다. 시위는 약 한 달간 지속되었고, 미국 100개의 도시에서, 또한 서울을 포함한 전 세계 1,500개의 도시에서 유사한 시위가 일어났다. 이 글을 쓰는 2018년 12월, 프랑스에서는 국가 비상사태에 준하는 격렬한 '노란 조끼 시위'가 진행 중이다. 유류세 인하와 마크롱 정권 퇴진을 외치고 있지만 그 핵심에는 급격히 벌어진 빈부 격차가 있다.

제2장

한국 사회의 유사 크리스텐덤

크리스텐덤은 서구 역사에서 아니 세계사에서 지워질 수 없는 영향을 끼쳤다. 교회에 끼친 영향은 말할 것도 없다. 기독교 역사 2천 년 가운데 3/4이 크리스텐덤이었다. 심지어 크리스텐덤과 하등의 연관이 없는 우리나라 기독교와도 깊은 관계가 있다. 천주교는 물론이고 장로교, 감리교, 성결교, 침례교 등 우리나라에 전파된 모든 교파 교회들은 크리스텐덤 시대에 형성된 교회들이다. 우리는 그 시대에 작성된 신앙고백서를 사용하고, 그 시대에 맞게 발전된 예배 의식과 예전을 시행하며, 그 시대에 형성된 교회의 직제와 제도와 습속을 유지하고 있다. 크리스텐덤 시대에 세워진 교회들은 당연히 크리스텐덤을 전제로 하고 있고 크리스텐덤을 위한 신학을 갖고 있다. 물론 앞서 살펴본 대로 자본주의와 국가주의 등 일련의 세속화 과정을 지나면서 교회와 신학도 크리스텐덤을 부인하는 경우가 있지만, 전체적으로 보아 그 부인의 강도는 전통의 관성(慣性)에 미치지 못한다. 우리나라에 복음을 전해준 선교사들에게 기독교 국가에 대한 희망이 있었고, 거기에 우리의 왕성한 복음 전파와 열정이 역사적 환경과 결합되었다. 그 결과 아주 잠깐이지만 우리 사회에도 크리스텐덤과 유사한 형태의 국가와 교회의 관계가 형성되었다는 것이 내 주장이다.

나는 이 사실이 오늘날 한국교회를 이해하는 데, 그리고 미래를 전망하는 데 반드시 필요하다고 생각한다. 유사(類似) 크리스텐덤의 성립과 쇠퇴라는 관점으로 한국교회의 역사를 이해할 때 많은 부분을 설명할 수 있으며, 또한 미래를 전망할 수 있다. 포스트크리스텐덤 시대에 걸맞지 않은 과거의 메시지나 교회의 형태나 성도들의 습속 같은 것들은 어떤 것들인가? 크리스텐덤 시대 최고의 이상인 기독교와 권력의 통합은 포스트크리스텐덤 시대에 완전히 부정되어야 하는가? 아니면 그 이상을 이룰 수 있는 성경의 방식이 있는가? 이런 것들을 앞으로 하나씩 고찰하고자 한다.

제2장에서는 우리나라가 어떻게 유사 크리스텐덤을 경험했는지를 시대의 발전을 따라 살펴볼 것이다. 제3장부터는 크리스텐덤을 벗어난 한국교회가 지향해야 할 신학적·교회적 방향성에 대해 논하고자 한다.

세속 국가 조선

우리는 세계 어느 나라 못지않게 종교성이 강한 민족이고 제도적 종교도 발달했다. 종교의 역사를 간단히 살펴보자. 통일신라 이전의 백성들은 원시적 일신교의 한 형태인 천신(天神) 사상과 미신적 무속(巫俗)을 함께 신봉했다. 삼국 시대 초기에 유입된 불교는 급속히 성장해 통일신라와 고려 시대를 거치면서 큰 성과를 이루었다. 원효, 의상, 혜초 같은 고승들이 등장했고, 사찰, 탑, 조각, 회화 등의 불교 예술이 꽃을 피웠으며, 신라의 법흥왕과 진흥왕은 불교를 국가 종교로까지 승격시켰다.

고려의 태조는 왕권을 강화하고 백성들의 정신을 하나로 통합하기 위해 불교를 국교로 삼았다. 이때부터 한국의 불교는 이른바 '호국불교'(護國佛敎)의 성격을 띠었다. 불교의 사원(寺院)은 여러 가지로 특혜를 받았는데, 왕과 부자들이 사원에 전답을 기탁했고, 사원은 농노를 고용해 농사를 지었으며, 면세 혜택까지 누림으로써 부를 축적했다. 고려 후기에 들어서면서, 승려들의 사치와 방탕과 권력 다툼, 지나치게 많은 불교 행사, 각종 미신 등의 폐단이 백성의 삶을 피폐하게 했고, 승려들이 국사에 개입해 혼란을 가중시켰다. 종교와 국가 권력이 하나가 될 때 나타나는 전형적인 타락상을 보였다.

고려의 권문세족을 누르고 조선을 개국한 세력은 유교를 숭상하는 신진 사대부(士大夫)와 무신 이성계의 연합 세력이었다. 유교 지식인들은 고려 말 불교의 폐단을 잘 알았기 때문에 개국 초부터 숭유억불(崇儒抑佛) 정책을 취했다. 본래 유교는 종교라기보다 일종의 사회 철학 혹은 통치 철학이다. 공자(孔子)는 휴머니즘 사상가로서, 사람은 선한 본성을 가지고 태어났고 배움을 통해 의롭고 평화로운 사회를 만들 수 있다고 믿었다. 그는 합리적 이성의 신봉자였기에 '괴력난신'(怪力亂神), 즉 기적이나 초자연적인 힘에 의존하는 것을 좋아하지 않았다.[1]

유교를 국시(國是)로 삼은 조선은 건립 초부터 대대로 억불(抑佛) 정책을 취했다. 사찰과 승려의 수를 제한하고, 사찰에 속한 토지와 노비를 몰수해 불교의 경제력을 약화시켰다. 개인적으로는 불교를 숭배하는 왕들도 있었지만, 종교를 국사(國事)에 끌어들이는 것은 철저히 금했다. 유학자들은 불교는 교육을 받지 못한 백성들과 아녀자의 종교이고 유교야말로 왕과 사대부가 국가를 운영하기 위해 따라야 하는 통치 철학이라고 믿었다. 환인(桓因)이나 단군을 숭배하는 제천 행사를 치렀고 민간에서는 도교적 예언 사상이 담긴 『정감록』(鄭鑑錄)과 같은 참서(讖書)가 널리 퍼졌으나 이것들은 지속적으로 사림(士林)의 의심과 박해를 받았다.

조선 왕조는 세계에서 가장 오래되고 가장 성공적으로 지속된 세속

---

1   한 제자가 귀신 섬기는 일에 관해 물었을 때, 공자는 "사람을 섬길 줄 모르고 어찌 귀신을 섬기겠는가?"(未能事人, 焉能事鬼)라고 대답했고, 죽음 후의 세계에 관한 질문에 대해서는 "삶에 대해 아직 모르는데 어찌 죽음에 대해 알 수 있는가?"(未知生 焉知死)라고 대답했다(『논어』 선진편).

국가(secular state)라고 할 수 있다. 고려가 제정일치 사회였다면, 조선은 정치와 종교가 분리된 사회였다. 유학자들은 인간의 이성과 학문을 신뢰했고, 종교를 배제한 과거(科擧)를 통해 인재를 등용하는 근대적 관료제를 만들었다. 여기에 종교가 끼어들 여지는 없었다.[2] 현재 대한민국이 여러 종교가 극렬한 투쟁 없이 공존하는 다종교 사회를 이룰 수 있는 중요한 이유 중 하나가 바로 조선의 정교분리 정책이 국민들에게 내면화되었기 때문이라고 볼 수 있다. 이는 우리 민족이 종교적으로 둔감하다는 말이 아니다. 종교적 감수성이 발달했으면서도, 맹신과 권력이 결탁될 때 빚어질 비극에 대해 잘 알고 있다는 뜻이다.

이렇게 정교분리의 전통이 강한 한국에 기독교가 전파되었다. 기독교는 불교와 유교가 무너진 아노미적 공백기에 전파되면서 단순한 종교가 아니라 우리 사회의 의제를 이끄는 시민 종교로서의 역할도 감당했다는 것이 내 주장이다. 심지어 해방 후부터 1970년대 말에 이르는 약 30년 동안 대한민국 사회가 크리스텐덤의 특징을 지니기까지 했다. 서구적 의미의 완전한 크리스텐덤은 아니라서 나는 이를 '유사 크리스텐덤'이라고 부르려 한다. 그럼 기독교 인구가 20%를 넘어본 일이 없고, 개신교가 전래된 지 이제 130여 년밖에 안 되며, 정교분리의 오랜 전통을 가진 대한민국이 어떻게 크리스텐덤의 특징을 지닌 사회가 될 수 있었는가? 복음이 전파된 때로부터 지금까지의 역사를 유사 크리스텐덤의 형성과 쇠퇴의 관점으로 되짚어보려 한다. 우선 내한 선교사로부터 시작하는 것이 좋겠다. 이후 선교사들의 영향을 받은 한국인 신자들의 신앙과 그들이 이루어간 교회의 모습 그리고 사회적 영향력 등을 시대별로 생각해보고자 한다.

---

2   김용옥, 『나는 불교를 이렇게 본다』(서울: 통나무, 1990), 299-300.

1. 크리스텐덤을 꿈꾸다: 초기 내한 선교사의 이상

정교분리 원칙

우선 우리나라에 복음을 전한 선교사들의 신앙 성격을 생각해보자. 흔히들 선교사는 정교분리의 원칙에 충실했다고 생각하는데 반드시 그런 것은 아니다. '정교분리'(separation of church and state)라는 말이 범위가 너무 넓기 때문에, 정교분리를 말할 때는 먼저 정의(定義)를 내려야 한다. 정교분리를 말할 때의 시대적 상황이 어떤지, 정부나 교회 중 어느 쪽에서 정교분리를 말하는지, 정교가 이미 분리된 나라에서 말하는지 아니면 제정일치의 사회에서 말하는지에 따라 그 내용이 천차만별이기 때문이다. 앞서 우리는 17세기 중엽 청교도 시대의 정교분리와 미국 독립 이후의 정교분리의 내용이 상당히 다르다는 사실을 살펴보았다.

그렇다면 내한 선교사들의 정교분리 개념은 무엇이었는가? 교회와 국가의 관계는 복음과 문명의 관계의 종개념(種概念)이다. 따라서 교회와 국가의 관계를 설명하기 위해 먼저 복음과 문명의 관계를 잠시 설명하고자 한다. 복음과 문명의 관계는 19세기 내내 선교학자들 사이의 논란의 주제였고, 사실 지금도 이름을 달리해 논쟁 중이다.[3] 서구 선진국의 선교사들이 아시아나 아프리카의 저개발국에 들어가면, 복음과 함께 발달된 문화나 체제도 전달되는 것이 자연스러운 일이다. 복음을 전할 때 서양식 학교나 의료 기관이 세워진다면 전도에 도움을 주기도 할 것이다. 문명을 적극적으로 이용해 복음을 전하려는 선교 정책을 '기독교 문명

---

3   20세기 중반 이후는 복음 전도와 사회적 책임이라는 주제로 그 버전을 달리 했다. 존 스토트·크리스토퍼 라이트, 김명희 역, 『선교란 무엇인가: 선교, 전도, 대화, 구원, 회심, 총체적 선교를 위한 5가지 핵심』(서울: IVP, 2018), 1장과 2장.

론'(Christian civilization mission theory)이라고 불렀다. 그러나 기독교 문명론은 자칫 피선교국의 사회 문화적 전통을 무시한 채 선진국의 문화를 강요하는 문화 제국주의에 빠질 위험이 있다. 복음과 문명이 혼동될 수도 있고, 피선교국 국민들이 복음이 아닌 쌀을 얻고 영어를 배우기 위해 교회에 올 수도 있다.

마침 19세기는 각 민족과 국가마다 애국심이 형성되던 시기였는데, 자칫 기독교가 서구 문명을 전하다가 피선교국의 국가적 정체성까지 흔들 위험도 있었다. 실제로 이런 일들이 많이 일어났다. 피선교국 지식인과 관리들은 이런 위험성을 감지하고 서구 제국주의와 기독교가 함께 들어오는 것을 경계했다. 예컨대 중국 정부와 민중은 서구 문명이 물밀듯 쳐들어오면 자신들의 국체와 정신이 위협받는다고 생각했다. 천주교가 조선에 전래될 때 외래 문화와 종교에 대한 두려움 때문에 대규모 박해가 일어난 것도 유사한 사례다. 이는 기독교 문명론에 내재해 있는 문제점이다.

기독교 문명론과 대척점에 있던 것이 '토착교회론'(Indigenous church mission theory)이다. 선교사는 단지 복음만을 전할 뿐 서구의 제도와 문명을 전하지 않아야 한다는 선교 정책이다.[4] 우리나라에 들어온 대부분의 선교사는 '토착교회론'을 따르는 선교사들이라고 알려져왔다. 그들은 일찍부터 자립·자치·자전의 '3자(三自) 원칙'으로 알려진 네비우스(Nevius) 선교 정책을 택해 피선교국의 정체나 문화를 변화시키지 않고 복음 전도와 교회 개척에 집중하려고 노력했다. 대표적인 내한 장로교 선교사 중 한 사람인 마페트(Samuel A. Moffett, 한국명 마포삼열)는 "문명이 아닌 그리

---

4   토착교회론을 가장 강력하고 설득력 있게 주장하는 저서로는 롤런드 앨런, 홍병룡 역, 『바울의 선교 vs. 우리의 선교』(서울: IVP, 2008)를 보라. 이 책의 원제는 *Missionary Methods: St. Paul's or Ours?*이고 1912년에 초판이 발행되었다.

스도"(Not civilization but Christ)라는 모토를 강하게 내세웠다.[5] 그는 "개혁은 구원이 아니다. 개화는 기독교가 아니다. 교육은 중생이 아니다"라고 말함으로써 복음화와 복음화의 부수적인 결과를 혼동하지 말 것을 강조했다. 그는 사회를 개혁하는 것은 선교사의 일이 아니고 먼저 한국 사람들의 중심이 변화되면 그들이 자신들의 사회 문제를 해결할 수 있을 것이라고 확신했다.[6]

대다수의 선교사가 처음부터 한국의 정치에 관여하지 않겠다고 생각했다. 구한말에 내한한 초기 선교사들은 왕실을 비롯한 국가의 제도가 불의하며 억압적이라는 사실을 잘 알았지만 이에 관여하지 않았다. 국가의 체제에 도전하려다가 선교의 기회를 잃을 것을 염려했기 때문이다. 이들은 기독교가 왕조(王朝)에 충성을 다하는 충군애국(忠君愛國)의 종교로 인식되기를 원했다. 일본에 국권을 빼앗길 때도 많은 선교사가 근대화를 달성한 일본의 속국이 되는 것이 선교에 편리할 것이라고 생각하기도 했다. 반면 그들은 한국 성도들이 국가의 독립을 위해 교회 조직을 이용하는 것을 경계했다. 구한말 한국 교인들은 독립 협회, 상동청년학원, YMCA 등의 기독교 기관을 조직하고 활동함으로써 기독교가 민족 운동의 모태가 되기를 원했는데, 선교사들이 한국 교인들의 민족 운동에 대해 정교분리의 원칙을 내세우며 반대했다. 1901년에 조직한 조선예수교장로회공의회는 '각처에 있는 지교회와 교우에게 편지하노라'라는 서신을 보냈다. 이 서신에 따르면 성도들이 개인적으로 정치 운동하는 것을 막을 수는 없으

---

5   새뮤얼 마페트, "한국 복음화를 위한 정책과 방법", 『중국선교보고』 제37권 5호(1906년 5월), 장로회신학대학교 편, 『한국교회 대부흥운동 1903-1908』(서울: 장로회신학대학교출판부, 2007)을 참고하라. 내한 북장로교 선교사의 대표 격인 마페트의 이 글은 명쾌하고 힘이 넘치며 그의 선교 정책과 신앙을 잘 보여준다.

6   새뮤얼 마페트, "한국 복음화를 위한 정책과 방법", 『한국교회 대부흥운동 1903-1908: 한국교회 대부흥운동 100주년 자료집』(서울: 장로회신학대학교, 2007), 63.

나, 교회의 이름으로 독립 운동을 하면 안 되고 독립 운동을 모의하거나 민중 대회를 여는 데 예배당이 사용되어서도 안 된다.[7]

여기까지 보면 초기 한국 선교사들은 토착교회론에 입각해 정교분리 정책을 강하게 주장했다고 생각할 수 있다. 그러나 기독교 문명론과 토착교회론의 대결에서 토착교회론이 일방적인 승리를 거두었다고 쉽게 판단할 일은 아니다. 우선 내한 선교사 가운데 기독교 문명론을 주장한 사람도 꽤 있었다는 사실을 기억해야 한다. 의료 선교사로 파송되어 왕실 의사 겸 정치 고문을 지낸 호레이스 알렌(Horace N. Allen, 1858-1932)이나 5년 동안 의료 선교사로서 활동하다가 순직한 북장로교 선교사 존 헤론(John W. Heron, 1856-1890)은 기독교 문명론을 따르는 많은 선교사들의 효시였다.[8] 또한 토착교회론을 주장하는 선교사라 할지라도 교육 기관과 병원을 세우는 것을 반대하지는 않았다. 물론 학교를 세우는 목적이 복음 전도를 용이하게 하거나 후일 목회자가 될 인재를 양성하는 것이었고, 병원을 전도의 접촉점으로 활용하려는 것이기는 하지만 말이다.

우리가 기억해야 할 중요한 사실 한 가지는 모든 내한 선교사들은 크리스텐덤 시대에 태어나서 교육받고 교회를 경험한 사람들이라는 것이다. 선교사들의 신앙적 배경은 19세기 말의 미국 복음주의인데, 당시의 복음주의자들은 청교도 시대를 회고하며 미국 사회를 개혁해 '개신교 제국'(Protestant Empire)을 이루는 것을 최고의 목표로 생각하고 있었다.[9] 아무리 복음 전도와 회심과 교회 개척을 강조하는 선교사라 할지라도 크리

---

7 한국기독교역사연구소, 『한국기독교의 역사 I』(서울: 기독교문사, 1989) 302-304.

8 알렌의 사상과 활동 그리고 복음 전파를 중요하게 생각하던 선교사들과의 충돌에 대해서는 해링튼(F. H. Harrington, 이광린 역)의 『개화기의 한미관계』(서울: 일조각, 1997)를 참고하라. 또한 알렌과 헤론, 헤론과 언더우드의 갈등에 대해서는 옥성득, "양화진에 묻힌 첫 선교사 헤론: (5) 선교 정책과 갈등", 「국민일보」 2015. 9.22을 보라.

9 졸저, 『대화로 풀어보는 한국교회사 1』(서울: 부흥과개혁사, 2009), 71 이하.

스텐덤의 가치와 습속이 내면화되어 있었다는 말이다. 그러니 그들이 '정교분리'를 주장할 때, 정치와 종교 사이에 높은 담을 세워서 영역을 구분해야 한다는 현대적 의미의 세속화를 주장한 것은 아니었다. 정교분리는 하나의 전략으로서 복음 전도에 유리한 것일 뿐 궁극적으로는 기독교 문명을 전파함으로 크리스텐덤을 형성하는 것이 최고의 목표였다.

언더우드의 꿈

호레이스 언더우드(Horace G. Underwood, 1859-1916) 선교사는 감리교 선교사 아펜젤러와 같은 날(1885) 입국한 최초의 장로교 선교사이자, 한국 선교의 초석을 놓은 지도자 중 한 사람이다. 그도 토착교회론의 신봉자였고, 네비우스 정책을 결정할 때 앞장섰던 인물이다. 그러나 시간이 지나면서 기독교와 문명에 관한 그의 생각에 변화가 있었다. 언더우드의 변화를 보여주는 글이 있어 소개하고자 한다. 이 글은 그가 한국에 온 지 20년이 지났을 때 한국 선교에 동참할 것을 격려할 목적으로 펴낸 『한국의 부름』(*The Call of Korea*, 1908년 출간)에 나오는 일부 내용이다. 언더우드는 다소 들뜬 어조로 한국에서 펼쳐질 기독교의 미래를 다음과 같이 전망한다.

지금 내 눈앞에 명백히 기독교 국가가 된 한국을 볼 수 있을 것만 같다. 이는 악정과 무지와 미신의 속박에서 정치적으로, 지적으로, 그리고 정신적으로 완전히 해방된 나라다.

　내 눈앞에 보이는 것은 도시의 거리와 시골 마을에 기독교 정신에 입각해 기독교 신자인 교사가 가르치는 학교가 세워지는 것, 그리고 주요 도시에는 고등학교와 대학이 세워지는 것이며, 또 나라 안 어느 도시에나 자립적인 기독교 병원이 세워지는 것이다. 또 내 눈앞에 보이는 것은 부인 전도사, 매서인(賣書人), 여자 집사 등의 정예 부대가 괴로운 자에게 안위를 주고, 죽음에 처한 자에게 광명과 기쁨을 주며, 나라 안 어느 곳에서나 하나님의 은혜가 충만해 그리스도의 사랑을 실제로 보여주는 것이다.

기독교적 가정, 기독교적 촌락, 기독교적 위정자, 기독교적 정부가 나타나기를 희망한다. 이 모든 것을 지도하고 감화함에 있어서는 유능하고 훈련이 잘되어 있는 훌륭한 한국인 성직자들이 있어야 한다. 또한 하나의 연합된, 교파 구분이 없는 그리스도의 교회가 있어서 거기에는 감리교인, 장로교인, 감독파 교인도 없고, 유대인이나 그리스인이나, 야만인이나 스구디아인도 없으며, 종이나 자유자나, 할례 받은 자나 할례 받지 않은 자가 차별 없이 그리스도가 모든 것 안의 모든 것이어야 한다.

또다시 내 눈앞에 보이는 것은 한국이 강력하고 영향력 있는 손을, 한 손은 중국에, 또 한 손은 일본에 뻗쳐 한편으로는 편견과 보수주의를 털어버리고, 다른 한편으로는 신앙을 견고하게 다져 3국이 결합해 기독교권을 형성하고 영원히 어린 양을 찬양하여 왕 중의 왕, 주 예수를 환호하는 광경이다.[10]

한마디로 언더우드는 한국이 미국과 같은 "기독교 국가"가 되기를 희망하고 있다. 교회와 기독교 학교와 대학과 병원뿐 아니라 가정과 마을 공동체가 기독교적 정신으로 건전하게 세워지고, 나아가서 기독교인 다수가 공직자가 되어 기독교 정신을 표방하는 정부가 나타날 것을 희망한다. 특이한 것은 조선의 기독교는 교파의 차별을 뛰어넘어야 한다고 말

---

10   Horace G. Underwood, *The Call of Korea* (New York: Fleming H. Revell Co., 1908), 124-126; H. G. 언더우드, 이광린 역, 『한국개신교수용사』(서울: 일조각, 1997), 105. 위의 인용문은 대체로 이광린의 번역을 따르면서 내가 원문의 뜻에 맞게 수정한 것이다.

한 점이다. 나아가 언더우드는 한국이 중심이 되어 중국과 일본을 아우르는 동북아 기독교권(圈)을 형성할 꿈을 꾸었다. 그가 입국한 후 20여 년밖에 안 지났지만 그 짧은 기간에 복음이 뿌리내리고 기독교 기관들이 세워지며 문화를 주도하는 것을 목격한 것을 감안하면, 이런 나라를 꿈꿀 만도 했다. 그러나 1905년 을사조약과 1907년 정미7조약 직후에 쓰인 글이라는 것을 생각하면, 양손에 중국과 일본을 아우른다는 생각은 소박한 바람이 아닌가 생각되기도 한다.

마페트의 경우

선교사들이 복음 전도와 더불어 개화(開化) 운동, 즉 근대화 운동에 참여하는 것은 예외적인 일이 아니었다. 대다수의 선교사들이 토착교회론을 믿고 네비우스 선교 정책을 충실히 따랐지만, 그들이 추구할 완성된 형태의 교회와 한국 사회는 대체로 언더우드의 그것과 일치했다. 미국을 이상적인 기독교 국가로 믿고 있던 그들은 자신들이 선교하는 조선도 미국과 같은 나라가 되기를 원했다. 선교사들에게는 하나님께서 각각의 국가와 언약을 맺었다는 "국가적 언약"(National Covenant) 사상이 내면화되어 있었다. 그들은 미국이 성경 위에 국가를 건설해 복을 받은 것처럼 조선도 하나님께 돌아와 그의 뜻을 행하면 복을 받을 것이라 믿고 그렇게 가르쳤다.

평양에 자리를 잡은 마페트 선교사는 좀 더 토착교회론에 충실한 선교사였다. 그는 철저하게 네비우스 방식을 따랐고, 의료 사역이나 교육, 정치적 영향력 등을 '유인책'으로 삼아 복음을 전하려는 선교사들을 비판했다. 그러나 마페트도 역시 다음과 같이 자신의 희망을 피력한 적이 있다.

우리는 한국이 일본이나 중국 등 이웃나라들과 같이 군사 대국이나 통상 대국이 되리라고 기대하지는 않는다. 그러나 그 나라가 하나의 기독교 국가(Christian people), 하나의 영적 강대국이 될 수는 있지 않을까? 아마도 중국과 일본 심지어 러시아까지를 포함하는 열강 제국들에 영적으로 깊은 영향을 끼치는 극동 지역의 영적 대국(spiritual power)은 될 수 있지 않을까?[11]

미국 복음주의자들의 후예인 선교사들은 기독교 위에 국가를 세우려는 이상을 마음에 품고 있었고, 그것이 가능하다고 믿었다. 마페트도 그중 한 사람이었다. 단지 그 방법이 순수한 복음 전도를 통해 토착민의 정신을 일깨워주는 것인지 아니면 기독교와 문명을 동시에 전파하는 것인지 방법의 차이가 있을 뿐이다.

선교사들과 이들의 영향을 받은 조선의 그리스도인들은 이러한 목표를 마음에 품고 최선을 다해 복음을 전하고 교회를 세우는 것은 물론 기독교적 교육을 위한 사립 학교와 대학을 세우고, 병원을 통해 병들고 가난한 사람들을 고치며, 술과 담배와 노름에 대한 절제를 가르치고, 신분제를 철폐하는 데 도움을 주며, 농촌 운동을 통해 농민을 계몽하고, 한글을 보급해 민중을 깨우치며 여성의 지위를 향상시켰다. 이들은 조선의 근본적인 문제인 일제 식민지를 극복할 목표와 힘을 신앙에서 공급받았고 그 힘으로 삼일 만세 운동에 앞장섰다. 선교사들은 일제와 한국을 이집트와 히브리 민족에 비유하거나 골리앗과 다윗에 비유하기를 좋아했다. 당시

11　S. A. Moffett, "The Place of the Native Church in the Work of Evangelization," 이용원 역, "복음화 사역에서 현지 교회가 차지하는 위치", 「선교와 신학」 25집, 2010, 324. 이 글은 마페트가 1910년 영국의 에든버러에서 열린 세계 선교사 대회(World Missionary Conference)에서 발표한 글이다.

국호인 '조선'(Chosen)을 영어로 읽으면 '선택받은 자'라는 의미로서, 이들은 조선이 마치 이스라엘이나 미국처럼 하나님의 선택을 받은 기독교 국가가 될 것을 열망했다.

2. 크리스텐덤의 초석: 구한말과 일제 강점기

크리스텐덤이었던 적이 없었던 한국 사회에서 기독교는 상당 기간 동안 크리스텐덤 사회에서나 누릴 수 있는 지위를 누렸다. 우리는 어떻게 그런 일이 가능했는지 그 과정을 살피고 있는 중이다. 나는 기독교가 사회적 의제를 선도하고, 그 사회에서 그 시대에 이루어야 하는 과업을 성취하는 데에 큰 공헌을 했다는 점에 주목하려 한다. 초기 기독교는 세력이 미약한 외래 종교이었음에도 불구하고 민족을 위한 중요한 역할을 감당함으로써 사회적 인정을 얻었다. 우리 사회가 발전해 오늘에 이르게 된 데는 세 번 정도의 변곡점이 있었는데, 이 중 첫 두 번의 시기에 기독교는 핵심적인 역할을 담당했다. 우리의 근대사 가운데 교회가 어떤 역할을 했는지, 어떻게 그 사회적 영향력을 넓혀나갔는지 역사적으로 정리해보고자 한다.

반봉건·반외세

첫째, 기독교 선교사가 입국한 구한말부터 일제 강점기까지 우리 사회의 과제는 반봉건·반외세였다. 반봉건(反封建)이란 전근대적인 의식과 사회 제도로부터 탈피해 근대화의 발판을 마련하는 것이고, 반외세(反外勢)는 서구 열강의 침략을 막고 주권국의 지위를 유지하는 것이다. 이는 근대화의 후발 주자인 제3세계 대다수 국가들의 공통적인 과제였다.

우리나라는 갖은 고초를 겪으면서 이 두 과제를 성공적으로 수행해 오늘에 이르렀으며, 이 과정에서 기독교의 역할은 대단히 컸다.[12] 우선 반봉건, 즉 전근대적 제도와 사고를 극복하고 근대화(=개화)에 기여한 일부터 생각해보자. 개신교의 윤리와 자본주의 정신의 상관관계를 보여준 소위 '막스 베버의 명제'가 한국에서는 맞아떨어졌다는 점을 말하고 싶다.[13] 청교도 정신을 체화한 선교사들은 삶의 목표를 세워 근면하게 일하고, 술과 담배와 노름을 멀리하며, 가정을 행복하게 만들고 자녀들을 교육시킬 것을 가르쳤다. 바로 이런 윤리가 막 태동하는 시장 경제의 정신적 기반이 되었다. 선교사들과 함께 들어온 근대 교육과 병원 제도는 미신적 세계관을 몰아내고 과학적 세계관을 세우는 데 도움을 주었다. 모든 사람을 공평하게 대하는 성경의 인간관은 수천 년 동안 고착되었던 신분제를 철폐하고, 양반과 상민, 적자와 서자의 차별을 없애며, 축첩제도와 조혼(早婚)의 악습을 없애는 데 크게 기여했다. 평등한 인간관이라는 근대성의 조건이 충족된 것이다.

기독교는 반봉건뿐 아니라 반외세라는 시대적 과업을 이루는 일에도 선도적 역할을 했다. 기독교가 민족과 운명을 같이하는 애국적 종교로 자리매김하게 된 것은, 하나님의 섭리라고밖에 말할 수 없다. 중국과 일본에서는 기독교가 '외세'로 취급받아 기독교와 기독교를 전파한 선교사가 모두 대중의 반대와 박해를 받았다. 그러나 한국에서는 기독교인들이 일제에 대항해 독립운동에 앞장선 주체가 되었다. 1907년 대부흥 운동이 비정치화의 시발점이라는 일부 학자들의 평가와 달리, 대부흥 운동은 반일

12　졸고, "한국의 근대화와 한국장로교회: 회고와 전망", 「장로교회와 신학」 제9권 (2012), 203-230.

13　막스 베버 테제의 타당성 여부에 대해서는 앞의 제1장에서 논한 바 있다.

애국 운동의 원동력이었다.[14] 부흥 운동을 통해 자의식과 더불어 저항적 민족의식이 깨어난 그리스도인들은 105인 사건(1911)이 보여주는 것처럼 일제의 박해의 표적이 되었고, 일제가 우려하던 대로 1919년 만세 운동의 주체가 되었다.

삼일운동 후 상해 임시 정부가 세워질 때도 기독교인의 역할은 절대적이었다. 임시 정부의 모체가 된 '독립 임시 사무소'를 설치한 것은 기독교인들로 구성된 '신한청년당'(新韓靑年黨)이었다. 또한 상해한인교회에 출석하거나 관계가 있던 기독교인들이 임시 정부의 모체가 되었으며 운영 자금도 대부분 교회를 통해 모금되었다.[15] 이후 1920년대와 1930년대 독립군의 무장 항일 투쟁의 지도자나 의열단(義烈團)의 대다수가 기독교인이었고, '실력 양성 운동'이라 불리던 학교 설립, 절제 운동, 물산 장려 운동, 농촌 계몽 운동도 기독교인들이 주도했다. 1920년대 중반 이후 조선 공산당이 세워지면서 사회주의가 기독교 민족주의의 경쟁자로 등장했으나 그 영향력 면에서는 기독교를 결코 따라올 수 없었다. 일제 말이 되면서 많은 기독교 지도자들이 친일로 기울어진 것이 사실이지만 더 많은 수의 기독교인이 음으로 양으로 조국의 독립을 위해 땀과 피와 눈물의 기도를 바쳤다. 일제 말 전쟁의 광풍 속에서 민족 운동가들이 지하로 숨거나 변절했을 때, 소수의 기독교인들이 일본의 국조(國祖)에 절하는 것에 결연하게 반대했다.

일제 강점기에 기독교는 전 인구의 3%에도 미치지 못하는 외래 종교에 불과했으나 조선 500년을 지탱해온 유교의 정치 철학을 대체할 만

---

14   1907년 대부흥 운동을 한국교회 '비(非)정치화'의 시초라고 보는 견해와 이에 대한 내 대답에 대해서는 졸저, 『대화로 풀어보는 한국교회사 1』(서울: 부흥과개혁사, 2009), 204-226을 보라.

15   한국기독교역사연구소, 『한국기독교의 역사 II』(서울: 기독교문사, 1990), 59-60.

한 포괄성과 역동성을 가지고 있었다. 유교는 공리공담(空理空談)과 당쟁으로 조선을 망하게 한 사상이고 불교는 무속과 다름이 없었기 때문에 민중과 지식인의 기대로부터 벗어나 있었다. 더욱이 이들은 급변하는 세계 정세와 사상의 흐름 속에서 갈 길을 제시하지 못했다. 반면 먼 나라에서 호의를 가지고 찾아온 선교사들이 보여준 기독교적 영성과 삶의 방식과 문명은 조선 백성의 마음을 사로잡기에 충분했다. 새로운 학문과 도덕으로 무장하고, 반상(班常)과 남녀의 차별 없이 모든 사람을 공평하게 대하며, 신식 창가(唱歌)를 부르며 애국심을 고취시키는 검정 교복을 입고 평양 시내를 활보하는 신청년의 모습이 이 시대 기독교인의 표상이었다.

3. 유사 크리스텐덤 시대: 해방 후부터 1970년대 말까지

해방과 더불어 기독교의 위상은 급부상했다. 지난 60년 동안의 노력과 희생에 대한 보상이 주어지는 것처럼 기독교 인구는 급성장했고 전국 곳곳에 교회가 세워졌다. 남한에 들어선 미군정은 드러내놓고 친기독교적 성향을 띠었다. 연합국 최고 사령관 맥아더는 공산주의로부터 민주주의와 기독교를 지켜야 한다는 사명감이 있었다. 해방 후 재입국한 미국 선교사들은 미군정과 교회를 연결해주는 가교 역할을 했다. 교회는 선교사들의 도움으로 국가의 소유인 적산(敵産)을 불하받았다.

　　1948년 건국된 대한민국의 대통령 이승만은 국가 공식 행사에서 미국에서와 같은 기독교적 의식을 행했다. 초대 국회 개원식에서는 감리교 목사인 이윤영이 대표 기도를 인도했고, 초대 대통령 취임식에서도 "하나님과 동포 앞에서" 직무를 다할 것을 선서했다. 물론 이때의 '하나님'은 우리 민족이 전통적으로 믿어오던 '천신'(天神)이나 유교의 '천'(天)이 아니라 기독교의 하나님이다. 이후 제1공화국의 국가 의식은 기독교식으로 진행되었다. 정부와 교회의 관계는 깊어졌으며, 공직에 등용된 사람 중 기독교인의 비율이 높아졌다. 당시 기독교인 숫자는 5% 미만이었는데, 초대 국회의원 21%와 장차관 중 38%가 기독교인이었다. 해방 후 민족 지도자인 이른 바 '3영수'(김구, 김규식, 이승만)가 모두 기독교인이었다. 기독교가 우리나라의 국교도 아니고 당시 가장 많은 신자를 가진 것도 아니며, 상대적으로 짧은 역사를 가진 외래 종교였지만, 최소한 해방 후 미군정과 제1공화국에서는 미국 개신교가 그 사회에서 차지하는 위치와 유사한 시민 종교(civil religion)로서의 역할을 일정 부분 담당했다.

어떻게 이런 일이 가능했을까? 역사적으로 형성된 기독교에 대한 신뢰와 현실적인 필요가 어우러졌기에 가능했다. 우선 역사적으로 한국교회는 과거 60년 동안 보여주었던 신실함과 진취성과 애국심으로 인해 국민의 신뢰를 얻었다. 구한말과 일제 강점기에 국가적 의제였던 반봉건·반외세를 이루어내는 데 어떤 세력보다도 교회가 더 큰 기여를 했다. 기독교의 배후에 있는 미국은 우리 민족의 해방자이며, 자본주의와 민주주의의 모델이 되는 나라로 부상했다. 이승만을 비롯한 여러 정치 지도자들이 미국에서 교육을 받고 활동했다는 점도 한몫했다.

또한 현실적 요인도 있다. 해방 후 새로운 세계가 전개되고 있었다. 제2차 세계 대전 이후 전 세계가 냉전에 돌입하고 있는 시점에서 사회 전반적으로 공산주의에 대한 위기감이 고조되고 있었다. 38선은 냉전의 출발점이었고 한국전쟁은 미소의 대리전이었다. 미국은 공산주의에 대항해 피를 흘린 대한민국의 동맹임은 물론이고, 자유 민주주의와 시장 경제를 가능하게 해주는 현실적인 힘이었다. 미국은 소련과 중국의 대륙 세력을 견제할 전략적 요충지로 한반도를 택했고, 한국은 공산당의 침략으로부터 나라를 수호할 동맹으로서 미국과 손을 잡았다. 반봉건·반외세의 의제를 성공적으로 수행한 한국교회는 이제 친미·반공 이념의 선두에 섰다.[16] 한국교회가 오래전부터 미국과 가까웠던 것은 물론이고, 북한 공산당 정부로부터 박해를 받고 월남한 기독교인들은 가장 강력한 반공 사상을 가지고 있었다. 비신자들도 한국교회의 역할을 인지했고 그 이념을 공유했다. 한국이 해방 후 상당 기간 크리스텐덤의 양상을 띤 것은 이런 역사적이며 현실적인 요인들이 결합했다고 분석할 수 있다.[17] 한국 기독교는 공식적으로 크리스텐덤은 아니었지만 한국 현대사의 흐름 속에서는 크리스텐덤 사회에서 차지할 법한 위치를 점유했다. 몇 가지 현상들을 좀 더 깊이 살펴보자.

군목 제도[18]

국가 기관과 교회 사이에 벽이 없이 서로 인력과 재정을 주고받는 것이 크리스텐덤의 특징 중 하나다. 국가 안보를 책임지는 군대는 국가 기관 중 가장 핵심적인 기관이라 할 수 있다. 대한민국 헌법은 정교분리의 입장을 취했지만, 군목과 경목 등의 제도가 상당 기간 기독교(천주교 포함)에만 허용되었다. 목사가 국가의 봉급을 받는 장교로 군대에 복무하면서 복음을 전하고 또한 군인의 정신 교육까지 담당했다. 1951년 육군에 군목실이 생긴 후 1968년 군 법사(法師) 제도가 시행되기까지 상당 기간 기독교에만 특혜가 베풀어졌다. 현재도 개신교의 군종 장교 숫자는 다른 모든

---

16 참고. 강인철, 『한국의 개신교와 반공주의: 보수적 개신교의 정치적 행동주의 탐구』(서울: 중심, 2007).

17 해방 후 국가와 기독교의 관계에 대해서는 한국기독교역사학회 편, 『한국기독교의 역사 III: 해방 이후 20세기 말까지』(서울: 한국기독교역사연구소, 2009), 32-47을 보라.

18 이하 군목 제도에 관한 역사와 통계는 모두 강인철의 연구를 요약한 것이다. 강인철, 앞의 책, 346-365.

종파(천주교, 불교, 원불교 등)의 숫자를 합한 것보다 많다.

대한민국 정부가 맨 처음 군종 제도를 허용하고 후원한 것은 공산군 전쟁 포로들을 전향토록 하는 일에 공로를 세웠기 때문이다. 16만 4천의 전쟁 포로에게 약 20명의 선교사와 목사가 복음을 전해 약 14만 명의 개종자를 얻었다. 이후 군의 고위 지휘관들은 비록 그들이 기독교인이 아니라 할지라도 군인들의 신자화에 적극적인 후원자가 되었다.

군종 제도는 기독교 성장에 크게 공헌했다. 군종 제도가 시행된 지 5년 만에 군의 개신교 신자 비율이 당시 전국 기독교 신자 비율과 비슷한 5%에서 15%로 증가했고, 사관생도들은 그 비율이 월등히 높아졌다. 1990년 초반에는 전군의 50%가 기독교인이었고 장성급 지휘관의 60%가 기독교인이었다. 상명하복의 군대 특성상 한 부대의 지휘관이 기독교 신자일 경우 간부와 사병들도 교회에 나가서 복음을 접할 확률이 높아지기 마련이다. 1970년대 초반에는 '전군 신자화 운동'이라는 공격적인 복음화 전략이 세워져 상당한 성과를 거두었다. 수천 명의 장병이 한 번에 세례를 받는 대규모 합동 세례식도 이때 시작했다. 마침 육군 본부에서도 종교 인구 비율을 늘리는 정책을 취했는데, 이는 기독교에 절대적으로 유리한 결과를 낳았다. 군선교는 1960-70년대 기독교 인구의 비약적 성장에 한 몫을 담당했다.

우리가 어렸을 적에는 일 년에 한두 차례는 군부대 위문을 갔다. 부대의 모든 장병을 모아놓고 예배를 드리고, 복음이 없는 삶이 얼마나 허무한가를 주제로 한 노래극 공연을 하며, '사제' 소보로빵이나 콩떡을 나눠주었다. 장병들이 제일 기다리는 시간은 여자 청년들이 율동하면서 노래하는 시간이었다. 모두 자리에서 일어나서 함께 율동을 하면서 즐거운 시간을 보냈다. 생각해보면 그 자리에는 불교도도 있고 비신자들도 있었겠지만 부대장의 명령에 아무도 이의를 제기하지 못했다. 군부대 위문을 앞장서 준비하는 나 자신도 복음은 좋은 것이기 때문에 강제로라도 들어야 한다는 데 조금도 의문이 없었다. 게다가 소보로빵까지 준비해가지 않았는가.

반공주의

'전군 신자화 운동'은 기독교계에서가 아니라 군에서 먼저 시작했다. 1969년 1군 사령관으로 부임한 한신 대장은 반공정신으로 장병들을 무장시키기 위해서는 기독교만큼 좋은 것이 없다고 생각해 군종 활동을 강화할 것을 지시했다. 또한 박정희 대통령도 김준곤 목사를 만난 자리에서 군인들의 사상 무장을 위해 기독교가 앞장서줄 것을 당부했다고 한다.[19] 냉전이 한창이던 1960-70년대 체제 경쟁에서 우위를 차지하기 위해 반공 사상을 확산시킬 필요가 있었는데, 군목들이 바로 이 일을 위해 최적화된 사람들이었던 것이다. 군목은 복음 전도와 위기 상담뿐 아니라 군의 사기를 진작시킬 정훈(政訓)의 책임도 지고 있었다.

기독교는 어떻게 해서 강한 반공주의를 표방하게 되었을까? 한국에서 기독교와 공산주의의 반목은 오랜 역사를 가지고 있다.[20] 1925년 조선공산당이 창설되면서 제일의 공격 목표를 기독교로 삼았다. 공산주의자들은 그해 서울에서 열린 전국 주일학교 대회에서 반기독교, 반제국주의 데모를 벌임으로 대중의 주의를 끄는 데 성공했다. 이후 기독교계 민족주의와 공산주의는 독립운동의 양대 흐름으로 인정받기에 이르렀다. 신간회(新幹會, 1927년 조직)와 같이 민족주의 진영과 공산주의 진영이 연합할 때도 있었으나, 일제 강점기 내내 서로 경쟁했다.

19　　강인철, 앞의 책, 358-359.

20　　기독교와 공산주의의 악연에 관해 혹은 기독교의 레드 콤플렉스에 관해서는 졸저, 『대화로 풀어보는 한국교회사 1』(서울: 부흥과개혁사, 2009), 345-349을 참고하라.

해방 후 북한과 남한 양쪽에서 모두 기독교와 공산당의 갈등과 투쟁을 경험했다. 해방 직후 북한에서는 기독교인들을 중심으로 조선민주당, 기독교사회민주당, 기독교자유당 등의 정당이 결성되면서 기독교계가 현실 정치의 전면에 등장했다. 1945년 말까지는 기독교계와 공산당이 우호적인 관계를 맺었지만, 모스크바 삼상 회의(1945년 12월)의 신탁 통치 결정에 대한 의견 차이로 이 둘은 대립하게 되었다. 북한 기독교 지도자들은 반공 사상을 가지고 있었을 뿐 아니라 남한의 미군정과 연결되어 있다는 혐의를 받고 있었다. 해방 후 처음 맞는 1946년의 삼일절은 공산당과 기독교의 대립이 수면 위로 드러난 배경이 되었다. 기독교계는 북조선인민위원회의 행사와 별도로 반공과 반탁을 주장하기 위한 삼일절 행사를 독자적으로 개최하려고 했다. 공산당이 기독교 인사들을 연행하자 신자들은 "태극기와 십자가"를 들고 항의 집회를 열었다. 이때 태극기와 십자가가 처음으로 함께 등장했다. 2003년 대한민국 보수파의 "반핵반김 자유통일 삼일절 국민대회"를 필두로 펼쳐진 21세기 태극기-십자가 집회의 원조인 셈이다.

기독교계와 공산당의 대립은 1946년 3월 5일 전격적으로 단행한 토지 개혁 이후 더 심각해졌다. 북한 정부는 "토지는 농민의 것"이라는 구호 하에 무상 몰수·무상 분배의 공산주의적 토지 개혁을 실시했다. 땅을 잃은 지주 중 상당수가 기독교인들로서 이들은 1946년 11월 3일의 인민위원회 위원 선거를 거부하며 정치 투쟁을 감행했다. 선거를 주일(主日)에 치르지 말라는 것이 그 명분이었다. 김일성 정권은 기존 기독교 세력을 무력화시키기 위해 '북조선기독교연맹'을 창설했다. 이에 참여하지 않은 기독교 지도자들이 대규모로 구속되고 또 더 많은 지도급 인사들이 자유를 찾아 월남(越南)했다. 북한에서 공산 정권에 반대하는 기독교는 약화되었고,[21] 월남한 인사들이 주축이 된 남한의 교회는 강한 반공주의를 취했다.

남한에서도 기독교와 공산주의 간의 격렬한 대립이 있었다. 해방 전부터 활동하던 조선 공산당은 해방 후에도 여러 갈래로 나뉘어 정치 투쟁을 하다가 1946년 11월 박헌영을 당수로 하는 남조선 노동당(남로당)으로 통합되었다. 미군정 아래에서 정부가 수립된 이후에도 남로당은 사회주의 혁명을 목표로 시위와 폭동을 일으켰다. 대표적인 것이 1948년 제주 4.3사건과 여수·순천의 군인 반란사건 등이다.[22]

남로당에 대항하는 데 가장 앞장섰던 단체로서 '서북 청년회'를 들 수 있다. 서북 청년회는 서북 지역(평안도와 황해도)에서 공산당의 압박과 토지 개혁을 피해 월남한 피난민의 모임으로서 좌익 활동을 무력으로 탄압하는 준경찰 조직으로 성장했다. 이들은 서북 지역 기독교 민족주의자의 후예로서 오산학교와 숭실학교 출신들이 주류를 이루었고, 역시 서북 출신 기독교의 구심점이라 할 수 있는 영락교회 한경직 목사의 후원을 힘입었다. 북한 정권에 가족과 재산을 잃은 분노 때문에 가장 잔혹한 행태를 보였는데, 특히 제주 4.3사건에서 민간인을 학살하기도 하고, 김구 암살의 배후로 지목되기도 했다.[23]

---

21 한국기독교역사연구소, 『북한교회사』(서울: 한국기독교역사연구소, 1996), 393-401.

22 해방 공간에서 좌우익의 대립에 관한 학술적인 연구서의 효시는 『해방전후사의 인식』이다. 1979년 유신 정권 말기에 첫 권이 출간되었고, 2006년 6집까지 지속적으로 출간되었다. 이전에 반공·친미의 관변 입장에서 해방과 한국전쟁을 보았다면, 이 저서는 자주적 민족주의의 관점에서 해석했다. 이 시기 민중의 삶을 소설로 묘사한 것이 조정래의 『태백산맥』이다.

23 윤정란, 『한국전쟁과 기독교』(파주: 한울아카데미, 2015), 제1장 참고. 이 책은 기독교인이 한국의 정치 사회적 세력으로 부상한 원인을 한국전쟁 전후로 거슬러 올라가서 찾으려는 본격적인 연구서다. 서북 청년회의 기원과 활동과 몰락에 대한 자세한 내용도 기술되어 있다. 또한 이 책에 대한 비판적인 서평은 이상규, "서북지방 출신 기독교인들의

한국전쟁

한국전쟁의 상처는 깊고도 길게 남았다. 그 상처 중 하나는 남북한 국민들 마음에 새겨진 증오였다. 북측의 세대는 제국주의의 앞잡이가 되어 동포에게 총부리를 겨눈 남한을 포용할 수 없었고, 전쟁과 가난을 경험한 남측의 세대는 결코 공산주의를 용서할 수 없었다. 한국전쟁 참전 군인들의 무용담과 "나는 공산당이 싫어요"와 같은 만들어진 영웅담, 체제 경쟁의 구호들이 학교 교육과 전당 대회와 선거 유세 및 교회의 부흥회를 통해 유통되고 확산되었다. 원수 사랑이라는 예수님의 가르침을 믿는 기독교인들도 공산주의는 절대 포용할 수 없었다. 그 증오의 에너지를 힘입어 정권을 창출하고 유지했던 것이 자유당 정권이고 군사 정권이었다. 그리고 그 중심에는 기독교가 있었다. 우리 안에 냉전(冷戰)이 내면화되었다.

남북한의 수만 아니 수십만 가정에서 일어난 전쟁의 참상 중 하나가 우리 집안에서도 일어났다. 우리 집안은 비교적 일찍 기독교를 받아들인 편이다. 일제 강점기 충남 예산의 장(張) 씨 집성촌에 사시던 큰할아버지 장석팔 장로와 친할아버지 장석오 권사를 통해서였다. 큰할아버지는 신식 교육을 받아 일찍 시세에 눈을 뜬 분으로 농사를 크게 짓고 정미소를 운영해 집안을 일으켰다. 그는 선교사로부터 전도를 받아 마을에서 최초로 예수를 믿었다. 고향인 응봉면에 응봉감리교회를 설립해 당신은 장로로, 동생 장석오 권사는 설교자로 목회 일을 감당했다. 장석오 권사는 그 지역 의용 소방대의 대장이기도 했다.

한국전쟁이 일어난 지 얼마 지나지 않아 예산도 공산군에 점령당했

남한 사회 정착에 대한 사회사적 연구: 윤정란의 『한국전쟁과 기독교』, 「기독교사상」 2016년 8월호(통권 제692호), 172-181을 보라.

고 인민 위원회가 설치되었다. 이들이 먼저 한 일은 지주들을 잡아넣는 일이었다. 할아버지들은 어려움을 당하지 않을 것이라고 생각했다. 두 분은 비록 부자였고 지주 계급이었지만 그동안 어려운 사람들에게 선행을 많이 베풀었기 때문이었다. 특히 남로당 당수였던 박헌영은 큰할아버지와 초등학교 및 중학교 동문으로 어려움을 겪을 때 할아버지 집 식객으로 머문 적도 많았다. 그러나 공산당은 이런 사정을 아는지 모르는지 두 분을 끌어갔다. 두 분은 교인 명부를 내놓으라는 협박에도 끝내 굴복하지 않았고, 결국 인민재판에 넘겨졌다. 당원들은 장석팔 장로를 산속으로 끌고 가 돌과 몽둥이로 때려 살해했다. 그는 밤새도록 '주여, 주여'를 부르다가 돌아가셨다고 전해진다. 당원들은 동생 장석오 권사도 면사무소에 가두었다가 1950년 9.28 서울 수복 후 인민군이 후퇴할 때 총살했다. 이때가 추석 전날이라서 우리 가정은 매년 추석에 할아버지 추도 예배를 드린다. 할아버지는 나이 40밖에 안 된 그의 아내와 6남매를 남겨두고 천국에 가셨다.

장석오 권사의 둘째 아들, 즉 내 아버지는 당시 17세 고등학생이었다. 전쟁 중 피난살이와 전후의 혼란스러운 상황에서 아버지 없는 삶이 얼마나 고달팠을까? 내 아버지는 자기 아버지를 보낸 지 70년이 다 되어가는 지금도 아버지 추도 예배를 드릴 때면 그가 즐겨 부르던 찬송을 부르며 눈물 짓는다. 아버지에 대한 그리움과 아버지를 죽인 공산당에 대한 원망은 정비례했다. 우리는 어렸을 때부터 가정에서 반공 교육을 철저히 받았다. 공산당이 얼마나 못 믿을 집단인지, 왜 기독교와 양립할 수 없는지, 공산화가 된다면 나라가 어떤 꼴이 될 것인지 등등. 여기서 한 걸음 더 나아가서 민주화 운동을 하는 사람들은 공산당의 사주를 받은 것이고, 이들은 철이 없어서 공산당이 얼마나 무서운지 몰라서 이렇게 하는 것이라며, 이런 X들은 모두 북으로 올려보내야 정신을 차릴 것이라는 등의 이야기를 무수히 들었다.

민족주의와 기독교

앞서 제1장에서 크리스텐덤과 국가주의의 관계에 대해 설명했다. 우리나라에서는 '국가주의'나 '애국심'이라는 말보다 '민족주의'가 훨씬 널리 사용되었다. 국가주의와 민족주의는 엄격히 말하면 서로 구분된다. 민족주의는 민족의 정신, 전통, 역사 등이 얽혀 있는 유기체로서의 국가를 강조하는 성격을 가진 용어라면, 국가주의는 경제적 주체 혹은 전쟁을 수행하는 주체로서의 성격이 두드러진다. 단일 민족 국가이기에 (혹은 그렇게 알려졌기에) 우리나라에서는 국가와 민족은 동의어로 사용되었다.[24] 우리나라에 민족주의가 형성된 것은 구한말 열강의 침입을 받으면서였다. 이전에는 유교의 영향으로 민족이나 국가보다 가문을 중요하게 생각했다. 구한말과 일제 강점기에 저항적 민족주의가 형성되었는데, 이때 기독교도 민족정신을 고양시키는 데 큰 기여를 했다.

---

24 한국은 전통적으로 하나의 민족 국가로서 오랜 역사가 있기 때문에 '민족주의'의 성격이 강하다. 1945년 해방과 더불어 분단이 된 지 수십 년이 지났지만 남과 북은 한민족이라는 유대가 강하다. 우리는 2018년 4월 27일 역사적인 남북 정상 회담 때 다시 한민족임을 느꼈다. 그 매체가 된 것은 동일한 언어, 연장자에 대한 공손한 자세와 어법, 잠시나마 순수한 어린 시절을 함께 느낄 수 있게 해주는 동요 "고향의 봄", 그리고 옥류관의 평양 냉면 등이었다. 적화 통일을 원하는 북의 인민이나 흡수 통일을 원하는 남의 어르신들 모두 민족을 우선시한다. 그러나 2018년 현재 남한과 북한은 사실상 두 국가다. 남과 북의 민족 동질성을 경험해보지 못한 젊은이들은 대한민국과 조선민주주의인민공화국을 두 나라로 본다. 이들은 자신들이 부담해야 할 통일 비용을 생각하면서 통일을 별로 원하지 않는다. 전 국민의 57.8%는 통일을 원하지 않고, 특히 20대 청년의 71.2%가 통일에 반대한다. 우리나라는 필요에 따라 민족주의와 국가주의를 번갈아 사용해왔다. 다만 근래에 들어 우리나라에도 타민족이 함께 사는 경우가 많아지면서 민족에 대한 강조가 줄어들었고, 국가주의가 더 많이 언급된다.

근대화와 뗄 수 없이 긴밀한 관계를 맺고 있는 것이 민족주의인데, 해방 이후 특히 산업화가 이루어지는 박정희 정권 때 민족주의가 강화되었다. 박정희식의 산업화를 흔히 국가 독점 자본주의라고 부른다. 이는 국가가 재정과 통화 정책 그리고 국제적인 경제 협력 자금에 개입하고 노동을 통제해 단기간에 효율적으로 산업화를 이루는 자본주의의 한 형태다.[25] 이를 달성하기 위해서는 국민의 정서를 하나로 모음으로써 사회를 통합하는 일이 무엇보다도 중요하다. 민족주의를 가장 잘 표현하고 있는 것은 1968년 공포된 '국민 교육 헌장'이다. 이 헌장은 "우리는 민족중흥의 역사적 사명을 띠고 이 땅에 태어났다"로 시작한다. 다음 구절은 개인에 대한 국가의 우월성을 잘 보여준다. "나라의 융성이 나의 발전의 근본임을 깨달아, 자유와 권리에 따르는 책임과 의무를 다해 스스로 국가 건설에 참여하고 봉사하는 국민정신을 드높인다." 이런 교육을 받은 우리 민족은 민족주의 과잉을 보여준다. 예컨대 한 개인이 어떤 분야에서든지 세계적인 업적을 남기면 '국위 선양'을 했다고 평가되어 국민적 영웅이 된다.

국가는 국민 교육을 국민의 의무 중 하나로 제정했다. 국민 교육은 사회 통합과 전쟁을 위해서도 중요하지만 국가 경제 운용을 위해서도 중요하다. 정부는 중·장기적 미래의 산업을 예측해 여기에 필요한 실력과 정신을 갖춘 인적 자원(Human Resources)을 양성할 의무가 있다. 다시 '국민 교육 헌장'으로 돌아가 보면, 국가주의와 산업화를 위한 자본주의 정신

25　장하준, 이순희 역, 『나쁜 사마리아인들: 신자유주의는 왜 실패할 수밖에 없었는가?』(서울: 부키, 2014); 장하준, 김희준 외 역, 『그들이 말하지 않는 23가지: 장하준, 더 나은 자본주의를 말하다』(서울: 부키, 2010) 등에서 장하준은 지금은 자유 무역을 주장하는 영국이나 미국과 같은 나라들은 과거에는 보호 무역을 통해 자국 산업을 보호함으로 급성장했다고 말한다. 박정희의 경제 정책도 국가 주도로 이루어졌기에 성공할 수 있었음은 말할 필요도 없다. 장하준은 금융과 인력의 국경을 없앤 지금의 신자유주의를 비판적인 시각으로 바라본다.

이 정교하게 통합되어 있음을 엿볼 수 있다. 국가의 발전이라는 지상 목표를 위해 가져야 할 덕목은 '성실한 마음', '튼튼한 몸', '학문과 기술', 개인의 '소질 계발', '창조의 힘', '개척 정신', '공익과 질서', '능률과 실질', '협동 정신' 등이다. 물론 이런 정신을 계발해야 할 기구는 학교다.

우리나라에서 민족주의는 (유사) 크리스텐덤의 형성에 어떤 영향을 끼쳤는가? 앞서 제1장에서 크리스텐덤의 해체 과정을 이야기하면서 국가주의는 한편으로는 크리스텐덤의 해체를 가속화하고, 다른 한편으로는 크리스텐덤을 강화했다고 말했다. 우리나라의 경우도 마찬가지다. 우선 기독교와 민족주의가 오랫동안 같은 노선을 걸음으로써 크리스텐덤이 강화되는 데 일조했다. 구한말과 일제 강점기 이후 교회는 민족주의 형성에 지대한 영향을 끼쳤다. 선교사들이 가지고 있던 미국적 애국심은 설교와 창가 등을 통해 한국 민족주의로 쉽게 전이되었다. 1907년 대부흥 운동을 통해 한국 기독교인들의 자의식과 더불어 사회의식과 민족의식이 깨어났다. 새벽 기도회는 국가의 독립과 번영을 위해 시작되었고, 기도원에서는 나라를 위한 부르짖음이 끊이지 않았다. 기독교와 근대화, 기독교와 민족주의, 기독교와 반공 이데올로기가 융합되어 오늘에 이른다. 보수적인 집회에 등장하는 태극기와 십자가의 조합, 때로는 성조기도 함께하는 조합이 이 사실을 잘 보여준다.

그러나 국가주의는 양날의 칼이다. 포스트크리스텐덤 시대 국가는 공적인 이익을 위한 권력을 가진 기구이고 교회는 여러 사적 기관의 하나일 뿐이다. 국가는 기독교에 공적인 영역으로부터 철수해 개인적이며 영적인 영역에 머물 것을 요구한다. 단적인 예가 바로 사립 학교 문제다. 구한말과 일제 강점기 교회는 사회에 공헌할 기독교적 인재를 양성하고자 많은 사립 초중등학교를 세웠다. 설립자와 교사와 학부모들이 기독교적 이념과 정체성을 토대로 교육에 헌신했고, 졸업생들은 국가 건설에 이바지했다. 그러나 국가가 국방과 산업화를 위해 교육을 독점하면서 점차 사립 학교의 설립 정신은 교육 현장에서 의미를 잃었다. 국가는 교육 과정과 교과서 검정 제도와 교원 양성 과정과 장학 지도를 통해 교육을 독점하고, 사립 학교는 국가의 보조금으로 운영하기 때문에 국가 주도의 교육에 순응하는 수밖에 없었다. 고교 평준화 이후 지원이 아닌 배정의 방식으로 입학생을 선발함으로써 그나마 남아 있던 채플도 인권의 이름으로 금지되는 지경에 이르렀다. 교육 영역에서 국가의 권한이 극대화되면서 종교는 사적 공간으로 축소되고 말았다.

대한민국 기독교인의 사고에는 국가주의와 정교분리라는 서로 상반되는 주장이 제대로 설명되지 않은 채 동거하고 있는 것으로 보인다. 편리한 대로 한쪽을 가져다 쓴다. 애국심을 고양할 때는 국가적 언약에 근거한 설교를 하고, 자신의 생각과 다른 정책을 국가가 강제할 때는 정교분리를 말한다. 이 점에서는 보수주의와 진보주의가 똑같다. 보수주의의 경우 반공주의와 시장 경제를 애국심과 일치시키면서도, 사학법, 종교인 납세를 강제하려 할 때는 정교분리를 주장한다. 진보적 기독교인의 경우 남북의 대화와 통일을 뒷받침하기 위해서는 민족주의에 호소하고, 보수적 정부가 사상의 자유를 억압하려 하면 정교분리 원칙에 기댄다.

산업화와 자본주의

해방 후 대한민국 사회가 이루어야 했던 또 하나의 과제는 산업화였다. 군사 정변을 통해 정권을 잡은 박정희는 조국 근대화, 즉 산업화의 선봉에 섰다. 그는 한일 국교 정상화의 대가로 들여온 차관과 베트남 파병으로 벌어들인 달러로 국가 주도의 인프라 구축과 중화학공업 발전을 추진했다. 세 번에 걸친 경제 개발 5개년 계획을 통해 경제 발전을 위한 기반을 닦았다. 자원이 부족한 한국적 상황에서 수출을 중심으로 한 산업을 육성했다. 그에 관한 많은 비판이 있을 수 있으나, 우리 민족을 가난으로부터 벗어날 수 있게 해준 지도자라는 점에는 대다수 국민들이 동의할 것이다.

산업화를 위해서는 자본의 집약, 과학 기술의 발달, 경제 정책, 대외 여건 등의 외적인 요소도 필요하지만 동시에 사상적인 동력도 있어야 한다. 우리나라 산업화의 내적 동력을 제공한 것은 크게 두 가지인데, 하나는 기독교이고 다른 하나는 사회 진화론에 기초한 실력 양성론이다. 서로 기원이 다른 이 두 사상은 구한말과 일제 강점기에 융해되었다. 안창호 등의 기독교인이 중심이 되어 조직된 신민회와 해주 교육 총회는 '무실역행'(務實力行)을 모토로 교육을 통한 애국심 고취와 민족 산업을 진흥시킬 것을 주장했다. 신민회 활동의 중심지인 평양에서 메리야스 공업과 고무 공업이 크게 발전했다.[26] 해방 후 서북 지역 출신 경제인이 대거 월남했는데, 그중 많은 사람이 기독교인이었다. 해방 후 1950년대와 1960년대 북한 출신 대자본가와 CEO의 비율이 남한 출신보다 4배나 많았고, 이 중 개신교 신자의 비율도 불교 신자에 육박하리만큼 많았다. 이처럼 북한 출신 개신교인들은 한국 산업화에 지대한 영향을 끼쳤다.[27]

우리가 어렸을 적에 교실 벽에, 독서실 입구에, 수험생의 질끈 동여맨 머리띠에 등장하던 수많은 표어들이 생각난다. "하늘은 스스로 돕는 자를 돕는다", "하자, 하면 된다, 할 수 있다", "내게 능력 주시는 자 안에서 내가 모든 것을 할 수 있느니라." 이 중 어떤 것이 성경에서 나온 것이고, 어떤 것이 속설인지 구분하기도 어려웠다. "하늘은 스스로 돕는 자를 돕

---

26 주익종, 『대군의 척후: 일제하의 경성방직과 김성수, 김연수』(푸른역사, 2008), 65-67.
27 강인철, 『한국의 개신교와 반공주의』(도서출판 중심, 2007), 542 이하에서 우리나라 재계의 월남 개신교인들을 통계적으로 조사했다.

는다"가 성경 구절에 있는 줄 아는 친구들이 많이 있었다. 마침 1970년대 노만 빈센트 필(Norman Vincent Peale)과 로버트 슐러 목사(Robert Schuller)의 '적극적인 사고방식'(positive thinking)이 미국에서 대유행했고, 수많은 미국인과 한국인들이 이에 열광했다. 적극적 사고방식을 사상적 배경으로 한 자기계발서는 기독교 신앙과 아메리칸드림의 융합이라 할 수 있다.[28] 이를 한국에 소개한 이는 조용기 목사였고, 순복음교회의 성공 스토리가 이를 뒷받침해주었다. 이후 수많은 교회와 설교가들이 이를 모방해 한국 개신교 설교의 주류를 이루었다. 교회 밖의 사람들도 예수 믿는 사람들이 열심히 산다는 것은 다 인정했다. 박정희 자신은 기독교인이 아니었지만 그의 이데올로기는 다분히 당시 주류 개신교 설교의 내용과 일치했다.

당시 교회가 가르친 자본주의 정신은 친미·반공 이데올로기와 맥을 같이한다. 기독교인들은 유물론을 용납할 수 없고 게다가 공산주의 때문에 가족과 재산을 잃은 사람들이 많았기에 공산주의와 공존할 수 없다고 생각했다. 자본주의(시장 경제)는 공산주의에 반대하고, 기독교도 공산주의에 반대하기 때문에, 자본주의와 기독교가 쉽게 손을 잡을 수 있었다. 산업화 시대, 냉전 시대의 기독교는 역사의 발전을 위해 일정 부분 순기능적 기여를 한 셈이다.

물론 큰 그림에서 보면 시장 경제의 논리가 우리 사회를 지배하는 것

---

28 미키 맥기, 김상화 역, 『자기계발의 덫』(고양: 모요사, 2011), 특히 제1장에서 자기계발서의 기독교적 근원과 세속화의 역사를 정리하고 있다. 또한 바버라 에런라이크, 전미영 역, 『긍정의 배신』(서울: 도서출판부키, 2011), 제5장에서도 역시 긍정을 강조하는 미국 복음주의와 적극적 사고방식이 어떤 관계를 맺고 있는지를 잘 보여준다. 서동진, "자기계발하는 주체의 해부학 혹은 그로부터 무엇을 배울 것인가", 김상민 외 저, 『속물과 잉여』(서울: 지식공작소, 2013), 179-210은 자기계발의 사회학적 의의를 탐구한 탁월한 논문이다. 이 외에도 이원석, 『거대한 사기극: 자기계발서 권하는 사회의 허와 실』(서울: 북바이북, 2013); 이원석, 『대한민국 자기계발 연대기: 인문학으로 자기계발서 읽기』(서울: 필로소픽, 2018) 등이 있다.

은 유사 크리스텐덤의 해체에 더 큰 역할을 했다. 교회가 성경적 재물관을 설교해 사회의 통념을 형성하고 지배하는 것이 아니라 자본주의의 논리에 휘둘렸기 때문이다. 비즈니스의 영역에서 교회가 퇴출된 것은 말할 필요도 없고, 교회가 비즈니스의 일부가 되어 기업처럼 사고하고 기업처럼 행동하기에 이르렀다.

반공과 친미

이 당시 미국은 우리를 전쟁에서 구해준 은인이요 혈맹일 뿐 아니라 자유 민주주의를 수호하는 엉클 샘(Uncle Sam)이고, 산업화의 후원자이자 모델이었다. 미국과의 관계를 짧게 정리해보자. 1882년 조미(朝美) 통상 조약을 맺은 후 비록 불평등한 관계였지만 양국은 우호적 관계를 지속적으로 유지했다. 1905년에 체결된 가쓰라-태프트 밀약에 의해 미국은 공식적으로는 한국과 관계를 끊었으나, 민간 분야에서 특히 선교와 교육과 의료 분야에서 한국의 근대화에 큰 도움을 주었다. 선교사들의 헌신적인 노력은 한국 사람들에게 큰 감동을 주었고, 한국인들은 선교사들을 '양대인'(洋大人)이라 불렀다. 일제의 압박 가운데서 교회는 준치외법권 지대로서 독립운동가들의 피난처가 되었고, 선교사들은 삼일운동을 음으로 양으로 도왔다. 서재필, 안창호, 이승만 등의 독립운동가들이 미국을 거점으로 외교적 활동을 했다. 해방 후 3년 동안 미군정은 친일 청산에 소극적이었고, 남한만의 단독 정부를 수립하도록 하는 등의 한계를 보였지만, 대한민국 정부 수립까지의 임무를 수행했다.

해방 후 한국과 미국의 관계는 급속도로 가까워졌다. 한국은 정부 수립 후 대미 일변도의 외교를 펼쳐, 미국으로부터 군사와 경제 원조를 얻기 위해 노력했다. 한미 관계가 더욱 긴밀해진 것은 한국전쟁 때문이었다.

미국은 한국전쟁이 발발하자 곧 병력을 투입해 전쟁에 참가했고, 4만 명의 전사 및 실종자와 10만 명의 부상자를 낸 엄청난 피해를 입었다. 젊은 병사들이 이름도 생소한 이국땅에 와서 알지도 못하는 사람들의 자유를 위해 생명을 바쳤다. 일왕의 항복을 받아내고 인천 상륙 작전을 성공시킨 오성 장군, 선글라스를 낀 채 파이프를 물고 작전 명령을 내리는 맥아더의 모습은 대한민국에 보내진 수호천사로 각인되었다. 해방과 전쟁 후 미국의 원조 덕분에 자식들을 먹이고 겨울 추위를 견뎠던 사람들이 얼마나 많은가? 미국인들은 전쟁고아를 돌보고 입양하며, 버려진 병자들을 치료해주고, 한국의 재건을 도왔다. 군사적·물질적 영향뿐 아니라 미국의 정직성과 근면, 금욕과 인도주의가 우리 정신의 일부가 되었다.

기독교인들이 미국을 동경한 것은 말할 필요도 없다. 복음과 함께 서구 문명을 전해주고 서구식 사고방식을 가르친 선교사들은 예수님과 같은 존재였다. 그들은 청일 전쟁의 부상자 치료에 혼신의 힘을 다했고, 대부흥 운동 때는 함께 눈물을 흘리며 마룻바닥을 뒹굴었으며, 삼일 만세 운동이 일어났을 때 위험을 무릅쓰고 동참했고, 일제의 만행에 맞설 수 있는 든든한 후원자가 되었다. 당시 기독교 지도자 중 미국인 선교사의 도움을 받지 않은 사람이 없을 정도다. 선교사들은 젊고 유능한 신학도들을 프린스턴 신학교, 맥코믹 신학교, 에모리 신학교로 유학을 보내어 학위를 받을 수 있도록 도움을 주기까지 했다.

미국 문화

우리는 얼마나 미국을 동경해왔는가? 미국의 언어를 배우고 싶어 했고, 미국인들의 삶의 방식을 좇아 살고 싶어 했으며, 그들의 문화에 가까워지기 위해 노력했다. 중고등학교에서 영어 교육은 필수 과목이고, 입사할 때는 필요하지도 않은 토익 점수를 요구하며, 우리의 영어 발음이 원어민과 다른 것을 개탄했다.[29] 아이들은 미국 브랜드의 옷과 신발을 동경했고, 아니면 영어가 인쇄되어 있는 티셔츠라도 입어야 했다. 미국 비자를 얻기 위해서는 광화문 미국 대사관 앞에 장사진을 치고 2시간을 기다려야 했다. 드라마에서 연인과 헤어질 때는 하릴없이 미국으로 유학을 떠나는 장면이 나온다. 가고 싶지만 도저히 다다를 수 없는 끝에 미국이 있는 것이다.

사람들은 미국에 갈 수 없는 대신 미국에서 건너온 문화를 즐겼다. 이탈리아에 〈시네마 천국〉(주세페 토르나토레 감독, 1988)이 있다면 한국에는 〈헐리우드 키드의 생애〉(안정효 원작, 정지영 감독, 1994)가 있다. 남학생들은 줄리아 로버츠 브로마이드나 올리비아 핫세가 새겨진 책받침이라도 하나씩 갖고 있었다. 팝송을 듣기 위해 '마이마이'를 하나씩 구입했고, 녹음한다고 밤늦게까지 잠을 이루지 못했다. 생뚱맞게도 나는 지금도 컨트리 뮤직을 몇 곡 흥얼거린다.

교회는 미국 문화를 전달해주는 통로 역할을 했다. 어린이들을 위한 놀이라는 것은 생각도 못한 시절에, 교회에 가면 노래와 연극, 인형극과 융판 동화와 환등기가 있었다. 교회 성가대에서 소프라노, 알토, 테너, 베이스 4부 합창을 배우고, 성가대 출신들이 클래식과 대중음악을 주도하는 뮤지션이 되었다. 줄판을 긁어 만드는 회지(會誌)는 창작열을 발산하는 유일한 통로였고, 매년 가을 열리는 '문학의 밤'은 청춘의 해방구였다. 문학의 밤 하이라이트는 그 교회 최고의 인기 여학생이 프란체스코 파올로 토스티(Sir Francesco Paolo Tosti)의 솔로곡인 "기도"(Preghiera)를 부를 때였다.

---

29 윤지관 편, 『영어, 내 마음의 식민주의』(파주: 당대, 2007). 특히 제1부는 식민지 시대부터 해방 이후까지 영어가 어떻게 한국인에게 문화 자본과 권력으로 이해되었는지를 다룬다.

1980년대까지만 해도 교회가 문화적으로 사회를 앞섰다. 일 년에 한두 차례씩 여는 수련회는 학생들의 영성과 사명감을 깨우고 관계 훈련을 하는 통로였다. 지금은 학교나 청소년 단체에서 교회 수련회 형식을 표절해 나름의 인성 훈련을 만들었는데 그 원조가 실은 교회 수련회다.

교회 문화의 절정은 성탄절이다. 지금도 50대 이상 초신자들에게 교회에 가본 일이 있느냐고 물으면, 열에 서넛은 어렸을 적 성탄절에 연극을 보고, 사탕을 얻어먹은 기억이 있다고 대답한다. 대한민국이 성탄절을 공휴일로 지정한 것은 특기할 만한 사실이다. 성탄절은 기독교 문화권이 아닌 중국이나 일본을 비롯한 거의 모든 아시아 국가에서는 공휴일이 아니다. 또한 우리나라에서 석가탄신일이 공휴일로 지정된 것이 1975년이었다는 점을 생각하면, 대한민국이 유사 크리스텐덤 시대를 지나왔다는 내 말이 이해가 될 것이다.[30] 해방 후부터 1981년까지 야간 통행금지 제도가 있었는데, 성탄절은 통행금지가 없는 몇 안 되는 날 중 하나였다. 젊은이들은 명동 거리에 나가서 밤이 새도록 즐기고, 중고등학생들은 교회에 모여 선물 교환을 하며 올나이트 파티를 벌였다. 초등학생들은 멋도 모르고 저마다 크리스마스 카드를 그려 서로 나누어 가졌다. 그 시절이 그립고 그 시절 교회로 돌아가고 싶다!

요약하자면, 해방 후부터 1970년대 말까지의 엄혹한 냉전 시대, 우리나라의 목표는 밖으로는 공산주의의 침략으로부터 국가를 방어하고 안으로는 산업화를 이루어 가난을 이기는 것이었다. 한국교회는 이 시기의

---

30   성탄절이 최초로 공휴일로 지정된 것은 1945년 미군정의 포고령에 의해서다. 이후 이승만 정부가 수립되면서 1949년에 새롭게 정식 공휴일로 지정되었다. 당시의 명칭은 '기독탄신일'이었다. "크리스마스 씨는 언제부터 공휴일 됐나?…아닌 나라도 많아요," SBS 뉴스, 2016년 12월 25일, 〈https://news.sbs.co.kr/news/endPage.do?news_id=N100395 1604&plink=ORI&cooper=NAVER〉.

사회적 의제를 수행하는 데 매우 큰 기여를 했다. 친미·반공·산업화가 당시의 시대적 가치였다면, 기독교는 이 가치를 주도적으로 실천하는 세력이었다. 남한과 북한의 공산주의자들로부터 가장 큰 피해를 입은 집단인 기독교는 반공을 기치로 내세운 군사 정권에 쉽게 동조할 수 있었다. 당시 미국은 선교사를 보내어 기독교를 전해준 나라일 뿐 아니라 수만 명 젊은이들의 목숨을 바쳐 공산주의로부터 우리나라를 구원해준 혈맹이었다. 더욱 중요한 것은 미국은 우리나라의 산업화를 가장 가까이서 도와주며 우리가 이룩해야 할 사회의 롤모델이었다는 점이다.

4. 유사 크리스텐덤의 해체: 1980년대 이후

앞서 외래 종교인 기독교가 어떻게 그렇게 단기간에 한국 사회를 주도할 상황에까지 이르렀는지를 살펴보았다. 그러나 짧았던 영광을 뒤로하고 유사 크리스텐덤은 해체의 수순을 밟는다. 한국의 경우도 앞 장에서 살핀 서구의 크리스텐덤이 해체되는 과정과 매우 유사하다.

기독교와 서구 문명의 구분

크리스텐덤은 좁게 말하면 기독교라는 종교와 국가가 유착 관계를 형성하는 사회이고, 좀 더 포괄적으로 말하면 기독교가 문명의 핵심에서 그 사회를 주도하는 시대다. 미국의 경우처럼 정교분리가 법적으로 보장된 나라에서도 기독교는 그 사회의 가치 체계나 제도의 기반을 형성하고 있다. 처음 서구 문명이 들어올 때 한국 사회는 서구의 과학 문명과 자유와 평등이란 민주주의적 가치와 기독교를 구분하지 않았다. 한국 사람들이 가장 가까이서 경험한 미국 선교사는 이 세 가지를 한 몸에 지닌 사람들이었다. 해방 후에도 많은 기독교인과 비기독교인이 반공주의와 자본주의 시장 경제를 이론적으로 뒷받침하는 것이 기독교의 성경이라고 믿었다. 공산주의는 유물론인 데 반해 기독교는 유신론이고, 시장 경제는 인간의 자유(와 탐욕)를 전제로 하는 시스템이기 때문이다.

그러나 1980년대가 되면서 기독교와 서구 문명이 같은 것이 아니라는 사실이 대중 사이에서 알려지기 시작했다. 기독교는 초자연과 기적을 믿는 다소 미신적인 종교이고, 과학과 기술의 발달을 가능케 해주는 것은 계몽사상이라는 생각이 점차 퍼졌다. 민주주의는 성경에 기초한 것이기보다 사회계약설에 이론적 기반을 두고 있으며, 자본주의 시장 경제나 사회주의 같은 경제 시스템은 종교와 아무런 관련이 없이 발전된 것이다. 서구 기독교 문명은 그리스-로마 문명과 기독교가 어색하게 동거하던 문명인데, 현대에 들어서면서 서구 사회에서 기독교는 퇴조하고 있다. 미국만 해도 건국의 아버지들은 모두 '상식'에 근거한 국가 건설을 주창했던 계몽사상가들이었을 뿐 진정한 의미의 기독교인은 아니었음이 밝혀졌다.

기독교와 근대정신이 양립할 수 없음이 수면 위로 드러난 것은 미국의 경우 1920년대 근본주의/현대주의 논쟁(Fundamentalist-Modernist Controversy)을 통해서였다. 진화론이 주도하는 과학과 이를 받아들인 신학적 자유주의는 전통적 기독교와 함께 갈 수 없음이 밝혀졌다.[31] 일제 강점기에 이런 세계사적 흐름을 접했던 한국의 지성인들은 초월적 신앙에 의지하는 기독교를 미신적이라고 생각한 적이 있다.[32] 1920년대 미국에서

---

31 이를 분명히 드러낸 사람이 메이첸이다. J. G. 메이첸, 황영철 역, 『기독교와 자유주의』(서울: 복있는사람, 2013).

32 한국 사람 중 근대주의의 입장에서 기독교를 비판한 효시는 이광수였다. 그는 "금일 조선 야소교회의 결점"이라는 글을 통해 기독교를 강도 높게 비판했다. 그는 교회의 계급

일어났던 근본주의/현대주의 논쟁이 1930년대 한국장로교회 총회의 성경관 논쟁에서 유사한 형태로 일어났으나, 당시 기독교 신학자들이 이 둘의 갈등을 뿌리 깊게 이해했다고 보기는 어렵다.[33] 한국에서 신앙과 이성, 과학과 성경의 갈등이 대중에게 널리 알려진 것은 1980년대 이후로 보아야 한다.

나도 기독교 신앙과 이성에 근거한 과학 사이의 세계사적 갈등의 일부를 경험한 적이 있다. 나는 1980년에 대학에 입학했다. 철학과에서 공부하는 내내 갈등의 연속이었다. 내가 철학과를 택한 이유는 서양의 철학은 기독교적 배경에서 자라왔음으로 신학을 공부할 때 도움이 될 것이라 생각했기 때문이었다. 그러나 웬걸, 만나는 철학 교수마다 무신론자나 불가지론자였다. 때로 자신들의 과거를 회고하면서 성경의 가르침이 도저히 지성으로 받아들일 수 없는 미신적인 내용으로 가득 차 있는지, 교회가 얼마나 황당하고 억압적인 단체인지를 이야기했다. 그들은 내가 신뢰하고 믿는 성경에 나오는 하나님의 존재와 그 존재 방식에 대해 의심을 심어주고 일생에 걸친 고통스러운 탐구를 계속하도록 영향을 끼쳤다. 단한 분 '자연과학 개론' 과목을 가르치던 김해리 교수는 창조 과학의 입장에서 과학의 역사를 전개했다. 나는 마음이 편했지만 이분이 학생이나 교수들에게 따돌림을 당한다는 느낌을 받았다.

적인 면, 교회의 부흥만 생각하는 교회 중심주의, 교역자의 무식함 그리고 사후의 세계와 초자연적 기도의 응답과 같은 신앙을 몽매하다고 말했다. 참고. 채현석, "이광수의 기독교 시비론", 「한국기독교사연구」 5호(1985), 21-23. 또한 새로운 사상의 유입이 활발했던 일본 유학생들 사이에서는 기독교와 근대정신 그리고 공산주의 사이의 사상적 투쟁이 치열했다. 참고. 졸저, 『대화로 풀어보는 한국교회사 1』(서울: 부흥과개혁사, 2009), 352-353.

33 졸저, 『대화로 풀어보는 한국교회사 2』(서울: 부흥과개혁사, 2009)의 제7장 "1930년대 한국장로교회의 신학 논쟁 어떻게 전개되었는가?"에서 자세히 다루고 있다.

1980년대 대학 교수들의 지적 분위기는 대체로 반기독교적이었다. 이것은 아마도 인문사회학자들이 1960년대 반기독교 운동이 한창이던 시기의 서구 사회에서 유학하며 반기독교 정신을 뿌리 깊이 체득한 데서 기인한 것으로 보인다. 1980년대 대학생이었던 386세대는 이들에게서 광범위한 영향을 받았다. 1980년대 이후 교육을 받은 지식인 중 서구 사상과 기독교를 동일시하는 사람은 많지 않을 것이다.

민주화와 기독교

우리나라 기독교가 짧은 역사에도 불구하고 유사 크리스텐덤 사회에 이르도록 큰 영향력을 끼친 것은 사회적 과업을 앞장서 수행했기 때문이라고 이야기했다. 구한말과 일제 강점기의 반봉건·반외세, 해방 후의 반공·친미·산업화 등이 그것이었다. 그런데 1970년대 말부터 1980년대의 기독교는 민주화라는 시대적 요구를 이해하지도 수행하지도 못했다. 이것이 1980년대 이후 공적 영역에서 기독교가 쇠퇴한 중요한 원인이자 증상이다.

이미 1970년대부터 고도성장의 어두운 면이 드러나면서 민주화의 요구가 사회 전면에 부각되었다. 친미·반공이라는 사회적 이념을 공유하던 당시 집권 세력과 기독교는 민주화의 요구를 억누르는 데도 동조했다. 1969년 박정희의 삼선 개헌 때 242명의 기독교 지도자들이 이를 찬동하며 기존 질서를 유지할 것을 주장하는 선언문을 발표했다. 그들은 반공주의와 경제 계획을 힘 있게 추진할 강력한 지도자가 필요하며, 로마서 13장의 말씀과 같이 대통령과 영도자를 위해 기도하는 것이 기독교인의 의무임을 표명했다. 1972년 10월 유신이 선포되었을 때도 40명의 지도자들이 유신을 찬양했다. 그리고 1980년 신군부가 등장할 때에 똑같은 오류를 범했다. 그들은 '나라를 위한 조찬 기도회'를 열어 국보위와 상임 위원장 전두환 장군을 여호수아와 같은 지도자로 치켜세웠다.

정치적 보수와 기독교의 보수가 손을 잡아 현재 한국의 보수주의를 형성한 것도 이 시기였다. 이전 시대 성취의 영광에 안주한 보수적 기독교는 민주화라고 하는 시대적 요구에 응답하지 않았다. 이전까지의 기독교와는 다르게 시대적 요청을 거부했고, 고통 속에서 부르짖는 사람들의 소리를 외면했다. 한편에서는 진보적 기독교가 등장했다. 진보적 기독교의 뿌리는 일제 강점기로 거슬러 올라가지만, '진보'라는 이름으로 독자적 세력을 형성한 것은 바로 이 시기다. 보수적 기독교가 친미·반공의 이념에 매여 한발도 앞으로 나아가지 못할 때, 진보적 기독교가 시대적 사명의 일부를 떠안았다. 또한 1980년대 이후 새롭게 등장한 시민 사회 혹은 시민운동이 유력한 기독교인들에게서 시작했다. 체면치레는 한 셈이다.

보수 진영과 진보 진영의 대립을 잘 보여주는 예가 1970년대 산업선교를 둘러싼 논쟁이다. 1970년대는 보수적 기독교의 민족 복음화가 엄청난 도약을 하던 시기였다. 1973년 빌리 그레이엄의 '한국 전도 대회', 1974년 '엑스플로 74', 1977년과 1980년 '민족복음화대성회' 등이 열리면 백만 명, 이백만 명이 한자리에 모일 정도였다. 나도 이 대회들에 참석했던 기억이 있다. 1977년 여의도 광장에서 열린 '민족복음화대성회'에서는 구름 사이로 선명한 무지개가 나타나자 참여했던 모든 사람들이 놀랐다. 나는 1980년에 "나는 찾았네"(I found it!)라는 문구가 적힌 배지를 달고 어느 초등학교에 묵으면서 여의도 집회에 참여했다.

같은 시기 진보 진영의 '도시산업선교'도 출범했다.[34] 1958년 산업체

---

34 1970년대 산업선교의 시작과 전개 과정 그리고 교회와 정권의 탄압에 대해, 또한 노동운동에 끼친 영향에 관해서는 장숙경, 『산업선교, 그리고 70년대 노동운동』(서울: 선인, 2013). 산업선교의 대모이자 가난한 사람들의 어머니로 알려진 조화순 목사의 일대기

에 복음을 전하기 위해 '산업전도'라는 이름으로 몇 명의 목회자가 파송되었다. 비참한 산업 현장의 모습에 눈을 뜬 일부 목회자가 세계교회협의회(WCC)에서 배운 '하나님의 선교' 개념을 받아들였고, 1968년에 본격적인 산업선교를 시작했다. 그들은 공장 노동자들을 전도해 예수를 믿도록 하는 게 아니라 이들을 교화해 노동조합 운동을 하고 노동자의 복지와 인권을 향상시키는 일을 선교라고 말했다. 공장이 밀집된 영등포와 인천의 두 지역에 큰 산업선교회들이 생겼다. 1970년 전태일 분신 사건이 일어난 후 산업선교회는 더 활발해지고 회원들도 늘었다. 산업선교회가 주체가 된 가장 유명한 투쟁은 1978년의 인천 동일 방직 사건이었다.

자본주의가 노동자의 삶을 얼마나 피폐하게 만드는지를 깨달은 신학자들이 이에 가세했다. 독일 고백교회의 영향을 받은 신학자들은 에큐메니컬 측이 주창한 하나님의 선교와 인간 해방의 기치를 들고 세계사의 모순과 싸우려 했다. 산업선교회의 영향을 받은 신학자들이 주도적으로 앞장서서 대한예수교장로회(통합)에서는 1986년 새로운 문제의식을 갖고 인권의 수호와 하나님의 정의를 이 땅에 실현하자는 다짐을 포함한 '대한예수교장로회 신앙고백서'를 만들어 선포했다. 또한 노동 운동과 민주화 운동에 자극을 받은 신학자들이 민중 신학을 주창했다. 민중 신학은 1970-80년대 우리나라 진보 신학을 대표하는 신학으로서 성경과 한국 역사의 전거(典據)들에 기초해 민중 해방 운동을 정당화한 제3세계 신학의 하나다.[35]

산업선교의 정체(?)를 알게 된 기업과 정부는 이 단체들을 탄압했고

도 참고하라. 한국여신학자협의회 여신학자연구반 편, 『고난의 현장에서 사랑의 불꽃으로: 조화순 목사의 삶과 신학』(서울: 대한기독교서회, 1992).

35 졸고, "민중신학에서 생명신학으로: '민중의 사회전기' 개념을 통해 본 민중신학의 변화 가능성", 「한국 기독교와 역사」 제20호(2004년 3월), 207-230 참고.

관련자들을 기소했다. 언론도 여기에 가세해 한때 "도산(都産)이 들어오면 도산(倒産)한다"는 말이 유행했다. 기득권을 가진 교회도 이들을 압박하고, 총회 보조금을 삭감하며, 폐쇄를 종용하기도 했다. 보수적인 기독교인들은 민주화, 노동, 통일, 환경 등의 공적 영역에서 담론을 형성하지 못했다. 자본주의, 신식민주의, 공산주의 등 세계사의 모순이 집약된 한반도에서 복음주의자들이 이 모든 문제를 논의하기에는 신학적 한계를 가지고 있었다.

1980년대 우리나라 학계의 분위기는 그야말로 ABC(Anything But Christianity, 기독교만 아니면 된다)였다. 제3공화국 시절 한국교회가 박정희 정부와 정치·경제 노선을 공유하면서 독재에 순응 내지 독재를 이용하려는 행태를 보일 때, 많은 지식인이 한국 사회에 보여준 기독교의 공헌을 의심하기 시작했다. 한마디로 그들은 기독교가 한국 역사 발전을 저해한다고 생각했다. 기독교는 교회 짓고, 교육관 짓고, 기도원 짓고, 묘지 사는 일 외에 사회를 위해 기여한 일이 없다고 한다. 내한 선교사들은 근본주의자의 후예로서 주일성수와 십일조에 엄격한 청교도의 개인 윤리를 전파했고, 초기 한국의 지도자들은 무지하고 맹목적이었으며, 1907년 대부흥 운동은 민족의 고통을 보지 못하게 하는 아편과 같은 역할을 했고, 1919년 삼일운동에 서명한 사람 중 많은 이들이 후에 친일파로 전향했으며, 1920-30년대 농촌 운동이나 절제 운동 등은 민족 운동으로 불리기에는 너무 온건한 접근을 해 결국 일제에 이용당했고, 신사 참배 반대는 율법에 집착하는 소수 맹신주의자들의 열심일 뿐이며, 해방 후에는 교권 다툼으로 교회가 사분오열되었고, 개신교인들은 타 종교에 대해서는 투쟁과 대결을 선포하는 보수적·근본주의적·분리주의적이고 타계적(他界的)

이면서도 이권에 대해서는 밝은 위선자들이 아니냐는 것이다.[36] 이런 경향은 일반 학자들뿐 아니라 진보적인 신학자나 대다수 기독교 역사학자들이 공통적으로 가졌던 견해다. 반면 민주화 운동에 공헌한 천주교에 대해서는 관대했다. 가톨릭의 신학적 깊이와 신부들의 헌신적 삶, 특히 원주를 중심으로 한 가톨릭 농민회나 정의 구현 사제단 등에 대해 고마움과 존경을 표하곤 했다. 1995년 295만(6.6%)의 가톨릭 인구가 10년 만에 514만(10.9%)으로 약진한 것이 바로 이런 이유에서였다. 같은 시기 기독교 인구는 1995년 기독교 인구의 1.6%에 해당하는 144,000명이 줄어서 혹시 휴거가 일어났던 것이 아닌가 하는 씁쓸한 유머가 돌기도 했다.

학계의 이런 경향은 1970-80년대의 민주화 운동에서 보수적 기독교가 역할을 하지 못한 것을 안타까워하면서, 사회 참여에 반대하는 반동적이고 퇴행적인 기독교의 근원을 역사에서 찾으려 한 것으로 이해될 수 있다. 또한 당시 대다수 유학파(留學派) 학자들이 반기독교 운동이 한창이던 1960년대 말의 서구를 경험했던 것도 영향을 주었으리라 생각된다.

친미·반공의 퇴조

앞서 나는 유사 크리스텐덤 사회가 한국에 형성된 이유 중 하나가 반공과 친미라는 이데올로기를 교회와 국가가 공유했기 때문이라고 주장했다. 1980년대에 들어오면서 세계사적 변화가 있었고, 국내에서도 민주화와 더불어 반공·친미 이데올로기가 퇴조하는 현상이 일어났다. 1979년 중국이 미국과 국교를 정상화하고 곧이어 덩샤오핑이 정권을 잡아 자본주

36　내가 쓴 『대화로 풀어보는 한국교회사 1, 2』 두 권은 당시 학계와 교계의 이러한 '속설' 들을 해명하려는 노력의 일환이다.

의식 개혁·개방을 단행했다. 불과 30년 전만 해도 중공(中共)은 한국전쟁의 중요 당사국 중 하나였는데, 이후 우리들의 인식이 점차 변화하기 시작했다. 1989년에 베를린 장벽이 무너지고, 미소가 냉전 종식을 선언했으며, 소련이 해체되었다. 당시 노태우 정부에서는 '북방 외교'라는 이름으로 러시아 및 중국과 국교를 정상화했다. 중국과 교역을 시작한 이래 중국이 우리의 가장 중요한 교역 대상국이 되는 데 20년이 채 걸리지 않았다. 일반 대중들 사이에서도 공산주의에 대한 적대적인 감정이 다소 누그러졌다.

공산주의에 대한 인식의 변화와 더불어 대미 인식에도 뚜렷한 변화가 일어났다.[37] 미군정이나 박정희 대통령 시절에도 일부 급진적인 사람들 사이에 미국을 반대하는 흐름이 있었지만 전면에 드러나지는 않았다. 그런데 이전에는 상상하지도 못했던 일이 1982년 3월에 일어났다. 이른바 부산 미문화원 방화 사건이다. 문부식을 비롯한 십여 명의 부산 지역 학생들이 부산에 있는 미국 문화원에 불을 지른 것이다. 그들은 두 해 전 있었던 전두환의 집권과 광주 민주화 운동이 미국의 묵인이 없었더라면 불가능했을 것임을 자각했고, 미국에 대해 항의를 표시했다. 더욱 기독교인들을 곤혹하게 한 것은 주범 문부식이 부산 고신대학교 재학생이라는 사실이었다. 고신대학교는 가장 보수적인 신앙과 윤리를 강조하는 기독교 대학이다. 문부식 사건은 반미 운동의 상징적인 사건이었다. 이를 필두로 미국에 대한 감정이 전반적으로 악화되었고, 1980년대에 386세대가 민주화 운동을 주도할 때는 민족 자결과 함께 반미 구호가 자주 포함되었다. 하지만 이를 가리켜 반미 감정이라기보다는 미국을 좀 더 객관적으

37　이 부분은 주로 다음 논문을 참고했다. 오창헌, "한국인의 대미 인식 변화에 관한 분석: 반미감정을 중심으로", 「대한정치학회보」 제23권 4호(2015년).

로 보게 되었다고 해야 맞을 것이다. 과거에 미국을 오류가 없고 호의적인 우리 민족의 구원자로 보았다면, 이제는 미국도 자국의 이익을 추구하는 하나의 국가일 뿐임을 알게 된 것이다.

미국에 대한 이해의 변화가 운동권이나 민주화 세력들에게만 국한된 것은 아니었다. 1980년대 한미 간의 통상 마찰은 과거 미국의 한국에 대한 원조가 호의에 의한 것만이 아닌 자국의 이익을 위한 것이었음을 드러냈다. 1980년대 이후 탈냉전의 징후가 짙어지면서 동맹으로서의 미국의 중요성이 이전과 같지 않았다. 독자들이 혹시 88 서울올림픽 남자 농구 준결승전을 기억하는지 모르겠다. 미국과 소련의 경기였는데 76:82로 소련이 이겼다. 중요한 것은 미국과 소련이 경기하는데 한국 관중들이 모두 소련을 응원하는 기현상이 발생했다는 점이다. 나도 적잖은 충격을 받았다. 한국 관중들이 혈맹인 미국이 아닌 한국전쟁을 사주한 소련을 응원하다니 말이다.

2000년에 들어와서도 미국에 대한 유보적 태도는 지속되었다. 김대중 정부의 햇볕정책으로 인한 금강산 관광(1998), 남북정상회담(2000) 등으로 남북 교류가 이루어졌고, 한국인의 기대와는 반대로 미국은 부시 대통령이 재직하던 2001년 9.11 이후 이라크, 이란과 더불어 북한을 "악의 축"으로 규정해 긴장을 고조시켰다. 2002년 6월 월드컵이 한창 진행 중일 때, 미군 장갑 차량에 효순이와 미선이 두 여중생이 압사당하는 불행한 일이 발생했고, 그해 11월 말 가해자들은 미군 법정에서 무죄 판결을 받았다. 이로 인해 서울에서 대규모 촛불 집회가 일어나고 시위가 전국적으로 확산되었다. 불평등한 SOFA(주한미군지위협정)를 개선해야 한다는 목소리가 높았다.

나도 2002년의 효순·미선 사건과 관련한 기억이 있다. 당시는 송탄 (현재는 평택시)에서 목회를 하고 있었을 때였다. 송탄은 미공군 기지가 있는 도시고, 부대를 중심으로 유흥가가 늘어서 있는 관광 특구이기도 하다. 몇 달째 온 나라가 어수선했는데 송탄은 더욱 어수선했다. 우리 교회에도 미군을 대상으로 사업을 하는 성도들이 많았는데, 그들이 말을 많이 하지는 않아도 마음 한구석에 분노와 슬픔을 품고 있었다. 어떤 성도들은 무조건 미군 편을 들다가 빈축을 사기도 했다. 나는 이 문제에 대해 설교를 하긴 해야겠는데 뭐라고 해야 할지 몰라 주저하고 있었다.

우리 교회 성도 중 미국인이 한 사람 있었는데 그의 이름은 케빈 이월드(Kevin Ewald)다. 군용 비행기 수리 기사로 부대에 근무하는 민간인이었다. 총각 때부터 우리 교회에 출석했고, 우리 교회에서 신부를 만나 결혼해 딸 둘을 낳고 사는 신실한 믿음을 가진 집사였다. 미국인 특유의 너그러움과 동정심이 많아서 고아원을 정기적으로 방문하고 주변의 어려운 사람들 돕기를 좋아했다. 2002년 성탄절을 며칠 앞둔 어느 날 그가 내게 부탁을 했다. 성탄절 예배 때 자기가 성도들에게 할 말이 있으니 시간을 달라는 것이었다. 나는 별 생각 없이 그에게 그러라고 답했다.

성탄절 아침이 되었다. 설교를 마치고 약속대로 그가 강대상으로 걸어 나오는데 나는 속으로 겁이 더럭 났다. 혹시 실언을 해서 분위기를 얼어붙게 하는 것은 아닐까? 한 500명이나 되는 교인들이 있는데, 입장이 다른 사람들이 그의 이야기를 듣고 어떤 반응을 보일까? 그가 말문을 열었다. 자신은 효순·미선 사건 때문에 너무 가슴이 아프고, 이들이 무죄 판결 받은 것을 이해할 수 없으며, 한국인들에게 미안한 마음이 든다고 눈물을 글썽이며 말했다. 그리고 미국인을 대신해 사과한다며 허리를 굽혀 성도들에게 절을 했다. 통역하는 나도 눈물이 났다. 나는 얼른 그를 붙들고 포옹했다. 모든 성도가 일어나서 박수를 쳤다. 잠시 우리 안에 천국이 이루어진 것 같았다.

포스트모던 시대의 기독교 비판[38]

시대의 변화에 따라 해방 후 30년 동안 기독교의 위치를 높여주었던 요인들이 하나씩 사라졌다. 1980년 이후의 한국교회는 시대의 변화를 읽지 못하고 시대가 요구하는 희생을 감당하지 않았다. 그 결과 1980년대 이후의 학자들은 기독교가 우리 역사의 발전에 기여했던 것들 마저도 부정하기에 이르렀다. 그러나 지금까지 내가 설명했던 것처럼 한국교회가 선교 초기부터 1970년대 말까지 사회에서 수행한 역할로 인해 한국 사회는 유사 크리스텐덤에까지 이르렀다. 그 역할을 한마디로 말하자면 근대화다. 근대화는 구한말과 일제의 반봉건·반외세 및 해방 후의 반공주의·산업화·민족주의 등을 포괄할 수 있는 개념이다. 학자들의 속설과는 달리 한국교회가 근대화에 끼친 물질적·정신적 영향이 얼마나 컸는지, 기독교와 근대화가 동일시되기까지 했다.

그런데 이번에는 근대화 자체의 단점들이 노출되면서 더 어려운 문제가 발생했다. 1990년대 이후 포스트모더니즘이 우리 사회의 중요한 흐름으로 등장한 것이다. 포스트모더니즘(post-modernism)은 근대의 끝에 나타나서 근대의 삶과 그 기반에 있는 정신을 부정하는 사조. 기독교와 근대정신이 동일시되다 보니, 포스트모더니즘의 영향을 받은 사람들은 근대정신을 부정하면서 기독교까지 적대시하기에 이르렀다. 두 가지만 예로 들어보자.

첫째, 포스트모더니즘은 제국주의 전쟁이나 양극화, 혹은 환경 재앙과 같은 자본주의 시장 경제의 부정적인 면을 부각시키는데, 기독교가 바

---

38 포스트모던 시대 근대적 기독교에 대한 비판과 이를 극복하기 위한 과제에 관해서는 졸고, "한국의 근대화와 한국장로교회: 회고와 전망", 「장로교회와 신학」 제9권(2012년 3월), 203-230을 참고하라.

로 이런 시장 경제의 정신적 동력을 제공했다고 주장한다. 한국전쟁 이후 공산당의 침략을 막는 것과 더불어 가난을 극복하는 것이 한국 사회의 최우선 과제였는데, 이 두 가지를 통합한 이념이 자유민주주의이고 이를 가능하게 해준 외적인 힘이 미국이었다. 미국은 공산주의로부터 우리를 해방시킨 동맹일 뿐 아니라 일찍이 산업화를 달성한 자유 시장 경제의 모델이었다. 그리고 그 미국의 정신적 동력이 바로 기독교였다. 기독교는 근면과 검약 같은 산업화 시대가 요구하는 정신을 제공했다.

현재 우리 시대는 시장 경제 체제의 장점을 상쇄할 만한 수많은 결점이 우리 사회를 힘들게 한다. 그러나 이미 시장 경제의 논리를 체득한 우리 시대 기독교 지도자들은 변화된 사회에서 고통당하는 사람들에게 공감하지 못하고, 과거 산업화를 가능하게 해주었던 신앙과 윤리를 해결책으로 고집할 뿐이다. 산업화 시대를 몸으로 살아온 70대 이상의 "국제 시장 세대" 어르신들은 고령으로 인한 빈곤과 고립을 극복하기 위한 방편으로써 박정희 시대를 돌아가고 싶은 "시간 고향"으로 생각하며 그 시절을 그리워하는데,[39] 기독교인들도 예외가 아니다. 열심히 노력하고 자기를 계발하면 성공할 수 있고, 그 성공 스토리의 증거가 바로 메가 처치라고 한다. 교회 자체가 시장 논리에 휩쓸리고, 교회는 다른 모든 영역과 함께 거대한 시장의 일부가 되고 말았다. 교회가 세상을 이끌고 변화시키는 대신 세상을 구성하는 하나의 직능 단체가 되고, 성도들은 진리로 세상을 이기기를 포기하고 진리로 부자 되는 꿈을 꾼다.

둘째, 포스트모더니즘의 가장 중요한 특징을 들라면 탈구조주의 혹은 해체주의를 들 수 있다. 포스트모더니스트들에 의하면 이 세상에 절대적인 진리는 존재하지 않고 상대적인 주장만 있을 뿐인데 이를 절대화

---

39   전상진, 『세대 전쟁: '세대 프레임'을 넘어서』(서울: 문학과지성사, 2018), 212-247.

해 다른 사람을 억압하는 구조를 만드는 것은 잘못이다. 법과 윤리는 사람들의 자유를 빼앗고, 이념의 통치는 차별을 낳으며, 민족주의는 그 민족에 속하지 않은 사람들과의 투쟁을 종용할 뿐이다. 포스트모더니스트들이 원하는 사회는 다원주의 사회다. 그들은 동성애자 혹은 성적 소수자에 대해서도 이성애자와 같은 법적 권리를 주는 것이 정치적으로 올바르다(politically correct)고 말한다. 절대적이며 배타적인 진리를 주장하는 기독교는 포스트모더니즘의 첫 번째 표적이다. 다원주의 사회는 길거리에서 전도지를 나누어주고, 사찰에 가서 찬송가를 부르며, 단군상의 목을 베고, 이슬람 국가에 가서 땅 밟기 기도를 하는 기독교인들을 혐오한다. 포스트모더니스트들은 다원주의의 세기를 맞아 절대를 주장하는 기독교가 독선과 아집을 낳고 결국은 사회의 분열을 불러일으키는 요인이 될 것을 염려한다. 이들에게 크리스텐덤은 부정되어야 할 야만 시대의 유물일 뿐이다.

아, 2007년!

한국 기독교는 이제 서구 크리스텐덤의 상(床)에서 떨어진 부스러기도 먹을 수 없게 되었다. 이런 일이 어느 날 갑자기 찾아온 것은 아니다. 기독교가 사회적 사명을 잃어버리고 역사의 부름을 외면하는 일이 한 세대 이상 지속되었다. 한국 기독교는 민주화 시대에 들어서면서부터 시대를 이끌고 가는 집단으로 더 이상 인정받지 못했다. 그들은 과거에 매몰되어 역사의 흐름에 역행하고 동시대의 과업에 무관심했다.

2007년은 상징적인 해로 기억될 것이다. 2007년은 마침 1907년에 일어난 평양 대부흥 100주년이 되는 해였다. 한두 해 전부터 기독교계에서는 평양 대부흥 운동을 기념하는 각종 학회와 기념사업 등을 준비했으며, 성도들도 제2의 부흥을 들뜬 마음으로 기다렸다. 그해 7월에는 상암

월드컵 경기장에 10만 명의 성도가 운집해 대회를 치렀고, 12월에는 기독교인들의 열렬한 지지를 받은 '장로 대통령' 이명박이 당선되었다. 이 사건들은 기독교가 우리 사회를 지탱해가는 큰 기둥 중 하나임을 보여주는 상징이었고, 이 시기는 한국 사회에서 기독교의 세력이 마지막 화려한 불꽃을 살랐던 때였다.

　　이후 내리막은 가팔랐다. 2007년 초 개봉된 칸영화제 수상작 전도연 주연의 〈밀양〉은 한국 복음주의 교회의 한없는 가벼움을 가감 없이 드러내 주었다. 영화 〈밀양〉은 기독교적 시각을 가진 작가 이청준의 단편소설 『벌레 이야기』를 이창동 감독이 영화화한 것이다. 이 작품은 하나님의 용서와 사람의 용서가 어떤 관계에 있는지를 진지하게 묻는, 짧지만 묵직한 소설인데, 영화로 만드는 과정에서 현재 한국 기독교의 적나라한 모습이 삽입되었다. 하나님에 대해 분노한 여주인공이 부흥 집회를 망치기 위해 틀었던 김추자의 노래 "거짓말이야"가 귀에 쟁쟁하다. 〈밀양〉은 이창동 감독의 후속작 〈시〉(詩)와 같이 보면 그 주제가 더욱 선명하게 드러난다. 윤정희의 마지막 작품이기도 한 영화 〈시〉 역시 주제는 용서다. 〈밀양〉이나 〈시〉는 비기독교인 감독이 죄와 용서라는 기독교적 주제를 다룬 영화들이다. 〈밀양〉을 본 젊은 비신자들은 기독교를 인생의 심각한 문제에 대해 가벼운 답을 주는 허접한 종교로 생각했을 것이고, 신자들은 친구들에게 기독교를 더 이상 자랑하기 어렵다고 생각했을 것이다.

　　이어 터진 이랜드 그룹의 홈에버 사태는 기독교 기업의 한계를 드러냈다. 노무현 정권 시절이 끝나갈 무렵인 2007년 7월 비정규직 보호법이 시행되었다. 2년 동안 한 직장에서 비정규직으로 근무한 사람을 정규직으로 전환시켜야 한다는 법이다. 이는 비정규직 문제를 해결하기 위해 만든 좋은 취지의 법이지만, 악마는 디테일에 있었다. 정규직을 감당하기 어려운 기업들이 비정규직 근로자가 2년을 채우기 전에 그들을 해고하기 시작한 것이다. 바로 이때 한국의 유명한 기독교 기업인 이랜드 그룹이 외국계 유통 기업 까르푸를 인수한 후 홈에버라는 이름으로 다시 오픈했는데, 경영상 어려움으로 까르푸의 비정규직 노동자 전원을 고용 승계하지 않았다. 해고의 위기에 몰린 노동자들이 홈에버 상암동 매장 점거 투쟁을 벌였고, 이에 호응하는 시민 중 일부는 불매 운동까지 벌였다. 이 사건은 이후 우리 사회에서 지속적으로 문제가 된 비정규직 노동 문제의 시범 케이스가 되었다는 점에서 이랜드 측에 다소 억울한 점도 있다. 한편 이랜드의 박성수 회장이 서초동 사랑의교회 장로이고, 헌금을 많이 냈으며, 노동조합에 대해 보수적 견해를 가지고 있다는 사실이 알려지면서, 기독교 자체가 비난의 표적이 되기도 했다.

그해 7월 분당 샘물교회 아프간 피랍 사건이 일어났다. 23명의 선교 단원이 탈레반 무장 세력에 피랍되었다가 2명이 순교를 당하고 나머지는 42일 만에 귀국한 사건이다. 그 사건 자체가 큰 아픔이기도 했지만, 나에게는 한국교회에 대한 대중의 분노가 더 충격적이었다. 그 사건이 보도된 날 아침 (주일이었던 것으로 기억된다) 네이버 포털 사이트에 올라온 기사에 댓글이 무려 840여 개나 달렸는데, 모두 아프간 선교 단원과 기독교를 욕하고 비방하는 글이었다. 아무리 종교가 달라도 자국민이 외국에서 납치를 당하면 무사 귀환을 바라는 것이 인지상정인데, 이렇게까지 비난하는 대중의 인식에 나는 무척 당황했다. 어떻게 해서 그들이 이렇게까지 기독교를 혐오하는 지경에 이르렀을까?

아프간 사태가 터지기 직전 2007년 7월 10일 상암 월드컵 경기장에서 열린 평양 대부흥 100주년 대회에서 옥한흠 목사의 "이 놈이 죄인입니다!"라는 처절한 고백이 울려 퍼졌다. 1980년대 한국교회의 부흥을 이끌었던 가장 위대한 지도자 중 하나였던 그는 이미 한국교회가 돌이킬 수 없을 정도로 그리고 아주 빠른 속도로 영향력을 잃어가는 것을 감지했던 것이다. 그리고 당신이 그 책임의 일부를 져야 한다는 사실을 통감한 듯하다.

그 후 10년이 훌쩍 지나갔다. 10년 전 교회를 향했던 비판의 예봉은 무디어지고 비난의 목소리는 잦아들었다. 그 사이에도 대형 교회의 비리와 세습, 신학교들에서 일어난 경영권을 차지하기 위한 투쟁, 성범죄에 연루된 목사들의 이야기가 잊을 만하면 터져 나와 저녁 뉴스의 한 꼭지를 장식했다. 비판은 조롱이 되었고, 조롱은 무관심이 되었다. 교회는 우리 사회의 변화를 가로막는 세력으로 소개될 뿐이고, 반동성애, 반이슬람의 구호가 기독교의 정체성을 정의하고 있는 듯하다. 작금의 한국 기독교가 기독교의 본질에 근거해 우리 사회의 모습을 분석하고 미래 지향적인 이념을 제시하는 대신 사람들의 포비아(phobia)를 불러일으키는 슬로건을 앞세우는 것 자체가 사회를 이끌 수 있는 능력이 없음을 큰 소리로 증언한다.

이제 2017년에 출범한 문재인 정부와 함께 우리 사회는 네 번째 전환기에 접어들었다. 바야흐로 냉전적 사고와 구시대적 보수/진보 이념과 심지어 '87 체제'로 대변되는 민주화 세대도 함께 막을 내리고 있다. 남과 북이 평화롭게 공존하는 세대, 그러나 운명처럼 붙어 있는 지정학적 위치 때문에 새로운 대결과 갈등이 시작되며, 경제적·사회적 불평등뿐 아니라 젠더의 투쟁도 깊어지는, 구악(舊惡)은 물러가고 새로운 악이 등장하는 시대다.

성급한 일반화의 오류를 감수하며 내 생각을 말한다면, 역사의 변화는 항상 가장 고통받는 사람들로부터 시작된다고 할 수 있다. 소수의 주류 계급이 대다수의 자산과 소득을 차지하고, 오랫동안 민중을 억압하고 속일 때, 생존의 본능을 에너지로 삼는 혁명 세력이 등장하기 마련이다. 때로 그 혁명이 소프트 랜딩(soft landing)에 성공해 한 단계 진화한 사회로 나아가기도 하고, 더 많은 경우 포퓰리즘(populism)에 영합한 독재 권력이 그 사회를 파탄으로 이끌기도 한다. 어떤 길로 가느냐 하는 것은 지도자의 양식에 달려 있기도 하고, 민중의 자각 정도에 달려 있기도 하다.

여기에 교회의 역할이 있다. 교회가 하나님의 뜻을 좇아 민중의 고통에 동참하고, 그 원인을 이해하며, 자비와 정의가 실현되는 미래 사회의 모습을 보여준다면, 더 말할 나위가 없을 것이다. 그러나 교회가 민중을 억압하는 강자의 편에 선다면 교회 자체가 역사의 뒤안길로 사라질 수밖에 없다. 역사의 주인이신 하나님께서 그 사회의 문제를 떠안고 약자들의 고통에 동참하려는 사람들에게 그 시대를 맡기시기 때문이다. 100년 전, 70년 전에는 한국교회가 약자의 편에 서서 시대적 사명을 담당했다. 그러나 지금의 기독교는 두 세대 전 찬란했던 승리의 영광을 회고할 뿐 현실을 외면하고 있다. 비정규직 문제에서는 기업가의 편에 서고, 신음하는 청년들에게는 철이 없다고 훈계하며, 인권 문제를 제기하는 사람들에게는 친북이라 조롱하고, '미투' 운동을 곧 사그라질 운동으로 치부하며, 남북문제에 대해서는 여전히 냉전적 사고에 갇혀 있다. 새로운 미래에 대한 대안이 없이 보수/진보 낡은 프레임을 내면화해서 진영 논리에 빠져 있고, 반이슬람, 반동성애에 모든 것을 걸고 있다. 하나님은 이런 교회에 자신의 역사를 이루어가도록 사명을 맡기지 않으신다. 맛을 잃은 소금은 사람들에게 밟히고, 하나님의 마음으로부터 멀어진 포도나무 가지는 밖에 버려져 말라버리는 법이다.

제 2 부

포스트크리스텐덤 시대의
성경 읽기

기존의 교회가 우리 시대에 맞는 성경적 교회의 모습을 담아내지 못하기 때문에 새로운 교회를 상상해야 한다는 것이 이 책의 주제다. 한국의 기독교는 17세기 영국에서 완성된 '청교도 개혁주의'의 신학적·윤리적 틀에 기초한 영미 부흥회 중심의 복음주의와 그 미국적 변형인 근본주의의 특징을 갖고 있다. 민족사의 아픔 속에서 국가주의와 반공주의 및 시장주의 이념에 경도된 다수파와, 소수의 진보주의가 어색하게 공존하고 있다. 한국의 기독교는 우리 사회에 핵심 의제를 제시하지 못한 채 젊은 세대를 끌어들이지 못하고 있다. 해방 후부터 1970년대까지 지속되던 유사 크리스텐덤 시대가 명운을 다하고 포스트크리스텐덤 시대가 왔는데, 우리 교회는 아직도 과거에 사로잡혀 있다. 성도와 지도자들은 시대가 바뀌었음을 어렴풋이 느끼면서도 기존 교회의 형태와 틀 그리고 이를 정당화해주는 기존 신학에 안주하고 있다.

그러면 이제 어떻게 해야 할까? 기독교는 한국 사회에서 영영 영향력을 잃어버리고 쪼그라들 것인가? 자신을 열어 우리 사회를 끌어안고 자신을 내어줌으로 세상을 변화시키는 일을 그만두어야 하는가? 기독교가 기득권 세력 몇 사람의 생계를 유지해주는 닫힌 집단으로 전락하고 말 것인가? 노년층 성도들은 과거 좋았던 시절 승리의 기억과 함께 스러져가고, 젊은 기독교인들은 사명을 잃은 패배주의에 빠져 있어야 하는가? 우리에게는 어떤 길이 남아 있는가? 어떻게 돌파구를 찾아야 하는가?

모든 답은 성경에 있다. 성경은 하늘에서 들린 초월적인 하나님의 음성을 받아쓴 책이 아니다. 하나님은 역사 속에서 당신의 백성을 택하고 이끌어가시며, 하나님의 백성은 그분의 부르심에 신앙으로 응답한다. 개인적인 신앙뿐 아니라 교회의 나아갈 길을 인도받는 것도 성경에서 시작해야 하고 성경에서 완성해야 한다. 따라서 새로운 시대를 열기 위해서는 과거의 성경 읽기 관행을 비판하고 새롭게 성경을 읽는 법을 배우는 것에서 시작해야 한다. 포스트크리스텐덤 시대 교회의 변화를 논하기 전에 먼저 제2부에서 어떤 방식으로 성경을 읽어야 하는지를 이야기하고자 한다.

크게 두 장으로 나누어 논의를 진행하고자 한다. 제3장에서는 포스트크리스텐덤 시대, 변방으로 밀려난 기독교가 어떻게 성경을 읽어야 하는지를 생각해보고자 한다. 이 장은 과거 크리스텐덤 시대의 성경 읽기 방법을 비판하는 장이면서 동시에 우리 시대 성경 읽기의 주안점을 몇 가지 제시하려 한다. 제4부는 성경 해석의 방법론에 관한 내용을 담고 있다. 크리스텐덤 시대에는 신앙고백서라는 표준적인 성경 해석의 틀 안에서 성경을 읽었다면, 다원화된 포스트크리스텐덤 시대에는 각각의 사회에 합당한 해석이 필요하다. 어떻게 우리가 그 엄청난 일을 해낼 수 있을까? 성령이 우리를 진리 가운데로 인도하는 분이라는 예수님의 말씀에 근거해 개인이나 교회나 전통이 아닌 성령이 해석자임을 이야기하고자 한다. 성령이 성경을 해석해준다는 것이 무슨 뜻이고, 그 해석이 옳다는 것을 어떻게 알 수 있으며, 성령의 인도를 받는 성경 해석을 위해 우리가 해야 할 일은 무엇인가?

제3장

변방에서 성경 읽기

크리스텐덤은 기독교가 중심을 차지하던 사회였다. 기독교인들은 사회의 주류 세력으로서 한편으로는 그 사회의 문제에 책임을 지고 다른 한편으로는 그에 동반되는 특권을 누렸다. 건국 초부터 헌법적으로 국교가 금지되었던 미국에서도 기독교는 시민 종교로서 모든 사회 정책과 사적인 삶에서 중심을 차지했다. 주일에 전해지는 설교는 성도들의 삶에 직접적인 영향을 끼쳤고, 교회의 결정은 머지않아 국가의 정책으로 수용되었다. 당대 최고의 지식인인 목회자와 신학자는 사회적 의제를 제시하는 오피니언 리더로서 역사를 이끄는 주체였다.

그러나 포스트크리스텐덤 시대는 어느 모로 보나 기독교가 사회의 중심에서 변방으로 밀려난 시대다. 세속화 과정을 거치면서 삶의 중요한 영역들을 국가와 기업에 내주고, 기독교는 지극히 사적이고 영적인 영역에 국한되고 말았다. 교육의 대부분을 공립 학교 교육이 담당하고, 가정과 교회는 교육에서 멀리 물러나 있다. 많은 경우 기독교인이 소수자로 살아야 한다. 지금 우리나라에서 기독교를 믿는다고 해서 물리적인 핍박을 받는 것은 아니지만 자신의 신앙을 떳떳하게 고백하는 일이 쉽지만은 않다. 이런 시대에 읽는 성경은 어떻게 달라야 하는가?

1. 변방에서 성경 읽기: 두려움과 소망으로

알다시피 인간의 역사에서는 좋은 시절보다는 살기 힘든 때가 더 많았다. 하나님께서는 희망으로 가득 찬 활기찬 시절에도 말씀하시고, 모든 것이 무너진 절망의 시대에도 당신의 뜻을 알리신다. 그분은 크리스텐덤 시대와 같이 기독교가 세계의 중심에서 자신을 확산시켜나갈 때도 규범을 제공해주시지만, 포스트크리스텐덤 시대와 같이 교회가 주변부로 밀려 생존을 걱정해야 하는 때 어쩌면 더 또렷하게 말씀하신다. 성경의 배경을 살펴보면 성경을 쓴 사람과 그 성경의 일차 독자들이 세상의 중심이 아닌 변방에 있었던 때가 더 많았다는 사실을 알 수 있다. 우리가 믿는 하나님은 천지를 창조하고 다스리시는 온 세상의 주인이고 중심이시다. 그러나 곧 온 세상은 하나님을 배반하고 마귀를 임금으로 섬겼고, 하나님은 소수의 사람을 택해 그 세상을 변화시키길 원하셨다. 때로 진실한 성도들이 사회의 다수를 점하는 시대도 있었지만 따지고 보면 그때에도 진정으로 하나님을 믿는 사람은 소수에 불과했다.[1]

성경의 역사를 간단히 훑어보는 것만으로도 그 사실을 알 수 있다. 하나님의 부름을 받은 아브라함과 그의 후손 족장들은 그 사회에서 결코 주류가 아니었고, 발붙일 만한 땅 한 조각도 얻지 못한 채 나그네와 외국인 같은 삶을 살았다(행 7:5; 히 11:13). 모세의 영도 하에서 독립을 이루고 국가를 이루었을 때 야웨 종교는 비로소 새로운 하나님 백성의 중심에 설 수 있었다(물론 메소포타미아나 이집트와 같은 거대한 문명의 입장에서 볼 때는 변방이지만 말이다). 이스라엘의 정치적 수장인 왕은 예언자에게 기름부음

---

1 리 비치, 김광남 역, 『유배된 교회: 가나안교회 시대에 그리스도인으로 살아가기』(서울: 새물결플러스, 2017). 오늘날 교회를 유배당하고 흩어진 하나님의 백성이라는 관점에서 본 흥미로운 책이다.

을 받아 세워졌고, 수도에는 성전이 세워졌으며, 모세의 율법이 곧 국법이 되었다. 야웨 종교가 이스라엘에서 주류였던 시기는 아무리 늘려 잡아도 시내산 언약을 맺은 때부터 바빌로니아 포로기 이전까지 800년 동안이었다. 게다가 이 시기에도 진정으로 하나님의 법에 따라 통치되던 때는 그리 많지 않았다. 자기의 소견에 옳은 대로 살던 사사시대는 왕정을 선망했지만, 막상 왕정이 이루어지자 온 나라가 우상숭배와 음란과 피의 반역으로 얼룩졌고, 게다가 남북으로 분열되는 일까지 일어났다. 이스라엘 백성은 명목상으로는 야웨와 언약을 맺은 하나님의 백성들이었으나 실제로는 바알을 좇아 살던 시절이 더 많았다. 진실한 하나님의 종들은 박해를 받았고, 이스라엘 백성의 숫자는 모래와 같이 많았지만 구원받은 사람은 소수에 불과했다(롬 9:27).

바빌로니아 포로기에 하나님의 백성은 다시 소수파가 되었다. 바빌로니아-페르시아-마케도니아-로마 제국에 이르는 긴 세월 동안 하나님의 백성들은 지중해 연안 여러 나라에 흩어져 디아스포라의 삶을 살았다. 그 제국의 변방에 우리 주님 예수께서 나셨다. 그분은 로마의 식민지 유대에서 나셨고, 수도에서 멀리 떨어진 갈릴리에서 활동하셨다. 예수님을 따르는 몇몇 제자들은 모두 당대 주류와는 거리가 먼 사람들이었다.

예수님 승천 후 교회가 세워지고 전파되는 과정은 폭발적인 에너지로 가득 차 있다. 한 세기 안에 로마 제국 대도시들에 복음이 전파되고 교회가 세워졌다. 누가복음-사도행전과 바울 서신에 묘사된 기독교는 비록 이제 막 탄생한 소수의 섹트였지만, 전 세계를 집어삼킬 듯한 기세로 성장하는 힘 있는 종교였다. 로마 제국을 지배하는 어둠의 세력을 굴복시키고 온 세상이 그리스도 안에서 새로운 질서로 머잖아 통일될 것 같아 보였다. 사도행전은 로마 제국 각 성에서 일어난 작은 승리의 기록들이다. 또한 바울 서신의 다음과 같은 구절은 희망으로 가득 차 있다. "하늘에 있는 것이나 땅에 있는 것이 다 그리스도 안에서 통일되게 하려 하심이라"(엡 1:10).

그러나 좋은 시절은 그리 오래가지 못했다. 네로 황제에게서 시작한 박해로 인해 교회는 지하로 숨어들었고, 성도들은 암혈과 토굴로 흩어졌다. 공동서신[2]은 이 고난의 시대를 배경으로 하고 있다. 베드로는 당시 고난받는 교회를 "바벨론에 있는 교회"(벧전 5:13)라고 부르며 교회를 바빌로니아 포로기의 유대인 디아스포라 공동체와 동일시했다. 공동서신의 저자들인 야고보, 베드로, 요한은 각각 마태복음, 마가복음, 요한복음의 저자이든지 아니면 저자들과 깊은 관계에 있는 증언자였다. 복음서들에는 예수님의 수난과 사도들이 속해 있던 공동체가 박해받은 현실이 떼어 낼 수 없을 정도로 얽혀 있다.

모든 성경은 모든 시대, 모든 사람이 읽어야 하는 영원한 진리이며, 또한 성경의 모든 장르와 모든 책이 다 진리다. 그러나 읽는 사람이 처한 위치에 따라 더 의미 있게 다가오는 책들이 있는 것도 사실이다. 각각의 개인이 자신의 경험에 따라 선호하는 책이 있을 수 있고, 시대적으로도 더 긴요한 책들이 있다. 크리스텐덤 시대에는 야웨 종교가 사회의 주류였을 때 쓰인 성경을 통해 교회를 세워가고 사회에서 하나님의 뜻을 펼치기 위한 지침을 얻을 수 있다. 예컨대 구약의 모세오경(Torah)을 통해 하나님

---

2   공동서신(Catholic Epistles)은 야고보서, 베드로전·후서, 요한1·2·3서, 유다서 등 일곱 권의 성경을 가리키는 말로서 어떤 특정한 교회나 사람에게 보내진 서신이 아니기 때문에 이런 명칭이 붙었다. 종교개혁가 마르틴 루터 이후로 일부의 개신교 신학자들은 공동서신을 바울 서신과 비교해 "덜 중요한 서신들"(lesser epistles)이라고 불렀고, 목회자나 신학자들의 관심을 받지 못했다. 신약학자 채영삼은 우리나라의 독보적인 공동서신 연구가로, 『지붕 없는 교회』(야고보서), 『십자가와 선한 양심』(베드로전서), 『신적 성품과 거짓 가르침』(베드로후서) 등을 출간했고, 공동서신 전체를 묶어서 보려는 『공동서신의 신학: '세상 속의 교회' 그 위기와 해법』을 저술했다. 내가 공동서신에 관심을 가진 것은 그의 책과 그와 개인적으로 나눈 대화에서 받은 영향이 크다.

이 원하시는 정의로운 사회의 모습을 배울 수 있고, 역사서를 통해 하나님 나라가 이 땅에 펼쳐지는 모습을 읽을 수 있다. 또한 크리스텐덤 시대의 기독교인들은 신약의 사도행전과 바울 서신을 복음의 진보와 사회 변혁의 지침서로 삼는 것이 마땅하다.

반면 포스트크리스텐덤 시대의 기독교인들은 교회가 세상의 주변으로 밀려났을 때 쓰인 성경들에 눈길이 더 간다. 이 성경들은 포로기 전후에 쓰인 대예언서와 포로기에 편집된 시편들, 포로기 이후에 쓰인 역대기, 포로기 이후의 역사서와 예언서, 신약에서는 공동서신과 마태, 마가, 요한복음 그리고 요한계시록이다. 나는 어려서부터 성경을 즐겨 읽었는데, 구약의 모세오경과 역사서의 내용은 훤히 꿰고 있었지만, 예언서를 읽는 것은 고역이었다. 신약도 바울 서신을 해석의 지렛대로 4복음서를 읽었고, 공동서신은 거의 외면했다고 해도 무방하다. 그러나 이제 나는 우리 시대 성도들은 주변부로 쫓겨난 시대의 기록들을 더 많이 읽어야 한다고 생각한다. 이 성경들은 우리 시대 대한민국 교회가 들어야 할 하나님의 말씀을 많이 간직하고 있다. 그런 성경 말씀이 교회가 변방으로 밀려난 우리 시대에 주시는 하나님의 큰 뜻을 살펴보고자 한다. 두 가지로 나누어보자.

첫째, 소수파로 살 것을 대비하라

바빌로니아 포로기를 내다보는 예언자들의 예언은 크게 두 가지였다. 멸망 전에는 다윗 왕국의 멸망을 예고하며 멸망의 이유에 대해 설명했고, 멸망 후에는 포로로 잡혀간 백성들에게 먼 훗날 포로에서 회복될 것이라는 소망을 주었다. 예레미야 1:10에 그 두 가지 예언의 내용이 요약되어 있다.

"보라! 내가 오늘 너를 여러 나라와 여러 왕국 위에 세워, 네가 그것들을 뽑고 파괴하며 파멸하고 넘어뜨리며, 건설하고 심게 하였느니라."
하시니라(렘 1:10).

이 구절은 마치 나무를 뽑아버리고 건물을 무너뜨리듯이 이스라엘 백성과 열방을 파괴하는 말을 할 것이며, 다시 건물을 세우고 나무를 심는 것처럼 회복을 예언할 것이라 한다.

우선 멸망을 예고하는 예언에 귀를 기울여보자. 예레미야를 비롯한 참 예언자들은 멸망을 기정사실로 인정하고, 포로지에서 소수파로 살 것을 준비하라고 말한다. 당시 거짓 예언자들은 바빌로니아 제국의 군대가 예루살렘을 포위하고 있을 때에도 하나님이 이들을 물리쳐주실 것이라는 헛된 희망을 선포했다. 이 거짓 예언은 하나님으로부터 나오지 않은 근거 없는 낙관주의였다. 조금 더 나쁘게 말하자면 이는 멸망을 앞두고 자신의 지위를 조금 더 연장시키려는 거짓 예언자들의 욕심에서 비롯된 것이다. 그러나 진정한 예언자들은 다윗 왕조와 성전이 죄악 때문에 망할 것이라고 예언했다. 예레미야는 이미 멸망이 정해졌기 때문에 돌이킬 수 있는 방법은 없고, 아주 긴 기간이 지나야(70년) 회복될 것이라 말했다. 에스겔은 하나님의 영광이 성전을 떠나 예루살렘 성전 동편으로, 다시 동쪽의 먼 나라로 떠나가는 환상을 보았다. "긍정의 시대"는 지나갔고, 미래는 전혀 낙관적이지 않다. 지혜로운 자들은 숨고, 뜻 있는 사람들은 눈물과 탄식으로 비가(laments)를 지어 부르는 시대가 왔다.

바빌로니아 도시들에 흩어져 사는 포로들의 삶은 가나안 땅에서의 삶과는 전혀 다를 것이다. 야웨 종교를 지탱해주었던 제도들이 사라졌기 때문이다. 다윗 가문의 왕손들은 죽임을 당하거나 바빌로니아 궁전의 내시가 되고, 성전은 불에 타 흔적도 없으며, 언약궤는 분실되고, 역사적 의미를 지닌 귀중한 유물들은 약탈당했다. 성전에서 일하는 레위인들은 잡역부로 끌려가고, 노래하던 사람들은 더 이상 노래를 부를 수 없게 되었다. 제사장이 율법을 가르치지도 지키지도 못했을 것이다. 더 이상 제사장에게 십일조를 바치는 사람이 없을 뿐 아니라 완전히 달라진 세계에서는 이전 시대의 율법이 무의미하기 때문이다. 바빌로니아의 궁중에 사는 다니엘이 안식일을 지킬 수 있었겠는가? 왕에게 잔을 받쳐 드리던 느헤미야가 부정한 음식을 피할 수 있었겠는가? 에스더가 이방인과 결혼하지 않을 수 있었겠는가? 이방 땅에서 하나님은 보이지 않는다. 그는 "스스로 숨어 계시는 분"(사 45:15)으로 불린다. 이방인들은 "네 하나님이 어디 있느냐?"(시 42:3) 조롱하고, 포로가 된 백성들은 파수꾼이 아침을 기다리는 것처럼 깊은 수렁에서 그에게 부르짖는다(시 130편).

이런 시대에는 살아남는 것이 무엇보다 중요하다. 예레미야는 바빌로니아에 잡혀간 사람들에게 당분간 돌아올 생각하지 말고 거기 붙박여 살라고 권면한다. 언젠가 때가 올 터이니 그때까지 섣부른 행동을 하지도 말고, 섣부른 희망을 품지도 말라고 말한다. 죽지 말고 목숨만 부지해 다음을 기약하자고 한다.

> 너희는 집을 짓고 거기에 살며 텃밭을 만들고, 그 열매를 먹으라. 아내를 맞이하여 자녀를 낳으며 너희 아들이 아내를 맞이하며 너희 딸이 남편을 맞아 그들로 자녀를 낳게 하여 너희가 거기에서 번성하고 줄어들지 아니하게 하라(렘 29:5-7).

한국교회 성도들에게는 소수파로 산다는 말이 익숙하게 들리지 않을 것이다. 기독교가 전파되면서부터 비록 숫자적으로는 소수였지만 사회에서 주류의 지위를 부여받았기 때문이다(제2장 참고). 그러나 우리 주변의 나라들을 보자. 우선 일본 기독교는 우리나라보다 거의 두 배나 되는 역사를 가지고 있는데, 부흥을 이루지 못했고 국가적 의제를 이끌었던 적도 거의 없다.[3] 일본의 기독교인들은 긴 시간을 소수파로 살아왔다. 대중들에게 자신을 그리스도인이라 드러내지 못하고, 예배당 건물에 십자가를 걸지도 못했다. 하지만 이들은 나름대로 두려움과 선행의 영성을 가지고 국가와 사회로부터 소수파가 되는 것을 기꺼이 받아들이며, 소극적 저항의 세월을 견뎌왔다. 우리는 아마 앞으로 일본 교회로부터 배울 것이 많을지도 모른다.

중국의 경우도 마찬가지다. 서양 선교사들은 중국의 복음화를 위해 많은 인력과 물질을 쏟아부었지만, 그리 큰 성공을 거두지 못했다. 공산당이 집권한 이후 기독교는 지하에서 온갖 고초를 겪었다. 박해 가운데 놀랄 만한 성장을 이루고 이제 중국 사회의 일원으로서의 역할을 감당하려 하지만, 공산당의 통제는 더욱 심해지고 있다. 북한의 경우는 더 말할 필요도 없다. 기독교인의 숫자가 얼마나 되는지, 그들의 신앙은 어떤 형태를 갖추고 있는지, 어떤 고초를 겪고 있는지 아무도 모른다. 지금 나는 기독교인이 소수파로 살아가는 것이 그렇게 드문 일이 아니라는 것을 말하고 있다.

소수파로 사는 법: 두려움

섣부른 희망을 버리고 살아남으라는 말이 신앙적 정체성을 포기하고 세속에 물들어 각자도생(各自圖生)하라는 말은 아니다. 모든 하나님의 사람들은 다수파가 되었든 소수파로 살든 이 땅에 하나님의 뜻이 이루어지기

---

3   일본 기독교도 양적·질적으로 성장하던 부흥의 시기가 있었다. 개혁주의 교회사학자 오노 시즈오에 따르면, 메이지 초년(1868)부터 15년 동안은 성장을 위한 준비기였고, 메이지 15년(1882)부터 24년까지 급성장을 이루었다. 오노 시즈오, 김산덕 역,『일본교회사』(서울: 칼빈아카데미, 2012), 65-72.

를 위해 최선을 다해야 한다. 다만 그 방식이 다를 뿐이다. 믿는 사람이 다수파일 때는 법과 제도를 변화시키고, 문화적 영향력을 끼치며, 교육을 통해 하나님의 뜻을 후세에 전수하며, 이웃 나라들에 선한 영향력을 전하는 방식으로 하나님의 뜻을 이루어야 한다. 그러나 소수파로 살아가는 방식은 다르다. 소수파로 살아가던 성도들에게 주신 신약의 성경들을 보자. 네로 황제 이후 박해의 시대가 시작되면서 신자들은 로마 제국의 변방으로 밀려나서 '나그네'와 떠돌이의 삶을 살아야 했다. '불 시험'을 당하는 것이 이상하지 않을 지경이 되었다(벧전 4:12; 요일 3:13; 요 15:18-19). 이런 상황에서 주어진 베드로전서는 사도행전이나 바울 서신의 도전적인 삶의 방식과는 전혀 다른 삶을 제시한다. 베드로전서가 권하는 삶의 방식을 한마디로 요약하면 다음과 같다.

너희가 나그네로 있을 때를 두려움으로 지내라(벧전 1:17하).

여기 보면 대단히 소극적인 삶의 자세를 주문하고 있다. 소수파로 살아가는 기독교인을 지배하는 정서는 '두려움'이어야 한다. 우리의 예상과는 달리 성경에는 "두려워 말라"는 말씀보다 "두려워하라"는 말씀이 더 많다. "여호와를 경외하는 것이 지식의 근본"(잠 1:7)이라고 할 때, '경외'(fear)가 바로 두려움이다. 그리스도인들은 기본적으로 하나님이 살아계셔서 우리를 보고 계시다는 사실 때문에 떨어야 하며, 또한 나의 잘못된 언행으로 다른 사람에게 상처를 주지 않을까 두려워하며 조심해야 한다. 그렇게 두려워하는 마음을 가지고 살아가는 사람들에게 주시는 말씀이 바로 "두려워 말라"는 말씀이다. 조심스럽게 살되 위축되지는 말라는 뜻이다. 반면 안하무인으로서 하나님도 사람도 두려워하지 않는 사람에게는 "두려워하라"고 말씀하신다.

기독교가 소수파일 때는 평소보다 더 많은 두려움을 가지고 살아야 한다(물론 이 말을 뒤집어 말하면, 더욱더 두려워하지 말아야 한다. 다음 구절을 보라. "그러나 의를 위하여 고난을 받으면 복 있는 자니 그들이 두려워하는 것을 두려워하지 말며 근심하지 말고." 벧전 3:14). 베드로전서를 죽 훑어보면 두려워해야 할 대상들이 열거되어 있다. 비신자들에게 대놓고 전도하는 것은 허용되지 않은 사회이니, 단지 두려움이 동반된 선행을 보여주면서 기독교가 그렇게 나쁘지 않다는 사실을 각인시켜줘야 한다(벧전 2:12). 로마 제국의 왕이나 총독과 같은 자들은 하나님을 모르는 어리석은 자들임이 분명하지만, 그들에게 대항해 반란을 일으킬 것이 아니라 그들에게 순종해야 한다(벧전 2:13-15). 노예들은 못된 주인에게 억울한 일을 당해도 그리스도를 생각하면서 견디고(벧전 2:18-25), 아내들은 마음 단단히 먹고 불신자 남편에게 순종해야 한다(벧전 3:1-6). 최선을 다해 선을 행하는 자들을 해치지는 않을 것이기 때문이고(벧전 3:13), 혹시 남편이 회심할 수도 있기 때문이다.

이런 시대에 복음을 전하는 방법은 대규모의 전도 집회나 노방 전도가 아니다. 적대적인 태도를 보이는 사람들에게 최고의 선을 보이고, 고난 가운데도 소망을 가지며, 그 선행과 소망의 이유를 물을 때는 진심으로 대답할 수 있도록 준비되어 있어야 한다. 대답할 때도 온유와 겸손이 동반되어야 함은 물론이다.

너희 속에 있는 소망에 관한 이유를 묻는 자에게는 대답할 것을 항상 준비하되 온유와 두려움으로 하고(벧전 3:15하).

불신자가 다수가 된 우리 시대의 설교는 변증적(apologetic)이어야 한다. 크리스텐덤 시대, 대다수의 사람이 신의 존재를 인정하고 성경을 받아들이는 시대에는 변증학(Apologetics)이 큰 의미가 없었다. 19세기 이후 계몽사상이 지식인들 사이에서 유행할 때 변증학이라는 신학의 분야가 중요해졌다. 불신자 지식인들이 진화론과 성경비평을 주장하며 기독교를 공격할 때, 우리가 믿는 도리가 근거 없는 공격을 받지 않도록 하기 위해서였다. 무신론의 공격으로부터 신의 존재를 합리적으로 방어해야 하고, 성경이 단순한 신화(神話)가 아님을 보여주는 것이 필요했다. 20세기 중반까지만 해도 기독교는 다수파였고, 이성주의의 공격으로부터 기독교의 진리를 방어하는 변증학도 여유가 있었다.[4]

그러나 포스트크리스텐덤 시대의 변증학은 계몽주의 시대의 변증학과는 그 배경이 전혀 다르다. 우리 시대의 변증은 베드로전서가 말하는 변증에 더 가까워야 한다. 대다수의 사람이 기독교에 관심도 없고 오히려 기독교를 혐오하는 시대에, 신의 존재를 합리적으로 증명하는 것은 그리 큰 의미가 없다. 요즈음 젊은이들에게 우주론적 논증, 목적론적 논증을 가지고 하나님의 존재를 증명한다고 해서 교회에 나오겠는가? 베드로전서의 권면처럼 최선을 다해 선행을 하고 고난 속에서 소망을 가지는 것이 우선 필요하다. 이를 지켜보던 사람들이 그 선행과 소망의 이유를 물을 때 우리의 신앙을 조리 있게 말할 수 있는 것이 우리 시대 신앙 변증의 방법이고, 또한 남아 있는 유일한 전도의 방법이다.

---

4 성경과 기독교 진리를 합리적으로 변증하려는 증거주의(evidentialism) 변증학을 소개하는 대표적인 책은 Norman L. Geisler, *Christian Apologetics*, 2nd ed. (Grand Rapids: Baker Academic, 2013); R. C. Sproul, *Defending Your Faith, An Introduction* (Wheaton, Il: Crossway, 2003) 등이 있다. 개혁주의자 코르넬리우스 반틸을 필두로 한 '전제주의'(presuppositionalism) 변증학은 증거주의 변증학의 합리적 성격 자체가 근대주의를 따르는 것이라며 증거주의 변증학을 비판한다. 전제주의 변증학에 대해서는 존 M. 프레임, 전지현 역, 『하나님의 영광을 위한 변증학』(서울: 영음사, 2011)이 대표적인 저서다. 나는 전제주의 변증학이 이성을 불신하는 포스트모던 시대에 더 합당한 변증의 방법이라 생각한다.

후기 자유주의의 경우

두려움으로 산다는 말에 오해가 없기 바란다. 이 말은 세상에 대해 문을 닫고 교회 공동체를 중심으로 뭉치자는 뜻이 아니다. 즉 세상과 교회를 구분해 교회의 담을 높이 쌓아 믿는 사람들끼리 교제하고, 결혼하며, 서로 도우며 살라는 의미가 아니다. 교회의 윤리적 기준을 높여, 교회에 가입하려면 술·담배도 안 하고, 주일은 성수할 수 있는 믿음을 가져야 하며, 동성애에 대해서는 철저히 반대하고, 타 종교에 대해 적대적인 사람들만 들어오도록 해야 한다는 뜻도 아니다. 반문화적인 태도를 가지고 세상과의 접촉을 최소화하고, 대중문화는 사탄에게 속한 것이므로 피하며, 무신론이 주류인 학교에서는 배울 것이 없으므로 대안 학교에 가야 한다는 식으로 생각하자는 것도 아니다. 나는 기독교인들이 교회에서만 통용되는 어휘 사용을 고집함으로 새 신자들에게 장벽을 높이 세우고, 목사들 특유의 '설교체'를 고집하며, "성경으로 성경을 해석한다"는 미명 하에 세상과 소통하는 것에 큰 의미를 두지 않는 것을 반대한다(이에 대해서는 제5장에서 자세히 다룰 것이다).

신약성경이 공동체 내부에서 통용되는 언어일 뿐 사회 전반에 영향을 끼치기 위한 것은 아니라고 주장하는 사람들이 있다. 예컨대 후기 자유주의(Post-Liberalism)[5]를 대표하는 신약 윤리학자 리처드 헤이스(Richard B. Hays)의 말을 들어보자.

---

5   후기 자유주의 신학(Post-liberal theology)은 20세기 후반 미국의 예일 대학교 신학부를 중심으로 발전한 신학으로서 근대 이성주의의 영향을 받은 자유주의 신학을 반대한다는 의미로 이런 이름이 붙었다. 이들에 따르면 기독교는 자기만의 이야기와 문화와 실천을 가진 공동체로서 그 공동체 안에서만 이것들을 이해할 수 있기 때문에 외부 세계와 소통이 불가능하다. 성경을 읽을 때 객관적인 의미를 찾는 것은 불가능하고, 현재 우리 공동체에 주는 의미를 찾으려 한다(Wikipedia, "Post-liberal theology" 항목 참고).

바울이 열정을 갖고 하나 됨을 추구하는 공동체가 전체 인류 공동체를 뜻하는 것이 아니며 폴리스(polis) 내의 다원적 공동체를 염두에 두고 있는 것도 아니라는 점을 잊어서는 안 된다. 바울이 언급하는 집단은 언제나 특정 교회 공동체. 확실히 바울은 인간의 모든 불신과 불순종을 넘어서는 하나님의 은혜가 궁극적으로 승리하기를 소망한다(롬 11:32; 빌 2:9-11). 그러나 종말론적인 완성이 이루어지기까지 바울은 오직 신앙 공동체만을 대상으로 이야기한다. 그는 교회 밖에 있는 사람에게 적용할 수 있는 일반 윤리에 대한 어떤 근거도 표명하지 않는다.[6]

헤이스는 그의 책 후반부에서 폭력과 동성애, 이혼과 차별 등의 문제에 대해 신약의 명령들을 꼼꼼히 살피고 이것들이 오직 교회 공동체에서만 실행될 수 있는 계명들이라고 결론지었다. 교회는 신약이 말하는 어떠한 윤리적 명령도 우리 사회에 강요할 수 없다. 단지 사회는 교회의 경건과 사랑을 보고 감명을 받아서 스스로 결단하고 교회 공동체에 가입할 뿐이다.

그러나 과연 하나님이 원하시는 윤리적 계명들을 공동체 안에 가두어두는 것이 신약성경의 비전이란 말인가? 하나님께서 원하시는 것은 온 세계가, 즉 "하늘에 있는 것이나 땅에 있는 것이 다 그리스도 안에서 통일"되는 것이다(엡 1:10). 교회가 세상에 존재하는 이유는 교회가 "만물 안에서 만물을 충만하게 하시는 이의 충만"에 거함으로 그리스도의 모든 좋은 것들을 세상에 흘려보내기 위함이다(엡 1:23). 하나님이 교회 공동체를 세운 것은 이 세상을 섬기기 위함인데, 세상을 섬긴다는 말은 세상 속에 들어가 하나님의 뜻을 적극적으로 펼침으로써 하나님의 사랑과 정의가

---

6   리처드 헤이스, 유승원 역, 『신약의 윤리적 비전』(*The Moral Vision of the New Testament*, 서울: IVP, 2002), 68.

나타나도록 하라는 의미다. 아버지께서 아들을 **세상에** 보낸 것처럼 아들도 우리를 **세상으로** 보내신다(요 20:21; 17:18).

헤이스는 신약의 윤리적 명령들을 올바로 이해하기 위해서는 구약적 배경을 알아야 한다고 옳게 전제한다. 신약 저자들 때로는 구약을 명시적으로 인용하기도 하고 혹은 암시적으로 사용하기도 한다. 또한 헤이스는 거꾸로 구약의 윤리를 더 잘 이해하기 위해서는 신약의 렌즈를 통해 구약을 봐야 한다고도 말한다.[7] 이는 구약과 신약의 연속성을 강조한 말로서, 구약의 하나님과 신약의 하나님이 같은 분이라고 믿는 사람이라면 누구나 이에 동의할 것이다. 그러나 헤이스는 한편 구약의 윤리는 정치적이며 종교적인 결사체인 신정국가 이스라엘을 위한 것이고, 반면 신약의 윤리는 오직 종교적인 교회 공동체를 위한 것이라고 분석하면서 구약과 신약의 불연속성을 말한다. 예컨대 그는 동성애에 대해 설명하면서 신약성경에 따르면 동성애는 엄격하게 금지되어야 하는데, 이는 교회 공동체 내에서 통용될 수 있는 윤리일 뿐이고, 세속적 정치에서는 사생활(privacy)의 영역에 속하기 때문에 교회가 이에 대해 언급하는 것은 적절하지 않다고 주장한다. 구약 레위기는 시민 사회를 위해 주어진 것이지만 신약 고린도전서는 교회를 위한 것이기 때문이다.[8]

과연 그러한가? 구약과 신약을 이런 식으로 분리하는 것이 하나님이 원하셨던 것일까? 나는 헤이스의 견해에 반대한다. 구약의 하나님은 신정국가로서의 이스라엘의 삶 전체를 위한 율법을 주셨고, 온 이스라엘이 이를 지키기 원하셨다. 그러면서 한걸음 더 나아가 온 세계가 그 법을 알고 여기에 순종하기를 기대하셨다. 이사야는 말일에 예루살렘이 높아져서

---

7 위의 책, 제13장 4절 "신약 윤리학에서 구약의 역할" 참고.
8 위의 책, 594.

온 세계가 율법을 배우러 그리로 몰려오는 광경을 상상했다. 그때에 온 세계에 정의가 전파될 것이며 평화가 임할 것이다(사 2:3-4). 이제 종말이 이르렀고 율법의 완성자 예수 그리스도께서 오셔서 구약의 법의 진의를 알려주셨다(마 5-7장). 그는 교회를 택해 종말의 때가 오기까지 그의 완전한 법을 세상에 전하도록 하셨다. 그리스도의 법은 종교 공동체뿐 아니라 삶의 모든 영역에서도, 교회 내에서뿐 아니라 세상에서도 선포되고 행해져야 한다. 물론 일차적으로는 교회에서 행해져야 하지만 말이다.

헤이스의 의도는 이해할 만하다. 나는 그의 말을 미국의 복음주의자들이 교회가 성경의 윤리를 세속 사회에 폭력적으로 강요하는 것을 경계하려는 것으로 이해한다. 예를 들어 낙태를 반대하는 기독교인들이 낙태 클리닉 앞에서 시위를 하거나, 심할 경우 병원을 폭파시킨다고 위협하는 경우다. 혹은 한국의 복음주의자들이 하는 것처럼, 동성애 축제에 맞서 반대 시위를 하고 실력 행사를 하려는 것은 부작용만 낳을 뿐이라고 우려하는 것이다. 헤이스가 보기에, 이런 방식은 과거 크리스텐덤의 방식으로 하나님의 뜻을 세상에 강요하려는 것이다. 따라서 헤이스의 우려에 대해서는 충분히 공감하지만, 그렇다고 해서 신약의 윤리가 온 세상을 행복하게 하는 보편적 윤리임을 부정해서는 안 된다. 하나님의 뜻은 교회 공동체에서 일차적으로 충분히 구현되어야 하고, 세상으로 전파되어 거기서 하나님의 사랑과 정의와 평화의 통치가 실현되도록 해야 한다. 물론 그 방법 면에서 크리스텐덤 시대처럼 강제력을 사용할 수는 없을 것이다. 포스트 크리스텐덤 시대가 사회에 접근하는 정서는 '두려움'이어야 한다.

세상에서 소수파로 살아야 한다는 말은 세상으로부터 분리되어 우리만의 게토를 형성하자는 것이 아니다. 우리는 **세상**의 소금이요 **세상**의 빛으로 살기 위해 부르심을 받았다. 우리가 세상을 변화시키기 위해서는 우선 세상을 알아야 한다. 오염된 세상을 썩지 않게 하는 방법은 성도들이 세상에서 소금이 되는 길밖에 없고, 어두운 세상을 밝히기 위해서는 어둠으로 나아가는 길밖에 없다. 세상을 변화시키기 전에 우리 내면의 죄를 이기기 위해서라도 세상을 알아야 한다. 세상의 모든 죄가 내 안에 들어와 있고, 세상의 모든 악이 우리 교회도 지배한다. 세상을 분석할 줄 모르면 내가 죄 가운데 있는 줄도 모르고 죄를 짓는다. 성도들이 죄를 이기는 것은 세상을 변화시키는 과정과 결코 다르지 않다.

제왕적 제사장

성경으로 돌아가 보자. 소수파로 전락한 바빌로니아 포로 시대의 하나님의 백성들이 자신들만의 닫힌 사회를 형성해 자신들의 윤리를 고수했을까? 아니다. 이들은 닫힌 사회를 만들지 않았다. 포로기 전후의 예언자들은 국제 질서의 변동에 민감했고, 세계사의 대변혁 가운데서 하나님의 뜻을 알려주고자 노력했다. 예레미야 46-51장과 에스겔 25-32장의 열국에 대한 예언은 이방 백성들을 향한 것이 아니라(그들은 히브리어를 알아듣지 못했다) 이스라엘 백성들의 눈을 띄워주기 위함이었다. 다니엘은 미래의 제국들의 흥망성쇠와 그들이 망한 후에 영원히 지속될 하나님의 왕국에 관한 환상을 본 후(단 2장), 바빌로니아와 페르시아 제국을 압도하는 하나님의 왕국을 꿈꾸었다. 역설적인 것은 다니엘이 이런 비전을 품었던 때는 하나님의 백성들이 대제국의 중심에서 고난을 당할 때였다는 점이다. 비록 다니엘과 그 동료 난민들은 제국의 틈바구니에서 고통과 불안으로 가득한 초라한 인생을 살았으나, 이들이야말로 많은 사람을 옳은 곳으로 돌아오게 하는 별과 같이 빛나는 존재들이었다.

로마 황제의 박해 가운데 있었던 신약의 공동체들은 어떤 고백을 남겼을까? 제국의 변방에 흩어져 살던 소수의 나그네 공동체를 대상으로 쓴 베드로전서는 그리스도인들을 다음과 같이 규정한다.

> 그러나 너희는 택하신 족속이요 왕 같은 제사장들이요 거룩한 나라요 그
> 의 소유가 된 백성이니, 이는 너희를 어두운 데서 불러내어 그의 기이한 빛
> 에 들어가게 하신 이의 아름다운 덕을 선포하게 하려 하심이라(벧전 2:9).

오래전 시내산에서 하나님이 이스라엘 백성들을 불러 열방을 위해
중재하는 제사장 나라로 삼으신 것처럼(출 19:6), 그분은 소수의 나그네 그
리스도인들을 "제왕적 제사장"(royal priesthood)으로 부르셨다. 악한 제국
한가운데서 두려움 가운데 사는 백성들이 사실은 로마 제국을 다스리는
왕이요 그 제국을 위해 기도하는 제사장인 것이다.

세속의 한가운데서 사는 성도들은 자신들만의 닫힌 사회를 건설할
수 없다. 혹시 목회자나 신학자들은 세상과 분리되어 살 수 있을지라도
성도들은 매일 세상과 씨름하며 살고 있다. 목회자는 성도들이 그 씨름의
대가를 교회에 헌금한 것 중 일부를 사례비로 받아서 세상일에 관여하지
않으며 살 수 있을지 모르겠다. 그러한 그가 세상 속에서 죄를 짓지 않으
려고 애를 쓰다가, 어쩔 수 없이 죄를 지으면 비참한 마음으로 교회에 나
와 회개하는 성도들에게 죄악 가운데 산다고 호통을 치는 것은 아이러니
가 아닐 수 없다.

교회를 "대안 공동체"(alternative community)라고 부르는 것이 유행
이다. 가족, 기업, 학교, 정당, 촌락, 국가 등 전통적인 모든 공동체들이 무
너진 우리 시대에 교회가 대안이 되어서, 진정한 교제를 통해 사람을 살
려야 한다는 데에 동의하지 않을 사람은 아무도 없을 것이다. 나도 교회
가 그런 공동체가 되었으면 좋겠다. 그러나 "대안 공동체"라는 말이 "닫
힌 공동체"(closed community) 혹은 "유일한 공동체"로 이해되어서는 안

된다. 교회가 마치 사람의 모든 필요를 채워주는 유일한 공동체로 이해되는 것은 또 하나의 오만일 뿐이다. 교회는 다른 공동체들을 대신할 수 없다. 하나님께서 각각의 영역을 세우셨고 역할을 맡기셨기 때문이다. 교회를 가족과 같은 공동체라고 비유적으로 말할 수는 있겠지만, 교회가 가족을 대신할 수는 없다.

교회가 세운 대안 학교를 생각해보라. 그들은 갖가지 세속적인 죄악으로 물들어 있는 공립 학교로부터 자녀들을 보호한다고 광고한다. 술과 담배와 욕설과 왕따와 일진이 없는 학교, 열심히 공부만 할 수 있는 환경을 제공한다고 강조한다. 그런데 이 학교의 홍보물 제2면에서는 SKY 대학교 몇 명, 인서울대학교 몇 명 등의 지극히 세속적인 성취를 내세워 학진학자 부모들에게 손짓한다. 세속적 가치관이 대안 학교로 들어와 자리를 잡은 것이다. 대안 학교가 진정한 대안적 공동체를 모색한다면, 우선 자신들이 세상의 한복판에 있으며 언제든지 죄악이 침투할 수 있음을 인식해야 한다. 학생들을 물리적으로 격리한다고 해서 세상의 가치가 들어오지 않는 것이 아님을 알아야 한다. 이런 자각과 함께 그 세상 한가운데서 거룩함을 유지하는 것이 어떤 것인지를 배워야 한다. 운영자는 성경의 가치를 따라 학교를 경영하고, 교사는 학생들을 그리스도의 덕을 지닌 사람으로 키워야 한다. 특히 방법론적 무신론이 지배하는 공립 학교 교과 과정을 어떻게 효과적으로 대체할 수 있을 것인지, 교과 과정에 대한 쉼 없는 연구가 필요하다.

세속적 가치관을 극복하는 과정은 곧 세상을 변화시키는 과정이기도 하다. 기독교 대안 학교는 공립 학교가 대세인 이 세상의 중심에 세워졌다. 대안 학교가 공립 학교를 대체하는 것이 아니다. 공립 학교를 대체하기에 대안 학교는 축적된 지식과 물적·인적 자원과 노력이 턱없이 부족하다. 그러므로 대안 학교는 공립 학교와 대화하기를 쉬지 않아야 한다.

한편으로는 공립 학교의 방대한 자원을 활용하고, 다른 한편으로는 기독교 대안 학교의 독특한 교육 과정과 훈육 원칙을 통해 기독교적 대안을 겸손히 제시해야 한다.

잠잠히 기다리라

다수파로 살던 사람이 소수파로 사는 것이 익숙하지 않다고 해서 다수파로 살았던 때로 돌아가려고 시도해서는 안 된다. 가나안 땅을 정복할 기회를 놓쳤고 이미 하나님의 형벌은 내려졌는데, 황급히 군사를 몰아 진격한다고 해서 승리할 수 있는 것은 아니다(민 14:39-45). 예레미야의 충고를 들어보자.

> 사람이 여호와의 구원을 바라고 잠잠히 기다림이 좋도다. 사람은 젊었을 때에 멍에를 메는 것이 좋으니, 혼자 앉아서 잠잠할 것은 주께서 그것을 그에게 메우셨음이라. 그대의 입을 티끌에 댈지어다. 혹시 소망이 있을지로다(애 3:26-29).

우리 시대에도 과거의 황금기를 그리워하며 그리로 돌아가려는 조급함을 보이는 사람들이 많이 있다. 1907년의 평양 대부흥 100주년을 재현하고 홍보한다고 부흥이 임하는 것은 아니며, 종교개혁 500주년을 맞이해 외국인 학자를 모셔 기념행사를 한다고 개혁이 일어나지 않는다. 1970-80년대 여의도 대형 집회를 흉내 내 세(勢)를 과시하려 하는 것은 주최 측의 자기만족 외에는 어떤 유익도 주지 않는다. 세상은 이런 행위에 별 관심을 보이지 않고, 기념행사는 전도에 아무런 도움이 되지 않으며, 천문학적 예산만 낭비한다. 이런 것들은 조바심에서 나온 무리한 방법이고, 한국교회를 오히려 더 퇴행하게 만드는 행동이다. 크리스텐덤을 사모해 그리로 회귀하려는 두 가지 운동에 대해 제5장에서 자세히 살필 것이다. 하나는 "뉴라이트 운동"이고 다른 그중 하나는 "기독교 세계관 운동"이다.

이 글을 읽으면서 불편함을 느끼는 분들이 있을 것이다. 마치 한국교회가 아주 망해버린 것처럼 이야기하기 때문이다. 그분들은 이렇게 말할 것이다. "아직도 곳곳에서 승리의 소식이 들리지 않는가? 대형 교회는 주일에 다섯 번 예배를 드려도 예배당이 꽉 차고, 기도원에는 아직도 기도하는 사람들이 넘쳐난다. 서울 강남 아파트에는 한 집 건너 한 집마다 교패가 붙어 있고, 전라북도의 도시들에서는 아직도 교회의 영향력이 크다. 기독교는 한국의 종교 가운데서 2천 년 역사를 자랑하는 불교를 제치고 1위로 등극했다. 많은 기독교 학교와 대학과 기독교의 이름을 표방하는 기업이 아직도 건재하다. 기독교의 위기를 말하기에는 이르지 않은가? 왜 서둘러 부정적인 생각을 퍼뜨리려 하는가?"

내가 다시 여기서 한국교회의 위기 상황에 대해 장황하게 설명할 필요를 느끼지는 않는다. 다만 우리 사회를 이끄는 오피니언 리더와 젊은이들 사이에서 기독교가 힘을 잃었다는 것만 지적하고 싶다. 그리고 앞으로 20-30년이 되면 그 젊은이들이 우리 사회의 주역이 된다. 나는, 나의 염려가 나의 염려를 듣고 돌이킴으로써 그 염려대로 이루어지지 않는 '자기 파괴적 예언'(self-destroying prophecy)이 되기를 바라는 마음이 간절할 뿐이다.[9]

---

9 '자기 파괴적 예언'의 성경적 예는 히스기야 왕이 통치하던 시대에 '미가'라는 예언자가 예루살렘의 멸망을 예언했는데, 왕과 백성이 이 예언을 듣고 회개하면서 멸망이 그 도시에 임하지 않은 것을 들 수 있다(렘 26:18-19). 자기파괴적 예언의 반대는 '자기실현적

둘째, 하나님이 예비하시는 새로운 시대를 소망하라

예루살렘이 멸망하던 시기의 예언자들의 예언 중 두 번째는 하나님이 예비하시는 새로운 시대가 있음을 소망하라는 것이다. 하나님께서는 예언자들을 통해 멸망 후에 새로운 위대한 시대를 예견하게 하신다. 그것은 더 이상 옛 구원의 스토리에 집착하지 않아도 될 정도로 더 크고 넓고 확실한 은혜의 시대다. 한마디로 '새 언약'의 시대가 오고 있다. 예언서 여기저기에 흩어져 있는 새 언약 시대에 이루어질 약속들을 정리해보자.

- 하나님이 이스라엘을 괴롭히던 제국을 진멸하고, 이스라엘 백성은 포로에서 귀환해 다시 나라를 이루고 번영할 것이다(렘 50-51장).
- 새 언약의 율법은 돌에 새겨지지 않고 마음에 기록될 것이다(렘 31:33). 돌비도, 그 비(碑)를 보관하는 언약궤도, 언약궤를 모실 성전도 필요가 없다(렘 3:16).
- 하나님께서 세우신 주의 종 제사장과 레위인들이 거룩한 예물을 드릴 것이다(말 3:3). 백성들은 맑은 물로 씻기는 것처럼 우상과 더러운 것에서부터 정결하게 될 것이고, 마른 뼈들이 살아나는 것처럼 생기가 돌 것이다(겔 36:25; 37:9).
- 이미 아시리아에 망해버린 북이스라엘과 바빌로니아에 망한 남왕국 유다가 반목을 그치고 하나가 되어 통일 왕국을 이룰 것이다(겔

예언'(self-fulfilling prophecy)이다. 이는 그 예언 때문에 예언을 이룰 동력이 생겨 그 일이 결국 일어나는 경우를 의미한다. 하나님의 종 아히야는 길가에서 여로보암을 만나 자기 옷을 열두 조각으로 찢어 그에게 주며 그가 왕이 될 것을 예언했다(왕상 11:30). 여로보암은 이 예언에서 힘을 얻었고 백성들은 그 일이 하나님으로부터 난 것임을 알고 여로보암을 따랐다. 여로보암은 결국 반역에 성공했다. 사실 성경의 거의 모든 예언은 이 둘 중 하나다. 하나님은 운명론적으로 그저 앞으로 일어날 일을 말씀하지 않으신다. 하나님은 그 예언이 그것을 듣고 회개함으로써 성취되지 않는 '자기 파괴적 예언'이 되기를 바라신다.

37:15-28).

- 이스라엘에 국한되어 있던 야웨 종교가 이방을 비추는 빛이 될 것이고 이방 나라들이 몰려와서 하나님의 말씀을 들을 것이다(사 2:2-3; 49:6).
- 그 새로운 시대를 이끄는 사람은 '다윗과 같은 목자'다(렘 33:15; 겔 34:23). 그는 '다윗의 후손'이라 불리지만 사실은 다윗의 후손이 아니라 '다윗의 주'인 메시아다(마 22:41-46). 그는 다윗처럼 정의로운 나라를 건설할 것이지만 다윗과 같은 실패를 반복하지 않을 것이며 그 나라의 통치는 영원할 것이다.
- 과거에는 특별한 예언자들에게만 부어졌던 하나님의 영이 모든 믿는 사람에게 부어질 것이다(욜 2:28).

듣든지 아니 듣든지…

하나님께서 이런 시대를 자신의 백성에게 약속하긴 하셨지만 이 약속이 저절로 이루어지는 것은 아니다. 하나님의 백성들은 이 약속을 믿고 바빌로니아의 긴 포로기를 견디며 하나님의 백성으로서의 정체성을 유지해야 한다. 이들이 신앙적 정체성을 유지하는 데 큰 도움을 준 것이 다름 아닌 예언자들이었다. 하나님께서는 에스겔을 불러 사명을 주시면서 이런 말씀을 하셨다.

그들은 패역한 족속이라. 그들이 듣든지 아니 듣든지 그들 가운데에 선지자가 있음을 알지니라(겔 2:5).

"듣든지 아니 듣든지"라는 표현은 백성들이 듣지 않을 것을 예상하라는 말씀이다. 이는 하나님께서 예언자들을 보내실 때 백성들이 회개하고 돌아올 것을 크게 기대하지 않으셨음을 의미한다. 하나님이 예언자들을 보내신 것은 먼 미래를 기약하기 위함이었다. "그들 가운데에 선지자가 있음을 알"도록 하기 위함이다. 현재는 예레미야나 에스겔과 같은 진정한 예언자들이 멸망을 외치기 때문에 사람들이 그들을 미워하고 그 말을 듣지 않는다. 그러나 그들이 말한 그대로 바빌로니아에 의해 이스라엘이 망하고 나면, 백성들은 그제야 자기들이 배척한 예언자의 말을 기억해내고 그들을 존경할 것이다. 예언자의 입장에서 보면 참으로 난감한 일이 아닐 수 없다. 살았을 때는 인정받지 못하고 죽어서야 위대한 하나님의 종으로 대우를 받으니 말이다.

아닌 게 아니라 포로가 된 백성들은 이미 죽은 예언자들에게 뒤늦은 신뢰를 보내었다. 과거 자신들이 박해했던 예언자들의 말을 기억해내고는, 이방인에게 짓밟힌 것이 자기들의 죄악 때문임을 인정하고 통회했다. 그리고 그들은 포로지에서 하나님을 더욱 갈망하고 신뢰했다. 예루살렘 멸망 전에는, 왕과 관리들, 제사장, 예언자, 일반 백성에 이르기까지 모두 타락했다(겔 22:23-31). 그런데 70년의 포로 기간이 지난 후 이들 가운데서 놀라운 일이 일어났다. 이스라엘의 해방이 선포되자 무려 5만 명이 본토로 돌아가기로 결심한 것이다. 그들 가운데 제사장, 레위인, 노래하는 사람, 성전 문지기, 성전에서 수종드는 사람들이 족보대로 존속되어 있었다. 성전이 있을 때에도 신앙생활을 잘 못하던 사람들이 성전이 없는 포로지에서 야웨 하나님을 섬겼다. 이들은 포로지에서 모세 오경 두루마리를 보존했고, 예언서와 역사서를 자기들 곁에 두고 읽었으며, 흩어져 있던 시편을 모으기도 하고 새로 쓰기도 했다. 이들은 예루살렘에 귀환해서 성전을 재건하고, 도시를 정비하며, 성벽을 건설하고, 부흥 운동을 일으켜서 메시아가 오실 때까지 하나님의 백성으로서의 정체성을 유지했다.

이것은 하나님의 신비로운 섭리라고밖에 이야기할 수 없다. 이스라엘 백성이 죄를 범함으로써 멸망이 찾아왔고, 멸망으로 인해 새로운 시대가 열린 것이다. 이스라엘의 불순종이 오히려 전화위복이 되어 구약 종교에 새로운 차원이 열리고 그 복은 이방인에게 전달되었다. 나중에 뒤를 돌아다보니 이스라엘이 망한 것은 하나님께서 택한 백성을 버리신 것이 아니라 모든 민족에게 긍휼을 베푸시기 위한 계획의 일부였다. 바울도 이 '신비'를 깨닫고 이렇게 선언했다.

> 하나님이 모든 사람을 순종하지 아니하는 가운데 가두어두심은 모든 사람에게 긍휼을 베풀려 하심이로다. 깊도다, 하나님의 지혜와 지식의 풍성함이여, 그의 판단은 헤아리지 못할 것이며 그의 길은 찾지 못할 것이로다(롬 11:32-33).

지금 우리 시대에도 크리스텐덤이 무너진 것을 환영하는 사람이 있다. 종교개혁 시대 이후 재침례파는 가장 강력하게 크리스텐덤을 반대해왔다. 기독교가 로마의 국교가 된 후 교회는 권력과 결탁해 타락했고, 가짜 회심자들을 양산해냈기 때문이다. 재침례파는 16세기 종교개혁이 영주와의 결탁에 의해 이루어졌기 때문에 반쪽의 성공이라고 생각한다. 이들은 크리스텐덤이 종말을 고한 것에 대해 안타까워하는 것이 아니라 오히려 성경적 기독교의 시대가 열리고 있다고 생각해 이를 반기며 환영한다. 그들은 지금이야말로 그리스도의 진정한 제자가 누구이며 누가 명목상의 그리스도인인지가 밝혀질 때라고 말한다.

너무 성급하게 말하는 것일지 몰라도 후일에 가서는 지금의 한국교회의 몰락을 어쩌면 더 큰 복의 시작으로 여길 수 있다는 생각도 든다. 자정 능력을 상실한 한국교회에 태풍이 불어 적폐(積弊)를 쓸어버리고, 새로운 기회를 주실 것을 기대한다. 물론 그렇게 되기 위해서는 포로지의 이스라엘 백성과 같은 철저한 자각과 회개와 변화가 있어야 하겠지만 말이다.

2. 크리스텐덤 시대의 성경 읽기: 웨스트민스터 표준 문서 다시 읽기

이상하게 들릴지 몰라도 의심과 믿음은 동전의 양면이다. 우리의 믿음의 대상은 불변하시는 하나님과 오류가 없는 하나님의 말씀뿐이다. 그런데 그 하나님을 이야기하고 성경을 해석하는 것은 죄와 한계에 둘러싸인 우리들이다. 자칫 우리 전통의 성경 해석을 절대적인 것으로 신봉한다면 사실은 하나님을 믿는 것이 아니라 사람들이 만들어낸 하나님을 믿는 것일 수 있다. 그러므로 하나님에 대한 내 믿음을 의심하는 것이 진정한 하나님 신앙으로 나아가는 통로다. 전통의 집약물인 나 자신과 나를 둘러싼 환경 그리고 종교적 전통까지도 의심의 대상이 되어야 한다. 모든 종류의 의심은 고통을 수반한다. 그러나 하나님에 대한 근원적 신뢰가 있기 때문에 회의주의까지 전락하지는 않는다.

크리스텐덤 교회관을 비판하고 우리 시대의 성경적인 교회를 세우기 위해 반드시 필요한 작업은 바로 크리스텐덤의 성경 읽기를 의심하고 비판하는 일이다. 기독교가 모든 사회 체제의 중심에 있는 크리스텐덤은 자연스럽게 기존 질서를 보호하고 유지하려는 정태적 성향을 띠기 마련이다. 사회를 하나로 통합하기 위해서는 교리적 통일과 그 교리를 뒷받침하는 성경 해석이 일치해야 했다. 콘스탄티누스 대제는 니케아 공의회(325)를 주최하여 삼위일체에 관한 이견을 정리했고, 잉글랜드 장기 의회는 국론을 통일하기 위해 웨스트민스터 공의회를 개최했다(1643-1647).

크리스텐덤의 성직자가 되기 위해서는 그 회의들이 만들어낸 신앙고백서와 요리문답에 서명하고, 기도문에 근거해 기도해야 한다. 성직자가 이를 어기면 재판을 받아야 하고 심하면 파문을 당한다. 나는 크리스텐덤 시대를 살았던 목회자와 신학자 그리고 국가 공직자의 교회의 진리 파수와 사회 통합을 위한 노력이 정당한 것이었다고 생각한다. 이 신조와 신앙고백서를 통해 교회의 교리적·윤리적 성결이 유지되었고, 사회 통합이 이루어졌다. 그러나 문제는 기존 질서를 유지하려는 성향을 갖고 성경을 해석하다 보니 성경의 원래 취지와 맞지 않는 억지 인용을 많이 한다는 점이다. 본디 성경은 기존 질서를 유지하는 내용도 있지만, 다수의 책은 기성 체제를 부정하고 전복하는 내용을 담고 있다. 유지할 체제가 없는 포스트크리스텐덤 시대에 살고 있는 내가 보기에 웨스트민스터 공의회의 해석의 틀은 한쪽으로 편향된 것으로 보인다. 포스트모더니즘 해체주의의 영향을 받은 현대인들이 신앙고백서를 읽는다면 권력을 빌려 기존 질서를 유지하려는 듯한 인상을 받을 것이다.

이미 포스트크리스텐덤 시대가 되어버린 오늘날의 교회가 이런 식의 성경 해석에 매달린다면 현대인들을 교회로 이끌지 못할 것이다. 더 나아가 성경 해석자들은 기득권을 유지하기 위해 기존 질서를 옹호하고 구체제를 온존하려는 세력으로 보일 것이다. 성경에도 맞지 않고 시대의 고민을 담지도 못하는 성경 해석이 우리 교회들의 메시지와 형태의 바탕이 된다면 교회는 쇠퇴하고 만다. 따라서 이제는 과거의 성경 해석을 의심하고 변화를 생각할 때가 되었다. 크리스텐덤 시대 잘못된 성경 해석과 이것이 우리 교회에 미친 영향을 다 다루려면 책 한 권으로도 모자랄 것이고, 내 능력을 벗어난 주제가 될 것이다. 여기서는 단지 한국교회를 대표하는 교파라 할 수 있는 장로교회의 교리적 표준인 웨스트민스터 표준 문서를 비판적으로 살펴봄으로써 새로운 성경 해석이 시도되어야 함을 보

여주고자 한다.[10]

웨스트민스터 표준 문서는 앞서 제1장에서 설명했던 것처럼 개혁주의 신앙의 집대성이고, 한국의 모든 장로교회가 자신들의 신앙으로 고백하는 문서다. 신앙고백서는 모두 33장으로 구성되어 있는데, 일반적으로 1-20장과 32-33장은 교리적 고백이고, 21-31장은 윤리 혹은 실천이다. 물론 이 두 부분은 밀접하게 연관되어 있다. 후반부의 윤리 편은 크리스텐덤 특유의 성경 해석을 잘 보여주므로 이를 하나씩 간단히 살펴보고자 한다. 곧 안식일(21장), 맹세와 서약(22장), 국가 공직자(23장), 결혼과 가정(24장), 교회의 권위(25-26, 30-31장), 성례(27-29장) 등을 차례로 생각해보자. 그리고 이런 교회적·사회적 실천의 교리적 배경도 함께 살펴보려 한다.

주일: 기독교인의 안식일

먼저 표준 문서는 안식일 혹은 주일에 많은 지면을 할애해 아주 중요하게 다루고 있다는 사실을 언급하려 한다. 신앙고백서 제21장은 "예배와 안식일에 관하여"라는 장으로서 7항과 8항이 안식일에 관한 고백이다. 또한 소요리문답은 제57문부터 62문까지 총 6개의 문답이 제4계명의 안식일 문제를 다루고, 대요리문답도 제115문부터 제121문까지 총 7개의 문

---

10 웨스트민스터 표준 문서(Westminster Standards)란 신앙의 내용이 되는 가장 기본적인 고백서이면서 교회의 직분자들을 세울 때 서명하게 하는 웨스트민스터 신앙고백서, 어린아이나 초신자의 세례 공부용 교재인 웨스트민스터 소요리문답, 설교자를 위한 상세한 교리 해석인 웨스트민스터 대요리문답, 신자의 신앙생활을 규정하는 공적 예배 모범, 교회 조직의 형태를 규정하는 교회 정치 등을 가리키는 말이다. 앞으로는 꼭 필요한 경우가 아니면 '웨스트민스터'라는 단어를 생략하고 표준 문서, 신앙고백서, 소요리문답, 대요리문답, 공적 예배 모범, 교회 정치 등으로 축약해 사용하겠다. 웨스트민스터 표준 문서는 1647년 스코틀랜드 의회가 처음 채택하고 선포한 후 여러 차례 소규모 개정이 있었다. 특별한 언급이 없는 한 이번 장에서는 1647년 판을 텍스트로 사용하고자 한다.

답이 안식일에 관한 규정이다. 제4계명에 대한 해설의 분량은 다른 계명들의 거의 두 배가 된다. 신앙고백서와 대소요리문답의 안식일에 관한 내용이 대동소이하기 때문에 신앙고백서를 중심으로 이야기를 풀어나가 보자. 신앙고백서 제21장 7항은 주일의 의미에 대해 그리고 8항은 주일을 지키는 방법에 관해 기술한다.[11]

신앙고백서는 주일을 거룩히 지키는 것이 "모든 시대 모든 사람에게 구속력 있는, 긍정적이고, 도덕적이며, 항구적인 명령"이라고 말하면서 세 가지 형용사를 사용해 안식일 계명을 설명한다.[12] 첫째, 이 명령이 '긍정적'(positive)이라고 한 것은 십계명의 열 가지 명령이 대부분 부정적인 데("~하지 말라") 단 두 명령, 즉 4계명과 5계명만이 긍정적인 명령이기 때문이다.

둘째, 안식일 명령이 '도덕적'(moral)이라고 한 것은 좀 더 긴 설명이 필요하다. 신앙고백서 제19장은 구약의 율법을 셋으로 구분한다. 의식법(ceremonial laws)은 앞으로 그리스도께서 당할 고난과 우리에게 베푸신 은혜를 예표하는 것으로서 그리스도께서 오신 신약 시대에는 폐지(abrogated)되었다(제19장 3항). 시민법(judicial laws)은 정치 조직으로서의 이스라엘에 주신 법으로서 역시 지금은 효력을 잃었다(expired). 단지 시민법이 포함하는 일반적 정의(equity)를 행해야 할 의무 정도만 남아 있다(제19장 4항). 의식법과 시민법이 신약 시대를 사는 신자들에게 적용되지 않

11　신앙고백서 제21장 7항은 다음과 같다. "(사역) 일반적으로 시간의 일부분을 구별해 하나님께 예배를 드리는 것이 자연의 법칙에 합당한 것이다. 하나님은 모든 시대 모든 사람에게 구속력 있는, 긍정적이고, 도덕적이며, 항구적인 명령으로서, 이레 중 특히 하루를 안식일로 택해 하나님께 거룩한 날로 지키게 하셨다(출 20:8, 11; 사 56:2, 4, 6, 7). 이날은 창세부터 그리스도의 부활 시까지는 일주일의 마지막 날이었으나, 그리스도의 부활부터는 한 주간의 첫 날로(창 2:2-3; 고전 16:1-2; 행 20:7) 변경되었다. 성경은 이날을 주일이라고 부른다(계 1:10). 이날은 세상 끝날까지 기독교인의 안식일로 지켜질 것이다(출 20:8, 10; 마 5:17-18)." (이것은 나의 사역이다.)

12　원문은 "a positive, moral, and perpetual commandment binding all men in all ages"다.

는 데 반해 도덕법(moral laws)은 그리스도께서 오신 이후에도 모든 신자에게, 또한 모든 인류에게 적용된다. 십계명으로 대표되는 도덕법은 "완전한 의의 규칙"이고(제19장 2항) "하나님의 뜻을 알려주는 우리 삶의 규칙"(제19장 6항)이다. 도덕법은 이를 지키는 사람을 의롭게 만들 수는 없지만, 이미 믿은 사람으로 하여금 부패와 고통에 떨어지는 것을 방지하고 이를 지킴으로써 하나님의 복을 기대하게 한다. "도덕법은 의롭게 된 사람이든 아니든 모두를 그 법에 순종하도록 구속하는(binding) 법이다"(제19장 5항). 신앙고백서에 따르면 안식일 명령은 십계명의 하나로서 의식법이 아닌 도덕법에 속하고, 그래서 이 법은 '항구적'(perpetual) 명령이며 "모든 시대 모든 사람들에게 구속력 있는" 법이다. 안식일 법이 의식법의 하나였다면 그리스도의 속죄 사역과 더불어 폐지되었을 것이지만, 도덕법이기 때문에 구약뿐 아니라 신약 시대에도, 신자뿐 아니라 비신자에게도 모두 적용되어야 한다.

다음은 일주일의 어느 날을 안식일로 지켜야 할 것인가의 문제다. 신앙고백서는 구약 시대의 안식일은 토요일이고, 신약의 안식일은 일요일이라고 말한다. 그것은 이날이 주님의 부활을 기념하는 날이기에 일요일을 '주일'이라고 불러야 한다고 주장한다. 어떻게 해서 구약 시대의 토요일-안식일이 신약 시대의 일요일-안식일로 대체되었을까? 신앙고백서는 천지창조 때부터 그리스도의 부활까지는 안식일이 토요일이었지만, 그리스도의 부활 이후에는 안식 후 첫날을 '주의 날' 즉 '주일'로 지켰다고 단언한다.[13] 신앙고백서는 하나님께서 예수님의 부활 후 토요일을 일요일로 변경하셨다는 성경적 근거로 세 구절을 제시한다.[14] 가난한 성도를 위

---

13   신앙고백서에는 토요일에서 주일로 '변경'(changed)되었고, 소요리문답에는 아예 구약 시대는 토요일을, 신약 시대에는 일요일을 안식의 날로 '정했다'(appointed)고 한다.

14   개혁주의 신학의 또 하나의 대표적 신앙고백서인 하이델베르크 요리문답은 안식일의 변

한 연보를 '매주 첫날' 모임 때 모아두라는 말씀(고전 16:1-2), 바울이 드로아에 방문했을 때 '그 주간의 첫날'에 모여 떡을 떼었다는 구절(행 20:7) 그리고 사도 요한이 밧모섬에서 예수님의 계시를 받은 날이 '주의 날'(계 1:10)이었다는 구절 등이다. 이 세 구절에 근거해 일요일이 예수님의 부활을 기념하는 '주의 날' 혹은 '주일'이 된 것이다.

나는 청교도 시대에 주일을 구약의 안식일처럼 지킨 것에서는 어떤 역기능도 찾아보기 힘들다고 생각한다. 머릿속으로 그려보라. 토요일 저녁까지 모든 농사와 목축의 일을 마치고 주일을 기다린다. 주부는 주일에 먹을 음식을 미리 준비하고 남편과 아이들 옷을 깨끗이 손질한다. 주일 아침 온 가족이 함께 손을 잡고 예배당에 나가서 2시간 동안 진행되는 예배에 참석한다. 어른들도 듣기 어려운 설교에 졸거나 몸을 뒤트는 아이는 있어도 떠들거나 나가는 아이는 없다. 예배 후 목사님과 인사를 나누고 돌아와서 맛있는 점심을 먹고, 조용히 낮잠을 청하기도 하고 그동안 못 읽었던 성경이나 존 번연의 『천로역정』을 몇 장 읽는다. 저녁에는 가족들이 다시 모여 아침에 들은 설교를 풀어주는 아버지의 말씀을 듣고 부모의 축복 기도 속에 잠자리에 든다. 전국 수백 개 타운, 수만의 가정에서 매주 똑같은 일이 일생 벌어진다.

이 시대는 가정과 교회와 국가가 안정적으로 조직되어 있었는데, 그 중심에 주일-안식일이 있었다. 매 주일 가장을 필두로 온 가족이 교회에 출석하고, 마을의 높은 곳에 자리 잡은 교회는 그 마을에서 일어나는 일들에 영적·도덕적 의미를 부여해주었다. 이런 마을들이 모여서 국가를 이룬다. 신앙고백서가 작성되던 시점의 청교도들은 이러한 가정-교회-국가

경 문제를 다루지 않는다. 제103문은 넷째 계명을 설명하는데, 단지 안식일의 두 가지 의미(예배와 쉼)에 대해 언급할 뿐이다.

의 유기적 결합을 견고하게 유지하길 원했다. 어쩌면 그들은 이 세 겹줄이 와해될 조짐을 보였기 때문에 더욱 단단히 묶기 위한 방편으로 주일-안식일 개념을 강화했을 수도 있다.

맹세와 서약

맹세와 서약에 대해 규정하는 신앙고백서 제22장을 처음 읽었을 때 나는 눈을 의심할 정도로 놀랐다. 예수님께서 산상수훈에서 명백하게 "도무지 맹세하지 말라"고 하신 말씀이 신앙고백서에 반영되지 않았기 때문이다. 구약의 율법에는 맹세를 허용하면서 하나님의 이름으로 맹세한 것을 반드시 지켜야 한다는 명령이 기록되어 있지만, 예수님은 "어떤 맹세도 하지 말고 옳은 것은 옳다, 그른 것은 그르다고 말하라" 말씀하셨다(마 5:33-37). 또한 야고보서도 예수님의 말씀을 반복하면서 "무엇보다도 맹세하지 말지니"(약 5:12)라고 강하게 명령한다. 그런데 신앙고백서는 마치 신약의 이런 말씀에 대해 전혀 읽어본 일이 없는 것처럼 맹세와 서원에 관해 진술한다. "합법적인 맹세는 경건한 예배의 일부다"(제22장 1항), "맹세는 구약뿐 아니라 신약에서도 하나님의 말씀에 의해 보증된 것"이므로 반드시 해야 한다(제22장 2항). 웨스트민스터 신앙고백서는 맹세하지 말라는 마태복음 5:34의 예수님 말씀을 단지 경솔하게 서원하지 말라는 뜻으로 해석하고 넘어간다.

신앙고백서의 맹세에 대한 조항을 어떻게 해석해야 할까? 나는 맹세에 관한 교리야말로 전형적인 크리스텐덤식의 성경 해석법의 예라고 말하고 싶다. 이에 관해 두 가지를 짚어보자. 첫째, 맹세와 서약은 공적 생활에서 없어서는 안 되는 행위다. 웨스트민스터 공의회의 대표들은 국가와 교회의 공적 삶을 유지해야 하는 한 사회의 지도자들로서 맹세와 서약의 중요성을 잘 알았다. '맹세'(oath)는 개인적으로 무엇을 드리겠다는 서원이나 혹은 자신의 말의 진실성을 보이기 위해 법정 등에서 행하는 선서 등을 포함하는 말이고, '서약'(vow)은 결혼 서약, 세례나 입교의 서약, 공직에 취임하기 위한 취임 선서, 성직자가 되기로 공중 앞에서 선언하는 행위를 가리킨다. 맹세와 서약은 모두 사회생활에서 반드시 필요하다. 사실 웨스트민스터 공의회 자체가 세 왕국 의회 사이의 '신성 동맹과 언약'(Solemn League and Covenant, 1643)에 의해 성립된 것이다. 국가의 운영이라는 현실을 잘 알았던 웨스트민스터 신학자들은 맹세를 금하신 예수님의 말씀을 최소화했다.

나는 맹세에 대해서는 웨스트민스터 신학자들의 해석이 대체로 옳다고 생각한다. 맹세와 서원이 없을 정도로 정직한 사회는 이 땅에서는 이루어질 수 없는 이상적인 사회다. 사실 신약성경의 사도 바울도 "내 목숨을 걸고 하나님을 불러 증언하시게 하노니"(고후 1:23, 또한 롬 1:9; 9:1; 고후 11:31; 빌 1:8; 살전 2:5 등도 보라)라고 말하면서 하나님의 이름으로 맹세하지 않는가! 그러면 도대체 예수님은 왜 맹세하지 말라고 말씀하신 것일까? 산상수훈의 수사법을 알 때, 우리는 예수님의 말씀을 이해할 수 있다. 예수님은 산상수훈에서 옛 계명들을 주신 본래의 뜻을 설명하신다. 곧 그분은 살인과 간음, 맹세 및 '탈리오 법'(*Lex talionis*)[15]에 대한 이상적인 뜻을 산상수훈에서 설명하신 것이다. 우리가 산상수훈을 이 땅에서 실제로 구체적으로 적용하기는 어렵다. '눈에는 눈으로 이에는 이로 갚는' 정의의 법이 법정에서 시행되지 않는다면 그 사회는 어떻게 되겠는가? 예수님의 이상적인 말씀에 비해 구약은 좀 더 현실적인 계명을 제시한다. 웨스트민스터 신학자들도 대체로 산상수훈을 이런 눈으로 해석했을 것이지만, 해

---

15   이것은 피해자가 입은 피해와 같은 정도의 손해를 가해자에게 가하는 법을 의미한다.

석 방식을 좀 더 분명히 설명하지 않은 것은 유감스러운 일이다. 자칫 새 언약의 백성이 다시 옛 언약으로 돌아가는 것처럼 느껴지기 때문이다.

그러나 포스트크리스텐덤 시대는 예수님의 급진적이며 전복(顚覆)적인 말씀을 놓쳐서는 안 되는 시대다. 맹세와 서약이 껍데기만 남고 관료주의를 지탱해주는 형식이 되어버린 위선적 사회에서 예수님의 말씀은 빛을 발한다. 한편에서는 가짜 뉴스가 난무하고 객관적 사실보다는 개인적 신념이나 감정적 호소가 여론에 더 큰 영향을 끼치는 '포스트 트루스'(post-truth) 시대가 되었고, 다른 한편에서는 "영혼 없는" 공무원의 취임 선서가 구조화·일상화된 악에 대한 핑계가 되는 "예루살렘의 아이히만"(Eichmann in Jerusalem)의 시대[16]가 되었다. 우리는 투명한 진실을 드러내고, 화자의 삶과 인격이 담겨 있으며, 지식 전달이 아닌 영혼을 연결하는 언어의 근원적인 의미를 고민하게 하시는 예수님의 뜻을 이해해야 한다. 구약의 현실적인 법이 없이 예수님의 말씀을 그대로 사회에 적용하면 혼동에 빠지고, 예수님의 말씀을 무시한 채 구약을 그대로 적용하면 위선적인 사회가 되고 만다.

둘째, 맹세와 서약에 관한 규정의 증거 구절들 거의 대부분이 구약 성경에서 온 것에 주목해야 한다. 앞서 이야기한 것처럼 예수님의 계명은

---

16 이것은 '악의 평범성'에 매몰되기 쉬운 시대를 의미한다. 원래 이것은 여성 철학자 한나 아렌트가 『예루살렘의 아이히만』(서울: 한길사, 2006)에서 '악의 평범성'을 이야기한 데서 유래했다. 우리는 흔히 나치에 가담한 사람들을 무자비한 악인으로 생각하기 쉽다. 하지만 아이히만은 자신이 맡은 일에 최선을 다했고 가족들에게 사랑받는 자상한 아버지였다. 그는 자신이 정책 결정자가 아니었음을 주장하면서 끝까지 자신의 죄를 인정하지 않았다. 아이히만은 그저 생계를 위해 군인이 됐고 상부의 명령대로 최선을 다해 일한 것뿐이라고 항변했다. 아렌트는 이런 아이히만이 세 가지 면에서 무능했다고 말한다. 곧 생각의 무능성, 말하기의 무능성, 판단의 무능성이다. 이는 무엇이 옳고 그른지 따지지 않고 죄가 될 수 있는 명령을 무작정 따른 '악의 평범성' 때문에 범죄자가 되었음을 의미한다.

개인적이고, 영적이며, 이상적인 계명이지만, 구약 시대의 계명은 당시 사회에 적용할 수 있는 현실적인 계명들이었다. 예수님은 율법의 참 뜻을 잊어버린 완악한 사회를 전복시키려는 의미에서 율법의 이상을 말씀하셨고, 야고보는 거대한 세속화의 물결 속에서 소수파인 유대 기독교의 독특성을 지켜나가려고 했다면, 웨스트민스터 신학자들은 기독교 국가에서 하나님의 뜻을 현실 정치에 구현시키는 것을 목적으로 삼았다. 후자는 구약 이스라엘의 신정 정치와 자신들의 정치 체제를 동일시해 구약을 직접 적용한다.[17] 그들은 구약 이스라엘이 율법을 가진 언약 백성이었던 것처럼 자신들의 정치·종교 공동체가 구약성경의 법을 자신들의 국법으로 삼는 선택된 언약 백성으로 남기를 원했다. 이러한 특징은 앞서 살펴보았던 안식일 법을 비롯해 그들의 사회 윤리의 곳곳에 반영되어 있다. 후일 국가주의 시대가 되면, 이러한 언약 백성으로서의 정체성은 소위 '국가적 언약'(National Covenant)의 형태로 발전해갈 것이다.

국가 공직자

국가는 가정과 교회와 더불어 크리스텐덤을 떠받치는 큰솥(鼎)의 세 발 중 하나다. 하나님께서 이 기관들을 세우시고 각각에게 서로 다른 사명을 주셨다. 가정에는 결혼을 통해 하나님의 언약 백성을 생산하고 양육하는 의무를 주셨고, 교회에는 말씀을 전하고 성례를 행하는 임무를 주셨으며, 국

---

17   선교학자 앤드루 월스는 다음과 같은 통찰력 있는 글을 남겼다. "일단 기독교 국가라는 개념이 확립되자 새로운 해석 습성이 쉽사리 개발되었다. 기독교 국가와 이스라엘을 서로 같은 것으로 보는 것이다. 국가와 교회의 범위가 겹쳐지자, 국가의 경험들을 이스라엘의 역사라는 견지에서 해석하게 되었다." 앤드루 월스, 방연상 역, 『세계 기독교와 선교 운동』(서울: IVP, 2018), 63.

가에는 공공의 선(public good)을 세울 임무를 주셨다. 하나님께서는 국가에는 왕과 총독과 관리 등의 공직자를 세워 그들에게 칼의 권세를 주셨으며, 교회에는 직원(officer)을 세우시고 그들에게 천국의 열쇠와 징계하고 사면할 수 있는 권리를 주셨다. 이 세 기관 사이에 장벽이 설치되어 있는 것이 아니라 서로 협조함으로써 하나님의 뜻을 이 땅에 이루게 하신다는 것이 신앙고백서의 기본 입장이다. 국가의 공직자는 외부와 내부의 적들로부터 교회를 보호해야 하고, 교회의 성도들은 공직자를 위해 기도하고 존경하며 세금을 바치고 복종해야 한다(제23장 1, 4항). 국가와 교회가 모두 하나님이 세우신 기관이기 때문에 신자가 공직에 취임하는 것은 합법적인 것이고, 그 맡은 일에 충실해 "경건과 정의와 평화"를 유지하는 데 힘써야 한다. 심지어 "정의롭고 필요한 경우" 전쟁을 수행하는 것도 허용된다(제23장 2항).

국가 공직자 혹은 교회의 직원과 일반 백성들의 관계는 수직적이고 계층적(hierarchical)이다. 곧 하나님이 모든 백성에게 성령과 은사를 골고루 나누어주시고 그들 가운데 섬기는 일꾼을 세우는, 평등한 관계가 아니다.[18] 하나님은 온 세상의 왕이시고, 그분은 "그분 아래, 백성들 위에"(under Him, over the people) 공직자를 세우셨다(제23장 1항). 또한 교회의 머리이신 왕 예수 그리스도는 교회 직원들로 구성된 "하나의 통치 기구"(a government)를 세우시고 그들에게 권한을 부여하셨다(제30장 1항).

신앙고백서의 국가와 교회의 관계에 대해 조금 더 살펴보자. 신앙고

18 　루터가 만인사제주의를 주창했으나 실제로 평등주의적 직분관이 나타나게 된 것은 훨씬 후대의 일이다. 오늘날 널리 퍼져 있는 평등한 직분관의 대표적인 예는 한스 큉의 경우를 들 수 있다. 모든 신자는 하나님의 백성이고 예수 그리스도 몸의 지체이며 성령의 전으로서 동등한 권리와 의무를 가지고 있다. 한스 큉, 정지련 역, 『교회』(서울: 한들출판사, 2011), 143-371.

백서는 국가의 일과 교회의 일을 분리한다. 이런 면에서 일종의 정교분리의 원칙이 세워졌다고 말할 수 있다. 신앙고백서의 정교분리 개념은 칼뱅 사상을 그대로 이어받은 것이다. 칼뱅은 『기독교강요』의 맨 마지막 장인 "국가 통치"의 첫 부분에서 영적 통치와 국가적 통치를 구분한다.[19] 영적 통치가 사람의 영혼을 구원해 영생에 이르도록 하는 다스림이라면, 국가적 통치는 "시민 생활의 정의와 외적 도덕성을 확립하는 통치"다. 국가적 통치도 영적 통치 못지않게 중요하다. 국가는 단순히 사람들의 의식주 문제를 해결하는 것에 그치지 않고, 치안을 유지하며 백성들의 재산을 보호하고 인간관계를 가능케 하는 윤리를 보존하는 일도 담당하기 때문이다. 칼뱅은 여기서 한걸음 더 나아간다. 정부는 종교를 보호하는 일을 해야 한다. "우상숭배, 하나님의 이름에 대한 모독, 하나님의 진리에 대한 훼방 그리고 그 밖에 종교에 대한 공공연한 방해가 사회에 발생하거나 만연하지 않도록" 하는 일이 정부에 맡겨졌다.[20] 칼뱅이 주장한 정교분리는 근대 이후의 정교분리와 전혀 다르다. 후자는 교회와 국가의 영역을 분리해 서로 간섭하지 않아야 한다는 것을 의미한다. 따라서 세속적인 법은 이단 심판 같은 종교적인 문제에 관여할 수 있는 관할권을 갖고 있지 않다. 반면 칼뱅이 주장한 정교분리에 의하면, 정부는 진리와 그 진리의 기관인 교회를 보호할 책무가 있으므로 이단을 다스릴 의무도 있다.

칼뱅은 단순히 신학만을 연구하고 가르친 신학자가 아니었다. 변화하는 세계 속에서 세속화의 물결이 기독교 왕국을 무너뜨리려 할 때, 그는 크리스텐덤을 지키는 일을 자기 사명의 일부라고 생각했다. 크리스텐덤에 혼란을 가져다주고 복음에 위해를 가하는 세력은 세 방향에서 다가

---

19   『기독교강요』 IV. xx. 1.

20   『기독교강요』 IV. xx. 3

왔다. 첫째는 진정한 복음을 잃어버린 채 기득권을 유지하기 위해 세속 국가를 지속적으로 지배하려는 야망을 가진 당시 로마 가톨릭교회다.[21] 둘째는 크리스텐덤의 변방에 있는 자들로서 국가 제도 자체를 부정하는 재침례파와 같은 자들이다. 칼뱅은 그들을 가리켜 "미친 야만인들이 하나님께서 정하신 이 제도[국가]를 전복하려고 날뛰고" 있다고 말했다. 셋째는 교회의 지배로부터 벗어난 세속 국가를 생각하는 피렌체의 마키아벨리 같은 정치 사상가다. 마키아벨리의 『군주론』은 칼뱅의 『기독교강요』가 출간되기 직전에 출간되어 당시 사회에 큰 반향을 일으켰다. 칼뱅은 그에 대해 다음과 같이 평가했다. 곧 "군주들에게 아첨하는 자들이 군주의 권력을 과장해서는 하나님 자신의 지배에 대립시키는 것을 주저하지 않는" 사람이다.[22] 칼뱅은 국가와 교회의 관계에 대한 세 가지 주장들을 하나씩 부정하면서 자신의 정교분리 이론을 형성했다.

칼뱅의 정교분리 사상은 약 한 세기 후 신앙고백서에서 정형화되어 교리로 채택되었다.[23, 24] 교회는 말씀과 성례를 통해 복음을 전파하는 기관

---

21   칼뱅은 『기독교강요』 제IV권의 반 이상을 교황권을 비판하는 데 할애하고 있다. 특히 교회의 권한과 국가의 권한에 관해서는 IV. xi. 1-10을 보라.

22   『기독교강요』 IV. xx. 1

23   신앙고백서 제23장 3항은 다음과 같다. "공직자는 말씀과 성례를 집행하거나 천국 열쇠의 권세를 가졌다고 주장할 수 없다. 그렇지만 **교회의 통일성과 평화를 보존하고, 하나님의 진리를 순수하고 온전하게 지키며, 모든 신성 모독과 이단들을 억제하고, 예배와 치리에서 모든 부패한 요소와 오용을 예방하고 개혁하며, 하나님의 모든 규례들이 정당하게 결정되고 집행되며 준수되도록 명령을 발하는 것은 위정자의 권한이요 또한 의무다.** 이 일을 더 효과적으로 수행하기 위해 종교 회의들을 소집하고, 거기에 참석해 무엇이든지 그 회의에서 처리되는 것이면 하나님의 뜻에 따라서 처리되도록 주선하는 권한이 공직자에게 있다"(강조체는 내 것이다).

24   네덜란드 개혁교회의 신앙고백서인 벨기에 신앙고백서(1561)에도 정부에 관한 조항이 있다(제36항). 이 신앙고백서도 웨스트민스터 신앙고백서와 마찬가지로 국가의 관리가 하나님이 임명한 사람들이며 또한 종교적인 문제에 적극적으로 개입해야 한다고 고백한다. 제36항의 관련 구절은 다음과 같다. "그리고 정부의 직무는 단지 공적인 분야를

이고 국가는 정의를 이루는 기관이다. 국가가 말씀과 성례의 시행에 관여해서도 안 되고 천국의 열쇠를 가지고 있다고 해서도 안 된다(제23장 3항). 교회도 교회에 관한 사안 이외의 국가적 사안에 간섭해서는 안 된다(제30장 3항). 양 기관의 임무가 구분되어 있지만 자신이 가진 권세를 가지고 서로의 일에 협조해야 한다. 국가 질서의 가장 중요한 부분이 종교이기 때문에 공직자가 종교를 보호하는 것은 당연하다. 교회와 정부는 통치의 영역을 달리하는 것이 아니라 역할이 다르고 그 방법이 다를 뿐이다. 예컨대 삼위일체를 부정하는 이단이 있다면, 교회는 그를 심판해 그 비성경적인 면을 드러내야 하지만, 교회가 그를 투옥하거나 처형할 권한은 없다. 교회는 그를 출교할 권한만 있고, 인신을 구속하거나 사형에 처하는 등의 사법권은 국가의 공직자가 행사한다. 국가적 문제에 대해서도 교회는 자신의 의견을 겸손하게 청원하거나 공직자의 요구에 따라 조언할 뿐이다(제31장 4절). 칼뱅이 활동하던 제네바에서는 바로 이와 같은 역할 분담에 의한 통치가 원활하게 이루어졌다.[25]

돌보고 관리하는 것뿐 아니라 예수 그리스도의 나라를 촉진하기 위해 모든 우상숭배와 적그리스도를 경배하는 잘못을 제거하고 방지하면서, 어디서나 복음을 설교하도록 지원하면서, 그래서 하나님께서 자신의 말씀에 요구하시듯이 모두가 하나님을 경배하고 섬길 수 있도록 성직을 지원함에까지 연장된다"(북미주개혁교단 CRC 번역).

25   신앙고백서 제23장 3항은 이후 큰 변화를 겪는다. 미국이 독립한 후 1789년 자신들의 장로교 총회를 결성하고 신앙고백서를 채택할 때, 바로 이 부분을 변경했다. 1789년 고백서에는 '믿음'(faith)의 영역과 '공민'(civil)의 영역이 구분된다. 진리와 예배, 교회의 분쟁이나 이단과 같은 문제들은 모두 믿음의 영역에 속한 것들로서 공직자가 관여할 사항이 아니다. 신앙의 문제는 교회의 성도들이 '자발적'으로 양심에 따라 선택한 것이기 때문이다. 공직자는 교파 간의 다툼에 간섭해서도 안 되고, 심지어 '불신'(infidelity)에 관해서도 처벌할 권한을 갖고 있지 않다. 이전 기독교 세계에서는 "영주의 종교가 신민의 종교"(Cuius regio, eius religio)라는 원칙이 지켜졌다면, 이제 미국에서는 한 개인이 자발적으로 자신의 종파를 선택할 수 있다. 이단인 사상을 가지거나 혹은 신앙을 가지지 않아도 그것 때문에 박해나 불이익을 받지 않는다. 앞서 제1장에서 소개한 존 위더스푼이 이러한 변화를 주도했다. 그의 손에 의해 미국 장로교회의 신앙고백서와 미국 헌법

국가의 공직자가 해야 할 또 한 가지 중요한 일은 대회(synod)나 공의회(council) 등 같은 기독교 지도자들의 모임을 소집하는 일이다. 콘스탄티누스 대제 때의 니케아 회의(325)나 영국 의회가 소집한 웨스트민스터 공의회(1643)가 좋은 예다. 주로 국가의 공직자가 이런 대회나 공의회를 소집할 수 있지만, 공직자가 기독교를 적대시할 때는 교회의 직원들이 회의를 소집해 함께 모일 수 있다(제31장 2항).

웨스트민스터 신학자들은 위와 같은 국가와 교회의 관계, 즉 국가가 이단을 처형하고 종교를 개혁할 수 있다는 주장의 근거가 되는 성경 구절을 모두 구약성경에서 인용해왔다. 그들은 하나님의 이름을 모욕하는 이방 종교 신자들을 죽이라는 신명기의 명령과, 이 말씀에 따라 성전을 정화하고 이방신을 물리치는 구약 열왕(列王)의 예를 나열한다. 그러면서도 웃시야 왕이 성전에 들어가서 제사하려다가 나병에 걸린 예처럼 국가의 일과 교회의 일에 대해서는 엄연히 분리한다. 웨스트민스터 신학자들은 자신들이 만드는 세계가 구약 이스라엘의 신정 정치를 재현하고 있다고 믿었다.

결혼과 가정

교회와 국가뿐 아니라 가정도 하나님이 세우신 제도다. 결혼과 가정은 교회의 문제이면서 동시에 공적인 문제이기도 하다. 신앙고백서는 단지 교회의 교리를 확증하려는 것뿐 아니라 잉글랜드, 스코틀랜드, 아일랜드 세 왕국이 하나의 신앙고백을 통해 하나의 정치·종교 공동체를 이루려는 목적으로 작성되었다. 결혼과 가정 제도는 신앙과 정치가 겹치는 영역이다.

수정 조항(1789) 제1조가 조화를 이룰 수 있었다.

국가와 교회가 모두 하나님의 법을 따르던 크리스텐덤 사회가 결혼 문제를 신앙고백서에서 다루는 것은 당연한 것이다.

우리 사회는 가정을 사회의 가장 기초적인 공동체 단위로 생각하는데, 크리스텐덤 사회도 우리와 다르지 않게 가정을 가장 기초적인 공동체 단위로 생각했다. 신앙고백서에서의 가정은 남자와 여자가 서로 돕기 위한 것일 뿐 아니라 인류를 번성시키며 거룩한 후손을 교회에 가득하게 할 수 있도록 하나님이 제정하신 제도다. 표준 문서의 특이한 점은 '언약'이라는 개념으로 결혼을 정의한다는 것이다. 결혼은 창세 직후 하나님이 제정하신 것으로서 한 남자와 한 여자 사이의 언약(covenant)에 의해 시작되었다.[26] 결혼 서약을 할 때 남편과 아내는 서로에 대해 "죽음이 우리를 갈라놓을 때까지 사랑하며 신실한 아내(혹은 남편)가 될 것을 약속하고 **언약**을 맺습니다"라고 선언한다. 신앙고백서에서 '언약'은 하나님과 인간의 관계를 표현하는 개념인데, 이 단어가 한 남자와 한 여자의 결혼에서도 사용된다. 하나님과의 관계를 결혼의 은유를 사용해 묘사했다고 생각할 수도 있고, 혹은 하나님과의 언약 관계가 결혼 언약의 원형이라고 할 수도 있다.

웨스트민스터 신학자들은 가톨릭처럼 결혼식을 '성례'(sacrament)로 보지는 않는다. 그러나 결혼은 사실상 거의 성례에 준하는 의식이다. 공적 예배 모범(Directory for the Publick Worship of God)은 예배, 기도, 설교, 찬양, 금식, 감사절, 세례와 성찬 등의 순수한 종교적 행위에 관한 규례 외에도 결혼, 병자 심방, 장례에 관한 규례도 포함한다. 뒤의 세 가지는 가톨릭

---

26   웨스트민스터 신앙고백서, 제24장 2항, 공적 예배 모범(The Directory for the Publick Worship of God, 1645년 스코틀랜드 의회에서 제정됨. 전문은 〈https://reformed.org/documents/wcf_standards/index.html〉에서 찾을 수 있음. 이하 '예배 모범'). "신성한 결혼에 관하여" 항목 참고. 예배 모범은 결혼을 가리켜 이렇게 말한다. "영광스런 결혼의 상태, 즉 남녀가 하나님 안에서의 언약 관계 안에서 하나가 됨을 그리스도 안에서 소유하고 받아들이는 것."

의 혼례성사, 병자성사, 종부성사 등을 연상케 한다. 결혼은 공적인 의미를 가지고 있기 때문에 "합법적인 말씀의 사역자(=목사)에 의해 신성한 것으로 간주된다(solemnized)." 따라서 반드시 목사가 집행하는 예배에서 말씀을 들어야 하고, 그가 올리는 기도를 함께 드리며, 그의 축복을 받아야 한다. 당연히 불신자나 이단자나 로마 가톨릭을 믿는 자와는 결혼할 수 없다. 물론 이렇게 새로 이루어진 가정은 정부에서 관리하는 등록 명부에 이름을 올려야 하며 법적 지위를 보장받고 의무를 진다. 결혼과 가정은 교회와 국가가 공동으로 관리하는 사회의 가장 기초적인 단위다.

신앙고백서는 이혼과 재혼에 대해 어떤 견해를 가지고 있을까? 오늘날의 입장에서 보면 신앙고백서는 이혼과 재혼에 대해 대단히 엄격한 태도를 견지한다. 신앙고백서는 특별한 사정이 없으면 모든 사람이 결혼을 해야 하고, 일단 결혼을 하면 하나님이 맺어준 것이기에 갈라설 수 없다고 강하게 규정한다. 단 두 가지 경우에는 이혼이 허용된다(제24장 5항). 첫째는 배우자가 음행했을 때 죄 없는 측이 이혼을 요구할 수 있고, 이렇게 이혼이 성립되었을 때는 재혼도 허용된다. 이는 예수님의 말씀(마 19:9)에 근거한 것이다. 둘째는 "교회나 국가 공직자가 교정할 수 없을 정도의 고의적인 유기(willful desertion)"의 경우다. 예수 믿는 한 여인에게 불신 배우자가 있는데 예수 믿는 것을 싫어해서 아내를 버리는 경우가 이에 해당할 것이다(고전 7:15). 사도 바울은 고린도 성도들에게 보낸 편지에서 이런 경우 굳이 그 남자와 살 필요가 없다고 말했다.

웨스트민스터 신학자들은 신자와 불신자의 이혼을 허용하는 고린도전서 7장의 말씀을 가리켜 왜 "고의적인 유기"라고 표현했을까? 이혼을 허용할 수 있는 조건에 위의 두 가지 외에 무엇인가를 더하고 싶었던 것은 아닐까? 생각해보자. 결혼은 신앙적인 면에서 보면 하나님이 짝지어주신 상대를 만나 결합하는 것이지만 동시에 불완전한 인간끼리의 결합이기도 하다. 사람 사는 세상에서는 이런저런 이유로 인한 이혼의 문제가 발생할 수밖에 없고 이것은 웨스트민스터 신학자들의 시대에도 마찬가지였다. 성도들을 돌보아야 하는 목회자나 법적인 판단을 내려야 하는 국가의 공직자는 엄격하게 이혼을 금지하기 어렵다는 사실을 잘 알고 있었다. 사실은 "고의적인 유기"라는 표현에는 상당한 융통성이 내포되어 있다. 예컨대 가정을 돌보지 않고 떠나버린 아내나, 신체적인 위협을 가하는 남편들도 포함시킬 수 있다.[27]

신앙고백서는 "고의적인 유기"에 대한 근거 구절로 고린도전서 7:15과 더불어 신명기 24:1-4을 제시한다. 신명기에서는 아내에게 "수치되는 일이 있음을 발견하고 그를 기뻐하지 아니하면" 이혼 증서를 써서 아내를 내보내라고 규정한다. 예수님은 모세의 법을 재해석하시면서 이는 완악한 인간의 상태를 염두에 둔 계명으로서 원래는 이혼하면 안 된다고 가르치셨다(마 19:8). 그러나 국가와 교회를 유지할 책임이 있는 목사와 국가의 지도자들은 구약 이스라엘의 법을 인용해 자신의 논지를 강화한다.[28] 여기서 우리는 다시 한번 예수님의 급진적인 말씀과 융통성 있는 구약의 규례 사이의 충돌을 볼 수 있다. 이는 위에서 살펴본 맹세의 경우와 유사하다. 웨스트민스터 신학자들은 결혼과 이혼의 문제에서도 구약 신정 정치의 모델을 따르고 있다.

---

27 David Clyde Jones, "The Westminster Confession on Divorce and Remarriage," *Covenant Seminary Review* 16 (Spring 1990): 17-40. 특히 22-27. 1958년 미국 북장로교회(UPCUSA)는 이혼을 좀 더 융통성 있게 허용하고, 재혼도 인정하는 방향으로 전면 개편했다.

28 앞으로 또 이야기하겠지만, 나는 예수님의 구약 율법 해석은 하나님의 본 의도를 표현한 것으로서 현실에서 적용하기는 어렵다고 생각한다. 예수님은 이상적인 하나님의 뜻을 설명하셨고, 사람은 그 의도를 따라 살려고 최선을 다하지만, 실제로 법을 만들 때는 완악한 인간을 염두에 두지 않을 수 없다.

표준 문서에서 규정하는 가정에 관한 설명 중 특이한 점 한 가지를 더 말하고자 한다. 표준 문서는 교회와 국가를 확대된 가정으로 보고 있다. 표준 문서 중 대요리문답과 소요리문답에는 십계명을 설명하는 부분이 있다. 제5계명을 설명하는 대요리문답 제124문은 "제5계명에서 '부모'는 누구를 가리키는가?"라고 묻는다. 그 답은 다음과 같다.

제5계명에서 '부모'는 단지 육신의 부모만을 이야기하는 것이 아니라 나이와 은사에 있어서 모든 윗사람을 가리킨다. 특히 가정과 교회와 국가에서 하나님께서 우리 위에 권위자로 제정하신 사람들을 의미한다.

표준 문서가 작성된 시대는 부모를 '윗사람'(superior)이요 가부장적 권위자로 인정하는 수직적 세계관이 지배하던 시대였다. 이는 교회와 국가도 마찬가지다. 교회는 성도들의 자발적인 결사체 이전에 그리스도께서 세우신 영적 정부(政府)이고, 국가적 정부도 역시 국민의 계약에 의한 것이 아니라 하나님이 세우신 기관이며, 하나님께서는 여기에 칼을 주셨다.

교회의 권위

국가 공직자와 가정에 대해 이야기했으니 이제 교회에 대해 말할 차례다. 웨스트민스터 표준 문서에 나타난 교회관의 특징은 다음 몇 가지로 요약할 수 있다. 첫째, 교회는 그리스도께서 세우신 기관이다. 신앙고백서는 교회의 제도화를 부끄러워하지 않는다. 이 땅에 있는 보이는 교회는 진실한 신자와 그의 자손들로 구성되는데, "이 교회는 주 예수 그리스도의 왕국이요, 하나님의 집이요, 가족이다"(제25장 2항). 물론 보이는 교회 가운데 어떤 교회는 순결하지 못하고, 혼합과 오류에 사로잡혀 있으며, 심지

어 "사탄의 회당"이라 불릴 만큼 타락한 교회도 있지만 말이다. 신앙고백
서는 교회에 대해 상당히 높은 견해를 갖고 있다. 심지어 "교회 밖에는 통
상적 구원의 가능성이 없다"고 말한다. 제도화된 교회에서도 얼마든지 신
앙공동체의 교제가 가능하다. 그러나 성도의 교제도 먼저 머리이신 예수
그리스도와의 결합이 우선이다. 그리스도와 교제를 맺고 뒤이어 성도들
이 사랑 안에서 연합해 은혜를 나누며 받은 은사로 서로를 섬길 뿐이다(제
26장 1항).

교회는 그리스도께서 세우신 권위 있는 제도이기 때문에 교회를 반
대하는 것은 곧 그리스도를 반대하는 것이다. 신자들에게 자유가 주어
져 있지만 이 자유는 합법적 제도 안에서의 자유다. 하나님이 세우신 권
력 기관(교회이든 정부이든)과 그리스도 안에 있는 자유는 서로 모순되는 개
념이 아니다. 교회의 권위를 인정하지 않고 교회의 가르침을 반대하는 사
람은 질서 파괴자로서 교회의 정죄를 받고 국가 공직자에 의해 형벌을 받
는다(제20장 4항).

교회에 대한 이러한 높은 견해는 오늘날의 입장에서 보면 대단히
놀라운 것이 아닐 수 없다. 특히 신정통주의자들은 영적·인격적 공동체
인 신약성경의 에클레시아와 제도화된 교회 사이를 날카롭게 구분한다.
에밀 브루너는 성도들의 수적 증가나 이단의 공격과 같은 외적 변화의 요
인 때문이 아닌 공동체의 연합을 목적으로 했던 성만찬이 구원의 내용이
되고, 성직자가 구원의 분여자요 사제가 되는 내적·신학적 변화 때문에
교회의 제도화가 이루어졌다고 주장하며 교회의 제도화를 반대한다. 이
런 교회에서는 교회법이 성령을 대체하는 결과를 낳았다.[29] 한스 큉도 교

---

29 에밀 브루너, 박영범 역, 『교회를 오해하고 있는가?: 교회에 대한 오해』(서울: 대서,
2013), 141-156.

회가 하나님의 왕국이라 불리는 것에 대해 반대한다. 그는 복음서에 나오는 하나님의 왕국(=하나님의 다스림[Ruling of God])은 하나님의 은혜에 의해 주어지는 미래적 실재일 뿐, 인간의 제도와 조직으로 구현된 교회를 가리킬 수 없다고 주장한다. 이는 구원자 하나님이 구원의 대상인 인간과 동일시될 수 없는 것과 마찬가지다.[30] 신정통주의자들은 교회/국가 복합체가 그 시효를 다했음을 직감하고 제도적 교회에서 희망을 찾고자 하지 않았다. 그러나 웨스트민스터 신학자들은 청교도의 신앙적 부흥과 장로교회의 집단 지도 체제를 통해 쇠약해진 크리스텐덤을 다시 살릴 수 있다고 믿었다.[31]

둘째, 교회는 그리스도께서 그의 직원(officer)들을 임명해 백성을 다스리는 계층적(hierarchical)이며 수직적인 특징을 지닌다. "교회의 왕과 머리이신 주 예수는 국가 공직자와는 구별되는 통치 기관(government)을 정하고 교회 직원의 손에 맡기셨다"(신앙고백서 제30장 1항). 예수 그리스도는 교회 위에 있는 주권자이고, 그 권세를 위임받은 교회의 직원들(offices)이 그리스도의 말씀의 규례에 따라 교회를 다스린다. 그분은 교회의 직원들에게 '천국의 열쇠'를 맡기셨는데, 그들에게는 죄를 정하거나 사함으로써 천국을 열고 닫을 수 있는 권세(power)가 있다. 교회를 거룩하게 유지하기 위해서는 권징(censure)이 필요한데, 교회의 직원들은 죄의 경중에 따라 권면, 수찬정지, 출교 등의 벌을 가할 수 있다.

표준 문서가 밝히는 직원과 치리회는 로마 가톨릭과 같은 주교 중심

---

30 한스 큉, 정지련 역, 『교회』(서울: 한들출판사, 2011), 98-99. 또한 칼 바르트의 교회관에 대해서는 이신건, 『칼 바르트의 교회론』(서울: 성광문화사, 1989)을 보라.

31 내가 선호하는 균형 잡힌 견해는 좀 오래된 책이긴 하지만, Herman Ridderbos, Trans. by J. R. De Witt, *Paul: An Outline of His Theology* (Grand Rapids: Eerdmans, 1975)의 제9장 그리스도의 몸으로서의 교회 제59-62절에 서술된 교회론이다. 한국 역서는 헤르만 리델보스, 박문재 역, 『바울신학』(서울: 솔로몬, 2017)을 참고하라.

의 체제는 아니다. 표준 문서는 각 교회의 직원을 목사, 교사(혹은 박사), 장로, 집사의 네 직분으로 나누어 서로 힘의 균형을 이루도록 했고, 치리회는 각 교회의 당회와 노회, 대회, 총회 등이 서로의 역할을 분담하게 했다. 또한 지역 교회의 직원을 선출하는 권한을 각 교회의 회중에게 주고 시취(試取)와 임명은 노회에서 시행하게 함으로써 견제와 균형을 이룰 수 있게 했다.[32] 그러나 전체적인 구도로 보면 수직적인 구조임에 틀림이 없다.

흥미로운 사실 한 가지는 웨스트민스터 교회 정치에서 그리스도께서 교회에 세우신 직원을 둘로 나눈다는 것이다. 소위 '창설직'과 '항존직'이다. "교회의 덕을 세우고 성도를 온전케 하기 위해 그리스도께서 세우신 직원은, 사도, 복음 전도자, 예언자와 같은 특별(extraordinary) 직원(지금은 존재하지 않는다)과 목사, 교사, 다스리는 자, 집사 등의 영속적인 보통(ordinary and perpetual) 직원이다."[33] 그리스도께서 처음 교회를 세울 때 사도, 복음 전도자, 예언자를 특별히 세웠고, 그 후에는 더 이상 이 세 직분을 가진 자가 없다. 표준 문서는 사도의 직분을 엄격하게 규정해 교회가 사도의 가르침 위에 서 있고, 성경이 완성된 이후에는 더 이상의 계시가 존재하지 않음을 강조한다.

앞서 말한 일곱 가지 직분을 지지하는 성경 구절은 에베소서 4:11[34]과 디모데전서 3장의 감독(=장로)과 집사에 관한 구절들이다. 에베소서

---

32 장로교 제도의 계층구조적 특징과 평등주의적 특징에 관한 한국교회에서의 논의에 관해서는 졸저, "교회의 개혁자 박윤선", 「한국기독교와 역사」 제14권(2001년 2월), 185-214을 참고하라.

33 교회 정치(The Form of Presbyterial Church-Government, 1645년 스코틀랜드 의회에서 제정됨. 〈https://reformed.org/documents/wcf_standards/index.html〉에서 찾을 수 있음)의 '교회 직원에 관하여' 항목 참고.

34 "그가 어떤 사람은 사도로, 어떤 사람은 선지자로, 어떤 사람은 복음 전하는 자로, 어떤 사람은 목사와 교사로 삼으셨느니라"(엡 4:11).

4:11에서 모두 다섯 가지 직분의 이름이 등장하는데, 그중 첫 세 가지는 교회의 창설직이고 마지막 두 가지(목사와 교사)가 항존직에 포함된다. 그러나 도대체 어떤 근거로 한 구절에 나열된 다섯 직분을 셋과 둘로 나누었을까? 이는 웨스트민스터 신학자들이 '사도성'(apostleship)을 사도적 가르침으로 대체하고, 성령의 감동에 따라 자발적이고 돌출적으로 말하는 예언자를 침묵 속에 가두려는 것이 아닌가? 또한 교회의 교리를 강화하고 질서를 지키는 데는 성공했지만, 잘못하면 생명력 없는 제도에 만족하며 교회 자체가 성령을 소유하고 있다는 오류에 빠질 수도 있지 않은가?[35]

셋째, 신앙고백서에서 신약의 교회는 구약의 교회와 연속성을 가진다. 신앙고백서는 구약 이스라엘 백성을 가리켜 여러 차례 '교회'라고 부른다. 구약 이스라엘 백성은 '미성년 교회'(church under age, 제19장 3항), '유대인 교회'(Jewish Church, 제20장 1항), "전에 율법 아래 있던 한 국가로 제한된 교회"(제25장 2항) 등으로 묘사된다. 하나님은 구약의 교회와 신약의 교회에 자신을 계시하셨고, 교회는 그 계시가 하나님의 말씀임을 증언했다(제1장 1, 5항). 하나님은 구약과 신약의 교회를 보호하셨고(제5장 7항), 이 두 교회는 한 하나님의 백성으로서 예수 그리스도의 씨가 되게 하셨다(제8장 1항). 구약 이스라엘 백성과 신약 시대 교회는 모두 '은혜 언약' 아래에 있는 교회인데, 단지 그 언약이 시행되는 방식이 다를 뿐이다. 같은 그리스도의 교회가 역사적으로 두 가지 양상으로 나타났기에 구약에 있는 율법(도덕법)의 조항들을 신약교회에 적용시킬 수 있고, 구약 이스라엘을 영국이나 미국과 일치시킬 수 있었다. 구약과 신약의 연속성에 대해서는 뒤에서 좀 더 자세히 이야기하도록 하겠다.

35　한스 큉, 위의 책, 617-620.

성례: 세례와 성찬

성례는 크리스텐덤 세계의 새로운 회원이 됨을 확인하며 이를 기념하는 신성한 종교 의식이다. 로마 가톨릭교회에는 성도들의 생애 주기에 따라 모두 일곱 개의 성례가 있다. 개신교에서의 성례는 두 가지 곧 세례와 주의 만찬인데, 이는 "하나님이 직접 세우신 **은혜 언약**의 거룩한 표지요 봉인이다"(신앙고백서 제27장 1항, 대요리문답 제176문). 세례는 은혜 언약 안에 있는 성도가 교회에 가입하는 예식이므로 일생에 단 한 번 받는 것이고, 주의 만찬은 자주 그의 구원의 은혜를 기념하며 성령의 도우심을 받는 예식이다. 따라서 이 예식을 모욕하거나 무시하는 것은 큰 죄다(신앙고백서 제28장 5항).

구약 이스라엘 백성들에게 주어졌던 '옛 언약'과 예수님의 죽으심으로 갱신한 '새 언약'은 그 본질과 효력 면에서는 동일한 은혜 언약이다. 다만 언약을 상징하는 의식이 달라졌을 뿐이다. '율법의 시대'에는 할례를 통해 언약 백성이 되고 희생제사를 통해 죄 사함을 기념했다면, '복음의 시대'에는 이것이 세례와 주의 만찬으로 대치되었다(신앙고백서 제7장 5-6항, 대요리문답 제34-35문).

특기할 만한 사항은 유아세례다. 유아세례 역시 주님이 제정하신 것으로서 은혜 언약의 봉인이다(예배 모범 '성례의 시행' 편). 유아세례를 정당화하는 성경 구절은 아홉 구절이나 되지만, 가장 강력한 증거 구절은 바로 아브라함에게 할례의 약속을 주실 때 하나님께서는 아브라함과만이 아니라 그의 대대 후손과 언약을 맺겠다고 하신 창세기 17:7 말씀이다(제28장 4항). 유아세례를 통해 태어나는 모든 영아는 크리스텐덤의 최소 단위인 가정으로 편입되어 부모의 돌봄을 받고, 이어 자신의 입으로 신앙을 고백하는 입교식을 통해 정식으로 교회의 회원이 된다. 이렇게 교회는 세대를 이어 안정되게 유지되고, 성도의 자녀들을 사회화시킨다.

지금까지 우리는 웨스트민스터 신앙고백서의 실천 편이라 할 수 있는 제21장부터 31장을 통해 크리스텐덤 시대의 삶의 양상들을 개략적으로 살펴보았다. 크리스텐덤 사회라는 큰솥을 떠받치는 세 개의 발은 가정과 교회와 국가다. 이것들은 하나님께서 당신의 뜻을 이 땅에 펼치기 위해 세우신 변화될 수 없는 기관들이다. 가정은 하나님과의 언약을 모방한 언약 관계의 일종인 결혼에서 시작한다. 그 가정에 태어난 아이는 유아세례를 통해 교회의 일원이 되는 동시에 한 국가의 국민이 되며, 가부장적 가정 교육을 통해 사회화된다. 교회는 아이에게 세례를 주고, 주의 만찬을 통해 언약을 확인하며, 결혼식과 장례식을 집례하고, 권징을 통해 거룩함을 유지하게 한다. 매 주일(=안식일)에 모여 하나님을 예배하고 말씀을 듣는 것은 반드시 필요한 일이다. 교회는 동일한 신앙을 고백하는 목사를 교육하고 임직함으로써 사회의 모든 구성원이 동일한 신앙 아래에 통합되도록 한다. 더 나아가서 교회는 국가가 나아가야 할 방향을 제시하고, 언약의 율법에 제시된 도덕적 원리들을 법제화하도록 권유하며, 공직자들을 위해 기도한다. 국가는 가정과 교회를 외적인 침략과 내부의 분열로부터 보호할 의무가 있다. 윤리적으로 타락한 자와 교리적 이단을 교회에서 정죄하면 이들에게 형벌을 가하는 것은 정부의 임무 중 하나다. 때로 대회나 공회가 모여야 할 때가 있으면 정부는 이 회의들이 끝날 때까지 재정과 안전의 문제를 책임져야 한다.

언약신학

웨스트민스터 표준 문서는 상당한 통일성을 갖춘 신학 체계다. 신앙고백서 제1장부터 20장까지 교리를 다룬 장들과 실천을 규정하는 그 이후의 장들이 서로 일맥상통한다. 교리는 실천에 동력을 주고 실천은 교리에 근거한다. 신앙고백서는 초기 교회 이후 칼뱅에 이르기까지의 신학적 발전을 담고 있으면서도, 독특한 신학 체계를 형성하고 있다. 많은 사람이 '언약신학'(Covenant Theology 혹은 Federal Theology)이 신앙고백서의 틀이라는 데 동의할 것이다. 바로 이 언약신학이 신앙고백서 후반부의 실천 편의 근거가 된다.

언약신학에 대해 조금 더 살펴보자. 웨스트민스터 신학자들은 신앙고백서 전체를 언약이라는 틀 안에서 썼는데, 그들은 언약을 제7장에서 집중적으로 설명한다. '언약'이란 하나님이 인간과 관계를 맺으시는 방법이다. 하나님은 사람과 두 종류의 언약을 맺으셨는데, 바로 '행위 언약'과 '은혜 언약'이다. 행위 언약은 하나님께서 최초의 인류와 맺은 언약으로서 선악과를 따 먹지 말라는 명령으로 대표되는, 곧 그분은 법에 순종하는 자에게 생명을 약속하시고 어기는 자에게 죽음을 약속하신다는 언약이다. 그러나 아담은 그 명령을 어겼고 행위 언약에 따라 죽음의 형벌 아래에 놓이게 되었다. 하나님은 두 번째 언약, 즉 선택한 백성들과 은혜 언약을 다시 맺으셨다. 그분은 예수 그리스도의 죽음과 부활을 통해 구원을 주시되 이번에는 믿음을 요구하셨다. 그분은 믿을 수 있는 의지와 능력도 없는 백성들에게 성령을 주셔서 믿을 수 있도록 해주셨다. 은혜 언약이 시행되는 과정은 예수 그리스도가 오시기 전과 후로 나뉜다. 예수님이 오시기 전 율법 시대에 맺은 언약을 '옛 언약'이라 부르고, 예수님이 세우신 언약을 '새 언약'이라 한다. 이는 본질이 다른 두 종류의 언약이 아니라 단한 가지 언약, 즉 은혜 언약이 시대에 따라 다른 방식으로 시행되는 것일 뿐이다. 이를 도표로 나타내면 다음과 같다.

　　그런데 여기서 한 가지 더 설명이 필요한 부분이 있다. 바로 구약의 율법에 관계된 것이다(신앙고백서 제19장). 율법은 행위 언약과 은혜 언약 모두에서 중요한 역할을 한다. 행위 언약 관계에 있는 사람들이 이 율법을 지키면 구원을 얻고 범하면 저주를 받아 죽는다. 은혜 언약 관계에 있는 사람들에게 율법이 아무런 의미가 없는 게 아니다. 은혜 언약 안에 있던 구약 이스라엘 백성들에게 율법이 주어졌는데, 이는 하나님의 백성들이 지켜야 할 생활의 표준(rule of life)으로서 주어졌다. 율법은 죄의 본질을 알려주어 죄를 미워하게 하고 이를 지킴으로 완전한 순종에 이르게 한다. 율법을 어기는 백성들은 그것 때문에 구원에서 제외되지는 않겠지만 이 생에서의 일시적 심판 가운데 있게 된다(제17장 3절, 성도의 견인 교리). 율법은 구약의 백성들에게뿐 아니라 신약 시대를 사는 우리들에게도 똑같이 적용된다. 단 앞서 살펴본 것처럼 율법의 세 구분(의식법, 시민법, 도덕법) 중 앞의 두 가지는 폐지되었고, 오직 도덕법만이 신약의 신자들을 구속(拘束)한다. 그리스도께서 도덕법을 지켜야 할 의무를 면제시켜준 것이 아니라 오히려 강화시키셨다. 이상의 설명을 도표로 나타내면 다음과 같다.

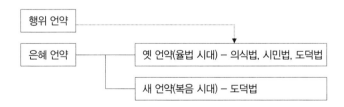

언약신학은 크리스텐덤 사회의 삶을 교리적으로 뒷받침해준다. 하나님은 당신의 택한 백성(구약의 경우 이스라엘 백성, 신약은 선택한 사람들)과 언약을 맺으시는데, 그 봉인과 표지가 바로 (유아)세례다. 기독교인의 가정은 하나님과 체결한 언약과 유사한 방식으로 남자와 여자가 언약을 맺어 부부가 된 것이다. 이 기독교인 가정에서 어린아이들이 양육을 받고, 교회에서 주의 만찬 예식을 통해 언약 백성인 것을 확인한다. 이들은 도덕법, 즉 십계명의 명령들을 지켜야 하는데, 교회에서는 매 주일(안식일) 설교를 통해 십계명을 따르는 삶을 가르치고, 정부는 그 법의 정신에 따라 만들어진 법으로 통치하고 재판한다. 하나님의 말씀이 권위가 있는 만큼 그 말씀의 전달자와 시행자인 가장이나 목사나 정부의 공직자들은 하나님의 사자들이고 복종해야 할 대상들이다. 이렇듯 웨스트민스터 신학자들은 자신들이 살고 있는 영국을 마치 구약 이스라엘 나라처럼 하나님과 언약을 맺은 선택된 국가로 인식했고, 하나님 왕국으로 자신의 정치·종교 복합체를 안정되게 유지하는 것을 가장 중요한 목표로 생각했다.

3. 크리스텐덤 시대의 성경 읽기 비판

앞서 웨스트민스터 표준 문서가 그리는 크리스텐덤의 이상적인 모습과 이를 뒷받침하는 성경 해석의 틀로서 언약신학을 설명했다. 사려 깊은 독자라면 수많은 의문이 머릿속으로 스치는 것을 느꼈을 것이다. 우리는 그 의문을 대략 다음과 같은 세 종류의 질문으로 구분할 수 있을 것이다. 이세 질문은 모두 밀접히 연결되어 있다. 첫째, 웨스트민스터 신학자들이 만들려는 교회가 성경적 교회이며 그들이 그리는 사회가 과연 이상적인 사회였는가? 오히려 진정한 회심의 체험이 없는 명목상의 기독교인을 만들어내는 체제가 아닌가? 교회가 역동적인 성령의 카리스마에 의해 이끌리는 것이 아니라, 관료화된 엘리트 설교자가 교회를 관리하는 게 아닌가? 크리스텐덤 사회는 삼위일체 교리를 믿지 않는 사람을 화형에 처하고 사회에서 소외된 국외자들을 마녀로 여기지 않았나? 기독교인들은 자신들이 언약의 백성이라는 자부심이 너무 강해 하나님의 이름으로 다른 나라를 정복하는 것을 정당화하지 않았는가? 한국에도 웨스트민스터 신앙고백서가 만들어지던 소위 '개혁주의 청교도' 시대를 이상적인 사회로 생각하는 목회자와 신학자들이 많이 있는데, 청교도 시대가 그렇게 이상적인 사회였다면 어떻게 무너질 수 있었으며 또한 오랜 세월 비난의 대상이 되어왔단 말인가?

둘째, 웨스트민스터 표준 문서가 성경을 올바로 해석하는가? 곧 하나님께서 아담과 언약을 맺었다는 것과 그 언약이 '행위 언약'이라는 것에 대해 탄탄한 성경적 증거를 가지고 있는가? 행위 언약의 조건인 율법이 은혜 언약 아래에서의 율법과 어떤 관계가 있는가? '언약'은 하나님과 인간의 관계를 설명한 성경의 여러 가지 은유 중 하나가 아닌가? 구약의 율법을 세 가지로 구분한 것이 과연 타당한가? 의식법과 시민법이 신약 시대에 폐지되었다고 하는 신앙고백서의 주장과 율법의 일점일획도 없어지지 않을 것이라고 하신 예수님의 말씀이 어떻게 조화를 이룰 수 있는가? 이혼이나 맹세에 대한 예수님의 가르침과 신앙고백서 규정의 차이를 어떻게 설명할 것인가? 구약의 안식일이 신약의 주일로 대체되었다는 주장에 대해 성경의 근거가 탄탄한가? 안식일은 음식법이나 할례와 더불어 실체이신 예수 그리스도를 통해 완성되었기 때문에 더 이상 우리를 구속하지 않는 '그림자'가 아닌가?

셋째, 크리스텐덤의 절정기라 할 수 있는 청교도 시대에 만들어진 교회와 국가의 체제가 포스트크리스텐덤에도 적용될 수 있는가? 기독교가 주류인 사회에서의 사회 윤리와 기독교가 변방으로 밀려난 사회에서의 윤리는 달라야 하는 것이 아닌가? 가부장적 대가족 제도를 전제로 한 가족 제도가 핵가족을 넘어서 1인 가족으로 치닫는 오늘날에도 유효한가? 평등주의 세계관에 기초한 오늘날 사회가 수직적이며 계층적인 교회관과 국가관을 받아들일 수 있겠는가? 주일이 더 이상 거룩한 날이 아닌 휴일의 하나가 된 우리 사회에서 일요일만을 예배의 날로 고집할 수 있겠는가? 신앙고백서에서 말하는 교회와 국가의 긴밀한 관계가 완전히 세속화된 국가에서 어떻게 가능하겠는가? 사회적 강제 수단이 전혀 없는 권징을 여러 교회와 교파들이 경쟁 관계에 있는 오늘날 시행하는 것이 무슨 의미가 있는가? 우리는 오늘날 우리 사회의 가장 중요한 문제들임에도 불구하고 신앙고백서가 다루지 않는 문제들에 대해서는 어떻게 생각하고 답해야 하는가? 예컨대 경제나 전쟁과 평화, 이데올로기, 환경, 세계 교회의 연합 등과 같은 문제들 말이다.

우리가 이 모든 문제에 답하려면 또 한 권의 책이 필요할 듯하다. 세 번째 그룹의 문제는 제5장에서 상세하게 다루고자 한다. 결국 이 책의 목적은 크리스텐덤 시대에 세워진 교회가 포스트크리스텐덤 시대에 어떤 모습으로 변화해야 하는지를 설명하는 데 있으니 말이다. 이번 장의 남은 부분에서는 첫 번째와 두 번째 그룹의 문제와 관련해 한두 가지 질문에만 답하고자 한다.

언약신학과 국가적 언약

우선 신앙고백서의 교리적 틀을 이루는 '언약'과 실천에서 중요한 개념인 '국가적 언약'의 관계에 대해 생각해보자. 사람들과 언약을 맺으실 때, 하나님께서는 택한 백성 한 사람 한 사람과 언약을 맺으시는가, 아니면 한

민족을 택해 언약을 맺으시는가? 성경에 나오는 언약은 개인과 집단이 적절하게 조화를 이루고 있다. 우리가 성경에서 언약 맺는 장면을 자세히 살펴보면, 하나님께서는 개개인과보다는 한 집단과 언약을 맺으신다는 사실을 쉽게 알 수 있다. 아브라함과 그의 후손, 시내산에서의 이스라엘 백성, 다윗과 그의 씨를 통해 나게 될 자손들 등과 같이 말이다. 신약에서도 우리 주님이 새 언약을 맺을 때 복수의 새 언약 백성과 맺으셨다. 그러나 집단주의로 빠지지는 않는다. 이스라엘의 혈통으로 난 자들이 모두 참 이스라엘은 아니었다. 이스라엘 민족이 바다의 모래 같이 많아도 그중 남은 자만 구원을 얻는다. 신약 시대도 비슷하다. 보이는 교회에 속한 모든 사람이 모두 다 구원을 받은 것은 아니다. 밀과 가라지가 섞여 있는 것이 교회다. 신앙고백서에서도 개인과 집단 사이의 긴장 관계를 이해하면서 이를 조화시키려 한다. 교회에 속해 있다고 해서 자동적으로 구원이 임하는 것이 아니고 하나님의 선택을 입은 자, 그래서 자신의 신앙을 고백하는 자가 구원을 얻는다. 이들은 '보이지 않는 교회'의 구성원들이다. 그러나 온갖 위선자들이 함께 섞여 있는 '보이는 교회'도 하나님의 집이고 그리스도의 나라다(제25장 1-2항).

언약의 집단적 성격 때문에 크리스텐덤 시대, 특히 17세기 영국과 미국의 청교도 사회에서는 하나님께서 한 국가 교회에 속한 사람들과 언약을 맺으신다는 사상이 자연스럽게 발전했다. 크리스텐덤 시대에는 개인도 중요하지만, 개개의 신자들이 교회를 통해 돌봄을 받기 때문에 교회를 언약의 당사자로 생각하는 경향이 강하다. 한걸음 더 나아가서 교회와 국가의 외연적 경계가 흐려지면서 국가 교회가 언약의 당사자가 되기 쉽다. 자연스럽게 '국가적 언약'(National Covenant)으로 나아가는 것이다. 크리스텐덤 사회는 마치 과거에 하나님이 구약 이스라엘과 언약을 맺으신 것처럼 한 국가 혹은 한 사회와 언약을 맺으신다고 생각한다. 이스라엘에 율법을 주신 것처럼 국가 교회에도 율법을 주어 하나님의 율법에 순종하면 복을 내리고, 불의와 음란이 도가 지나치면 하나님은 그 나라를 멸망시킨다는 것이다.

크리스텐덤 초기에는 교회의 보편성이 강조되고 민족이나 국가의 개별성은 무시되었다. 교회는 단일한 보편적 교회이고, 국가 간의 차이는 최소화되었다. 그러나 중세 후기로 가면서 유럽 세계에서 국가의식이 점차 강해지는 성향이 나타났다. 종교개혁 이후 "영주의 종교가 곧 신민의 종교"라는 원칙이 이에 더해지면서 국가적 언약 사상은 쉽게 애국심과 결합되었다. 예컨대 15세기 피렌체(Firenze)의 개혁적 수도사 지롤라모 사보나롤라(Girolamo Savonarola)가 회개와 저주를 외칠 때, 이 개혁가의 마음에는 하나님께서 피렌체라는 도시 전체를 하나의 대상으로 다루신다는 의식이 있었다. 또한 종교개혁가 칼뱅이 한 나라에 교회와 정부를 주셨고, 정부와 관리를 세운 목적이 교회와 교리를 수호하고 악을 억제하기 위함이라고 강하게 부르짖을 때,[36] 하나님이 국가를 한 단위로 보신다는 개념이 싹 트고 있었다.

청교도는 '국가적 언약' 개념을 더욱 발전시켰다. 1600년대 중반 존 윈스롭(John Winthrop)의 지도를 받으며 미국 보스턴에 식민지를 건설한 비분리주의(Non-Separatists) 청교도는 국가적 언약을 자신들의 존재의 기초로 삼았다. 하나님께서 영국과 언약을 맺으셨는데, 당시 국교회가 지배하고 있던 영국은 영적·도덕적으로 너무도 타락해서 하나님의 임박한 진노 아래에 놓여 있었다. 청교도들은 당시 사회의 타락상을 보며 애가(Jeremiad)를 짓고 멸망을 예고하는 설교를 했다. 이들은 마침내 하나님의 언약에 근거한 새로운 도시를 건설하기 위해 식민지로 이주를 택했다. 이

36　『기독교강요』 IV. xx. 2.

들은 "산 위에 있는 도시"(City Upon a Hill)를 만들고 하나님의 뜻을 행함으로써 축복받은 나라를 건설해 온 세계에 하나님의 영광을 드러내려는 사명감에 불탔다.[37] 물론 국가적 언약에 속해 있다고 해서 모든 개인이 구원을 받는 것은 아니다. 은혜 언약이 신앙에 근거해 내세의 구원을 얻게 하는 언약으로서 신자들 개인과 맺은 언약이라면, 국가적 언약은 국가의 도덕적 행위에 근거한 것으로 이 땅에서의 삶과 관계된다.[38]

18세기 초반 조나단 에드워즈 같은 신학자들이 그 전통을 이어받았다. 조나단 에드워즈는 제1차 대각성 운동의 영웅이고 "진노하신 하나님의 손 안에 있는 죄인들"(Sinners in the Hands of an Angry God)과 같은 설교를 통해 지옥의 심판과 개인적 거듭남을 외친 청교도로 알려져 있다. 그는 당시 뉴잉글랜드의 죄악상에 대해 고발하며 하나님의 심판을 선포했는데, 이렇게 설교할 때도 국가적 언약이라는 틀 안에서 선포했다. 그 설교를 들은 사람들에게 단지 영혼의 부흥만 일어난 것이 아니라 동시에 대각성(Great Awakening)이 일어났다. 그들은 자신들 안에 일어난 하나님의 추수를 보면서 자신들이 말세에 위대한 일을 위해 선택받은 민족임을 자각했다.[39] 제1차 대각성 운동이 일어난 지 한 세대가 지나지 않아 미국 독립 전쟁이 일어났다는 것은 우연이 아니다. 국가와 교파가 다른 유

---

37 존 윈스롭의 기독교 국가 이념에 대한 연구서는 다음을 보라. Edmund S. Morgan, *The Visible Saints: The History of a Puritan Idea* (N.Y.: New York University, 1963).

38 Gerald R. McDermott, "Poverty, patriotism, and national covenant: Jonathan Edwards and public life," *Journal of Religious Ethics*, vol. 31 no. 2 (Summer, 2003), 242. 조나단 에드워즈는 제1차 대각성 운동이 일어났던 지역을 중심으로 언약을 갱신하는 예식을 행했다. 그는 구약 이스라엘이 가지고 있던 도덕법에 근거한 규약을 만들어 이를 행하기로 약속했다. 참고. 조지 M. 마즈던, 한동수 역, 『조나단 에드워즈 평전』(서울: 부흥과개혁사, 2006), 384-387.

39 A James Reichley, *Religion in American Public Life* (Washington D. C.: The Brookings Institution, 1985), 72-73.

럽 세계에서 온 이민으로 구성된 미국 식민지 사회가 부흥 운동을 통해
한 국가라는 의식이 생겼고, 독재로부터 자유를 쟁취하려는 시민 의식이
형성되었다.[40] 이후 19세기와 20세기에 걸쳐 미국에서 몇 번의 큰 부흥
이 일어났는데, 그때마다 노예제 폐지, 알코올 금지 등의 사회적 운동으
로 연결되었다.[41] 청교도적 국가 건설의 근거인 국가적 언약은 그 이후에
도 계속 미국인의 의식을 지배한다. 지금도 미국은 "국가를 위한 기도의
날"(National Day of Prayer, 매년 5월 첫째 목요일)을 지키고 있다.

국가적 언약 사상이 중요한 이유는 이것이 바로 한국교회에 그대로
이식되었기 때문이다. 미국 복음주의 선교사를 통해 한국교회에 도입된
국가적 언약에 따라 우리 민족은 하나님의 택함을 받은 (현대의) 이스라
엘 백성이라고 믿었다. 구약 이스라엘을 대한민국과 동일시해 성경을 읽
는 것은 성경의 사건과 가르침을 글자 그대로 단순하게 받아들이는 한국
교회의 성경 읽기 습관 때문이기도 하지만, 선교사의 가르침에 기인한 것
이기도 하다. 일제 강점기 구약성경의 다윗과 골리앗의 이야기를 들을 때,
말씀을 전하는 사람이나 듣는 사람이나 다윗은 조선 백성을 가리키고 골
리앗은 일제를 가리킨다고 믿었다. 또한 히브리인들이 이집트 바로 왕의
억압으로부터 탈출하는 출애굽 이야기도 즐겨 들었다. 하나님께서 언젠
가는 일제에 재앙을 내려서 우리를 식민 지배에서 구해주실 것을 믿으면
서 말이다. 우리 민족의 고난의 역사에 대해서도 청교도 시대의 애가와
같은 방식으로 해석했다. 하나님께서 우리 민족을 택하셨는데, 우리가 하

---

40   Mark A. Noll, *A History of Christianity in the United States and Canada* (Grand Rapids: Eerdmans, 1992), 110-113.

41   19세기 미국의 부흥 운동과 사회적 개혁의 연관성에 대해서는 Timothy L. Smith, *Revivalism & Social Reform: American Protestantism on the Eve of the Civil War* (Baltimore: The Johns Hopkins University Press, 1980)을 참고하라.

나님을 알지 못했기 때문에 일제의 지배를 받았고, 하나님이 기회를 주셨음에도 돌이키지 않았기 때문에 한국전쟁이 일어났다는 식의 해석이다. 일제는 하나님이 보내신 검(劍)이고 공산주의와 그 종주국인 소련은 하나님이 택한 백성을 박해하는 "붉은 용"으로 이해되었다.[42]

국가적 언약 사상은 여러 가지 순기능을 가졌다. 그것은 한 사회의 도덕적 타락을 막아주기도 하고, 저항적 민족주의의 기초가 되어 약소국의 독립 의지를 강화시켜주기도 한다. 그러나 과연 국가적 언약은 성경적 근거를 갖고 있는 것일까? 하나님께서 구약 이스라엘과 언약을 맺은 것처럼 지금도 미국이나 한국과 언약을 맺고 있을까? 넓은 의미에서 즉 하나님께서 모든 사람, 모든 민족을 섭리하신다는 뜻에서 하나님께서 우리 민족의 흥망성쇠에 관여하신다고 말할 수는 있을 것이다. 대한민국이 IMF에 구제 금융을 요청한 것은 우리의 탐욕에 근거한 것이고, 남북 간에 평화의 대화가 오가는 것은 하나님께서 우리의 기도를 들어주신 것이라고 말하는 것에는 조금도 잘못이 없다. 그러나 엄밀한 의미에서 구약 이스라엘과 21세기 대한민국은 구속사적 지위가 다르다. 구약의 율법이 지금도 우리의 국법이 되어야 한다거나 혹은 기독교의 부흥을 위해 국가가 나서야 한다고 말할 수 없다. 하나님은 대한민국과 언약을 세우지 않고, 교회 혹은 그 교회의 구성원인 신자 개개인과 언약을 맺으신다.

국가적 언약 사상은 상당히 큰 역기능도 갖고 있다. 국가적 언약 사상이 민족주의를 강화하는 역할을 하기 때문에 그것은 민족주의의 순기능 및 역기능과 궤를 같이한다. 대내적으로는 국가적 통합을 위해 순수한 혈통이나 사상을 가지지 않은 사람을 억압하고, 대외적으로는 패권적 민

---

42   졸저, 『박형룡의 신학연구』(서울: 한국기독교역사연구소, 1998), 54, 306을 참고하라.

족주의와 결탁해 침략 전쟁을 정당화하는 것이다.[43] 청교도 시대 '마녀 사냥'(witchcraft hunting)을 통해 이단이나 사회적 국외자들을 박해한 것이 전자의 예이고, 미국인들이 '명백한 운명'(Manifest Destiny)이라고 부르면서 멕시코 분쟁, 하와이, 괌, 필리핀 등을 점령하고, 이라크 전쟁을 정당화하는 것은 후자의 예에 속한다. 오늘날 미국과 한국의 복음주의자들 사이에 유행하는 전투적 근본주의가 바로 이들의 유산이다.[44]

나는 뉴욕 맨해튼 그라운드제로에 건설된 9·11 기념박물관(National September 11 Memorial & Museum)을 방문한 적이 있다. 9·11 테러의 희생자를 추모하기 위해 건설된 뉴욕의 조형물 박물관이다. 이곳은 무너진 두 건물 바로 그 자리에 두 개의 네모반듯한 거대한 검은 대리석 동공(洞空)을 만들고 물이 조용히 흘러들어 가도록 조성되었다. 워싱턴 D.C.의 홀로코스트 기념관에도 검은 돌과 물로 장식된 침묵의 방이 있는데, 혹시 홀로코스트와 9·11을 오버랩시키는 것인가 하는 생각이 잠시 스쳤다. 그리고 그 주변에는 희생당한 3천 명의 이름이 가지런히 각인되어 있다. 박물관 내부의 전시관은 크게 세 가지로 분류할 수 있다. 첫 번째 전시관은 테러 당시의 참혹상과 가족을 잃은 사람들의 슬픔, 놀란 시민들의 모습이 시간대별로 계속 방영된다. 두 번째 전시관은 소방관, 경찰관, 시민 등이 헌신적 노력으로 인명을 구출하는 감동적인 모습을 보여주고, 세 번째 전시관은 테러리스트들이 얼마나 치밀하게 사전 준비를 했는지 등을

---

43 로드니 스타크, 손현선 역, 『우리는 종교개혁을 오해했다』(파주: 헤르몬, 2018). 로드니는 제3장에서 우리가 오해하는 것과 달리 중세에는 전쟁이 거의 없었고, 종교개혁 이후 즉 국민 국가가 등장하고 각 국가 배후에 종교가 자리 잡으면서 대규모의 비극적 전쟁의 시대가 오게 되었다고 주장한다.

44 빌프리트 뢰리히, 이혁배 역, 『종교 근본주의와 종교분쟁』(서울: 바이북스, 2007). 종교를 사회학적 관점으로만 취급하는 저자에게 완전히 동의하기는 어렵지만, 저자는 근본주의와 사회 문제 특히 전쟁과의 관계에 대한 통찰력 있는 관점을 제공해준다.

방영한다. 관람을 마친 이들이 숙연한 마음으로 출구로 난 계단을 올라갈 때에는 "나 같은 죄인 살리신"(Amazing Grace)이라는 찬송이 은은하게 울린다.

이 기념관은 관람객에게 무엇을 기억하게 하고 싶은 것일까? 관람을 마친 사람들은 어떤 느낌과 감정을 공유할까? 기념관은 추악한 이교도들이 위대한 영웅들이 사는 아메리카, 하나님이 택하신 신성한 나라를 유린했음을 알리고 싶은 것 같다. 절대 악인 이교도들은 언제든지 우리 문명과 신앙을 다시 짓밟을 수 있으니 이들의 공격으로부터 사랑하는 가족을 보호해야 한다. 보복과 응징이 야만적이라고 생각하는 사람은 이 기념관에 와서 저들이 어떤 참혹한 일을 저질렀는지 보라. 이 기념관에는 테러리즘의 더 깊은 원인 분석 같은 것은 없다. 양 문명 간의 침략과 살육의 역사에 대한 이해도, 타 문명과의 공존을 위한 대화와 화해의 노력도 없다. 여기서 기독교는 용서와 원수 사랑의 십자가가 아니라 위대한 미국 문명 위에 씌워진 왕관이다.

참으로 우연히도 나는 바로 전날 미로슬라브 볼프의 『기억의 종말』의 다음 부분을 읽었다.

피해자들이 자신을 보호하려 하다가 가해자가 되지 말라는 법이 없다.…지독한 박해자들은 흔히 "목이 완전히 잘려 나가지 않은 순교자들 중에서 모집된다." 그들은 박해받은 기억 때문에 아무 위험이 없는 곳에서도 위험을 본다. 그렇게 해서 존재하지도 않는 위험을 과장하고 안전 보장을 위해 과도한 폭력과 부적절한 예방 조치를 일삼는 등 과잉 반응을 보인다. 종종 피해자들은 바로 그들의 기억 **때문에** 가해자가 **된다**. 그들은 과거에 피해자로 겪었던 일을 **기억하기 때문에** 현재 자신이 휘두르는 폭력이 정당하다고 생각한다. 대부분의 관찰자들이 보기에는 분명 편협함이나 증오에서 생겨난 폭력 행사인데도, 그들은 그것이 합법적인 자기 방어라고 정당화한다. 이처럼 기억이라는 보호의 방패는 폭력의 칼로 쉽사리 탈바꿈한다.[45]

안식일과 주일

두 번째 살펴보고 싶은 것은 안식일과 주일에 관한 내용이다. 앞서 웨스트민스터 신앙고백서에서 일요일을 주일로, 다시 기독교인의 안식일로 규정하고 있음을 살펴보았다. 신앙고백서는 초기 교회가 주일에 모임을 가졌다는 성경적 증거로 세 개의 구절을 제시한다. 그러나 이 구절들만으로 구약의 토요일-안식일이 신약 시대에 일요일-안식일로 변경되었다는 것을 증명하기는 어렵다. 이 구절들은 몇몇 초기 교회들이 안식 후 첫날을 '주의 날'로 부르면서 모였다는 것을 보여줄 뿐 토요일 안식일이 일요일로 변경되었다는 것을 보여주지는 않는다. 정말 안식일이 주일로 변경되었고 안식일을 지키는 것처럼 주일을 거룩히 지켜야 한다면, 이 변경에 대해 설명하는 구절이 나올 법도 한데 말이다.

신약 시대 예배의 날에 관한 문제를 다루는 성경 구절이 있기는 하다. 그러나 불행하게도 이 구절이 주일을 안식일로 지켜야 한다는 규정을 뒷받침하지는 않는 듯싶다. 다음은 바울이 로마 교회에 보낸 편지 중 일부다.

어떤 사람은 이 날을 저 날보다 낫게 여기고 어떤 사람은 모든 날을 같게 여기나니 각각 자기 마음으로 확정할지니라. 날을 중히 여기는 자도

---

45 미로슬라브 볼프, 홍종락 역, 『기억의 종말』(서울: IVP, 2016), 55. 강조는 원저자의 것임.

주를 위하여 중히 여기고(롬 14:5-6상).

아마도 초기 로마 교회에서 '날'에 관한 논쟁이 있었나 보다. 위 본문에서 '이 날'과 '저 날'은 무엇을 가리키는 것일까? 유대인 출신 성도는 구약 시대 안식일인 토요일이 거룩한 날이기 때문에 이 날을 예배의 날로 정해야 한다고 주장했을 것이고, 이방인 출신 성도 중 어떤 사람은 주님이 부활하신 날이 더 중요하다고 주장하며 다투었을 것이다. 어떤 사람들은 모든 날이 다 하나님의 날인데 꼭 한 날을 특정해서 예배를 드려야 할 필요는 없다고 주장했을 것이다.

예배의 날에 대한 바울의 대답은 무엇일까? 로마서 14장에 나오는 예배의 날에 관한 논쟁은 음식 먹는 문제에 관한 바울의 가르침 사이에 끼여 있는 작은 논쟁이다. 당시 시장에서 파는 고기의 대부분이 일단 우상에게 바쳐졌던 고기이기 때문에 이를 먹어도 되는가 하는 문제를 놓고 로마 교회에서 이견이 있었다. 소위 믿음이 강하다고 하는 지성적인 성도들은 고기는 단지 음식물일 뿐이니 먹고 즐기면 된다고 생각했고, 믿음이 약한 사람들은 고기를 먹었다가 우상에게 사로잡히는 것이 아닌가 하고 의심했다. 이 믿음이 강한 지성적인 성도들은 동시에 사회적 지위가 높은 부자들이기도 했다. 당시는 서민들이 쉽게 고기를 먹을 수 있는 사회가 아니었다. 바울은 고기 자체는 부정한 것이 아니므로 먹어도 되는데, 약한 믿음을 가진 성도들의 양심에 상처를 주지 않기 위해서는 먹지 않는 것이 좋겠다고 대답했다.

바울은 고기 먹는 문제를 이야기하다가 갑자기 예배의 날에 관한 문제를 삽입시켰다. 두 가지 이슈가 내용은 다르지만 대답의 원리가 같기 때문이다. 고기 문제의 답을 생각하면 예배의 날에 관한 답도 쉽게 나온다. 하나님이 창조주요 구속자인 것을 잘 아는 바울은 하나님이 만드신 모든 것이 거룩하고 좋은 것이라는 신앙을 가졌다. 음식 중에도 부정한 것이 따로 있는 것이 아닌 것처럼 일주일의 모든 날이 다 하나님에게 속한 날들이다. "내가 주 예수 안에서 알고 확신하노니, 무엇이든지 스스로 속된(unclean) 것이 없으되 다만 속되게 여기는 그 사람에게는 속되니라"(롬 14:14). 사실 이런 바울의 생각은 당시의 유대인들이 받아들이기 힘든 혁명적인 발상이다. 레위기가, 아니 모세오경 전체가 거룩한 것과 속된 것, 정한 것과 부정한 것을 구분하는 삶을 규정하고 있으며, 이스라엘 백성들의 삶이 여러 세기 동안 그 규정들에 묶여 있었기 때문이다. 바울은 지금 음식법이나 할례나 안식일을 유대 민족의 관습과 문화로 격하시키며 진정한 거룩함은 사람의 마음에 있다고 말하고 있는 것이다. 바울이 음식과 할례를 상대화시킨 것을 생각하면서 안식일법이라고 상대화시키지 못할 이유가 없다. 이 모든 외적인 의식들은 구약 시대 이스라엘 백성에게 잠정적으로 주신 법들이요, 예수 그리스도가 오신 이후 폐지되었다는 것이 로마서의 가르침이다.

바울은 예배의 날에 대해 이렇게 말하고 있는 것이다. "모든 날이 다 주님이 복 주신 날이지만 일주일 중 한 날을 정해 예배하는 것도 좋겠다고 생각한다. 그날이 안식일(토요일)이어도 괜찮고 주일(일요일)이어도 괜찮을 듯싶다. 그러니 각 사람의 자유에 맡기도록 하자. 혹은 모든 날을 같게 보아서 아무 날이나 자유롭게 예배하는 사람도 인정하자(롬 14:5). 어느 특정한 날을 주장하는 사람을 무시하지 말라. 그도 하나님을 잘 섬기려는 일념에서 그렇게 말하는 것이니, 그를 업신여기거나 판단하지 말라."

안식일에 관한 또 하나의 본문인 골로새서를 살펴보자.

그러므로 먹고 마시는 것과 절기나 초하루나 안식일을 이유로 누구든지 너희를 비판하지 못하게 하라. 이것들은 장래 일의 그림자이나 몸은 그리스도의 것이니라(골 2:16-17).

    골로새서도 로마서와 동일하게 먹고 마시는 문제와 '날'을 지키는 것을 서로 연결한다. 이 본문은 안식일뿐 아니라 초하루(월삭)나 유월절, 초막절 등의 구약 이스라엘이 지켰던 절기들도 포함하고 있다. 바울이 골로새 교회에 준 바울의 대답과 로마서 14장에서 보여주는 정신은 서로 일치하는데, 그는 여기서 한걸음 더 들어가 그 이유를 설명한다. 먹는 것과 마시는 것, 안식일과 절기에 관한 법들은 구약 시대에 그리스도를 가리키는 '그림자'였는데, 이제 그 그림자의 '몸' 즉 실체가 오셔서 모든 것을 완성하고 모든 비밀을 드러내셨다. 다시는 "사람의 전통"이나 "세상의 초등학문"을 따를 필요가 없다(골 2:8). 그 법조문들은 사라지고 십자가에 못박혔으며(골 2:14), 그 배후에서 두려움을 주는 권세들은 패배했기 때문이다(골 2:15).[46]

    로마서 14장과 골로새서 2장에 나타난 신약의 정신을 이해한다면, 일요일(주일)을 "기독교인의 안식일"(the Christian Sabbath)이라고 부른 웨스트민스터 신앙고백서 21장 7항은 성경을 명백하게 잘못 해석한 것이다. "기독교인의 안식일"이라는 말은 일주일의 첫날 자체가 마치 구약의 안식일이 거룩한 날인 것처럼 거룩한 날이라는 의미다. 웨스트민스터 신앙고백서는 구약에서 안식일을 엄격하게 지켰던 것처럼 그날은 온종일 쉬면서 하나님을 예배해야 하고, 만일 그렇게 하지 않을 때 하나님의 징벌을 받는 것은 물론이며, 교회의 치리를 받을 것이고, 사회적 지탄의 대상

---

46   갈라디아서에서도 구약의 날(안식일)과 달(월삭)과 절기(유월절 등)와 해(안식년)를 지키는 것을 "약하고 천박한 초등학문으로 돌아가서 다시 그들에게 종노릇" 하는 것으로 보았다(갈 4:9-10).

이 될 것이라고 말한다.[47]

과연 웨스트민스터 신앙고백서 작성자들은 이런 바울 서신의 정신을 몰랐을까? 이들은 골로새서에 대해 알고 있었다. 그들은 율법을 다루는 장에서 의식법이 그리스도를 예표하는 것일 뿐 그리스도가 오신 이후 폐지되었다고 말하면서, 골로새서 2:16-17 말씀을 두 번씩이나 인용한다(신앙고백서 제19장 3항).

아마 신앙고백서를 작성하던 신학자들은 생각이 복잡했을 것이다. 로마서 14장과 골로새서 2장의 정신에 따르자면, 안식일의 계명은 의식법의 일종으로 신약 시대에 폐지되어야 할 율법이다. 그러나 안식일의 계명은 십계명의 네 번째 계명이기도 한데, 십계명은 항구적인 명령인 도덕법이 아닌가? 어느 쪽을 택해야 할까? 그러니 사실 문제의 핵심은 의식법-시민법-도덕법의 세 구분에 있다. 신앙고백서가 애초에 성경적 근거가 희박한 율법의 세 구분을 교리로 택한 것이 문제의 근원이다.[48] 율법의 세 구분이라는 잘못된 전제를 만들어놓고 거기에 맞추려 하니 이런 충돌이 발생한 것이다.

---

47 웨스트민스터 신앙고백서, 제21장 8항, 대요리문답 제115-121문, 소요리문답 제57-62문, 예배 모범 '주의 날을 거룩하게 지킴에 관하여'(Of the Sanctification of the Lord's Day) 부분을 참고하라. 예배 모범 전문은 다음 웹페이지에서 찾을 수 있다. 〈https://reformed.org/documents/wcf_standards/index.html〉

48 율법을 세 가지로 구분한 것은 안식일 이슈를 복잡하게 만든 것 정도의 문제가 아니다. 신앙고백서 작성자들은 의식법과 시민법이 폐지되었다고 단언함으로 구약의 모든 법을 무효화시켰다. 이 법들은 사실상 우리 주님께서 "일점일획도 없어지지 않고 다 이루어질 것"이라고 말씀하신 법들인데 말이다. 구약의 법들은 십계명을 그 벼리로 해 서로 얽혀 있다. 예컨대 안식일 계명은 안식년이나 희년 등의 법과 함께 한편으로는 의식법의 범주에 들어가기도 하지만 다른 한편으로는 시민법이기도 하다(레 25장). 또한 레위기 19장에는 의식법에 들어갈 만한 제사에 관한 법과 시민법이 구분되지 않고 번갈아 배열되었으며, 예수님께서 인용하신 이웃을 네 몸과 같이 사랑하라는 말씀(도덕법 중의 도덕법이라 할 수 있다)도 들어 있다(레 19:18).

안식일 계명이 의식법이냐 도덕법이냐를 놓고 고민하던 신앙고백서 작성자들은 결국 도덕법 쪽을 선택했다.[49] 그들이 이런 결론을 낸 것은 이해할 만하다. 그들은 크리스텐덤이 절정을 이루는 시대를 살아가고 있었다. 그들을 둘러싼 대다수의 사람이 그리스도인이었고, 콘스탄티누스 대제 이후 천 년 이상 주일을 휴일 겸 예배일로 지켜왔다. 사실상 모든 국민이 일요일(주일)을 성수하고 있었으며, 그날 일하는 사람은 찾아보기 힘들었다. 어차피 전통적으로 주일을 거룩한 날로 지키고 있는 상황에서 주일을 "기독교인의 안식일"로 규정하는 것에 문제를 제기할 이유가 없다. 모든 날이 다 주의 날이라고 해도 일주일의 하루를 구분하는 것이 "자연의 법칙에 합당"한 것이 아닌가? 그래서 구약 시대에도 일주일의 하루인 안식일을 주신 것이 아니겠는가?[50]

허나 앞서 예로 제시한 국가적 언약이라든가 기독교인의 안식일 개념은 크리스텐덤 시대에는 적실성을 가지고 있었을지 몰라도, 사실은 성경적 증거가 희박한 데다가 순기능과 역기능을 동시에 가진 사상들이다. 더욱이 시대적 변천과 더불어 역기능이 더 두드러진다. 그러나 무려 1,600년이나 내려오던 신학과 교회의 관습을 바꾸는 것은 결코 쉬운 일이 아니다. 성경을 새롭게 해석해야 하는 일이기 때문이다. 도대체 성경은 어떻게 해석해야 하는 것일까?

---

49 안식일과 주일에 관한 많은 부분은 다음의 책들을 참고했다. 양용의, 『예수님과 안식일 그리고 주일』(서울: 이레서원, 2011); Christopher J. Donato ed. *Perspectives on the Sabbath: 4 Views* (Nashville: B&H Publishing, 2011); 또한 월터 브루그만, 박규태 역, 『안식일은 저항이다』(서울: 복있는사람, 2015)도 참고하라.

50 제21장 7항의 맨 처음 문장, "일반적으로 시간의 일부분을 구별해 하나님께 예배를 드리는 것이 자연의 법칙에 합당한 것이다."

제4장

성령이 성경의 해석자시다

1. 크리스텐덤 시대 성경과 성령

기독교는 전통적으로 성경을 믿는 종교다. 그리스도인들은 성경 말씀을 읽고 그에 기초한 설교를 통해 믿음이 세워지는 거룩한 삶을 산다. 그러나 성경에 대한 높은 견해를 가진다 해도, 성경을 수십 독(讀) 한다고 해도, 성경을 올바로 해석하지 못한다면 우리는 아무런 유익도 누릴 수 없다. 다음 몇 가지 예들을 생각해보자. 첫째, 어떤 특정한 상황에서 하나님의 뜻을 알기 위해 성경의 올바른 해석이 필요하다. 지금 당장 인생의 중대한 결정을 내려야 하는 성도가 있는데 그가 성경으로부터 어떻게 인도를 받을 수 있는가? 그 많은 성경 구절 가운데 어떤 구절을 택해 나의 지침으로 삼을 수 있는가? 성경은 우리에게 영원한 구원을 주시는 하나님의 이야기가 기록된 책이면서 동시에 이를 통해 지금 우리에게 필요한 구원을 알려주는 책이기도 하다. 그 뜻을 알기 위해서는 성경 해석이 필요하다.

둘째, 진리와 거짓된 가르침을 분별하기 위해서는 올바른 성경 해석이 필요하다. 진리를 거스르는 거짓 교훈은 모든 시대에 걸쳐 없었던 적이 없다. 과거 성경이 감추어져 있을 때는 사람들이 성경을 알지 못해서 오류를 범했다면, 모든 사람이 성경을 마음대로 읽을 수 있게 된 오늘날은 성경을 제멋대로 해석하는 것이 문제다. 특히 계몽사상의 영향으로 성경을 비평적으로 읽기 시작한 이후 성경을 보는 다양한 견해가 난립한다.

또한 우리에게 전달된 성경의 메시지가 문화적으로 오염된 것일 수도 있다. 이런 시대에 우리가 들어야 할 진정한 진리를 어떻게 성경에서 해석해낼 수 있는가?

셋째, 우리 시대에 성경 해석이 더욱 필요한 이유는 교회가 나아가야 할 방향을 성경에서 얻기 위함이다. 과거 크리스텐덤 시대에 세워졌던 전통적 교회는 그 수명을 다하고 교회에 대한 새로운 이해가 태동하고 있다. 그 방향은 성경으로부터 나와야 한다. 앞 장에서 살펴본 것처럼 과거의 잘못된 성경 해석을 비판하고 우리 시대에 맞는 교회의 모습을 성경에서 찾아야 한다.

성경의 해석자 성령

우리의 삶을 바로 인도하고, 진리와 거짓을 분별하며, 미래 교회의 모습을 상상하는 일은 모두 바른 성경 해석에서 시작해야 한다. 나는 올바른 성경의 해석, 즉 성경을 정확히 해석해 우리의 상황에 맞게 적용시키는 것은 **오직 성령께서 하시는 일**이라 믿는다. 성령은 성경을 기록한 인간 저자들에게 영감을 불어넣어 오류 없이 기록하게 한 성경의 원저자이시며, 또한 그 성경을 우리에게 옳게 해석해주시는 분이다. 전통 신학은 우리가 기록된 말씀을 읽을 때 성령의 '조명'으로 그 뜻을 깨닫는다고 가르쳤다. 그러나 나는 성령께서 주체가 되셔서 성경을 도구로 사용해 당신의 뜻을 알려주신다고 해야 더 정확하다고 믿는다. 성경을 읽는 사람이 주체가 아니라 성령이 주체시다. 우리의 삶을 인도하고 교회를 다스리시며 역사를 이끄시는 분은 성령이시다!

개혁주의 신학을 신봉하는 장로교회는 구원을 적용하는 분으로서 성령을 국한시켰고, 성령을 강조하는 오순절교회 역시 성경을 가르치기는 했으나 자신들에게 맞는 부분만 골라서 읽었다.[1] 이제는 성경 전체를 공평하게 살피며 포괄적이고 종합적으로 성령과 성경의 관계에 관한 신학을 수립해야 할 때다. 먼저 종교개혁 시대와 그 이후 크리스텐덤 시대의 개혁주의 신학에서는 성경 해석에서 성령의 역할을 어떻게 생각했는지의 역사를 잠시 살펴보자.

"성경 안에서 말씀하시는 성령": 웨스트민스터 신앙고백서

내가 겪었던 이야기를 잠시 들려드리고자 한다. 나는 개혁주의의 본산으로 알려져 있는 미국 웨스트민스터 신학교에서 석사와 박사 과정을 거쳐 학위를 취득했다. 내가 재학할 당시 목회학 석사와 신학 석사·박사 과정을 합해 전교생이 500명 내외였는데, 그중 한국 학생이 100명이나 되었다. 한국 사람들은 어디 가나 모임 만들기를 좋아해 거기서도 한인학생회를 조직했다. 코스웍과 종합 시험을 마치고 좀 한가해졌을 때 내가 어찌어찌해 회장직을 맡았다. 별로 하는 일은 없고 일 년에 한두 차례 피크닉이나 수련회를 진행하면 된다. 1994년 겨울이었던 것으로 기억하는데, 뉴저지의 저택 하나를 빌려 30-40명이 부부 수련회를 했다. 거기서 졸업

---

1   오순절교회가 기여한 점이 적지 않다. 1970년대까지 한국의 장로교회가 성경만 붙들고 있을 때, 오순절교회는 성령의 역동적 사역을 강조함으로써 주의를 환기시켰다. 장로교회가 성경을 붙든 것 자체는 잘못이 아니었지만, 성령의 사역을 말하지 않음으로써 지성주의와 율법주의로 기울고 말았다. 성경의 지성적 해석에서 만족을 느끼지 못할 만큼 절박한 삶을 살았던 성도들과, 주일성수·십일조·성전건축의 무거운 짐에 눌려 있던 성도들이 오순절교회를 환영한 것은 놀랄 일이 아니다. 그러나 많은 경우 한국의 오순절교회는 성령의 역사를 물질적인 복을 주시는 분으로 제한시키고 한걸음 더 나아가서 성령을 사유화하려는 오류에 빠졌다. 성령께 자신을 굴복시키는 것이 아니라 자신의 손가락으로 성령을 나누어주는 것처럼 행동한 부흥사들도 많았다. 성령을 마음대로 주무르는 사람이 무슨 일인들 못할까!

을 앞둔 학생 서너 명이 자신이 배우고 정리한 것을 발표했다. 나도 한 순서를 맡았는데, 나는 성령이 성경 해석과 신학의 주체라는 주장을 펼쳤다. 성경 주해를 올바로 한다고 해서 하나님의 뜻이 저절로 나타나는 것이 아니고, 성령께서 성경을 이해할 수 있도록 해주셔야 신학을 할 수 있다는 내용이었다.[2]

내 발표를 듣고 있던 거의 대부분의 학생들이 우려를 표했다. 웨스트민스터 신학교는 성경 해석에 모든 것을 거는 신학을 표방하던 터라, 특히 신약과 구약을 공부하던 형제들이 거세게 반박했다. 변함이 없는 하나님의 말씀인 성경을 더 잘 이해하기 위해 히브리어와 그리스어를 공부하고, 역사적 배경을 공부하고 있는데, 갑자기 성령께서 성경을 해석해주신다고 하니 당황한 것이다. "오순절파와 맥을 같이하는가? 근본주의를 극복하고 개혁주의를 펼쳐야 하는데 그 흐름에 역행하는가? 성령께서 해석자에게 개인적으로 알려주시는 것이 성경 해석이라면 누구든지 주관적으로 성경을 해석할 수 있지 않은가? 성령이 다 하신다는 말은 책임을 하나님께 돌리는 무책임한 말이 아닌가?" 등등 예상할 수 있는 모든 질문이 쏟아졌다. 웨스트민스터 신학교는 그 이름에서도 볼 수 있듯이, 웨스트민스터 표준 문서에 충실한 신학을 전수하기 위해 세워진 학교다. 그 학교에서 공부한 학생들이 내 주장에 대해 반론을 펼친 것은 당연한 일이었다.

우선 웨스트민스터 신앙고백서에서 성경 해석과 관련해 성령의 사역에 대해 무엇이라 말하는지 살펴보자. 신앙고백서 전체 33장은 하나님에 대한 고백이나 구원의 도를 말하기에 앞서 "성경에 관하여"(Of the Holy

---

2   신학이 성령이 하시는 일이라는 관점에서 쓴 책이 졸저, 『신학의 심포니』(서울: 이레서원, 2002)다. 이 책에서는 성경 해석과 관련해서 많은 설명을 하지는 않았다.

Scripture)라는 장으로 시작한다. 이는 종교개혁의 형식적 원리인 '오직 성경으로'(*Sola scriptura*)를 모든 교리와 신학의 기초로 삼겠다는 선언이다.[3] 제1장은 모두 10개의 절로 구성되어 있는데, 성경의 필요성과 권위와 충족성과 명료성 등 성경에 관한 고백을 망라하고 있다. 제1장 중 성경 해석에 관한 내용을 기술하는 부분은 9항이다.

> 9. 성경을 해석하는 무오한 법칙은 성경 자체. 그러므로 어느 성경 한 구절이 내포하고 있는 참되고 충족한 의미에 관해 무슨 의문이 있을 때는 (여러 가지 의미가 있는 것이 아니라 하나밖에 없다) 더 분명하게 말한 다른 성구를 통해서 고찰하고 이해해야 한다(벧후 1:20-21; 행 15:15; 요 5:46).

또한 성경의 충분성에 대해 가르치는 6항에서도 성경의 해석을 언급하는데 필요한 부분만 간추려 정리하면 다음과 같다.

> 6. 하나님이 자신의 영광과 인간의 구원과 믿음과 삶에 필요한 모든 것에 관해 가지시는 모든 계획은 성경 안에 분명히 나타나 있거나 그렇지 않으면 선하고 필연적 귀결로서 성경에서 유추해낼 수 있다.…그리고 우리는 또한 말씀 안에 계시된 것들을 이해하여 구원을 얻기 위해 하나님의 영의 내적 조명이 반드시 필요하다는 것을 인정한다.… 예배와 교회 정치는 언제든지 지켜야 할 말씀의 일반적 규칙들에

---

3 이는 모든 교리와 신조의 기초가 성경이어야 한다는 장 칼뱅의 『기독교강요』의 배치를 따른 것이다. 이후 개혁주의 신학 진영에 속한 거의 모든 신학자가 이 순서를 따라 신학을 전개했다. 일반적으로 조직신학의 7개 분야(전문 용어로 로키[*loci*]라 함) 가운데 맨 처음이 '신학 서론'(introduction to theology)이고 이 서론에 성경론이 포함되어 있다.

따라서 자연의 빛과 신자의 분별력을 통해 제정해야 한다(고전11:13-14; 14:26, 40).

위의 구절들에 나타난 성경 해석의 원리를 다음과 같이 몇 가지로 정리할 수 있다. 첫째, 성경의 의미는 여러 가지가 아니라 하나밖에 없고, 그 의미는 누구나 알 수 있도록 평이하게 제시되어 있다. 때로 성경이 말하지 않는 내용들도 "선하고 필연적 귀결로서 성경에서 유추해낼 수 있다." 웨스트민스터 신학자들은 성경의 의미는 대체로 자명하기 때문에 그 뜻을 쉽게 밝혀낼 수 있을 것이라 믿었다. 이를 성경의 명료성(perspicuity)이라 부른다. 웨스트민스터 신학자들은 성경이 하나님의 말씀이므로 당연히 객관적으로 모든 사람이 동의해야 하는 **단 하나의** 의미가 있고, 정당한 방법을 사용해서 성경 해석을 하는 사람은 누구든지 이에 도달할 수 있을 것이라 생각했다.

둘째, 한 성경 구절이 정확하게 해석되기 어려울 경우도 있는데 이럴 때는 그 구절을 더 정확하게 해석하도록 다른 성경 구절들을 통해 이해해야 한다. 성경을 성경으로 해석해야 한다는 원칙이다. 이 원칙은 로마 가톨릭교회가 연옥설이나 그리스도의 지옥 강하와 같은 교리를 결정할 때 해석의 여지가 많은 한두 구절에 의존하는 것을 비판하고 있다.

셋째, 때로 성경에 상세하게 규정되어 있지 않은 것들에 대해 결정해야 할 때도 있다. 예컨대 주일 예배의 순서라든지 혹은 교회 정치와 같은 것이다. 그럴 때는 성경의 일반적인 원칙에 따라 유추하되 "자연의 빛(the light of nature)과 신자의 분별력(Christian prudence)을 통해" 정하면 된다. 웨스트민스터 신학자들은 성경의 가르침과 정상적인 사람이 상식적으로 생각하는 것이 크게 다르지 않다는 믿음을 가지고 있었음을 알 수 있다.

신앙고백서를 작성한 신학자들의 성경 해석 방법의 배후에는 당시 영국을 지배하던 인식론이 자리 잡고 있다. 인문주의의 영향을 강하게 받은 웨스트민스터 신학자들은 인간 이성의 능력을 높이 평가하는 견해를 보였다. 사람들은 그 이성의 분별력을 사용해 성경의 의미에 도달할 수 있고, 성경에 명시되어 있지 않은 교리도 "선하고 필연적인 귀결로서 유추해"낼 수 있다. 웨스트민스터 신학자들은 "자연의 빛"이 구원에 필요한 지식을 주지는 못하지만 성경과 더불어 사용될 때는 유용하다고 믿었다.

그러면 신앙고백서는 성경 해석에서 성령의 역할은 무엇이라 기술하고 있는가? 앞서 인용한 신앙고백서 제1장 6항에는 "하나님의 영의 내적 조명"(inward illumination of the Spirit of God)이라는 표현이 있다. 이를 좀 더 자세히 들여다보자. 6항의 목적은 성경이 이미 완성되었기 때문에 아무것도 이에 덧붙일 수 없음을 강조하는 것이다. 6항은 '계시'(revelation)와 성령의 '조명'(illumination)을 날카롭게 구분한다. 성경은 하나님이 주신 '계시'로서 이미 완성되었기 때문에 여기에 아무것도 덧붙일 수 없다. 성경이 완성된 이후 성령이 신자들에게 뜻을 밝혀주시는 것은 '조명'일 뿐이다. 그리고 그 조명의 목적은 계시를 "이해해 구원을 얻기 위함"(for the saving understanding)이다.

6항의 '조명'에 관한 구절은 성경 해석에서 성령의 적극적인 역할을 말하기 위해 쓰인 것이 아니다. 그것은 성경을 이해하고 추론하는 것이 모든 사람에게 다 주어져 있지만, 그 말씀을 듣고 깨달아 구원을 얻는 것은 성령의 조명에 의해 가능하다는 말을 하고 있는 것이다. 신앙고백서는 전체적으로 성령의 역할을 그리스도께서 이룬 구원을 효과적으로 적용시키는 것에 한정시킨다. 그리고 구원에서 성령이 하시는 일의 단계 가운데 성경을 통해 신자들의 마음을 밝히는 것이 포함되어 있다.[4]

---

4   신앙고백서 제10장("효과적인 부르심에 관하여") 1항에 "(성령께서)…그들의 마음

이상의 논의를 통해 신앙고백서가 말하는 성경 해석과 성령의 관계를 요약하면 다음과 같다. 성경은 그 자체로서 권위 있고 구원을 주기에 충분한, 완성된 하나님의 계시다. 누구나 분명히 알 수 있도록 평이하게 기록된 성경은 누구나 바르게 해석해 원래 의도된 하나의 의미에 도달할 수 있고, 성경에 명시되어 있지 않은 내용들은 추론에 의해 얼마든지 도출될 수 있다. 성경을 잘못 해석하는 경우는 성경의 내용을 잘 모르거나 혹은 추론 능력을 올바로 사용하지 않아서다. 성령은 올바로 해석된 말씀을 구원받을 수 있도록 효과적으로 적용시키는 일을 하신다. 사람들이 성경을 모르고 하나님께 돌아오지 않는 이유는 성경을 잘못 해석해서가 아니라 성령이 그들의 마음을 열지 않아 그들이 성경을 받아들이지 않기 때문이다.[5]

"과학으로서의 신학": 프린스턴 신학

프린스턴학파는 웨스트민스터 신앙고백서를 받아들인 개혁주의 신학 분파 중 가장 뛰어난 신학자들이라 할 수 있다.[6] 미국 뉴저지주에 있는 프린

을 영적으로 그리고 구원에 이르도록 깨우쳐서 하나님의 일들을 이해하게 하시며"
(enlightening their minds spiritually and savingly to understand the things of God)와 일맥상통한다.

5   신앙고백서 제1장 10항에 다시 성경과 성령의 관계에 관한 구절이 나온다. "최고 재판관은 성경 안에서 말씀하시는 성령 이외에는 아무도 있을 수가 없다." 10항의 목적은 성경이 최고의 권위를 가지고 모든 신조와 논쟁과 학설과 교훈과 사상을 판단한다는 것을 고백하려는 것이다. "성경 안에서 말씀하시는 성령"(the Holy Spirit speaking in the Scripture)이라는 구절은 성경을 통해 지금도 말씀하고 계신 성령을 강조하기보다는 성령이 말씀할 때는 성경 안에서 말씀하신다는 것을 강조한다. 성령이 하고자 하는 말씀은 모두 성경에 이미 기록되어 있다는 뜻이다.

6   프린스턴 신학을 해설하는 책은 다음과 같다. Mark Noll ed. *The Princeton Theology, 1812-1921* (Grand Rapids: Baker, 1983); David F. Wells ed. *The Princeton Theology*

스턴 신학교를 중심으로 발전했기 때문에 이런 이름이 붙었다. 프린스턴 학파는 아키발드 알렉산더(Archibald Alexander, 1772-1851)를 시작으로, 유명한 찰스 하지(Charles Hodge, 1797-1878)와 그의 아들 A. A. 하지(1823-1886), 또 3대 칼뱅주의자 중 한 사람인 B. B. 워필드(B. B. Warfield, 1851-1921) 등의 신학자들을 중심으로 한 신학파로서 19세기 내내 미국의 신학을 지배했다. 프린스턴학파는 웨스트민스터 신앙고백서의 성경론을 철저하게 받아들여 이를 신학의 기초로 삼았고, 신앙고백서를 주석하는 것을 신학의 임무로 생각했다.

프린스턴학파의 대표적인 신학자라 할 수 있는 찰스 하지는 그의 책 『조직신학』 전 3권을 시작하면서 우선 신학이 무엇인지를 정의한다. 그는 신학을 하나의 '학문' 혹은 '과학'(science)이라고 정의했다. 그의 『조직신학』 제1장 제1절의 제목이 "과학으로서의 신학"(Theology a Science)이다. 그는 신학이 성경에 여기저기 흩어져 있는 지식(knowledge) 혹은 사실(fact)들을 "수집하고, 입증하며, 정리해 서로의 내적 연관을 드러내 주는 작업"이라고 주장했다. 이는 프랜시스 베이컨(Francis Bacon)이 수립한 과학적 방법, 즉 자료 수집, 정리와 분류, 실험과 가설, 법칙의 발견 등의 순서를 따르는 귀납법적(inductive) 방법과 조금도 다르지 않다. "과학의 목적이 외적 세계의 사실들을 정리하고 조직화함으로써 자연 법칙을 확인하는 것이라면, 신학의 목적은 성경의 사실들을 조직화하고 그 사실들과 관련된 원리와 일반적 진리들을 확인하는 것이다."[7] 찰스 하지에게 신학의 대상은 하

(Grand Rapids: Baker, 1989); William K. Selden, *Princeton Theological Seminary: A Narrative History, 1812-1992* (Princeton: Princeton University Press, 1992) 등.

7 찰스 하지의 신학 방법론에 관해서는 Charles Hodge, *Systematic Theology* vol. I (Grand Rapids: Eerdmans, 1989), 1-18을 참고하라. 또한 찰스 하지의 과학에 대한 관심, 과학과 신학의 관계, 사실과 이론의 관계, 이성과 계시의 관계 등에 관해서는 졸고, "찰스 핫지의 기독교와 과학의 관계", 길자연 등 편, 『찰스 핫지의 신학』(서울: 솔로몬, 2009), 제

나님이고 성경이다. 신학(theology)은 'Theo'(신)과 'logy'(학문)의 합성어인데, '신'은 학문의 목적어로서 학문적 논의의 대상이 된다. 이는 마치 생물학(biology)이나 사회학(sociology)이 생물과 사회 현상을 학문의 대상으로 삼는 것과 마찬가지다.

학문은 모든 사람이 공유할 수 있는 사실과 합리적 추론을 통해 보편적 결론에 도달할 수 있어야 한다. 학문에서 가장 중요한 것은 이성의 역할이다. 찰스 하지는 당시 경험론에 입각한 과학 방법론을 받아들여 신학에서 이성의 기능을 다음과 같은 세 가지라고 설명했다. 첫째는 합리적으로 제시되어 주어지는 계시를 받아들이는 것이다. 둘째는 계시가 믿을 만한 것인지를 판단하는 것이다. 모순되고 불가능한 것들을 걸러내는 것이 이성이다. 셋째는 계시의 증거들을 판단하는 것이다.[8] 하나님의 계시가 인간의 이성을 판단하는 것이 아니라 이성이 계시를 판단할 만큼 이성에 높은 지위를 부여한다.

프린스턴의 신학 체계에서 성경과 이를 해석하는 이성이 높은 자리를 차지하는 반면, 성령의 역할은 미미하다. 성령의 현재적인 역사는 약화되어서 일종의 종교적 체험과 동일시된다. 예를 들어 찰스 하지에게서 '성령의 내적인 가르침'(inward teaching of the Spirit)은 '경건한 체험'(religious experience)과 동일한 의미로 사용된다.[9] 그의 신학 체계에서 경건한 체험이나 성령의 사역은 기록된 말씀을 받아들일 때 일어나는 심리적 현상일 뿐이다.[10]

7장을 참고하라.

8   찰스 하지, 앞의 책, 49-53.

9   찰스 하지, 앞의 책, 16-17.

10   Mark Noll, "The Princeton Theology," David F. Wells ed. *The Princeton Theology* (Grand Rapids: Baker, 1989) 23-24. 워필드도 "성령의 증거란 성경에 관한 객관적 증거들을 동정적으로 받아들이도록 하기 위해 사람의 마음을 준비시키는 주관적인 작용"이라

19세기의 프린스턴 신학자들은 200년 전의 웨스트민스터 신학자들이 전제로 가지고 있던 성경과 이성에 대한 높은 견해를 논리정연하게 정리했다. 그들은 성경이 하나님의 말씀이고, 그 말씀은 너무도 분명해 이성을 가진 모든 사람이 그것을 쉽게 이해할 수 있다고 생각했다. 인간은 이성을 사용해 성경에 주어져 있는 모든 데이터를 수집하고 분석하며 종합해서 하나님과 그분의 구원에 관한 거대한 체계를 만들 수 있다. 이 일을 할 때 성령의 도움이 반드시 필요한 것은 아니다. 성령은 이미 완성된 체계를 개개인의 구원에 적용시키는 일을 할 뿐이다.

크리스텐덤 시대 타당성 구조의 붕괴

오늘날 우리는 17세기 중엽의 웨스트민스터 신학자들이나 19세기 미국 프린스턴 신학자의 틀을 그대로 받아들이기 어려워졌다. 그들이 좋았던 시대를 살았던 사람들 같아서 때로 부럽기도 하다. 우선 지금은 성경을 하나님의 말씀이라고 순진하게 믿는 사람들이 사는 세상이 아니다. 우리 사회의 다수의 사람은 성경이 하나님의 말씀임을 부인함은 물론이고 하나님의 존재마저 불신한다. 성경은 불경이나 유교의 경전, 쿠란 혹은 바가바드기타 등 여러 세계 종교의 경전들과 경쟁 관계에 있다. 많은 진보적 신학자들은 무엇을 믿어야 할지 모를 정도로 성경을 잘게 분석해놓고, 성경의 내용이 다양한 사람들의 신앙고백에 불과하다고 주장한다.

또한 성경을 하나님의 말씀으로 믿는 사람들이 성경을 해석할 때도 그 해석은 천차만별이다. 이단은 차치하고서라도 다양한 성경 해석만큼

고 말했다. R. C. Sproul, R. C. "The Internal Testimony of the Holy Spirit," Norman Geisler ed. *Inerrancy* (Grand Rapids: Zondervan, 1980), 348.

이나 다양한 성경 해석이 경쟁하며 서로 자신이 옳다고 주장한다. 개혁주의자들은 개혁주의 신학을 **유일한** 신학으로 보고 있으나, 좀 더 눈을 넓혀본다면 개혁주의 신학은 여러 신학 중 **하나의** 신학이고, 이를 신봉하는 사람들의 숫자도 소수에 불과하다. 신앙고백서의 신학이 전제하던 인간 이성에 대한 신념은 무너졌다. 이성이 위대한 체계를 가능케 하는 보편적 의식이 아니라 이데올로기를 지지해주는 도구로 사용되고 있음이 밝혀졌다.

그리스도인들은 자신의 문제에 관한 해답을 제시해주는 성경 해석에 목말라 있고 각자 답을 찾아 나서기도 한다. '렉시오 디비나', '관상 기도', '큐티', '레마 선교회', '하나님의 음성을 듣는 법' 등이 모두 성경을 통해 답을 얻으려는 시도다. 좀 더 넓게는 우리 세계의 문제에 대한 대답을 이전의 성경 해석에서 얻을 수 없기 때문에 새로운 교회와 새로운 신학의 시도가 끊임없이 일어나고 있다. 도대체 20세기 100년 동안 무슨 일이 일어난 것일까?

17세기 영국이나 19세기 미국은 크리스텐덤의 전성기였다. 영토에 속한 대다수의 백성은 명목상으로라도 기독교인이었고, 성경 이야기와 상징과 절기가 사회를 지배했으며, 학문과 예술이 기독교적 주제를 중심으로 꽃피웠으며, 국가와 교회가 상호 협력 관계에 있었던 시대였다. 한 시대를 살아가는 사람들에게 서로 공유된 신념 체계를 '타당성 구조'(plausibility structure)라고 부른다.[11] 이것은 따로 증명할 필요 없이 모든 사람이 인정하는 신념들의 체계를 가리키는 말이다. 당시의 사회에서

11 　이 표현은 사회학자 피터 버거의 용어로서 선교학자 레슬리 뉴비긴이 빌려 사용했다. 장기간 인도의 선교 사역을 마치고 귀국한 뉴비긴이 보기에 과거에 통용되던 '타당성 구조'가 완전히 달라졌다. 레슬리 뉴비긴, 홍병룡 역, 『다원주의 사회에서의 복음』(서울: IVP, 2007) 등을 보라.

는 하나님의 존재에 대한 믿음과 그 하나님의 계시의 기록인 성경에 대한 신뢰가 타당성 구조의 밑바닥에 자리 잡고 있었다. 또한 당시는 이성주의 (rationalism)의 시대이기도 했다. 르네상스 시대부터 시작된 휴머니즘은 영국의 경험론과 대륙의 합리론 철학을 낳았다. 초기의 이성주의 철학은 기독교 세계의 한편에서 시작되었고 이성주의자들은 교회의 지배하에 있었다. 이성주의가 시작될 당시의 신학자들은 이성주의에 대해 낙관적으로 생각하고 있었다. 그들은 신학의 도구로서 이성을 사용하는 데 조금도 어려움을 느끼지 않았고, 이성을 하나님께서 양식 있는 모든 사람에게 보편적으로 주신 선물이라고 믿었다.

그러나 점차 **크리스텐덤 시대의 타당성 구조는 무너지기 시작했다.** 이것이 지난 세기에 일어난 첫 번째 일이다. 인간이 신에 대항해 자율성을 주장하고 이성이 계시를 대치하는 계몽사상이 20세기에는 전 세계에 확산되어 전통적 신학을 위협했다. 이제 이성은 교회의 말을 잘 듣는 고분고분한 어린아이가 아니다. 모더니즘의 이성은 성경을 해석하는 데 도움을 주는 도구이기를 거부하고, 스스로 신의 위치에 올라섰다. 혁명가들은 앙시앵 레짐[12](Ancien Régime)의 한 축이었던 교회의 지배에 반기를 들고, 기독교 세계를 주도하는 이야기와 상징을 거부했다. 계몽사상의 영향을 받은 신학자와 과학자들은 교회의 억압으로부터 벗어나서 성경을 분석하고 비평하며, 하나님의 창조가 아닌 진화에 의해 세계가 형성되었다고 주장했다. 미국의 독립 혁명과 프랑스 대혁명으로 대표되는 시민 혁명은 크리스텐덤의 종말의 서곡이었다.[13]

---

12   1789년 프랑스 혁명 때에 타도의 대상이 된 정치·경제·사회의 구체제를 의미한다. 16세기 초부터 시작된 절대 왕정 시대의 체제를 가리키나 넓은 의미로는 근대 사회 성립 이전의 사회나 제도를 가리킨다.
13   크리스텐덤 시대의 종언과 성경 해석의 관계는 모든 '선교적 교회'(Missional Church)

포스트크리스텐덤은 **후기 식민지 사회**(Post-Colonialism)의 동전의 뒷면이다. 기독교와 이성이 지배하던 사회는 식민주의 사회이기도 했기 때문이다. 산업화를 달성한 크리스텐덤 국가들이 아시아와 아프리카의 비기독교 국가들을 식민지로 삼았다. 이들은 피정복민에게 기독교를 이식하고 기독교 신앙과 상징을 강요했다. 그러나 이들에게 심긴 기독교는 뿌리를 채 내리기도 전에 뽑혀버렸다. 20세기 중엽 식민지 시대가 막을 내린 후 한 세대가 지나지 않아 정치적으로 독립된 과거의 식민지는 사상적 독립을 선언했다. 기독교에 반대해 자신들의 전통 종교를 부활시키기도 하고, 공산주의를 선택하기도 하며, 이슬람을 받아들이기도 했다. 신생 독립국의 기독교인들도 서구의 신학 체계가 자신들의 몸에 맞지 않음을 깨닫고 토착화 신학을 주장하고 심지어 종교 다원주의에까지 나아간다. 우리나라의 경우도 예외가 아니다.[14]

성경과 이성에 대한 신념을 공유하던 크리스텐덤 시대가 지나갔다. 우리 시대는 더 이상 성경을 하나님의 말씀으로 받아들이지 않는다. 성경

운동을 하는 학자들의 공통 관심사다. George Hunsberger, Craig Van Gelder, *The Church between Gospel and Culture: The Emerging Mission in North America* (Grand Rapids: Eerdmans, 1996), 특히 제3장을 보라. 복음주의의 입장에서 구약을 재해석한 책으로는 크리스토퍼 라이트, 정옥배 등 역, 『하나님의 선교』(서울: IVP, 2011), Michael W. Goheen, *A Light to the Nations: The Missional Church and the Biblical Story* (Grand Rapids: Baker, 2011). 또한 크리스텐덤이 성경 해석에 어떤 영향을 끼쳤는지를 역사적으로 탐구한 재침례파 학자의 저서, Lloyd Pietersen, *Reading the Bible after Christendom* (Harrisonburg, Virginia: 2012)도 참고하라.

14 제국주의와 선교의 관계는 오랫동안 선교학의 중심 주제였다. 식민지 시대가 끝나고 과거 식민지였던 국가에서 서구 신학을 극복하고 자신들의 신학을 발전시키기 시작했다. 이런 주제를 가지고 선교의 역사를 해석한 대표적인 해설서로, 김은수, 『현대 선교의 흐름과 주제』(서울: 대한기독교서회, 2013)를 보라. 개혁주의 선교학자 가운데 문화적 상황과 성경의 관계에 관심을 가진 학자에 대해서는 Harvie M. Conn, "Normativity, Relevance and Relativism," Harvie M. Conn, ed. *Inerrancy and Hermeneutic: A Tradition, a Challenge, a Debate* (Grand Rapids: Baker, 1988)를 보라.

의 권위를 주장하는 교회의 증언을 맹신자들의 자기 확신으로 폄하하고, 성경의 윤리적 탁월성과 통일성과 완전성에 문제를 제기한다. "본성의 빛"(light of nature)은 하나님의 선함을 보여주는 것이 아니라 하나님의 존재와 선의를 의심하게 한다. 이제 더 이상 성경 해석에 대한 소박한 접근이 불가능해졌다. 과거 기독교 전통이 지배하던 닫힌 세계에서는 "보편적 이성"이라는 말이 가능했으나 다양한 교파와 신학적 전통에 대해 진지하게 생각하면서부터, 그리고 동양의 종교가 재발견되면서부터 보편적 이성이 존재한다고 말하기 어려워졌다. 우리 시대는 성경 해석의 새로운 토대와 방법을 기대하고 있다!

포스트모던 시대의 이성

단순한 성경 해석을 어렵게 만든 지난 세기 동안 일어난 두 번째 일은 합리주의의 퇴조다. 17세기의 웨스트민스터 신학자들과 19세기의 프린스턴 개혁주의자들은 성경뿐 아니라 인간의 이성에 대해서도 높은 견해를 가졌다. 개혁주의 신학자들은 인간의 모든 부분이 타락했다는 원죄론을 누구보다도 강하게 주장했지만, 그럼에도 이상하리만치 이성을 신뢰했다. 그들은 하나님께서 당신의 형상으로 인간을 만드시고 그 인간에게 이성적 능력을 부여하셨기 때문에 성경을 바르게 읽고 해석할 수 있다고 믿었다. 종교개혁가들은 에라스무스와 같은 동시대 인문주의자의 영향 아래에 있었다. 19세기 프린스턴 개혁주의자들도 당시 유행하던 스코틀랜드의 상식 철학(Common Sense Philosophy)을 받아들였다. 상식 철학은 신의 존재, 인과법칙, 논리의 법칙 등 자명한 것들을 기초로 신학을 정립해야 한다는 소박한 이성주의의 일종이다.

계몽사상이 확산되면서 이성이 신앙을 판단하기 시작했다. 이성이

신의 위치에 올라 모든 것을 객관적으로 판단하고 과학 혁명을 통해 세상을 더 나은 곳으로 만들 수 있다고 믿었다. 신앙이 지배하던 과거는 과학의 발전을 저해하는 어둠의 시대라고 생각했다. 계몽사상에 대한 신학자들의 견해는 두 가지로 갈렸다. 아브라함 카이퍼와 같은 신학자들은 계몽사상이 결국은 교회에 해악을 끼칠 것을 예견하고 이에 대해 경고했다. 그러나 찰스 하지나 B. B. 워필드와 같은 신학자들은 진화론과 성경비평이 기독교를 파괴하려는 듯 보이지만 결국 과학이 더 발달하면 성경의 가르침이 옳다는 것이 증명될 것이라고 낙관적으로 생각했다.

신의 자리에 올라선 이성이 자신의 기반이 그리 탄탄하지 못함을 이해하는 데는 그리 많은 시간이 걸리지 않았다. 임마누엘 칸트는 이성이 형이상학과 윤리학의 토대가 되지는 못하지만 과학을 가능하게 한다는 사실을 자신의 『순수이성비판』에서 증명했다. 그는 과학을 가능하게 하는 객관적이며 보편적인 '의식 일반'(Bewußtsein Überhaupt)의 존재를 가정했다. 그러나 과연 모든 사람에게 선천적으로 부여되어 있는 보편적 의식이라는 것이 존재할까? 그것이 기본적으로 신의 존재와 인간 창조를 인정하는 사회에서는 있을지 몰라도, 전혀 다른 세계관을 가진 세계가 발견되면서 사람들은 보편적 의식의 존재에 의문을 제기하기 시작했다.

19-20세기를 통해 인류 역사에 놀라운 진보를 가져오게 한 과학적 이성은 부서지기 쉬운 기초를 가지고 있었다. 과학은 자연의 영역을 넘어 인간 사회와 마침내 인간의 내면세계까지 그 영향력을 확대했지만, 곧이어 심대한 반격을 당했다. 경제학, 정치학, 인류학, 역사학, 심리학 등의 사회 과학이 모두 인간의 보편적 이성을 전제로 시작했는데, 그 결과물들은 연구자의 계급이나 문화 따위와 매우 밀접하게 연결되어 있음이 알려진 것이다. 이성의 능력이 의심받기 시작했다. 혹시 집단의 이익이나 이데올로기를 정당화하기 위해 이성이 동원된 것이 아닌가? 이성은 보편성을 무

기로 타자를 억압하는 도구가 아닌가? 객관적 사실(fact)은 존재하지 않고 편견을 가진 해석자에 따라 의미가 주어지는 것이 아닌가? 요컨대 '포스트모더니즘'(Postmodernism, 후기근대주의)이 도래한 것이다.

19세기에 일어난 인간에 관한 가장 큰 두 발견을 들라면, 칼 마르크스의 공산주의와 프로이트의 심리학을 들 수 있다. 우선 마르크스는 인간의 이성이 이데올로기의 영향을 받는다고 주장했다. "하부 구조가 상부 구조를 규정한다." 즉 사회 경제적 조건에 따라 사상이 영향을 받는다는 뜻이다. 20세기 초 카를 만하임(Karl Manheim)도 "존재가 의식을 규정한다"라고 말하면서, 사회 경제적 조건이 어떻게 이데올로기 형성에 영향을 주었는지를 탐구했다. 역사학에서도 역사란 과거에 일어났던 일(事實)을 재현하는 것이 아니라, 역사가의 관점에 따라 과거를 재구성하는 작업이라고 새롭게 정의되었다. 교회에 대한 사회학적 연구도 활발해져서, 교회의 분열도 외형적으로는 교리와 신학적 차이 때문이지만 그 배후에는 인종이나 계급과 같은 사회학적 요인이 있다는 것이 밝혀졌다.[15] 인간의 이성은 초월적 존재를 알 수 있는 위대한 정신도 아니고, 객관적이며 중립적이지도 않으며, 자신이나 자신이 속한 집단의 이익에 봉사하는 기계의 작은 부품일 뿐이다.

인간 이해에 크게 기여한 또 다른 사람은 지그문트 프로이트(Sigmund Freud)다. 프로이트는 인간이 의식하는 영역의 아래에 잠재되어 있는 마음의 현상인 무의식 혹은 잠재의식을 발견했다. 그는 인간이 의식하는 부분은 빙산의 일각에 불과할 뿐, 그 의식 아래에 본능이나 억압된 관념 등이 감추어져 있음을 드러냈다. 사람이 하는 행동은 자아가 위협 받는 상

---

15   H. Richard Niebuhr, *The Social Source of Denominationalism* (N.Y.: Henry Holt and Co., 1929).

황에서 무의식적으로 자신을 속이거나 상황을 다르게 해석함으로써 자신을 보호하려는 방어 기제(defense mechanism)일 경우가 많다. 앞서 언급했던 지식 사회학과 프로이트의 정신 분석이 결합하면, 인간 이성의 작용은 계급적 이해를 무의식적으로 합리화하기 위한 노력에 불과한 것이 되어버린다.

죄가 지성에 끼친 영향

이성에 대한 불신은 개혁주의 전통 안에서도 싹텄다. 네덜란드의 개혁주의자 아브라함 카이퍼(Abraham Kuyper)는 인간의 이성에 대해 회의적인 생각을 가진 최초의 개혁주의 신학자 중 한 사람이다. 그에 따르면 인간은 이성을 가진 하나님의 형상으로 창조되었지만, 인류가 타락할 때 이성도 함께 타락해 정상적인 생각을 할 수 없게 되었다. 에덴동산에서 하나님의 지배를 벗어나 독자적으로 선과 악을 판단하려고 한 때부터, 인간의 이성은 죄에 오염되었다.[16] 인간이 죄를 지었을 때, 영적이며 윤리적인 부분만 타락한 것이 아니라 인간의 마음 전부가 타락했고 인간 지성도 그중의 일부로서 함께 타락했다. 죄는 지성에도 영향을 끼쳤다(noetic effects of sin). 선악을 알게 하는 나무 열매를 먹은 후 아담은 하나님을 제쳐두고 혹은 하나님을 거역해 판단을 내린다. 인간은 자신을 모든 판단의 중심에 놓고,

---

16   카이퍼는 프린스턴 개혁주의자 찰스 하지와 생각이 다르다. 하지는 인간의 이성이 하나님의 계시를 판단하고 그 진위 여부를 결정한다고 생각했지만, 카이퍼는 인간의 이성이 성경을 비평하도록 하는 것은 결국 계몽사상가들의 전제를 받아들이는 것에 다름 아니라고 생각했다. Abraham Kuyper, *Lectures on Calvinism: Six Lectures from the Stone Foundation Lectures Delivered at Princeton University* (Grand Rapids: Literary Licensing, LLC, 1931)를 보라. 이 책의 번역서는 김기찬 역, 『칼빈주의 강연』(서울: 크리스천다이제스트, 2002)으로 출간되었다.

자신의 제한된 사고를 일반화하는 경향을 띤다. 이런 인간은 선과 악을 판단하는 윤리적 오류를 범하는 것은 물론이고, 과학을 포함한 모든 지식에서조차 오류를 범한다.

멀리 갈 것 없이 우리 자신들이 하나님의 말씀을 읽고 해석하는 것을 생각해보면 된다. 우리가 성경을 읽을 때 죄악이 우리의 귀를 가려서 들어야 할 말씀을 듣지 못하게 한다. 성경은 제대로 해석하는데 우리의 죄악 때문에 성경 말씀을 받아들이지 못하는 정도가 아니라, 아예 성경을 제대로 해석하지도 못한다는 것이다. 성경의 본문을 '읽어내는'(exegesis) 것이 아니라, 성경에 자신의 생각을 '읽어 들이는'(eisegesis) 때가 많다. 설교자는 자신의 욕심과 계급적 편향을 가지고 성경을 해석하고 설교한다. 그는 하나님의 이름을 빌려 자기의 말을 하는 거짓 예언자의 전철을 밟는 것이다. 자기의 한계를 인정하지 않고 자신의 사고가 객관적이며 보편적이라고 주장하는 신학자도 같은 오류를 범하고 있다. 죄가 우리의 눈을 가려서 성경을 올바로 이해하지 못하게 한다. 성경을 올바로 해석하지 못하는 이유는 성경 시대와 우리 시대의 간극 때문이기도 하지만, 더욱 중요한 것은 우리의 눈이 가려져 있기 때문이다. 누가 우리의 눈을 띄워 그 뜻을 알게 할까?

언어의 발견

크리스텐덤 시대의 소박한 성경 해석을 받아들이기 어렵게 만든 세 번째 요인은 바로 언어의 발견이다. 언어에 관한 논의는 현대의 모든 학문에 깊은 영향을 끼쳤는데, 신학도 예외가 아니다. 웨스트민스터 신학자들의 뒤를 이은 프린스턴 개혁주의자들은 자연과학의 방법을 신학에 도입하는 데 아무런 어려움을 느끼지 않았다. 자연과학이 가능하기 위해서는 객관적인 실재(reality)인 자연 현상이 존재하고, 그 현상을 받아들일 수 있는 인간 주체(subject)가 있어야 한다. 과학은 보편적인 이성을 가진 인간이 마치 거울과 같이 실재하는 대상을 묘사한 결과물이다. 거울이 선명할수록 대상을 정확하게 보여주듯이 과학이 발달함에 따라서 자연 현상은 더욱 선명하게 드러난다. 이러한 진리관을 '대응설'(correspondence theory)이라고 한다.[17] 사실과 그 사실의 언어적 표현이 일대일로 대응하고, 자연 현상과 명제가 일대일로 대응한다고 가정하는 것이다. 과거의 개혁주의자들도 이런 실재관과 언어관을 수용했었다. 그들은 성경의 언어는 모두 실재와 정확하게 맞아떨어지며, 실재를 있는 그대로 설명해준다고 믿었다. 하나님은 인간의 언어를 사용해 진리를 말씀하셨고, 그 말씀은 오류가 없는 진리다.

그러나 언어의 본질에 관한 논의가 진행되면서 신학에서 대응설을 가정하는 것이 어려워졌다. 현대 분석철학자들은 언어와 사물의 일대일 대응이라는 것은 존재하지 않는다고 생각한다. 외국어 번역을 생각하면 이해가 쉽다. 구글 번역기를 돌려 번역한 글은 의미가 잘 통하지 않는다. 게다가 현실 세계에서 대응을 찾을 수 없는 단어들, 가령 '사랑'과 같은 추상적 단어나 혹은 '신'처럼 "실증적으로 증명할 수 없는 것"에 대해서는 그 대상이 뚜렷하지 않기 때문에 의미 있는 논의가 어렵다.

대신 현대 언어 철학자들은 '일상 언어'(ordinary language)에 주목했다. 우리가 사용하는 일상 언어는 한 단어의 개념이 어떤 대상과 정확하게 일

---

17 대응설의 대표적인 인물로서 버트런드 러셀(Bertrand Russell)을 들 수 있다. 그는 '논리 원자주의'(Logical Atomism) 혹은 '논리 실증주의'(Logical Positivism)라는 개념을 고안해냈다. 러셀은 모든 복잡한 언어를 단순화할 수 있다고 생각했다. 대상과 개념이 대응하고, 개념들이 연결되면 명제가 된다. 그는 언어가 마치 거울과 같아서 현재 있는 세계를 그대로 보여줄 수 있고, 또 보여주어야 한다고 생각했다. 그 개념이 사물과 일치하고, 명제가 사실과 일치한다면, 그는 이것을 '진리'라고 주장했다.

치하지 않는다는 특징을 보인다. 일상 언어에서 한 단어를 정확하게 정의하는 것은 불가능하다. 대신 일상 언어 철학자들은 "가족 유사성"(family resemblance)이라는 개념으로 단어의 의미를 설명한다. 한 가족의 공통점을 꼭 집어서 정확하게 말할 수는 없지만 다른 사람이 보면 유사한 점이 있는 것처럼 단어의 의미도 정확하게 정의하지는 못해도 누구나 그 의미를 이해하고 사용한다.[18] 어떤 단어를 어디에 사용해야 하는지를 아는 것, 즉 용법(use)을 아는 것이 의미(meaning)를 아는 것이다.

우리가 일반적으로 사용하는 언어는 모두 일상 언어이며, 일상 언어는 시대와 문화에 따라 그 용법이 변화한다. 물론 성경의 언어도 모두 일상 언어다. 여기가 바로 성경 해석학(hermeneutics)이 필요한 지점이다. 과거의 텍스트는 특정한 문화적 정황에서 저술되었는데, 이를 해석하는 현대인이 과연 자신의 문화와 언어를 초월해 과거의 의미를 정확하게 이해할 수 있느냐 하는 문제가 발생한다. 우리 모두는 한 텍스트를 읽을 때 우리의 관점 혹은 선이해(Vor-verstehen)를 가지고 읽는다. 우리가 텍스트를 읽을 때 이를 객관적으로 정확하게 번역해 이해하는 게 아니다. 우리는 그렇게 할 수도 없고, 사실 그렇게 하는 것이 바람직하지도 않다. 우리가 텍스트를 해석한다는 것은 과거 세계와 대화함으로써 우리 생각의 지평을 넓히는 것이다. 물론 성경을 읽을 때에도 우리와 성경 사이에 이런 상호 작용이 일어난다.

이와 같은 현대 해석학의 발전은 과거 개혁주의자들의 단순한 성경

---

18   일상 언어의 중요성을 발견한 사람으로는 루트비히 비트겐슈타인(Ludwig Wittgenstein)을 들 수 있다. 비트겐슈타인의 사상은 『논리-철학 논거』(*Tractatus Logico-Philosophicus*)를 중심으로 한 전기 비트겐슈타인과 『철학적 탐구』(*Philosophische Untersuchugen*)를 중심으로 한 후기 비트겐슈타인으로 구분할 수 있는데, 후기 비트겐슈타인의 사상과 이 사상에 영향을 받은 그의 제자들을 가리켜 '일상 언어학파'라고 부른다.

해석을 비판적으로 볼 수밖에 없게 만들었다. 웨스트민스터 신앙고백서의 "성경의 참되고 충족한 의미"(the true and full sense of any scripture)에 도달할 수 있다는 주장, 혹은 "여러 가지 의미가 있는 것이 아니라 하나밖에 없다"(not manifold, but one)라는 표현은, 현대 언어 철학의 세례를 받은 사람들은 받아들이기 어려운 주장이다. 물론 자기가 하고 싶은 말을 성경에 집어넣어 읽는 자의적인 해석을 방지하자는 종교개혁가들의 의도에는 동의할 수 있다. 다만 나는 그것이 가능하겠느냐는 질문을 하는 것이다. 나는 "참되고 충족한" 의미를 우리에게 가르쳐주시는 분은 성령이라고 믿는다. 성령의 도우심이 없이는 텍스트의 의미에 도달할 수 없다.

성경 언어와 계시

현대 언어 철학의 발달은 또 다른 문제, 즉 언어와 계시의 관계에 대해서도 질문을 제기했다. 과연 인간의 언어가 하나님의 계시를 전달하는 도구일 수 있는가? 과거 개혁주의자들은 성경이 언어로 기록되어 있고, 그 언어는 오류가 없이 하나님의 계시를 전달하는 도구라는 것을 믿어 의심하지 않았다. 하지만 현대 사상가들은 진리를 전달하는 도구로서 언어를 인정하기를 주저한다.

동양 종교의 경우는 원래부터 언어에 대한 낮은 개념을 갖고 있다. 불교의 반야심경(般若心經)은 현상에서 볼 수 있는 것들은 실체가 없는 '공'(空)이고, 이것을 언어로 정리해놓은 것도 의미가 없다고 말한다. 교리나 경전을 배우고 암기한다고 깨달음이 오는 것이 아니라 깨달음은 홀연히 온다고 가르친다. 노장사상(老莊思想)은 "도(道)를 도(道)라고 부르면 더 이상 도(道)가 아니라"(道可道 非常道)고 주장한다. 도(道)를 인간의 언어로 분석하고 개념화할 때 그 의미가 죽는다는 뜻이다.

철학자 하이데거(Martin Heidegger, 1889-1976)는 인간의 언어를 계산적(과학적·지시적) 언어와 본질적(명상적·철학적·비지시적) 언어로 구분한다. 우리가 일반적으로 사용하는 과학적 언어는 신의 계시를 담을 수 없는 계산적 언어다. 반면 시어(詩語)는 존재(Being)와 소통하는 본질적 언어다. 종교적 언어는 시어와 유사하다. 종교적 언어는 실체를 정확하게 지시하는 데 목적이 있는 게 아니라 그 언어를 통해 존재가 자신을 열어 보이는 "존재의 집"(das Haus des Seins)이다. 이때 언어는 그 의미를 명확히 정의하고 다른 사람에게 전달할 수 있는 종류의 언어가 아니다. 그것은 마치 불교의 화두(話頭)와 같이 저 멀리에 있는 초월적 존재와 교통하는 통로가 될 뿐이다.

현대 신학의 아버지라 불리는 칼 바르트 역시 언어가 가지는 한계를 명확히 규정했다. 그는 전통적 신학에서 성경의 언어를 글자 그대로 받아들이고, 그 과학적·역사적 오류의 여부를 따지는 것이 어리석다고 생각했다. 성경은 계시 그 자체가 아니고 계시에 대한 증언(testimony)이기 때문이다. 바르트 이후의 현대 신학자들은 성경의 언어가 어떤 사실과 명제를 전달한다기보다는 그 언어를 통해 계시가 드러나고 신비적 세계를 경험한다고 주장했다. 그들은 신학을 성경에 흩어진 자료를 모아 체계를 세우는 것이 아니라 성경의 이야기(narratives)를 통해 신과의 만남과 세상에 대한 이해로 들어가는 것이라고 주장했다.[19]

나는 이 모든 언어관과 언어 철학의 발전을 다 받아들일 수는 없어도 이들의 도전을 염두에 두고 신학을 해야 한다고 생각한다. 현대에 이루어진 언어의 발견은 과거 개혁주의자들의 전통적 성경관과 언어관을 비평

19　칼 바르트의 계시와 언어에 대한 생각을 발전시켜 정리한 책으로, Donald G. Bloesch, *A Theology of Word and Spirit: Authority and Method in Theology* (Downers Grove: InterVarsity Press, 1992)를 들 수 있다.

적으로 보게 한다.[20] 수천 년을 사이에 두고 수천 km의 지리적·문화적 격차를 가진 성경 텍스트를 현재 대한민국에 살고 있는 우리가 어떻게 번역하고 해석하고 이해할 것인가?[21] 성경의 언어·문화와 현대의 언어·문화 간의 괴리, 신의 언어와 인간의 언어 사이의 간극을 성령 이외에 누가 메꿀 수 있겠는가?

2. 성령이 성경을 해석하신다

과거 개혁주의자들은 상상도 못 했던 변화가 지난 100년 사이에 일어났다. 우리 시대는 모든 사람이 성경의 권위나 보편적 이성을 더 이상 받아들이지 않는 시대다. 주어진 텍스트가 모든 사람이 쉽게 받아들일 만한 단순한 것이 아니며, 읽는 사람의 문화와 선입견에 좌우될 수밖에 없다는 것을 알게 된 성숙한 사람들이 사는 시대다. 무엇보다도 우리의 죄와 계급적 이해가 우리의 눈을 가려서, 우리는 성경을 읽을 때 자기중심적으로 읽

---

20 언어에 대한 현대의 이론과 해석학을 받아들여 포스트모던 사회를 위한 신학을 전개한 신학의 유파는 미국의 '탈자유주의신학'(Postliberal Theology)을 들 수 있다. 그 대표자는 조지 린드벡인데, 그는 한 신학의 언어는 실재와 일치한다기보다는 문화와 언어에 따라 상대적인 진리만을 가지고 있다고 말한다. 자세한 내용은 George A Lindbeck, *The Nature of Doctrine: Religion and Theology in a Postliberal Age* (Philadelphia: The Westminster Press, 1984)을 보라. 또한 이를 둘러싼 찬반 논의는 T. R. Phillips, D. L. Okholm, *The Nature of Confession: Evangelicals and Postliberals in Conversation* (Downers Grove: InterVarsity Press, 1996)을 보라.

21 최근 언어학의 발달을 염두에 두고 성경의 권위에 대해 진지한 논의를 발전시킨 개혁주의 신학자를 들자면, John M. Frame, *The Doctrine of the Knowledge of God* (Phillipsburg, NJ: Presbyterian and Reformed Publishing Company, 1987), 또한 Vern Poythress, *In the Beginning Was the Word: Language, a God-Centered Approach* (Wheaton: Crossway Books, 2009) 등이 있다.

는다. 그렇다면 누가 진정한 이해에 도달하도록 우리를 인도할 수 있을까?

성령이 해석자시다!

성령은 성경의 인간 저자에게 숨을 불어넣어 저술하게 하셨고, 그 성경을 통해 그리스도를 보게 하는 분이시다. 그는 예수님의 말씀을 가르치고 생각나게 하며, 모든 진리 가운데로 우리를 인도하는 분이시다(요 14:26; 16:13).

성령이 당신의 뜻을 가르치기 위해 사용하시는 도구는 성경이다. 다시 한번 강조하지만 주체는 성령이다. 우리가 성령의 도움을 받아 성경을 해석한다고도 말할 수 있지만, 성령이 성경을 이해하게 하신다는 편이 더 옳다. 성경 독자가 문법적·역사적 해석을 통해 텍스트를 해석한다고 해서 성경이 자동적으로 이해되는 게 아니다. 보편적인 이성과 추리에 의해 성경의 의미를 알 수 있고 성령은 단지 구원에 이르도록 조명(照明)만 해주는 것도 아니다.

웨스트민스터 신앙고백서는 '계시'와 '조명'을 구분해 전자는 성경 자체를 의미하고 후자는 그 성경에 따라 하나님의 뜻을 전달하는 성령의 사역을 의미한다고 말한다. 본래 이 두 단어는 모두 은유적인 표현들로서 차이가 그렇게 크지는 않다. 계시(revelation)는 감추었던 것을 드러낸다는 말이고, 조명(illumination)은 어두운 곳을 비춘다는 의미다. 신앙고백서가 이 둘을 구분하면서 성경의 권위와 종결성을 강조하려 한 것은 이해할 만하지만, 이 과정에서 성령의 능동적이며 역동적인 사역이 심각하게 축소되었다. 우리는 기록된 말씀 밖으로 넘어가서도 안 되지만, 전수되어 내려온 전통적 해석에 머물러서도 안 된다. 성령은 성경을 통해 우리의 삶에 새로운 길을 열어 보이시고, 새로운 빛을 던져주신다. 성경은 전통적인 성경 해석과 전통적인 교리를 뛰어넘어 새로운 시대를 열 수 있는 지혜의 보고(寶庫)이고, 성령은 우리에게 새로운 성경 해석을 통해 시대를 개척해 갈 자유와 용기를 주신다.

과거 개혁주의자들은 모든 주장의 최고 권위로서 **"성경에서 말씀하시는 성령"**(the Holy Spirit Speaking in the Scripture)을 말했다(신앙고백서 제1장 10항). 여기서 중요한 것은 '성경'이었다. 하지만 이제 우리는 "성경을 통해 **말씀하시는 성령**"(the Holy Spirit Speaking through the Scripture)이라고 말해야 한다. 여기서의 강조점은 '성령'이다.[22] 성령이 지금 우리에게 당신의 뜻을 알리기 위해 기록된 성경을 사용하신다. "모든 성경은 하나님의 감동으로 된 것으로"(딤후 3:16)라는 말씀에서 "하나님의 감동으로 된"(theopneustos)이라는 말은 성경의 기원과 권위를 말하려는 것이기보다는 성경의 특징을 표현한 말씀이다. 즉 성경 말씀 안에서 하나님의 영이 살아 일한다는 말이다.[23] 초기 교회 성도들은 성경을 읽을 때 성령이 살아서 일하시는 것을 경험했고, 이를 그렇게 표현했다.

성령은 표적을 통해 성경의 권위를 증언하신다

다양한 종교적 전통과 세속적 무신론에 노출되어 있는 현대인은 더 이상 아무런 유보 없이 성경을 받아들이지 않는다. 과거 개혁주의자들의 주장

---

22 Stanley J. Grenz, John R. Franke, *Beyond Foundationalism: Shaping Theology in a Postmodern Context* (Louisville: Westminster John Knox Press, 2001) 64-66. 이 책은 고 스탠리 그렌츠의 『복음주의 재조명』(*Revisioning Evangelical Theology: A Fresh Agenda for the 21st Century,* 서울: CLC, 2013)의 착상을 발전시킨 그렌츠와 프랭크의 공저다. 복음주의자들이 포스트모더니즘의 공격에 대해 어떤 신학을 전개해야 하는지에 대한 진지한 고민이 담겨 있다.

23 위의 책, 65.

처럼, 성경의 유일성과 탁월성은 의심의 여지가 없는데 성령이 방점을 찍는 정도가 아니다.[24] 현대인들은 하나님의 존재를 증명해주고 성경을 확증해줄 만한 증거가 필요하다. 이는 마치 아무도 예수를 하나님의 아들로 인정하지 않을 때, 예수님이 자신의 인격과 말씀을 확증하기 위해 초자연적인 '표적'을 보여주신 것과 마찬가지다(요 5:36; 10:38; 행 2:22). 하나님을 모르는 이방 도시에서 복음을 전해야 하는 바울도 복음을 말로만 전한 것이 아니라 "능력과 성령과 큰 확신으로" 전했다(살전 1:5).

모든 사람이 하나님과 성경을 인정하던 크리스텐덤 시대에는 성령의 능력이나 표적과 같은 것은 필요하지 않았을는지 모른다. 그래서 웨스트민스터 신학자들은 "하나님께서 당신의 뜻을 그의 백성들에게 계시하시던 이전의 방식들은 지금은 중지되었다"[25]라고 담대하게 말할 수 있었다. "이전의 방식들"이란 과거 구약 시대와 예수 그리스도께서 행하시던 꿈이나 예언이나 기적과 같은 방식들을 말한다. 이후 장로교회는 신앙고백서의 사상을 받아들였다. 이 사상은 사도와 예언자 같은 교회의 창설 직원에게는 성경을 완성하기까지 표적을 행하는 능력을 주셨다가 성경이 완성된 이후에는 기적이 중지되었다고 고백한다.[26] 향후 다수의 개혁주의

---

24   웨스트민스터 신앙고백서 제1장 5절은 성경이 하나님의 말씀임을 어떻게 알 수 있는가에 대한 대답이다. 성경이 하나님의 말씀임을 증명하는 것은 세 가지다. 첫째, 교회의 증언은 성경을 고상하고 존귀하게 여기도록 우리를 "감동시키고 이끌어준다"(moved and induced). 둘째, 성경 자체의 증언 즉 신령한 내용과 탁월한 효력과 웅장한 문체와 통일성과 같은 것들은 그 자체가 성경이 하나님의 말씀임을 '풍성하게'(abundantly) 증명해주는 증거(evidence)다. 셋째, 성령의 증언은 우리를 '충분한 납득과 확신으로'(our full persuasion and assurance) 이끈다. 이 세 가지 중 가장 중요한 증명은 성경 그 자체다. 성경 자체의 탁월함이 성경이 "무오한 진리요 신적 권위를 가지고 있다는 사실"을 보여주는 증거다. 신앙고백서에 의하면, 성령이 하시는 일은 신자들이 말씀을 읽을 때, 이미 하나님의 말씀으로 증명된 성경이 하나님의 말씀임을 확신시키는 것뿐이다.

25   웨스트민스터 신앙고백서 제1장 1항

26   미국의 정통장로교회(OPC) 교단의 헌법, *The Book of Church Order of The Orthodox*

자들이 주장하는 은사중지론(Cessessionism)의 기초가 바로 웨스트민스터 표준 문서다.[27]

그러나 오늘날과 같은 무신론과 종교 다원주의 시대에는 또다시 성령의 권능과 표적들이 필요하다. 사실 이런 기적들은 그동안 표적이 없이는 하나님의 살아계심을 믿지 않는 선교지에서 자주 일어나는 일이었고, 또한 목회자들이 믿음이 약한 성도들을 위해 늘 기도하는 내용이기도 하다. 우리 시대는 성령의 능력을 통해 성경의 권위가 회복되어야 하는 때다. 성령이 성경의 권위를 보장하는 것이지, 성경이 성령의 권위를 증언할 수는 없다.

물론 능력이 나타난다고 해서 반드시 진리로 증명되는 것은 아니다. 거짓 예언자도 꿈을 꾸고 이적과 기사를 보이기 때문이다(신 3:1-5; 렘 23:25). 그렇다면 진정한 종교와 거짓 종교를 어떻게 구분한단 말인가? 진정한 종교와 거짓 종교를 분별하는 것은 모든 시대의 인류가 당면했던 문제이고, 오랜 세월이 흘렀어도 여전히 풀기 어려운 숙제다. 자세한 분별의 방법은 차차 논하기로 하고, 우선 성령이 그 능력으로 성경의 진실성을 보증해주시고, 성경은 그 기적의 의미를 가르쳐준다고만 말해두자. 말씀

Presbyterian Church, Ch. 5 (1995). 한국의 장로교회도 초기부터 기적에 관한 웨스트민스터 개혁주의자들의 생각을 이어받아 이를 헌법에 명기했다. 1922년 웨스트민스터 교회 규칙을 번역해 헌법을 만들 때, 교회의 직원 가운데 창설 직원(예언자, 사도, 복음 전파자) 항목을 이렇게 서술한다. "우리 주 예수께서 당초에 이적 행할 권능 있는 자로(마 10:1-8) 말미암아 자기 교회를 각국 중에서 선집(選集)하사(시 2:8; 계 7:9) 일체(고전 10:17)되게 하셨느니라(금일에는 차등[此等] 이적 행하는 권능이 정지되었느니라)." 창설 직원에게만 이적 행하는 권능이 있었고, 목사·장로·집사 등의 후대 항존직에는 그 권능이 없어졌다는 말이다.

27 성경의 완성과 더불어 기적도 멈췄다고 주장하는 개혁주의자는, B. B. 워필드, 이길상 역, 『기독교기적론: 사이비 기적과 성경적 기적의 구분』(서울: 나침반, 1989)이 있고, 대표적인 은사중지론은 리처드 개핀, 권성수 역, 『성령은사론』(서울: 기독교문서선교회, 1999)을 보라.

이 없는 성령의 능력은 무의미하고, 성령의 능력으로 보증되지 않은 가르침은 공허하다.

성령이 언어의 의미를 풍성하게 하신다

앞서 성경을 이해하기 어렵게 만드는 한계들이 있다고 했는데, 이를 극복하게 하는 분도 성령이시다. 성경이 쓰인 시대와 우리 시대는 시간적·공간적 차이가 있고, 문화적으로도 다르다. 과거에는 계층적(hierarchical) 세계관이 지배적이었는데 이제는 평등주의적 세계관이 우리 사회의 기초를 이룬다. 우리가 지금 중요하게 생각하는 문제들은 성경에 언급되어 있지 않는 경우가 많고 그 반대도 마찬가지다. 그중 언어가 가장 큰 문제다. 성경 원어가 가진 함의가 번역된 우리말의 함의와 정확히 일치하는지 알 수 없고, 설교자가 전하려는 의도와 듣는 성도가 받아들이는 내용이 같은지 알 수도 없다. 이런 한계들이 우리로 하여금 성경을 정확히 해석하고 전달하기 어렵게 만든다.

그러나 우리가 하나님이 모든 인간 언어의 창시자이시고, 성령은 의사소통을 가능케 해주시는 분이라는 사실을 알 때 해결의 단초가 보인다. 오순절에 성령이 강림하셨을 때, 사도들이 각 나라의 방언으로 말한 것은 우연한 일이 아니다. 오순절의 방언 사건은 과거 바벨탑 사건의 역전 현상이다. 의사소통을 방해함으로써 불순종하는 인류를 심판하셨던 하나님께서, 말세에 성령을 보내셔서 의사소통을 회복해주셨다. 성령이 의사소통을 위해 사용하는 도구가 바로 언어요 문자다. 모든 언어는 근원적으로는 하나님께로부터 나온 것이다.

문화의 차이 때문에 정확한 번역이 힘든 것이 반드시 단점으로 작용할 필요는 없다. 오히려 성경이 서로 다른 함의를 가진 언어로 번역되면서 더욱 풍성한 이해에 도달할 수도 있다. 히브리어로 쓰인 성경이 그리스어로 번역되면서 히브리인과 그리스인의 서로 다른 세계관 때문에 단어의 의미가 확장된 것이다. 성령께서는 번역이라는 방식을 통해 풍성한 이해에 도달하기를 원하신 것이 아닐까?[28]

역사적 사건을 통해 텍스트가 새롭게 해석되고 그것들이 쌓여서 신학이 형성된다. 신학이 형성되는 과정은 텍스트의 풍성한 의미가 축적되어가는 과정이다. 역사적으로 해석된 텍스트는 원래의 의미로 돌아가기 위해 극복해야 할 장애물이 아니다. 해석자 자신이 역사적으로 형성되어 왔기 때문에 역사를 극복할 수도 없거니와 그렇게 할 필요도 없다. 성경의 한 구절을 읽을 때 우리는 하나님께서 원래의 독자들에게 주셨던 의미뿐 아니라 하나님께서 그 말씀을 통해 일하셨던 많은 사람이 보여준 풍성한 의미를 함께 받아들인다.[29]

성령은 지성에 끼친 죄의 영향을 극복하게 하신다

앞서 살펴보았듯이 우리가 성경을 제대로 해석하지 못하는 것은 성경과 우리의 문화와 언어가 다르기 때문만이 아니다. 우리 자신의 죄와 욕심이 우리의 눈을 가리는 것이 더 큰 문제다. 어쩌면 이게 본질적인 문제다. 마

---

28 이 글을 완성한 후 나와 거의 똑같은 생각을 하는 책을 읽었다. 역시 해 아래 새 것은 없다. 앤드루 월스, 방연상 역, 『세계 기독교와 선교 운동』(서울: IVP, 2018), 특히 제3장 "기독교 역사에서의 번역 원리"를 보라.

29 가다머의 '영향사'(Wirkungsgeschichte [Reception History])와 '지평 융합' (Horizontverschmelzung [Fusion of Horizens])을 떠올리는 독자가 있을 것이다. 가다머의 개념은 우리가 지금 말하는 것과 비슷하지만, 우리는 가다머와는 다르게 상대주의로 빠질 염려가 없다. 우리에게는 텍스트인 성경이 있고, 그 성경을 바로 해석해주시는 성령이 계시기 때문이다.

음은 인격의 중심이고, 지성적 사고와 의지와 태도와 말의 근원이며 도덕과 양심의 자리이기도 하다. 그런데 타락한 후 인간의 마음이 더러워지고 자기중심적인 인간이 되었기에, 마음의 일부분인 지성도 타락했다. 성경을 해석하는 사람들은(주로 목회자와 신학자들) 모두 죄와 욕심에 물든, 그러면서도 자신이 그런 존재라는 것을 잊은 사람들이다. 우리는 성경말씀 가운데 일부를 의도적으로, 혹은 자신도 모르는 채 실수로 (이 둘의 차이는 그렇게 크지 않다) 지나치기 일쑤이고, 때로는 왜곡한다. 죄가 올바른 성경 읽기를 방해하는 것이다.

우리는 우리의 죄를 극복하지 못한다. 죄가 우리 **속**에 자리 잡고 있기 때문이다. 오직 성령이 우리로 하여금 우리 자신의 문제를 깨닫게 하실 때, 그리고 그것을 극복할 용기를 주실 때에만, 비로소 죄에 오염된 해석을 뛰어넘어 하나님이 원하시는 말씀에 도달할 수 있다. 성령이 우리의 마음과 지성을 지배할 때, 또 우리가 성령의 인도하심에 무릎을 꿇을 때만, 비로소 하나님의 말씀을 바로 읽을 수 있다.

3. 성령의 뜻대로 성경을 해석하는 법

지금까지의 논의를 정리해보자. 우리는 과거 크리스텐덤 시대 신학자들이 가졌던 성경에 대한 믿음과 이성을 더 이상 신뢰하지 않는다. "선하고 필연적인 귀결"로 성경을 쉽게 해석할 수 있다는 주장은 소박한 생각임이 드러났다. 먼저 문화적·언어적으로 너무 다르기 때문에 성경을 올바로 해석했는지를 알기가 어렵다. 또한 우리의 지성이 죄의 영향을 받고 있기 때문에 나도 모르는 사이에 편향되게 성경을 해석한다. 오직 성령만이 올바른 성경 해석을 가능하게 하신다. 성경의 원저자인 성령이 그 뜻을 조명해 알려주시고, 죄의 영향을 받는 자아를 굴복시키신다. 문화적으로 편향된 해석이 아니라 각 문화에 꼭 맞는 의미들의 총합을 통해 더욱 풍부한 이해에 도달하게 하신다.

나의 의지를 성령께 복종시키라

이쯤 되면 독자들의 마음에 다음과 같은 질문이 솟아날 것이다. "성령이 성경을 해석한다고 말할 때 주관성에 빠지지 않겠는가? 성령이 우리의 마음에 말하고 우리는 그의 음성을 듣는다면, 누가 그 객관성을 보장해줄 수 있는가? 자기 마음에서 나오는 소리와 성령의 음성을 어떻게 구분할 수 있는가? 과거 개혁주의자들은 객관적으로 기록된 말씀인 성경이 객관성을 보장해준다고 주장했지만 그럴 수 없다는 것이 판명되었기에, 성령이 우리 마음에 성경을 해석해준다고 말하는데, 이 역시 우리를 주관성의 늪에 빠지게 하는 것이 아닌가?"

우리의 논의를 진행하기 위해 우선 인정해야 할 것은 성경 해석의 객관성을 보장해주시는 분이 성령이라는 사실이다. 성령은 성경의 저자이고 우리의 상황을 잘 아는 분이기 때문에, 무엇보다도 그는 하나님이시기 때문에 항상 객관적이고 항상 옳다. 오류가 없으신 성령께서는 죄에 오염되고 오류로 점철된 우리들에게 자신의 뜻을 전달하기를 기뻐하신다. 문제는 그분의 뜻을 전달받는 우리 자신에게 있다. **따라서 우리의 문제는 성령의 객관적이며 적실성 있는 해석을 우리가 어떻게 오류 없이 알아들을 수 있느냐 하는 것이다.**

성령의 뜻대로 성경을 바로 해석하기 위해 우리에게 필요한 것은 다음의 두 가지다. **첫째, 내 의지를 성령께 맡기는 훈련을 해야 한다.** 죄악과 욕심으로 가득한 마음을 내려놓고, 성경을 통해 주시는 성령의 음성에 귀를 기울이는 것이다. 성경을 읽기 전에, 설교를 작성하기 전에, 신학적 논의를 시작하기 전에, 우리는 성령의 도우심을 간절히 구해야 한다. 성령께 복종하려는 마음을 다르게 표현하면 곧 자신을 돌아본다는 말이다. 자신도 알지 못하는 사이에 죄악에 오염되지는 않았는지, 자칫 자기의 입지를 강화하기 위해 본문을 끌어쓰고 있는 것은 아닌지 깊이 생각해야 한다. 마음이 깨끗해지기 전에는, 우리의 의지를 하나님께 맡기기 전에는 성경을 바로 해석할 수 없다.

특히 자신의 계급적 입장에 대해 충분히 반성해야 한다. "존재가 의식을 규정한다"고 설파한 사회학자 만하임의 주장을 무겁게 받아들여야 한다. 예를 들어 중형 교회나 대형 교회를 목회하는 담임 목사는 대체로 중산층 이상의 삶을 산다. 목사들에게 이미 중산층-남성-중년의 가치관이 내면화되어 있기 때문에, 성경을 해석할 때도 그 가치관이 반영되기 마련이다. 자신은 하나님의 말씀에만 충실하려 한다고 생각하지만 사실은 편견에 사로잡혀 있다. 말씀에 충실하면 할수록 역설적이게도 더욱 자신의 가치관에 의해 채색된 말씀이 전달된다. 이들의 보수적 이념이 담긴 메시지가 보수적 이념을 전달하기에 최적화된 기독교 매체들을 통해 유통된다. (마샬 맥루한의 말처럼 매체가 곧 메시지다.) 나는 우리 기독교의 메시지가 보수화되는 이유가 바로 여기에 있다고 생각한다.

변화의 가능성은 아주 낮다. 아니, 거의 없다고 봐야 한다. 변화를 위해서는 자기를 돌아봐야 하는데, 자기를 돌아보도록 해주는 성경 말씀을 이미 자기식으로 내면화했기 때문이다. 바로 여기에 묵상이 필요하다. 깊은 묵상을 통해 책망하시는 성령의 음성을 들어야 한다. 이를 다른 말로 하면 자기의 내면 깊숙이 자리 잡고 있는 욕망이 무엇인지 밝혀내고 이를 끊을 수 있어야 한다. 그리고 그 묵상의 끝에 기도가 따라온다. 기도는 경건의 업적을 쌓는 것이 아니다. 오히려 기도는 자기 속에 있는 부패한 생각을 버리기 위한 몸부림이다.

기도로 과연 가능할까? 우리는 기도 시간에 자신을 깊이 들여다보기도 하지만, 더 많은 경우 기도는 자기의 생각을 강화한다. 말씀 읽기와 기도가 순환적으로 서로를 보강하며 기존 가치관을 더욱 공고하게 만든다. 따라서 충격이 필요하다. 고난이라는 메스가 나를 감싸고 있는 두터운 기름 덩어리를 뚫고 내 영혼의 환부를 도려내기도 한다. 아니면 나와 가까운 사람의 고난에 동참함으로써 콘크리트 같은 내 이념에 균열이 생길 수도 있다. 중대형 교회의 담임 목사들이 교회를 부정하는 똑똑한 안티 기독교 청년들과 일 년에 두세 시간 정도만 진지하게 대화한다면 지금처럼 안일하게 자기만족에 빠져 있지는 않을 것이다.

변화의 가능성은 낮지만 그렇다고 아주 없는 것은 아니다. 단지 그 가능성의 문은 자신이 문(門) 없는 자아의 벽에 둘러싸여 있음을 알고 있는 사람에게만 가끔씩 언뜻언뜻 열릴 뿐이다. 자기를 쳐서 복종시키는 기도와 말씀의 진리에 도달하기 위한 처절한 노력이 선순환을 이룰 때 그 문은 조금씩 확장될 것이다.

"그리스도의 마음"을 가지라

자신을 돌아보는 것만으로는 충분하지 않다. **두 번째가 필요한데, 이는 성경 전체를 통달(通達)함으로써 그리스도의 마음(mind of Christ)을 가지는 것이다.** 첫 번째가 소극적이라면 두 번째는 적극적인 방법이다. '그리스도의 마음'을 가진다는 것이 무슨 뜻일까? 다음의 두 구절을 읽어보자.

깊도다! 하나님의 지혜와 지식의 풍성함이여, 그의 판단은 헤아리지 못할 것이며 그의 길은 찾지 못할 것이로다. 누가 **주의 마음**을 알았느냐?

누가 그의 모사가 되었느냐?(롬 11:33-34)

누가 **주의 마음**을 알아서 주를 가르치겠느냐? 그러나 우리가 **그리스도의 마음**을 가졌느니라(고전 2:16).

두 구절에서 공통적으로 사용되는 표현이 바로 "주의 마음" 혹은 "그리스도의 마음"이다. 여기서 사용된 '마음'은 '누스'(νοῦς)라는 그리스어 단어의 번역어로서, 영어를 사용하는 이들은 누스를 주로 'mind'로 번역한다. 'mind'는 'heart'와는 다소 다른 함의를 가진 단어로서 '사고'(思考), '이해력', '지능' 등을 의미한다.

로마서 11장의 인용 구절은 하나님이 하시는 일을 인간이 파악할 수 없다는 고전적인 고백이다(참고. 사 40:13). 말미의 '모사'(counsellor)라는 단어는 고대 왕궁의 직임 중 하나로서, 왕과 가까이에 있으면서 내치와 외교에 대해 왕에게 조언하는 사람을 뜻한다. 그러므로 "누가 그의 모사가 되었느냐?"라는 말은, 하나님의 지혜는 모든 천사와 사람을 능가하기 때문에 아무의 조언도 받을 필요가 없다는 뜻이다.

고린도전서 2:16의 전반부인 "누가 주의 마음을 알아서 주를 가르치겠느냐?"는 고백도 언뜻 보면 같은 주장을 담고 있는 것처럼 보인다. 하지만 "그러나 우리가 그리스도의 마음을 가졌느니라"는 후반부는 무슨 말인가? 어떻게 바울이 감히 자신이 그리스도의 마음을 가지고 있다고 말할 수 있을까? 자신이 그리스도의 모사라도 되었다는 말인가? 그렇다! 바울이 그리스도의 마음을 가졌다는 말은 그의 생각이 예수님의 생각과 일치했다는 의미다. 그가 예수님의 심정을 느꼈다는 뜻이라기보다는(예컨대 빌 2:5의 경우와 같이), 어떤 사안에 대해 예수님이 가지셨을 법한 견해를 그도 갖게 되었다는 뜻이다.

"그리스도의 마음을 가졌다"는 말의 뜻을 정확히 알기 위해서는 고린도전서 2장 전체를 읽어야 한다. 바울은 자신이 성령을 받았고 성령께서 하나님의 속에 있는 모든 것을 알려주셨기 때문에 이런 고백을 할 수 있다고 증언한다(고전 2:10-12). 그렇다면 하나님의 성령을 받은 사람은 누구나 그리스도의 마음을 가졌다고 말할 수 있을까? 그렇지 않다. 한 가지가 더 있다. 바울이 자신이 그리스도의 마음을 가졌다고 한 것은 바로 그가 "신비(μυστήριον [mystery]) 속에 감추어진 하나님의 지혜"를 알았기 때문이다(고전 2:7). 바울이 하나님의 '신비'를 깨달았다고 고백할 때는 단순히 십자가를 통한 하나님의 구원의 도리를 깨달았다는 의미가 아니다. 바울은 하나님께서 역사 속에서 일하시는 방법, 즉 "은혜의 경륜"을 깨달았다(엡 3:2). 하나님이 먼저 유대인을 택해 당신의 백성으로 삼으시고, 유대인이 반역하는 것을 통해 그 복음이 이방인에게 전파되어 온 인류가 구원을 얻게 되는 구원의 역사(歷史) 말이다(참고. 롬 11:25-32; 엡 3:3-13).

생각해보라. 구약성경을 누구보다 잘 알고 있던 바울, 나무에 달려 죽은 자가 어떻게 구원자가 될 수 있는지를 고민하던 바울, 하나님이 택하신 이스라엘은 예수를 믿지 않고 대신 이방인이 더 잘 믿는 현실을 어떻게 설명해야 할지 몰라 성경을 붙잡고 씨름하던 바울, 이스라엘 사람 중의 이스라엘 사람인 자신을 하나님이 왜 이방인의 사도로 부르셨는지, 또 왜 자신을 죽이기로 작정한 자 같이 온갖 위험에 처하게 하시는지를 몰라 몸으로 괴로워하던 바울이다. 이런 바울이 성경을 연구하며 묵상하다가 구속의 역사를 관통하는 하나님의 경륜을 선명하게 이해했을 때, 그의 머리끝부터 발끝까지 퍼지는 전율! 이를 '신비'라는 단어 외에 달리 어떻게 묘사할 수 있겠는가? 또한 이를 성령의 가르치심으로 알게 되었다는 고백 외에 어떤 방식으로 설명할 수 있을까? 이 순간이 바로 그가 "그리스도의 마음"을 가진 순간이었다!

토타 스크립투라

각각의 성경 저자들에게 영감을 주셔서 성경을 저술하도록 하신 분, 성경 전체를 오케스트레이션(orchestration)한 분이 성령이시다. 따라서 성경 전체의 의미를 깊이 이해할 때 우리는 성경의 사람이 되는 것이고, 이 사람을 그리스도의 마음을 가진 사람이라고 부른다. 전통적인 개혁주의자들은 "오직 성경으로"(sola scriptura)뿐 아니라 "성경 전체로"(tota scriptura)를 주장했다. "성경을 해석하는 무오류의 규칙은 바로 성경 자체다"[30] 라는 고백이 이들의 성경에 대한 또 하나의 신앙이었다. 유기적으로 연결된 성경 전체를 이해할 때 비로소 진정한, 그리고 온전한 해석에 도달한다는 의미다.

"성경 전체로"를 설명하는 방식은 두 가지다. 하나는 성경 전체를 완성된 퍼즐로, 각각의 구절을 퍼즐 한 조각으로 설명한다. 성경 전체는 1,000개의 피스로 구성되어 있는 퍼즐인데, 여기서 한 조각만 없어도 전체가 불완전하다는 식이다. 그러나 나는 몸과 세포의 비유가 성경 전체와 각 구절의 관계를 더 잘 설명한다고 생각한다. 성경의 각 절은 세포(細胞)이고 그 세포들이 모여서 이루는 몸은 성경 전체다. 각 세포는 몸 안에서 자기가 맡은 독특한 역할을 하면서도 사람의 몸 전부에 대한 정보가 들어 있다. 마찬가지로 성경의 각 구절들은 성경 전체를 구성하는 작은 부분이면서도, 성경 전체가 한 구절 안에 포함되기도 한다. 우리가 성령의 도우심으로 한 단락만 제대로 해석해도 우리는 생명을 얻고, 한 구절과만 제대로 조우(遭遇)해도 우리의 일생을 인도할 빛을 얻을 수 있다. 그러나 성경의 구절과 단락과 사건과 인물을 많이 알면 알수록 의미의 층이 깊어지고 단단해지고 촘촘해지며 풍성해진다. 독특한 상황 속에서 하나님의 다양한

30　웨스트민스터 신앙고백서 1장 9절.

역사가 기록된 성경의 각 단락은 모두 독특한 의미가 있기 때문이다.

남자와 여자가 하룻밤 만나고 헤어져도 그 기억만으로 평생을 서로 그리워하는 사랑도 있을 수 있다. 마치 영화 〈어거스트 러쉬〉(August Rush)의 밴드 싱어 남주인공과 첼리스트 여주인공처럼 말이다. 그러나 이는 그야말로 영화에서나 나올 법한 이야기다. 물론 세상에는 말씀 한 구절을 통해 예수님을 만나고, 또 한 구절을 통해 일생을 헌신하며 사는 사람도 있기는 하다. 그러나 통상적으로는 이런 하룻밤 상대(one night stand)보다는 오랜 세월 동안 같이 살면서 고락을 함께한 부부가 서로의 마음을 이해하는 법이다. 이들은 함께 많은 사건을 경험하면서 서로의 생각을 이해하고 가치관을 공유한다. 이럴 때 아내는 남편의 '마음'을 가졌다고 말할 수 있다.

성경과의 만남(encounter)을 수백 번, 수천 번 하면, 그래서 성경에 계시된 하나님의 뜻의 큰 그림을 이해하면, 우리는 드디어 "그리스도의 마음"을 가졌다고 말할 수 있다. 어떤 사건을 볼 때 그리스도의 심장으로 느끼고, 그리스도께서 하셨을 법한 해석을 하며, 그리스도가 하신 일을 하고 싶어 하는 것이다. 누가 이런 경지에 올랐다고 감히 말할 수 있겠는가? 사도 바울 정도면 모를까? 정도의 차이는 있다. 남편과 아내가 백 년을 함께 살아도 이 둘의 뜻이 일치하기란 불가능한데, 예수님과 같은 마음을 품었다고 어떻게 말할 수 있겠는가? 목표를 거기에 두자는 말이다. "나의 품은 뜻 주의 뜻 같이 되게 하여 주소서"(통일찬송가 540장 2절). 이것이 내 개인적인 목표요 소원이다.

"신령한 자는 모든 것을 판단하나 자기는 아무에게도 판단을 받지 아니하느니라"(고전 2:15). 이 말씀은 그리스도의 마음을 가진 사람에 대한 성경의 묘사다. 그는 그리스도의 마음을 소유했기에 세상을 판단하고 사건들을 분별할 수 있지만 타인의 판단에 구애받지 않는다. "너희가 내 안에 거하고 내 말이 너희 안에 거하면 무엇이든지 구하라. 그리하면 이루리라"(요 15:7)라는 예수님의 말씀이 비로소 성취된 것이다. 이는 고지에 우뚝 서서 발밑의 산하를 경멸하듯이 내려다보는 산양(山羊)과 같고, 사랑하는 이의 품에 안겨 사랑을 만끽하는 여인과도 같다 할 수 있다.[31]

글자는 죽이고 영은 살린다[32]

성령과 성경 해석에 관한 내 주장을 지지하는 성경 본문을 한 군데만 살펴보고자 한다.

> 그가 또한 우리를 새 언약의 일꾼 되기에 만족하게 하셨으니, 율법 조문으로 하지 아니하고 오직 영으로 함이니, 율법 조문은 죽이는 것이요 영은 살리는 것이니라(고후 3:6).

고린도후서에는 바울이 예루살렘에서 고린도로 들어온 율법주의자 논객들과 벌이는 논쟁이 생생하게 기록되어 있다. 율법주의자들은 이

---

31 여기서 오리게네스의 해석학을 생각해볼 수 있다. 크리스토퍼 홀, 이경직 외 역, 『교부들과 함께 성경 읽기』(서울: 살림, 2008). 특히 제6장 "교부와 성경: 알렉산드리아의 주석"을 참고하라. 사람들이 오리게네스 해석학의 삼중 의미(문자적·도덕적·영적)를 반대하는 이유는 '영적' 해석이라는 이름으로 제멋대로 해석할 수 있는 가능성을 열어놓았기 때문이다. 그러나 진정한 의미의 '영적' 해석은 성경에 대한 통합적 이해를 가진 사람(그리스도의 마음을 가지게 된 사람)이 할 수 있다.

32 아래의 본문 주해는 Sungkook Jung, "Paul's Missional Use of Scripture: A Redefined Approach with Special Reference to 2 Cor 3," 미간행 박사 학위 논문, Westminster Theological Seminary, 2010을 참고했음을 밝혀둔다. 또한 동일한 저자 정성국의 박사 학위 논문 일부를 발췌한 논문도 보라. "바울의 선교적 구약 사용: 고린도후서 3:1-6의 예증을 통한 방법론적 재고찰과 제안", 「신약연구」 제10권 2호(2011년 6월), 265-302.

방인도 예수 믿은 후에 할례, 음식법, 안식일 등의 율법 조항들을 지켜야 한다고 주장했다. 바울은 고린도후서를 통해 자신을 "새 언약의 일꾼"이라 부르고 율법주의자들을 "광명의 천사로 가장"한 "사탄의 일꾼"이라고 혹평했다(고후 11:14-15). 그는 고린도후서에서 자신과 거짓 스승과의 차이점에 대해 여러 가지로 논하고 있는데, 그중 가장 핵심적인 부분이면서도 가장 이해하기 어려운 부분이 바로 3장이다.

새 언약의 일꾼인 바울과 거짓 스승의 가장 큰 차이점은 무엇인가? 바로 구약성경을 해석하는 방법의 차이다. 바울에 따르면 거짓 스승들은 "마음이 완고하여 오늘까지도 구약을 읽을 때에 그 수건이 벗겨지지 아니하고 있다"(고후 3:14). 여기 "마음이 완고"하다는 표현을 글자 그대로 옮기면 "사고력이 돌과 같이 단단하다"이다. 그들은 마치 수건이 그 얼굴을 덮는 것처럼 그 마음이 덮여서 선명하게 보지 못하고 글자만 본다. 그러나 바울과 같은 새 언약의 일꾼은 구약성경의 '글자'를 읽는 사람이 아니라 '영'을 읽는 사람이다.

고린도후서 3장은 옛 언약과 새 언약을 대비하는 예레미야 31:31-34과 에스겔 36:24-27을 반영하고 있다. 옛 언약은 돌판에 쓰였으나 새 언약은 마음 판에 새겨졌기 때문에 누구나 쉽게 그 말을 이해하고 하나님을 알게 될 것이다. 옛 언약을 고수하는 사람들의 마음은 돌과 같이 굳지만, 새 언약의 사람들은 살(flesh)과 같이 부드러워질 것이다. 옛 언약과 새 언약의 가장 중요한 차이는 "새 영"을 받는 것이다. 새 영을 받으면 마음이 새롭게 될 것이요, 굳은 마음이 없어지고 잉크로 쓰인 계명의 본뜻을 알고 이를 지키게 될 것이다(겔 36:26-27).

"율법 조문은 죽이는 것이요, 영은 살리는 것이니라"는 말씀은 무슨 뜻인가? 개정개역의 '율법 조문'은 의역이고 단순히 '글자'(the letter)로 번역하는 것이 올바른 번역이다. 글자를 믿는 사람과 영을 따르는 사람을 대조했는데, 이는 수사(修辭)를 위한 과장된 표현이다("글자는 죽이는 것이요"라는 구절을 글자 그대로 받아들이면 안 된다. 결국 십계명 두 돌판의 글자도 하나님이 당신의 손가락으로 쓰신 것이 아닌가!). 이 말은 글자에 집착해 할례와 음식법과 안식일 같은 것을 고집하는 사람들을 비판하는 말이다.

그러면 '영으로' 구약을 해석하는 것은 어떻게 하는 것인가? 두 가지 해석이 있을 수 있는데, 하나는 이 구절을 구약의 '돌판'과 '마음 판'(예레미야), '돌과 같은 마음'과 '고기와 같은 마음'(에스겔)을 대조시킨 구약성경의 메아리(echo)로 보는 것이다. 이 경우 '새 영'을 주시겠다고 한 에스겔의 예언에 따라 '영'을 '성령'(the Spirit)으로 번역해야 한다. 이것은 성령께서 부드러운 마음을 주시고 율법을 마음에 새겨 옳게 이해하고 지킬 수 있게 하신다는 의미다. 두 번째 해석은 당시 그리스어와 그 배후에 있는 고대 그리스 철학의 영향을 염두에 두었을 수도 있다. 즉 문자적인 의미를 취하지 말고 저자의 의도를 먼저 파악하라는 뜻으로서, 이 경우는 '영'을 소문자 '영'(the spirit)으로 번역해야 할 것이다.[33] 바울의 마음속에는 구약의 의미와 그리스적 의미가 겹쳐졌을 것이다. 즉 (그리스적으로) 구약을 해석할 때 저자의 의도를 살려 하나님께서 과연 어떤 마음으로 계명을 주셨을까를 생각해야 하며, (히브리적으로) 이 하나님의 마음을 알려주시는 분이 바로 성령이라는 것을 알아야 한다.

이렇게 구약성경을 읽는 것은 곧 그리스도 중심(Christocentric)으로 읽는 것이다. "주(예수님)는 영이시니 주의 영이 계신 곳에는 자유가 있느니라"(고후 3:17)라는 말씀이 그 뜻이다. 율법에 얽매인 해석이 아닌 성령이 주신 자유를 가지고 구약을 해석할 때, 예수님이 이루신 속죄 사역의 참 의미가 보인다는 의미다. 또한 예수님을 마음에 모신 사람들, 곧 예

---

33 위의 논문, 238-261 참고.

수님의 마음을 품은 사람들은 성령이 주시는 자유를 가지고 성경을 해석한다는 의미이기도 하다. 사도 바울은 이런 해석 방법으로 기독교의 세계화에 걸림돌이 되는 할례, 안식일, 음식법 등을 뛰어넘을 수 있었다.

오늘날 우리의 성경 해석도 이러해야 한다. 성경의 참 저자인 성령의 인도를 받아야 하고, 성령은 그리스도를 증언하는 영이기 때문에 그리스도의 마음으로 성경을 읽어야 한다. 문자가 중요하지만 그 문자 배후에 있는 정신이 더 중요하다. 이렇게 될 때 진정한 자유를 맛본다. 특히 오늘날과 같이 전통적인 교회가 수명을 다하고, 그 기초인 전통적 신학이 변화의 걸림돌처럼 보이는 때에 더욱 그러하다. 수건에 덮인 마음, 완고한 지성으로 전통적 신학의 문자에 얽매여 있을 것인가, 아니면 주의 영의 인도를 따라 주의 영광의 자유로 나아갈 것인가?

4. 성령의 인도를 확인하는 법

앞서 나는 성경 해석의 주체가 성령이라는 성경의 가르침을 증명했고, 또한 성령의 인도에 따라 바른 해석을 위해 어떤 자세를 취해야 하며, 어떻게 성경을 읽어야 하는지에 대해서도 이야기했다. 여기까지는 동의가 된다 하더라도, 앞서 이야기했던 질문에 대해서는 아직 대답하지 않았다. 바로 어떻게 주관주의에 빠지지 않을 것인가 하는 문제다. 너도나도 성령의 계시 혹은 조명을 받았다고 하면서 자신의 진정성을 주장할 때 이 중 어떤 것을 옳은 것이라 판단할 수 있는가? 기도 좀 한다는 사람이 서로 자신이 받은 영이 진짜이고 다른 사람에 대해서는 거짓 영을 받았다고 한다면 이를 판단할 사람은 누구인가? 교육을 제대로 받지 못한 낮은 계층의 사람들이 성령의 이름을 빙자해 선량한 풍속을 해치고 나아가서 기존 질서를 뒤집으려 한다면 어떻게 하겠는가? 결국 성령을 받았다고 하는 것의 진위를 판단할 수 없기 때문에 상대주의에 빠지게 되지 않겠는가? 여기서는 바로 이 문제를 다루고자 한다. 과연 우리가 성령의 주도권을 인정하면서도 주관주의와 독선 혹은 상대주의로 전락하지 않을 수 있을까? 성령의 인도를 확인하는 방법은 무엇일까? 성령과 거짓 영을 어떻게 구분할 수 있을까? 본격적인 답을 말하기 전에 먼저 세 가지를 지적하고자 한다.

첫째, 성령이 성경을 해석한다고 주장할 **때만** 독선과 상대주의에 빠지는 것이 아니라는 사실을 우선 지적하고 싶다. 주관성이 강한 **성령**이라는 요인을 해석 과정에 포함시키지 말고, **성경**이라는 텍스트를 엄격한 해석의 방법에 따라 해석함으로 객관성을 보증할 수 있다고 생각하는 사람들의 경우를 예로 들어보자. 앞서 살펴본 웨스트민스터 신앙고백서 제1장 9항은 성경 텍스트의 의미는 여러 가지가 아니라 한 가지 참되고 완전한 의미뿐이며, 정당한 분별력을 가진 사람들이 제대로 주석한다면 그 한 가지 의미에 도달할 것이라고 주장한다. 그러나 과연 그런 일이 이루어졌는가? 사람들이 단어의 외연과 함의를 따지고, 문장과 구문을 이해하며, 저자와 독자의 역사적 배경을 살핌으로써 정확하고 엄밀한 이해에 도달할 수 있었는가? 주석의 성과가 축적되면서 성경 한 구절이 하나의 진정한 의미로 수렴되어갔는가? 혹시 온갖 새로운 비평적 주해(criticism) 방법이 새롭게 등장하면서 더 혼란스러워진 것이 아닌가? 주경학자들은 인용에 인용을 더한 두꺼운 주석서를 출간해서 독자들이 길을 잃게 만들지 않는가? 신학생들은 여러 가지 최신 비평 방법을 따라 헤매다가 회의에 빠지지 않는가?

예컨대 시중에서 판매되는 로마서 주석들을 모아보자. 모두 몇 종이나 될까? 학파에 따라, 비평적 방법의 발전에 따라, 복음주의와 에큐메니컬의 진영에 따라, 문학과 사회학 이론의 적용에 따라, 수많은 로마서 주석들이 쓰였다. 이들은 저마다 이전의 해석은 틀렸으며 자신의 해석이 옳다고 목소리를 높인다. 우리는 둘 중 하나를 선택해야 할 기로에 놓여 있다. (예컨대) 톰 라이트의 주석이 가장 포괄적이고 정확한 해석을 하고 있다고 주장하는 독선(獨善)에 빠질 것인가, 아니면 이 세상의 누구도 그 주석들의 신뢰도를 판단할 만한 능력을 갖고 있지 않다고 함으로써 상대주의(또는 회의주의)에 빠질 것인가?

일곱 눈, 일곱 영

둘째, 성령이 주시는 "참되고 완전한" 의미는 하나밖에 없는 것이 아니라는 점이다. 과연 성경의 '의미'라는 것이 무엇일까? "나는 그 의미를 깨달았어"라고 말할 때 과연 내 안에서 어떤 현상이 일어난 것일까? 의미가 무엇인지를 설명하는 것은 언어 철학의 긴 역사를 되풀이해야 하는 것이므로 여기서 다 이야기할 수는 없다. 다만 한 가지, 한 단어가 일대일로 어떤 사물과 상응한다거나, 한 명제가 어떤 사건을 정확하게 묘사할 수 있는 것은 아니라는 점만 분명히 해두자. 웨스트민스터 신앙고백서 제1장 9절이 말하는 단 "하나의 참되고 완전한 의미"를 찾는 것은 불가능하다는 말이다. 원래 하나님은 한 명제에 대한 정확한 답을 가지고 계신데 타락해 죄에 빠진 우리가 못 찾는 것이 아니다. 의미란 것은 처음부터 그런 식으로 주어진 것이 아니다.

　　비유를 들어보자. 의미를 알아가는 것은 빈센트 반 고흐의 작품 "별이 빛나는 밤"을 감상하는 것과 같다. 미술에 문외한인 사람이 이 그림을 본다면 그저 멋지다고 느끼면서도, 소용돌이치는 별과 활활 타는 검은 나무를 보면서 동화와 같다고 생각할 것이다. 하지만 색의 조합과 구도와 붓의 터치와 소재를 배운 사람이라면 얻는 것이 훨씬 많을 것이다. 고흐

미술의 특징과 그의 발전 과정을 이해한다면, 더 나아가서 미술사와 미학과 예술 철학을 연구한다면, 그는 이전과 다르게 "별이 빛나는 밤"을 보면서 더 풍성하게 그 의미를 얻을 것이다. 또한 한 사람이 감상한다 해도 그의 상황과 감정 상태에 따라 그 의미가 상당히 달라진다. 어제 본 그림과 오늘 본 그림이 다르고, 어렸을 적 보았던 그림과 노인이 되어서 보는 그림이 다르며, 가슴 벅찬 기쁨을 안고 보는 것과 자살을 생각하면서 보는 그림이 다르다.

나는 성경의 언어도 그와 같다고 생각한다. 성경의 한 단어, 한 구절, 한 문장은 여러 겹(layer)으로 된 의미의 층(層)이다. '겹'이라는 표현 대신 '결'이라는 말도 좋겠다. '겹'이 정태적이라면 '결'은 부드러운 다이내믹을 묘사하는 아름다운 우리말이다. 혹은 여러 의미들이 서로 연결되고 겹치고 보완하는 관계를 가졌다는 것을 강조하기 위해 의미의 '망'(網, web)이라고 해도 좋겠다. 성경을 배워서 안다는 것은 그 의미의 겹을 하나씩 벗겨 그 안에 숨겨진 속살을 맛보는 것이고, 의미의 결의 흐름에 나를 맡기는 것이며, 복잡한 그물('망')의 벼릿줄(綱)을 잡는 법을 배우는 것이기도 하다. 성경을 이해하는 과정은 성경이 가지는 풍성한 의미의 세계 속으로 나를 던져 넣는 과정이다. 마치 미술을 아는 사람은 "별이 빛나는 밤"을 더 풍성하게 감상할 수 있는 것처럼, 많이 아는 사람은 더 잘 이해하고, 모르는 사람은 모른다. 이것이 바로 주님께서 "무릇 있는 자는 받아 넉넉하게 되되, 없는 자는 그 있는 것도 빼앗기리라"(마 13:12)고 하신 말씀의 의미다.

성경의 한 단어가 얼마나 두꺼운 의미의 층을 가지고 있는지 예를 하나 들어보겠다. 한번은 예수님께서 병 고침 받기 위해 모여든 백성들을 보면서 그들이 "목자 없는 양"과 같다고 하신 적이 있다(마 9:36). 여기서 구약성경의 다음 몇 구절을 자세히 읽어보라.

한 사람을 이 회중 위에 세워서…여호와의 회중이 **목자 없는 양**과 같이 되지 않게 하옵소서(민 27:16-17).

온 이스라엘이 **목자 없는 양** 같이 산에 흩어졌는데…(왕상 22:17).

목자가 없으므로 그것들이 흩어지고 흩어져서 모든 들짐승의 밥이 되었도다(겔 34:5).

백성들이 **양 같이 유리하며 목자가 없으므로** 곤고를 당하나니(슥 10:2).

예수님이 백성들을 보시고 "목자 없는 양" 같다고 말씀하신 것은 모세와 미가야와 에스겔과 스가랴가 축적해놓은 길고 두터운 의미의 층 위에서 말씀하신 것이다. 이것은 목자의 소명과 책임감, 거짓 예언자가 진정한 예언자를 박해하는 모순적인 상황, 자기만 먹이는 당시 지도자들에 대한 책망, 진정한 목자로서 자기 백성을 불쌍히 여기는 동정심, 얼마 못 가서 버림을 받고 죽임 당하게 될 자신의 처지 등을 모두 포함한다.

다른 한편으로 예수님의 이 표현을 깨닫기 위해서는 구약성경의 의미의 층을 아는 것만으로 충분치 않다. 우리 시대에도 만연한, 자기만 먹이는 목자들을 경험해본 사람이 이 구절이 가진 분노를 안다. 자신이 목자가 되어서 고통에 빠진 사람들을 인도해본 사람만이 이 구절이 가진 아픔에 동참한다. 개혁을 거부하는 우둔한 이 시대 목자들의 강고한 벽에 부닥쳐본 사람만이 이 구절이 가진 전복(顚覆)적 의미를 이해한다. 그 강고한 벽에 자신을 던져 희생한 사람만이 이 구절이 가진 종말론적 소망을 절감한다.

"목자 없는 양"이라는 관용구 하나에 이렇게 다양하고 풍성한 이해가 숨어 있다. 마찬가지로 성경은 수천수만의 단어와 관용구와 수사법과 사상들이 촘촘한 의미의 그물망으로 짜여 있는 책이다. 성경 텍스트 자체가 이렇게 중첩되고, 역동적이며, 풍성한 의미를 지니고 있기 때문에 그 텍스트를 읽는 다양한 사람에게 다양한 의미로 다가올 수 있는 것이다. 수많은 위대한 설교가와 성경학자들이 자신의 상황에 따라 읽고 느끼며 깨닫고 설교하며 저술하면서 그 의미의 풍성함이 완성되어가는 중이다.

그러니 성경 해석이 다양한 것은 당연하다. 개인이 성경을 읽고 묵상할 때 성령께서 각자에게 주시는 말씀이 다르고, 목회자가 설교를 준비하면서 성경을 볼 때 각 교회의 형편에 따라 성령이 다르게 말씀하신다. 좀 더 넓게 보면 한 시대를 앞에 놓고 기도하는 신학생과 신학자들에게 그들의 교육과 경험과 문제의식과 사명에 따라 성령이 각각 다르게 인도하신다.

이것은 이상한 일이 아니다. 성령은 각 사람의 마음에 인격으로 머무르시며 그의 사정과 형편에 따라 교제하는 분이시다. 다음은 요한계시록에서 성령을 묘사하는 구절이다.

> 내가 또 보니 보좌와 네 생물과 장로들 사이에 한 어린 양이 서 있는데 일찍이 죽임을 당한 것 같더라. 그에게 일곱 뿔과 일곱 눈이 있으니 이 눈들은 온 땅에 보내심을 받은 하나님의 일곱 영이더라(계 5:6).

어린 양 우리 주님은 한 분이신데, 그에게는 일곱 눈 즉 일곱 영이 있다. 여기서 일곱 영은 일곱 교회, 일곱 대륙, 일곱 시대로 보냄을 받아 각 교회와 성도들을 그 상황과 형편에 따라 인도하는 성령이시다.

각 성도들의 믿음의 양상은 시대와 장소와 환경과 역사에 따라 다양하다. 세례문답하면서 신앙을 갖게 된 고백을 듣다 보면 어쩌면 그렇게 여러 가지 방법으로 하나님을 만났는지 놀랄 때가 많다. 오늘 우리 예배에 함께 참여한 성도들을 관찰해보라. 한 주간의 고단함을 해소하지 않은 채 맡겨진 성가대와 차량 봉사를 위해 수고하는 집사들, 취업도 결혼도 다 잘 안 되어 몸 둘 데가 없어도 하나님 안에서 소망을 발견하려는 젊은이들, 인생의 고통과 위기를 만나 교회에 해답이 있을까 진지하게 듣는 중년의 가장, 자기만의 세계 속에서 나름의 진지함으로 목청을 높이는 설교자도 그 여럿 중 하나다.

좀 더 넓게 보자. 높은 모자를 쓰고 검정색 긴 옷을 입고 향로를 흔드는 정교회의 사제, 줄기차게 내리는 빗속에서도 광장에 모여 열광적으로 찬양하는 수십만의 나이지리아 성도들, 몇 사람이 둘러앉아 고요히 기도하면서 하나님이 주시는 메시지를 기다리는 퀘이커교도, 퀴퀴한 책 냄새 속에 파묻혀 고대 언어에 매달리는 학자들, 난민 수용소에서 소망 없이 사는 사람들을 위해 죽음을 각오하고 봉사하는 사람들, 강제 노역과 고문에 시달리면서도 신앙의 끈을 놓지 않는 북한의 성도들. 이렇듯 나와 전혀 다른 유형의 신앙을 가진 사람들에게도 성령이 역사하신다!

그러니 나와 다른 생각을 가진 해석자들에 대해 좀 더 너그러워지자. 지성적 기독교인은 오순절 교인들을 비판하지 말고, 오순절 교인들은 장로교 학자들의 지성을 존중하자. 복음주의자들은 진보적 기독교인들의 사회를 위한 노력에 경의를 표하고, 진보적인 그리스도인들도 복음주의자들의 복음에 대한 열정을 이해하자. 목회자는 신학자를 현실을 모르는 책상물림이라고 비난하지 말고, 신학자는 어려운 원서로 목회자를 주눅들게 하지 말자. 기성세대의 목회자는 젊은 목회자들의 비판을 너그럽게 보아주고, 젊은 목회자들은 새로운 사조에 마음을 열면서도 선배들이 이룬 일을 존중하자. 이 모두가 성령이 하시는 일이기 때문이다.

성경을 이해하려는 지성적 노력과 그 한계

셋째, 성령이 성경을 해석하는 주체라는 말은 우리의 지성적 노력을 포기한다는 의미가 아니다. 이미 살펴본 대로 성경의 구절들은 다양한 의미의 층을 가지고 있다. 성경은 아무 의미 없는 단순한 덩어리가 아니다. 귀에 걸면 귀걸이 코에 걸면 코걸이 식으로 아무렇게나 구절들을 인용하는 것이 성령의 방법이 아니다. 오히려 복잡하고 다양한 의미의 층이기 때문에 그 의미의 미로를 찾아가는 것은 많은 노력과 도구들을 요구한다. 성경을 통해 성령의 인도를 받으려면 더 치열한 지성적 노력이 필요하다는 말이다. 예컨대 미술관에 추상화가 걸려 있다고 해보자. 문외한은 그 그림이 똑바로 걸려 있는지, 거꾸로 걸려 있는지도 모를 정도로 난해하다. 그는 혹시 속으로 중얼거릴지 모른다. '내가 발로 그려도 저거보다는 낫겠다. 누가 저런 걸 돈 주고 사나?' 그러나 미술을 전공한 사람이 보면 대가(大家)가 그린 것인지 초등학생이 끄적거린 것인지 금방 알아본다.

나도 어려서부터 성경을 배우고, 그 의미의 결들을 따라가면서 이해하고자 노력했으며, 그물의 벼릿줄을 잡는 법을 터득했다. 또한 한 20여 년을 전문적인 목회자로 매주 토요일 산통(産痛)을 겪으며 설교를 준비했다. 그러다 보니 다른 사람의 설교를 판단하는 안목이 생겼다. 단순히 성경 구절의 해석이 잘 되었는지 못 되었는지, 적용이 옳게 되었는지 아닌지를 판단하는 것이 아니라 그 설교자의 고민의 흔적을 따라갈 수 있다는 말이다. 물론 대다수의 설교자들이 큰 고민 없이 진부한 이야기를 하는 것이 안타깝지만 말이다.

반대로 지성주의에 빠져서도 안 된다. 치열한 지성적 노력을 하는 것과 지성주의에 빠지는 것은 영 다른 일이다. 지성적으로 노력한다 해서 성경을 다 이해하는 것도 아니고, 지성적이 아니라고 해서 성경을 이해하지 못하는 것도 아니다. 성경을 치열하게 공부하는 사람에게는 실망스러운 말일 수도 있지만 이게 진실이다. 나 자신도 성경을 많이 공부했기 때문에 성경을 좀 안다고 자부하지만, 그것이 나와 다른 사람을 구원하지 못한다는 사실을 뒤늦게 깨닫고 크게 실망한 적이 여러 차례 있었다. 성령이 일하시는 방법은 다양하다. 그는 미련한 자들을 들어 지혜 있는 자들을 부끄럽게 하는 분이시다. 일단은 우리에게 주어진 지성을 가지고 최선을 다해 성경을 깨달으려 노력하자.

앞서 말한 것을 요약해보자. 첫째, 성령이 성경을 해석할 때만 주관성이 개입되는 것이 아니다. 학문적이고 객관적인 의미를 찾을 수 있다고 생각하는 사람들이 결국은 독선이나 상대주의에 빠질 수 있다. 둘째, 사람들의 경험의 다양성만큼이나 혹은 일곱 눈을 가지신 성령의 포괄성만큼이나, 성경 텍스트가 여러 의미로 해석되는 것은 당연하다. 셋째, 성경이 여러 의미로 해석된다고 해서 성경을 아무렇게나 해석해도 된다는 말은 아니다. 그 다양하고 풍성한 의미를 이해하기 위해 더욱 치열한 지성적 노력을 기울여야 한다.

이제 본 절(節)의 본론으로 들어가도록 하자. 성령이 성경 해석의 주체가 되시고, 우리를 올바른 길로 이끄시며 우리 시대에 맞는 교회의 모습을 만들어주신다고 주장했는데, '**내가 듣는 목소리가 성령의 음성인지 아니면 내 속에서 나오는 목소리인지 어떻게 알 수 있는가?**' 하는 것이 우리의 질문이었다. 성경에 정답이 주어져서 이를 통해 딱 떨어지는 답을 얻을 수 있으면 좋으련만, 신뢰하고 존경받는 목회자가 있어서 내 삶에 대해 물어볼 때 길을 인도해주면 좋으련만, 한 사회 지성의 중심에 신학자가 있어 하나님의 권위로 시대의 흐름을 이야기해줄 수 있으면 좋으련만, 이런 좋은 시대는 이미 지나갔다. 오히려 모든 사람이 모국어로 번역된 성경을 손에 쥔 이후부터, 한 도시에 여러 교파의 교회들이 난립하면서부터, 성도들이 목회자의 설교를 듣고 어느 교회에 출석할까를 선택하기 시작하면서부터, 누구나 인정하는 객관적이며 보편적인 답을 얻을 수 없게 되었다.

어찌 보면 사람들이 제 꾀에 넘어간 것이기도 하고, 또 다른 면으로 보면 진보이기도 하다. 어쨌든 포스트크리스텐덤 시대를 사는 성도들은 성령의 일하심을 분별하기 위해 치열한 노력을 기울여야 하는 것만은 사실이다. 목회자들은 자신의 신학적 전통을 뛰어넘어서 우리 시대 우리 교회에 주시는 성령의 말씀을 알아들어야 한다. 그러나 너무 억울해할 것은 아니다. 따지고 보면 옳고 그름을 판단해야 하는 과제는 우리 시대뿐 아니라 모든 시대의 성도들에게, 모든 시대의 목회자와 신학자들에게 주어졌던 과업이다. 물론 하나님의 다스리심을 잘 구현하는 제도 아래에서 위대한 지도자의 통치를 받고 사는 시대는 그 판단이 수월하겠고, 거짓 예언자와 참 예언자가 대립하는 역사의 격동기에는 좀 더 판단하기 어렵겠지만 말이다. 우리 주님의 경고의 말씀에 귀를 기울여보자.

거짓 선지자들을 삼가라 양의 옷을 입고 너희에게 나아오나 속에는 노략질하는 이리라.…이러므로 그들의 열매로 그들을 알리라(마 7:15, 20).

거짓 그리스도들과 거짓 선지자들이 일어나 큰 표적과 기사를 보여 할 수만 있으면 택하신 자들도 미혹하리라(마 24:24).

내 안에서 말씀하시는 성령의 진위를 분별하는 방법, 진정한 성령의 일하심과 가짜 영을 구별하는 방법, 거짓 예언자와 참 예언자를 구별하는 방법을 세 가지 정도로 요약해 이야기하고자 한다.

첫째, 성경을 새롭게 보는 안목을 열어주는가?

우리가 지금 성령의 인도를 제대로 따르고 있는지, 우리가 만들려고 하는 교회의 모습이 성령이 원하는 것인지를 어떻게 확인할 수 있는가? 첫째는 그것이 성경적인지를 묻는 것이다. 진부한 이야기 같지만 진리는 대체로 진부하다. 성령은 항상 성경과 더불어 역사하신다. **성령이 우리를 새로운 시대로 이끄실 때는 더 깊고 넓은 성경 해석을 먼저 제공하신다.** 성령은 성경이 아닌 새로운 계시를 주는 분이 아니라 이미 존재하는 성경을 새롭게 보는 안목을 열어주신다. 과거의 문화와 유착되어 현실을 보지 못하게 하는 판에 박힌 성경 해석이 아니라 우리 시대에 맞게 성경을 보는 새로운 눈을 열어주시는 것이다.

한두 가지 성경 자체의 예를 들어보자. 성경의 역사 가운데서 자신이 하고 있는 일에 대한 확증을 가장 절박하게 원했던 한 사람을 들라면 단연 예레미야를 꼽을 수 있다. 지금에 와서는 누구든 그를 위대한 하나님의 사람으로 인정하지만, 당시 예레미야의 삶은 거짓 예언자들과의 투쟁의 연속이라고 해도 과언이 아니다. 예루살렘의 멸망을 예고한 그의 예언 때문에 그는 왕과 백성의 공공의 적이 되었다. 거기에 더해 당대의 주류 예언자들도 예레미야를 거짓 예언자로 몰았다. 그도 그럴 것이 예레미야는 지난 4세기 이상 유대를 지배했던 다윗 왕조와 성전 제도가 한꺼번에 무너질 것이라는 저주의 예언을 했기 때문이다. 아직도 유다의 왕명(王命)은 지엄하고, 성전은 분주하게 돌아가고 있는데 말이다.

하나님께서 이런 예레미야에게 말씀을 주셨다. 그분이 말씀하실 때 백지 상태에 있는 예레미야에게 새로운 계시의 말씀을 주신 것이 아니다. 예레미야는 제사장의 후손으로서 누구보다도 토라(모세 오경)와 이스라엘의 역사에 정통했다. 하나님께서 예레미야에게 주신 것은 토라를 새롭게 보는 눈이었다. 예레미야는 성령의 인도에 따라 성전(聖殿)의 본질에 대해 탐구했다. 그는 웅장하게 서 있는 성전이 더 이상 하나님이 거하시는 곳이 아니라 "도둑의 소굴"로 변했음을 알게 되었다(렘 7:4, 11). 성전의 정신은 하나님을 예배하고 또한 하나님과의 언약을 지켜 정의와 사랑을 행하는 것인데, 이스라엘 백성은 이를 잊어버렸다. 성전은 언약을 기념하는 곳이기에 언약을 어긴 백성들에게 성전은 의미가 없다. 그는 이를 증명하기 위해 과거의 역사적 선례를 불러온다. 과거에도 '실로'라는 곳에 야웨의 언약궤를 모신 성막이 있었는데, 하나님은 이방인을 통해 그곳을 쓸어버리신 적이 있다. 심지어 전쟁에서 하나님의 함께하심을 상징하는 언약궤마저 빼앗겼었다(삼상 4장). 중요한 것은 **언약궤**를 지키는 것이 아니라 **언약**을 지키는 것이다.

예레미야는 토라 가운데서도 특별히 신명기에 주목했다. 신명기는 다른 성경보다 '마음'의 중요성을 강조한 책이다. 신명기 한 책에만 '마음'이라는 단어가 모두 54회 등장한다. 특히 "마음의 할례"라는 관용구는 신명기에만 두 군데 나온다(신 10:16; 30:6). 예레미야는 이 구절들을 염두에 두면서 예루살렘 사람들에게 마음 가죽을 베는 할례를 행하라고 말했다(렘 4:4; 9:26). 이미 신명기에 기록되어 있지만 별로 주목하지 않았던 '마음'이라는 핵심 키워드를 가지고 우상숭배로 전락한 관습적인 성전 제사를 비판한 것이다. 한 시대가 끝나고 다음 시대가 올 때, 즉 성령께서 새로운 시대를 여실 때, 그분은 이렇게 구시대의 굳어버린 성경 해석 대신 그동안 숨어 있던 성경의 진수를 볼 수 있는 안목을 열어주신다.

성경에는 이러한 예들이 많이 기록되어 있다. 역대기 저자는 토라와 예언자들의 글을 알고 있는 포로 시대의 서기관이다. 귀환 후의 이스라엘 백성들이 자신들의 정체성을 확립하도록 돕는 역사적 과업이 역대기 저자에게 주어졌다. 거대한 제국들의 틈바구니에 끼어 있는 작은 민족이 어떻게 살아남아 하나님의 왕국을 보존하고 전수할 수 있을까? 방법은 두 가지가 있다. 곧 예루살렘 성전의 제사 제도와 같은 외적 수단의 회복과 언약의 갱신을 통한 내적 부흥이다. 그는 이 목적을 위해 이미 존재하는 소위 "신명기 역사서"(Deuteronomistic History)를 비롯한 몇 가지 사서(史書)의 데이터를 가지고 자신의 주장을 뒷받침하기 위해 역사를 재구성(reconstruction)하는 일을 수행했다. 예컨대 그가 이해한 다윗은 하나님을 간절히 의지했으며 동시에 성전을 위해 모든 것을 바친 왕이었다. 다윗 이후의 왕들도 선왕의 길을 따라 성전을 거룩하게 보존하고 나아가 그들의 죄를 회개하며 간절히 기도하면 성공적인 왕이 될 수 있었다.

신약성경도 마찬가지다. 신약(新約) 시대는 글자 그대로 새로이 주어진 약속의 터 위에 새로운 공동체가 형성되는 시대다. 스데반은 새로운 시대를 연 최초의 기독교 신학자였다. 그의 역사적 과업은 예수님이 세우신 교회가 구약 유대교의 경계를 뛰어넘어 세계 종교로 도약하는 발전의 정당성을 확립하는 일이었다. 그는 예루살렘 성전의 시효가 다한 것과 예루살렘의 구속사적 의미가 끝났다는 것을 담대히 주장했다. 사도행전 7장에 기록된 그의 설교는 구약의 역사를 자신의 버전으로 재구성한 것이다. 그의 설교에 따르면, 사실 아브라함은 예루살렘이 아닌 메소포타미아에서 하나님을 만났고, 모세는 시내산 가시떨기에서 하나님을 만났다. 성전은 솔로몬의 손으로 지은 것인데 하나님은 사람의 손으로 지은 곳에 계시지 않는다. 율법도 새롭게 해석되어야 한다. 외적인 율법을 지키며 혈통과 조상을 자랑하는 사람들은 사실 율법의 참 의미를 모르는 사람이요 하나님이 보낸 사람을 거스르는 자들이다. 과거 조상들이 요셉과 모세에게 저질렀던 불순종을 지금 이들이 저지르고 있다. 헌데 새로운 역사적 과업의 단초를 제공한 스데반은 죽임을 당했고, 역설적이게도 스데반을 죽이는 데 앞장섰던 바울이 그의 과업을 이어받았다.

바울이 해야 할 일은 예수님이 십자가에서 죽으신 의미를 밝히고, 구원의 역사를 이끄시는 하나님의 방법을 포괄적으로 상세하게 기술하는 것, 곧 스데반이 제공한 단초를 확장시키는 것이다. 그는 이를 위해 하늘에서 뚝 떨어진 계시를 받아 적는 일을 한 게 아니다. 그는 구약성경을 재해석했다. 예컨대 로마서는 일종의 구약성경의 주석이라고 보면 된다. 바울은 아브라함과 다윗과 신명기와 이사야와 시편과 하박국을 인용하면서 하나님께서 율법의 조문보다 하나님 백성의 '믿음'을 더 중요하게 여기셨다는 사실을 증명한다. 그가 구약을 직접 인용한 곳만도 60여 개의 구절이나 되고 이외에 구약을 암시하는 구절들은 더 많다. 이 구절들은 이미 구약에 존재해 있었으나 크게 주목받지 못했던 구절들인데, 바울이 이 구절들을 끄집어내어 여기에 새로운 의미를 부여했다.

새로운 시대가 우리 앞에 열려 있다. 과거 교회의 습속이나 과거의 신학으로 지금의 세상을 설명할 수도 복음을 전할 수도 없다. 교회를 개혁해야 한다는 아우성이 강산에 넘치고, 여기저기서 새로운 시도를 하는 젊은 목회자들이 많다. 나름대로 깊이 생각했고 자신의 모든 것을 건 사람도 있을 것이다. 저마다 하나님의 소명을 받고 성령의 이끄심을 받는다고 주장한다. 이들의 주장을 판단하는 첫 번째 기준이 바로 성경에 기초하고 있는지를 살피는 일이다. 과연 우리는 성경에서 답을 찾으려는 진지한 노력을 하고 있는가, 아니면 효과가 있다고 알려진 외국에서 수입한 운동을 무비판적으로 받아들이고 있는가?

둘째, 우리 상황에 맞는 적실성이 있는가?

'적실성'(適實性, relevance)은 현실에 적절하게 적용될 수 있음을 의미하는 최근에 많이 사용되는 단어다. '적실성'과 사촌 관계에 있는 단어들이 몇 가지 있다. '적용 가능성'(applicability)이 한두 사안에 국한된 좁은 의미라면, '적실성'은 넓은 범위에서 현실에 적용될 수 있다는 의미다. '실천적'(practical)이라는 단어는 이론과 실천의 이분법을 전제로 한 단어임에 반해서 '적실성'은 애초부터 이론과 분리되지 않은 실천성을 염두에 둔 단어다. '실용적'(pragmatic)은 '실천적'이라는 단어보다 더 기술적 사용을 염두에 둔 다소 부정적인 함의를 가진 단어다. '현실적'(real) 혹은 '현실성'(reality)이라는 단어는 그 사용 범위의 외연이 대단히 넓다. 그것은 '이상적'이라는 단어의 반대말이기도 하고, '허구'의 반대말이기도 하며, '거짓'의 반대말이기도 하다. '적실성'은 인문사회학에서 주로 사용되는 단어로서 어떤 특정한 학설이 우리의 현실을 설명할 수 있고, 또한 현실을 변화시킬 가능성을 제공할 때 사용된다. 이런 의미에서 '적실성'의 반대말은 '고답적'(高踏的) 정도가 아닐까 생각한다. 현실은 지저분하고 복잡하니 현실로부터 초월한 고상한 이야기를 하는 경우가 많은데, 그럴 경우 현실과 떨어진 고답적인 탁상공론이 되기 쉽다.

신학은 적실성이 있어야 하는 학문이다. 우리가 신학을 주어진 상황에서 하나님의 말씀을 우리에게 전해주시는 성령의 활동이라고 정의한다면 말이다. 성령은 변하지 않는 하나님의 말씀을 늘 변하는 우리의 현실 속에 적용할 수 있도록 해주시는 분이시다. 우리가 하나님의 말씀을 제대로만 읽는다면, 그분의 말씀은 항상 적실성이 있다. 다른 말로 하면 적실성 없는 성경 해석은 제대로 된 해석이 아니다.

어떤 성도 한 사람이 성경 공부를 하는데, 성경의 역사적 사건과 인물과 가르침 등의 내적 연관을 공부하는 것이 재미있어, 현실과 혹은 자신과 어떤 연관도 시키지 않는다면, 이는 적실성이 없는 성경 공부의 방법이다. 어떤 목회자가 설교할 때, 성경으로 성경을 해석한다고 하면서 본문이 우리 삶에 주는 의미를 말하지 않는다면 (과연 이런 일이 가능할까 의구심이 있지만) 적실성이 없는 설교다. 신학교에서 우리 사회와 교회가 처한 현실을 가르치지 않고, 단지 과거의 개혁주의를 답습하고 있다면 그 신학교의 학풍이 적실성이 있다고 말하기는 어렵다.

내가 웨스트민스터 신학교에 재학할 때, 한 한국 학생이 청교도에 관한 논문을 쓴다고 하니까 지도 교수가 "또 17세기 신학이야?"(Another 17th century theology?)라며 만류하는 뉘앙스를 풍겼던 기억이 떠오른다. 그분은 너무 오래된 외국의 이야기를 하지 말고 좀 더 한국의 현실과 가까운, 즉 적실성이 있는 논문을 써보라는 의미로 말씀하셨을 것이다. 물론 17세기의 신학을 이야기한다고 해서 반드시 적실성이 없다는 것은 아니다. 자신의 현실을 새로운 눈으로 보기 위해 역사를 재구성하려는 노력으로 과거의 사상을 대할 때, 적실성 있는 이론이 나올 것이기 때문이다.

현실을 보는 안목이 있는가?

우리가 적실성 있는 신학을 하기 위해 가장 필요한 것은 역사적 발전 과정 속에서 우리의 상황을 이해하는 역사의식을 확립하는 것이다. 우리의 근·현대사가 어떤 궤적을 그리며 발전해왔는지, 한국교회는 어떤 환경에서 전파되었고, 어떤 발전 과정을 거쳤고, 어떤 이념에 지배받고 있으며, 어떤 이념을 생성했는지를 비판적으로 살피는 것이다. 비판만 하는 것이 아니라 우리가 나아가야 할 방향은 어느 쪽이며, 우리의 역사적 과업은 무엇인지에 대한 성찰이 있어야 함은 물론이다. 우리의 상황을 비판적으로 본다는 말은 다른 말로 하면 초월적 위치에서 본다는 의미다. 그렇다면 자기를 초월하는 것이 가능한 일인가? 우리나라 상황에서는 이념적 성향을 초월하는 것이 아마 가장 어려운 일이 아닌가 싶다. 보수적 입장에 서 있는 사람이 보수주의를 강화하는 월간지를 읽고, 유튜브를 매일 들으며, 소셜 네트워크 서비스(SNS)로 소통하고, 설교를 듣는다면 자신의 입장을 객관적으로 볼 수 있는 길이 막힌다. 진보주의의 입장에서 인터넷 기사를 서핑하고, 시사 주간지를 탐독하며, 진보 논객의 저서만을 읽는다면 자신의 입장을 초월하는 것이 불가능하다. 물론 이 두 진영의 매체를 번갈아 읽는다면 훨씬 객관적인 안목을 가질 수 있을 것이다. 하지만 오히려 자신의 기존 입장을 강화하게 되거나 아니면 양비론(兩非論)으로 빠질 가능성도 있다.

그러나 우리가 성령의 도움으로 성경과 현실을 읽는다면 새로운 관점이 우리에게 열린다. 만일 목회자와 신학자들이 치열한 성경 읽기를 통해 "그리스도의 마음"(롬 11:33-34; 고전 2:16)을 품는다면, 진보와 보수의 두 입장을 공평하게 볼 수 있을 것이다. 성령의 도우심으로 역사를 읽는다면 진보와 보수의 기원과 한계에 대해 알 수 있을 것이다. 성경을 통해 우리의 현실을 본다면, 우리는 우리의 현실이 묻는 질문에 대한 성경적 대답을 찾을 수 있을 것이다. 자신의 계급적 상황을 이해하고 이를 극복하려고 노력한다면, 하나님이 우리 시대에 원하는 참 신자의 모습에 이를 수 있으며, 또한 역사의 교차로에서 자신이 해야 하는 역사적 소명을 찾을 수도 있을 것이다.

이런 관점에서 현재 대한민국 목회자와 신학자들을 보면 안타까움을 금할 수 없다. 신학자들 가운데 '적실성'이라는 범주 자체가 있는 줄도 모르는 경우도 있다. 성도들을 돌보아야 하는 목회자들의 경우는 좀 다르다. 목회자들은 설교를 준비할 때 늘 적용을 염두에 두어야 한다. 그런데 이들은 사회 과학이나 인문학과 접하기를 꺼린다. 바쁘다는 것은 핑계이고, 두려워하고 있다고 표현해야 맞을 것 같다. 그러다 보니 적용이라는 것이 늘 성도들의 개인적인 신앙, 그것도 십일조와 주일 성수, 성적인 거룩함, 교회 봉사 등에 머무른다. 더 나쁜 것은 삼일절이나 광복절과 같은 국가 기념 주일에는 국가관이나 우리의 시대적 소명 등에 대해 언급하는데, 아무 고민도 없이 SNS에서 읽은 가짜 뉴스를 하나님의 말씀이라고 선포하는 것이다.

우리는 지금 새로운 상황에 돌입하고 있다. 아직 아무도 겪어보지 못한 사회적 변동이 우리 앞에 놓여 있다. 동북아의 정세는 숨쉬기 어려울 정도로 급박하게 변화하고, 우리 사회도 '87체제'를 마감하며, 보수와 진보의 프레임이 바뀌려 한다.[34] 평등을 지향하고 억압과 차별을 없앤다는 미명 아래 전통적인 가치관과 미덕이 뿌리째 흔들리고 있다. 과연 하나님께서 원하시는 우리의 미래는 어떤 삶이 펼쳐지는 곳일까? 그 미래에 교회가 설 자리는 어디이며, 성도들이 택해야 할 삶의 방식은 어떤 것일까?

낮은 곳을 향하고 있는가

우리의 상황에 적실성 있는 신학을 하기 위해 다음으로 필요한 것은 우리의 신학이 지금 우리 시대에 고난 받는 사람들을 염두에 두고 있는지를 생각하는 것이다. 가장 낮은 사람들을 대변하고 위로하며 소망을 주고 있는지를 판단해야 한다. 원래 복음은 모든 사람을 위한 것이다. 예수님께서 다가가지 않은 사람은 하나도 없고, 그분의 사랑을 받지 않은 사람도 없다. 그분은 남녀와 노유(老幼), 빈부와 귀천, 주류와 비주류를 가리지 않고 모든 사람을 사랑하셨다. 특히 세리와 창기, 나그네와 과부 등 그 시대의 가장 가난하고 소외된 사람들에게 더 큰 관심을 보이셨다. 따라서 교회는 예수님이 보이신 모범을 따라 모든 사람이 차별 없이 함께할 수 있는 곳이어야 한다. 교회의 보편성은 교회의 필수 속성 중 하나다.

그러나 이는 이상적인 교회일 뿐 현실의 교회는 늘 일정한 한계를 설

34　가장 최근에 출간된 대한민국의 분석과 미래 전망은 박세길, 『두 번째 프레임 전쟁이 온다: 진보 vs 보수 향후 30년의 조건』(서울: 추수밭, 2018)을 보라.

정해놓고, 그 한계 안에서 특정한 부류의 사람만을 우대해왔다. 성경에 등장하는 초기 교회에서부터 구별의 라인과 차별의 담이 존재했다. 히브리파 유대인과 그리스파 유대인 사이에, 유대인 그리스도인과 이방인 그리스도인 사이에, 모든 것을 먹을 수 있는 강한 자와 양심의 가책 때문에 고기를 먹을 수 없는 약한 자 사이에, 주인과 노예, 남자와 여자 사이에 말이다. 그리스도 안에서 차별의 담이 무너졌다는 사도들의 간곡한 호소는 역설적으로 교회 내에서 그 담이 여전히 견고했음을 반증한다.

교회의 역사가 진행되면서 성도들 사이의 구별의 선(線)은 다양해졌고, 담은 더욱 높아졌다. 동방 기독교와 서방 기독교, 로마의 박해에 굴복했던 성도와 끝까지 순결을 지켰던 성도, 콘스탄티누스 시대 이후 주류 신학을 따르는 정통과 이에서 벗어난 이단, 교황을 따르는 사람과 황제를 따르는 사람, 로마의 교황을 따르는 사람과 아비뇽 교황을 따르는 사람, 성찬 때 떡이 그리스도의 살로 변한다고 생각하는 사람과 변하지 않는다고 생각하는 사람, 사제복을 입는 성직자와 입지 않는 성직자, 물속에 들어가는 침례를 받아야 한다고 하는 교파와 물을 뿌리기만 해도 된다는 교파, 게르만족과 비게르만족, 복음주의와 에큐메니컬, 보수와 진보, 중산층과 저소득층 등등, 2천 년 교회사는 구별 짓기와 배제와 차별과 억압의 역사라 말해도 무방하다. 세상의 차별이 교회에서 해소가 되기는커녕 세상의 차별을 종교적으로 강화하는 데 앞장선 적도 많이 있었다.

이런 슬픈 역사 가운데에서 보석과 같이 빛나는 존재들이 있었으니, 바로 차별을 문제시하고, 그 사회의 소외된 사람들을 포용하려는 새로운 신앙 운동을 주도한 사람들이었다. 그들은 우리 주님의 마음을 가진 사람들이고, 사도들이 남긴 성경에 충실하려 한 사람들이었다. 많은 경우를 들수 있지만, 18세기 영국에서 시작된 감리교회가 대표적인 예다. 감리교회는 존 웨슬리에게서 시작되었다. 그는 "세계는 나의 교구다!"라는 유명한 말을 남겼다. 언뜻 세계 선교를 강조한 말이라고 생각하기 쉬운데 그게 아니다. 교구 중심의 기성 교회가 그를 받아주지 않았기 때문에 그는 사람들이 모이는 저잣거리에서 복음을 전했다. 그가 가는 곳이 어디든지 그곳이 교구였고, 그에게 몰려든 사람들은 그 사회에서 가난하고 소외된 사람들이었다. 그는 귀족이건 평민이건 누구든지 회심하면 다 같은 하나님의 자녀로서 차이가 없음을 강조했다. 웨슬리의 부흥 운동은 산업 혁명으로 공업 지대가 형성되면서 노동자와 빈민들이 고통을 겪기 시작하던 18세기 말 영국의 상황에 매우 적실성 있는 신앙 운동이었다.

감리교는 미국에서도 비슷한 길을 걸었다. 19세기 중엽의 미국은 서부 개척 시대였다. 당시 주류 계층의 교회였던 성공회나 장로교회는 무지하고 가난한 무법자와 같은 서부 개척자들에게 복음 전하기를 꺼렸다. 그러나 미국의 감리교도들은 침례교도와 함께 이들에게 나아가기를 주저하지 않았다. 순회 목사들이 말을 타고 변방을 찾아다니며 쉬운 설교와 감동적인 복음 송가를 통해 수많은 사람을 회심에 이르게 했다. 당시로서 가장 적실성 있는 복음 운동이었다. 하나님께서는 감리교회에 큰 복을 주셨다. 미국에서 가장 큰 교단으로 성장한 것은 물론, 수많은 선교사와 목회자와 사회사업가와 운동가들을 배출해 전 세계에 영향을 끼쳤다. 지금도 미국에 가면 작은 시골 마을마다 크고 멋진 예배당이 있는 것을 볼 수 있는데, 그중 상당수가 100년 전쯤 지어진 감리교회다. 지금의 연합감리교회(UMC)는 낮은 계급의 사람들을 섬기기를 멈춘 기성 교단의 하나로 전락했지만 말이다. 연합감리교회는 노인 몇 사람이 모여 예배드리는 죽어가는 교회(dying church)를 가장 많이 보유한 교단이고, 수많은 재산과 교단의 자리를 둘러싼 투쟁이 가장 극심한 미국 주류 교회(mainline church) 중 하나가 되고 말았다. 곧 복음의 적실성을 상실하고 말았다.

짧은 역사이긴 하지만 한국교회의 과거를 돌아보면 소외된 계층을 염두에 두고 그들의 고민을 치료하려는 노력을 했던 적실성 있는 운동들이 많이 있었다. 진보적 신학자들의 토착화 신학, 민중 신학, 생명 신학 등이 당시 한국 사회와 문화에서 적실성을 찾으려 한 운동이었다. 복음주의 운동 가운데서는 1980년대 이후 기독교 세계관 운동, 제자 훈련 중심의 교회, 2000년 들어서 뉴라이트 운동 등도 마찬가지다. 이들에 대해서는 다음 장에서 다룰 기회가 있을 것이다. 한국교회의 적실성 있는 운동의 하나로 1970-80년대 오순절 운동을 꼽을 수 있다. "네 영혼이 잘 됨같이 네가 범사에 잘 되고 강건하기를"이라는 삼중 축복은, 병들고 굶고 악령에 시달리는 빈민들을 위한 희망의 복음이었다. "예수 이름으로, 예수 이름으로, 승리를 얻었네." 쉬운 찬송을 반복하는 가운데 박수치고 노래했으며, 방언으로 성령 세례가 증명되기만 하면 구역장이 될 수 있는 길이 누구에게나 열려 있었다. 성령이 주시는 소망과 풍성함과 자유를 누렸다. 오순절 운동은 주일성수와 십일조, 교회 봉사와 건축 헌금 등에 시달리고, 목회자에 대한 절대 충성으로 숨이 막힐 것 같은 분위기의 1970-80년대 교회에 새로운 바람을 일으켰다.

나는 오순절 운동이 적실성을 갖추고 있었지만 성경을 보는 안목이 다소 편파적이었다고 생각한다. 한국 오순절 운동의 성경 해석은 세 가지가 기묘하게 조합된 것이었다. 이 세 가지는 성령세례, 세대주의 종말론, 적극적 사고방식(positive thinking)이다. 이것들은 모두 미국에서 발생해 세계적으로 확산된 신학 사조들이다. 나는 어떻게 비관적 역사 인식을 기조로 하는 세대주의적 종말론과 지상에서의 번영을 약속하는 적극적 사고방식이 조화를 이룰 수 있는지 잘 모르겠다. 한편으로는 이 땅에 곧 7년 대환난(Great Tribulation)이 임할 것이니 휴거(携擧)에 대비하고, 다른 한편으로는 지상의 복을 받기 위해 긍정적인 생각과 말을 해야 하니 말이다. 후자는 자유 시장 경제를 뒷받침하는 정신으로 작용했고, 이는 곧 자본주의적 욕망과 결합한다. 오순절 운동은 그 시대 기독교로부터 소외되었던 빈민을 포괄하는 보편적 운동으로 출발했지만, 한 세대 안에 기득권을 옹호하는, 아니 그 자신이 기득권이 되어버린 운동으로 전락했다. 한 시대에 적실성을 지녔던 운동이 더 확산되지 못하고 끝나버리는 것 같아 안타깝다.[35]

지금까지 한국교회가 걸어온 길은 한편으로는 성령의 인도하심으로 성장과 성숙을 이루었지만, 다른 한편으로는 중산층 중심의 교회가 되는 과정이었다. 그 결과 수많은 사람들, 특히 낮은 계층의 사람들이 교회에서 배제되고 있는 것이 현실이다. 새로운 세대의 교회가 우리 시대에 적실성을 갖추기 위해서는 무엇보다도 중산층 중심의 교회를 비판적으로 바라보면서, 우리 사회에서 복음이 구조적으로 들어가기 어려운 사람들에게 관심을 쏟는 일이다. 나는 지금 어렵거나 이상한 일을 주장하는 게 아니다. 예수님께서 지금 대한민국에 오신다면, 그분은 어떤 사람에게 관심을 보일지를 조금만 생각해보면 답이 나올 것이다.

열매가 있는지 돌아보라

하나의 신앙 운동이 그 시대에 적실성이 있다면 반드시 열매를 맺게 되어 있다. 예수님께서는 거짓 예언자를 주의하라고 조언하시면서 진정한 예언자는 열매를 보아서 안다고 말씀하셨다.

거짓 선지자들을 삼가라! 양의 옷을 입고 너희에게 나아오나 속에는 노략질하는 이리라. 그들의 열매로 그들을 알지니 가시나무에서 포도를,

---

35 전 세계적으로 보면 오순절 운동이 적실성을 가지면서도 지속 가능한 신앙 운동으로 성장하는 곳도 많다. 이들의 이야기를 다룬 다음의 저서를 보라. 도날드 밀러 등, 김성건 등 역, 『왜 섬기는 교회에 세계가 열광하는가?: 기독교적 사회 참여의 새로운 모델, 성령운동』(서울: 교회성장연구소, 2008).

또는 엉겅퀴에서 무화과를 따겠느냐?…아름다운 열매를 맺지 아니하는 나무마다 찍혀 불에 던져지느니라. 이러므로 그들의 열매로 그들을 알리라(마 7:15-16, 19-20).

성경적이며 적실성이 있는, 성령이 인도하는 신앙 운동은 그 시대의 많은 사람에게 영향을 끼치고 사람들이 번성하도록 돕기 마련이다. 반대로 성령의 인도를 받지 않고 인간의 마음에서 나온 메시지를 전하는 거짓 신앙 운동은 얼마 못 가서 사그라지고 만다(행 5:38). 예루살렘에서부터 시작된 복음의 메시지는 100년이 다 가기 전에 로마 제국 전역에 전파되었고, 제국 내 모든 민족, 모든 계층이 복음을 받아들였다.

사도 바울이 고린도 교회에서 거짓 사도라는 모함을 받았던 적이 있었다. 그는 자신이 진정한 사도임을 증명하기 위해 고린도후서를 썼다. 고린도후서에서 그는 자신이 진정한 그리스도의 사도임을 증명하기 위해 여러 가지 증거를 내세웠는데, 그중 하나가 추천서를 둘러싼 논쟁이다. 바울의 사도권을 부정하는 사람들은 바울이 예루살렘의 장로들이 써준 추천서가 없다는 점을 들어 바울을 공격했다. 바울은 이들의 공격에 대해 다음과 같이 자신의 사도권을 변론한다.

우리가 다시 자천하기를 시작하겠느냐? 우리가 어찌 어떤 사람처럼 추천서를 너희에게 부치거나 혹은 너희에게 받거나 할 필요가 있느냐? 너희는 우리의 편지라. 우리 마음에 썼고 뭇 사람이 알고 읽는 바라(고후 3:1-2).

바울은 고린도 성도들에게 예루살렘으로부터 온 추천의 편지를 보여 줄 필요가 없었다. 바울의 사도권을 부정하는 고린도 성도들 자신이 추천서이기 때문이다! 고린도 교회의 성도들이 바울에게 복음을 듣고, 성령을 체험하며, 그리스도의 제자가 되었는데, 더 이상 무슨 증명서가 필요하단 말인가? 사도 바울은 사역의 열매인 고린도 성도들을 통해 자신이 성령의 인도를 받고 있음을 증명하고 있다.

여기서 우리는 한 가지 중요한 질문에 맞닥뜨린다. '얼마나 많은 열 매를 맺었는가'라는 기준으로 성령의 인도를 확인하는 것은 너무 실용주 의적 태도가 아닌가? 어떤 수단을 써서라도 사람만 많이 모으면 그게 하 나님이 함께하시는 증거란 말인가? 성경은 우매한 다수보다 진리를 가진 소수를 더 존중하지 않는가? 광야에서 60만 명이 하나님을 믿지 않았고 단 두 명만 믿어 가나안 땅에 들어갔고, 엘리야 시대에는 450대 1의 대 결을 펼쳤으며, 아브라함의 자손이 모래와 같이 많아도 오직 소수의 남은 자만 구원을 얻는다고 하지 않았던가?

예수님께서 말씀하시는 '열매'에 대해 좀 더 자세히 들여다보아야 한다. 위의 구절에서 예수님은 거짓 예언자와 참 예언자를 구별하는 법에 관해 말씀하시면서, "그들의 열매로 그들을 알리라"고 결론지으셨다. 예 수님께서는 이 말씀을 하실 때 과거의 예언자 예레미야를 염두에 둔 것 으로 보인다. 예레미야는 평화를 예언하는 거짓 예언자와 벌인 대결 때문 에 일생 고통을 겪었다. 바빌로니아의 1차와 2차의 포로가 있은 후, 이번 에는 하나냐라는 거짓 예언자가 바빌로니아 포로들이 멍에를 벗어버리고 속히 귀환할 것이라고 거짓 예언을 했다. 이 말을 들은 예레미야는 하나 님의 말씀을 받아 다음과 같이 말한다.

평화를 예언하는 선지자는 그 예언자의 말이 응한 후에야 그가 진실로 여호와께서 보내신 선지자로 인정받게 되리라(렘 28:9).

예레미야는 전쟁과 멸망을 선포하고 하나냐는 평화를 예언하는데, 이 둘 중 누가 맞는지는 시간이 지나 보아야 알 수 있다는 뜻이다. 얼마나 많은 사람이 예언자를 추종하고 있는지가 중요한 것이 아니라는 말이다. "그들의 열매로 그들을 알리라"는 예수님의 말씀은 많은 사람들이 모이는 것이 그 목사가 참 하나님의 종임을 증명한다는 뜻이 아니다(오히려 다음과 같은 구절도 있다. "모든 사람이 너희를 칭찬하면 화가 있도다. 그들의 조상들이 거짓 선지자들에게 이와 같이 하였느니라." 눅 6:26). 예수님 말씀의 뜻은 예언자의 참과 거짓을 구분하기란 매우 어려운 일이므로 시간이 지난 후 그 예언의 결과를 보아야 비로소 알 수 있다는 뜻이다.

하나님의 뜻이 전파되기 때문에 많은 사람이 여기에 동조하는가, 아니면 다수가 따르는 길은 넓은 길로서 하나님의 뜻과 먼 것인가 하는 문제는 성경 시대부터 있었던 문제였고, 오늘날과 같이 민주주의가 발달한 대중의 시대가 되면서 더욱 긴급한 논의의 주제가 되었다. 최초 민주주의의 설계자들은 민주주의가 우중정치(愚衆政治)로 전락할까 봐 두려워했다. 하지만 그 시대만 해도 기독교적 가치관이 서구 사회의 기반을 이루고 있었기 때문에 다수의 의지가 선한 쪽으로 작동했다. 그러나 사회를 주도하는 정신적 기둥이 무너지고 자본주의가 대중의 정신을 지배하게 된 오늘날 우중정치를 제어할 만한 브레이크는 없어지고 말았다. 그 결과 다수의 대중이 소수의 기득권자의 기만에 넘어가 궁극적으로 자신의 이익에 상반되는 결정을 내리는 일이 비일비재하게 되었다. 소수의 기득권자는 채찍과 당근을 통해 대중을 위협하고 선동하며, 언론을 장악하기도 하고, 애국주의라는 본능적 감정을 조장하기도 하며, 사실을 보는 눈을 왜곡시키는 '프레임'을 확산시킴으로써 자신들의 이익을 고수하는 법을 배웠다.

성경을 믿고 성령의 인도를 의지하는 그리스도인들은 '열매'가 무엇인지를 종합적으로 볼 수 있어야 한다. 사이즈가 큰 것이 열매일 수 없고, 많은 사람이 추종한다고 해서 참 예언자도 아니다. 세속 권력의 대표적 상징인 바빌론은 항상 "큰 성"(城)으로 불렸고(계 14:8 등), 하나님의 도성은 "거룩한 성"(계 21:2 등)이라는 사실을 기억해야 한다. 그러나 반드시 열매는 있다. 가시적인 열매가 없는 것이 거룩함의 증거는 아니다. 하나님은 때에 따라 우리가 생각하지도 못한 많은 열매를 주기도 하시고, 오랜 기다림 끝에 작은 열매를 맺게도 하시며, 때로 우리가 씨를 뿌리고 열매는 다음 세대에서 거두게도 하신다.

하나님의 뜻을 알고 시대의 조류를 거슬러 올라갈 수 있는 기독교인들은 우중(愚衆)으로 전락하지 않는다. 자본주의의 전제인 자기이익에 매몰되지 않는 사람은 세상이 감당하지 못할 사람들이다. 큰 건물과 많은 성도와 큰 액수의 재정이 곧 하나님의 의지를 반영하는 것이라고 믿는 노골적인 자본주의 세상에서, 작고 새로운 운동을 시작하려는 사람들은 두려움을 가질 수밖에 없다. 열매 맺지 못할까 하는 두려움이다. 열매는 우리의 일에 성령이 함께하신다는 표징이면서 동시에 하나님께서 주시겠다고 하는 약속이기도 하다. 우리는 언제 어떤 열매가 맺힐지 알 수 없지만, 열매가 반드시 있을 것이라는 예수님의 말씀을 믿자.

> 적은 무리여, 무서워 말라. 너희 아버지께서 그 나라를 너희에게 주시기를 기뻐하시느니라(눅 12:32).

셋째, 성령께 순종하려는 자세를 가지고 있는가?

예수의 영이 우리를 인도하시고 우리는 그의 음성을 듣고 따라가는 사람이다. 성령이 우리 각 사람에게 주고자 하시는 하나님의 뜻을 말씀을 통해 가르쳐주시고, 특히 설교자에게는 말씀과 상황을 함께 통찰할 수 있는 지혜를 주신다. 또한 우리 시대를 분석하고 어디로 가야 하는지를 가르치고 인도하는 분도 성령이시다. 성령은 어떤 사람을 통해 일하기를 기뻐하실까? 성령의 가르침을 이해하는 능력이 뛰어난 지성적인 신학자일까, 힘써 일하는 용기 있고 열정적인 행동가일까?

정결한 심령의 심연에서

한마디로 성령은 자신에게 순종하는 사람을 원하신다. 그는 늘 사람을 택하셔서 그와 함께 일하기를 기뻐하신다. 성령이 기적적인 방식으로 등장해 일을 행하시는 게 아니다. 하나님은 우리가 한계가 있는 인간임에도 불구하고, 아니 한계를 가진 인간이기 때문에 우리를 택하신다. 그분은 시간적·공간적·물질적·상황적·역사적·언어적·개인적 한계 속에서 자기의 뜻을 구체적으로 나타내기를 원하시기 때문이다. 모든 상황을 초월한 보편적인 명제적 진리들이 있지만, 이것들은 반드시 구체성을 가진 이야기의 형태로 표현되고 전달되기 마련이다. 선택받은 사람은 자신의 한계 안에서 하나님의 뜻을 해석하고 전파함으로써 하나님의 통치를 구체적 현실 속에서 드러내야 한다.

이 과정에서 가장 걸림돌은 바로 택함 받은 사람 자신이다. 택함 받은 사람 안에 있는 자기중심성, 즉 교만이 성령의 인도를 가로막고 왜곡시킨다. 우리 모두는 자기 안에 숨은 죄가 있을 때 무의식적으로 그 죄를 지적하는 부분을 빼놓고 성경을 보려는 습성이 있다. 하나님의 말씀이 좋건 좋지 않건 순종하겠다고 마음을 먹지만, 막상 자기에게 불리한 것 같으면 잊어버리는 경향이 있다. 자신의 뜻과 하나님의 소명이 혼동되어, 자기 확장의 욕망을 하나님이 주신 비전으로 포장할 때도 많다. 자신이 속해 있는 문화권의 습속을 영원한 말씀과 동일시하기도 한다. 결국 그는 자기 속에서 나오는 말을 하나님의 말이라고 믿어 이를 선포하는 과거 거짓 예언자들의 전철을 밟는다(렘 23:26).

자기 속에 성령을 거스르는 어떤 악함이 있는지 알기 위해서는 "순결한 지혜"가 반드시 필요하다. 다음은 예수님이 제자들을 보내시며 주신 말씀이다.

보라! 내가 너희를 보냄이 양을 이리 가운데로 보냄과 같도다. 그러므로 너희는 뱀 같이 지혜롭고 비둘기 같이 순결하라(마 10:16).

이리는 제자들을 박해하는 악한 사람들을 가리키지만, 사실은 제자들의 마음에 가장 사악한 이리가 도사리고 있다. 이 이리의 정체를 포착해 사냥하기 위해서는 뱀 같은 지혜와 비둘기 같은 순결이 동시에 있어야 한다. 예수님 말씀의 뜻은 지적(知的)으로는 뱀 같은 지혜를 가지면서 마음으로는 비둘기 같이 순결한 동기를 유지하라는 말이 아니다. 순결을 유지할 수 있기 위해서는 뱀과 같은 지혜가 반드시 필요하다는 의미다. 세상을 아는 것도 지혜이고 성경을 바로 이해하는 것도 지혜이지만, 가장 긴요한 지혜는 자신을 아는 것이다. 자신 속에 잠재해 있는 죄악과 탐욕을 알기 위해 먼저 나를 들여다볼 수 있어야 한다. 또한 반대로 진정한 지혜를 얻기 위해서는 순결한 마음을 가져야 한다. 탐욕으로부터 나온 지혜는 작은 것을 얻으려다가 큰 것을 놓치게 마련이다. 어느 정도 성령에게 순종하는 듯하지만, 곧 자신의 지혜가 성령의 은사임을 잊고 자만에 빠진다. 그리고 마침내 결정적인 상황에서 미련한 선택을 해 일생일대에 오점을 남긴다.

우리는 자신의 무지와 한계를 늘 안타까워하면서 성령의 조명을 갈망해야 한다. 예수님의 말씀 안에 거하며 그분과 붙어 있기를 열망해야 한다. 우리의 내면에 이미 형성되어 있는 세속주의의 오염을 반성적으로 돌아보면서 말이다. 우리가 자신 속에 있는 죄와 탐욕을 발견하면, 불쌍히 여겨 달라는 기도밖에 드릴 것이 없다. 정결한 심령의 심연에서만 그 뜻이 솟아오르는데, 그 뜻을 가로막고 있는 것이 바로 자아(自我)이기 때문이다.[36]

자신의 선행을 부인함

자신을 부인하고 성령께 의존하는 사람이 한 가지 잊지 말아야 할 것은 자칫 자신이 과거에 이룬 업적들이 걸림돌이 될 수 있다는 사실이다. 사도 바울은 자신이 육체를 신뢰하지 않고 예수만을 자랑한다고 하면서 육체적인 것들의 목록을 나열한다. 그 목록에는 자신의 출신과 가문과 흠이 없이 다 지킨 율법의 의가 들어 있다. 이것들은 그리스도를 아는 데 해(害)가 되었고, 바울은 그리스도를 발견하고 난 후 이 모든 것을 배설물로 여겼다(빌 3:1-11). 그는 그리스도를 아는 지식의 고상함과 십자가와 부활의 탁월함에 대한 자신의 헌신을 고백한 후 이런 구절을 덧붙였다.

> 내가 이미 얻었다 함도 아니요 온전히 이루었다 함도 아니라. 오직 내가 그리스도 예수께 잡힌 바 된 그것을 잡으려고 달려가노라. 형제들아, 나는 아직 내가 잡은 줄로 여기지 아니하고, 오직 한 일, 즉 뒤에 있는 것은 잊어버리고 앞에 있는 것을 잡으려고, 푯대를 향하여 그리스도 예수 안에서 하나님이 위에서 부르신 부름의 상을 위하여 달려가노라(빌 3:12-14).

이 글(빌립보서)을 쓸 때, 바울은 이미 다른 모든 사도보다 더 많이 수

---

36   찬송가 274장("나 행한 것 죄뿐이니") 3절의 가사 사역(私譯), "오직 내 심령이 정결할 때만 더 큰 환상을 볼 수 있다네. 신령한 것들은 정결한 심령의 심연에서 거울처럼 빛나나니."

고했고 더 많은 것을 이루었다. 그런데 그가 이룬 모든 것은 "뒤에 있는 것"에 불과하다. 그는 이미 이룬 업적들을 뒤로하고 앞에 있는 것들을 잡으려고 달려가는 삶을 산다고 말한다. 이 말씀을 오해하지 말기 바란다. 일생을 바쳐 중견 기업을 이룬 사람이 대기업 군(群)에 진입하기 위해 신규 사업을 계획한다는 의미가 아니다. 교회를 개척해 대교회로 성장시킨 목사가 무대를 넓혀 '종로5가'[37]로 진출한다는 의미가 아니다. 바울은 자신이 과거에 이룬 업적이 '육체'에 속한 것이라고 말한다. 자신의 업적은 모두 성령의 은혜로 된 것인데, 자칫 그로 하여금 자랑과 공로주의에 빠지게 하기 때문이다. 그는 이런 식으로 자신의 과거를 자랑하다가 결국 많은 일을 이룬 후에 자신이 버림받게 될지도 모른다고 생각했다(고전 9:27).

어떻게 해서 과거의 선행이 복음을 거스르는 '육체'의 것이 되고 마는가? 인간의 선행에 관한 웨스트민스터 신앙고백서의 고백을 들어보자.

그것[우리의 선행]들이 선한 이유는 그것이 성령으로부터 나왔기 때문이다. 동시에 그 행동들은 우리 인간이 행했기 때문에, 더럽혀졌고, 여러 가지 약점과 불완전성이 뒤섞여 있으므로 하나님의 무서운 심판을 도저히 견딜 수 없다(웨스트민스터 신앙고백서 제16장 5항, 사역).

인간의 선행은 그 단어의 정의상 분명히 선한 것이다. 그런데 우리가 선행을 할 수 있는 이유는 우리 안에 선한 것이 있어서라기보다 성령께서 악에 오염되어 있는 우리의 성향에 선을 행할 공간을 창조하셨기 때문

---

37 '종로5가'는 여러 교단의 총회, 연합회, 기독교 기관, 언론사, 출판사 등이 밀집해 있는 곳이다.

이다. 성령으로 거룩해진 부분을 제외한 인간의 다른 마음은 아직도 "더럽혀졌고, 여러 가지 약점과 불완전성이 뒤섞여 있다." 우리가 선을 행할 때에 악도 함께 섞여 있었는데, 시간이 지나면서 선한 것은 퇴색하고 함께 자라고 있던 악이 전면에 등장하기 마련이다. 선한 동기로 큰일을 계획하고 업적을 남겼으나, 시간이 지나면서 선한 동기는 점차 소멸되고, 이루어놓은 일은 제도화되어 개선의 여지가 없는 단단한 덩어리로 남는다. 이런 일은 선한 일을 행한 거의 모든 곳에서 일어나고 있다. 이는 시대적 소명 의식으로 가득한 투사들이 혁명을 일으켜 구악(舊惡)을 제거하고 새로운 세상을 만들었으나, 한 시대가 지나면서 자신들이 척결되어야 할 구악이 되는 것과 비슷하다. 맨땅에 교회를 개척하고 일생을 바쳐 일군 교회가 공로가 되어버린 노(老) 목사는, 교회를 사유화해 이를 끌어안고 동반 몰락하는 경우가 많다.

특히 인간의 기대 수명이 80을 넘어 90에 가까워진 시대에 이 사실을 아는 것은 중요하다. 과거 수명이 짧았을 때는 상대적으로 과거의 선행을 자랑할 시간이 적었다. 예컨대 종교개혁자 장 칼뱅은 그의 나이 27세에 『기독교 강요』를 저술하면서 종교개혁의 대열에 뛰어들었다. 그는 약 28년간 사명을 감당하고 55세에 하나님의 부름을 받았다. 우리의 앞 세대 목회자들은 대체로 40을 전후해 본격적인 목회를 시작했고, 약 30년간 목회에 전념하다가 은퇴했으며, 은퇴한 후 몇 년 안에 소천했다. 그러나 수명이 길어진 지금은 은퇴 후에도 자신의 업적을 자랑할 시간이 많이 남아 있다. 자신들의 업적 속에 잠재해 있던 악의 요소들은 점점 단단해지고, 그 업적의 제도 안에서 생업을 유지하는 사람들의 카르텔은 점점 공고해진다. '육체'에 속한 과거를 영속시키려는 관성(慣性)은 성령이 새롭게 일으키시는 일에 걸림돌이 된다. 새로운 시대를 이끄시는 주님의 인도에 민감해야 할 명민한 젊은이들이 구체제를 영속시키는 일을 위해 자신을 헐값에 팔아넘긴다.

　성경을 해석하는 분이 성령이시라는 이야기를 장황하게 늘어놓았다. 길게 이야기하고 보니, 결국 모든 성도가 매일 겪고 있는 일을 정리해놓은 것뿐이다. 원래 신학이라는 것이 거창한 것이 아니다. 성도들의 실존과 괴리된 자기들만의 학문적 노력이 아니라 우리가 늘 겪고 있는 현실을 성경에 비추어 진술하는 것이 신학이다. 우리 모두는, 각 개인이 암담한 미래를 두려워하는 평범한 신자이든, 매주 설교를 위해 고민하는 목회자이든, 한국교회를 살리려는 목표를 가진 개혁가이든, 결국 자신의 죄를 고민하면서 자신을 불쌍히 여겨달라고 가슴을 치며 성령의 인도를 구하는 사람이 아니던가! 사실 성도들의 이런 모습은 크리스텐덤 시대와 포스트크리스텐덤 시대가 다르지 않다. 단지 크리스텐덤 시대 성령의 역사는 거대한 대성당과 스콜라 철학의 상아탑의 그늘에 감추어져 있었다면, 그 대성당과 상아탑이 무너진 시대를 사는 우리들은 그의 일하심을 더욱 직접적으로 의식하고 더욱 간절하게 구하는 것일 뿐이다.

5. 성령은 새로운 시대를 여신다

성령이 하시는 일 중 하나가 과거를 뒤로하고 새로운 시대를 여는 일이다. 이것은 인간이 할 수 있는 일이 아니다. 우선 과거를 부정하는 일이 얼마나 어려운지를 생각해보자. 우리가 태어나서 살아온 교회, 나의 일부가 되어 있는 교회, 내가 그 일부가 되어 있는 교회를, 객관적인 입장에서 비판하는 것이 어떻게 가능하단 말인가? 그 교회는 나의 부모와 은사들이 일생을 공들여 건설한 교회다. 내 아버지는 장로였고 평생을 건설업에 몸담았기 때문에 자연히 예배당을 건축할 때마다 건축 위원장을 도맡았다.

이 과정에서 집을 팔아 바치는 헌신도 마다하지 않으셨다. 그런데 예배당은 그저 건물일 뿐이고 예배당 중심의 기독교는 극복되어야 한다고 말하기가 쉬운가? 우리 가족에게 복음을 전하고 세례를 주며, 일생 말씀으로 먹이고, 결혼 주례까지 해준 목회자가 그 목회직을 아들 목사에게 물려주었다고 해서 그에게 등을 돌릴 수는 없지 않은가? 나의 경우만 해도 지금까지 수십 년 동안 개혁주의 신학을 배우고, 연구하며, 가르쳤고, 개혁주의 신학자들의 그룹에서 활동해왔으며, 개혁주의 신학자들의 책에서 평안함을 느낀다. 그런데 내가 서 있는 전통적 개혁주의 신학이라는 발판을 허무는 일이 가능한가? 과연 부정해야 할 적폐를 정의하는 기준은 무엇이며, 그것이 적폐인지를 누가 어떻게 판단할 수 있겠는가?

　　기존 질서를 부정하는 것도 어렵지만 아직 존재하지도 않는 새로운 교회와 신학을 기획하는 것은 더욱 어렵다. 현상을 책임 있게 비판하는 것도 어려운 일이지만 새로운 세계를 구상하는 것은 전혀 다른 도전이다. 신학자들에게 한국교회의 현실을 비판하라고 하면 여러 가지 이유를 들어 교회가 타락했다고 할 것이다. 그러나 그에게 새로운 교회를 구상하고 제자들을 그리로 보내라고 하면 주저할 사람이 많을 것이다. 교회 개척을 준비하는 젊은 목회자가 있다고 해보자. 이미 한국에서 교회를 개척하는 것은 100분의 1의 성공률을 가진 어려운 일이 되고 말았다. 모든 것을 갖춘 대형 교회 틈바구니에서 성도들을 끌어당길 장점이 없는 신생 교회가 살아남는 것은 기적에 가까운 일이다. 그들에게 전통적인 방법으로 개척하면 안 된다고 경고하는 것까지는 가능하다. 그러나 그렇다면 어떤 식으로 개척하면 살아남을 수 있느냐고 물어보는 젊은이들에게 대답할 말은 준비되어 있지 않다. 머릿속에서는 생각이 빙빙 돌기는 하는데, 내가 해보지 않은 일을 강요할 수는 없는 노릇이다.

"길을 잃은 리더들"

한번은 서점에서 신간을 훑어보다가 앨런 록스버그의 『길을 잃은 리더들』이라는 책을 발견했다.[38] 책 제목이 눈에 확 들어왔다. 바로 내가 길을 잃은 리더 중 한 사람이라고 생각하고 있던 차였기 때문이리라. 게다가 저자는 미셔널 처치 운동을 이끌어가는 학자 중 한 사람이기 때문에 더욱 반가웠다. 이 책은 우리 시대와 교회를 보는 눈을 띄워주면서 지도자들이 어떤 방식으로 새로운 교회를 모색해나가야 할지를 제시하는 책이다.

저자에 따르면 우리 시대 교회를 고민하는 두 그룹의 사람들이 있다. 한편에는 기존 목회 방식에서 탈피한 젊은 목회자들의 신생(emergent) 교회 리더들이 있고, 다른 한편에는 현재 교회에 만족하지 못해 대안을 고민하는 나이 많은 학자들이 있다. 신생 교회는 새롭고 역동적인 교회를 실험하지만 과연 이것이 진정한 교회인지 확신하지는 못한다. 혹은 과도하게 확신한 나머지 기존 교회를 비판하며 잘못된 방향으로 나가기도 한다. 한편 학자들은 성경적이며 신학적인 지식과 통찰력을 가지고 기존 교회를 비판하지만, 새로운 교회를 제시하지는 못하는 사람이다. 록스버거는 이런 학자의 특징을 '경계성'(liminality)이라는 말로 표현했다. 이들은 마치 문지방(limen) 위에 서서 이쪽저쪽을 다 넘겨다보지만 어느 한쪽으로 갈 용기는 없는 사람과 같다. 록스버그는 이 두 그룹의 리더들이 서로 만나야 한다고 주장한다. 새로운 목회를 지향하는 젊은이는 추진력은 있으나 지

---

[38] 앨런 록스버그, 김재영 역,『길을 잃은 리더들』(서울: 국제제자훈련원, 2009). 이 책의 원제는 더 무시무시하다. "The Sky Is Falling?!" 즉 "하늘이 무너지고 있다?!"이다. 왜 물음표와 느낌표를 함께 붙였을까 짐작해본다. 하늘이 무너지는 것 같은 격변기를 만나 한편으로 당황스럽지만 또 한편으로는 새로운 교회를 정립할 기회가 주어졌다는 희망을 암시하는 것은 아닐까?

혜가 부족하고, 미래를 내다보는 신학자들은 번뇌만 많을 뿐 동력이 없다.

그러나 내 경험에 따르면 젊은 행동가와 나이 많은 지혜자가 만난다고 일이 잘 돌아가는 것은 아니다. 신학교라는 환경이 바로 이 둘이 만날 수 있는 이상적인 장소이지만, 그럼에도 이상적인 만남이 아닌 경우를 더 많이 보았다. 젊은이들은 신학자들의 회의주의 탓에 걱정만 많아져서 패기를 잃고 현실에 안주한다. 신학자들은 젊은이들을 자신의 아바타로 만들어 자신의 잃어버린 젊음을 회복하려는 것은 아닌가 하는 의심이 들 때도 있다. (너무 심했나?) 록스버그의 제안이 큰 통찰을 주는 것은 분명하지만 한 가지 핵심적인 요인이 빠진 것 같다. 그게 무엇일까?

성령이 이끄신다

한 개인의 미래를 계획하는 것도 어려운 일인데 하물며 하나님의 교회가 어떤 방향성을 가져야 할지를 생각하는 일은 여간 두렵고 떨리는 일이 아닐 수 없다. 현재 교회의 부도덕한 모습을 상식적인 차원에서 비판하고 상식적인 차원에서 그 미래를 상상하는 것만으로는 부족하다. 한국교회가 너무 몰상식적인 일을 하기 때문에 상식에라도 맞는 교회를 만들면 사람들이 따라올 것이라 생각하는 사람도 있다. 그러나 상식(common sense)이라는 것은 다수의 사람이 동의하는 것일 뿐 믿고 따라야 할 진리는 아니다. 거기에 내 영혼을 걸 수는 없다. 교회가 상식에 따라 운영되어왔다면 지금의 교회는 존재할 수도 없었을 것이다. 전 재산을 팔아 바치고 생애를 헌신하는 것이 어떻게 상식적일 수 있겠는가? 우리는 믿음을 좇아 사는 사람들이지 상식에 따라 사는 사람들이 아니다!

새로운 교회의 형태와 신학을 상상하는 일은 두려운 일일 뿐 아니라 위험한 일이기도 하다. 기존 교회의 시스템은 강고하고 기존 신학은 오래된 성경 해석과 논리와 간증으로 견고한 외형을 갖추고 있다. 성도들은 그 틀 안에서 은혜를 받고 사역자들은 그 안에서 생계를 이어간다. 우리는 모두 기존 신학의 언어와 논리 안에서 태어났고, 회심과 부흥을 경험했으며, 살면서 만나는 고난을 해석했다. 기존 신학과 관습을 깨뜨리는 것은 계란으로 바위를 치는 것과 같다. 개혁을 외치는 사람들은 비난과 따돌림을 각오해야 한다. 이단이나 자유주의자라는 말을 들을 수도 있고, "넌 도대체 누구 편이냐?"라는 조롱을 받을 수 있다. 슬픈 일이지만 과거의 구조 안에서 아주 조그마한 권리만을 누리며 겨우 생계를 이어가는 사람들이 그 반대와 조롱의 선봉에 서곤 한다. 그래서 개혁의 필요성을 어렴풋이 느끼지만 용기가 없는 사람은 기존의 언어와 신학 안에서 적당히 타협하려 하거나, 아니면 현학적인 화법으로 추상적인 해결책을 제시하며 책임을 다했다고 스스로 위로하기도 한다.

성경에서도 중요한 시대적 변화의 갈림길에 서 있는 사람들은 고통과 위험을 감수해야 했다. 그 변화를 주도하기 위해 하나님의 부름을 받은 사람들은 그로 인한 고통과 위험을 온 몸으로 받아내었다. 아브라함이 부름을 받아 자신의 고향을 떠날 때 그가 버려야 할 것들이 얼마나 많았겠는가? 하나님이 모세를 보내셔서 "내 백성을 보내라"고 명령하셨을 때, 모세는 이집트 파라오의 완고한 거절뿐 아니라 자신의 백성들로부터의 거센 저항도 감내해야 했다. 다윗의 정의의 왕국을 세우는 일은 실패할 가능성이 높은 고되고 위험한 작업이었다. 포로기 전후의 예언자들은 왕조와 성전 시스템의 파멸을 목격해야 했고, 바빌로니아로 잡혀간 디아스포라 유대인들은 성전도 언약궤도 제사도 율법도 안식일도 없는 이방 땅에서 신앙의 정체성을 지켜나갔다. 우리 주님! 이미 시효를 다했음에도 불구하고, 아니 그렇기 때문에 더욱 공고했던 사두개파와 바리새파가 만든 악하고 위선적인 제도에 도전하신 주님은 결국 가죽 부대를 터뜨리셨고 포도주는 쏟아지고 말았다. 예수님 승천 후 초기 교회, 유대교의 일파(一派)로 여겨지던 기독교가 세계 종교로 탈바꿈하는 과정은 또한 얼마나 목숨을 건 논쟁으로 가득 차 있었던가?

하나님의 사람들은 과거 사람들이 걸어보지 못했던 전인미답(前人未踏)의 길을 믿음으로 내디뎠다. 그런 길을 찾을 지혜나 걸어갈 용기가 사람에게서 나올 수는 없다. **성령께서 새 일을 시작하고 이루신다.** 우리를 진리 가운데로 인도하는 예수님의 영이신 보혜사 성령은 구시대와 새로운 시대의 교차로에서 사람(들)을 선발해 그에게 소원을 심어주어 기도하게 하시며, 말씀을 새롭게 이해하게 하신다(빌 2:13). 때가 되면 그를 세상으로 보내시고, 교회를 세우게 하시며, 신학을 정립하도록 도우시고 사회에까지 영향을 끼치도록 하신다. 때로 하나님께서 현현하기도 하시고, 놀라운 표적과 환상을 보여주시며, 새로운 말씀을 주기도 하시고, 이미 주신 말씀을 새롭게 보는 눈을 열어주기도 하시며, 함께할 동역자와 공동체를 주시며, 고난 가운데 위로를 주며 길을 인도하신다. 우리는 단지 성령께서 보여주시는 대로 말하고, 성령께서 이끄시는 대로 따라갈 뿐이다.

나는 다음과 같은 예수님의 말씀을 믿는다.

보혜사, 곧 아버지께서 내 이름으로 보내실 성령 그가 너희에게 모든 것을 가르치고 내가 너희에게 말한 모든 것을 생각나게 하리라(요 14:26).

그러나 진리의 성령이 오시면 그가 너희를 모든 진리 가운데로 인도하시리니, 그가 스스로 말하지 않고 오직 들은 것을 말하며 장래 일을 너희에게 알리시리라. 그가 내 영광을 나타내리니 내 것을 가지고 너희에게 알리시겠음이라(요 16:13-14).

성령이 하나님의 말씀을 통해 우리의 길을 인도하지 않는다면 도대체 하나님은 우리를 어떤 방식으로 인도한단 말인가? 우리의 설교가 성령의 인도에 따르는 것이 아니라면 과연 그것을 '하나님의 말씀'이라고 할 수 있을까? 우리의 신학이 성령의 인도하심을 따르는 것이 아니라면, 그 신학을 어디에다 쓰겠는가?

우리는 보통 성령은 우리 신자들과 주관적으로 대화하는 분이라고 생각해서 성령 이외의 객관적인 증거를 찾으려 한다. 예컨대 성경이나, 권위 있는 학자의 주석이나, 역사적으로 공인된 신앙고백서 등에서 증거를 찾으려 한다. 그러나 성령만큼 객관적이고 성령만큼 절대적인 분이 어디 있겠는가? 하나님의 일은 하나님의 영 외에는 아무도 알지 못한다! 따라서 우리가 할 일은 다른 '객관적인' 것들을 추구해 거기서 확신을 얻으려 할 것이 아니라 성령의 인도하심을 바라면서 어떻게 성령의 인도를 받을까를 물어야 한다(그 방법에 대해서는 앞서 충분히 다루었다).

성령은 바람이시다

성령은 '바람'의 특징을 갖고 계신다. 이 대목에서 예수님의 유명한 니고데모와의 대화를 얼른 떠올리는 독자들이 많을 것이다.

> 바람이 임의로 불매 네가 그 소리는 들어도 어디서 와서 어디로 가는지 알지 못하나니, 성령으로 난 사람도 다 그러하니라(요 3:8).

바람과 같은 성령은 그가 원하는 곳으로 분다. 그분은 법과 질서(law and order)에 얽매지 않고 새로운 세계를 향해 불어간다. 성령은 법과 질서 자체를 부정하는 분은 아니시다. 사실은 많은 경우 성령의 바람이 머물러 있는 장막이 바로 법과 질서다. 그 안에 바람의 순환이 있으면 그 법과 질서는 사람을 살리는 도구가 된다. 그러나 성령의 바람이 떠나가면 그 제도는 죽은 제도가 되고, 그 법은 사람을 억압하는 법이 되어버린다. 성령이 떠나간 성전은 빈껍데기이고, 성령이 떠나간 율법주의자는 다시 태어나야 할 존재다. 성령은 때가 되면 미련 없이 바람처럼 그 낡은 장막을 떠나가신다. 그리고 그 빈껍데기는 좀비처럼 허우적거리며 다니다가 역사의 뒤안길로 슬며시, 때로는 요란한 파국을 맞으며 사라진다. 그 빈껍데기는 법과 질서일 수도 있고, 법과 질서 안에서 이들을 유지하는 사람들일 수도 있으며, 법인과 조직도와 건물과 인사권과 재정권과 기념물과 동상과 위인전과 찬미가와 미술품과 논문과 저서들일 수도 있다. 그것들은 먼 훗날 귀퉁이가 깨어진 박물관의 유물로, 이름 없는 역사학도의 한 줄 평으로만 남을 뿐이다.

에스겔서는 성령을 바람의 특성을 가진 분으로 묘사하는 구약의 대표적인 책이다. 에스겔은 1장의 환상에서 "네 생물" 즉 하나님의 명령을 수행하는 천사를 보았다. 여기 나타난 천사는 흰 날개가 달린 부드러운 천사가 아니라 이 땅에 심판을 행하는 무시무시한 형상의 천사다. '네 생물'에 여러 가지 특징이 있는데, 그중 가장 특이한 점은 바로 그 천사의 바퀴 가운데 있는 '영'(רוח, '바람'을 의미하기도 함)이다.

> 영이 어떤 쪽으로 가면 생물들도 영이 가려 하는 곳으로 가고, 바퀴들도 그 곁에서 들리니, 이는 생물의 영이 그 바퀴들 가운데에 있음이니라(겔 1:20).

바람이 바퀴를 움직였다. 성전 안에 머무시던 하나님의 영광은 성전 밖으로, 그리고 마침내 예루살렘 밖으로 나갔다(겔 9:3; 10:4, 19; 11:23). 잠시 동안 하나님의 영광은 바빌로니아 포로들과 함께 거했고(겔 11:16), 에스겔의 환상 속의 성전으로 다시 입성하셨다(겔 43:4-5). 그때 하나님의 생기(역시 바람을 뜻하는 רוּחַ)가 마른 뼈와 같은 백성들에게 불어 그들을 살릴 것이다(겔 37:9).

성령은 당신이 원하시는 곳으로 부는 바람과 같은 분이라는 것을 가장 잘 보여주는 신약의 책은 사도행전이다. 많은 사람이 사도행전 1:8에 나오는 성령의 약속을 개인에게만 적용하고, 그것도 권능과 동일시하는 경향이 있다. 즉 복음 전하는 사람 개인에게 성령의 능력이 함께해서 기적의 은사를 부어주는 분으로 말이다. 그러나 이는 성령이 하시는 일의 지극히 적은 일부다.

사도행전의 성령은 무엇보다도 복음 전도의 방향을 지시해주는 분이시다. 그분은 지리적인 조건과 인종과 민족을 뛰어넘어 복음을 전하도록 하시는 바람 같은 분이시다. 사도행전에 나타난 성령의 주도 아래에 이루어진 복음의 확장을 정리하면 다음과 같다.

- 히브리파 순종(純種) 유대인인 사도들에게 한정되어 있던 복음이, 스데반과 같은 그리스파 유대인에게 성령을 주심으로 그들에게까지 확장되었다(행 6:3).
- 복음을 받은 사마리아에 성령이 내려 그들도 하나님의 백성임을 확증해주셨다(행 8:17).
- 성령이 빌립을 에티오피아 여왕의 내시에게 보내어 복음을 전하고 세례를 베풂으로써 최초의 이방인 그리스도인이 되게 하셨다(행 8:26, 39).
- 하나님-경외자인 이방인 고넬료의 가정도 복음을 믿었고, 성령이 내리심으로써 이방인도 구원받는다는 것을 확증해주셨다(행 11:15-

17).

- 성령이 안디옥 교회의 지도자들 가운데 바나바와 사울을 따로 세워 선교사로 보내도록 하셨다. 그리고 이들은 성령의 인도에 따라 지중해의 섬 구브로로 갔다(행 13:2, 4).
- 2차 전도 여행 때 아시아에서 성령이 복음을 전하지 못하게 하시고, 마케도니아로 건너가게 하셨다(행 16:7, 10).
- 바울은 모든 어려움에도 불구하고 "성령에 매여" 예루살렘으로 가서 화친의 예물을 전했다(행 20:22).

스데반에게 임한 성령의 지혜

지리적·민족적으로 복음을 확장시키는 것은 어려운 일이지만 이보다 더 어려운 일이 남아 있다. 바로 새로운 문화권의 사람들이 알아들을 수 있도록 복음의 메시지를 번역하는 일이다. 복음은 문화의 옷을 입고 있기 때문에, 한 문화에서 다른 문화로 복음이 전달될 때 자칫 잘못하면 복음이 아닌 문화가 전달될 가능성이 농후하다. 예컨대 오랜 세월 서구 문명과 함께했던 기독교의 복음이 동양에 전해졌을 때, 사람들은 기독교와 서구 문명을 구분하지 못한 것처럼 말이다. 예루살렘의 유대인에게 먼저 전수된 복음이 유대인의 경계를 넘어 이방인에게 전해지려면 반드시 복음의 진수가 무엇이며 또한 복음이 옷 입고 있는 문화가 무엇인지를 알고 이를 벗겨내는 과정이 필요했다. 이 일을 주도한 분이 바로 성령이시다.

성령이 초기 교회에 어떤 일을 이루셨는지 살펴보자. 최초로 예수를 믿은 예루살렘의 유대인들은 성전(聖殿)을 중심으로 신앙생활을 했다(행 2:46; 5:42). 그들은 성전에서 드려지는 동물 제사를 비롯한 온갖 예식을 그대로 준수했다. 구약성경에 메시아가 오시면 성전을 무너뜨리겠다고 하지 않고, 성전을 깨끗하게 할 것이라고 하지 않았는가?(겔 44:15-16, 말 3:1-3) 예루살렘 성도들은 남자 아기를 낳으면 할례를 행하고, 안식일을 비롯한 구약의 절기들을 지키며, 구약성경에서 깨끗하다고 규정한 음식을 먹는 일을 이전보다 더욱 열심히 준수했을 것이다.

유대인의 여러 규례 중 맨 먼저 도전을 받은 것은 성전 제사다. 그리스파 유대인의 지도자였던 스데반은 성전 제사의 효능에 대해 의문을 품기 시작했다. 예수님이 대속의 죽음을 죽으셨는데 성전에서 제사를 또 드릴 필요가 있는가? 온 천지에 하나님이 안 계신 곳이 없고, 모든 믿는 사람에게 성령을 주셨는데, 왜 꼭 예루살렘 성전에서만 예배를 드려야 하는가? 이에 스데반은 "지극히 높으신 이는 손으로 지은 곳에 계시지 아니하시다!"라고 최초로 선포했다(행 7:48-50). 스데반은 예수 그리스도의 복음에서 물리적 성전을 제거하는 일을 했다. 그는 성전 제사가 없어도 아니 성전이 없을 때 예수를 더 잘 믿을 수 있다는 것을 설파했다.

성전이 어떤 곳인가? 유대인의 까마득한 조상 모세가 십계명의 두 돌판을 보관할 성막을 지었고, 유대 역사 가운데 가장 존경받는 다윗과 솔로몬이 성전을 지어 바쳤다. 포로지에서 돌아온 조상들이 맨 먼저 한 일도 성전을 재건한 일이었다. 이곳을 아름답게 치장하기 위해 부자의 금은부터 과부의 동전까지 바쳐졌고, 로마의 독수리 깃발이 이곳에 꽂히지 않도록 하기 위해 수많은 목숨이 희생을 치렀다. 아이들은 성전에서 행해진 수많은 기적 이야기와 성전 제사를 소홀히 하다가 저주를 받은 사람들의 무시무시한 소문을 듣고 자랐다. 얼마나 많은 고단한 심령들이 여기서 안식을 얻었으며, 얼마나 위대한 시인들이 이 성전을 위해 시들을 지어 바쳤던가? 얼마나 위대한 예술가들이 심혈을 기울여 성전을 치장했던가? 후일 메시아가 와서 온 세상을 평정하고 당신의 왕좌에 앉아 다스리신다고 하는 거룩한 곳이 바로 성전이다. 예수님도 성전을 깨끗하게 하셨지만 성전을 문 닫으라고 말씀하지는 않으셨고, 예수님의 대사도(大司徒)인 베드로와 요한도 성전을 중심으로 복음을 전했다. 그런데 일개 그리스파 유대인인 스데반 따위가 성전에 감히 도전한다? 하나님의 신성을 모독하고 이스라엘 민족의 정신적 고향을 매도한 스데반은 죽을 수밖에 없는 운명을 지닌 선구자였다.

그런데 스데반은 어떻게 해서 이런 위험천만한 생각에 다다르게 되었을까? 어떻게 자기 정체성의 일부를 형성하던 성전에 감히 도전할 수 있었을까? 일이 다 이루어진 지금 와서 생각해보면, 성전의 효능에 대해 의심을 품는 것이 충분히 가능한 일이었을 것 같다. 구약성경에는 성전의 한계에 관해 말씀하는 구절들이 꽤 있기 때문이다. 다윗이 맨 처음 성전을 짓겠다고 했을 때, 하나님은 다윗의 중심은 기쁘게 받아들이셨지만 성전을 짓는 것에 대해서는 유보적인 태도를 보이셨다. 솔로몬의 성전 봉헌 기도와 하나님의 응답(왕상 8:27; 9:7-8)을 자세히 읽어보면, 하나님이 성전을 신앙의 본질로 생각하지 않으셨음이 분명하다. 이사야는 예루살렘에 있는 작은 성전이 아닌 천지가 하나님의 집이라 말했고(사 66:1), 예레미야는 성전에 예배하러 오는 사람들을 막아서면서 성전을 "도둑의 소굴"이라고 비난했으며(렘 7:4, 11), 에스겔은 성전으로부터 하나님의 영광이 떠나가는 것을 보았다(겔 8:6). 그리고 다시 스데반의 시대에 이르러 성전에서 행해지고 있는 대규모의 구조적 악을 볼 때, 어찌 이곳을 하나님의 집이라 할 수 있고, 대제사장들을 하나님의 종이라 부를 수 있겠는가? 무엇보다도 스데반은 우리 주님께서 "너희가 이 성전을 헐라. 내가 사흘 동안에 일으키리라"(요 2:19)고 말씀하신 것을 기억했을 법하다.

구약에 성전의 한계에 관한 신학이 흐르고 있는 것은 명백해 보인다. 그러나 그런 생각을 살짝 품는 것과 실제로 성전을 부인하는 것은 차원이 다른 이야기다. 또한 성전에 대한 부정적인 생각을 속으로 하는 것과 대중 앞에서 이를 설교하는 것도 차원이 전혀 다른 일이다. 성전의 시효가 다했음을 강조하지 않고서도 예수님을 믿을 수 있지 않는가? 왜 사도들도 가만히 있는데, 중뿔나게 자기가 나서서 죽음을 자초하려 하는가? 왜 위험을 무릅쓰고 하나님이 성별하신 오래된 성전 예배에 도전하려 하는가? 도대체 스데반의 동력은 어디서 나온 것인가? 다음 두 구절을 보자.

> 스데반이 **지혜와 성령으로** 말함을 그들이 능히 당하지 못하여(행 6:10).

> 스데반이 **성령 충만하여** 하늘을 우러러 주목하여 하나님의 영광과 및 예수께서 하나님 우편에 서신 것을 보고(행 7:55).

성령이시다! "지혜와 성령으로"는 "성령의 지혜로"라는 뜻이다. 성령께서 그에게 구약의 역사에서 성전이 가지는 제한적 의미를 분명하게 깨닫는 지혜를 주셨다. 그는 우리 주님이 성전을 헐라고 하신 의미도 깨달았다. 그 깨달음으로 성전에서 예배하는 사람들을 보니 그들의 신앙이 천박하기 그지없다. 그 깨달음으로 성전을 이용해 백성들을 억압하는 사람들을 보니 거룩한 분노가 솟구친다. 그 깨달음으로 구시대의 제도에 매인 예루살렘 성도들을 보니 그들로 하여금 복음의 본질을 알게 하고 싶은 마음이 요동친다. 성령은 깨달음의 지혜만 주신 것이 아니다. 깨달은 사람의 마음에 불붙는 것 같은 강한 충동을 주셔서 이를 선포하게 하신다. 그는 스데반에게 기적을 보이심으로 그 선포가 참된 것임을 보증해주시고, 하늘 보좌에서 일어서서 그를 격려하셨다.

"성령과 우리는…"

초기 교회가 직면한 두 번째 도전은 유대인의 음식법이다. 모세의 율법은 하나님의 백성들이 먹을 수 있는 짐승과 먹지 못하는 짐승을 구별했다. 먹을 수 있는 짐승은 "정(淨)한 짐승"이라 불렸고, 먹지 못할 짐승은 "부정(不淨)한 짐승"이라 불렸다. 예를 들어 굽이 갈라지고 새김질하는 짐승은 정한 짐승이다. 여기서 중요한 것은 이 구별이 단지 백성들의 위생과 건강을 위한 것이 아니라는 점이다. 정한 것/부정한 것은 종교적이며 윤리적인 범주다. 하나님께서 "내가 거룩하니 너희도 거룩할지어다"(레 11:45)라고 말씀하실 때, 바로 부정한 음식을 먹지 말라는 의미다.

　　하나님은 먹을 것과 먹지 못할 것을 규정하신 후 이를 구분하는 사람으로 제사장과 레위인을 세우셨다(레 10:10). 후일 제사장이 정한 짐승과 부정한 짐승을 구별하지 않았기 때문에 하나님은 진노하셨고(겔 22:26), 이스라엘은 이것 때문에 멸망했다. 바빌로니아에 포로로 잡힌 다니엘은 이방의 음식으로 자신을 더럽히지 않겠다고 결심했다(단 1:8). 마카비 시대 이스라엘 백성 중 신앙이 좋은 한 어머니는 모세의 율법이 금하는 돼지고기를 거부하면서 일곱 아들과 함께 순교의 길을 택했다(마카베오하 7장). 유대인들에게 음식 문제는 그들의 삶을 특징지어주는 가장 두드러진 표식이었다. 지금도 유대인을 가장 쉽게 정의하자면 '코셰르'(kosher)를 먹는 사람이고, 무슬림은 '할랄'(halal)을 먹는 사람이다.

　　예루살렘 초기 교회의 사도와 성도들은 예수를 믿은 후에도 구약의 음식법을 그대로 준수했다. 문제는 복음이 이방인에게 전해지면서 촉발되었다. 유대인과 이방인이 함께 하나의 교회를 형성했던 안디옥에서 성도들이 음식을 나누며 교제를 나눠야 하는데, 유대인 그리스도인이 전통적인 음식법을 고집했고, 이것이 교제를 가로막는 장애물이 되었다. 유대인 성도와 이방인 성도의 교제에서 촉발된 문제는 예수를 믿은 이방인이 구약의 율법을 어디까지 따라야 하는가의 문제로 확대되었고, 이는 다시 믿음의 본질이 무엇인가까지 연결된 주제임이 밝혀졌다. 이후 한 세대에 걸쳐 이 문제는 초기 교회의 가장 치열한 논쟁의 주제가 되었고, 신약성경의 상당한 분량이 이 문제에 할애되었다.

이 문제에 대한 공식적인 결정은 기원후 49년과 50년 사이에 열렸던 예루살렘 총회에서 내려졌다. 그 총회의 진행 과정이 사도행전 15장에 간결하게 기록되어 있다. 이방인에게 복음을 전하면서 음식 문제를 실제로 접했던 바울과 바나바가 안건을 상정했고, 바리새인 출신 그리스도인들이 토론의 상대역이 되었다. 바울과 바나바는 이방인을 음식법에서 자유롭게 해주어야 한다고 주장했고, 여기에서 한걸음 더 나아가 기독교의 본질은 예수 그리스도를 믿는 믿음에 있는 것이며, 구약의 율법을 벗어버려야 할 하나의 문화적 관습으로 보았다. 반면 바리새인 출신 그리스도인들은 구약에 기록된 율법은 모든 사람이 항구적으로 지켜야 하는 하나님의 법이고, 음식법도 율법의 일부로서 단순한 문화가 아니라고 완강하게 주장했다.

이때 베드로가 바울과 바나바의 편을 들어 보조 발언을 했다. 그는 "너희가 어찌하여 하나님을 시험하여 우리 조상과 우리도 능히 메지 못하던 멍에를 제자들의 목에 두려느냐?"(행 15:10)고 말했다. 또한 믿음에 관해서는 "그들이 우리와 동일하게 주 예수의 은혜로 구원받는 줄을 믿노라"(행 15:11)고 주장했다. 그리스도인이 되기 위해 음식법을 지키는 것이 필수적이 아니라고 본 것이다. 이어서 예루살렘 총회의 의장인 야고보가 결론을 내렸다. 그는 바울과 바나바 그리고 베드로의 주장에 손을 들어주었다. 음식법은 이방인 신자들을 괴롭게 하는 것이니 이를 강요하지 말고, 단 네 가지, 우상의 제물, 음행, 목매어 죽인 짐승, 피를 금지하자고 결정했다.

쉽지 않은 결정이었을 것이다. 이 결정을 가능케 했던 최종 변론은 베드로의 입에서 나왔다. 그도 유대인 그리스도인이었는데 어떻게 이방인 성도의 편을 들 수 있었을까? 베드로는 자신의 생각을 바꿀 수 있었던 계기에 대해 이렇게 말한다.

> 또 마음을 아시는 하나님이 우리에게와 같이 그들에게도 **성령을 주어 증언**하시고(행 15:8).

바로 사도행전 10장의 이방인 백부장 고넬료의 가정에 성령이 임한 사건을 말하는 것이다. 성령께서 베드로의 마음을 바꾸기 위해 부정한 음식을 먹으라는 환상을 보여주셨고, 이어서 고넬료에게 성령을 부어주심으로 이를 확인해주신 것이다. 우리는 여기서 이방인에게 복음을 전할 뿐 아니라 이방인에게 전달되어야 할 복음과 구약 이스라엘에게 주셨던 율법이 어떤 관계가 있는지를 알려주시려는 주도면밀한 성령의 기획을 감지할 수 있다.

예루살렘 총회의 대표자들은 총회의 결정 사항을 이방의 교회들에게 편지로 적어 보내면서 이렇게 말한다.

> **성령과 우리는** 이 요긴한 것들 외에는 아무 짐도 너희에게 지우지 아니하는 것이 좋은 줄 알았노니(행 15:28).

예루살렘 총회의 결정을 사도들과 야고보가 내렸지만, 이는 성령의 인도를 따른 것이었다는 말이다. 이는 오늘날 어떤 사람들처럼 자기들이 기획하고 자기들의 방법대로 실행하고서 "하나님이 다 하셨습니다"라고 광고함으로써 자신들의 영광에 하나님의 광휘를 얹으려는 얄팍한 속셈으로 말한 게 아니다. 성령은 이방에 복음이 전해지도록 할 뿐 아니라 그들에게 필요한 복음의 메시지가 무엇인지, 더 나아가서 복음의 본질이 무엇인지를 알려주심으로써 거역할 수 없도록 새로운 시대를 열고 계신다. 총회에 참석한 사도와 장로들은 마음을 열고 그들의 의지를 성령께 복종시키며 성령이 이끄시는 대로 따라갔다.

신학은 성령의 활동

새로운 시대에 새로운 교회를 여는 분은 성령이시라는 것을 성경을 통해 살펴보았다. 역사의 전환점마다 성령은 그 시대에 합당한 복음의 메시지가 어떤 것인지, 복음을 따라 살아가는 사람들의 삶은 어떤 방식이어야 하는지를 알려주신다. 성경이 저술되던 시대뿐 아니라 성경이 완성된 시대에도 우리를 인도하는 분은 성령이시다. 물론 그는 사람들을 인도할 때 가장 중요한 도구로 완성된 계시인 성경 말씀을 사용하신다.

각 시대의 상황에 맞도록 성경을 우리에게 풀어주시는 성령의 활동을 신학이라고 부른다. 신학의 주체는 신학자가 아니라 성령이시다. 이를 의아하게 생각하는 독자들이 많을 것이다. 개인이 성경을 해석할 때 성령의 인도를 받아야 한다는 데는 어느 정도 동의를 하고, 목회자가 설교할 때 그 교회의 성도들에게 주시는 하나님의 뜻을 찾아야 한다는 데 대해서도 수긍할 수 있겠으나, 신학자들도 성령의 인도를 따라야 하는가? 그러나 반대로 이렇게 물어보자. 성도 개인이 성령의 인도를 받는 것이 그의 삶에 중요하고, 한 목회자가 설교의 내용을 성령께 받는 것이 긴요한 일이라면, 한 시대를 생각하며 그 시대에 나타날 하나님의 뜻을 찾는 신학자는 더욱더 성령의 인도를 받아야 하는 것이 아닌가? 어떤 이는 머리가 좋고 공부를 많이 하고 세상 돌아가는 이치를 더 많이 아는 지성인들은 더 넓은 안목을 가지고 더 공평하게 사태를 파악할 수 있지 않겠느냐고 반문할 수 있을 것이다. 그러나 과연 그런가? 머리 좋고 공부를 많이 한 사람일수록 진리의 가면 속에 탐욕을 감추고, 편견을 공평으로 가장하며, 객관적 사실이라는 꿀을 입에 바르고 속에는 칼을 숨기고 있지는 않은가? 성경은 사람들이 지식을 가진 엘리트를 과대평가하는 오류에 빠지지 않도록 다음과 같은 경고를 잊지 않는다.

> 지식은 교만하게 하며 사랑은 덕을 세우나니, 만일 누구든지 무엇을 아는 줄로 생각하면 아직도 마땅히 알 것을 알지 못하는 것이요(고전 8:1하-2).

몇 년 전 있었던 일이다. 매년 한국의 교단들이 연합해 부활절 예배를 드리는데, 연합 예배 문서를 만드는 위원회에 내가 소속한 교단 대표로 참석한 일이 있었다. 각 교단과 학교에서 파송된 7-8명의 신학자들에게 연합 예배의 주제를 정하고, 모범 설교문과 기도문을 작성하며, 순서의 초안을 짜는 임무가 맡겨졌다. 당시에는 기독교계에서 추문이 많이 떠돌던 때라서, 부활절이라고 하는 기쁜 날임에도 불구하고 "생명의 주님, 우리를 불쌍히 여기소서!"라는 주제를 잡았다. 내게는 공동 기도문 초안을 작성하는 임무가 주어졌다. 나는 하나님께서 한국교회와 소외된 이웃과 우리나라를 불쌍히 여겨달라는 기도문을 만들었다. 특히 한국교회의 죄악과 잘못을 반성하면서 성도들과 목회자 그리고 신학자들의 과오를 나열하고 용서를 구하는 기도문을 썼다. 신학자들이 다시 모여서 각자 써 온 것을 읽고 검토했다.

어떤 교수가 "신학자들의 잘못을 꼭 넣어야 하느냐?"고 물었다. 다른 분은 "신학자들이 잘못한 게 뭐가 있느냐? 우리는 옳게 가르쳤는데, 목회자들이 그 가르침대로 하지 않은 것이 잘못이 아니냐? 가르친 대로만 목회했으면 한국교회가 이 지경에 이르렀겠는가?"라고 이의를 제기했다. 나는 내심 큰 충격을 받았다. 신학자의 한 사람인 나는 한 번도, 정말 단언컨대 단 한 번도 그런 식으로 생각해본 적이 없었다. 기도할 때마다 하나님 앞에서 자책감에 시달리고, 신학생과 목회자와 신실한 성도들에게 미안한 마음이 든다. 나의 신학이 교회와 사회를 살리지 못함을 한탄하고, 나 자신도 추스르지 못하면서 '한국교회'를 들먹여야 하는 나를 미워하면서, 왜 나를 부르셨느냐고 항변하고 원망한 적이 수없이 많았다.

내가 하도 진지하게 항의하니 다른 교수들이 양보해 신학자의 과오 부분도 넣자는 데 동의했다. 분명 그렇게 결의하고 헤어졌는데, 막상 부활절 아침에 인쇄물을 보니 신학자의 과오에 관한 부분은 없었다. 어떤 과정을 거쳐 그렇게 되었는지는 물어보지도 않았다. 보나마나 구구한 이야기를 그럴듯하게 포장해서 늘어놓을 것이 뻔했기 때문이다. 그때 신학자들에게 적잖이 실망했다. 그들이 모든 한국 신학자들의 대표는 아니지만 말이다.

자신의 구원을 구하는 자는 자기 죄짐의 무게 때문에 고통당하고, 교회를 위해 기도하는 자는 성도들의 짐을 지고 괴로워하는 법이다(민 11:11; 고후 11:28-29). 하물며 한국교회와 사회를 바라보며 교회의 미래를 염려하는 신학자가 짊어져야 하는 짐의 무게는 얼마나 무겁겠는가? 자신이 속한 좁디좁은 학교와 학과의 전통만으로 지금까지 이루신 하나님의 역사를 어떻게 재단할 수 있겠는가? 변화무쌍한 혼란기를 맞아 길을 잃은 리더들이 어떻게 자신의 힘으로 미래를 기획할 수 있겠는가?

제 3 부

포스트크리스텐덤 시대의 교회

우리가 살고 있는 시대는 포스트크리스텐덤 사회인데 비해 우리의 교회는 크리스텐덤이라는 역사적 배경 아래에서 형성되었다는 사실이 크리스텐덤에 관한 우리 논의의 주제다. 서구 교회의 경우는 말할 것도 없고, 한국에 들어온 복음주의 교회들도 모두 크리스텐덤 시대에 형성된 모습 그대로다. 크리스텐덤은 사라지고 해체되었는데, 크리스텐덤 시대에 형성된 교회가 그대로 그 양상을 유지하고 있다는 것이 문제의 핵심이다. 위기를 맞은 대한민국 교회를 보면서 많은 사람이 우리의 문제가 지엽적인 것이 아니라 근본적인 것이라는 데 동의하고 있다. 나는 그 근본적인 원인 중 가장 중요한 것이 현재 한국교회가 크리스텐덤 시대가 아닌데도 불구하고 크리스텐덤 교회의 형태를 지향하는 것으로 보고 있다.

우리는 서구에서 이식된 크리스텐덤 교회에서 태어나 자랐고, 지금의 교회 형태 외에는 경험해본 적이 없다. 그래서 도대체 크리스텐덤 교회의 특징이 무엇이고, 지금 우리 교회의 모습이 성경과 어떻게 달라졌는지를 비교하기도 어렵다. 가장 좋은 방법은 프리크리스텐덤(pre-Christendom) 시기의 교회의 모습을 찾아내어 그것과 크리스텐덤 교회를 비교하는 것이리라. 그러나 우리는 지금 프리크리스텐덤 시대를 사는 것이 아니라, 좋든 싫든 크리스텐덤의 모든 유산을 등에 업고 포스트크리스텐덤을 살고 있다는 것을 기억해야 한다. "초기 교회로 돌아가자"라는 모토를 원동력 삼아 지금 있는 모든 것을 부정하고 성경의 교회를 재현하려는 아나뱁티스트의 주장은 현실적이지도 않고, 과연 성령께서 그것을 원하는지도 모르겠다. 물론 크리스텐덤 시대가 남긴 모든 것을 다 부정할 필요는 없다. 프리크리스텐덤에서 크리스텐덤으로 사회가 변화하면서, 어쩔 수 없이 자연스럽게 바뀐 것들도 있을 것이고, 또한 발전이라 할 만한 것도 있을 것이기 때문이다. 여기에는 더 정확한 성경 주해와 더 깊은 신학적 사고와 더 넓은 현상 이해가 필요하다. 그리고 이런 연구는 이제 시작에 불과하다.

제5장에서는 포스트크리스텐덤 시대를 맞은 한국교회가 어떤 식으로 변화되어야 할 것인지를 이론적으로 고찰하고자 한다. 이어 6장에서는 현실 교회가 취할 수 있는 구체적인 방안들을 살피고, 7장에서는 개척 목회를 희망하는 신학생이나 분립 개척을 생각하는 기존 교회들이 어떤 교회를 어떤 방식으로 세워야 할지를 이야기할 것이다.

제5장 ─────────────────────────────────

포스트크리스텐덤 시대
한국교회의 변화

1. 세상으로 보냄을 받은 교회

서구 사회가 크리스텐덤 시대를 뒤로하고 포스트크리스텐덤 사회로 진입했다는 것을 알고 새로운 교회론을 제안한 사람들이 많은데, 그중 하나를 소개하면서 논의를 진행하고자 한다. 곧 '선교적 교회' 혹은 '미셔널 처치'(Missional Church)라고 부르는 운동이다. 선교적 교회 운동 발전의 역사를 잠시 정리하고 시작하겠다.

(1) 선교적 교회 운동과 "하나님의 선교"

선교적 교회 운동의 선구자는 인도에 파견된 영국 선교사이며 WCC(세계교회협의회) 이론가인 레슬리 뉴비긴(Lesslie Newbigin, 1909-1998)이다. 그는 1936년 인도 마드라스로 파송을 받아 1974년 귀국할 때까지 38년 동안의 사역을 성공적으로 마쳤다. 사역을 마치고 귀국했을 때 그는 영국 사회가 인도보다 더 세속화된 이교 사회라는 것을 발견했다. 영국의 기독교 인구가 줄어든 것은 물론이고, 더 이상 기독교 사회라고 부를 수 없을 만치 교회의 영향력이 줄어들었다. 한 사회가 공유하는 신념이나 가치의 체계를 "타당성 구조"(plausibility structure)라고 부르는데, 20세기 후반의 영국은 더 이상 이전 시대가 가지던 타당성 구조를 유지하고 있지 않왔다. 이제 영국 사회는 이교 사회처럼 다시 복음을 전해야 할 선교지가 되었다. 영국이 포스트크리스텐덤 시대에 돌입한 것이다. 이에 뉴비긴은 새로운 시대에 맞는 복음 전도의 방법과 교회의 형태를 고민해야 한다고 주장하는 저서들을 남겼다.

뉴비긴의 사상은 영국보다 미국에서 더 환영을 받았다. 레슬리 뉴비긴의 생각을 이어받은 미국의 신학자들이 1990년대 GOCN(Gospel of Our Culture Network, 복음과 우리 문화 네트워크)이라는 논의의 장을 만들었다. GOCN은 다음과 같이 자신을 소개한다. "'복음과 우리 문화 네트워크'는 문화와 복음과 교회의 상호 관계를 주의 깊게 연구하기 위한 모임이다. 이 네트워크는 우리 삶의 진정한 갱신과 교회의 증언은 우리 자신들의 문화 속에서 복음과의 신선한 만남을 통해서만 이루어질 수 있다는 확신으로부터 시작되었다. 따라서 우리의 활동은 교회의 선교사로서의 정체성을 회복하는 데 필요한 문화적 연구와 신학적 반성과 교회의 갱신에 초점을 맞춘다."[1] 이들의 논의가 시리즈로 출간되면서 큰 반향을 일으켰다.[2] 그들은 자신들의 새로운 논의를 '미셔널 처치'(Missional Church) 운동이라고 불렀다. 아직 30년이 채 되지 않은 운동이지만 이 운동에 동참하는 사람들이 늘고 있다. 레슬리 뉴비긴이 에큐메니컬 진영의 인사이기 때문에, 미국에서도 처음에는 에큐메니컬 측 신학교와 학자들이 주로 이 네트워크

---

1   The Gospel and Our Culture Network의 홈페이지는 다음과 같다. 〈http://gocn.org〉

2   미셔널 처치 논의의 GOCN 최초의 열매는, George R. Hunsberger, Craig Van Gelder eds., *The Church Between Gospel and Culture: The Emerging Mission in North America* (Grand Rapids: Eerdmans, 1996)이다. 이어 Darrell L. Guder ed., *Missional Church: A Vision for the Sending of the Church in North America* (Grand Rapids: Eerdmans, 1998); Craig Van Gelder ed., *Confident Witness-Changing World: Rediscovering the Gospel in North America* (Grand Rapids: Eerdmans, 1999) 등이 출간되었고, 최근에는 Craig Van Gelder, ed., *The Missional Church and Denominations: Helping Congregations Develop a Missional Identity* (Grand Rapids: Eerdmans, 2008)가 출간되었다.

에 참여해 세미나를 열고 글을 발표했다.

미셔널 처치 운동은 곧 복음주의자들 사이에서도 알려졌다. 많은 목회자가 선교적 교회 운동이 제시한 목회적 제안들을 자신의 교회에 적용했고, 신학자들은 종래의 성경 해석과 신학을 반성하는 글을 썼다. 한국에서도 유명한 뉴욕 리디머처치의 팀 켈러(Tim Keller)가 이 사상을 실제 목회 사역에 적용한 대표적인 인물이고,[3] 오랫동안 복음주의 진영에서 선교학을 주도해온 풀러 신학교에서도 미셔널 처치를 연구하고 가르치는 교수들이 인기를 얻고 있다.[4] 전통적 개혁파 신학의 요람으로 알려진 그랜드래피즈의 캘빈 신학교에도 선교적 교회의 바람이 불어왔다. 학자 출신이 아닌 목회자가 총장으로 부임했고, "국제교회개척 및 갱신연구소"를 설립했다. 복음주의 진영에서 미셔널 처치 운동과 관련된 저서들도 많이 출간되었다. 개혁주의 신학자 마이클 고힌(Michael Goheen)은 기독교 세계관 운동과 선교적 교회론의 관계를 정립했고,[5] 브라이언 맥클라렌은 포스트모더니즘이란 새로운 시대를 맞아 성경의 메시지와 신학이 새

3　팀 켈러의 한국어 번역서는 줄잡아 20권이 넘는다. 이 중 대다수는 설교집이고, 교회에 관한 켈러의 이론서로는 팀 켈러, 오종향 역, 『팀 켈러의 센터처치』(서울: 두란노, 2016); 팀 켈러, 채경락 역, 『팀 켈러의 설교』(서울: 두란노, 2016) 등이 있다.

4　이머징 처치 연구로 유명하며 포스트크리스텐덤 교회의 변화를 성경에서 찾고자 한 『교회의 재탄생』(*The Rebirth of the Church: Applying Paul's Vision for Ministry in Our Post-Christian World* [Grand Rapids: Baker Academic, 2013])을 쓴 에디 깁스(Eddie Gibbs)나, 『크리스텐덤 시대 이후의 복음』(*Gospel after Christendom: New Voices, New Cultures, New Expressions* [Grand Rapids: Baker Academic, 2012])을 편집한 라이언 볼저(Ryan K. Bolger) 등이 대표적인 학자다. 볼저는 포스트크리스텐덤 시대의 교회가 예배, 교회의 형태, 선교, 리더십 등에서 새로운 모습으로 나타나야 한다고 주장한다.

5　고힌은 개혁주의 환경에서 기독교 세계관 운동에 참여하다가 레슬리 뉴비긴을 만난 후 개혁주의 신학과 미셔널 처치를 접목하려고 시도했다. 미셔널 관점에서 저술한 고힌의 대표적인 저작은 *A Light to the Nations: The Missional Church in the Biblical Story* (Grand Rapids: Baker, 2010)다. 우리말 번역은 박성업 역, 『열방에 빛을: 온 세상을 향한 하나님의 선교 이야기』(서울: 복있는사람, 2011)이다.

롭게 정립되어야 한다는 급진적인 주장을 펼친다.[6] 미국과 영국을 중심으로 큰 호응을 얻고 있는 이머징 처치(Emerging Church) 운동도 미셔널 처치와 많은 부분에서 교집합을 형성하고 있다. 좀 더 온건한 주장으로는 호주의 마이클 프로스트와 앨런 허쉬가 있다.[7] 구약학자 크리스토퍼 라이트(Christopher J. H. Wright)는 유명한 복음주의자 존 스토트의 후계자다. 그는 복음주의의 입장에서 에큐메니컬 신학을 받아들여 종합을 이룬 것으로 평가된다. 그는 신약뿐 아니라 구약성경을 선교적 관점에서 읽으려고 시도했다.[8]

미셔널 처치 운동을 주도하는 학자들의 신학적 배경과 그들이 소망하는 교회의 모습은 조금씩 다르지만, 한 가지 공통점은 모두 시대의 변화를 감지하고 있다는 점이다. 특히 이들 모두는 우리 시대가 포스트크리스텐덤 시대로 접어들었고, 교회가 새롭게 그 패러다임을 바꾸지 않으면 안 된다는 것을 강조하는 사람들이다. 미국에서 유행하는 신학 운동은 곧바로 한국에 소개되기 마련이다. 유학생과 번역서들을 통해 불과 몇 년 안에 미셔널 처치 개념이 한국에 도입되었고 국내 여러 신학교에서 선교학 전공 교수와 대학원생들을 중심으로 수용, 연구되고 있다. 우리나라의 신진 학자와 새로운 교회를 꿈꾸는 개혁가들은 미셔널 처치 운동에 일찍

---

6   브라이언 맥클라렌, 김선일 역, 『새로운 그리스도인이 온다』(서울: IVP, 2008); 정성묵
      역, 『기독교를 생각한다』(서울: 청림출판, 2011) 등 다수가 번역, 출간되었다.

7   마이클 프로스트, 앨런 허쉬, 지성근 역, 『새로운 교회가 온다: 문화 속에 역동하는 21세
      기 선교적 교회를 위한 상상력』(서울: IVP, 2009); 홍병룡 역, 『세상을 바꾸는 작은 예
      수들: ReJesus』(서울: 포이에마, 2009), 원제는 *ReJesus: A Wild Messiah for a Missional
      Church*다. 또한 마이클 프로스트, 이대헌 역, 『위험한 교회: 후기 기독교문화에서 선교적
      으로 살아가는 유수자들』(서울: SFC, 2009); 최형근 역, 『성육신적 교회: 탈육신 시대에
      교회의 역사성과 공공성 회복하기』(서울: 새물결플러스, 2016)도 보라.

8   크리스토퍼 라이트, 정옥배 외 역, 『하나님의 선교: 하나님의 선교 관점으로 성경 내러티
      브를 열다』(서울: IVP, 2010).

눈을 떠 단체를 만들어 활동한다.[9]

그리스도께서 교회를 세상으로 보내셨다

최근 들어 선교적 교회론이 한국교회에 많이 회자되고 있기에 이 책을 읽는 독자들의 귀에는 익숙할 것이다. 이 책에서는 어려운 신학적 담론은 배제하고 우리 교회에 적용할 수 있는 내용을 중심으로 몇 가지로 정리해 설명하고자 한다. 선교적 교회에서 가장 중요하게 생각하는 성경 구절 하나를 소개하며 시작하겠다.

아버지께서 나를 보내신 것 같이 나도 너희를 보내노라(요 20:21하).

여기 '보내다'라는 동사가 두 번 나오는데, 첫 번째는 '아포스텔로'(ἀποστέλλω)라는 그리스어 단어고 두 번째는 '펨포'(πέμπω)라는 그리스어 단어다. 아포스텔로는 보내진 임무를 강조하고, 펨포는 보내는 행위에 좀 더 강조점이 있을 뿐, 두 단어는 서로 교차되어 사용될 정도로 의미가 비슷하다. '아포스텔로'라는 동사에서 '사도'를 의미하는 명사 '아포스톨로스'(ἀπόστολος)가 나왔다. 즉 사도는 "보냄을 받은 자"라는 의미다. 불가타(Vulgata)에는 요한복음 20:21에서 두 번 모두 '미토'(mitto)라는 라틴어 동사가 사용되었다. '미토'의 명사형은 '미시오'(missio)이고 여기서 '미션'(mission, 선교)과 '미셔널'(missional)이라는 단어가 파생되었다.

---

9 대표적인 미셔널 처치 연구소로는 '일상생활사역연구소'(〈www.1391korea.net〉), 개혁을 원하는 목회자 모임인 '교회2.0목회자운동' 등이 있다. 또한 많은 신학교 내에서 미셔널 처치를 전공한 교수들이 연구와 강의 활동을 하고 있다. 장로회신학대학교와 서울신학대학교의 교수들이 많은 관심을 보이고 있다. 한국에서 선교적 교회 개척자의 한 사람인 동네작은교회 김종일 목사는 개척 학교 '숲'을 열어 미래 새로운 교회 운동을 주도한다.

미셔널 처치를 주장하는 사람들은 이 구절이 교회의 본질을 잘 설명한다고 말한다.[10] 우리가 과거에 신학교에서 배운 교회의 본질을 설명하는 대표적인 구절은 예수님과 베드로의 대화를 기록한 마태복음 16:18-19이었다. 예수님이 하나님의 아들 메시아임을 고백한 베드로에게 "내가 이 반석 위에 내 교회를 세우리니"라고 말씀하신 장면이다. 마태복음의 이 구절은 교회의 신적 기원과 권세에 관해 설명하고 있다. 이 구절을 중심으로 다음과 같은 논의들이 뒤따랐다. 반석은 베드로 자신을 가리키는 것인가 아니면 그의 신앙고백을 가리키는 것일까? 베드로와 그의 후계자라고 일컬어지는 교황이 정말 천국 열쇠를 가졌을까? 오늘날도 교회에 정죄권과 사면권이 있을까, 있다면 누구에게 주어졌을까? 등등. 이런 것들은 주로 로마 가톨릭교회의 교회론을 문제 삼는 종교개혁 시대로부터 내려오는 질문들이었다. 또한 과거 교회론의 중요 성구로서 바울 서신에서 교회를 그리스도의 몸으로, 그리스도를 교회의 머리로 설명하는 구절(고전 12:27; 엡 1:22-23)도 있었다. 교회는 그리스도와 긴밀히 연관되어 있는 실체이고, 그분의 모든 좋은 것을 갖고 있으며, 각각의 성도는 지체들로서 하나가 되어야 한다.

마태복음의 교회도, 바울 서신의 교회도 정태적이다. 기존 교회를 전제로 한다는 의미다. 교회는 그리스도께서 세우신 권위 있는 제도이고, 그리스도가 맡긴 복음으로 사람들을 낳고 양육하는 성도들의 어머니이며,

---

10 예컨대 레슬리 뉴비긴은 그의 요한복음 강해에서 이 구절을 강해하며 교회를 다음과 같이 정의한다. "이 복음서[요한복음]에는 예수님을 아버지의 보냄을 받은 자로 묘사하는 대목이 40번이나 나오는데, 이제 그분은 그 사명을 계속하고 완수하도록 그들을 내보내신다. 이 사명이야말로 교회의 본질을 규정한다. 교회는 그리스도께서 '그의 십자가의 피로' 이루신 평안의 반영자가 되도록 세상의 공적 삶 속으로 보냄 받은 남자와 여자로 구성된 그분의 몸이다." 레슬리 뉴비긴, 홍병룡 역, 『레슬리 뉴비긴의 요한복음 강해』(서울: IVP, 2001), 341.

그리스도께서 통치권을 가진 기관(institute)이다.[11] 그러나 요한복음의 교회는 역동적이다. 요한복음은 그리스도가 이 땅으로 보내지셨다는 사실, 즉 성육신에서 교회의 근원을 찾는다. 마태복음과 바울 서신이 말하는 교회는 그리스도가 이루어놓은 좋은 것들을 소유하고 있어서 사람들이 교회에 가입해 그 유익을 얻는 교회라면, 요한복음이 말하는 세상으로 보냄을 받은 교회는 마치 예수님이 육체로 보내심을 받은 것처럼 세상으로 보냄을 받은 교회다. 여기서 "교회가 곧 선교(mission)이고 선교가 곧 교회다"라는 표어가 나왔다. 독일 신학자 본회퍼는 당시(1944) 교회를 비판하며 다음과 같은 말을 남겼다. "자기 보존이 마치 자기목적인 양 그것만을 위해서 투쟁했던 우리의 교회는, 인간과 세계를 위해 화해하고 구속하는 말씀의 담지자가 될 수 없었고, 옛 말씀들은 힘을 잃어버린 채 침묵해야 했다." 그는 새로운 교회론도 예고했다. "교회는 타자를 위해 현존할 때 교회가 된다." 옥중에서 미래를 내다본 그의 통찰이 이제 현실화되었다.[12]

그렇다면 교회는 어디로 보냄을 받았나? "아버지께서 나를 세상에 보내신 것 같이 나도 그들을 세상에 보내었고"(요 17:18), 곧 '세상'으로 보냄을 받았다. 요한복음이 묘사하는 세상은 마귀의 권세 아래 놓여 있는 어둡고 죄악으로 가득 찬 곳이다. 세상은 아버지를 알지 못했고, 그가 보내신 아들을 영접하지 않았으며, 아들의 보냄을 받은 제자들도 미워할 것이다. 그러나 동시에 세상은 하나님이 사랑하신 대상이기도 하다. 예수님

---

11 Herman Ridderbos, trans. J. R. De Witt, *Paul: An Outline of His Theology* (Grand Rapids: Eerdmans, 1975), 제9장 제60절과 61절. 리더보스는, 바울이 그의 서신들에서 신자들이 그리스도의 '몸'으로서 하나가 되는 것 이전에, 그리스도를 '머리'로 하는 기관임을 강조한다.

12 본회퍼, 손규태 외 역, 『저항과 복종: 옥중서간』(서울: 대한기독교서회, 2010), 편지 145번(556)과 편지 187번(713).

이 보내진 곳도, 교회가 보내진 곳도, 모두 똑같은 세상이다. 교회는 교회 자체를 위해 존재하는 것이 아니라 세상으로 보내졌다. 교회의 존재 의의는 세상을 섬기는 데 있다. 따라서 교회의 성장이 곧 하나님 나라의 확장이라고 생각해 교회의 성장을 최종 목표로 삼는 것은 잘못이다.

하나님의 선교

교회의 본질이 세상으로 보내진 데 있다는 말을 좀 더 구체적으로 이야기해보자. 선교적 교회론을 주장하는 사람들은 "교회의 선교"(missio ecclesiae)와 "하나님의 선교"(missio Dei)를 구분한다.[13] "교회의 선교"는 우리가 보통 사용하는 의미의 선교라고 보면 된다. 즉 모(母) 교회가 아직 복음을 듣지 못한 국가에 선교사를 파송하는 선교다. 예컨대 미국북장로교회 선교부가 한국의 평양에 선교사를 파송해 불신자들에게 복음을 전하고 교회를 세우는 것을 말한다. 반면 "하나님의 선교"는 보내시는(선교하는) 주체가 교회가 아닌 하나님 자신이고, 교회 자체가 하나님의 보냄을 받

---

13 '하나님의 선교'라는 말만 들어도 책을 덮고 싶어지는 독자들이 혹시 있을지 모르겠다. '하나님의 선교'라는 말이 에큐메니컬 진영의 신학적 진보주의자들이 처음 사용하기 시작한 용어이기 때문이리라. 잠시 참고 끝까지 읽으시기 바란다. 지금은 복음주의자들도 하나님의 선교 개념을 사용하고 있으니 말이다. 하나님의 선교 개념의 발전과 현대 신학에서의 수용에 관해서는 다음 논문들을 참고하라. 정미현, "하나님의 선교?: 칼 바르트에게 그 의미를 묻다", 「한국조직신학논총」 제29집(2011년), 67-98; 정승현, "하나님의 선교와 선교적인 교회: 빌링겐 IMC를 중심으로", 「선교와 신학」 제20집(2007년 8월), 185-235; 정승현, "하나님의 선교, 세상, 그리고 샬롬: 요하네스 호켄다이크의 선교신학", 「선교와 신학」 제24집(2009년 8월), 243-278; 정승현, "하나님의 선교의 기원과 발전: 1952년과 2002년 빌링겐 선교대회를 중심으로", 「복음과 선교」 제24집(2013년), 149-177; 배본철, "WCC 선교론의 변천과 논제", 「역사신학논총」 제19집(2010년), 100-120; 이은선, "1980년대 이후 세계교회협의회의 선교 선언문에 나타난 '하나님의 선교'와 복음 전파, 개종 강요, 그리고 타 종교와의 관계에 대한 분석", 「개혁논총」 제16집(2010년), 197-228; 신경구, "통전적 관점에서 본 두 선교 신학의 합치성 모색", 「선교와 신학」 제29집(2012년 2월), 195-224 등.

았다고 말한다. 선교지가 해외에 있는 것이 아니라 바로 우리가 사는 곳이 선교지라는 뜻이다. 그리스도께서 그를 따르는 제자인 우리를 대한민국에 선교사로 보내셨다. 이것은 한때 유행하던 구호처럼 "가든지 보내든지 우리 모두는 선교사"를 의미하는 게 아니다. 우리는 해외로 선교사를 보내는 주체가 아니다. 보내는 주체는 오직 삼위 하나님이시고 모든 그리스도인은 보냄을 받은 사람들이다.

선교에 대한 이런 새로운 개념이 소개된 것은 서구 사회의 역사적 변동과 관계가 깊다. 과거 크리스텐덤 시대 서구 교회는 자신들은 이미 완성된 기독교 세계이고, 아시아·아프리카·라틴아메리카의 비기독교 국가들에 선교사를 보내어 교회를 세우는 것이 하나님 나라의 확장이라고 생각했다. 19세기 내내 활발히 지속된 세계 선교 운동이 큰 열매를 거두면서, 이대로만 지속된다면 한 세대 안에 온 세계가 복음화되고 그리스도께서 재림하실 것이라는 희망이 팽배했다. 그러나 기독교 세계라고 생각했던 서구 사회가 사실은 전혀 그리스도를 왕으로 모시지 않고 있다는 사실이 드러났다. 가장 대표적인 예가 독일의 경우였다. 기독교가 독일 민족주의와 거의 동일시되면서, 기독교 신학자들이 독일 민족의 팽창을 찬성하며 제1차 세계 대전을 지지하는 성명을 발표했다. 나치 제3제국 시대에도 독일 그리스도인들은 히틀러를 그리스도와 동일시하는 오류를 범했다. 기독교 복음과 독일 문화를 동일시하는 이른바 "문화적 개신교주의"(Cultural Protestantism)에 빠진 것이다. 독일뿐 아니라 유럽의 모든 기독교 국가가 저마다 자신들이 하나님의 선택된 민족이라서 하나님이 승리를 주실 것이라 믿으며, 식민지 전쟁과 제1, 2차 세계 대전에 임했다. 기독교가 초월적인 하나님의 복음이 아니라 민족의 정신적 유산으로 전락하고 만 것이다. 더 나쁜 것은 19세기의 선교가 제국주의적 침략과 보조를 같이했다는 사실이다. 식민주의자들은 피정복지에 교회가 세워지도록 선교사들을 도왔고, 선교사들은 식민지 백성들의 정신적 순화(馴化)를 돕는 설교로 보답했다.

제2차 세계 대전이 끝난 후 세속화와 비기독교화의 바람이 전 세계를 휩쓸었다. 서구 기독교 사회의 지배를 받던 제3세계 국가들은 독립을 선언하면서 그들에게 이식되었던 제국주의적 기독교를 버렸다. 세계의 절반이 공산화되면서 그 세계에서 기독교는 민중의 아편으로 치부되어 박해를 받았다. 서구 사회에서도 지식인들은 앞다투어 반기독교 선언을 발표했고 젊은이들은 이를 추종했다. 특히 1960년대 서구 사회를 휩쓴 반기독교 운동은 크리스텐덤의 해체에 종지부를 찍었다.

이러한 세계사적 변화를 먼저 감지한 "바르멘 신학 선언"(1934)을 집필한 칼 바르트를 비롯한 일단의 신학자들을 중심으로 독일의 "고백 교회"(Confessing Church)가 탄생했다. 그 후예들이 WCC(World Council of Churches)를 창설(1948)하고 진보적인 선교 단체인 IMC(International Missionary Council)와 합병해 에큐메니컬 진영을 형성했다. 바로 이 진보적 에큐메니컬 신학자 그룹에서 '하나님의 선교'라는 개념을 처음 사용하기 시작했다. 1952년 빌링엔선교대회(CWME)와 1968년 WCC 웁살라 대회에서 "하나님의 선교"(missio Dei) 개념이 정립되었다.[14] 이 개념은 삼위일체 하나님이 이 땅에 정의와 평화가 넘치는 하나님의 왕국을 세우기 원하셔서 예수 그리스도를 보내셨고, 교회도 같은 목적으로 보냄을 받았기 때문에 교회가 그 하나님의 사역에 동참해야 한다는 것이다. 특히 1972-73년의 방콕선교대회(CWME)의 주제는 "오늘의 구원"(Salvation Today)이었는데, 이 대회에서는 영적인 문제뿐 아니라 정치·경제적 해방까지 동시

---

14   하나님의 선교 개념의 역사에 대해서는 김은수, 『현대 선교의 흐름과 주제』(서울: 대한 기독교서회, 2013), 제2부와 3부를 참고하라.

에 추구하는 "통전적 구원" 개념을 제시했다. 경제적 정의, 인간의 존엄성 회복, 인간관계에서의 소외 극복, 절망의 현실에 대한 희망의 투쟁 등으로 의제를 정리했다. 죄로부터의 영적인 해방을 말하지 않은 것은 아니지만 이 땅에서의 인간 해방이 더 강조되었다.[15]

"하나님의 선교"는 1970년대 한국에도 도입되었다. 1970년대는 "한강의 기적"이라고 일컬어지는 고도성장을 이루었던 시대였고, 동시에 한국교회가 급성장한 시대였다. 그러나 산업화의 뒷골목에서는 말할 수 없는 노동 착취와 인권 유린이 벌어지고 있었다. 진보적인 기독교인들은 공장이 밀집되어 있는 영등포와 인천 등지에 "산업선교회"(産業宣敎會)를 조직해 노동자의 복지와 인권을 향상시키기 위한 운동을 벌이기 시작했다.[16] 여기서 '선교'라는 단어가 사용된 것에 주목하기 바란다. 당시 일반적인 교회에서 선교는 주로 해외 선교를 가리키는 말이었고, 간혹 대학생 선교와 같이 특정 그룹의 사람들에게 복음 전하는 것을 지칭하기 위해 사용될 뿐이었다. 그러나 산업선교를 시작한 사람들은 WCC의 "하나님의 선교"의 영향을 받아 분명한 자의식을 가지고 자신들의 일을 '선교'라 불렀다. 1968년 태국 방콕에서 WCC의 분과 단체인 동아시아교회협의회(EACC)의 도시산업선교연구협의회가 열려 한국 대표단도 참석했다. 이 회의는 산업화·도시화로 인한 노동과 인권 문제 또한 제반 사회 정의를 선교의 의제로 삼았다. 여기에 참석했던 사람들이 새로운 의미의 '선교' 개념을 받아들인 것이다. WCC는 이론적인 도움만 준 것이 아니고 재정

---

15   김은수, 앞의 책, 257-262.
16   한국에서의 산업선교의 역사에 관해서는 장숙경, 『산업선교, 그리고 70년대 노동운동』 (서울: 선인, 2013); 김명배, 『해방 후 한국기독교 사회운동사: 민주화와 인권 운동을 중심으로, 1960-1987』(서울: 북코리아, 2009); 신홍범, 『나의 믿음은 길 위에 있다: 박형규 회고록』(서울: 창비, 2010) 특히 제3장 등을 참고하라.

적으로도 상당 부분을 감당했다. 또한 이 과정에서 미국감리교 선교사 조지 오글(George Ogle)이 깊이 개입해 산업 사회에서 노동자의 편에 서는 것이 진정한 선교라고 주장하면서 노동자의 법적 지위 향상을 위해 많은 노력을 기울였다.[17] 대한예수교장로회(통합)에 속한 신학자와 목회자들은 인권과 정의를 주제로 한 '대한예수교장로회신앙고백서'를 만들었다. 그러나 도시산업선교회는 보수적 기독교와 박정희·전두환 정부 그리고 제도 언론의 집중 포화를 받았으며, 1980년대 초반 산업 현장에서 축출된 후 명맥을 이어가지 못했다.

복음 전도와 사회 참여: 복음주의의 경우

에큐메니컬 진영의 "하나님의 선교"에 대해 복음주의자들은 어떤 반응을 보였을까? 반응은 크게 두 가지로 나타났는데, 하나는 극단적인 반대다. 대표적인 사람이 미국의 근본주의자 칼 매킨타이어(Carl McIntire, 1906-2002)다. 그는 국제적인 조직인 국제기독교협의회(ICCC)를 창설해 조직적으로 WCC 반대 운동을 벌였다. 그는 1950년대 후반 유행하던 맥카시즘(McCarthyism)에 편승해 WCC 에큐메니컬 운동을 공산주의와 동일시했다. 매킨타이어는 한국교회와도 인연이 깊다. 1950년대 대한예수교장로회 고신 측과 합동(승동) 측에서 그를 여러 차례 초청해 반공 강연과 부흥회를 열었다. 1959년 합동 측과 통합 측이 WCC 가입 문제로 분열되었을 때, 매킨타이어는 합동 측을 돕기 위해 거액을 모금하기도 했다.[18]

---

17 이상록, "기독교의 운동 혹은 대항-운동의 논리와 역학: 1960-1970년대 조지 오글 목사의 도시산업선교 활동과 산업 민주주의 구상", 「사이間SAI」 제19권(2015년 11월), 92-126.

18 한국교회에서 펼친 칼 매킨타이어의 역할에 대해서는 졸저, 『박형룡의 신학 연구』(서울: 한국기독교역사연구소, 1998), 383-388을 참고하라.

극단적인 근본주의자들과는 다른 반응을 보인 사람들도 있었다. 에큐메니컬 운동이 지향하는 사회 참여에 대해서는 동의를 하지만 그렇다고 복음을 인간 해방과 동일시하는 것은 성경적이 아니라고 생각하는 복음주의자들이 그들이다. 이런 생각을 한 각국 복음주의를 대표하는 약 3,000여 명의 지도자들이 1974년 스위스 로잔에서 대회를 열었고, '로잔 언약'(Lausanne Covenant)을 작성했다. 위대한 복음주의자 존 스토트(John Stott, 1921-2011)가 바로 로잔 언약을 대표하는 신학자였다.

로잔 언약의 가장 큰 특징은 복음주의자들이 중요하다고 생각하는 복음 전도와 에큐메니컬 신학자들이 중요하다고 여기는 사회 참여 둘 다를 인정했다는 점이다. 로잔 언약 제4장은 전자에 관해, 제5장은 후자에 관해 진술한다. 로잔 언약은 '복음'에 대한 전통적 복음주의의 이해를 그대로 수용했다. 예수 그리스도의 십자가와 부활을 통한 죄 용서와 그리스도의 통치를 복음의 핵심이라고 진술했다. 또한 설교를 통한 인격적 회심과 교회 설립이 전도의 본질임을 주장한 것도 전통적 견해와 일치한다. 그러면서도 제5장에서는 차별 없는 인권 존중과 억압으로부터의 해방이 하나님의 관심사이므로 이에 동참해야 한다고 선언한다.

그렇다면 이 둘의 관계는 어떨까? '로잔 언약'은 복음 전도와 사회적 책임의 관계에 대해 다음과 같이 말한다.

사람과의 화해가 곧 하나님과의 화해는 아니며 또 사회 참여가 곧 복음 전도일 수 없으며 정치적 해방이 곧 구원은 아닐지라도, 우리는 복음 전도와 사회 정치적 참여는 우리 그리스도인의 의무의 두 부분임을 확언한다.…사람이 그리스도를 영접하면 하나님 나라 백성으로 거듭난다. 따라서 그들은 불의한 세상 속에서 그 나라의 의를 나타낼 뿐 아니라 그 나라의 의를 전파하기에 힘써야 한다.

하나님과의 수직적인 관계가 인간 사회의 수평적인 관계에 우선하고, 복음 전도가 사회 참여에 우선하지만, 행함이 없는 믿음은 죽은 믿음이라고 말씀한 것처럼 예수를 믿는 사람이라면 불의한 세상에서 의를 드러내야 한다는 것이다.[19] 즉 복음 전파를 우선적인 사명으로 여기면서 이와 더불어 사회 정치적 참여를 독려한다.

로잔 언약이 작성된 1974년 이후, 복음주의 진영과 에큐메니컬 진영은 서로 간격을 좁히기 시작했다. 서로의 글을 읽고 대화할 기회들을 가졌으며, 또한 무엇보다도 성경신학이 발달하면서 텍스트를 중심으로 사고하다 보니 대화가 훨씬 수월해졌다. 로잔 언약 이후 그 정신을 이어받은 복음주의 학자와 목회자들이 이 운동을 지속하기 위해 "로잔 운동"(Lausanne Movement)이라는 단체를 만들었다. 이 운동은 지속적인 연구 모임을 가졌고, 1989년에 마닐라에서 제2회 대회를 열어 "마닐라 선언"(Manila Manifesto)을, 2010년에는 제3차 대회를 케이프타운에서 열어 "케이프타운 서약"(Cape Town Commitment)을 발표했다.[20] 케이프타운 서약의 초안을 작성한 사람은 존 스토트의 후계자인 구약학자 크리스토퍼 라이트인데 그는 복음주의권에서 선교적 교회론에 앞장서는 학자이기도 하다. 케이프타운 서약의 첫 문장은 이렇게 시작한다. "하나님의 선교는 하나님의 사랑에서 흘러나온다"(The mission of God flows from the love of

---

19 로잔 언약에서의 복음 전도와 사회적 책임의 관계에 대한 좀 더 발전적인 해석은 존 스토트·크리스토퍼 라이트, 김명희 역, 『선교란 무엇인가: 선교, 전도, 대화, 구원, 회심—총체적 선교를 위한 5가지 핵심』(서울: IVP, 2018), 제2장과 4장을 참고하라.

20 로잔 운동의 공식 홈페이지는 〈https://www.lausanne.org/〉이고 한국에도 별도의 한국로잔위원회와 한국로잔연구교수회가 조직되어 활동하고 있다. 한국로잔위원회는 세 차례의 로잔 대회의 공식 문서들을 한 권으로 출간했다. 최형근 역, 『케이프타운 서약: 하나님의 선교를 위한 복음주의 헌장』(서울: IVP, 2014). 또한 연구 논문집으로 한국로잔연구교수회 편, 『로잔운동과 선교신학』(서울: 케노시스, 2015)도 보라.

God). 놀랍지 않은가? "하나님의 선교"가 반세기 만에 성경 전체를 관통하는 주제로 인정되었고, 다수의 복음주의자들도 큰 저항 없이 이를 받아들이고 있다.[21]

서구 크리스텐덤 사회는 교회가 세상 모든 삶의 영역에 간섭해서 하나님의 뜻을 나타내려 한 시대였다. 그들이 추구한 하나님의 뜻의 내용과 간섭의 방법이 옳았는지 잘못되었는지는 논외로 하더라도, 최소한 하나님의 말씀이 그들의 삶의 중심에 혹은 위에 자리 잡고 있었다. 그러나 서구 사회가 포스트크리스텐덤이 된 이후 그 사회 자체가 선교지가 되었다. 기독교인 비율이 한 자릿수로 줄어든 것은 물론이고, 정치·경제를 비롯한 모든 삶의 영역이 세속화되어 기독교의 영향력이 미미해졌다. 선교적 교회를 주장하는 사람들은 바로 이 점에 주목했다. 그들은 이교 사회가 되어버린 서구 사회에 어떻게 하나님의 왕국이 임하게 할지를 고민했다. 다원화된 세상에서 유일한 진리를 선포하고, 분열되고 깨어진 세상에서 평화를 이루며, 타종교인들 사이에서 그리스도의 사랑을 실천하고, 이교 사회가 된 서구를 다시 복음화하기 위해 새로운 교회론을 정립했다.[22] 오랜 세월 크리스텐덤이었던 서구 사회가 이러할진대, 짧은 기간 유사 크리스텐덤을 경험했던 한국 사회에서는, "세상으로 보냄 받은 교회"라는 교회의 정의가 얼마나 더 유효하겠는가?

(2) 교회 중심주의를 반대한다

새로운 교회론의 가장 큰 적을 한 가지 들라면 바로 교회 중심주의다. 한

---

21 최형근, "케이프타운 서약에 나타난 선교적 교회론", 한국로잔연구교수회 편, 『로잔운동과 선교신학』(서울: 케노시스, 2015), 17-41.

22 위의 몇 가지 행동 강령은 '케이프타운 서약' 제2부의 큰 제목들을 따온 것이다.

국교회가 얼마나 세상과 동떨어져 교회 중심주의에 빠져 있는지를 보여주는 한 가지 예를 들려주고자 한다. 2018년은 우리 민족사에 획을 긋는 일련의 사건들이 일어난 해다. 4.27 남북 정상 회담과 6.12 북미 정상 회담이 그 백미였다. 당시 나는 Y시의 H교회에 잠시 출석하고 있었다. 가정 교회와 분립 개척으로 유명한 젊고 활기찬 중형 교회다. 최근 일어나고 있는 일들에 대해 어떤 메시지가 전달될까 내심 기대하며 예배에 참석했다. 깜짝 놀랐다. 4.27 정상 회담이 있기 바로 전 주일에도, 회담을 마친 바로 다음 주일에도, 그리고 그 후에도 영영 남북 사이의 평화에 관한 메시지는 전혀 없었다. 단지 장로의 대표 기도에서 한 문장 언급되었을 뿐이다. 그 교회의 목사들은 남북 평화 프로세스에 대해 말하지 않는 것은 물론이고, 성도들이 실제로 살아가는 직장과 사회에서의 삶에 대해서도 거의 설교하지 않는다. 내가 들었던 모든 설교는 "기-승-전-우리 교회"였다. 불행하게도 이러한 일이 H교회에서만 일어나는 것은 아니다.

기억을 더듬어 내가 대학 새내기였던 시절로 거슬러 올라가 본다. 1980년대 초반 대학생이었던 사람들은 당시 사회와 대학의 분위기를 기억할 것이다. 날씨도, 풍경도, 사람들도, 을씨년스런 3월의 캠퍼스였다. 기대에 부푼 신입생의 가슴이 먹구름으로 덮이는 것을 경험하는 데는 일주일이 채 걸리지 않았다. 봄 학기가 시작되자 기다렸다는 듯이 데모가 시작된 것이다. 매캐하고 쓰라린 최루탄 가스 속에 갱지에 인쇄된 전단지와 독이 오른 구호들이 흩날렸다. 이른바 "서울의 봄"이었다. 과(科) 선배와 친구들이 모이는 곳에는 막걸리와 마르쿠제와 뜻을 헤아리기 어려운 "늙은 군인의 노래"가 넘쳐흘렀다. 집-학교-교회밖에 모르던 모범생이었던 나는 거기서 철저히 이방인이었다.

1980년 5월 17일 휴교령이 있기 서너 주 전쯤 우연찮게 대학생선교회(CCC) 순모임에 참여했다. 공대 4학년생 순장과 새내기 여학생 2명 그리고 나, 이렇게 네 사람이 두어 차례 『예수의 유일성』 교재로 순모임을 가졌다. 순장의 권유에 이끌려 신림동 작은 건물의 2층에서 모이는 정기 모임에도 참석했다. 별천지가 펼쳐지고 있었다. 해맑은 미소를 띠고 서로를 '형제님', '자매님', 처음 들어보는 호칭으로 부르는데, 약간 간지러우면서도 이국적이었다고나 할까. 설교 전 찬양을 하는데 자매들이 율동을 한다. 당시 내가 다니던 교회에서는 초등부 이후로 율동을 하지 않았기 때문에, 신선함보다 어색함이 더 컸다. 그때의 찬양 가사와 자매들의 손동작이 지금도 눈귀에 선하다.

> 사막에 샘이 넘쳐흐르리라. 사막에 예쁜 새들 노래하리라.
> 주님이 다스리는 그 나라가 되면은 사막이 꽃동산되리.
> 사자들이 어린 양과 뛰놀며 어린이들 함께 뒹구는
> 참 사랑과 기쁨의 그 나라가 이제 속히 오리라.
>
> 사막에 숲이 우거지리라. 사막에 예쁜 새들 노래하리라.
> 주님이 다스리는 그 나라가 되면은 사막이 낙원되리라.
> 독사 굴에 어린이가 손 넣고 장난쳐도 물지 않는
> 참 사랑과 기쁨의 그 나라가 이제 속히 오리라.

전쟁터 같은 대학 캠퍼스와 너무도 고요한 CCC 회관, 두 세계는 너무 멀고 동떨어져 있었다. 어느 세계가 진짜 세계일까? 한 세계는 절박한 현실이 폭력적으로 드러나 있고, 다른 세계는 마치 그런 세계는 존재하지 않는 것처럼 위선적으로 포장되어 있다. 나는 어느 세계에 속한 사람인가? 하나님은 양쪽 가운데 어디 계실까? 이 두 세계가 내가 앞으로 살아가야 하는, 혹은 통합해야 하는 두 세계가 아닐까? 불길한 마음만 가득 안고 집회장을 나왔었다.

　그 후 38년이라는 긴 세월이 흘렀다. 세상이 변해 1980년 봄의 야만이 백일하에 드러나고, 반란의 우두머리는 알츠하이머를 핑계 삼아 칩거하며, 데모대의 선봉에 섰던 과격파 대의원의장이 잡학 박사가 되어 웃음을 주고, 마르쿠제를 넘어 마르크스도 다 번역된 이때, 어째서 교회는 1980년대에서 한 발짝도 앞으로 가지 못하고 있단 말인가? 오늘날 목회자들이 당시 CCC 총재의 민족복음화의 열정과 더불어 군사 정권과의 허니문 관계에 대해서는 잘 알지 못한다 해도, 사자와 어린 양이 함께 뒹구는 이사야 11장 그림이 보여주는 평화주의적 전복성에 대해서는 배웠을 법도 한데, 어째서 38년 전이나 지금이나 똑같이 두 세계는 분열되어 있는가? 교회와 사회의 이원론을 극복하려는 젊은이들의 수많은 밤샘 토론과, 왕국 신학과 기독교 세계관 운동과, 교회 갱신 운동에도 불구하고, 본회퍼, 아브라함 카이퍼, 프란시스 쉐퍼, 라인홀드 니버, 존 스토트, 자크 엘륄, 하워드 스나이더, 짐 월리스, 로널드 사이더, 맥스 스택하우스, 폴 스티븐슨, 톰 라이트, 미로슬라브 볼프, 팀 켈러를 읽은 신학생들이 목회자가 되었음에도 불구하고, 어찌 한국의 강단과 교회는 자기 교회의 문밖으로 나서기를 두려워하는가? 왜 외국 사람만 열거하냐고? 길선주, 한석진, 안중근, 손양원, 김교신, 장기려, 김점동, 김재준, 이만열, 손봉호 등, 고난으로 점철된 우리의 역사 한가운데 서서 복음으로 세상을 바꾸려 한 사람들이 별처럼 빛난다.

제자도와 제자 훈련

　교회 중심주의의 위력을 잘 보여주는 예로서 제자 훈련 목회를 들 수 있다. 제자 훈련을 목회의 핵심으로 이해한 사람으로는 옥한흠 목사를 들 수 있다. 그는 "평신도를 깨워서 주님의 제자로 세우는" 것을 목회의 목적으로 사랑의교회를 개척해(1978) 대교회로 성장시켰다. 이를 바탕으로 그는 "칼세미나"(CAL, Called to Awaken the Laity)를 열어 자신의 목회 철학을 전수했다. 수천의 목회자들이 이를 배워 자신의 목회에 적용했고, "제자 훈련 목회"가 목회 모델의 하나로 자리 잡았다. 지금은 어느 교회에 가든지 제자 훈련이나 이와 유사한 이름의 소그룹 모임이 없는 곳을 찾아보기 힘들 정도로 보편화되었다. 그가 설립한 사랑의교회와 칼세미나가 한국교회에 끼친 영향은 이루 헤아릴 수 없다.

옥한흠 목사의 제자 훈련의 기원은 두 가지로 요약할 수 있다. 하나는 대학생 선교 단체에서의 사역이다. 그는 선교 단체에서 훈련을 받았고, 부교역자로 시무할 때 선교 단체의 그룹 성경 공부 방식을 전통 교회에 창의적으로 접목했다. 1978년 사랑의교회를 개척한 후에는 대학생 선교회의 제자 훈련과 유사한 방식의 훈련을 통해 성장을 이끌었다. 옥한흠 목사의 제자 훈련의 또 하나의 기원은 "평신도 신학"이다. 옥한흠 목사는 목회의 개념을 정립하기 위해 웨스트민스터 신학교 목회학 박사 과정에서 공부한 적이 있는데, 이때 한스 큉과 헨드릭 크래머의 저서를 접하고 교회론에 눈을 떴다고 회고한다. 전자는 칼 바르트의 신학과 선교적 교회론의 가교가 되는 교회론을 저술했고, 후자는 평신도 신학을 발전시켰다.[23] 또한 옥한흠 목사는 앞서 말한 "로잔 언약"의 초안자인 존 스토트의 복음 전도와 사회 참여의 통합이라는 통전적 선교 개념도 받아들였다. 이들의 영향을 받은 옥한흠 목사의 교회관은 앞서 우리가 길게 이야기한 선교적 교회론과 거의 일치한다. 그는 교회 자체가 이 세상에 보냄을 받았다는 하나님의 선교 개념을 수용하고, 모든 그리스도인이 세상으로 보

23　옥한흠, 『다시 쓰는 평신도를 깨운다: 제자 훈련의 원리와 실제』(서울: 국제제자훈련원, 2002), 15-61; 한스 큉, 정지련 역, 『교회』(서울: 한들출판사, 2011); 헨드릭 크래머, 홍병룡 역, 『평신도 신학』(서울: 아바서원, 2014).

넘을 받은 사도임을 강조하며, 그 일을 감당하는 것은 성직자가 아니라 평신도(平信徒)라고 말한다.

평신도들이 세상에서 하는 일은 교회의 일꾼이 되는 것뿐 아니라 사회적 책임을 다하는 것도 포함한다. 그는 제자 훈련을 교회 성장의 한 방편으로 오해하는 사람들에게 다음과 같이 일침을 가했다.

> 둘째로 제자 훈련을 '전도와 가르침에 유능한 평신도 기능인을 만들어 내는 코스'처럼 생각하는 오해다.…제자 훈련은 예수를 닮고 그를 따르는 것이 무엇인가를 배우는 데 그 초점이 모아져야 한다.…만일 우리가 제자 훈련을 받은 다음 전도에 열심을 내고 다락방은 유능하게 지도하지만, 사회 정의를 실천하는 일이나 이웃을 돌보는 일에는 꽁무니를 잘 빼는 평신도를 많이 가지고 있다면 우리의 제자 훈련이 본질에서 크게 빗나갔다는 사실을 겸허하게 받아들여야 할 것이다.…진정한 제자 훈련은 평신도가 날마다 사회 속에서 성(聖)과 속(俗)을 따로 구별하지 않고 자신의 삶을 하나님이 기뻐하시는 산제사로 드리는 제사장으로서의 소명을 분명히 가르치는 것을 중요하게 다루고 있다.[24]

이 구절들만 보자면 옥한흠 목사는 한스 큉이나 크래머, 또한 로잔 언약을 정확하게 이해했다고 판단할 수 있을 것이다.

그러나 사실은 위의 인용문은 제자 훈련을 교회 성장을 위한 수단으로 사용하지 말 것을 경고한 것일 뿐, 『다시 쓰는 평신도를 깨운다』의 전체 흐름과 일치하지는 않는다. 전체적으로 보아 옥한흠 목사는 평신도를 목회의 동역자로 훈련시켜 전도하고 다락방을 인도하는 순장으로 섬기도

---

24   옥한흠, 위의 책, 186-188.

록 하는 것을 목표로 하고 있다. 한스 큉, 크래머, 존 스토트로부터 영향을 받고 그들을 인용도 했지만, 교회의 성장과 개혁이라는 관점에서 수용한 것이다. 그가 정말로 헨드릭 크래머의 주장처럼 사회 속에서 섬기는 평신도의 역할을 가장 중요한 목표로 삼았다면, 그는 우리 사회를 성경적으로 분석하고, 거기서 악의 세력과 투쟁하는 방법을 알려주며, 또한 이런 평신도를 훈련시키기 위해 교회는 어떤 제도적 변화를 꾀해야 하는지에 대해 설명하는 일에 그 책의 상당 부분을 할애했을 것이다. 또한 그의 제자 훈련의 방향성도 많이 달라졌어야 했을 것이다.

현대 교회에서의 제자도(discipleship)의 원조는 본회퍼의 『나를 따르라』[25]다. 본회퍼는 엄혹한 나치 치하에서 고백 교회 운동에 참가하고 마침내 히틀러 암살 계획에 가담해 처형된 신학자다. 그는 기독교가 성인(成人)이 된 사회에서 하나의 종교 단체로 남아서는 안 되고, 교회는 세속 사회 속에서 자기를 위해서가 아니라 타인을 위해 존재해야 한다고 주장했다. 그의 책 『나를 따르라』는 '칭의'라는 값싼 은혜를 위안 삼아 불의와 타협하며 사는 것이 아니라 세상 한복판에서 그리스도의 제자로 십자가를 지고 살아가는 것이 어떤 삶이어야 하는지를 일깨워준다. 그러나 한국 교회에 소개된 제자도는 본회퍼의 제자도로부터 많이 벗어나 있다. 그것은 CCC나 네비게이토와 같은 대학생 선교 단체의 제자 개념에 더 가깝다고 볼 수 있다. 즉 예수님의 제자란 '재생산'(reproduction)하는 그리스도인, 비신자에게 복음을 전하고 그를 소그룹 모임으로 인도할 수 있는 사람을 가리킨다. 전통적인 교회 중심주의적 사고를 벗어나지 못한 것이다.

옥한흠 목사가 교회의 부흥과 성장의 업적 그리고 교회 개혁을 위해

---

25 본회퍼, 손규태 등 역, 『나를 따르라: 그리스도의 제자직』(서울: 대한기독교서회, 2010). 이 책의 독일어 제목은 *Nachfolge*이고, 영어는 *Cost of Discipleship*이다.

남긴 유산[26]을 낮추어 보려는 의도는 전혀 없다. 그는 당대 누구보다도 앞서 새로운 시대를 위한 교회론을 이론적으로 정립했다. 또한 나는 그의 목회 철학이 그 시대에 가장 적실성 있는 성령의 인도하심이라고 믿는다. 다만 그때로부터 벌써 한 세대가 지난 지금, 교회 중심주의를 벗어나는 것이 우리 시대의 과업이라는 점을 이야기하려는 것 뿐이다.

교회의 시장화

오늘날의 교회 중심주의는 1970-80년대보다 오히려 더 잘못된 방향으로 가고 있다. 사실 1970-80년대 민주화 시대에 교회가 사회 문제에 참여하지 못한 것에 대해서는 변명의 여지가 있다. 우선 아직도 그리스도인이 우리 사회에서 소수이기 때문에 일단 복음을 전해 교회를 부흥시키는 것이 우선이었다. 또한 앞서 제2장에서 살펴본 것처럼 구한말과 일제의 한국교회는 반봉건·반외세 운동에 앞장섰고, 산업화 시대에는 반공주의와 시장 경제에서 국가의 정책과 맥을 같이했다. 그러다 보니 아직 교회가 산업화가 낳은 구조적 악에 저항하는 신학을 정립하지 못했다. 게다가 진보 진영에 의제를 선점당했다는 일종의 열등감 때문에 민주화 운동에 참여하기를 거부했다.

1990년대를 지나면서 또 하나의 특이한 현상이 생겼는데, 바로 교회가 비즈니스의 양상을 띤 것이다. 교회가 시장의 논리를 뒷받침하는 것은 물론이고 시장의 일부가 되었다. 교회의 가시적 성장의 목표를 '비전'이라는 이름으로 아무 부끄럼 없이 내세우고, 예배당과 예배를 현대식으로 리모델링하고, 이웃 교회들과 경쟁 관계에 들어갔다. 교회가 하나의 브랜드

26　옥한흠 목사는 1996년 한국교회의 개혁을 위해 교갱협(교회갱신을 위한 목회자협의회)을 창설했고 최대의 후원자가 되었다.

가 되어 대형화하고, 홍보에 힘쓰며, 프랜차이즈점을 내기도 했다.

1990년대 말 IMF 구제 금융 시기를 거치면서 시장이 무한 경쟁·승자 독식으로 돌입하자, 교회도 여지없이 이를 따라갔다. 초대형 교회를 이룬 사람들은 마치 재벌 기업과 같은 권위와 특혜를 누리면서 차세대 지도자라는 명예도 얻었다. 전도를 통한 새신자의 유입은 어려워지고, 대신 파생 기관들이 많이 생겼다. 전통적인 노회, 총회, 신학교에 더해, 기독교 신문, 방송, 출판사가 과도한 경쟁 체제로 들어갔고, 컨설팅 기관, 선교 단체, 문화 회사, CCM 제작사, 몇 개로 쪼개진 기독교 연합 단체, 교회 문제 전담 법률 사무소 등등.[27] 성장이 멈춘 후 경쟁은 더 치열해지고 교계가 제로섬 게임이 되어, 이제는 크든 작든 모든 교회의 사역자와 파생 기관에 종사하는 사람이 생존을 걱정하는 데까지 이르렀다. 알다시피 시장 주도의 사회에서 생존은 다른 모든 윤리를 초월하는 가장 숭고한 덕목이다. 그 생존 경쟁에서 가장 유리한 고지를 차지하는 것은 대형 교회이겠지만, 덩치 큰 공룡이 한순간 멸종한 것을 생각할 때 꼭 먹이사슬의 꼭대기를 차지하는 것이 유리하지만은 않을 것 같다.

내가 교회 중심주의를 강하게 비판하며 교회가 세상 속으로 들어가야 한다고 주장하는 현실적인 이유가 있다. 교회 중심주의로는 더 이상 전도를 할 수가 없기 때문이다. 우리 사회에 기독교 복음의 핵심을 모르는 사람들은 거의 없을 것이다. 문제는 교회의 신뢰도다. 총동원 주일 경품 행사를 열고 이웃에 부침개를 돌리는 진정성 없는 전도 행사는 더 이

---

27 헨드릭 크래머도 이런 파생적 기관들을 "교회의 세계"라 부르며, 현실과 별개의 격리된 세계가 존재한다는 것 자체를 부자연스럽게 생각했다. 이 "교회의 세계"는 거기 근무하는 사람들이 생계를 위해 일하기 때문에 매우 세속화되어 있다(헨드릭 크래머, 위의 책, 184-185).

상 먹히지 않는다. 로마 가톨릭 사제가 민주화에 앞장서고[28] 교황이 세월호 유가족을 만나는 동안, 개신교 지도자들은 교회당 건축과 목회직 세습으로 매스컴에 오르내리며 신뢰도 하락을 부추겼다.

그러나 교회 중심주의의 폐해는 이러한 현실적인 이유보다 더 나아간다. 흔히들 교회가 사회 참여에는 무관심하고 개인의 회심과 거룩한 삶에만 관심을 가진다고 비판하는데, 실상은 개인의 회심도 이루지 못하고 거룩한 삶도 살지 못하는 것이 더 큰 문제다! 무슨 말인가? 회심(回心, conversion)이 무엇인지를 생각해보면 된다. 회심은 과거의 잘못된 삶을 회개하고 그리스도께로 돌이킨다는 의미다. 회심이 있기 위해서는 먼저 죄가 무엇인지 드러나야 한다. 우리가 짓고 있는 죄의 상당수는 개인적인 것이라기보다는 이 사회 속에서 짓는 죄다. 아니, 개인적인 죄와 사회적인 죄는 구분할 수 있는 것이 아니다. 회사에서는 갑질과 아첨을 일삼고, 부정직한 보고서를 쓰며, 사람을 차별하고, 법에 어긋나게 회사 돈을 쓰고, 권력을 이용해 성희롱을 일삼으면서, 눈물 찔끔 흘리며 회심했다고 간증을 한다면 이를 진정한 회심이라 할 수 있을까? 세상의 것에 대해 설교하기보다 성경 말씀만 가르치겠다고 하는 목회자는 거룩하고 초월적인 하나님의 뜻을 추구하는 것처럼 보일 뿐, 사실은 회심을 요구하지 않는 설교를 대가로 물질적 보상과 문화 권력을 누리는 게 아닐까?

성도는 세상의 문제에 대해 초월적인 자세를 견지해야 한다는 말은 일차적으로 옳은 말이다. 그러나 역설적이게도 세속적인 것이 무엇인지를 알아야 초월적일 수 있다. 초월적이라고 확신하지만 사실은 자기도 모르게 한쪽 입장에 가담하는 경우가 많다. 시장 경제의 탐욕을 그대로 답

---

28 민주화 운동에 헌신했던 정의구현사제단의 중심인물이었던 함세웅 신부의 인터뷰 형식의 자서전이 최근 출간되었다. 한인섭 대담, 『이 땅에 정의를: 함세웅 신부의 시대 증언』(서울: 창비, 2018).

습한 설교를 하면서, 또한 그 설교에 은혜를 받으면서 초월적인 그리스도인의 삶을 산다고 착각하는 목회자와 성도들이 많아서 하는 말이다.

(3) 복음과 상황

그리스도께서 이 땅에 보냄을 받으셨던 것처럼 그 제자인 우리도 대한민국으로 보냄을 받았다. 우리가 사는 이곳이 바로 선교지이고, 그리스도인들은 하늘의 선교사다. 선교에서 가장 중요한 것은 무엇인가? 해외 선교사들이나 선교학자들에게 물어보면, 모두 일치해서 복음과 문화, 혹은 복음과 상황의 관계를 올바로 이해하는 것이라고 대답할 것이다. 비단 피선교지의 언어를 배우고 문화를 익혀야 그 나라에서 살아남고 복음을 전할 수 있기 때문만은 아니다. 선교지의 문화적 특성에 익숙하지 않으면 피선교국 사람들을 잘못 자극해 마음을 닫게 하고, 그들의 문화적 코드를 오해해 선교사가 마음의 상처를 입을 수도 있다. 또한 선교국의 문화를 복음적이며 절대적인 것으로 생각하는 문화 제국주의에 빠져, 복음을 전한다고 하면서 실상은 자신이 속한 문화를 전할 가능성도 있기 때문이다.

그러나 이 모든 것에 앞서는 가장 중요한 이유는, 복음을 피선교지의 적절한 언어로 번역(飜譯)하기 위해 복음과 문화의 관계를 이해해야 한다는 점이다. 피선교지의 언어와 그 언어에 스며 있는 문화를 이해하지 못하고, 사전(辭典)적으로 번역해서는 복음을 전달하기 어렵다. 선교학자들은 복음을 상황에 맞게 번역하는 것을 복음의 상황화(contextualization)라는 말로 정리했다. 내가 여기서 문화 혹은 상황을 논할 때는 광의의 문화 혹은 상황을 가리킨다.[29] 단지 예배당의 양식이나 예배 형식의 토착화를 넘

---

29 선교에서 복음과 문화의 관계에 관한 책은 너무 많고 또한 이 문제를 중심 주제로 다루

어서, 그 나라의 정치와 경제의 외적인 조건들과, 사회적인 삶의 양식과 습속, 전통과 가치관, 역사와 종교를 통한 자기 이해 등, 삶을 규정하고 해석하는 틀을 포함하는 넓은 의미의 문화다.

대한민국으로 보냄을 받아 "하나님의 선교"를 수행할 이 땅의 그리스도인들은 해외 선교지로 보냄을 받은 선교사들로부터 배울 것이 많다.[30] 선교적 교회론이 38년 동안 해외 선교사로 헌신했던 레슬리 뉴비긴으로부터 나온 것은 우연한 일이 아니다. 또한 우리나라 신학교에서 선교적 교회론을 선교학 분과의 교수들이 연구하고 강의하는데, 이 역시 같은 이유다. 그들은 복음과 문화의 관계에 대해 민감하게 반응하도록 훈련을 받은 사람들이다.[31] 대한민국에서 선교적 사명을 감당하기 위해서는 우리 문화의 성격을 먼저 이해해야 한다.

지 않는 선교학 책들은 없을 것이다. 그중에서 내가 최근 읽고 감명을 받은 몇 권의 책을 들자면, 다음과 같다. 복음과 문화의 관계의 역사를 번역과 의미 확장이라는 관점에서 쓴 탁월한 책, 앤드루 월스, 방연상 역, 『세계 기독교와 선교 운동』(서울: IVP, 2018), 상황화의 이론과 실제에 대한 포괄적인 이해를 위해서는, 스티븐 베반스, 최형근 역, 『상황화 신학』(서울: 죠이선교회출판부, 2002), 복음과 문화의 관계를 쉽게 풀어 설명한, 손창남, 『문화와 선교: 영광스러운 복음, 효과적인 전달』(서울: 죠이선교회출판부, 2014), 선교지에서의 문화와 관계된 흥미진진한 체험담을 적은, 손창남, 『족자비안나이트: 족자카르트 선교사 이야기』(서울: 죠이선교회출판부, 2008); 다야난드 바라띠, 이계절 역, 『인도인의 눈으로 본 예수』(서울: 밀알서원, 2017) 등이다.

30 Craig Van Gelder, "How Missiology Can Help Inform the Conversation about the Missional Church in Context," Craig Van Gelder ed. *The Missional Church in Context: Helping Congregations Develop Contextual Ministry* (Grand Rapids: Eerdmans, 2007), 12-43. GOCN(복음과 우리 문화 네트워크)의 창시자 중 한 사람인 겔더는 선교학의 발전을 시대별로 정리한 후, 우리 시대에는 선교학이 교회를 돕는 신학이 되었다고 말한다. 선교학은 복음을 상황 한가운데서 이해하고 전하도록 도우므로 선교적 교회를 위해 유용하다고 말한다.

31 물론 나는 선교적 교회론은 선교학 교수들의 전유물이 아니라고 생각한다. 선교적 교회론은 선교학(Missiology)의 한 이론이 아니라, 교회와 신학 전반을 선교적 관점에서 근본적으로 다시 보게 하는 것이기 때문에 신학의 모든 분과가 협력해야 한다고 믿는다.

과거 크리스텐덤 사회에서는 해외 선교사가 아닌 이상 복음과 문화의 관계에 대해 크게 관심을 가질 필요가 없었다. 복음의 이해와 복음의 표현 양식과 윤리와 보상과 형벌의 형태까지 이미 확정되었고, 사람들이 이런 세계 속에서 오랜 세월을 살았기 때문이다. 크리스텐덤 시대에 복음과 문화의 관계를 고민해야 할 때는 선교사들이 비기독교 세계로 파송되어 낯선 문화와 만났을 때뿐이었다. 그러나 다원화되고 급변하는 포스트크리스텐덤 사회를 사는 우리는 우리 문화를 매번 재해석할 필요가 있다. 전통적 교회에 익숙한 방식으로 복음을 해석하다가는 현재 교회에 출석하는 성도들을 붙들고 갈 수 있을지 몰라도, 교회 밖의 다양한 문화를 가진 여러 계층의 비신자들에게 다가갈 수 없다. 중산층 기성세대 복음의 언어로서 비기독교인 청년들을 사로잡을 수 없다. 대한민국 사회에서 문화를 이해하는 것이 왜 중요한지, 문화를 이해함으로 이루려는 것이 무엇인지를 생각해보고자 한다.

첫째, 우리 문화에 대한 깊은 이해는 복음을 우리 문화에 맞게 해석하고 전달하게 해준다. 복음이 예수 믿고 구원 얻는 단순한 것인데 여기에 무슨 문화적인 요소가 있느냐고 묻는 사람이 있을 것이다. 그러나 복음은 그런 것이 아니다. 생각해보자. 복음을 전하는 사람이 거의 맨 처음으로 하는 일이 무엇인가? 바로 죄를 지적하는 것이다. 자신의 죄가 무엇인지 알아야 죄인임을 자각하고, 그리스도께 돌아올 것이 아닌가? 죄라는 것이 다 똑같지 시대와 상황에 따라 다를 것이 뭐가 있느냐고 묻는 사람이 있을 것이다. 십계명은 모든 인류에게 주신 하나님의 도덕법으로서 모든 사람에게 적용될 것이라고 생각하지만 그렇지 않다. 시대에 따라, 지역에 따라, 계층에 따라, 죄의 목록이 다르다. 십계명의 각 계명은 너무 포괄적이어서 이를 구체적으로 적용하려면 구체적 상황을 알아야 한다.[32] 사실은 십계명 자체도 역사적·사회적 맥락 속에서 쓰였기에 그 맥락에서 읽혀야 한다.[33]

성경만 보아도 시대별로 죄의 목록들이 얼마나 다양한지 생각해 보라. 광야 생활하는 이스라엘 백성이 노예근성을 벗어버리지 못해 이집트를 그리워하며 원망과 불평을 일삼았다면, 가나안에 정착한 이스라엘은 야웨를 잊고 이교도의 관습을 따라 풍요와 음란에 중독되었다. 불의와 학대와 거짓 예배가 가득한 후기 왕정 시대와, 대제국 틈바구니에서 정체성을 상실해가는 디아스포라 유대인의 문제는 다르다. 로마서 1장이 묘사하는 우상숭배와 음란과 동성애와 다툼이 가득한 로마 제국의 도시적 죄악과, 로마서 2장이 묘사하는 위선적 지식인과 율법주의자들의 죄는 같을 수 없다. 죄를 바로 알려주어야 자신이 죄인임을 온전히 깨달을 것이다. 모든 사람이 죄인이라는 피상적인 지적은 피상적인 회심을 일으킬 뿐이다.

우리의 역사를 잠시 돌아보아도 죄의 내용이 시대마다 달랐음을 알 수 있다. 가부장적 권위주의, 서열 의식, 지성주의, 약자에 대한 차별 등 다른 문화에서 찾아보기 어려운 우리 민족의 DNA에 깊이 새겨진 죄의 목록도 있다. 죄의 목록은 시대에 따라 더 세분된다. 구한말과 일제 강점기에 활동하던 지도자 길선주가 지적하는 당시의 죄악은, 술 취함, 연락(宴樂), 음란, 자만(自滿), 배반(二心), 성냄(急心) 등이고, 이 여섯 가지를 통틀어 '해타'(懈惰) 즉 게으름이라고 불렀다.[34] 국가의 기강이 무너졌고 열강

---

32 졸저, 『우리 시대를 위한 십계명』(서울: 도서출판 대서, 2017)은 바로 이런 관점에서 쓰였다. 책 제목에 "우리 시대를 위한"이 포함되어 있음을 주목하라.

33 존 바턴, 전성민 역, 『온 세상을 위한 구약 윤리』(서울: IVP, 2017), 제1장 참고.

34 길선주는 최초의 장로교 목사 7인 중 한 사람으로서, 구한말과 일제 강점기를 통틀어

의 침략으로 한 치 앞을 내다볼 수 없던 때, 조선의 민중들은 무력감과 박탈감 때문에 자신을 방탕에 방기했던 것이다. 해방 후 냉전 시대가 시작되고 국가주의가 강화되면서 공동체를 해치는 비애국적 행동은 사회적 비난을 받는 죄가 되었고, 동시에 내면적으로는 공산주의나 북한 주민에 대한 증오가 고착되었다. 산업화에 성공했지만 그 부작용도 만만치 않았는데, 풍요로 인한 방종과 음란, 빈부의 차이에서 빚어진 사회적 갈등, 부동산 졸부의 속물 근성, 결과가 수단을 정당화하는 성과주의 등이 산업화 시대를 특징짓는 대표적인 죄의 목록이다.

정보화, 신자유주의, 저성장 등으로 특징지어지는 21세기에는 과거에 없던 죄악이 새롭게 등장했다. FTA, 고용 없는 성장, 노동 유연성, 양극화, 기업 사회 등이 우리 사회를 특징짓는 키워드다. 계층 상승의 사다리에 올라탈 수 있는 기회가 아주 적기에, 이미 고지를 점령한 사람들은 모든 수단과 인맥과 제도를 동원해 사다리를 걷어차고 자기에게 주어진 특권을 평생 누리다가 자손에게 물려주려 한다. 공정성 논란, 세대 갈등, 젠더 갈등, 을과 을의 싸움, 감정 노동, 사회적 단절, 불안과 우울증 등이 우리 시대 보통 사람들이 당면한 고통이요 죄악이다.

죄의 목록이 다양한 만큼 예수 그리스도를 통한 구원의 양상도 다양하다. 성경에서 예수님을 만나 구원을 받은 사람들은 저마다 자신에게 필요한 복음을 듣고 구원을 얻었다. 이들은 질병의 치유, 죄의식과 죄의 습

가장 영향력 있는 기독교 지도자였다고 해도 과언이 아니다. 그는 1907년 평양대부흥운동을 촉발시킨 사람이었고, 이후 부흥사로서 전국을 돌며 영적 각성을 일으켰으며, 1919년 삼일운동 때 독립선언서에 서명한 33인 중 한 사람이기도 했다. 그가 1904년 저술한 『해타론』(懈惰論)과 또한 그 내용이 유사한 1916년의 『만사성취』(萬事成就)에 따르면, 우리가 사는 세상은 소원성(所願城)이고 장차 들어갈 영원한 세계는 영생국(永生國)인데, 그 나라에 가기 위해서는 여섯 가지의 죄악을 피해야 한다고 가르쳤다. 안수강, 『길선주 목사의 말세론 연구』(서울: 예영커뮤니케이션, 2008), 136-137에서 인용.

관으로부터의 해방, 포로로부터의 자유, 하나님 왕국의 백성이 됨, 용납과 화해, 생명을 얻음, 하나님과의 사귐, 영광의 소망 등으로 자신이 받은 구원을 묘사할 것이다. 구원의 구체적 양상은 구원받은 사람의 숫자만큼이나 다양하다. 이들에게 예수님은 제사장, 목자, 해방자, 예언자, 죄인의 친구, 포도나무, 카운슬러, 생명의 양식, 성령을 주시는 분이다.

둘째, 복음으로 변화된 우리 사회의 모습이 어떠해야 할지, 그리스도인은 우리 사회에서 어떤 삶을 추구해야 할지를 탐구하기 위해 문화를 알아야 한다. 예를 들어 이슬람권으로 파송받은 선교사가 있다고 해보자. 몇 년에 걸친 노력 끝에 무슬림 여자 청년 한 사람에게 그리스도의 복음을 전하고 개종시키는 데 성공했다. 그녀는 예수님을 주로 고백하고 세례까지 받았다. 그녀의 주변 사람들이 그녀의 개종을 알게 되면 그녀는 그 공동체에서 살 수 없을 것이다. 가족들의 승인을 얻지 못할 것이고, 직장도 잡지 못하며, 결혼도 어렵고, 심하면 누군가로부터 살해를 당할 위험마저 있다. 이 여인에게 남겨진 길은 다시 과거의 종교와 가족으로 돌아가거나, 아니면 선교사를 따라 선교부에서 일하며 먹고사는 길밖에 없다. 아마 이와 같은 상황을 이해하는 책임 있는 이슬람권 선교사라면, 그리스도인으로서 무슬림 사회에서 살아남는 방법을 연구할 것이다. 다른 말로 표현하자면 무슬림 사회가 어떤 식으로 변화되어야 할지를 상상하는 것이다. 물론 시간이 걸리는 어려운 작업이겠지만 말이다.

또 하나의 예를 살펴보자. 19세기 영국과 미국의 선교 단체들은 중국 선교를 위해 많은 인력과 재원을 쏟아부었다. 그러나 중국인들의 마음을 얻는 것은 쉬운 일이 아니었다. 예컨대 1920년대 미국북장로교회 선교부에서 중국의 주요 도시에 미션 스쿨을 설립했다. 하지만 외래 문물에 대한 저항감 때문에 중국인들이 자녀를 학교에 보내기 꺼리고, 중국 당국에서도 미션 스쿨에서 공부한 학생들이 애국심을 잃어버리고 외국 사람처럼 될까 의심의 눈초리로 바라보았다. 당시는 아편 전쟁이나 의화단 사건의 기억이 선명히 남아 있을 때였다. 이때 그 학교의 교장으로 임명 받은 선교사가 취할 수 있는 전략이 무엇일까? 이 학교에 입학한 학생들이 서양의 종교와 문화를 배워 서양인처럼 되도록 하는 것이 아니고, 그들의 마음에 그리스도의 정신을 심어 그들의 언어와 문화로 기독교를 표현할 수 있는 진정한 중국인을 만드는 것이 교육 목표라고 힘주어 홍보해야 할 것이다. 이 길은 쉬운 길이 아니다. 중국의 언어와 문화의 이면에는 이미 오랜 세월 유교 철학과 무속(巫俗)화된 도교 사상이 결합된 사상 체계가 자리 잡고 있기 때문에, 이것을 다 변화시키기는 어렵다. 진정한 중국인 기독교인은 기독교 신앙과 중국 문화를 조화시킬 수 있어야 하는데, 이미 중국의 문화가 비기독교적인 악에 오염되었다면 어디까지를 인정하고 어디서부터 개혁해야 한단 말인가? 정치·사회적 선택도 어렵기는 매한가지다. 그리스도인 젊은이들은 유서 깊은 청조(淸朝)에 충성을 바쳐야 하나, 군벌(軍閥)에 가담해 가족을 부양해야 하나, 아니면 새로 일어나는 공산주의 운동을 환영해야 하나? 당시 중국에 파송된 선교사들은 항상 이런 문제에 부닥쳐 고민할 수밖에 없었다.

우리나라에 온 선교사들은 복음과 문화의 문제를 어떻게 해결했을까? 전체적으로 보면 우리나라에서는 대규모 유혈 충돌 없이 연착륙했다. 구한말과 일제 강점기 시대, 곧 조선을 지탱해왔던 전통적인 사상들이 힘을 잃은 정신적·문화적 공백기에 기독교가 전래되었기에, 비교적 쉽게 기독교가 우리 사회에 안착할 수 있었다. 모범적 그리스도인의 삶의 유형이 형성되었고 비기독교인들도 그 삶의 유형을 인정하고 동경하기까지 했다. 앞서 제2장에서 살펴본 것처럼 심지어 한국 사회가 유사 크리스텐덤의 양상을 띨 정도가 되었다. 그러나 민주화 시대 이후 한국교회는 길을 잃고 말았다. 진정한 기독교인이라면 반독재 투쟁에 참여해야 할까, 아니면 현 정권을 하늘이 허락한 권세로 알고 이에 순복해야 할까? 우리가 추구하는 정체는 시장에 모든 것을 맡기는 자유 민주주의일까, 아니면 국가가 국민의 복지를 책임지는 사회 민주주의일까? 수많은 그리스도인을 살해하고 민족에 불행을 안겨준 북한의 붕괴와 흡수 통일을 기도해야 할까, 아니면 북한의 개혁과 개방 그리고 평화로운 교류를 위해 노력해야 할까? 우리의 역사와 국민성과 사회적 자본과 국제적 환경과 내적 동력 등을 이해하면서 미래를 설계할 사람들이 기독교인이어야 할 텐데, 과연 어떤 미래 사회를 상상해야 할 것인가? 기독교인은 새로운 사회에서 어떤 역할을 감당하며 살아야 할 것인가?

지금 우리 한국교회가 여유 부릴 때가 아니다. 한가하게 자리 다툼, 세력 다툼, 권력 다툼할 때는 지났다. 각 분야의 기독교 지성들이 함께 과거를 반성적으로 돌아보고, 갈등의 한국 사회 한가운데서 새로운 미래를 이야기하며, 새로운 판짜기를 모색해야 할 때다. 목회자들은 교회 중심주의를 탈피해 한국 사회의 핵심 속으로, 즉 성도들의 삶의 가장 중요한 문제들 속으로 들어가 애타는 마음으로 함께 울어야 한다. 젊은 그리스도인들은 안정된 직업을 얻기 위해 노력해야 하겠지만, 그럼에도 선교지가 된 한국 사회에서 내가 해야 할 일이 무엇인지를 먼저 숙고해야 한다.

선교지로서의 대한민국: 보수와 진보의 대립

선교적 교회를 꿈꾸는 기독교인들이 상상해야 할 미래 사회의 모습은 너무도 광범위하기 때문에 이 책의 한계를 훨씬 벗어난다. 그저 한 가지 예를 드는 것으로 만족해야 할 것 같다. 선교지로서의 대한민국의 상황을 이해하는 데 필요한 아마 가장 중요한 핵심 키워드가 바로 보수와 진보의 갈등일 것이다. 이는 기독교가 우리 시대를 책임지기 위해 반드시 해결해야 하는 과제이기도 하다. 그 해결의 방향성을 탐색해보고자 한다.

보수주의(conservatism)는 안정된 삶을 지키고 싶어 하는 태도를 가리키는 말로서, 정치적 이념을 가지고 사회의 급격한 변화를 원하는 진보주의(progressivism)와 상반되는 말이다. 진보와 보수는 항상 상대적인 개념이고, 역사의 발전에 따라서 그 내용을 달리하기 마련이다. 처음에 진보와 보수의 대립이 시작된 것은 1789년 프랑스 대혁명 시대였다. 시민 계급이 평등이라는 가치를 내세우며 귀족과 성직자 계급의 특권을 침해하려 하자, 이에 공포를 느낀 기존 세력은 보수적인 태도를 취했다. 프랑스 '국민 의회'에서 왕당파는 오른쪽에 앉고 공화파가 왼쪽에 앉게 되면서부터, 진보주의를 '좌파', 보수주의를 '우파'라고 부르게 되었다.

19세기 후반 사회주의가 세력을 얻으면서 진보와 보수의 개념이 바뀌었다. 과거 좌파로 분류되던 시민 계급이 자신들의 이익을 방어하기 위해 보수적인 입장을 취했다. 이 새로운 보수주의는 자유로운 시장 경제를 인정하고 정부가 경제 운용에 간섭하지 않아야 한다고 주장했다. 반대로 국가가 경제에 개입해 불평등을 제어해야 한다고 주장하는 사회주의를 진보주의 혹은 좌파라고 불렀다. 진보주의는 정부가 자유로운 경쟁에 제약을 가해야 한다고 주장하며, 복지 확대, 누진세를 통한 소득의 재분배, 공공 교육과 의료, 기간 산업의 국가 소유 등을 주장했다. 보수주의는 자유를, 진보주의는 평등을 가장 중요한 가치로 생각한다.

서구에서는 역사가 진행되면서 보수와 진보 양편이 번갈아 주도권을 쥐었다. 경기가 침체될 때는 1930년대 중반 미국의 진보적 뉴딜 정책에서처럼 국가가 개입해 경제를 활성화시키기도 했다. 반대로 국가가 과도하게 경제에 개입함으로 기업이 투자를 꺼리면 규제를 철폐하고 법인세를 인하하라는 보수의 목소리가 커진다. 고삐 풀린 자본주의가 소수의 이익을 극대화하려 함으로 빈부의 차이가 커져 사회가 불안해지면 공정한 분배와 복지를 요구하는 진보 진영이 세력을 얻는다. 서유럽과 북유럽은 중도를 지키면서도 다소 좌파적인 성향의 사회 민주주의가 우세하고, 영국과 미국은 보수당과 노동당, 공화당과 민주당이 번갈아 정권을 담당한다. 우리나라도 2002년 이후 10년 주기로 진보와 보수가 번갈아 정권을 잡고 있다.

현대 사회에서 진보와 보수가 대립하는 것은 어쩌면 불가피한 일인텐데, 우리나라의 경우는 이 둘의 대립이 극단적이라는 것이 문제다. 이는 우리의 특수한 역사 때문이다. 한국전쟁을 거치면서 남한은 자유 민주주의, 북한은 인민 민주주의 체제로 남북이 분단되었다. 오랜 기간 동안 남한에서의 좌파(左派)는 곧 친북(親北)을 가리키는 말로서 탄압과 통제의 대상이 되어왔다. 우리나라의 보수주의는 대체로 반공주의, 시장 경제 체제, 권위주의 통치 체제를 유지하려는 사람들을 가리킨다. 이들은 자신들이 산업화의 주역으로서 한국 경제를 발전시키는 데 공헌했다고 자부한다. 반대로 진보주의는 민주화의 주도 세력으로서 남과 북의 화해, 경제 민주화, 복지 제도 확대 등을 통해 사회를 변혁시키려 한다. 현재 우리나라 보수/진보 갈등의 주요 쟁점이 되는 의제는 다음과 같다.

- 자유 시장 경제와 사유 재산 vs. 국가의 재정 정책과 복지 시스템
- 경제 성장 vs. 분배("소득주도 성장")
- 친기업, 노동 유연성 vs. 친노동자 정책, 비정규직 축소
- 세계화 vs. 반세계화(FTA, 금융 시장 개방, 민영화 반대)
- 남북 상호주의와 한미 동맹 vs. 북한 포용 정책(햇볕정책)
- 무력에 의한 억지력 vs. 평화주의
- 가부장적 윤리 vs. 인권 확대(성 평등, 낙태, 동성애 찬성)
- 개발과 토건 vs. 환경 보존
- 자유 민주주의 정착의 역사관 vs. 독립과 민주화 중심 역사관

한국 기독교도 보수와 진보로 양분되어 있다. 한국 기독교가 보수와 진보로 양분된 것은 그리 오래된 일은 아니다. 우리 사회가 보수와 진보로 구분되기 시작한 1980년대쯤일 것이다. 내가 신학대학원에 다닐 때인 1980년대까지도 신학교 내에서는 보수/진보라는 말 대신 정통/자유주의라는 말을 많이 사용했다. 정통은 성경을 오류가 없는 하나님의 말씀으로 믿고, 기적을 인정하며, 예정론과 같은 전통적인 기독교의 교리를 모두 인정하는 반면, 자유주의는 낮은 성경관을 가지고 있고 기적보다는 자연주의인 설명을 선호한다.

그러다가 1990년대부터 보수적 기독교는 교리적 입장을 넘어서서 정치 사회적으로도 보수적인 입장을 취하기 시작했다. 한국기독교총연합회(한기총)가 발족한 것이 1989년인데 1990년대를 지나면서 그간의 오랜 전통인 정교분리 정책을 뒤로하고 적극적으로 정치에 참여하기 시작했다. 참여정부가 출범한 후부터는 우익 단체들과 연계해 대형 정치 집회와 구국기도회를 개최했다. 이에 맞서 한국기독교교회협의회(NCCK)를 중심으로 한 진보 진영에서는 인권, 복지, 통일 등 진보적 정책에 동조했다.[35] 이렇게 기독교는 보수와 진보로 구분되었다. 이때의 진보/보수는 교리적인 면과 정치 경제적인 면이 합쳐진 진보/보수다. 나는 교리적 보수와 사회적 보수가 반드시 같이 갈 필요는 없다고 생각한다. 교리적으로는 보수를 지향하면서 사회적으로는 진보로 나갈 수도 있기 때문이다. 그러나 보수적 기독교가 기독교 단체가 아닌 보수 단체나 심지어 이단과 연합하는 것은 자기모순이다. 교리적으로 보수를 주장하는 사람들은 일반적으로 타 종교나 이단에 대해 배타적인데 어떻게 그들과 연대할 수 있는가!

---

35 한국 복음주의 기독교가 보수화되는 과정에 대해서는 제2장에서 자세히 언급했기 때문에 생략한다. 더 자세한 내용을 알기 원하면, 졸저, 『대화로 풀어보는 한국교회사 2』(서울: 부흥과개혁사, 2009), 제10장 "한국 보수적 기독교의 오늘과 내일"을 보라.

한국의 이런 현실에서 기독교인들은 어떤 태도를 취해야 할까? 우선 기독교인이 피해야 할 오류들을 몇 가지로 살펴보고, 내 입장을 밝히도록 하겠다. 첫째, 입장주의(立場主義) 혹은 진영 논리에 빠져서는 안 된다. 사람들은 자신이 가진 특정한 관점을 가지고 세상을 보기 마련인데, 동일한 관점을 가진 사람들이 세력을 형성하면 하나의 입장(立場)이 된다. 이런 사람들 사이에서는 내가 틀릴 수도 있다는 사고의 유연성이나 다른 사람의 입장을 고려하는 것이 허용되지 않는다. 다른 입장을 가진 사람을 맹목적으로 비판하거나 설득하려고만 할 뿐이다. 깊게 생각하지 않고 "나는 보수 진영에 속해 있기 때문에 북한과 대화하는 것은 싫어"라고 말하거나, "나는 진보이므로 보편적 복지의 확대에 찬성해"라고 하는 경우, 이를 진영 논리에 빠졌다고 한다. 때로 진보적 입장을 가졌던 지식인이 이해관계가 달라짐으로 급격히 다른 입장을 취하기도 하는데, 이런 사람을 보면 연민의 정을 느끼게 된다. 많은 경우 분명히 객관적 증거가 있는데도 불구하고 특정한 입장에 따라 사실을 왜곡하거나, 분명한 사실에 눈을 감는 것이다. 양 진영이 각각의 매체들로부터만 정보를 얻기 때문에 그런 현상이 가속화된다.

어떤 관점도 가지지 않고 객관적으로 판단하기란 불가능할 것이다. 자신의 경험이나 자신이 속한 조직의 이해관계에 따라 자연스럽게 입장이 형성되기 때문이다. 따라서 자신의 관점을 얼마나 객관적으로 볼 수 있는지, 다른 입장을 가진 사람과 대화할 수 있는지가 중요하다. 때로 사실 왜곡이 도를 지나치게 될 때 언뜻언뜻 자신의 잘못을 알게 될 경우가 있을 것이다. 바로 이때가 자신의 입장과 관점에 대해 깊이 고민해보아야 할 때다.

둘째, 세상의 문제에 초월적인 자세를 취한다고 말하는 사람이 있다. 자신은 초월적인 하나님을 믿기 때문에 세상의 권력 관계나 먹고사는 문제에 대해서는 관심을 갖지 않는다고 말한다. 교회에서는 영혼을 구원하는 영성에만 관심을 가져야 하고, 세속 정치에 가담하면 안 된다고 가르치는 교회가 많다. 그러나 이런 사람은 자신을 속이는 경우가 많다. 자기도 모르게 어느 한편에 가입해 있거나 혹은 그편에게 이용당하고 있을지 모른다. 순수한 신학생이나 젊은 목사가 자신은 세상의 지연(地緣)이나 이해관계를 초월했다고 스스로 믿으면서, 특정 지역에서 우월한 이데올로기를 성경적이라고 믿고 가르칠 때는 암담한 마음이 든다. 사실 이는 순수한 것이 아니라 고지식한(naive) 것이다.

셋째, 양비론(兩非論)에 빠져서도 안 된다. 양비론이란 서로 충돌하는 두 의견이 모두 틀렸다고 주장하는 것이다. 대립되는 두 주장의 시비를 자세히 가리지 않고, 양쪽 모두가 다 잘못되었다고 한꺼번에 비판하는 태도다. 자신은 어느 한편을 들지 않고 중립적(中立的) 위치를 지킨다고 하는데, 이는 자신의 책임을 방기하는 게으른 태도이며 자기를 보호하려는 기회주의일 뿐이다. 실제 상황에서는 분명히 어떤 한편의 과실이 더 큰 법인데, 둘 다 잘못되었다고 말함으로써 과실이 큰 쪽을 옹호하는 결과를 낳는다. 기득권 세력의 잘못이나 이를 비판하는 사람이나 둘 다 똑같이 잘못이라고 말함으로써 정치 혐오를 낳게 만든다. 기독교 설교자들 가운데도 양쪽의 정당성을 자세히 조사하지 않고 정치권을 싸잡아 비난하는 경우를 많이 볼 수 있는데, 모르면 차라리 입을 열지 않는 편이 좋다.

그렇다면 보수와 진보를 대하는 우리의 자세는 어떠해야 하는가? 첫째, 역사의 주관자이신 하나님에게는 답이 있다는 확신과 우리는 그 답을 쉽게 알 수 없다는 겸손, 이 두 가지 태도를 동시에 취해야 한다. 전지전능하신 하나님은 인간사의 모든 문제에 대해 해결책을 갖고 계신다. 그분은 이 세상에서 당신의 뜻이 펼쳐지기를 원하시고, 진실로 그 뜻을 알기 원하는 사람에게 가르쳐주신다. 그러나 무지와 죄악으로 어두워진 우리 영혼이 하나님이 주시는 뜻을 명확히 알아듣기란 쉽지 않다. 성경 지식도 부족하고, 상황에 대한 이해도 간단하지 않은 데다, 내 안에는 내 욕망과 내가 속한 집단의 역사가 뒤엉켜 있기 때문이다.

하나님이 해답을 갖고 계신다고 확신하지 못할 때 패배주의(defeatism)에 빠진다. 패배주의자들은 어차피 세상은 그렇게 돌아가는 것이고, 성경은 코에 걸면 코걸이 귀에 걸면 귀걸이라서 보는 사람마다 다르고, 알곡과 가라지가 함께 자라는 이 세상에서는 정확한 대답을 알 수 없다고 말한다. 모든 목사는 자기의 입장에서 성경을 해석하고, 성직자들은 모조리 물욕과 성욕의 노예가 되었으며, 우리의 모든 신앙은 맹신에 불과하다고 생각한다. 패배주의자들은 결국 현실(現實)에 충실한 편을 선택해 보수주의자가 되거나 혹은 상대주의와 회의주의에 빠지고 만다.

반대로 내가 바로 하나님이 주신 해답을 갖고 있다고 확신할 때 승리주의(triumphalism)의 오류를 범한다. 하나님이 나를 택해서 눈을 열어주시고 우리 시대를 향한 당신의 뜻을 알게 하셨다고 확신한다. 자기에게 유리한 증거를 모으고, 자신의 입장을 지지하는 열성적인 서포터들을 거느리며, 자신의 입장을 부끄럼 없이 피력한다. 이런 사람은 대체로 에너지가 넘쳐서 하루에 두어 시간만 자는 경우가 많은데, 이를 성령의 능력이라고 말한다. 여기저기 기댈 데를 찾고 있는 대중들이 그를 맹목적으로 따른다. 때로 그런 사람들이 사회적 비난의 표적이 될 때가 있는데, 그때에도 자신을 박해받는 의인으로 생각해 더 큰 확신을 가진다. 자신이 범하는 작은 죄쯤은 대의를 생각할 때 아무것도 아니라고 자기 암시를 강화한다. 아, 하나님에 대한 확신과 자신에 대한 의심 사이의 협곡을 지나 풍성하고 너그러운 이해에 도달할 자 누구인가![36]

---

36   매 상황에서 성령의 인도를 받아 하나님의 뜻을 아는 방법에 대해서는 이 책 제4장 5절

둘째, 나는 보수/진보는 서로 보완되어야 하고 보완될 수 있다고 믿는다. 특히 성경을 믿는 기독교인들은 보수와 진보의 이분법을 초월해 양자를 골고루 비판하고(양비론에 빠지지 말고, 조목조목 비판해야 한다), 동시에 이들이 추구하는 정당한 가치를 인정해야 한다. 우리 사회를 지금까지 유지해온 보수의 가치를 인정해야 한다. 가족 간의 유대와 사랑, 자기를 실현하려는 열정, 창의적인 기업가 정신, 가난한 사람을 돕고자 하는 청지기 정신, 국가에 대한 충성심, 사회를 위해 개인을 희생하는 애국심 등이 아름다운 보수적 가치다. 동시에 성경을 면면히 흐르는 진보적 가치에 대해 담대하게 주장할 수 있어야 한다. 정의로운 사회, 가난한 사람도 차별받지 않는 사회, 부가 대물림되지 않는 사회, 전쟁이 아닌 평화를 지향하는 사회, 지속 가능한 개발을 생각하는 사회, 소수자도 인간으로서의 존엄성을 가지고 살 수 있도록 하는 사회를 만들어야 한다는 성경적 가치 말이다.

보수와 진보, 두 종류의 가치 그룹은 결코 서로 배타적이지 않다. 가족 간의 유대와 사회적 정의는 상보적이고, 애국심이 반드시 군국주의와 쇼비니즘(chauvinism)으로 기울어야 하는 것은 아니다. 기업가 정신과 지속 가능한 개발은 언뜻 보기에는 서로 반대되는 것처럼 보이지만, 미래를 생각하는 기업가라면 당연히 지속 가능성을 생각하지 않겠는가? 보수의 가치와 진보의 가치가 강조점을 달리하는 것도 사실이지만 한쪽만 강조한다면 자신이 강조하는 가치마저도 지킬 수 없다. 예컨대 낙태를 반대하는 것은 가족을 중요하게 생각하는 보수주의적 가치다. 그런데 정말 우리 사회에서 낙태를 없애려면, 여성이 차별받지 않는 사회가 되어야 하고, 아이를 낳고 기를 수 있도록 공교육이 정상화되어야 하며, 미혼모도 보호받고 안전하게 살 수 있는 사회적 시스템이 갖추어져야 한다. 사회적 안

을 참고하라.

전망을 만들어놓지 않고 무조건 낙태하지 말라고만 하는 것은 위선일 뿐이다. 또한 남북관계에서 보수주의자들은 대체로 상호주의 입장이고 진보주의는 대북 지원을 강화해야 한다고 주장한다. 하지만 한국의 진보 세력 대다수는 전략적으로 북한의 인권을 잠시 말하지 않을 뿐이고, 한미동맹의 중요성을 완전히 부정하지도 않는다. 보수 측의 핵심적 가치인 시장 경제의 측면에서도 소위 "한반도 리스크"를 줄이고 남북 교류가 가져다줄 경제적 이익을 생각하면 북한과의 평화로운 관계가 반드시 필요하다.

보수와 진보라는 출발점의 차이 때문에 서로 많이 달라 보이는 것일 뿐 실제 정책에서는 그렇게 큰 차이가 있는 것은 아니다. 보수와 진보 사이에 충분한 대화의 여지가 있다. 진정한 애국심을 가진 정치가라면 사회의 통합을 위해 보수와 진보를 아우르며 대화하고 절충할 것이다. 진정으로 자신의 가치를 실현하기 원한다면 반드시 상대의 주장도 포용해야 하기 때문이다. 우리 사회가 막말이 오가는 극한 대립의 사회가 된 이유는 이상주의적이며 극단적인 이념가의 과도한 확신 때문이거나, 아니면 정치 공학에 몰두해 있는 정치가의 정권을 유지/탈환하기 위한 정략 때문이거나 둘 중 하나다.

셋째, 무엇보다도 사랑의 태도를 잊지 말아야 한다. 나와 반대의 입장에 있는 사람에 대해서도 애정 어린 눈을 가지고 보아야 한다. 이들 중 어떤 사람들은 진정으로 나라를 사랑하는 사람도 있고, 국민들의 고통에 함께 아파하는 이들도 있다. 친일파 청산, 역사 바로 세우기, 적폐 청산도 중요하다. 과거를 제대로 정리하지 못했기 때문에 오늘날까지 국가의 기강이 제대로 서지 못한 것도 사실이다. 그러나 동시에 나는 절대 선이고 상대는 절대 악이라는 태도로 다른 사람을 심판한다면 이 또한 정직한 일은 아니다. "괴물과 상대해 싸우는 이는 자신도 괴물이 될 수 있음을 잊지 말아야 한다"는 니체의 말은 정곡을 찌르는 명언이다.

(4) 성육신의 원리: 참여와 분리

선교적 교회론의 핵심은 그리스도께서 이 세상으로 보냄을 받은 것처럼 우리도 세상으로 보냄을 받았다는 것이다. 즉 성육신(成肉身)의 원리다. 성육신의 첫 번째 원리는 '참여'(engagement)다. 예수님께서 악한 세상에 참여하기를 거부하셨더라면 우리는 구원을 알지 못했을 것이다. 마찬가지로 우리도 세상으로 나아가기를 두려워하면 안 된다. 그러나 그렇다고 해서 세상과 같이 되라는 말은 아니다. 세상은 하나님이 만들고 사랑하시는 곳이지만, 동시에 악한 임금이 지배하는 곳이기 때문이다. 우리는 세상에 참여하되 세상에서 분리되어 거룩한 삶을 살아야 한다. 참여와 더불어 '분리'(separation)가 동시에 있어야 한다. 세상을 사랑해 세상으로 나아가지만(요 3:16; 17:18), 동시에 세상을 사랑하면 안 된다(요일 2:15, 16).

설명을 쉽게 하기 위해, K 대학 병원의 메르스(중동호흡기증후군) 병동을 머리에 떠올려보자. K 병원으로 36번 확진 환자가 이송되어왔다. 이 환자가 들어갈 음압실은 완전히 밀봉되었다. 이곳을 드나드는 의료진은 머리에서부터 방독 마스크를 눌러쓰고, 방호 고글을 착용하며, 비닐 가운을 입어야 한다. 마스크에 눌린 얼굴 피부는 빨갛게 부어오르고, 비닐로 된 가운 속으로는 땀이 흐른다. 병실 밖으로 나와야 비로소 옷과 마스크를 벗을 수 있다. 여기 두 세계가 교차한다. 음압실 내부는 메르스 환자의 삶의 공간이다. 환자는 거기서 자유롭다. 반면 음압실을 드나드는 의료진의 마스크와 비닐 가운 속은 또 다른 세상이다. 그들의 가운 속은 병균이 없는, 병실 문 바깥과 연결되어 있는 공간이다.

의료진은 지금 메르스 환자의 삶에 '참여'하고 있는 것이다. 의료진은 세균이 활동하는 K 병원 음압실로 보냄을 받았다. 아무도 그곳에 가지 않는다면 죽어가는 메르스 환자를 돌보고 치료할 수 없다. 메르스에 전염될까 두렵지만 참여해야 한다. 교회는 세상에서 분리되어 우리끼리 모여 사는 해방구(解放區)가 아니다. 죄를 미워하는 건강하고 거룩한 사람들끼리 모여 사는 곳이 아니다. 그러나 의료진은 동시에 환자의 공간으로부터 방호복과 마스크를 통해서 '분리'되어 있어야 한다. 교회는 세상에 참여하지만 동시에 세상으로부터 분리되어야 한다. 육신의 정욕과 안목의 정욕과 이생의 자랑이 우리 삶의 방식이 되어서는 안 된다. 사실 세상과 분리되는 삶을 살지 않는다면, 참여하는 의미도 없다. 의료진이 위험을 무릅쓰고 메르스 병동에 들어가는 것은 죽어가는 사람을 살리려는 것이지, 자기가 메르스에 걸리려는 것이 아니다. "그들은 네게로 돌아오려니와 너는 그들에게로 돌아가지 말지니라"(겔 15:19하).[37]

참여와 분리! 이 두 가지 삶의 방식을 동시에 갖기란 참으로 어려운 일이다. 세상과 완전히 분리되어 수도사가 되거나 목회 활동만 하든지, 아니면 세상에 완전히 동화되어 사는 것은 차라리 쉽다. 하지만 세상에 살면서 세상 사람과 같지 않은 삶을 산다는 것이 얼마나 어려운 일인지 모른다. 바빌론에 포위된 예루살렘에서 항복을 권유하고, 전쟁의 한복판에서 반전(反戰)과 평화를 외치는 것은 얼마나 어려운 일인가? 본회퍼는 이 어려움을 수도사이기를 포기하고 속세로 내려온 루터의 행보를 통해 설명한다.

---

37   리 비치, 김광남 역, 『유배된 교회: 가나안교회 시대에 그리스도인으로 살아가기』(서울: 새물결플러스, 2018), 제3-5, 10장 참고. 포스트크리스텐덤 시대 '유배자'와 같은 삶을 사는 그리스도인들에게 필요한 신앙은 하나님의 임재에 대한 확신, 거룩한 삶을 통해 자신을 보전함, 선교적 사명을 다함으로 이방 세계에서 하나님의 영광을 드러내는 것이다.

루터가 수도원에서 세상으로 돌아온 것은 초기 교회 이후 세상이 당했던 가장 뼈아픈 일격이었음이 틀림없다. 그가 수도사가 되기 위해 포기해야 했던 것들은 그가 세상으로 돌아와 그 속에 살면서 포기해야 하는 것들과 비교하면 어린애 장난이었다. 공격은 전방위적으로 개시되었다. 예수님을 따르는 단 하나의 길은 이 세상에서 사는 길이다. 지금까지는 몇몇 선택받은 소수의 영혼만이 수도원이라는 대단히 특별한 조건에서 예수님을 따르는 삶을 성취할 수 있었다. 하지만 이제 그런 삶은 모든 기독교인이 이 세상에서 전력을 다해 살아내야 하는 의무로 주어졌다. 예수님의 명령은 기독교인이 매일의 직업과 삶을 통해 온전히 순종해야만 하는 것이다. 따라서 지금까지 그리스도인의 삶과 세상의 삶 사이의 갈등은 도무지 예측하기 힘들 정도로 깊어졌다. 그리스도인은 세상과 몸으로 부닥치는 백병전을 벌이는 병사들이다.[38]

거룩한 삶을 통해 세속에 참여하는 그리스도인들이 기억해야 할 사실이 또 하나 있다. 두 세계를 분리시키는 것은, 언제든지 뚫릴 수 있는 방호복과 마스크와 고글의 얇은 막이라는 사실이다. K 대학 병원의 간호사 S는 36번 환자를 돌보고 있었다. 환자의 상태가 갑자기 나빠져 호흡이 멈추자 의료진은 긴급히 심폐 소생술을 실시했다. S는 환자 옆에서 약물을 주입했다. 땀이 비 오듯 쏟아지고 방호 고글과 마스크가 흘러내렸다. 무의식중에 환자 체액이 묻은 손으로 땀을 닦았다. 결국 36번 환자는 사망했고, S 간호사는 며칠 후 열이 오르기 시작했다. 그렇게 S 간호사는 메르스 148번 환자가 되었다. 그는 방호복 대신 환자복을 입고 격리 병실로 옮겨

38 Dietrich Bonhoeffer, *Cost of Discipleship* (N.Y.: Touchstone, 1995), 48. 본회퍼, 손규태 등 역, 『나를 따르라: 그리스도의 제자직』(서울: 대한기독교서회, 2010)에 나오는 내용을 중심으로 해서 내가 사역했다.

졌다. 의료 현장의 메르스 전사(戰士)였던 그는 20여 일간 격리 치료를 받으며 환자로서 다시 메르스와 사투를 벌일 수밖에 없었다. 두 세계를 분리시키는 것은 얇은 막에 불과하다. 의료진은 환자에게 주사를 놓든지 심폐 소생술을 할 수 있을 정도로 가깝고, 자칫 잘못하면 메르스 균을 옮겨받을 수 있을 정도로도 가깝다.

　세상에 참여하는 것은 위험한 일이다. 자신이 오염될 수도 있고, 자기 때문에 교회가 피해를 볼 수도 있다. 메르스 병동의 이야기에서는 보이는 얇은 막이 있지만, 사실 구체적 상황 속에서 그 막은 눈에 보이지 않는다. 내가 전염될 수도 있고 전염의 숙주가 될 수도 있다. 메르스에 전염된 S 간호사의 말이다. "젊고 건강하기 때문에 메르스라는 질병이 무섭지는 않았습니다. 몸이 아픈 것은 참을 수 있었습니다. 죽음이 두려운 게 아니라 저 자신에게 화가 났어요. 저로 인해 다른 의료진이 감염될 수도 있고, 그래서 병동이 문을 닫을 수도 있고." 후회하지 않느냐, 이런 일이 또 생기면 똑같은 행동을 하겠느냐는 질문에 그녀는 이렇게 대답했다. "저희는 어떠한 상황에서든, 어떠한 어려움이 있든 의료 현장을 떠나는 일은 없습니다. 환자의 생사가 달린 위급한 상황에서 본인이 감염될까 두려워 환자의 치료나 처치를 망설이거나 포기하는 의료인을 저는 본 적이 없습니다."

　어떻게 죄로 가득한 세상에 참여하면서 기독교의 독특함을 지킬 수 있을까? 기독교의 복음을 누구나 알아들을 수 있는 보편적 언어로 말할 수 있을까? 기독교를 인정하지 않는 공공의 영역에서 기독교의 이름으로 어떤 행동을 할 수 있을 것인가? 바로 우리의 이 문제에 대한 대답을 위해 공공신학이 발전했다. 선교적 교회가 되어 세상에 참여하기 위해서는 공공신학이 제시하는 문제와 해답을 알아야 한다.

2. 공공신학: 포스트크리스텐덤 시대의 사회 참여

공공신학 혹은 공적 신학은 Public Theology라는 영어의 번역어로서, 기독교의 진리를 공적 언어로 표현하고, 공적 영역으로부터 신학적 통찰을 얻으며, 또한 공적 영역에 참여하는 신학적 담론을 일컫는 말이다.[39] 미국 신학자 마틴 마티(Martin Marty)가 1974년에 발표한 논문에서 공공신학이라는 용어를 처음으로 사용했고,[40] 이후 시카고학파의 데이비드 트레이시[41](David Tracy)와 프린스턴의 맥스 스택하우스(Max Stackhouse)가 정교하고 광범위한 논의를 통해 공공신학을 발전시켰다.[42] 우리나라에서도 최근

---

39   E. Harold Bretenberg Jr. "What Is Public Theology?" D. K. Hainsworth et al. eds. *Public Theology for a Global Society: Essays in Honor of Max L. Stackhouse* (Grand Rapids: Eerdmans, 2010), 4-5. 또한 Eneida Jacobsen, "Models of Public Theology," *International Journal of Public Theology*, Vol. 8 (2012), 7-22도 보라.

40   Martin E. Marty, "Reinhold Niebuhr: Public Theology and the American Experience," *The Journal of Religion* 54, 332-359. 마티는 라인홀드 니버를 미국 공적 신학의 모델로 제시한다. 마티에 따르면 니버는 교회의 관점에서 사회를 비판하는 조나단 에드워즈와 사회복음주의, 또한 정치인으로서 미국의 시민 종교(civil religion)를 형성해준 벤자민 프랭클린, 링컨, 윌슨의 두 흐름을 하나로 종합한 사람이다.

41   트레이시는 기독교의 사회 참여보다는 복음을 공공의 언어로 설명하는 데 초점을 맞춘다. 그는 기독교 신학의 핵심적 진리인 십자가는 인간의 깨어진 현실과 하나님의 고통을 드러내는데, 이는 단지 기독교인 사이에서만 통용되는 진리가 아니라 해석학 작업을 통해 공공성을 획득할 수 있다고 생각한다. 트레이시의 공공신학에 대해서는 윤철호, 『현대신학과 현대 개혁신학』(서울: 장로교신학대학원출판부, 2003), 171-196을 참고하라. 우리말로 번역된 트레이시의 저서는 윤철호 외 역, 『다원성과 모호성』(서울: 크리스천헤럴드, 2007)이 있다. 또한 그의 사상을 소개한 다음의 논문들도 참고하라. 노영상, "데이빗 트레이시의 신학적 언어로서의 유비적 상상력", 「국제기독교언어문화논집」, 제1권(1997년), 326-348; 신국원, "데이빗 트레이시의 해석학적 신학: 비판적 소묘", 「해석학과 윤리」, 제1권(1997년), 101-146; Timoteo D. Gener, "With/Beyond Tracy: Re-visiting Public Theology," *Evangelical Review of Theology*, Vol. 33:2 (2009), 118-138 등.

42   스택하우스는 기존 논의를 정리해 '공공신학'이라는 새로운 논의의 장을 연 것으로 평가

장로회신학대학교 교수들을 중심으로 "공적 신학과 교회 연구소"가 조직
되었다.[43] 많은 사람이 그동안 한국교회가 교회 중심주의에 빠져 사회적
이슈에 관심을 두지 않고, 공적 영역으로부터 신학적 통찰을 얻지도 않으
며, 기독교 진리를 공적 언어로 설명하고 변증하는 일에 게을렀다는 인식
을 공유하고 있기 때문에, 신학과 교회의 공공성에 관한 논의는 앞으로
상당 기간 지속될 전망이다.[44]

공공신학의 과업을 크게 둘로 나누면, 하나는 기독교의 진리를 세속
화된 사회 속에서 그들의 언어로 풀어내는 것이고, 둘째는 기독교인의 입

된다. 또한 동시에 기독교적 에토스를 기반으로 다양한 공적 분야에서 독특한 목소리를
냈다. 그의 대표작은 맥스 L. 스택하우스, 이상훈 역, 『세계화와 은총: 글로벌 시대의 공
공신학』(성남: 북코리아, 2013)이며, 그의 사후 그의 영향을 받은 동료와 제자들이 그를
위해 헌정한 논문집도 있다. D. K. Hainsworth et al. eds. *Public Theology for a Global So-
ciety: Essays in Honor of Max L. Stackhouse* (Grand Rapids: Eerdmans, 2010). 스코틀랜
드 에든버러 대학교의 던컨 포레스터(Duncan Forrester) 역시 공공신학의 대표적 신학
자 중 한 사람이다. 다음은 21세기 초반 공공신학의 이론과 실천을 담아 포레스터에게
헌정한 논문집이다. W. F. Storrar at al. eds. *Public Theology for the 21ST Century* (London:
T&T Clark, 2004).

43 이 연구소의 각 신학분과 교수들의 논문집으로는 이형기 외, 『공적 신학과 공적 교회』
(용인: 킹덤북스, 2010)가 있다. 이 외에도 한국 신학자들의 공공신학 관련 저작은 다음
과 같다. 채수일, 『신학의 공공성』(오산: 한신대학교출판부, 2010); 정종훈, 『민주주의를
꽃피우는 공공신학』(서울: 한국장로교출판사, 2009) 등.

44 내가 특히 주목하는 공공신학자는 미국 예일 대학교 교수 미로슬라브 볼프다. 그는 현대
사회의 문제를 광범위하게 다루면서도 일반인들이 쉽게 읽을 수 있도록 글을 쓰는 장점
이 있다. 그의 책은 우리말로 여러 권 번역, 출간되었다. 공공신학을 개략적으로 소개한
책은 김명윤 역, 『광장에 선 기독교: 공적 신앙이란 무엇인가』(서울: IVP, 2011); 김명희
역, 『행동하는 기독교: 어떻게 공적 신앙을 실천할 것인가』(서울: IVP, 2016); 홍병룡 역,
『하나님의 말씀에 사로잡혀: 21세기 이슈들과 신학적 성경 읽기』(서울: 국제제자훈련원,
2010) 등이 있다. 이 외 주제별 논의를 담은 단행본으로는 홍종락 역, 『기억의 종말』(서
울: IVP, 2006); 박세혁 역, 『배제와 포용』(서울: IVP, 2012); 김순현 역, 『베풂과 용서:
값없이 주신 은혜의 선물』(서울: 복있는사람, 2014); 양혜원 역, 『인간의 번영: 지구화 시
대, 진정한 번영을 위한 종교의 역할을 묻다』(서울: IVP, 2017) 등이 있다.

장에서 공공의 영역에 참여해 기독교적 입장을 표명하는 것이다. 첫 번째 과제는 시카고 대학의 데이비드 트레이시가 제기한 주제다. 일반적으로 공공신학이라 할 때 두 번째의 과제를 생각하는데, 나는 첫 번째도 중요하다고 생각한다. 아니, 이 둘은 서로 연결되어 있어 뗄 수 있는 것이 아니다. 예컨대 기독교적 입장에서 어떤 정치적 이슈에 참여하려면, 일반 대중이 알아들을 수 있는 언어로 말하는 것이 중요하다. 예수님은 당시 사람들이 다 알아들을 수 있는 언어로 말씀하셨고, 동시에 그 사회의 주요 이슈들에 대해 언급하셨다.

　돌이켜보면 기독교 신앙은 어떤 의미에서든지 늘 사회와 관계를 맺어왔다. 크리스텐덤 시대 교회는 사회의 모든 분야에 관여했고 지배적이며 독점적인 지위를 누렸다. 미국과 같이 공식적으로는 국교가 인정되지 않는 나라에서도 개신교가 시민 종교로서의 역할을 담당했다. 앞서 제2장에서 살펴본 것처럼 심지어 복음이 늦게 전파된 우리나라에서도 기독교는 상당한 공적 역할을 수행했다. 그런데 왜 하필 지금 공공신학이 문제가 되고 있는 것일까? 공공신학이 생겨나게 된 배경은 무엇인가? 한마디로 말해 공공신학은 지금이 포스트크리스텐덤 시대라는 전제에서 시작되었다는 점에 그 특이성이 있다. 많은 사람이 계몽사상과 시민 혁명이 낳은 세속화로 인해 종교는 공적인 담론에서 배제되어야 하고 단지 교회나 모스크 안에서만 행해져야 한다고 생각한다. 공공의 장에서 종교인이 교리에 근거한 주장을 펼치면 안 된다. 포스트크리스텐덤 시대, 기독교가 주변부로 밀려나고 때로는 사회에서 적대시되는 오늘 우리 한국 사회에서, 교리에 기초한 주장을 하는 사람은 고집스러운 맹신자로 여겨질 뿐이다.[45]

45 　맥스 L. 스택하우스, 이상훈 역, 『세계화와 은총: 글로벌 시대의 공공신학』(성남: 북코리아, 2013), 157-164.

이런 시대에 교회가 어떻게 공공의 영역에 참여할 수 있는가를 논하는 것이 공공신학의 배경이다.

우리가 포스트크리스텐덤 시대에 살고 있기에 공공의 장에서 종교적 언어를 사용하는 것이 어렵다는 사실을 실감한 사건이 있었다. 2007년 7월 탈레반에 의한 한국인 납치 사건을 기억할 것이다. 탈레반 무장 세력이 샘물교회에서 파송한 아프가니스탄 여름 단기 선교팀원 23명을 납치해 두 명을 살해하고 나머지를 42일 만에 풀어주었다. 당시 한국 개신교는 국민적인 지탄의 대상이 되었다. 교세를 늘이는 데만 혈안이 되어 외국까지 사람들을 보내는 과열된 선교가 문제라는 것이었다. 위기에 직면한 그 교회 담임 목사는 이 팀은 선교가 아닌 **순수한 봉사**를 위한 팀이었다고 말했다. 이 말이 오히려 더 큰 파장을 일으켰다. 기독교를 반대하는 단체에서는 선교 목적으로 떠났으면서 봉사 팀이라고 거짓말을 했다는 이유로 지탄을 받았고, 반대로 신앙인들 사이에서는 선교가 아닌 봉사라고 말하는 것은 복음을 부끄러워하는 위선적인 행동이라는 이유로 비난을 받았다.[46]

이렇게 말한 목사는 '선교'는 종교적 언어이고 '봉사'는 공공의 영역에서 쓸 수 있는 언어라고 생각했을 것이다. 선교는 종교 단체의 이익을 목적으로 하는 것이고, 봉사는 사회 전체의 유익을 위한 것이므로 봉사를 위한 팀이었다고 하면 욕을 덜 먹을 것이라 여긴 것이다. 바로 이 지점이 정립이 필요한 지점이다. 기독교인들이 볼 때는 선교야말로 사람의 영혼을 구원하는 가장 고상한 지상 명령이지만, 일반 사회의 사람들은 인도주

---

46   샘물교회를 비난하려는 것은 아니다. 전체적으로 보아 샘물교회의 대응은 적절했다고 생각한다. 이후에도 샘물교회는 아프간 선교를 위해 지속적으로 노력했다. 2019년 현재 10여 명의 선교사들이 아프가니스탄 사람들과 유럽에 흩어진 아프간 난민에게 복음을 전하기 위해 파송되었다.

의에 근거한 봉사가 인류의 보편적인 가치를 더 잘 나타낸다고 생각한다. 목숨을 잃은 두 사람은 교회 안에서는 순교자로 추앙을 받지만, 일반 사회에서는 안타까운 희생자일 뿐이다. 그럼 기독교인의 언어를 공공의 언어로 번역해 대중에게 그 깊은 의미를 전달할 방법은 없는 것일까? 이들의 행위가 단지 종교 단체의 성장과 단결을 위한 것이 아니라 사회와 인류를 위한 더 위대한 일임을 우리 스스로가 확신할 수 있을까? 우리 안에서 먼저 선교와 봉사의 관계를 정립하는 일이 필요하지 않을까? 우리가 크리스텐덤 사회에 살았더라면 이런 질문들은 불필요했을 것이다. 그러나 기독교에 무관심하거나 적대적인 환경에서 신앙생활을 하는 우리 시대의 기독교인들은 이 질문에 답할 준비가 되어 있어야 한다.

공공신학은 포스트크리스텐덤 시대의 기독교가 사회와 관계 맺는 방식을 탐구하는 신학이다. 물론 이전 시대에도 기독교와 사회가 관계를 맺는 방식들은 존재했다. 박해를 받아 토굴에 거하지 않는 한 교회는 항상 사회와 관계를 맺을 수밖에 없다. 문제는 그 방식이다. 시대가 달라졌음을 이해하지 못한 채 과거의 방식을 고집한다면, 참여를 통한 변화는커녕 오히려 대중의 비난과 지탄에 직면하게 될 것이다. 사회에 참여하는 교회의 입장도 있지만 그 참여를 받아들이는 사회의 반응도 고려해야 하기 때문이다. 우리 시대, 우리 환경에 필요한 공공신학을 설명하기 전에, 시대착오적인 참여 방식의 예를 두 가지 정도 들고자 한다. 첫 번째 방식은 뉴라이트 운동이고, 두 번째 방식은 기독교 세계관 운동이다. 이 두 운동은 우리가 아직 크리스텐덤 사회를 살고 있다는 가정 아래에 공공의 영역에서 기독교적 가치를 호소하려는 방식들이다.

뉴라이트 운동[47]

뉴라이트(New Right)는 '신우파'(新右派) 혹은 '신우익'(新右翼)으로 번역할 수 있지만, 주로 뉴라이트라는 영어식 이름으로 불린다. 그 명칭이 영어인 것에서도 보여지듯이 우리나라에만 있는 현상이 아니고 20세기 후반 전 세계적으로 부상한 우파 성향의 단체나 운동을 총칭하는 말이다. 1960년 대는 1950년대의 엄혹한 냉전적 질서를 부정하는 자유주의의 물결이 서구 각국을 휩쓸었던 특별한 시기였다. 미국의 경우, 1961년에 케네디 대통령의 당선을 필두로 기독교적 규범을 부정하는 법안들이 소수자 보호라는 이름으로 통과되기 시작했다. 루터 킹 목사의 민권 운동, 여성 해방 운동, 베트남전 반대 운동, 히피(Hippie) 운동 등 자유주의의 급부상으로 미국 사회는 요동했다. 유럽에서도 비슷한 일이 일어났다. 프랑스 드골 정부의 우파적 성향에 반대하는 68운동(May 68')은 평등, 성해방, 인권 등의 좌파적 가치를 앞세워 전 유럽에 변화의 바람을 일으켰다. 이 운동에 앞장선 학생들은 공적 소통을 강조한 하버마스, 문화산업론의 아도르노, 『이성과 혁명』의 저자 마르쿠제 등, 새로운 시대에 적합하게 마르크스주

---

47 한국의 뉴라이트 운동에 대한 연구 논문들은 다음과 같다. 김호기, "2000년 이후의 보수 세력: 수구적 보수와 뉴라이트 사이에서", 「기억과 전망」 제12권(2005년 9월), 68-79; 정해구, "뉴라이트 운동의 현실 인식에 대한 비판적 검토", 「역사비평」(2006년 8월), 215-237; 정상호, "미국의 네오콘과 한국의 뉴라이트에 대한 비교 연구: 정책 이념, 네트워크, 정책의 형성 및 발전 과정을 중심으로", 「한국정치학회보」 제42권 3호(2008년 9월), 167-189; 류대영, "한국 기독교 뉴라이트의 이념과 세계관", 「종교문화비평」 제15권(2009년 3월), 43-73; 김민아, "한국 복음주의 사회 운동의 분화와 개신교 뉴라이트의 등장", 「한국기독교와 역사」 제48호(2018년 3월), 73-116 등. 또한 뉴라이트 운동의 출발과 몰락을 분석한 동아일보와 경향신문의 기사도 참고하라. "뉴라이트, 침묵에서 행동으로", 「동아일보」(2004년 11월 7일부터 14일까지 총 6회 시리즈); "뉴라이트는 왜 8년 만에 몰락하게 됐나", 「경향신문」 983호(2012년 7월 10일) 등.

의를 재해석한 프랑크푸르트학파의 영향을 크게 받았다.

좌파가 1970년대까지 우세를 보이다가 우파가 반격하기 시작했다. 영국의 대처, 미국의 레이건 행정부로 대표되는 자유 시장 경제와 종교적·윤리적 보수주의가 결합된 새로운 보수주의가 권력을 잡았는데, 바로 이들을 가리켜 뉴라이트라 부른다. 미국의 경우 뉴라이트의 중심 세력 한가운데 복음주의자들이 있었다. 이들은 "도덕적 다수"(Moral Majority)와 "기독교연합"(Christian Coalition)이라는 시민 단체를 창설해 공적 영역에서 목소리를 내기 시작했다. 낙태와 동성애에 반대하고 가정의 가치를 회복하고 애국심을 고양시키는 등, 미국 사회에서 전통적 기독교적 가치의 회복을 주장했다.

우리나라의 뉴라이트는 미국의 뉴라이트보다 약 20년 후에 등장했는데, 그 주장의 핵심은 미국 뉴라이트와 매우 유사하다. 1990년대 말 권위주의 정부가 막을 내리고 진보 진영이 정권을 잡았다. 노무현 정부의 친북(親北) 성향과 복지를 중시하는 정책에 대해 위기의식을 느낀 인사들이 시민 단체들을 결성해 보수적 가치를 수호하겠다고 나섰고, 이들은 스스로를 뉴라이트라고 불렀다. 새로운 보수주의의 중심에 선 뉴라이트 운동은 노무현 정부 내내 진보적 정책을 비판하고 보수의 가치를 지키려 노력했다. '뉴'라이트는 '올드'라이트와 차별을 강조하며 등장했지만 큰 차이를 보인 것은 아니었다. 이들 역시 한국 보수주의의 전통적 주제인 안보를 강조하고, 세계화와 신자유주의의 추세에 맞는 새로운 시장주의를 택하며, 산업화 중심의 사관(史觀)에 입각한 새로운 역사 교과서도 편찬했다.[48] 뉴라이트 운동의 중심에 서 있던 시민 단체인 "뉴라이트전국연합"

---

48   뉴라이트 역사관을 가장 잘 보여주는 단체는 "낙성대연구소"다. 여기서 편찬한 역사 교과서가 교과서포럼, 『한국근현대사』(서울: 기파랑, 2008)다. 이 책의 대표 저자인 이영훈의 책도 같이 보면 이들의 주장을 더 이해하기 쉽다. 이영훈, 『대한민국 이야기』(서울: 기

은 한때 17만 명의 회원을 둘 정도로 그 세력이 성장했다. 더욱이 이들은 자신들의 정치적 주장을 행동으로 보여주었는데, 2003년 "반핵반김 자유 통일 삼일절 국민대회"를 필두로 수만 명을 동원한 기도회와 국민대회를 여러 차례 열었다. 햇볕정책을 비판하고, 전시작전통제권 유지를 주장하며, 사립 학교법을 반대하기 위한 대중 집회였다. 뉴라이트의 지지세가 확장되자 일부에서는 "한국기독당", "기독사랑실천당", "기독자유민주당", "기독자유당" 등의 정당을 창설했고, "장로 대통령"을 만들기 위해 이명박 후보를 지원했다. 이명박 정권이 탄생한 후 몇몇 뉴라이트 인사들이 정부에 참여했다.

역설적이게도 뉴라이트 운동은 이명박 정권의 탄생과 더불어 내리막길을 걷기 시작했다. 진보 정권의 확산에 위기의식을 느낀 사람들의 느슨한 연합체였기에 태생적 취약점이 있었고, 지속적인 의제 형성에 실패했으며, 정권에 참여한 인사들이 횡령 등의 혐의로 구속되어 대중들에게 실망을 주기도 했다.[49] 이명박 정권의 지지도가 하락하면서 뉴라이트도 함께 몰락했다. 뉴라이트 운동은 맹위를 떨친 지 10년도 못 되어 역사 속으로 사라지고 말았다. 그렇지만 뉴라이트는 한국 사회에 긴 반향을 남겼다. 한기총 등 기독교 단체들이 중심축을 이루는 태극기 집회에서, 선거 때마다 이름을 달리하며 등장하는 기독교 정당에서, 박근혜 정권 말기 한국사 교과서 국정화 논란에서, 매년 8.15에 반복되는 건국절 논쟁에서, 뉴라이트의 흔적을 찾을 수 있다.

한국에서의 뉴라이트 운동은 미국의 경우와 마찬가지로 기독교가 그 중심에 있었다. 그래서 뉴라이트와 개신교 뉴라이트가 동의어처럼 사용

파랑, 2007).

49 "뉴라이트는 왜 8년 만에 몰락하게 됐나", 「경향신문」 983호(2012년 7월 10일).

된다. "뉴라이트전국연합"의 김진홍 목사나 "기독교사회책임"의 서경석 목사 등이 지도적 위치에 있던 인사들이다. 한마디로 개신교 뉴라이트는 2000년대 중반 보수적 기독교인들의 대표적인 사회 참여 방식이었다. 많은 목회자와 신학 교수와 기독교 운동가들이 여기에 이름을 올렸고, 수많은 성도들의 지지를 받았다.

개신교 뉴라이트에 대해 여러 측면에서 비판이 있을 수 있다. 가장 중요한 비판은 과연 기독교가 우파적 가치와 동일시될 수 있는가다. 앞서 이야기한 것처럼 기독교는 진보와 보수 이념을 초월하는 하나님의 왕국을 대표한다. 어느 한 이념의 가치와 동일시되거나 더욱이 한 정파(政派)와 동일시되는 일은 있을 수 없다. 진보와 보수 양편에 대해 비판적으로 거리를 두면서, 초월적 입장에서 양자의 대화를 이끌 때만 기독교가 사회에 기여할 수 있다.

그러나 나는 여기서 개신교 뉴라이트의 이념적 성향을 비판하려는 것이 아니라 그들이 시대를 잘못 읽고 있음을 지적하려 한다. 포스트크리스텐덤 시대, 국교(國敎)가 인정되지 않고 기독교가 사적 종교의 하나로 취급되는 이 시대, 여러 종교가 함께 어우러지는 다종교 사회에서, 교회가 권력을 지향하는 모습으로 비치는 것은 바람직하지 못하다. 이는 진보적인 사람이나 젊은이들에게 복음 전하는 데 걸림돌이 되는 것을 넘어서 혐오감을 불러일으킨다. 이들이 바로 한 세대 후 교회의 좌석을 채워야 할 사람들 아닌가.

한국 개신교 뉴라이트의 근원은 미국에 있다. 나는 미국의 공화당 정치인들이 보수적 기독교와 영합하는 것도 역시 바람직하지 않다고 생각한다. 미국의 복음주의 기독교가 낙태와 동성애 반대라는 매우 좁은 기독교 우파적 가치를 내세운 후보에게 표를 몰아주는 행태는 스스로를 좁은 울타리에 가두는 것이다. 또한 이러한 행태는 시대착오적이기도 하다. 이들은 백인 개신교도들이 주도권(hegemony)을 쥐고 사회적 의제를 주도하던 과거로 돌아가고 싶은 것이다. 이들은 자신들의 영광을 하나님의 영광과 동일시하고, 기득권의 이익을 교회의 이익이라고 믿는다.

그런데 중요한 사실은 이런 전략이 그래도 미국 사회에서는 통한다는 것이다. 1980년 선거에서 바이블벨트의 기독교인들이 단합해 정권 교체에 성공했고, 이후 선거마다 큰 역할을 했다. 미국의 가치를 지키고 싶어 하는 침묵하는 다수가 실제로 존재하고 있기에 가능한 것이다. 애국심과 시장 경제를 지키려는 개신교인의 숫자가 많기도 하고, 오랫동안 개신교가 미국의 시민 종교 역할을 해왔으며, 유서 깊은 보수진영 연구소와 싱크탱크들이 많기 때문이다.[50] 공화당과 민주당은 큰 차이가 없는 기득권 정당이고, 민주당을 지지하는 기독교인들도 많기 때문에, 다수의 복음주의자들이 한편을 든다고 해서 미국 사회가 심각하게 분열되지는 않는다. 최근 도널드 트럼프는 지지 세력 결집을 위해 과도하게 한편을 택함으로 미국 사회의 분열을 깊게 했지만, 이는 극히 예외적인 현상이다.

그러나 문제는 한국은 미국과 상황이 전혀 다르다는 것이다. 한국은 공식적으로 기독교가 국교였던 적이 한 번도 없는 세속 국가이고, 앞서 설명한 것처럼 해방 후부터 1970년대까지 아주 잠깐 주도권을 쥔 적이 있었지만, 1980년대 이후 이를 내려놓아야 했다. 기독교의 세력이 과거처럼 크지 않음에도 불구하고 과거 기독교가 권력을 행사하던 시대로 회귀하려는 사람들에 대해 대중들은 기독교의 권력 지향성 때문에 사회

50　미국 기독교와 정치 사이의 논의를 담은 책은 대단히 많다. 미국 복음주의자의 입장과 이를 비판하는 입장을 고루 소개한 책은 Richard John Neuhaus, Michael Cromartie ed., *Piety and Politics: Evangelicals and Fundamentalists Confront the World* (Washington D.C.: Ethics and Public Policy Center, 1987)을 보고, 정교분리의 입장에서 미국 기독교의 정치 참여를 비판한 책은 Richard John Neuhaus, *The Naked Public Square: Religion and Democracy in America*, 2nd edition (Grand Rapids, Eerdmans, 1984)을 보라.

통합이 깨진다고 생각한다. 이들에게는 기독교가 공고한 권력을 가진 집단이며, 그 지위를 잃지 않기 위해 권력 기관들과 담합하며, 그러면서도 십자가의 정신을 설교하는 위선적인 사람들이라는 인상이 강렬하게 남아 있다. 이런 시대에 대중 집회의 열기와 거친 언어의 경쟁을 통해 기독교의 영향력이 되살아날 수 있다고 믿는 것은 망상에 가깝다. SNS로 소통하는 시대에 몇 명이 모였는지가 이제는 더 이상 중요하지 않고, 시대정신에 부합하지 않는 막말, 자기반성이 결여된 유체 이탈 화법은 비호감을 불러일으킬 뿐이다. 한 집단이 종교 권력과 국가 권력을 동시에 가지면 안 된다는 세속 국가의 이념이 각인되어 있는 한국인들에게 기독교 정당은 처음부터 성공할 수 없는 기획이고 기독교를 초라하게 만들 뿐이다. 포스트크리스텐덤 시대를 사는 대한민국 교회는 권력을 통해 세력을 확장시키고 자신의 이념을 강제하려는 방식에서 벗어나야 한다. 우리가 '유배지'에 살고 있음을 인식하고, 나그네로서 선을 행하고 거룩함을 지키는 십자가의 방식을 따라가야 한다.

기독교 세계관 운동

시대의 변화를 감지하지 못하는 또 하나의 기독교의 사회 참여 방식은 바로 기독교 세계관 운동이다. 아니 기독교 세계관 운동을 비판한다고? 나와 같은 나이, 비슷한 한국을 살아온 사람은 '기독교 세계관'이라는 단어에서 일종의 선망과 경외감을 느낄 것이다. 기독교 세계관은 성경적·신학적·역사적 검증을 두루 거친 개혁주의의 현대적 완성이라고나 할까? 우리가 제대로 이해하고 제대로 실천하지 못해서 문제이지, 그 위대한 체계를 비판한다고? 나 역시 기독교 세계관을 이해하기 위해 지난날의 거의 모든 신학 수업 시간이 바쳐졌다고 해도 과언이 아니다. 또한 지금까지도 기독교 세계관을 가르치고 이에 근거해 설교했다. 내 전작인 『대화로 풀어보는 한국교회사』(2009) 1권과 2권의 결론이 바로 기독교 세계관 운동으로 수렴되었다.[51] 나도 내 기반을 허무는 심정으로 비판하는 것이니 섣부른 비판이라고 지레 짐작하지 마시기 바란다.

나는 앞서 1980년도 내가 대학 1학년 때 캠퍼스에서 경험한 "서울의 봄"과 선교 단체 예배의 괴리에 대해 이야기했다. 당시 내 성경 지식으로는 이 둘을 어떻게 연결해야 할지 감당이 안 되었다. 성경에는 답이 있을 것이라는 막연한 믿음만 있었을 뿐 이를 현실과 연결하는 일은 어려웠다. 누군가 대답을 해주었으면 좋으련만 대답을 주는 이는 없었고, 어디에 가서 대답을 찾아야 하는지, 아니 도대체 답이 있기는 한 것인지도 확실하지 않았다.

신학대학원에 들어가서도 허공을 치는 싸움은 계속되었다. 신학대학원에서 학내 문제로 저항도 있었는데, 거대한 악과 싸우는 대신 사소한 문제에 시간을 낭비하는 것 같아 실망했다. 그때 책을 통해 진보적 신학자들을 많이 만났다. 당시 종로서적 신학 코너의 책장 하나를 진보적 신학자들의 책이 점령하고 있었던 것으로 기억한다. 특히 해방 신학자들과 폴 틸리히의 책들이 마음에 닿았다. 신학자들이 거대한 체제와 이데올로기를 신학적 문제로 다루고 있다는 사실 하나만으로 작은 소망이 일었다. 그러나 경계심을 가지고 읽어서 그런지 심취하지는 않았고, 민중 신학에 대해서는 거부감이 많이 일었다.

1980년대 후반쯤이 우리나라에 기독교 세계관 운동이 확산된 때였다. 아니면 언제나 그렇듯이 이미 널리 알려져 있었는데 나만 모르고

---

51   졸저, 『대화로 풀어보는 한국교회사 1』(서울: 부흥과개혁사, 2009); 『대화로 풀어보는 한국교회사 2』(서울: 부흥과개혁사, 2009).

있었을 수도 있지만 말이다. 내가 맨 처음 접했던 기독교 세계관과 관련된 개혁주의 사상가는 프란시스 쉐퍼(Francis Schaeffer)였다. 그의 『그러면 우리는 어떻게 살 것인가』나 『이성에서의 도피』를 탐독했는데, 주로 예술과 철학 사상의 발전을 다룬 것이어서 그게 우리의 현실에 어떤 해답을 주는지 속 시원하게 알 수는 없었다. 하지만 내가 이해하지 못하는 커다란 지성의 물줄기가 있다는 것에서 위안과 도움을 받았다. 또한 하워드 스나이더의 『새 포도주는 새 부대에』와 밥 하웃즈바르트(Bob Goudzwaard)의 『현대, 우상, 이데올로기』도 사고를 넓히는 데 도움을 주었다. 신학대학원 강의실에서도 아브라함 카이퍼의 신칼뱅주의와 왕국 신학(Kingdom Theology) 등이 소개되었는데, 이론적으로만 가르칠 뿐 그것이 우리 민족의 현실과 어떤 관련이 있는지를 설명해주는 교수는 없었다. 당시 젊은 기독교인들 가운데서 '기독교 세계관'이라는 단어가 회자되기 시작했다. "창조-타락-구속", "영역 주권", "일반 은총"이라는 고급스러운 용어를 사용하는 것이 유행처럼 번졌다. 여러 논의의 분야에서 이 단어들이 언급되기는 했지만 누구도 그 의미를 충분히 이해하지는 못했던 것 같다. 단적으로 말해서 당시는 6월 항쟁의 열기가 뜨거웠던 때(1987)였지만, 내가 아는 한 어떤 복음주의 신학자도 민주화 운동의 의미에 대해 답을 내놓지 않았다.

기독교 세계관 운동이 우리나라에서 의미 있는 하나의 운동으로 자리 잡은 것은 1990년 이후의 일이다.[52] 소위 386세대에 속한 젊은(당시로서는) 기독교인들의 현실에 대한 치열한 고민과 기독교 세계관을 지지하는 치밀한 신학적 착상이 만났다. 기독교 세계관에 관한 책들이 많이 번역

---

52   기독교 세계관 운동에 대한 자세한 설명은 졸저, 『대화로 풀어보는 한국교회사 2』, 367-388을 참고하라. 앞에서도 말한 것처럼 나는 이 책을 쓸 때까지만 해도 기독교 세계관 운동을 대안으로 생각했다.

·소개되었고, 외국에서 개혁신학을 공부한 신학자들이 귀국함으로 신학적 논의도 풍성해졌다. 그중 몇 가지를 들면, "성경신학"(Biblical Theology)과 "언약신학"은 성경이 단순한 구원의 길만을 제시하는 것이 아니라 구속사의 긴 과정을 서술하고 있음을 보여주었다. 또한 예수님의 설교의 중심 주제가 대속이 아니라 "하나님의 왕국"이며, 지금 여기에 이루어져야 할 하나님의 통치라는 것도 알게 되었다. 또한 그 왕국이 이루어져야 할 곳은 교회 안이 아니라 세상 속이다. 신약성경에서 발견한 "종말론"은 이미 임한 하나님 왕국의 백성들이 그 나라가 완성되는 날까지 이 땅에 그분의 통치가 임하기를 기도하며 힘써야 할 것을 가르쳐주었다. 하나님은 택한 백성들만 배타적으로 사랑하시는 것이 아니라 사회를 보존하기 위해 불신자에게도 "일반 은총"을 베푸신다. 이 세상의 과학이나 철학과 같은 지성적인 노력을 무조건 죄악시할 필요는 없다는 것을 배웠다.[53]

기독교 세계관 운동을 설명할 때 아브라함 카이퍼(Abraham Kuyper, 1837-1920)를 빼놓을 수 없을 것이다. 그는 프랑스 대혁명으로 대변되는 세속적 휴머니즘에 대항해 당시 네덜란드의 정치와 사회와 학문을 개혁하려 했던 신학자이고 정치가이며 교육자다. 그의 다음과 같은 유명한 선언, 곧 "우리 정신세계 가운데 다른 것으로부터 완전히 밀폐된 부분은 한 조각도 없고, 이 우주 안에는 만물의 주인이신 그리스도가 '이것은 내 것이다'라고 주장하지 않는 부분이 한 치도 없다"라는 선언은 젊은 그리스도인들의 심장을 뛰게 했다. 카이퍼의 노력은 네덜란드에서와 미국의 네덜란드 이민 사회에서 상당한 성공을 거두었다. 동일한 문제의식을 가졌던 미국의 기독교인들 특히 개혁주의 계통의 학자들은 카이퍼의 '신칼뱅

---

53 수많은 기독교 세계관 관련 저서들이 저술, 번역되었는데, 우리 신학자가 쓴 대표적인 저서로서, 신국원, 『니고데모의 안경: 쉽게 풀어 쓴 신국원의 기독교 세계관 이야기』(서울: IVP, 2005); 이승구, 『기독교 세계관이란 무엇인가?』(서울: IVP, 2005) 등이 있다.

주의'(Neo-Calvinism)를 자신의 것으로 받아들였다. 그들은 그 체계를 지지하는 신학을 정립하고, 사회 개혁의 이론을 세우며, 그 신학에 근거해 초중등학교와 대학을 설립했다. 동일한 문제의식을 가지고 씨름하던 한국의 젊은 신학자들도 기독교 세계관 운동과 그 신학을 기쁨으로 흡수했다. 기독교는 단지 하나의 종교가 아니라 세계를 보는 눈이며 삶의 체계다. 1970-80년대에는 몇몇 젊은 학자들이 기독교 세계관 운동을 소개했고, 1990년대에 들어서면서 그 가르침이 열매를 맺었다. 이후 기독교 문화 운동, 기독교 학문 운동, 기독교 대학 운동 등의 논의와 실천이 왕성하게 이루어졌다.[54]

기독교 세계관의 대의(大義), 즉 성경과 역사를 이해하는 방식은 창조-타락-구속-완성이라는 어찌 보면 단순한 도식이다. 이를 간단히 설명하자면, (1) 창조: 이 세상은 하나님의 지혜로 선하게 창조된 피조 세계이며, 하나님의 경륜과 섭리로 유지되고 다스려진다. 인간은 하나님의 형상으로 창조되었으며 타락한 이후에도 하나님의 형상으로 남아 있다. 우리는 자연에서 하나님의 신비를 발견할 수 있으며, 과학자들이 발견한 진리를 포함한 모든 진리는 하나님의 진리다. (2) 타락: 그러나 그 아름다운 세상은 타락했다. 첫 인류와 그의 후손은 창조주께 도전함으로써 죽음을 택했으며, 하나님의 선한 창조 세계를 오염시켰다. 죄는 세상의 모든 아름다운 것들을 더럽혔고 사람이 손대는 곳마다 죄의 흔적을 남긴다.

---

54 현대적 의미의 기독교 학문의 필요성에 대해서는 George M. Marsden, *The Outrageous Ideas of Christian Scholarship* (New York: Oxford University Press, 1997), 조호연 역, 『기독교적 학문연구와 현대학문세계』(서울: IVP, 2000). 기독교 대학의 의미와 가르침에 대한 고전적인 저서로서, Arthur F. Homes, *The Idea of Christian College* (Grand Rapids: Eerdmans, 1987), 박진경 역, 『기독교대학의 이념』(서울: 기독교대학설립동역회출판부, 1990); Cornelius Plantinga, *Engaging God's World* (Grand Rapids: Edrdmans, 2002), 오광만 역, 『기독지성의 책임』(서울: 규장, 2004).

(3) 구속: 하나님은 인간의 죄와 죽음을 해결하기 위해 그의 아들 예수 그리스도를 보내셨다. 그리스도의 구속은 단지 몇몇 택한 자를 구원하는 데 한정되는 것이 아니라 하나님의 왕국을 이 땅에 세워 모든 체제와 문화를 그리스도께서 통치하는 데까지 이른다. 그리스도인은 세상의 모든 영역으로 들어가 그것을 회복시켜야 할 의무가 있다. (4) 완성: 그리스도께서 현세에 당신의 왕국을 세우셨음에도 불구하고 아직 완전한 천국이 도래한 것은 아니다. 우리는 궁극적 승리를 믿으며 새 하늘과 새 땅이 영광스럽게 도래할 것을 기다린다.

우리가 사는 사회는 아직도 창조의 선함이 지배하는가, 아니면 타락해 모든 것이 악할 뿐인 세상인가? 월터스는 자신의 책, 『창조 타락 구속』에서 창조의 선함과 타락 사이의 관계를 구조(structure)와 방향(orientation)이라는 말로 요약했다.[55] 창조의 구조는 원래 선한 것으로서 지금까지 남아 있는데, 사람이 생각하는 경향(방향)이 선악을 결정한다고 한다. 예컨대 음악의 악곡(리듬)은 선한 것인데(구조), 그 리듬에 붙여지는 가사나 부르는 사람의 마음(방향)에 의해 선악이 구분된다.

그리스도께서 만물의 주인이라는 아브라함 카이퍼의 주권(Lordship) 사상을 뒷받침하는 것이 그의 영역주권론(sphere sovereignty)이다.[56] 만물의

---

55   알버트 월터스, 마이클 고힌, 양성만 외 역, 『창조 타락 구속』(서울: IVP, 2007), 특히 제 5장을 보라.

56   이하의 영역주권론은 다음의 글들을 요약한 것이다. Peter S. Heslam, *Creating a Christian Worldview: Abraham Kuyper's Lectures on Calvinism* (Grand Rapids: Eerdmans, 1998), 154-166; Richard Mouw, "Some Reflections on Sphere Sovereignty," Luis E. Lugo ed. *Religion, Pluralism, and Public Life: Abraham Kuyper's Legacy for the Twenty-First Century* (Grand Rapids: Eerdmans, 2000), 87-109; Kent A. Van Til, "Subsidiarity and Sphere-Sovereignty: A Match Made in…?" *Theological Studies* 69 (2008), 610-636. 아브라함 카이퍼 자신의 정치사상이 잘 나타난 글은 아브라함 카이퍼, 김기찬 역, 『칼빈주의 강연』(일산: 크리스챤다이제스트, 2014), 제3장 칼뱅주의와 정치다. 이 책은 카이퍼가

최고 주권자는 하나님이신데 그분이 세상을 다스릴 때 세상을 여러 영역으로 나누어 다스린다. 국가, 교회, 가족, 학교, 기업, 학문, 예술 등이 그 영역으로서 하나님은 그 영역들에 각기 다른 임무와 법과 통치자를 주셨다. 각각의 영역들은 내적 성격과 자체의 법체계에 따라서 그 권위를 행사하고, 하나님께 대해 책임을 진다.[57] 이 영역들은 하나님께서 세상을 창조하실 때 마음에 두고 계시다가 인류 역사의 발전을 통해 자연스럽게 발현된 것이다. 교회는 신앙의 영역이고 다른 영역들은 세속적 영역으로 구분되는 것이 아니다. 이것은, 기독교 세계관 운동은 영적이고 윤리적인 영역은 신앙의 영역이며, 경제나 과학과 같은 세속적 분야는 중립적인(neutral) 이성의 영역이라는 종래의 이분법을 반대했다. 삶의 모든 영역이 "근본 동기"(ground motive)에 의해 추동되는데, 기독교 신앙이 근본 동기가 될 수도 있고 무신론이 근본 동기가 될 수도 있다. 그리스도인은 일요일에 교회에서 예배할 때는 하나님의 백성이고, 다른 날은 세상의 법에 따라 사는 것이 아니라, 모든 영역의 삶에서 신앙인으로 살아야 한다. 바로 이 점에서 기독교 세계관은 나를 포함한 당시 젊은 기독교인들의 마음을 사로잡았다. 과학자는 학문의 영역에서, 뮤지션은 예술의 영역에서, 교사들은 학교에서, 각 사람은 각각의 고유 영역에 주어진 하나님의 선하신 법에 따라 살고 그 영역에 기여하는 것이 바로 하나님의 통치를 이 땅에서 구현하는 길이다.

한 가지 오해하지 말아야 할 점은 이 영역들이 서로 분리된 것이 아

<hr />

1898년에 행한 프린스턴 스톤렉처(Stone Lectures)를 정리한 것이다.

57 Abraham Kuyper, "Sphere Sovereignty," inauguration speech of the Free University in Amsterdam (1880), James Bratt ed. *Abraham Kuyper: A Centennial Reader* (Grand Rapids: Eerdmann, 1998), 461–490; Abraham Kuyper, *Lectures on Calvinism* (Grand Rapids: Eerdmann, 1998), 특히 제3장.

니라 유기적으로 엮여 있다는 사실이다. 인간 삶의 영역들이 서로 구분되어 있을 뿐 세상은 하나이고, 한 사람이 동시에 아버지이자, 교사이자, 애국자이자, 교회의 성도인 것이다. 이는 마치 한 줄기 빛이 프리즘을 통과해 분광되면 일곱 가지 색깔로 나뉘는 것과 마찬가지다. 예컨대 국가와 교회가 서로 분리된 영역이기보다는 각각의 위치에서 한 사회를 섬기는 것이다. 카이퍼에 따르면 국가는 세 가지의 역할을 하는데, 첫째로 각 영역마다 주권이 있는 것을 인식해야 하고, 둘째로 각 영역을 지원해야 하며, 셋째로 각 영역 사이에 충돌이 발생할 때 이를 조정하고 한 영역이 다른 영역을 침범해 권위를 남용할 때 약한 쪽을 보호해야 한다. 정부는 다른 영역에 비해 헌법과 법률을 통해 최종적 판단을 내리는 기구이므로 우월성을 가진다.[58] 즉 정부는 교회에 대해 아무 관여도 하지 않는 것이 아니다. 비록 웨스트민스터 신앙고백서(1647, 제23장 3항)나 벨기에 신앙고백서(1561, 제36항)의 고백처럼 국가가 직접 나서서 이단과 우상숭배를 억압하고 복음을 전하는 것은 아니지만, 자연법과 성경 계시에 나타난 하나님의 뜻을 배워서 그 뜻대로 국가를 다스려야 한다.

교회가 하는 일도 다른 영역과 연관되어 있다. 교회는 단지 성도들이 모여서 예배를 드리는 기관이 아니다. 정부를 비롯한 다른 영역이 하나님의 뜻을 알아야 각각의 영역에서 하나님의 뜻을 나타낼 텐데, 그 뜻을 가르치는 기관이 바로 교회다. 카이퍼에게 신앙이란 교리의 체계를 받아들이는 것일 뿐 아니라 세계관을 형성하는 근본 동기다. 교회의 사명은 정부의 관리들에게 하나님이 모든 권위의 근원이며 하나님의 창조 질서에

---

58 David H. McIlroy, "Subsidiarity and Sphere Sovereignty: Christian Reflections on the Size, Shape, and Scope of Government," *Journal of Church and State* 45 (2003), 754; Kent A. Van Til, "Subsidiarity and Sphere-Sovereignty: A Match Made in…?" *Theological Studies* 69 (2008), 623에서 재인용.

따라 국가를 다스리는 법을 가르치는 것이다.

기독교 세계관 운동은 나를 비롯한 1980년대 이후 많은 젊은 그리스도인에게 큰 영향을 끼쳤다. 그것은 대학 시절부터 고민하던 성경과 현실을 연결할 수 있는 체계를 보여주었다. 기독교 신앙이 교회 생활에 국한된 것이 아니라 우리가 사는 악한 세상을 변혁시키는 방향성과 동력을 제공해준다는 것을 가르쳐주었다. 내가 잘 알지 못하는 자연 과학과 사회 과학의 발전에 주눅 들거나 적대감을 보이지 않고, 그 안에 있는 진리를 인정하면서도 그 근본 동기를 비판적으로 볼 수 있는 여유를 주었다. 자연을 즐기고 문화적 혜택을 누릴 때, 가스펠 송과 대중가요를 만들어 부를 때, 불필요한 죄책감을 제거해주었다. 우리가 사는 세상과 오는 세상이 단절된 것이 아니라 연속성(continuity)이 있기에 이 땅에서의 노력이 헛되지 않음을 일깨워주었다. 기독교 대안 학교의 존재 이유와 교육 과정의 얼개와 거버넌스(governance)의 틀을 제공했으며, 신앙과 학문의 통합(integration)이라는 기독교 대학의 목표를 제시해주었다. 영역주권론은 어느 한 영역에 절대적 권력을 부여하는 것이 재앙으로 가는 길임을 알려주었다. 이로써 국가주의를 적절하게 비판할 수 있었고, 교회가 모든 것을 다 지배해야 한다는 강박 관념을 떨쳐버릴 수 있었으며, 특히 현대 사회에 가장 큰 권력을 가진 기업에 대해서도 그 한계를 비판할 수 있도록 해주었다.

이렇게 한국 기독교에 큰 영향을 끼친 기독교 세계관 운동이 비판에 직면해 있다. 기독교 세계관 운동이 실패로 끝났다고 단언하는 사람들이 많다. 기독교 세계관 운동에 대한 비판은 한국에서는 이론적으로 정립이 막 끝난 2000년부터 일기 시작했고, 그 후 사람들이 종종 비판의 글을 썼다.[59] 지금은 기독교 매체나 저서나 신학교 등에서도 기독교 세계관을

59　월간 기독교 잡지 「복음과 상황」 2002년 2월 호 이후 옹호자와 반대자 사이의 치열한

언급하는 일이 드물어졌다.

기독교 세계관 운동의 토양에서 성장한 미국 신학자 마이클 고힌은 기독교 세계관 운동의 한계에 대해 다음과 같이 몇 가지로 정리했다.[60] 첫째, 기독교 세계관 운동은 신자 개인의 사명을 강조했을 뿐 교회 공동체가 들어설 자리가 없다. 둘째, 사회 제도의 변화를 추구하다 보면 그 제도 아래에서 고통당하는 사람들 개개인에 대한 관심을 놓칠 수 있다. 셋째, 기독교 세계관 운동은 제도의 힘을 이용해 이 땅에 다시 '기독교 세계'(크리스텐덤)를 재건하려는 승리주의에 빠져 있다. 넷째, 사회 구조를 바꾸려 하다가 타협할 여지가 많다. "모든 진리는 하나님의 진리다"라는 명제가 보여주듯이 세속 사회에서 통용되는 과학적·사회적 진리를 수용하다 보니 기존 질서(*status quo*)를 긍정하는 경향을 띤다.[61]

나는 기독교 세계관 운동에 가한 마이클 고힌의 비판에 네 가지의 비판을 덧붙이고자 한다.[62] 첫째, 기독교 세계관 운동이 세상에 대한 다소 낙

논쟁이 있었다. 2003년 기독교학문연구소(기학연)와 「복음과 상황」이 주최해 "기독교 세계관은 아직도 유효한가?"라는 주제로 기독교 세계관 운동의 정체성과 미래에 대한 포럼을 열었다. 같은 잡지 2007년 8월 호 신광은의 글, "기독교 세계관의 논리적 구조와 문제점들"은 정곡을 찌르는 글이다. 한국 기독교 세계관 운동의 대표자 중 한 사람인 김 아무개 교수가 2016년 국정교과서 파동 때 현대사 집필진으로 참여한 것에 대해, 또 한 2018년 기독교 세계관 운동의 대표적 단체인 기독교학술동역회의 회보인 「월드뷰」 편집자와 필진이 보수적 인사들로 교체된 것에 대해 동역회 내외에서 거센 비판을 받고 있다.

60 마이클 고힌, 크레이그 바르톨로뮤, 윤종석 역, 『세계관은 이야기다』(서울: IVP, 2011), 292-302.

61 신광은도 자신의 "기독교 세계관의 논리적 구조와 문제점들"에서 "복음서에서 예수께서 중요하게 말씀하신 많은 가르침과 명령을 시민 윤리의 수준으로 격하시킨다"라고 비판했다. 예수님의 산상수훈의 교훈은 세상과 교회를 구분시켜주는 대안 사회의 형성을 말씀하는데, 기독교 세계관 운동은 세상도 함께 참여할 수 있는 문화 변혁의 과제 정도로 이해했다는 것이다(「복음과 상황」, 2007년 8월 호).

62 이것은 내가 『대화로 풀어보는 한국교회사 2』(서울: 부흥과개혁사, 2009), 380-386에

관적 자세로 문화 변혁에 관심을 두다 보니 복음 전파의 열정이 약화되기 마련이다. 곧 창조의 선함을 강조하다 보니 인간의 타락과 그 타락으로부터의 구원을 덜 강조한다. 이 세상은 망해가는 도성이고 여기서 한 사람이라도 더 건져내야 한다는 것이 복음 전파의 동기인데, 이 세상을 살 만한 곳이라고 말하기 때문에 복음 전파의 필요성이 감소된 것이다. 이 세상과 오는 세상 사이의 연속성뿐 아니라 불연속성(discontinuity)도 같이 강조되어야 하는데, 기독교 세계관 운동은 이 세상에서 이루어지는 하나님 나라를 강조하다 보니 거의 후천년설적으로 이 땅에서 천국이 이루어질 것처럼 생각하는 경향이 있다. 기독교 세계관 운동은 창조-타락-구속-완성의 도식 가운데서 창조를 가장 많이 강조한다. 창조 세계의 '구조'는 하나님의 창조물로서 인간의 타락에도 불구하고 아직 하나님의 선함을 보존하고 있기 때문에, 이를 사용하는 사람이 '방향'만 제대로 정하면 거기에 하나님의 통치가 임한다는 내용을 포함한다. 그러나 과연 구조가 온전히 남아 있는가? 구조 자체가 악에 오염되어 방향에 영향을 주는 것이 아닌가? 개인이 방향을 정할 수 있을 정도로 개인의 능력이 강하단 말인가?

둘째, 기독교 세계관 운동은 성경의 각 구절을 진지하게 생각하지 않고 성령에 대한 언급이 많지 않다. 기독교 세계관 운동에서의 성경은 창조-타락-구속-완성의 메타내러티브를 제공해주는 책일 뿐, 성경의 각 장과 각 구절을 우리의 현실에 주시는 하나님의 뜻으로 여기지는 않는 것 같다. 기독교 세계관 운동의 한 분야인 기독교 학문의 핵심은 "신앙과 학문의 통합"(integration of faith and learning)인데, 이를 위해 기독교 학자가 하는 일은 자신의 학문 분야 중 어떤 것이 창조의 선함을 담고 있는 하나님의 진리이고, 어떤 것이 타락의 영향을 받았는지를 구분하는 일이다. 그

서 이미 비판한 내용을 확대한 것이다.

학자는 성경의 주해를 통해 하나님의 뜻을 아는 것이 아니라 자신의 학문 분야를 깊이 들여다보는 일에 더 많은 시간을 쏟는다. 이는 그가 과거에 쓰인 성경이 현재의 발달된 학문에 통찰을 주기 어렵다고 생각하기 때문이다. 그는 현대 과학이 가진 무신론적 기초에 대한 위기의식을 느끼는 감수성이 부족해 보인다.

위기의식의 부재는 성령에 대한 의존도 선택 사항으로 여기게 한다. 개혁신학의 공고한 체계 위에 기독교 세계관이 세워져 있다고 믿기에 그 체계 자체에 대해 의심을 하지 않는다. 자신의 토대가 무너지는 것을 보고 있다면 성령의 인도와 도우심에 매달릴 수밖에 없는데 말이다. 자신의 체제에 대한 의심 없는 확신, 이를 가능하게 해주는 닫힌 신학계(界), 현실에서 고통받는 이들에 대한 무관심, 객관성과 균형을 중시하는 학자들의 부르주아적 학문 방식 등이 절박함을 보지 못하게 한다. 오순절과 성령 운동에 대한 반작용인지는 몰라도 성령에 대한 언급 자체가 많지 않다. 기도를 통해 성령의 음성을 들으려는 학자들을 많이 만나보지 못했다.

셋째, 이는 특히 우리나라에서 더 심한 것인데, 기독교 세계관 운동은 주로 문화나 교육과 같은 소프트한 면에 관심을 둘 뿐 우리 삶에 더 큰 영향을 끼치는 정치 경제적 변혁에 대해서는 침묵하는 경향이 있다. 신앙과 학문의 통합을 연구하는 학자들이 자신의 모든 것을 걸고 대한민국의 정치 사회적 문제에 관심을 가지고 불의한 세계에 투쟁해야 하는데 말이다. 브라이언 왈쉬와 실비아 키즈마트는 바로 기독교 세계관의 이런 약점을 비판하기 위해 『제국과 천국』[63]을 썼다. 이 책의 저자들에 따르면 골로새서의 목적은 로마 제국의 근간을 이루는 모든 제도와 관습들을 급진적으로 뒤집어엎기 위한 것이다. 당시 예수를 따르는 사람들은 로마의 악한

---

63   브라이언 왈쉬 외, 홍병룡 역, 『제국과 천국: 세상을 뒤집은 골로새서 다시 읽기』(서울:

제도를 비판적으로 바라보고, 노예들에게 해방을 선포하며, 그들과 함께 고난을 당하는 공동체를 형성했다.

넷째, 기독교 세계관 운동은 교회 저변으로 확대되지 못하고 일부 지성적 기독교인의 전유물이 되었다. 한국에서의 기독교 세계관 운동은 미국이나 네덜란드에서 외국인 학자를 초청해 강연을 듣고 학문적 연구를 심화시키는 데에 많은 힘을 쏟는다. 대다수의 목회자는 기독교 세계관에 근거한 설교를 하지 않고, 일반 성도들은 기독교적 삶을 살지 않는다. 미국 캘빈 대학교의 철학 교수 제임스 스미스도 지성적 이해에 국한된 기독교 세계관 운동을 비판한다. 그는 국가주의나 소비주의와 같은 세속주의의 세력은 '제의'(ritual)라고 이름 붙일 정도로 실체적으로 다가오는데, 기독교 대학의 교육은 지적 체계를 전달하는 데 만족하고 있다고 진단한다. 또한 기독교 세계관 운동을 확산시키기 위해서는 예배나 사회적 실천과 같은 실제적인 행동이 요구된다고 주장했다.[64]

기독교 세계관 운동이 성경에 근거해 있을 뿐 아니라 19세기 이후 전 세계 기독교인에게, 그리고 20세기 말 한국의 기독교인들에게 깊은 영향을 끼쳤는데, 어째서 이런 비판을 받는 것일까? 아브라함 카이퍼를 필두로 한 네덜란드와 미국의 개혁주의 석학들에게 문제라도 있다는 말인가? 우리 시대의 기독교는 기독교 세계관 운동을 용도 폐기 처분하고 새로운 대안을 모색해야 하는가? 이 질문에 답하기 위해서는 먼저 역사적 환경의 변동에 대해 생각해보아야 한다. 모든 운동, 모든 신학은 역사의 변동과 깊은 관계를 맺는다. 기독교 세계관 운동이 아브라함 카이퍼의 시대(19세기 후반)와 그 이후 약 100년 동안의 서구 사회에 적합한 참

IVP, 2011).

64 제임스 스미스, 박세혁 역, 『하나님 나라를 욕망하라』(서울: IVP, 2016). 또한 신광은, "기독교 세계관의 논리적 구조와 문제점", 「복음과 상황」(2000년 5월)도 참고하라.

여의 신학이었다고 한다면, 이제 시대가 달라졌기 때문에 그 적실성이 떨어졌다는 것이 내 주장의 핵심이다. 모든 영역이 그리스도의 통치 아래에 들어오도록 하자는 기독교 세계관 운동의 기본 취지는 받아들이되, 이에 도달하기 위한 새로운 방법을 찾아야 할 때가 되었다.

아브라함 카이퍼가 활동하던 19세기 중후반으로 돌아가 보자. 당시는 이미 신정 정치의 가능성이 사라진 시대다. 카이퍼는 칼뱅을 인용하면서 세습 왕조든, 귀족 정치든, 공화정이든, 각국의 역사와 환경에 따라 정부를 선택할 권리는 그 나라에 주어졌다고 말한다. 그러나 이 모든 정체(政體)에서 신정(神政)은 설 자리가 없다. 신정은 오직 이스라엘에서만 가능했던 체제다. 신정 정치가 불가능한 사회에서 어떻게 하나님이 유일한 주권자로서 국가를 통치하시도록 할 수 있을까? 바로 여기에 카이퍼의 천재성이 있다. 바로 영역주권론이다. 하나님은 국가의 영역에서 당신의 뜻을 이루기 위해 왕이나 수상 등의 국가 통치자에게 권력을 위임한다. 정부의 권위를 개인에게 귀속시키는 프랑스 대혁명의 정신이나, 국가가 인종적·영적 공동체로서 사회의 모든 영역에서 최고의 권위를 가진다는 독일 관념론에 근거한 국가주의는 잘못된 것이다.[65] 하나님으로부터 권위를 받은 국가의 통치자는 하나님의 뜻에 따라 국가를 통치할 의무가 있다. 물론 그 하나님의 뜻은 성경에 계시되어 있고 교회의 가르침을 통해 배워야 한다.

아브라함 카이퍼는 크리스텐덤 시대의 끝자락에 살면서 자기 시대를 전망하던 신학자였다. 그는 프랑스 대혁명을 통해 구체화된 계몽사상이 전 유럽에 걸쳐 무신론적 자유주의를 전파하는 것을 보면서 위기의식을

---

65 아브라함 카이퍼, 김기찬 역, 『칼빈주의 강연』(일산: 크리스챤다이제스트, 2014), 105-111. 또한 Kent A. Van Til, "Subsidiarity and Sphere-Sovereignty: A Match Made in…?" *Theological Studies* 69 (2008), 621.

434   제3부 포스트크리스텐덤 시대의 교회

느꼈다. 그러나 그렇다고 해서 국가의 권력을 통해 기독교 정신을 전파하는 중세 신정 정치로 돌아갈 수는 없다. 이런 방식은 성경적이지도 않을 뿐더러 가능하지도 않다. 정교분리가 명문화된 칼뱅의 시대로부터도 이미 여러 세기가 지났다. 그러나 카이퍼의 시대는 아직 크리스텐덤이 완전히 끝나지 않은 시대였다. 모든 가장과 통치자와 기업주와 학자와 교사와 예술가가 기독교인이고, 사회의 모든 기관이 기독교적 이념으로 운영되며, 대다수의 백성은 세상의 변화와 무관하게 과거의 질서 속에서 살아가고 있다. 그때까지만 해도 국가의 통치자에게 권위를 부여하는 분이 하나님이라고 말하면 국가의 모든 구성원은 이를 받아들였다. 오늘날 "천부(天賦)의 권위"라는 표현은 단지 수사적인 표현일 뿐이지만, 당시는 대다수의 국민이 글자 그대로 하나님이 주신 권위로 이해했다.

　이런 시대에 하나님의 통치를 이 세상에서 실현할 수 있는 방법이 무엇이겠는가? 바로 영역주권론이다. 청교도 시대처럼 교회-국가-가정이 하나가 되어 하나님의 통치를 구현할 수는 없지만, 각 영역에서 하나님의 뜻이 이루어져야 한다고 설득하면 그 영역을 책임진 가장과 통치자와 기업가들은 이를 자연스럽게 받아들일 것이다. 기독교가 아무 일도 하지 않고 사태를 방관한다면 계몽사상가의 자유주의가 그 모든 영역을 점령해 들어갈 것이다. 교회가 사회의 각 영역에 직접적인 영향을 끼칠 수는 없게 된 시대에, 그 모든 영역이 독립적으로 존재하는 것을 인정하면서, 각 영역으로 침투해오는 세속화의 세력을 막자는 것이 영역주권론의 핵심이다. 요컨대 기독교 세계관 운동은 하나님의 주권이 온 세상에 미치도록 하기 위한, 크리스텐덤 끝자락을 살던 기독교인의 노력이다.

　그러나 문제는 이제 서구에서도 크리스텐덤의 기억이 사라졌다는 사실이다. 대한민국에서 해방 후 잠시 경험했던 유사 크리스텐덤이 사라진 것은 말할 필요도 없다. 1980년대 말 신학대학원 졸업반 시절, 내가 처음으로 기독교 세계관과 카이퍼의 영역주권론에 대해 들었을 때, 마음에서 이런 질문이 일었다. '하나님께서 세상을 다스리실 때 각 영역에 통치자들을 세우시고 그들에게 당신의 권한을 나누어주시는 방식으로 다스리신다고? 흠, 그럴듯하군. 아니 그런데 지금 우리나라를 다스리는 정권은 전두환 군부 정권인데…, 군사 쿠데타로 정권을 잡아서 민주화 인사들을 가두는 독재 정권인 데다가, 대통령은 하나님도 성경도 모르는 사람 아닌가? 누가 그의 권력을 하늘이 주신 것이라고 말한다면, 전두환은 좋아할 테지만 그렇다고 하나님의 뜻에 맞게 그 권력을 행사할 것 같지는 않은데? 교회에 나가지도 않는 그에게 누가 하나님의 뜻을 일러준다지?' 이후 미국에서 개혁신학과 기독교 세계관을 공부하며 그 명쾌함과 치밀함에 빠져 최초로 떠올랐던 이 질문을 깊이 생각할 겨를이 없었다. 그런데 지금 돌이켜보면 이 질문이 중요한 질문이었던 것이다. 카이퍼의 영역주권론을 바탕으로 한 기독교 세계관 운동은 아직 크리스텐덤의 영향력이 남아 있던 19-20세기 서구 사회에서나 가능했던 운동이다. 그리고 그것도 아주 제한적인 범위 안에서 말이다. 한국은 물론이고 서구에서도 기독교 세계관 운동을 이끄는 이들은 산업화와 식민주의 및 공산주의 혁명과 냉전과 신자유주의와 '문명의 충돌'과 같은 세계의 운명을 지배하는 이슈들에 대해 속 시원한 대답을 제시하지 못했다.

크리스텐덤의 끝자락에서 살다 보니 기독교 세계관 운동은 기독교의 운명과 이 땅에서 하나님의 뜻을 실현하는 것에 대해 다소 낙관적인 태도를 보인다. 신칼뱅주의자들은 이전의 칼뱅주의자들, 예컨대 칼뱅 자신과 비교해볼 때 대단히 낙관적이다. 칼뱅이 살던 세상은 전쟁과 내란과 흑사병과 굶주림으로 죽음이 가까이 있던 시대였기에, 그의 가장 큰 소망은 내세를 기다리는 것이었다. 그러나 '금박시대'(金箔時代, gilded age)와 그 뒤를 이은 풍요로운 산업화 시대를 살아가던 19세기 중엽부터 20세기 초까지의 시대정신은 '진보'였다. 과학 기술은 하루가 다르게 발전하고 사회적으로도 민주주의가 확장되고 있었다. 기독교계에서도 복음주의 운동을 통해 부흥이 일어나고, 해외 선교가 활발하게 이루어졌다. 곳곳에서 '타락'의 징후들이 보이지만 아직 '창조'의 선함이 사회를 지배한다. 그리스도의 '구속'의 힘으로 그 악한 요소들을 개혁한다면, 세상은 다시 하나님의 통치 안으로 들어올 수 있을 것이다.

내가 기독교 세계관을 공부하면서 또 한 가지 의심했던 것은 바로 '구조'와 '방향'이었다. 이 역시 기독교 세계관 운동이 지닌 낙관주의의 일면이다. 기타(guitar)나 드럼이라는 구조에 마귀의 기운이 붙어 있는 것이 아니다. 이는 이것들은 하나님의 선한 창조물이고, 악기를 다루는 사람이 문제다. 그 사람이 마음의 방향만 바꾸면 그 악기들은 하나님의 영광을 노래하는 도구가 될 것이다. 거룩함이라는 권위에 잔뜩 눌려 있던 우리를 해방시키는 복음이었다. 그러나 이런 식으로 돈과 성과 가정과 학교와 대중문화와 노동과 정부에 대해 낙관적으로 생각하면, 결국 기존 질서를 옹호하는 보수적인 방향을 취할 뿐 근본적인 변화를 이끌기 어려울 것이다. 포스트모더니스트들이 지적하는 대로 우리 시대의 문제는 바로 그 '구조'가 아닌가? 기존 질서의 중심 세력이 주변인들을 합법적으로 억압하고 착취할 수 있도록 하는 구조는 해체되어야 할 것이 아닌가? 시장 경제 체제는 구조로서 선하기 때문에 시장에 참여하는 사람들이 청지기 정신을 가지고 임한다면 거기에 하나님의 뜻이 이루어질 수 있다는 말인가? 구조가 아무리 공고해도 한 개인이 결단한다면 그 구조를 극복할 수 있다고 가르치는 '자기 계발'의 논리야말로 그 구조를 옹위하는 나팔수가 아닌가?

내가 기독교 세계관을 비판하는 것은 그것을 비난하고 폐기를 선언하기 위함이 아니다. 기독교 세계관 운동은 그 운동이 일어난 역사적 환경에서는 큰 의의를 띠었다. 그러나 지금은 기독교 세계관 운동이 가능한 시대가 아니다. 위에서 나열한 기독교 세계관 운동에 대한 여러 사람들의 비판은 하나로 수렴되는데, 바로 기독교 세계관 운동이 크리스텐덤을 전제로 하는 운동이기에 포스트크리스텐덤에 맞지 않는다는 것이다. 기독교가 소수파가 되고 공공의 영역에 참여할 자리를 찾지 못하게 된 세속화된 사회임에도 불구하고, 세상을 변혁시킬 수 있다는 나이브한 낙관주의에 빠진 것이 문제의 핵심이다. 기독교 세계관 운동은 시대가 변해도 효용성이 있는 몇 가지 유산을 남겼다. 즉 하나님의 통치가 모든 영역에 미쳐야 한다는 카이퍼의 선언, 모든 사상 체계는 그 밑바탕에 증명할 수 없는 일종의 종교적 근본 동기(ground motive)를 전제로 하고 있다는 주장, 다른 체제 가운데도 하나님의 선하신 의도가 표현되어 있다는 일반은총론 등이 그것이다. 이런 유산을 포스트크리스텐덤 시대에 구현하기 위한 신학이 바로 공공신학이라고 나는 믿는다.

공공신학의 핵심 주제

이 책은 본격적으로 공공신학을 전개하는 책은 아니다. 다만 우리 시대의 변화를 염두에 두면서 공공신학의 방향성을 제시하는 것으로 만족하려 한다. 포스트크리스텐덤 시대 공공신학이 가진 핵심적인 문제는 이것이다. **기독교의 독특성을 포기하지 않으면서 기독교를 인정하지 않는 공공의 영역에서 자신만의 목소리를 낼 수 있는가?** 세상으로부터 분리되어 우리만의 공동체를 형성할 것인가, 아니면 세상이 정해준 규율을 따를 것인가? 아니면 제3의 방법이 있는가? 기독교가 소수파가 된 우리 시대 어떻게 권력을 사용해 혹은 사용하지 않고 하나님의 뜻을 세상에 펼칠 수 있는가? 이 딜레마를 중심으로 포스트크리스텐덤 시대 공공신학의 방향성을 생각해보도록 하자.

세속화 시대의 기독교가 그 독특성을 유지하면서 일반 대중에게 공감을 얻을 수 있는 참여가 가능한가? 기독교인이 취할 수 있는 양극단은 분리의 길과 동화의 길이다. 세상사로부터 분리되어 성도들끼리 공동체를 이루고 사는 길도 있을 수 있고, 세상에 동화되어 그들과 똑같은 삶의 방식으로 살면서 일요일 예배만 드리는 양극단이 있다. 그러나 이 두 길은 모두 결국 교회의 선교적 사명을 포기하는 데에 이른다. 이 딜레마의 몇 가지 예를 들어보자.

복음을 전하거나 설교할 때 교회에서만 통용되는 언어(죄, 구원, 예수 그리스도, 대속 등)로 말하면 비기독교인은 알아들을 수 없을 것이다. 반대로 그들이 알아듣기 쉽게 하려고 일반적으로 통용되는 언어를 사용하다 보면 복음은 희석되고, 사랑, 화해, 공감 능력 같은 그리스도 없는 추상적 원리로 환원되고 만다.

젊은이들의 트렌드는 아랑곳하지 않고 전통적인 찬송가만 고집하다가 젊은이들을 잃는 교회도 있다. 반면 이들에게 다가가기 위해 그들의 취향에 맞는 장르의 찬양을 만드는 교회도 있는데, 결국 찬양이 아닌 세속 음악의 아류로 전락하고 만다.

인본주의, 진화론이 대세인 과학계에 대한 강한 거부감을 가진 창조론을 지지하는 기독교인들끼리 학회를 만드는 경우도 있다. 물론 일반 학계에서는 인정받지 못한다. 반대로 기독교인 학자가 학문적 수월성을 위해 세속적 학문이 만들어놓은 방법론을 따라가는 경우도 있다. 그러나 후자의 경우 학문의 방법론과 내용이 긴밀히 연결되어 있기 때문에 기독교적 독특성이 사라지고 말 위험에 처한다.

법 제정을 통해 공적 영역에서 하나님의 뜻을 이루려는 국회의원이 있다고 하자. 자신이 발의한 법안이 통과되도록 하기 위해서는 양보와 협상과 타협과 힘겨루기와 편 가르기를 해야 하는데, 그런 과정에서 법안의 원래 취지는 변질되기 마련이다.

동성애를 반대하는 기독교 NGO 단체가 대중에게 그 중요성을 호소하기 위해 TV 토론회에 참여했다. 그가 성경에 호소해 동성애를 반대한다면 시청자들의 비웃음을 살 것이다. 그러나 그가 과학적 근거를 제시하고 토론을 한다면, 서로가 제시하는 과학적 근거가 다르기 때문에, 결국 끝없는 논쟁의 연속이 될 수밖에 없을 것이다.

이런 예를 들자면 한이 없을 것 같다. 교회 울타리 안에서 사는 목사들은 그럴 필요가 없을지 몰라도, 세속 사회의 한 영역에서 하나님의 뜻을 이루고 싶어 하는 평신도들은 모두 이 딜레마에 부닥치기 마련이다. 기독교적 가치를 상대화하고 배제하려는 세속화된 다원주의 사회에서 기독교의 절대성을 주장하는 기독교인은 갈등을 일으키는 존재로 비친다.

이 문제를 해결하기 위한 전통적 방법의 하나가 바로 두 영역이 겹치는 부분을 찾는 것이다. 이를 단순화시켜 표현하면 그림 1과 같다.

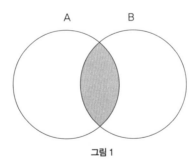

그림 1

기독교적 가치를 A라 하고 다른 사상 체계를 B라 하면 이 둘이 겹치는 부분(색칠한 부분)이 있을 것이다. 이 부분을 접촉점(point of contact) 혹은 공통

기반(common ground)이라고 부른다. 기독교인들도 충분히 말할 수 있고 공적인 사회에서도 용인될 수 있는 **객관적**인 것들이 있으니, 이 교집합을 통해 비기독교적 사회에 접근해 기독교를 점차적으로 확산시키자는 전략이다. 다음과 같은 예들이 있다.

학문 세계에서 '사실'(fact)이나 '합리성'(rationality) 같은 학문의 규범들이 접촉점에 해당할 것이다.

윤리의 영역에서는 기독교인뿐 아니라 모든 사람이 동의할 수 있는 '생명 존중', '정의', '평화' 등의 가치가 접촉점이 될 수 있다.

정부의 영역과 교회의 영역이 서로 분리되어 있지만, 양자가 각자의 이익을 위해 연합할 부분도 있다. 예컨대 복지, 교육, 군목 제도와 같은 영역에서 정부와 정부가 협력한다. 교회는 복지법인을 통해 기독교적 사랑을 전하고 국가는 국민의 행복을 증진시킨다. 기독교계 사립 학교는 기독교적 설립 정신을 펼치며 동시에 국민 교육의 일부를 담당해 국가에 도움이 된다. 기독교는 군목 제도를 통해 복음을 전하고 정부는 군인들의 정신 무장과 전투력 향상에 도움을 받는다.

비기독교 문화권에 복음을 전할 때도 마찬가지다. 기독교인도 비기독교인도 함께 동의하는 가치들이 있을 것이다. 예를 들어 빈곤과 질병 퇴치, 교육, 차별 폐지 등이다. 이런 일들에 도움을 주면서 기독교를 알리고 교회로 끌어들인다.

개혁주의 진영의 탁월한 역사학자인 조지 마즈던은 긴 복도 좌우에 방들이 여럿 있는 호텔의 은유로 이를 설명한다. 각각의 방 안에는 서로 다른 사상과 이념을 가진 사람들이 있다. 무신론자도 있고, 무릎 꿇고 기도하는 사람도 있다. 그런데 각자의 방으로 들어가려면 반드시 이 복도를 지나야 한다. 바로 이 복도가 각각의 방 안에 있는 사람들의 공통의 기준이다.[66] 상당히 그럴듯한 설명이고 또한 현실에서 상당한 성과를 거두는 것처럼 보인다.

그러나 불행하게도 이런 설명은 포스트크리스텐덤 시대의 그리스도인에게는 적절한 대답이 되기 어렵다. 호텔의 복도는 이미 "절대화된 실용주의적 자유주의"에 점령당해 기독교인들이 그 복도를 통과해서 자기 방으로 들어가는 길이 차단되었다.[67] '합리성'이라는 기준은, 이성과 신앙을 대립 구도로 이해한 근대 계몽사상에서, 또한 이성이 집단의 이익에 봉사하는 도구로 전락해버렸다고 주장하는 포스트모던 세상에서 더 이상 객관적인 공통의 기반이 될 수 없다.[68] 독립적으로 존재하는 '순수한 사실'(brute fact)이 존재하지 않고 해석과 사실의 복합체만 존재하며, 심지어 오늘날 우리는 객관적 사실성의 여부보다 감정이나 개인적 신념에 호소하려는 탈진리(post-truth) 시대에 돌입했다.

우리나라의 경우 공공 영역에서 가장 거대한 권력을 가진 곳은 정부다. 오늘날 정부는 공공성 강화라는 이름으로 정부와 기독교계가 공동의 영역으로 생각하던 교육, 복지, 군목 등에서 기독교의 종교적 특성을 배제할 것을 요구하고 있다. (물론 기독계 학교나 복지 기관 등의 운영자가 불법적으로 사적 이익을 추구하는 일이 발생했기 때문이기도 하다. 매스컴에서 '공공성'과 함께 등장하는 단어는 '투명성'이다.) 사립 학교의 예를 들어 생각해보자. 예

---

66 조지 마즈던, 조호연 역, 『기독교적 학문 연구 @ 현대 학문 세계』(서울: IVP, 2000), 75-76. 이 책은 조지 마즈던의 유명한 저서, *The Outrageous Idea of Christian Scholarship*의 번역서다.

67 조지 마즈던은 여러 방이 있는 호텔의 은유를 대체로 수용한다. 그러면서도 그 복도가 존 듀이와 같은 방법론적 무신론자에게 점령당하지 않을까 염려한다. 위의 책, 76. 나는 우리 시대에 그 염려가 현실이 되었다고 생각한다.

68 본서 제4장 참고.

컨대 대부분의 운영비를 정부로부터 보조받는 기독교계 중고등학교의 경우, 채플은 이미 필수 과목이 아닌 선택 과목이 되었고, '종교' 과목의 교과 과정은 종교 다원주의와 문화 상대주의의 입장 위에 서 있다.[69] 그동안 상대적으로 자유롭게 교과 과정을 운영하던 사립 유치원도 2018-19년의 '유치원 3법'을 통해 교육청의 통제를 받기에 이르렀다. 기독교 대학의 경우도 사정은 만만치 않다. 대학은 중고등학교와 달리 학생이 대학을 선택하기 때문에 채플에 대한 법적 제재가 따르지는 않지만, 종교의 자유라는 '인권'(人權) 개념으로 접근한다면 채플과 기독교 과목이 문제가 될 소지가 다분하다. 이에 대한 대응 논리와 실천 방안을 마련해야 한다. 주로 진보적 정권에서 공공성 강화의 방향으로 교육 정책이 시행되지만, 우리 사회에서 교육의 공정성(fairness)이 문제가 되고 사립 학교의 불투명한 재정 사용이 사회 문제로 노정되었기에, 어떤 정부가 들어서도 공공성 강화의 흐름을 저지하기는 어려울 전망이다.[70] 요컨대 기독교적 가치와 공공의 가치의 교집합을 통해 복음의 공신력을 높이고 사회를 변화시키려는 노력은 점점 어려워진다.

다음은 보편성을 요구하는 공공 영역에서의 기독교의 독특성을 지키는 법을 설명하는, 내가 생각하는 그림이다.

69   Dong Min Chang, "Crises and Prospects of Mission Schools in Contemporary Korea," Jan A. B. Jongeneel et al. eds. *Christian Mission and Education in Modern China, Japan, and Korea: Historical Studies* (Frankfurt am Main: Peter Lang, 2009), 141-153.

70   아직도 크리스텐덤의 유산이 남아 있는 미국, 캐나다, 호주 등의 경우 기독교인의 숫자가 많고, 기독교 학부모의 세력이 강하며, 법과 제도가 기독교에 유리하게 되어 있기 때문에 기독교 학교(Christian School) 운동이 활발하다. 그러나 우리나라의 경우 초중등학교는 교육부의 감독 아래에 있고, 대다수의 기독교 학교가 국가의 보조를 받지 못하는 미인가 학교이며, 일단 보조를 받으면 교육부의 감독을 받아야 하는 시스템이기에, 기독교 학교 운동이 그리 활발하지 못하다.

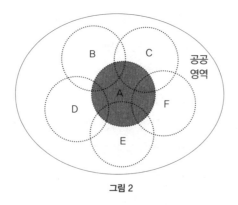

그림 2

그림 2를 보라. 두 개의 2차원적 원과 그 원들의 교집합이라는 그림(그림 1)이 아니라, 서로 떨어져 있는 3차원적 크리스털 구(球)들이 큰 원에 둘러싸여 있다. 여러 개의 구들은 서로 떨어져 있어서 겹치거나 만나는 부분이 없다. 가운데 진한 색의 A라는 구가 기독교 사상 체계다. B, C, D…N의 구들은 다른 체계들이다. 세속적 인문주의(secular humanism)일 수도 있고 다른 종교들일 수도 있다. 기독교의 사고 체계(A)는 하나님과 인간과 세계와 구원에 대한, 구와 같은 절대적이며 배타적인 완결된 체계다. 세상과 인간을 설명하는 다른 체계들도 마찬가지로 닫힌 체계다. 공공의 영역이란 이 여러 체제들이 서로 극단적으로 충돌하지 않고 경합하도록 규제하는 느슨한 경계에 불과하다.

기독교의 유일성

공공의 영역에서 기독교의 자기표현과 참여가 어떤 양상을 띠는지 이 그림에 기초해 몇 가지로 설명해보고자 한다. **첫째, 먼저 확신해야 할 것은 기독교만이 유일한 진리이고, 인간과 세상을 이해하고 설명하는 유일한 체계라는 점이다.** 이 그림에서는 기독교가 경쟁하는 여러 가지 종교나 사상 체계 중 하나로 보인다. 비기독교인들이 종교를 택할 때 불교, 기독교, 천주교 등등의 종교 중 마음에 드는 하나를 선택할 것이다. 그러나 실상은 기독교 체계만이 유일하게 옳고 다른 체계들은 옳지 않다. B, C, D 를 점선으로 표시한 이유가 그것이다. 다른 체계들은 기독교 진리의 모방 혹은 왜곡이거나 기껏해야 기독교 진리의 일부를 가지고 있을 뿐이다.[71]

기독교의 유일성에 대한 확신! 다원주의 세계에서 어떻게 그런 말을 할 수 있는가? 그저 기독교는 다른 많은 체계 중 가장 신뢰할 만한 종교 중 하나라고 말하는 편이 낫지 않겠는가? 그 자신감의 근거는 무엇인가? 자신감은 나로부터 혹은 내가 속한 교회로부터 나오는 것이 아니다. 온 세계의 창조주인 하나님, 그분의 보냄을 받은 유일한 계시 그리스도와 그분의 속죄 사역, 그분의 말씀과 행적을 기록한 성경에서 나온다. 성경 시대로부터 시작해 역사상 어느 시점에서도 기독교는 언제나 유일성을 주장했다. 이집트와 가나안과 바빌로니아의 다신교가 지배하는 세계에서 유일하신 하나님을 목숨 바쳐 사랑하라는 것이 첫 번째 계명이었다. 기원후 1세기 그리스-로마의 신들, 각 민족의 토속 종교, 신플라톤주의, 황제 숭배 등이 경쟁하는 다원적 세계에서 기독교가 성장했는데, 이 신생 종교는 그들 중 하나로 인정받기를 원한 것이 아니라 유일한 진리임을 선포했다. 기독교의 배타적 성격은 복음의 본질과 깊은 연관을 맺고 있다.

기독교가 배타적 성격을 가진다는 것이 다른 종교나 사상을 박해하라는 뜻은 아니다. 기독교 체계를 자신하는 사람은 세상에 대해 두려움을 느끼지 않기 때문에 다른 사상에 대해 과도하게 방어적이거나 공격적

---

71 혹자는 나의 이런 접근이 상대주의로 귀결되지 않을까 염려할지 모른다. N가지의 가능한 체제를 인정하는 것처럼 보이기 때문이다. 그러나 나는 다른 체계들이 옳다고 말하는 것이 아니다. 앞으로 자세히 밝히겠지만 기독교의 체계만이 진리이고, 다른 체계들은 여러 가지 가능한 입장들일 뿐이다. 참고. 한상화, "Cornelius Van Til의 인식론과 Postmodern 상대주의: 형태적 병행성과 근본적 차이점", 「신학과 선교」 제1권(1997년 12월), 237-258.

인 태도를 취하지도 않는다. 느긋한 마음으로 묵묵히 자신의 생각을 말하고, 마땅히 해야 할 일을 할 뿐이다. 세상이 알아주지 않는다고 조급해하지 않고, 박해를 받는다고 해서 움츠러들지도 않는다. 오히려 박해하는 자를 이해하고 긍휼히 여긴다. 남을 겁박하거나 공포를 심어줌으로써 따르라고 강요하는 것이 아니라 온유와 겸손으로 예의 바르게 응대하고 그들의 말을 경청한다. 궁극적으로 진리가 승리하리라는 확신이 있기 때문이다.

나는 지금 한국교회가 두려움의 영에 사로잡혀 있다고 생각한다. 교회를 세우고 지켜온 노년층은 공산당이 다시 득세해 교회를 박해할까 봐 노심초사한다. 총회나 기관의 대표들은 동성애자와 이슬람에 교회가 점령당할 두려움에 사로잡혀 방호벽을 만들고 선제공격을 가한다. 목회자들은 성도들이 교회 밖 세상에서 살아가는 법을 가르치는 대신 울타리를 쳐놓고 교회에 충성하는 일꾼으로 살라 한다. 신앙이 좋은 부모들은 자녀들을 과보호하며 '교회 오빠'가 되는 것을 성공이라 믿는다. 신학교에서는―아, 신학교가 제일 문제다!―젊은 신학도들을 성경의 세계, 신학의 닫힌 세계로 이끌 뿐 거기서 나와 세상으로 향하는 법을 안 가르친다. 젊은 신학생, 청년 그리스도인들도 세상을 두려워한다. 인문학과 사회 과학 서적 한 권 읽을 마음도 없고, 시사 잡지 한 줄 읽을 능력도 없다. 자칫 주사파 종북 세력에 물들지 않을까, 페미니스트를 만나 망신당하지 않을까, 포스트모더니즘 때문에 영혼이 방황하지는 않을까 염려한다. 세상이 무서워 홈그라운드에 안주하고 싶은 것이다. "게으른 자는 말하기를, 사자가 밖에 있은즉 내가 나가면 거리(=광장, "public square," NIV)에서 찢기겠다 하느니라"(잠 22:13).

사실은 교회 밖 공공의 영역에서 벌어지고 있는 일들에 대해 알면 알수록 광장을 두려워하지 않게 된다. 성경 사도행전에서는 복음의 위대함을 증거함과 더불어 겉보기에 화려한 로마 제국의 가면을 벗겨 그 실상을 보여준다. 로마 제국의 통치자인 총독과 왕들을 보라. 잔인하고 비열한 방법으로 정권을 탈취하고 유지하며, 불의한 체포와 구금을 서슴지 않고, 근친상간을 범하고도 부끄러운 줄 모르고, 죄수들에게 뇌물을 바라기도 한다. 사도행전에 등장하는 총독 중 가장 나은 사람은 철학자 세네카의 형 갈리오인데(행 18:12), 그는 중립을 내세우며 자기 눈앞에서 벌어지는 잔인한 폭력을 방조한다. (나는 다양한 입장이 있을 수 있다고 말하며 요리조리 빠질 구실만 찾는 지식인들의 행태에 대해 화가 더 치민다. 내가 그들 중 하나라서 지레 찔리는지도 모르겠지만 말이다.) 바울은 철학자들의 영원한 고향 아테네에서 당대 최고의 지식인인 순회 철학자들에 대해 "가장 새로운 것을 말하고 듣는 것 이외에는 달리 시간을 쓰지 않는" 사람들이라 조롱한다(행 17:21). 로마 제국의 평민들은 미신에 사로잡혀 있고, 사람의 손으로 만든 것을 신으로 섬기며, 군중 심리에 쉽게 휩쓸리는 사람들이다. 나는 대한민국의 지도자들과 국민이 사도행전에 나오는 군상(群像)보다 낫다고 생각하지 않는다. 우리가 사는 대한민국을 알면 알수록 하나님 밖에는 소망이 없음을 확신하게 된다. 그러니 세상을 두려워하지 말고 교회 밖으로 나와 세상에 직면하자.

기독교가 아직 소수파이던 때, 기독교인의 정체성을 뚜렷하게 유지하면서 공공의 영역에서 위대한 자취를 남긴 사람으로서는 손양원 목사를 꼽을 수 있다. 그의 삶과 유산에 관해 많은 것이 알려져 있으므로 여기서 상세히 거론할 필요는 없을 것이다.[72] 손양원 목사는 우리 민족사

---

72 손양원 목사의 전기로는, 손동희, 『나의 아버지 손양원 목사』(서울: 아가페북스, 2001), 손 목사가 남긴 글과 심문 조서 등은, 손동희 편, 『사랑의 순교자 손양원 목사 옥중목회』(서울: 보이스사, 2001)를 보라. 손양원의 신앙과 신학에 관한 학문적 연구서는 산돌손양원기념사업회, 『산돌 손양원의 목회와 신학』(서울: 한국기독교역사연구소, 2014)

의 가장 어두운 시대를 지나면서 가장 고통받는 사람들(한센병 환자)을 위해 살았다. 소수파 중의 소수파요, 비주류 중의 비주류였다. 그는 전남 여수에 있는 애양원교회 공동체를 돌보는 것을 평생의 사명으로 여겼고, 해방 후에는 부흥사로서 한국교회의 영적 부흥을 위해 활동했다. 신사 참배를 반대하는 설교를 하다가 여러 해 옥살이를 했고, 결국 한국전쟁 때 공산군에 의해 순교를 당했다. 그를 견디게 한 것은 천년왕국과 그리스도의 재림을 대망하는 신앙이었다. 그는 세대주의적 전천년설을 신봉했는데, 알다시피 세대주의는 교회와 세상을 이분법적으로 보는 가장 반문화적이고 내세 지향적인 신학이다.

그러나 손양원 목사의 세대주의는 결코 자기만의 세계에, 혹은 교회라는 울타리에 갇힌 세대주의가 아니었다. 그는 시국(時局)에 대한 인식이 없이 기도만 했던 것이 아니라 시국을 환히 알기 때문에 세상에 소망을 두지 않았다.[73] 그가 신사 참배와 일본적 기독교를 반대한 것은 제2계명을 지키려는 순수한 종교적 충성심 때문이었는데, 아이러니컬하게도 이 신앙이 일제 군국주의의 실체를 드러내고 그 종말을 예견한 것이다. 그가 애양원교회 성도를 목숨 바쳐 사랑했던 것은 교회라는 좁은 울타리에 갇혀 세상을 몰랐기 때문이 아니라 성도들을 지키다 죽는 것이 진정한 애국이라고 믿었기 때문이다.[74] 그가 자기 아들들을 죽인 공산당 청년을

이다.

73 "시국(時局) 인식이요? 네 잘하고 있습니다. 이 시국은 지나사변(支那事變, 중일전쟁)이 본격적 단계에 들어가는 시국이요, 일·독·이(日獨伊) 삼국이 방공 협정을 하고 있는 시국이니, 오늘날 일본 국민이 예수를 믿고 하나님을 공경하여 이 국난을 극복하기 위하여 하나님께 간절히 기도할 시국인 줄 압니다." 여수경찰서의 심문 과정에서 손양원 목사의 대답. 손동희 편, 『사랑의 순교자 손양원 목사 옥중목회』(서울: 보이스사, 2001), 225.

74 1950년 한국전쟁이 발발해 인민군이 여수까지 진격하자 그를 아끼는 사람들이 피난을 종용했다. 한국이 살기 위해서는 교회가 살아야 하고, 교회를 위해서는 손양원 목사와 같은 지도자가 살아남아야 한다고 설득했다. 손양원 목사의 대답이다. "바로 그 점을 짚

양아들로 삼은 것은 원수 사랑의 계명을 지키기 위함만이 아니다. 그는 당시 좌우 이념의 대결에 대해 잘 알고 있었고, 기독교는 좌우의 이념을 뛰어넘어야 하며, 뛰어넘을 수 있다고 믿었다. 이념을 뛰어넘는 것은 결국 역사의 주인이신 하나님에 대한 신앙을 가지고 혐오를 극복하고 서로 사랑하는 길밖에 없다고 생각했다.[75]

해방이 되었다고 해서 천년왕국이 임한 것은 아니었다. 새로운 시대에는 새로운 악이 등장하는 법이다. 해방 후 손양원 목사는 국제 정세에 대해 "원자 무기가 하나님화하고, 무자비 투쟁이 평화연(平和然)"한다고 말했다.[76] 원자탄을 투하해 태평양전쟁을 종식시킨 미국을 비롯한 강대국을 비판한 것이다. 그가 일제의 신사 참배에 저항한 것은 단순한 민족의식의 발로가 아니었다. 그는 해방 후 대한민국의 민족주의가 정도를 넘어 군국주의를 동반한 국수주의로 발전하는 것을 우려했다. 아닌 게 아니라

고 넘어갑시다. 한국교회의 일부가 애양원교회요, 한국 민족의 일부가 애양원 식구들이 아닙니까? 한 교회의 양떼들을 무시하고 한국교회를 중요시할 수는 없습니다. 지금 노회가 분리되고, 총회가 싸움터로 변하며, 남북이 갈라지고, 지도자들이 자기들 필요할 때는 교회를 지킨다 하고 위급할 때는 나 몰라라 양떼들을 팽개치고 달아나니, 이대로 갔다가는 이 나라가 소돔과 고모라처럼 될까 두렵습니다. **이 난국에 가장 급한 일이 무엇입니까? 양을 먹이던 목자가 내 양떼의 신앙을 돌봐야 할 때입니다.** 지금은 하나님께 의인의 피와 땀을 바쳐야 할 때입니다. 나는 비록 불의불충하나 우리 주 예수 그리스도의 의를 힘입어 주께서 허락하신다면 이번에 제물이 되어볼까 소원합니다." 손동희, 『나의 아버지 손양원 목사』(서울: 아가페북스, 2001), 307.

75 "대한 동포 여러분은 불평 원망 말아주소. 38 경계 누구 원망 하지 마라. 미국 정치 탓도 말고, 김일성도 원망 말며, 소련 심술 탓보다도 내 죄악의 거울이다. 신과 나 사이 죄악, 38 문제만 해결하라. 대한민족 죗값이라고 생각 말며, 너니 나니 탓보다도 자기반성 필요하다. 삼천리강토라고 멀리 바라보지 마라. 내 발밑이 그 강토며 삼천만의 계수라도 내 한 사람부터로다. 각자 죄악 통회하고 서로 사랑 호상부조, 내일 아침 백운상봉(白雲上峯) 여전하게 빛나리라." 1949년 6월 강원도 춘천 38선 근처에서 소회를 일기에 기록함. 손동희 편, 『사랑의 순교자 손양원 목사 옥중목회』, 138.

76 손동희 편, 『사랑의 순교자 손양원 목사 옥중목회』, 152.

해방 후 자유당 정권은 일제 강점기에 일본이 강요했던 충성심을 한국 민족과 국가에 대한 충성심으로 대체했다. 공산주의에 대항하기 위해 소위 '일민주의'(一民主義)를 국시(國是)로 삼았다. 신사 참배, 황성 요배, 일장기 배례를 대신해 단군 신전 참배, 천산(天山=백두산) 요배, 태극기 배례를 강요했다. 애국심 과잉의 시대였다. 손양원 목사가 보기에 이런 행위는 '국가 지상주의'요 '전체주의'로서 하나님의 뜻에 어긋나 결국 나라를 망하게 하는 길이었다.[77] 그는 1950년 3월 태극기 배례에 반대하는 서한을 써서 대통령에게 전달하려 준비했다. 그해 4월 국기에 대한 의식이 약식으로 변경돼서 전달하지는 않았지만 말이다.

기독교가 큰 세력을 갖지 못하던 시대에 기독교 신학 가운데서도 가장 협소한 (혹은 철저한) 신학을 신봉하며, 한반도의 한 모퉁이에서 가장 연약한 사람들을 섬기던 손양원 목사는 자신의 신앙이 가진 공적 적실성을 가장 극적으로 보여준 사례다. 손 목사는 하나님, 성경, 구원, 종말과 같은 기독교적 용어를 사용하면서도 공적 영역에서 큰 역할을 했다. 뒤에서 말하겠지만 기독교인이 공공의 영역에 참여하려면 기독교적 용어를 보편적 용어로 대체 혹은 번역하는 노력을 기울여야 하는 것은 맞다. 그러나 용어의 문제보다 더 중요한 것은 주장 자체가 얼마나 보편적이며 얼마나 시대정신에 부합하느냐다. 사실 가장 기독교적인 것이 가장 보편적인 것이다. 하나님이 가장 보편적인 분이시기 때문이다.

다른 체계와의 대화 가능성

둘째, 기독교와 다른 사상 체계 사이의 대화 가능성이 열려 있다. A 체계와 B 체계는 그 기초와 전제와 양상에서 서로 호환이 불가능한 독립

---

[77]   위의 책, 128.

된 체계다. 그럼에도 체계 사이에 대화가 아주 불가능한 것은 아니다. 그림 1과 같이 A 체계와 B 체계가 겹쳐지는 객관적 교집합이 있어서 대화할 수 있다는 뜻은 아니다. 서로 다른 사상 체계 안에서 함의가 서로 다른 언어를 사용한다 해도, 그 사상 체계(B)가 기독교(A)의 모상(模像)이기 때문에 대화할 수 있는 것이다. 이 구(球)들은 크리스털이라서 상대의 상(像)이 자기 구에 맺힌다. 예를 들어 기독교인 설교자가 자신의 언어로 기독교의 진리를 설명해도 비신자들이 알아들을 수 있고, 기독교인은 비신자가 외치는 탄식과 비명을 들을 수 있다. 타락한 인간도 하나님의 형상이고 그 안에 하나님을 아는 지식이 있기 때문이다(롬 1:18-21). 물론 그 지식은 타락한 지식이기에 성령의 도움이 없이 온전한 지식을 가지지는 못하지만 말이다(고전 2:10-11). 예컨대 기독교(A)에서 '사랑'이라는 개념은 독특한 정의와 기원과 특징을 가지고 있어서, 그 뜻을 제대로 이해하려면 기독교라는 체계 자체를 알아야 한다. 다원주의적 무신론 체계(B)에도 '사랑'이라는 개념이 있다. 이 역시 나름의 정의와 기원과 특징이 있다. 양자는 전혀 다른 함의를 갖기 때문에 대화가 불가능할 것처럼 보인다. 그러나 B의 사랑은 A의 사랑의 반영(反影)이고, A의 사랑은 B라는 배경에서 형성되었다. 따라서 기독교의 체계를 온전히 이해하지 못한다 해도 접근이 가능하고 대화가 시작될 수 있다.

이는 이해의 가능성이 있다는 것이지 이해가 쉽다는 의미는 아니다. 각 체계는 근본 동기와 세계관과 표현 양식이 다르기 때문에 그 경계를 넘는 것은 어려운 일이다. 기독교인들이 다른 체계를 많이 이해할수록, 기독교와의 차이를 선명하게 알수록, 더 명확하게 이해하고 전달할 수 있다. 이 과정은 마치 선교사들이 아직 복음을 접해보지 못한 문화권에서 신명(神名, 하나님의 이름)을 결정하는 것과 같은 이치다. 한국에 파송받은 최초의 미국 선교사들은 자신들의 신명인 'God'을 한국어로 번역하는 데 많은 어려움을 겪었을 것이다. 신(神), 상제(上帝), 천주(天主), 천(天), 한울님 (하나님) 등 몇 개의 후보들이 제시되었다. 그러나 그 가운데 선교사들의 God과 그 함의가 정확하게 일치하는 것은 없었다. 각각의 단어들은 역사적·문화적·종교적 배경을 가지고 있기에, 그 단어를 듣는 한국인들은 배후에 깃들어 있는 종교와 문화를 연상할 것이 분명하다. 선교사들은 이 단어들의 함의를 알기 위해 많은 노력을 기울였을 것이다. 이들의 노력에 더해 성령께서 단어에 세례를 주심으로 비로소 영어의 'God'이 한국어 '하나님'으로 이해되고 전달될 수 있게 된 것이다.

기독교가 공적 사회의 하나인 학문 세계에 참여하는 문제를 생각해 보자. 기독교적 가르침을 진지하게 생각하는 기독교 학자가 논문을 써서 학설을 발표하려 한다. 그는 일반 학계에서 통용되는 패러다임에 맞도록 데이터를 수집해 분석하고 가설을 세우며 합리적으로 증명해야 할 것이다. 물론 자기 학설의 기초는 기독교이지만 가능한 한 자신의 정체를 **전략적으로** 드러내지 않고 공적인 언어로 이야기해야 한다. 이런 방법을 사용하지 않으면 학계에서 인정받지 못하고, 학회지에 논문이 실리지 못한다. 기독교 체계라는 크리스털 구를 통해 무신론적 과학 체계를 어느 정도 이해하고 설명할 수 있기 때문에, 기독교적 언어를 사용하지 않고서도 그들의 언어와 패러다임을 사용해 학설을 발표할 수 있다. 기독교인 학자가 해야 할 일이 한 가지 더 있다. 자신의 학설이 이번에는 기독교적 틀 안에서 어떻게 해석될 수 있는지를 기독교적 언어를 사용해 설명하는 일이다. 당연히 자기 논문의 결과와 기독교적 관점을 조화시키기 어려울 때가 많을 것이다. 아니, 애초에 기독교적 기초 위에서 자신의 학설을 세우는 것 자체가 어렵다. 그러나 그림 2를 염두에 두는 사람은 그 괴리를 이상히 여기거나 두려워하지 않는다. 그 괴리를 못 견뎌 쉽게 타협하거나 멈추지도 않는다. 주류 학설을 기독교적 안목으로 비판적으로 성찰하고,

기독교적 기반 위에서 자신의 생각을 공적으로 인정받을 수 있는 언어로 서술하려는 노력을 지속할 뿐이다.

기독교적 가치를 사회에서 구현하기 위해 다른 체계, 다른 세력과 연대할 수도 있다. 심지어 다른 종교와도 대화하고 연대할 수 있다. 다종교 국가이고 세속 국가인 우리나라의 경우 역사적으로 기독교가 다른 종교와 연합해 공동의 선을 달성한 경우가 꽤 있다. 그중 가장 대표적인 예가 2019년에 100주년을 맞는 삼일운동이다.[78] 삼일운동은 대한민국의 시작점이라 할 수 있는 민족사적 의의를 지닌 운동이고, 전 세계적으로도 식민주의에 대항하는 비폭력 저항의 전거가 된다. 여기에 한 가지 더해 다종교 사회에서 기독교 참여의 바람직한 방향을 보여주는 모범 사례이기도 하다. 당시 민족 대표 33명 중 16명이 기독교인이었고, 15명은 천도교계, 2명은 불교계 인사였다. 이 세 종교가 연합해 삼일 만세 운동이 성사된 것이다. 이후 전국적으로 확산된 만세 운동도 각 지역의 기독교도와 천도교도와 비종교인들이 연합해 일으킨 경우가 많았다. 경기도 발안의 제암리교회 사건의 경우 불에 타 죽은 30여 명 중 절반이 기독교인이고 나머지 절반은 천도교도였다.

삼일운동에 참여한 기독교의 위대성은 40년도 못 되는 기독교 역사속에서 '신학'(theologia)을 정립할 만큼 성숙하지 않은 기독교가, 자신의 정체성을 타협하지 않으면서도 단번에 세계사적 모순의 핵심으로 뛰어들어 큰 성취를 이루었다는 데 있다. 1919년 2월 10일 이승훈이 천도교 측으로부터 연합의 제의를 받았을 때부터 20일 남짓한 기간 동안 장로교와 감리교 측에서 여러 차례 회의를 통해 이 운동의 방향과 수위와 구체적인

78　졸고, "3.1운동 시 기독교와 천도교 연합과 그 사상적 배경", 「교회사학」, 제7권 1호 (2008), 183-215을 보라.

방식과 독립선언서의 내용에 관한 조정이 있었다. 당시 기독교인들의 고민은 33인 중 한 사람인 감리교 신석구 목사의 질문으로 대표될 수 있다. 독특성을 가진 기독교가 공적 세계에 참여할 때 예상되는 문제들이다. "첫째, 교역자로서 정치 운동에 참가하는 것이 하나님의 뜻에 합당한가? 둘째, 천도교는 교리상으로 보아 서로 용납하기 어려운데 그들과 합작하는 것이 하나님의 뜻에 합당한가?" 당시 모든 기독교 지도자가 정도의 차이는 있었겠지만 유사한 고민을 공유하고 있었다. 신석구 목사는 첫 번째 문제에 대해 3일간 금식하며 하나님의 음성을 기다리다가, "4천 년 전하여 내려오던 강토를 네 대에 와서 잃어버린 것이 죄인데 찾을 기회에 찾아보려고 힘쓰지 아니하면 더욱 죄가 아니냐"라는 하늘의 음성을 듣고 가담을 결심했다고 한다. 남강 이승훈도 목사들이 만세 운동 참여하는 일에 난색을 표하자, "나라 없는 놈이 어떻게 천당에 가. 이 백성이 모두 지옥에 있는데 당신들만 천당에서 내려다보면서 거기 앉아 있을 수 있느냐"고 호통을 쳤다. 이는 기독교가 자신의 정체성을 유지하면서 공적 논의에 참여하려는 의미 있는 노력이다. 기독교의 구원과 민족주의가 분화(分化)되지 않은 채 한데 얽혀 있어, 더 세련된 신학을 정립할 필요가 있긴 하지만 말이다.

두 번째 문제, 즉 천도교와의 연대 문제는 더 어려운데, 기독교가 자신의 교리를 포기하지 않는 것은 물론 기독교의 독특한 사상을 운동에 관철시켜야 하고, 동시에 천도교와도 화합해야 하기 때문이다. 삼일운동을 일으키는 두 종교 단체의 교리와 이념과 세계관은 확실히 다르다. 그림 2의 설명처럼 만나지 못하는 두 개의 구다. 천도교의 경우 삼일운동 참여의 근거는 '개벽'(開闢) 사상이다. "새롭게 열린다"는 뜻의 개벽은 새로운 문명, 새로운 시대가 시작된다는 의미로서 동양의 순환론적 우주론과 역사관을 배경으로 하고 있다. 수운 최제우는 자신의 득도로 최초의 개벽

후 5만 년 만에 새로운 시대가 열렸다는 다소 황당한 주장을 했다. 개벽의 시대가 찾아오는 방법에는 폭력 혁명을 통한 '동세개벽'(動世開闢)과 때를 기다리며 실력을 쌓아야 한다는 '정세개벽'(靖世開闢)의 두 방법이 있다. 2대 교주 해월 최시형은 군사를 일으킬 때를 엿보았고, 3대 교주 손병희는 도전(道戰), 재전(財戰), 언전(言戰)의 삼전론(三戰論)을 주장하며 정세개벽 쪽으로 기울었다. 한편 기독교에서 참여의 논리는 미국 복음주의자들이 가르친 성경에 의한 사회 개혁이다. 이렇게 기독교와 천도교는 서로 다른 두 체계이지만 민족의 독립이라는 공적 영역에서 서로 만나 거사를 도모했다.

기독교는 삼일운동에서 기독교만의 독특한 자취도 남겼다. 애초에 기독교인들이 천도교와의 연합을 꺼렸던 이유 중 하나가 불과 25년 전에 일어났던 동학 농민 전쟁을 기억했기 때문이다. 기독교 대표 이승훈과 천도교 대표 최린 그리고 최남선이 만난 자리에서 비폭력의 원칙이 세워졌고, 독립선언서도 과격한 해결보다 인도적 성격이 강한 선언문을 써야 한다는 논의가 있었다.[79] 양심에 따른 인도주의, 복수가 아닌 광정(匡正), 평화주의, 새로운 문명에 대한 기대와 같은 것들이 기독교가 독립선언서에 남긴 자취들이다.

기독교와 천도교는 한 달 후 대한민국 임시 정부를 상해에 세울 때

---

[79] 비폭력 운동의 기독교적 기원에 관한 증거를 한 가지 더 들자면, 1919년 3월 3일경 강서 지역에 뿌려진 "독립단 통고문"이라는 전단의 내용이다. "우리 존경하고 고귀한 독립단 여러분이여, 어떤 일이든지 일본인을 모욕하지 말고, 돌을 던지지 말며, 주먹으로 때리지 말라. 이는 야만인이 하는 바니, 독립의 주의를 손상할 뿐이니 행여 각각 주의할지며, 신자는 매일 세 때 기도하되 일요일은 금식하며 매일 성경을 읽되 월요일은 이사야 10장, 화요일은 예레미야 12장, 수요일은 신명기 28장, 목요일은 야고보서 5장, 금요일은 이사야 59장, 토요일은 로마서 8장을 돌아가며 다 읽을 것이라." 출처. 김승태, "삼일 운동과 한국 기독교인", 2018년 7월 2일 미래교회포럼 발제문, 「코람데오닷컴」 2018년 7월 5일.

도 뜻을 같이했다. 임시 정부는 왕정이 아닌 '민주 공화국' 정체를 취했는데, 생각해보면 놀라운 선택이었다. 공화정을 선택한 배경도 서로 달랐다. 기독교는 하나님의 형상론에서 비롯한 인권(人權)을, 천도교는 모든 인간이 자신 안에 '한울님'을 모시고 있다는 인내천(人乃天)을 기초로 삼았다. 오늘날 많은 사람이 기독교가 공공의 영역에서 무임승차했다고 주장하는데, 오늘의 대한민국의 정신과 체제에는 기독교의 자본금이 꽤 포함되어 있다.

대화를 통한 확장

셋째, 기독교는 다른 사상과의 대화를 통해 자신을 확장하고 정립한다. 한 가지 간과해서는 안 될 점이 있다. 기독교를 유일한 진리로 믿는다는 말이 결코 한 사람이 이해한 기독교나, 기독교의 한 교파, 한 전통을 유일한 진리 체계로 생각한다는 말이 아니다. 기독교는 대단히 크고 넓은 개념이라서 시공의 제약을 받는 인간이 기독교를 포괄적으로 이해했다고 할 수는 없다. 사실 한 사람의 지성 체계를 온전히 이해하는 것도 어려운 법인데, 하나님은 이 세상의 모든 지성의 합계보다도 훨씬 크신 분이다. 때로 하나님이 매우 낯설게 느껴질 때가 있다. 내가 그동안 알아왔던 하나님이 아니고, 내가 기대했던 것과 전혀 다른 일이 일어나서 나를 당혹케 한다. 우리는 하나님의 등밖에 볼 수 없고 그분의 옷자락밖에 만질 수 없다. 성령께서 이루어가시는 섭리의 역사는, 그 일이 이루어진 한참 후에야 돌이켜보면서, 그분의 지성과 통찰력에 대해 감탄할 수밖에 없는 경우가 많다. "깊도다! 하나님의 지혜와 지식의 풍성함이여, 그의 판단은 헤아리지 못할 것이며 그의 길은 찾지 못할 것이로다"(롬 11:33)라고 말이다.

물론 그 크신 하나님은 인간의 몸으로 자신을 나타내셨고 인간의 언어로 기록된 성경 안에 자신을 제한시키기를 기뻐하셨다. 하나님의 구속과 섭리의 역사는 성경의 기록을 벗어나지 않는다. 그래서 우리는 성경을 읽으면서 하나님의 뜻을 꽤 선명하게 알 수 있다. 그러나 성경도 우리가 좁은 안목으로 다 이해할 수 있다고 말할 수 없을 만큼 크다. 단지 우리가 성경을 우리의 제한된 눈으로 보고 있다가, 하나님이 이루신 새로운 일을 보고 난 후에야 성경 안에 우리가 알지 못하던 비밀이 숨겨져 있다는 것을 깨닫게 된다. 사실 알고 보면 성경은 바로 이런 예상치 못했던 하나님의 일하심을 기록한 책이다.[80]

도대체 기독교(A)란 무엇인가? 사도신경으로 대표되는 교리의 묶음인가? 불변하는 명제적 진리들의 체계인가? 그 진리들은 상황에 따라 가변적인가, 아니면 변하지 않는 영원한 것인가? 물론 진리는 그 정의(定義)상 변하지 않는 것이어야 한다. 그러나 또한 동시에 진리는 역사적 상황에 따라 다른 양상으로 나타난다. 성경만 보아도 구속사의 흐름에 따라 진리가 점차 확장되고 명확해졌다. 성경이 완성된 이후에도 역사의 중요한 변곡점에서 신앙고백서들이 쓰였거나 개정되었다. 변하는 세계 속에서의 변함이 없는 진리, 이 딜레마를 어떻게 해결할 것인가? 한 그루 소나무로 설명해보자. 소나무가 자라나는 것은 원래 있던 DNA가 환경에 따라 발현되는 과정이다. 심한 가뭄에 쪼그라들거나 풍상을 맞아 휘어지기도 한다. 이렇게 모진 고난을 겪고 성장한 소나무가 우리가 볼 수 있는 현상으로 나타난 소나무다. 기독교 진리도 그와 같다. 역사의 변천에 따라 가변적이라고 할 수도 있지만 그렇다고 해서 기독교의 DNA가 변한 것이 아니다. 소나무의 DNA는 불변하지만 그것이 발현되는 과정에서 반드시

---

80 성경을 이런 관점으로 보는 것을 선교적 이해라고 부른다. 앞서 잠시 소개한 크리스토퍼 라이트가 성경을 이런 식으로 이해한다. 크리스토퍼 라이트, 정옥배 외 역, 『하나님의 선교: 하나님의 선교 관점으로 성경 내러티브를 열다』(서울: IVP, 2010).

어떠한 형태든지 환경의 영향을 받을 수밖에 없는 것과 같은 이치다. 내가 위의 그림 2에서 기독교(A)를 그리면서 구의 겉면을 점선으로 표시했는데, 바로 이 이유 때문이다.

현실에서의 소나무는 이보다 형편이 더 나쁘다. 몇 년 전 유행했던 소나무 재선충병으로 솔잎의 상당수가 누렇게 변했고, 지난번 산불로 소나무 줄기 일부가 까맣게 탄 채 스산한 삭풍에 오래된 침엽 몇 가닥이 흔들리고 있다. 한국의 기독교만 해도 일제의 압박에 정조를 잃었고, 신학적 차이라는 가면 아래 지역 정서와 개인적 이해득실에 따라 교단이 분열되었으며, 국가주의와 자본주의의 거대한 힘에 저항 한 번 못해보고 스스로 굴복했다. 교계 지도자들의 각종 스캔들로 매스컴에서 잽을 얻어맞다 보니 그로기 상태가 되어 비틀거린다. 도대체 우리 현실 교회의 모습에서 진정한 교회의 DNA를 찾을 수 있을지 모르겠다. 기독교에 자기반성과 정화가 필요한 시점이다.

우리의 모습을 바로 볼 수 있는 거울의 역할을 하는 것이 바로 다른 체계들(B, C…N)이다. 기독교가 다른 체계들에 직면해 그들로부터 공격을 당하거나 도전을 받는 위기의 때를 선교적 상황이라고 부를 수 있다. 이때가 바로 기독교가 반성도 하고 근원으로 돌아가기도 하면서 그 상황에 적합한 새로운 진리를 발견할 때다. (그래서 진리는 늘 새롭다.) 나중에 돌이켜보면 새로 발견한 진리는 아니고 이미 과거부터 존재하던 진리를 재발견·재해석한 것이다. (그래서 진리는 늘 변함이 없다.) 제4장에서 설명한 적이 있는데, 예컨대 유대교의 일파로서의 기독교가 이방 세계를 만난 선교적 상황에서 할례와 음식법과 절기 등의 문제로 대혼란이 일어났다. 그러나 논쟁과 성찰과 깨달음의 과정을 통해 진리는 더 깊고 넓어졌다. 이 외적 규례들은 유대교의 문화적 표현일 뿐이므로 진정한 믿음을 가진 사람들은 이런 문제로부터 자유로워야 하며, 사랑으로 섬기는 것이 율법의 핵심이라는 결론에 도달했다. 신앙인들은 시대의 흐름에 민감해야 한다. 내가 가진 전통이 세상에서 일어나는 많은 것을 설명해주지 못할 때, 그 전통을 의심하면서 새로운 성령의 조명을 기대해야 한다. 이 책이 바로 포스트크리스텐덤 시대를 염두에 두면서 새로운 시대를 준비하기 위한 하나의 시도다.

우리가 맞닥뜨리는 "선교적 상황"이라는 것이 무엇인지 좀 더 자세히 들여다보자. '상황'은 단순한 사회 경제적 삶의 조건 정도가 아니다. 예를 들어 우리나라에 파송된 선교사들이 맞닥뜨려야 했던 상황은 단순히 나라를 잃은 가난하고 불쌍한 백성이라는 **대상**이 아니었다. 유구한 종교적 전통을 품은 **주체**로서의 사람들이었다. 천 년도 넘게 우리가 사는 세계를 설명해주고 질서를 잡아주던 유교, 그보다 더 오래 삶의 고통을 극복할 수 있도록 도와준 불교, 그보다 더욱더 긴 세월 동안 이승과 저승을 연결시키고 화해시켜준 무속이, 우리 민족의 가슴속 깊은 곳에 떡하고 자리 잡고 있었다. 우리 집단 무의식 속에 너무도 깊이, 너무도 광범위하게 뿌리박혀 있어서 아무리 해도 이를 제거하고 기독교를 심을 수 없었다. 이런 상황에서 복음이 전파된다는 것은 무속, 불교, 유교 위에 4층짜리 기독교의 집을 짓는 것인가? 아니면 이들을 다 뽑아내고 새롭게 기독교 진리를 심어야 하나? 전통 종교들은 과연 정복해야 할 악한 이교 사상인가, 혹은 인간의 종교심의 표현으로서 기독교가 성취시켜주어야 할 종교의 맹아인가? 아니면 종교 다원주의 입장에서 보편 구원이나 포괄적 구원론으로 귀결되어야 하는가?

복음주의자 맥더모트는 『기독교는 타 종교로부터 무엇을 배울 수 있는가?』에서 신선한 접근법을 제시한다.[81] 다른 종교를 대할 때 그 종교가

---

81   제럴드 맥더모트, 한화룡 역, 『기독교는 타 종교로부터 무엇을 배울 수 있는가?: 다종교

구원을 줄 수 있는가 하는 구원론적 물음으로 접근하지 말고, 그 안에 계시된 진리가 있는지를 찾자는 것이다. 하나님께서는 기독교가 아닌 다른 종교나 사상들에도 진리의 편린(片鱗)을 남겨두셨다. 맥더모트에 따르면, 기독교인들은 당대의 사상들에서 그 진리들을 배울 수 있고 또한 배워야 한다. 이렇게 함으로써 기독교는 더욱 풍성해지고, 또렷해지며, 세상과 대화가 쉬워진다. 아우구스티누스는 신플라톤주의로부터, 아퀴나스는 아리스토텔레스로부터, 칼뱅은 인문주의자들로부터 진리의 일면을 배웠다면, 우리도 우리 시대의 사상들과 교류하면서 혹은 전통 종교들을 통해 진리의 일면을 배울 수 있지 않겠느냐는 주장이다. 맥더모트는 자신의 책에서 성경적 전거와 역사적 사례들을 통해 자신의 논지를 설명한 후, 불교, 도교, 유교, 이슬람교 등을 섭렵하면서 기독교가 그들로부터 배울 수 있는 점들을 상세히 살핀다. 물론 그는 기독교만이 줄 수 있는 구원이 이런 종교들에 있다고 말하지 않는다.

나는 대체로 맥더모트의 생각에 동의하며 또한 서구 신학자로서 동양 종교들의 핵심을 파악하기 위한 그의 노력에 경의를 표한다. 한 가지 걸리는 것이 있는데, 바로 '배운다'(learn)라는 표현이다. "오직 성경으로"(Sola scriptura)를 주장한 종교개혁가의 후예인 나는 성경 외의 다른 종교로부터 배운다고 말하기가 꺼려진다. 나도 다른 종교나 사상들을 즐겨 읽는 편인데, 거기서 무엇을 배운다기보다는 도전을 받는다고 해야 옳을 것이다. 도전은 세 가지 방향에서 온다. 첫째는 다른 종교나 사상가들의 글을 읽는 동안 내 죄를 깨달을 때가 있다. 포스트크리스텐덤 시대의 교회 안에 세상이 들어와서 자리를 잡고 앉았으며, 소(小) 교회인 내 안에 세

사회를 사는 그리스도인들을 위한 교양』(서울: IVP, 2018), 18-19. 이 책의 원제는 "복음주의자가 세계 종교로부터 배울 수 있는가?"(*Can Evangelicals Learn from World Religions?*)다.

속성이 지배하고 있다. 진지하게 인간성을 통찰하는 소설, 우리 시대를 비판하는 사회과학 서적, 혹 교회를 비판하는 안티 기독교 청년의 글을 읽을 때, 부끄러움과 죄책감으로 얼굴이 화끈거린다. 둘째는 내가 서 있는 신학적 전통에서는 소홀히 하는 점, 그런데 현대 사회에서 꼭 필요한 것을 비기독교인들이 먼저 아는 경우가 있다. 이들로부터 자극과 도전을 받아 성경을 다시 살피면 성경이 새롭게 다가온다. 이전에 보이지 않던 것들이 보이고, 희미하게 알고 있던 것들이 정리된다. 고승들의 설법을 통해 기독교가 얼마나 세속에 물들어 있는지를 알게 되고, 노장사상을 읽으면서 조바심을 내는 내 인위적 노력이 부끄러워진다. 그 도전으로 성경을 읽으면 성경에서 말씀하는 자기부인과 기다림의 미학이 새롭게 다가온다. 셋째는 내가 기독교적 진리인 줄로만 알고 붙들고 있었는데, 알고 보니 다른 종교에도 있는 진리인 경우가 있다. 그럴 때 기독교의 독특한 점은 무엇일까를 깊이 생각해보면서 기독교를 더 또렷하게 이해한다. 예컨대 한동안 나는 기독교와 적극적 사고방식(positive thinking)을 동일시하고 있었는데, 적극적 사고방식을 설명하는 비기독교 서적을 읽은 후, 내가 그동안 알고 있던 성경 해석을 의심해본 적이 있었다.

맥더모트의 '배운다'는 표현 속에는 비기독교 안에 있는 진리의 편린을 받아들여 기독교 체제 안에 녹여 해석하는 것을 넘어서 비기독교의 체계 자체를 상당히 용인하고 받아들인다는 뜻이 포함되어 있다. 예를 들어 그가 여러 차례 인용하는 중국의 대표적 지식인 린위탕(林語堂)을 생각해보자. 린위탕은 근본주의자 목사의 아들로 태어나 중국의 전통 종교들을 배척하라고 교육받았다. 그러나 중국의 위대한 사상적 유산을 발견한 후 근본주의적 기독교의 가르침에 반발해 기독교 신앙을 버리고 중국 전통사상을 따라갔다. 그 생애 모년(暮年)에 이르러서야 기독교로 귀의해 『이교도에서 기독교인으로』라는 책을 썼다. 그러나 불행하게도 그가 이해한 기독교는 당대 유행하던 자유주의적 기독교였다. 린위탕은 복음주의 기독교의 핵심적 교리인 '대속'을 부인하고, 기독교의 핵심을 '사랑'과 '윤리'로 환원하는 당시 자유주의의 가르침을 따랐다.[82] 그는 중국의 전통 철학으로부터 너무 많이 **배운** 것이다.

흔히 공공신학자들은 기독교의 진리를 사회에서 통용되는 언어로 진술해 기독교를 전하는 것, 아니면 깨어진 세계에 대해 기독교가 참여해 도움을 주는 것이 공공신학의 목적이라고 생각한다. 그러나 나는 공공신학의 중요한 목적이 또 하나 있다고 생각한다. 바로 기독교인이 다른 사상 체계들과 대화하는 것이다. 대화를 통해 다른 사람들을 변화시켜야 하지만, 그보다 먼저 나를 알고 나를 변화시키는 것이 중요하다. 다른 체계의 도전을 받아 기독교가 간과한 면을 재고해 더 깊은 진리로 나아갈 수도 있고, 혹은 다른 체제와의 유사점을 깊이 생각함으로 기독교의 정체성을 더 또렷이 정립할 수도 있다. 기독교 신학은 이런 방식으로 선교적 상황에서 다른 사상과 종교들을 만남으로 스스로를 정립해왔고, 또한 자신에게 있는 진리의 DNA를 발현시켜 점점 더 풍성한 이해를 얻었다.[83]

---

82 링위탕, 홍종락 역, 『이교도에서 기독교인으로: 진리를 찾는 어느 지성인의 오디세이』(서울: 포이에마, 2014), 특히 제8장을 보라.

83 앤드루 월스, 방연상 역, 『세계 기독교와 선교 운동』(서울: IVP, 2018), 제3장을 보라. 그는 선교적 상황에서 다른 사상과 조우해 기독교 신학을 펼쳐나가는 것을 '번역'의 과정으로 이해했다. 또한 GOCN 신학자의 한 사람인 밴 겔더 역시 우리 시대 교회를 선교의 상황이라 전제하고 선교의 역사를 통해 신학과 실천을 형성해온 방식으로 성도들을 훈련시켜야 한다고 주장했다. Craig Van Gelder, "How Missiology Can Help Inform the Conversation about the Missional Church in Context," Craig Van Gelder ed. *The Missional Church in Context: Helping Congregations Develop Contextual Ministry* (Grand Rapids: Eerdmans, 2007), 27-43.

공론장에 참여하기

넷째, 공공의 영역이란 각각의 체계들이 경쟁하는 장인데, 여기에 참여하려면 일정한 규범을 따라야 한다. 크리스텐덤 사회는 기독교가 세상의 중심이고, 세상에 존재하는 다른 모든 철학이나 종교는 하나님의 뜻에서 벗어난 죄악의 산물들로 여겼다. 기독교는 그 모든 잘못된 가르침을 물리적 힘으로 억압하고 그것들을 믿는 사람을 구원해내야 한다고 생각했다. 그러나 세속화되고 다원화된 포스트크리스텐덤 사회는 그림 2처럼 큰 사회 안에서 여러 체계와 종교들이 경쟁하는 구도다. 그 큰 원을 공공의 영역(public sphere)이라 부르자. 이는 여러 체계들이 때로 경쟁하고 때로 갈등하며 공존하는 넓은 사회다. 그 넓은 영역에 어떤 체계가 옳은지 그른지를 판단하는 심판이 존재하는 것은 아니고, 단지 공정한 경쟁을 가능하게 해주는 소극적 규칙만이 존재한다. 그 영역 안에 있는 N개의 체계들은 그 규칙에 따라서 저마다 자신이 진리라고 주장하며 공존한다. 이 사회에서는 기독교도 그 N개의 체계 중 하나일 뿐 그 이상도 그 이하도 아니다.

내가 설명한 '공공의 영역'은 일반적인 다원주의 사회를 묘사한 것이다. 그러나 '공공의 영역'이라는 특수한 개념을 발전시킨 사람이 있으니, 독일의 비판 이론가 위르겐 하버마스(Jürgen Habermas)다. 그가 발전시킨 '공공의 영역'은 공적인 문제에 대한 토론이 가능한 장소라는 의미의 '공론장'(公論場)으로 더 많이 번역된다. 하버마스는 『공론장의 구조 변동』[84]에서 근대 서구 사회에서 어떻게 오늘날과 같은 공공의 대화가 가능해졌는지, 어떻게 국가와 개인을 연결시키는 시민 사회(civil society)가 형성되었는지 그 역사적 연원을 탐구한다. 크리스텐덤 시대에는 교회나 왕

---

84 위르겐 하버마스, 한승완 역, 『공론장의 구조변동: 부르주아 사회의 한 범주에 관한 연구』(서울: 나남, 2016), 특히 107, 120-122; 최경환, "하버마스의 공론장 개념과 공공신학", 「기독교철학」 제19호(2014년), 189-221.

과 같은 절대적 권위가 정책 결정을 독점했고, 종교의 이름으로 사회의 질서와 규범을 강요했다. 18세기 이후 서구 사회에 부르주아 계급이 출현했는데, 이들은 자유로운 의견 교환을 통해 공적 의견을 표현하는 주체로 부상하게 되었다. 문학가나 저널리스트와 같은 부르주아 지식인들이 국가나 시장 권력과 대화도 하고 저항도 하면서 시민 사회가 형성되었다. 하버마스에 따르면 공론장이 성립하기 위해서는 서열 의식이 배제된 동등한 관계가 전제되어야 하고, 대중들의 공동의 관심사가 존재해야 하며, 그 관심사는 누구에게나 접근이 가능하도록 열려 있어야 한다. 공론장의 주체는 합리적 교양을 갖추었으면서도 능동적인 부르주아다. 하버마스에 따르면 이상적인 부르주아 공론장은 잠시 동안 존재했을 뿐 곧 소멸되고 말았다. 이는 공론장의 주체가 되어야 할 시민들이 능동성을 상실한 채 급속도로 성장하는 미디어의 소비자가 되어버린 데 이유가 있다. 부가 불평등하게 분배됨으로 양극화가 일어나고, 미디어는 공공의 정보가 유통되는 장이 아니라 정치가와 기업의 선전 수단이 되고 말았기 때문이다.

하버마스의 공론장 이론은 여러 방면에서 비판을 받는다. 과연 18세기 부르주아 사회가 누구에게나 접근 가능했던 평등한 공론장이었는지, 그 공론장에 합리성이 지배하고 있었는지에 대해 의문의 여지가 있다. 교육받을 기회가 없던 저소득층이나 여성들은 그 공론장에 참여할 수 없었다. 이런 여러 가지 비판에도 불구하고 하버마스가 제시한 공론장 이론은 오늘날 다원주의 사회에서의 시민 사회의 규범을 제공해준다는 데 큰 의미가 있다. 즉 양극화된 사회에서 평등을 지향하고, 배제가 만연한 사회에 모든 사람이 공평하게 참여하는 열린 사회여야 한다는 점이다. 대중들이 미디어를 통해 여론에 참여할 수 있기 때문에 권력과 자본으로부터 독립된 미디어의 공정성이 무엇보다도 중요하다.

그렇다면 과연 대한민국에 온전한 공론장이 형성되어 있는가? 불행히도 대한민국의 미디어는 대기업 광고주의 이익에 종속되어 공정한 취재와 보도를 하지 못한다. 게다가 대중들은 여론을 조작하는 가짜 뉴스에 휘둘리고 이를 검증해야 하는 지식인마저 정치적 입장에 따라 분열되어 있는 형편이다. 오늘날 대한민국에서 여론을 형성할 수 있는 합리적 시민 사회의 형성은 요원하고, 원색적으로 상대를 비난하면서 표를 얻으려는 선거 공학만 난무한다. 우리를 더욱 낙심시키는 것은 기독교가 그 한 축을 담당하고 있다는 점이다. 기독교 지도자들은 차별 없는 합리적 대화가 아닌 폭압적이며 분열적인 언어로 공적 영역에 진입한다. 사회적 약자의 입장을 대변하거나 그들이 주체가 되어 공적 영역에 참여하도록 길을 열어주지 못하고, 기득권을 옹호하는 편에 설 때가 많다. 이런 현실에서 기독교가 공론장에 참여하는 방식은 어떠해야 하겠는가? 한걸음 더 나아가서 기독교 안에 모든 사람에게 열려 있으면서 합리적 공론장을 형성하도록 해주는 어떤 자원(資源)이 있지 않을까?

포스트크리스텐덤 시대를 사는 우리 대한민국의 기독교가 공론장 혹은 공공의 영역에 참여할 때 먼저 권력 사용의 정당성에 대해 깊이 고려해야 한다. 신념과 열정으로 가득한 기독교인들은 어떤 수단과 방법을 동원해서라도 내가 믿는 기독교의 진리를 전해야 한다고 생각한다. 공공장소에서 큰 소리로 찬송을 부르고 전도하며, 오래전 일이긴 하지만 일부 과격한 기독교인들은 단군상의 목을 베고 불상을 훼손하며, 조계사의 헌금함에 "예수천당, 불신지옥"이라는 글을 쓴 지폐를 집어넣고, 절에 가서 찬송가를 부르기도 한다. 회사의 사장은 직원들에게 교회 나갈 것을 강요하고, 군부대의 부대장은 참모들을 이끌고 예배에 참석하며, 시어머니는 며느리에게 개종을 강제한다.

그러나 이런 방법은 전도에 별 도움이 되지 않을 뿐 아니라 기독교가 공공의 적이 되기 십상이다. 성경에 나오는 예를 살펴보자. 이방인 사이에서 나그네로 섞여 사는 야곱의 가족에게 큰 시련이 닥쳤던 적이 있다. 야곱의 딸이 인근 부족 추장의 아들에게 강간을 당한 것이다. 그때 야곱의 아들들 가운데 두 사람이 그 부족을 속여서 할례를 받게 만들고, 고통받는 부족민을 몰살시키며 재산을 빼앗는 일이 일어났다. 야곱은 하는 수 없이 야반도주를 해야 했고, 아버지의 책망을 받은 두 아들은 "그가 우리 누이를 창녀 같이 대우함이 옳으니이까?"라는 퉁명스러운 반응을 보였다 (창 34:31). 그들은 자신들의 행동의 결과를 고려하지 않고, 즉각적이며 무책임한 폭력을 휘두른 생각 없는 사람들의 전형이다. 하나님과 가족의 명예를 지키는 것처럼 큰소리치지만, 사실 이들의 행위는 하나님의 명예와는 아무 관계도 없는 분노와 혈기에 불과했다. 야곱의 묘사처럼 이들은 '악취'를 풍긴 것이다. 다원적 사회에서 신앙을 폭력적으로 강요하는 확신에 찬 근본주의 기독교인들과 야곱의 두 아들의 이미지가 겹쳐지는 것은 너무 가혹한가?

기독교의 배타성은 현대 사회의 특징이라고 할 수 있는 개방성, 관용, 다원성 등과 어울리지 않는다. 현대인은 모든 형태의 근본주의 (fundamentalism 혹은 원리주의)를 싫어한다. 게다가 특히 기독교와 권력이 유착되었던 유사 크리스텐덤 시대를 지나왔기 때문에, 비기독교인들은 기독교가 권력을 사용하는 것을 극도로 경계한다. 2008년 8월 말, 이명박 대통령이 불교를 차별하고 탄압하려 했다며, 불교 승려와 신도 십만여 명이 시청 앞 광장에 모여 집회를 열었던 적이 있다. 그들은 불교를 차별하는 종교 편향에 대해 대통령의 사과와 함께 종교 차별 금지법을 제정할 것을 요구했다. 장로 대통령이기 때문에 기독교에는 특별한 대우를 해주고 불교는 차별 대우를 한다는 것이었다. 상원사 주지 삼보 스님은 "불교 탄압 중단하라"는 혈서를 쓰고 할복자살을 기도하기까지 했다. 당시 대통령이 정말 그렇게까지 종교 편향성을 가졌는지 고개가 갸웃거려지기는 하지만, 기독교와 권력의 영합이 대한민국 사회에서 얼마나 강한 휘발성을 가질 수 있는지를 잘 보여주는 이슈였다.

미국 풀러 신학교 총장 리처드 마우는 『무례한 기독교』에서 기독교인들이 "신념 있는 시민 교양"(conviction and civility)을 지녀야 한다고 주장한다.[85] 이 책은 다원주의 사회를 사는 우리들이 기독교적 확신을 가지면서도 공적 영역에서 기여할 수 있는 방식에 대해 도움을 주는 책이다. 하나님은 자신의 의를 개인뿐 아니라 전 사회에 펼치기를 원하시며 이를 위해 기독교인을 대리자로 부르셨다. 그러나 그 방식은 과격한 폭력이 아니라 그리스도를 닮은 온유함이어야 한다. 서로 모순되는 것 같아 보이는 이 두 가지를 조화시킬 수 있을까? 여기서 '시민 교양'(civility)이라는 단어에 유의하라. 이는 단순히 너그럽고 친절한 교양인이 되라는 의미가 아니다. '시민 교양'은 '시민성'으로 번역되어도 좋은 단어로 다원화된 공공사회를 전제한다.

나는 기독교인들이 공론장에 참여할 때 단지 소극적으로 다른 입장들을 견뎌내는 것을 넘어서 바람직한 공론장 형성에 도움을 줄 수 있다고 믿는다. 성경 안에는 공격적으로 하나님의 왕국을 펼치라는 명령도 있지만, 이는 이스라엘 신정 정치 시대에 국한된 것이다. 성경은 다원적 체제에서의 기독교인의 공적 삶의 방식에 대해서도 많은 전례를 제시해준다. 내가 제일 좋아하는 사람은 다니엘이다. 그는 모든 환경이 적대적이고, 신앙을 지탱해주던 모든 것들이 무너진 때, 바빌로니아 왕실에 최선을 다하지 않으면 죽고 최선을 다하면 원수를 이롭게 하는 딜레마에 빠진 상황에서 가장 겸손하고 지혜로운 방식으로 자신의 신앙을 지켜나갔다. 사실 자

---

85 리처드 마우, 홍병룡 역, 『무례한 기독교: 다원주의 사회를 사는 그리스도인의 시민교양(확대개정판)』(서울: IVP, 2014), 43-50.

신이 믿는 바가 확실하다면 이를 표현하는 방식은 얼마든지 달라질 수 있는 여유와 담대함이 생긴다. 또한 상대의 입장에서 생각해볼 수 있는 공감 능력과 객관성과 호의가 가능해진다.

오늘날 반동성애를 주장하는 기독교인(A)이 동성애 옹호론자와 토론하는 방송 프로그램(B)에 나갔다고 해보자. 구약 레위기나 신약 로마서를 들어서 동성애는 하나님이 혐오하는 것이라고 주장하는 것은 호응을 얻지 못한다. 자칫 상대가 동성애 관련 성경 구절에 관한 새로운 해석을 내놓는다면 입지가 더욱 좁아질 뿐이다. 또한 동성애의 참혹한 결과에 관한 보고를 들고 나오면, 저쪽에서는 그 보고의 신빙성을 의심하면서 자신들에 유리한 증거를 더 많이 이야기할 것이다. 보수적인 사람들의 반동성애 정서에 호소하면, 동성애 옹호자들은 박해받는 소수파처럼 행동할 것이다. 객관적인(?) 눈을 가진 시청자들이 볼 때 기독교인들은 사회의 흐름을 따라잡지 못하는 편견이 심한 광신자(bigot)로 비칠 뿐이다.

그러나 자신이 다원주의 사회에 살면서 공공의 영역에 있다는 사실을 아는 기독교인 토론자는 달라야 한다. 이 기독교인 토론자가 우선적으로 해야 할 일은 기독교적 주장(A)과 반대파의 주장(B)이 모두 서로 다른 완결된 체계라는 것을 증명하는 일이다. 반대파는 기독교의 주장이 성경에 대한 맹목적 신앙에 근거한 주장일 뿐 과학적 근거가 결여되었다고 말할 텐데, 사실은 조금만 깊이 들어가 보면 그들도 증명할 수 없는 전제 위에 서 있기는 마찬가지다. 바로 이 지점을 공략해야 한다. 그리고 두 개의 체계 중 어떤 체계가 더 사실에 부합하고, 논리적 정합성이 있고 실용적인지를 설명한다. 여기까지가 토론을 통해 할 수 있는 최선이다.[86] 중요한

---

86   존 프레임, 전지현 역, 『하나님의 영광을 위한 변증학』(서울: 영음사, 2011), 특히 제9장을 보라. 이 책은 포스트모더니즘을 예견했던 전제주의 변증학자 반틸을 현대화해 소개한 존 프레임(John M. Frame)의 명저 *Apologetics to the Glory of God*의 번역서다.

것은 자세다. 확신은 가지지만 강요하는 태도가 아니라 상대를 이해하고 경청하려는 마음, 동성애 성향을 가진 사람에 대해 긍휼한 마음을 품는 것이다. 그다음은 실천적으로 일관성 있는 사랑의 행위를 통해 사회적 신뢰를 얻어야 한다.

나는 모든 권력의 사용을 반대하는 입장은 아니다. 합법적인 테두리 안에서 얼마든지 권력을 사용할 수 있다. 정교분리(separation of church and state) 원칙으로 정부의 영역과 교회의 영역이 분리되어 있는 것은 맞다. 정교분리에도 여러 입장이 있는데, 가능하면 서로 만나지 않는 것이 좋다는 '분리주의'(separationism)가 있고, 서로 협력할 부분이 많이 있다는 '조화주의'(accommodationism)가 있다. 나는 후자가 더 옳다고 생각한다. 앞서 잠시 언급했지만, 교육, 복지, 군목 등의 오래된 영역부터, 최근 일어나는 협동조합, 마을 공동체, 미소 금융 등 지역 공동체 운동까지 다양한 분야에서 협력이 가능하다. 좀 더 넓게 남북 문제도 정부와 민간이 함께 동역해야 하는데, 민간 분야에서 가장 많은 자원과 관심을 가진 곳이 바로 교회다. 과거 기독교의 입장과 현재 이념적 지형으로서는 어렵겠지만 앞으로 남북 관계의 변화와 함께 기독교의 입장도 변할 것이라 믿는다.

정현종의 「섬」이라는 짧은 시가 있다. 두 줄밖에 안 되는 간단한 시다.

사람들 사이에 섬이 있다.
그 섬에 가고 싶다.[87]

나는 이 짧지만 강렬한 시가 우리가 지금 이야기하는 공론장의 좋은

---

87   정현종, 『섬』(서울: 열림원, 2009).

은유라고 생각한다.[88] 머릿속으로 그림을 그려보자. 나를 둘러싼 여러 사람들이 있다. 나를 낳고 길러준 부모님, 반평생을 함께한 아내, 내 모든 것을 주어도 아깝지 않은 자녀들, 직장 동료들, 성도들이 있다. 그들과 한담을 나누고, 사랑도 하며, 미래를 계획한다. 그러나 과연 나는 상대가 하는 말을 알아들었을까? 친밀감 있는 교제가 일어난 것일까? "우리는 하나다"라고 이야기할 수 있을 만큼 삶과 생각을 공유하고 있을까? 각 사람이 하나의 체계다. 도저히 다른 사람이 뚫고 들어갈 수 없는 각자의 육체와 단단한 영혼과 살아온 역사가 있기 때문이다. 이 은유는 사람들에게도 해당할 수 있고, 우리 사회를 구성하는 여러 체계들에도 해당된다.

이렇게 사람은 서로에게 도달할 수 없는 사적 존재이면서 서로를 갈망하는 존재이기도 하다. 보통 사람 같으면 "사람들은 섬과 같다. 나는 그 섬에 가고 싶다"라고 표현했을 테지만, 이 시인은 사람들 사이에 있는 '섬'이라는 제3의 공간을 설정한다. 사람 사이의 단절이 너무 심해 그에게 직접 다가갈 수 없는 것을 잘 알기 때문이다. 내가 다가가서 나를 열어 보인다고 해서 상대도 그렇게 할 것이라는 보장도 없다. 우리가 할 수 있는 최선의 방법은 나의 한계를 인정하고 겸손하게 손을 내미는 것이다. 바로 그 자리가 공론장 혹은 공공의 영역이다.

3. 공동체 교회

우리는 지금 포스트크리스텐덤이라는 세계사적으로 전례 없던 시대를 맞

---

[88] 정현종 시의 해석은 이 시를 메를로퐁티의 "육화된 마음"의 틀로 해석한 강신주, 『철학적 시 읽기의 즐거움: 우리 시에 비친 현대 철학의 풍경』(파주: 동녘, 2018), 325-339을 따랐다.

아 한국교회에 어느 방향으로의 전환이 필요한가를 논하고 있는 중이다. 그 방향으로 이미 많이 논의되는 선교적 교회론과 공공신학을 내 나름대로 정리해보았다. 이 두 운동은 서로 결코 분리될 수 없이 하나로 엮여 있다. 이번 장을 마무리 지으면서 언급하고 싶은 것은 바로 **교회**의 중요성이다. 선교적 교회론이 세상으로 보냄을 받은 교회의 성격을 강조하고, 공공신학이 공적 현장에서의 기독교의 역할을 이야기하다 보니, 정작 교회 자체에 대한 이야기가 뒤로 밀렸다. 그러나 이 모든 논의에서 나온 결론들이 메시지로 전달되어야 할 곳이 교회이고, 그 가치가 우선적으로 구현되어야 할 곳도 교회이며, 사회 속에서 역할을 감당해야 할 주체도 교회다. 물론 성도들 개인의 역할도 중요하겠지만 공동체로서의 교회는 더욱 중요하다.

교회는 그리스도께서 이 땅에 세우신 기관이다. 성경은 성령께서 개인 한 사람 한 사람을 부르셔서 구원의 은혜를 주시고 그들이 모여서 교회를 형성했다고 말하지 않는다. 그리스도께서 먼저 당신의 몸인 교회를 세우셨고, 개인이 성령의 세례를 통해 그 몸에 가입하는 것이다(고전 12:13). 교회는 직접적인 하나님의 통치가 이루어지는 일차적인 하나님의 왕국이다.[89] 하나님이 세상 한복판에 교회를 세우셨는데, 먼저 교회 안에 하나님의 통치가 임한다. 그리스도의 모든 충만한 것이 교회 안에 가득하고, 그것이 교회 밖의 각 삶의 영역으로 흘러넘친다(엡 1:22-23). 교회를 통해 하나님 나라를 체험하지 못하면 다른 곳에서 체험할 수 없다.

포스트크리스텐덤 시대에는 교회가 좀 더 강조되어야 한다. 물론 크

---

89 스캇 맥나이트는 그동안 교회를 도외시한 채 세상 속에서 하나님 나라를 이루려 했던 시도들을 비판하면서 교회가 하나님의 다스림이 있는 유일한 기관이라고 강조한다. 스캇 맥나이트, 김광남 역, 『하나님 나라의 비밀: 하나님 나라 내러티브와 교회의 비전과 사명』(서울: 새물결플러스, 2016), 특히 제6장과 7장을 보라.

리스텐덤 시대에도 교회에서 전해지는 하나님의 말씀을 통해 성도들이 변화되고 세상의 삶에서 그분의 뜻을 이루었다. 그러나 크리스텐덤 시대의 교회는 당연한 것으로 전제되어 있었다. 어디에 가나 교회가 있었고, 누구든지 태어나면서 교회의 멤버가 되었다. 형식적으로 예배에 참석해도, 회심의 경험이 없어도, 성도의 긴밀한 교제가 없어도, 모두가 하나님의 백성으로 여겨졌다. 앞서 비판적으로 고찰했던 기독교 세계관 운동도 교회에 대한 강조가 부족했다. 크리스텐덤의 끝자락에 일어난 기독교 세계관 운동은 개인-교회-세상의 순서보다는, 개인-세상-교회의 순서를 선호한다. 예컨대 신앙 좋은 그리스도인 기업인이라면 하나님의 뜻을 그의 일터에서 펼치는 것이 우선이다. 그에게 교회는 절박하지 않다. 그러나 포스트크리스텐덤 시대의 교회는 이방 세계 한가운데 던져져 있다. 이방 세계는 하나님에 대해 무관심하거나 적대적이다. 교회가 아니고서는 복음을 들을 수 있는 채널이 없고, 교회가 아니고서는 구원이 임할 수 없다. 인간의 구원은 외부 즉 그리스도로부터 와야 하는데, 그리스도께서는 그 구원을 교회와 성도들에게 위임하셨다.[90]

하나님의 통치는 교회 안에서 어떤 방식으로 구현될까? 가장 먼저 예상되는 대답은 예배일 것이다. 성도들은 예배 시간에 하나님께 신앙고백과 찬양을 드리고 말씀을 듣는 가운데 하나님의 임재를 경험한다. 그러나 교회는 예배 이상의 것을 갖고 있고 그 이상의 것을 성도들에게 준다. 내 이야기를 잠깐 하겠다. 나는 어려서부터 지금까지, 미국에 갔을 때와 그리고 국내에 귀국해서 몇 주를 제외하고는 어떤 교회든지 교회의 멤버로 소속되지 않았던 적이 없다. 주로 목회자로서 설교와 목회를 담당했다. 여러 해 동안의 목회 활동을 마치고 1년의 안식년을 얻었다. 섬기던 교회

90　본회퍼, 손규태 등 역, 『나를 따르라: 그리스도의 제자직』(서울: 대한기독교서회, 2010).

를 떠났고 아직 갈 교회가 정해지지 않았기에 1년 동안 소속이 없이 동네의 교회를 전전하며 주일 예배만 드렸다. 이때 두 가지를 느꼈는데, 하나는 주일 예배가 참 소중하다는 것이다. 주일 예배가 없으면 내 신앙을 붙들어 맬 말뚝이 없어질 것이다. 둘째는 예배만으로는 충분하지 않다는 것이다. 주일 예배만 드리며 어찌어찌 1년을 유지할 수 있었지만, 더 이상 함께할 공동체가 없으면 신앙을 다 잃어버릴 것 같았다. 나는 그동안 내가 목회자로서 성도들을 말씀으로 먹였다고 생각했는데, 사실은 나도 교회의 일원으로서 사랑과 위로를 받고 내 은사를 나눈 것뿐이었다. 교회 공동체의 지체가 되지 못한 성도는 참으로 불행한 성도다.

돌이켜보면 지금의 나를 형성해준 것은 교회 공동체에서의 깊은 사귐이었다. 나는 원래 내성적이고 냉정하며 남에게 의존하기 싫어하는 오만하고 자존심 강한 성격이었다. 내 시간이 아까워서 다른 사람과 사귀거나 대화하지 못했다. 그러다 청년 시절 훌륭한 전도사님을 만나 성경을 배웠다. 교회에서만 배운 것이 아니라 그의 집에까지 가서 성경을 배웠다. 박봉의 가난한 전도사님은 남을 대접할 것이 없었는데, 우리가 돈을 모아 식빵을 사가면 설탕을 찍어먹는 것으로 저녁식사를 대신한 적이 많았다. 당시 선배들은 으레 후배를 다방에 데리고 가서 예수 믿는 것이 무엇인지를 열심히 설명했다. 그중 한두 가지는 기억이 나서 지금도 설교할 때 가끔 써먹는다. 좁은 지하 예배실에서 서로 손을 붙잡고 기도하고 밤늦도록 대화한 적이 많았다. 단체 생활을 하기 어려운 이기적인 나였는데, 여러 차례의 수련회를 통해 내 부족함을 발견하고, 회개하며, 서로 눈물로 간구했다. 교회 공동체가 나를 형성해주었다.

성도의 교제! 이것이 바로 교회의 핵심이다. 예배도 중요하지만 개인 예배가 아니라 공동의 예배가 참 예배다. 가르침을 받는 것도 중요하지만 긴밀한 교제 가운데 서로 가르침을 주고받는 것이다. 봉사도 중요한데 서로를 위한 봉사이기 때문에 의미가 있다. 앞서 선교적 교회론을 이야기하면서 세상으로 보냄을 받은 교회에 대해 강조했는데, 세상으로 보냄을 받기 전에 먼저 예배를 통해 하나님을 만나고, 그리스도 안에서의 교제를 통해 하나님 안에서 사귐의 기쁨을 맛보아야 한다. 그 교제에서 배우고 경험한 것을 가지고 그 교제로부터 힘과 용기를 얻어 세상으로 나가는 것이다. 앞서 공공신학에 관해서도 길게 논했는데, 진정한 공공신학은 교회 공동체 안에서 먼저 실현되어야 한다.

공동체로서의 교회

잠시 공동체라는 말에 주목해보고자 한다. 오늘날 '공동체'라는 단어는 광범위하게 사용된다. 한 세대 전에는 학생 수련회에서 진행되는 레크리에이션을 가리켜 '공동체 훈련'이라고 했던 기억이 있고, 대기업에서 '공동체 정신'을 함양시키기 위해 신입 사원을 위한 연수회를 열었다. 그 외에는 그렇게 많이 사용되는 단어가 아니었다. 아마 우리 민족은 오랜 세월 동안 공동체로서 살아왔기 때문에, 공동체 의식을 별로 강조할 필요가 없었을지 모른다. 그러나 지금은 여러 측면에서 공동체가 강조되고 여러 가지 용법으로 공동체라는 말이 사용되고 있다. 교회에서도 소그룹 모임이 강조되어 구역 예배에서 순 모임, 다락방 모임으로 또 셀 처치와 가정 교회로 진화하면서 발전하고 있다. 어떤 교회들은 자신의 정체성을 "커뮤니티 처치"(community church)에서 찾기도 하고, 때로 교회 자체를 가리키는 말로 '커뮤니티'를 사용하기도 한다.

　공동체 혹은 커뮤니티라는 단어는 대체로 다음 세 가지 의미로 사용된다. 한국교회에서는 이 세 가지가 두루뭉술하게 혼용된다. 첫째, 개인주의에 대한 반대말로서 교회의 집단적 성격을 말하기 위해 사용된다.[91] 서구의 기독교가 근대주의의 영향을 받아서 개인적 회심과 헌신을 중요하게 생각한 나머지, 집단으로서의 교회의 중요성을 간과한 것을 비판하기 위함이다. 주로 로마 가톨릭 신학자들이 개신교 복음주의에 개인주의의 책임을 돌리는데, 개신교에서도 자성의 목소리가 많이 흘러나오고 있다.

둘째, 교파의 경계를 뛰어넘는다는 의미로 사용되기도 한다. 미국의 경우 이미 오래전부터 교파를 초월한 독립 교회들이 많이 있었고, 또한 교파에 소속된 교회라 할지라도, 예컨대 침례교의 경우, 지역 교회가 간섭을 많이 받지 않았다. 그러나 전통적으로 집단적 성향이 강한 한국에서는 '교단'(denomination) 혹은 '총회'가 지역 교회의 성격을 결정하는 데 중요한 역할을 했고, 때로 교권(敎權)을 둘러싼 지저분한 파워게임으로 여러 차례의 다툼과 분열을 경험했다. 이런 부정적인 요인 때문에 교파로부터 독립하려는 움직임이 있었고, 1997년 한국독립교회선교단체연합회(KAICAM)로 열매를 맺었다. 이와는 별도로 초대형 교회들이 자신들이 속한 교단의 간섭을 받지 않고, 교파를 초월해 교역자를 청빙하며, 교단의 색깔보다는 개(個)교회의 브랜드를 중시하는 현상이 나타나기 시작했다. 이들은 스스로를 커뮤니티 처치라고 부르는데, 우리나라에서 이런 의미로 설립된 최초의 교회는 아마 온누리교회(Onnuri Community Church)일 것이다. 일반적으로 교단에 속한 지역 교회들이 교회 이름 앞이나 뒤에 교파의 이름을 붙이는데(예컨대 정동감리교회 혹은 대한예수교장로회 새문안교회 등과 같이), 온누리교회 같은 대형 교회들은 교파 이름 대신 '커뮤니티'를 붙인다.

91   게르하르트 로핑크, 정한교 역, 『예수는 어떤 공동체를 원했나: 그리스도 신앙의 사회적 차원』(왜관: 분도출판사, 1985).

셋째, 공동체 교회는 조직체로서의 교회의 반대말로 사용된다. 인격적 교류를 중요하게 생각하지 않는 조직체로서의 교회가 아니라, 인격적 교류가 가능한 소그룹을 지향한다는 의미다. 포스트크리스텐덤 교회는 성도들의 인격적 교제가 가능한 소그룹 중심의 공동체 교회로 나아가야 한다는 점에서 매우 바람직한 현상이라고 생각한다. 나는 세 번째 의미의 공동체가 바로 우리가 나아가야 할 방향이라고 생각해 이에 대해 좀 더 자세히 설명하고자 한다.

인격적 교제를 교회의 핵심으로 생각하는 "성도의 교제"로서의 교회를 바람직하게 생각하는 이유를 몇 가지로 설명하도록 하겠다. 첫째는 인간학적 이유 때문이다. 자신의 깊은 이야기를 나눌 수 있는 친구가 있느냐 없느냐는 그 사람의 인격과 삶을 결정하는 데 지극히 중요한 요소다. 내 과거의 고통과 상처를 알고 내 연약함과 죄까지 내어놓고 대화할 수 있는 친구가 반드시 필요하다. 사회생활을 한다는 말은 사회적 인간관계를 맺는다는 의미다. 회사에 입사하는 것은 이해관계에 기초한 관계를 맺는 것이고 권력 구조의 틀 안으로 들어가는 것이다. 결혼을 하는 것은 단지 두 사람의 결합이 아니라 시가와 처가라는 한없이 복잡한 관계망에 편입되는 것이다. 사회적 인간관계를 원활하게 하기 위해서는 가면을 써야 한다. 자기가 생각하는 것을 모두 보여주어서는 관계가 지속되기 어렵다. 오랫동안 가면을 쓰고 있으면 마치 짐 캐리 주연의 영화 〈마스크〉에서처럼 마스크가 얼굴에 딱 달라붙어 내 일부가 되고 만다. 사회적 자아와 진정한 자아 사이의 괴리가 커진다. 아니, 진정한 자아라는 것이 존재하는지도 잊어버린 채 생존과 성공에 몰두한다. 이런 사람은 필시 자신의 참 모습을 잃어버린 채 생존과 권력과 명예를 탐하고, 자극적인 쾌락에 탐닉한다. 성공하면 자만하고 실패하면 우울증에 걸린다.

이때 필요한 것이 바로 나의 깊은 자아를 함께 들여다볼 수 있는 친구다. 서로 자신의 이야기를 나누다 보면 내 안에 있는 영과 상대의 영이 궁휼한 마음으로 서로를 위해 탄식하며 우는 것을 느낀다. 이때 마음의 정화가 일어나고 진정한 자아를 되찾게 된다. 신앙을 가진 친구들과 대화하면 더 깊은 이야기를 나눌 수 있다. 신앙의 친구는 그저 같은 경험을 가지고 같은 교회 생활을 하는 친구 이상의 유익을 준다. 그야말로 성령의 교제가 일어난다. 상대를 이익 추구의 수단으로만 생각하는 정글과 같은 사회에 살다가, 서로를 인격체 '너'로 대해주는 성도를 만나 대화할 때, 진정한 '나'로 돌아온다.

　털어놓고 말할 수 있는 신앙의 친구를 갖지 못한 기독교 지도자는 불행하다. 목사들이 모여 볼링과 골프를 즐기는 것도 즐거운 일이고, 함께 책을 읽고 목회 정보를 교환하는 것도 유익하지만, 자신의 약한 모습, 탐욕으로 얼룩진 자아를 털어놓고 이야기하는 것이 정신적·영적 건강을 위해 더욱 긴요하다. 성도와 진실하게 교제하지 못하는 목사들은 주님 안에서의 만족을 모른 채 쫓기듯이 가시적인 성장에 매달리고, 권력과 위신에 집착한다. 사명감으로 포장하지만 내면 깊숙한 곳에는 치료받지 못한 열등의식이 그대로 남아 있다. 이런 목회자 밑에서 신앙 생활하는 성도들은 불행하다. 교리 체계나 성경 지식을 전달하는 것을 설교라 생각하고, 봉사와 헌신이 신앙의 전부라고 강요하며, 공포심을 조장해 성도들을 쥐락펴락한다. 이런 목회자도 소그룹을 강화하곤 하는데, 진정한 영적 교제가 목적이 아니라 교인 관리의 수단이다.

　신앙의 친구가 교회 안에만 존재하는 것은 아니다. 가장 이상적인 것은 부부 사이에 모든 것을 털어놓고 이야기하는 것이다. 그러나 남편이나 아내에게도 말하지 못할 비밀이 있을 수도 있다. 어렸을 적 소꿉친구가 좋은 신앙의 친구일 수 있다. 대학생의 경우는 전공을 함께 공부하는 친구일 수도 있고, 기독교 동아리에서 만난 선배일 수도 있다. 요즈음은 직장에서 보내는 시간이 많기 때문에 직장에서 신앙의 동료를 만날 수도 있다. 그러나 교회는 바로 이런 만남을 위해 하나님께서 디자인하신 최적화된 기관이다. 지위와 신분과 지적 능력을 초월해 모든 사람에게 열린 교제의 장이다.

둘째, 성도의 교제로서의 교회는 소외의 현실을 살고 있는 현대인에게 더욱 필요하다. 근대화 이전의 전통적 사회는 태어나면서부터 신분과 계급이 결정된 사회였다. 차별이 고착된 불공평한 사회였지만 한편으로는 안정된 사회라는 장점도 있었다. 정해진 사회적 역할을 통해 삶의 의미를 부여받았으며, 그 역할에 합당한 교제를 누릴 수 있었다. 대다수의 사람이 자신이 태어난 마을을 떠나지 않고 일평생을 살기 때문에 서로가 서로에 대해 잘 알았다. 게다가 물자가 결핍된 상황에서 서로에게 의식주를 의존해야 했기 때문에 자연스럽게 공동체가 형성될 수밖에 없었다. 산업화는 삶의 양식뿐 아니라 사회적 교제의 양식에도 변화를 일으켰다. 사람들은 조상 대대로 살던 농촌 마을을 떠나 익명성을 요구하고 또한 요구받는 도시에서 살아야 한다. 지식과 노동에 의해 얼마든지 사회적 지위가 변동될 수 있기 때문에 만인의 만인에 대한 경쟁이 끊임없이 지속된다. 물건이 필요하면 이웃에게 의존하는 대신 슈퍼마켓에서 구매하면 된다. 이동이 잦고 왕래는 적기 때문에 한 지역에 살더라도 공동체 의식을 느낄 수 없다. 서로가 서로에 대한 이방인으로서 날마다 소외(疏外)를 경험하며 사는 것이 현대인이다.

도시화는 교회의 교제에도 영향을 끼쳤다. 농촌의 교회는 규모가 작고 서로를 잘 알기 때문에 교회의 교제도 긴밀할 수밖에 없었다. 그러나 도시에 사는 것이 익숙해진 사람들은 집을 개방하거나 사생활을 공개하기를 꺼린다. 큰 교회에 나가서 잘 알지 못하는 사람들 사이에서 예배만 드리고 도망치듯 오는 사람들이 많다. 또한 교회 봉사를 열심히 하는 사람들도 사회적 자아의 가면을 쓰고 교회 생활을 할 뿐 자신에 관한 이야기를 털어놓지는 않는다. 여기에 소그룹 중심 교회의 중요성이 있다.[92] 그것이 셀 처치든 가정 교회든 다락방이든 구역 모임이든 말이다. 자신의 삶을 개방하고 영혼의 대화를 나누는 그리스도 안에서의 사귐이 이루어질 수 있는 공간을 제공하는 교회가 중요하다. 빛 안에서의 사귐은 하나님과의 관계가 깊어지는 데 도움을 주는 것은 물론이고, 그 사귐 안에 하나님이 임하신다. "만일 우리가 서로 사랑하면 하나님이 우리 안에 거하시고 그의 사랑이 우리 안에 온전히 이루어지느니라"(요일 4:12).

셋째, 신약성경이 말하는 교회를 오늘 우리 사회에서 이룰 수 있는 것이 바로 소그룹 공동체이기 때문이다. "성도의 교제"는 교회의 가장 중요한 기능이다. 삼위일체 하나님의 사귐으로부터 모든 사랑의 교제가 시작되었고, 그 하나님께서 당신 사랑의 표현으로 세상을 창조하셨다. 소셜 트리니티(social trinity), 즉 삼위 하나님 사이의 교제는 사람들 사이의 교제의 출발점이고 모범이고 원동력이다. 서로를 낮추고 내어줌으로써 더 풍성해지는 신비한 사귐이다. 하나님이 이 땅에서 이루시려는 하나님 왕국의 가장 중요한 특징이 바로 사랑의 교제다. 파괴된 세상, 사랑의 교제를 찾아볼 수 없는 분열과 다툼의 세계 속에 예수님께서 교회를 세워 세상에 내어놓으셨다. 그리고 제자들의 모임과 그 후예인 교회에 이런 명령을 주셨다. "너희가 서로 사랑하면 이로써 모든 사람이 너희가 내 제자인 줄 알리라"(요 13:35).

성령 안에서의 사귐은 이 세상 모든 차별을 뛰어넘을 수 있게 해준다. "너희는 유대인이나 헬라인이나 종이나 자유인이나 남자나 여자나

---

92   랄프 네이버, 정진우 역, 『셀교회 지침서: 교회는 어디로 가야 하는가?』(서울: NCD, 2003). 네이버는 셀 교회가 현대에 적합한 교회인 점을 도시화의 배경에서 설명한다. 제 1장을 참고하라.

다 그리스도 예수 안에서 하나이니라"(갈 3:28)는 말씀처럼, 인종과 계급과 젠더의 차이를 초월하는 사랑이 가능해진다. 성경의 평등은 기계적이거나 법적인 평등이 아니다. 신분을 초월해 일하시는 성령을 맛본 사람들만이 고백할 수 있는 영 안에서의 형제 됨이다. 베드로가 이방인 고넬료를 인정하고, 바울이 오네시모를 형제라고 생각할 수 있었던 것은 그들이 평등주의를 열망한 데서 비롯된 것이 아니라 그들 안에서 일하시는 성령의 역사를 목격한 데서 기인한 것이다.

예수님의 뜻을 받든 제자들이 교회를 세웠다. 교회는 처음부터 성도들 간의 사랑의 교제가 이루어진 모임이었다. 맨 처음 세워진 예루살렘 교회에서도 성전에서 많은 사람이 모였지만 또한 각 집에 모여서 떡을 떼며 사랑의 교제를 맺었다. 초기 이방 교회들은 대체로 각 집에서 모인 가정 교회였다(롬 16:5; 고전 3:9; 골 4:15; 딤전 3:15; 몬 1:2 등). 모임의 크기가 작기도 했고 다른 예배 처소를 마련할 만한 형편이 못 되어서 가정을 모임의 장소로 택했을 것이다. 그렇지만 최초의 교회들이 가정에서 모였다는 것은 교회의 특징을 결정하는 데 중요한 역할을 했다. 가정의 은유로 교회를 설명하기에 이른 것이다. 교회는 "하나님의 집"(the household of God, 딤전 3:15)이다. 하나님을 아버지로 모시고 믿는 자들은 형제와 자매다. 이 집에서 모든 성도들이 평등하고, 은사에 따라 각자에게 맡겨진 일을 기쁘게 감당하며, 자발적으로 자신을 희생해 서로를 돌본다.

오늘날 한국에서 큰 반향을 얻고 있는 가정 교회 운동에 대해 잠시 생각해보자.[93] 가정 교회 운동을 하는 사람들은 가정 교회야말로 신약성

---

93 가정 교회 운동의 선구자이며 가장 영향력 있는 교회를 세운 사람은 미국 휴스턴서울교회의 최영기 목사다. 최영기, 『가장 오래된 새 교회, 가정 교회』(서울: 두란노, 2015)를 보라. 또한 빈센트 브래닉, 홍인규 역, 『초대교회는 가정 교회였다』(서울: UCN, 2005), 특히 이 책의 부록인 홍인규, "바울과 가정 교회"를 보라. 가정 교회의 성경적 근거를 제

경이 말씀하는 진정한 교회라고 생각한다. 바울이 이방에 세운 교회들은 주로 가정에서 모여 가족처럼 친밀하게 교제했다. 소외된 사람이 없이 모든 성도들이 은사에 따라서 서로를 섬긴다. 몇 명의 사역자들이 다수의 종교 소비자를 위해 일하는 현대 교회는 이들이 보기에는 성직주의가 낳은 기형이다. 가정 교회는 모든 사람이 공동체에 기여하는 진정한 의미의 만인사제주의가 이루어지는 모임이어야 한다. 이들에게 교회는 건물이 아니라 사람들이다. 기원후 3세기 가정에서 모이던 교회가 바실리카(basilica)를 짓기 시작하면서부터 교회의 타락이 시작되었다. 교회를 사람이 아닌 제도로 생각하기에 이른 것이다.

가정 교회 운동

오늘날 한국의 기독교계에서 가정 교회가 적실성을 얻고 있는 것은 우연한 일이 아니다. 나는 가정 교회가 성경이 말하는 교회의 모습을 현대 교회에서 구현하는 가장 현실적인 대안 중 하나라고 생각한다. 특히 가정 교회 운동은 포스트크리스텐덤 시대를 사는 우리에게 크리스텐덤 이전, 즉 프리크리스텐덤의 교회를 생각하도록 자극한다는 점에서 더 큰 의미를 지닌다.

하지만 내가 가정 교회를 좋아하는 이유는 가정 교회가 이 운동을 하는 분들의 주장처럼 "성경의 교회"(church in the Bible)이기 때문이 아니라 "성경적"(biblical) 교회이기 때문이다. 가정에서 모이는 교회가 **유일한** 교회라서가 아니라 우리 시대의 성도들이 친밀하게 교제하도록 해주는 **하**

시한 신약학 저서는 로버트 뱅크스, 장동수 역, 『바울의 공동체 사상: 문화적 배경에서 본 초기 교회들』(서울: IVP, 2007)을 보라.

나의 형태이기 때문이다. 나는 가정 교회 운동에서 주장하듯이, 교회의 모임 장소가 가정에서 바실리카로 변경되고 성직자 그룹이 생겨난 것을 교회의 타락이라고만 보지는 않는다(제1장 참고). 교회가 성장함으로 큰 집회 장소가 필요했고, 이단이 창궐함으로 기독교 진리를 정교하게 하는 일이 필요했다. 크리스텐덤을 통째로 하나님 나라의 정지(停止)라고 생각할 것이 아니라 하나의 변화 과정으로 받아들여야 한다. 물론 그 과정에는 좋은 점도 있고 타락도 있으며 어쩔 수 없는 변화도 포함되어 있다.

게다가 성경에 나타난 가정 교회라고 해서 반드시 이상적인 것은 아니었다. 성경 시대의 가정은 미국 텍사스의 성공한 한인 중산층 비즈니스맨의 가정(home)이 아니다. 가족끼리 친밀함을 공유하는 핵가족이기보다는 '권속'(眷屬, household)이었다. 가부장적 가장 아래에 아내와 자녀들 그리고 노예와 가축을 거느린 고대 로마 시대 장원(莊園)을 상상해보라. 그 가정 안에는 엄격한 질서가 있었다. 가정은 친밀함을 느끼는 공동체이기보다는 상하 계급을 최초로 경험하는 곳이었다. (사실은 오늘날도 가정에서 친밀함을 느끼는 사람도 있지만, 가정으로부터 씻을 수 없는 최초의 상처를 경험한 사람도 많다.) 가정을 제공한 사람은 큰 집을 소유한 사람으로서 그 사회의 유지(有志)다. 사회적 교제라는 것이 늘 그렇듯이 유사한 사람들끼리 어울리기 마련이다. 예배로 모였을 때도 비슷한 일이 벌어진다. 높은 지위의 사람들이 먼저 모여서 식사와 담소를 나누고, 얼마 지나지 않아 가난한 사람들을 포함한 성도들이 모여서 예배하며 성찬을 나눈다. 예배 시간이 정확하게 정해져 있던 것도 아니었다. 늦게 온 사람들은 먼저 온 사람들의 모임에서 소외되고 부끄러운 감정을 느낄 것이다. 이는 가정이라는 공간이 가장이 절대적인 권한을 가진 사적 공간이면서, 그 공간을 내어놓아 교회의 모임 장소로 사용할 때 생기는 폐단이다. 이런 폐단을 잘 알았던 바울은 부자와 가난한 자가 함께 식사를 하든지 아니면 밥은 집에서 먹고 모여서는 성찬의 떡과 잔만 나누라고 권면했다(고전 11:17-34). 이런 면에서 보면 애찬과 성례를 구분하고 집회 장소를 가정에서 공동의 건물로 바꾸는 것은 상당한 발전이기도 하다.[94] 가정에서 모이는 작은 교회는 순수한 사랑의 공동체이고 공적인 성격을 지닌 큰 교회가 되면 혼합주의에 빠진다는 생각은 오해다. 가정이야말로 수많은 악에 오염된 혹은 악을 산출하는 가부장적 권위가 지배하며 사회적 차별이 내재화된 공간일 가능성이 높다. 예나 지금이나 큰 차이가 있을 것 같지 않다.

중산층 교회 극복

신약성경이 말하는 성도의 교제와 일반적인 우정이나 이익 집단이나 사회적 교제(계모임이나 라이온스 클럽 같은)를 구별하는 준거점이 무엇인가? 어떤 특징을 가지고 있을 때 그 사귐을 그리스도 안에서의 사귐이라고 할 수 있을까? 예수 그리스도를 주로 고백한 성도들끼리의 교제면 충분한가? 나는 두 가지가 반드시 있어야 한다고 생각한다. 첫째는 이를 거룩한 교제요, 둘째는 세상의 차이를 극복하는 교제다. 전통적 교회론에서는 거룩함(purity)과 하나 됨(unity)이라고 말한다. 이 둘은 서로 다른 것이 아니다. 거룩한 교제가 아니면 신분적·계급적·젠더 간의 차이를 극복할 수 없고, 차별을 극복하지 않은 교제는 결코 거룩한 교제일 수 없다. 이런 거룩하고 하나 된 교회가 세상에 도전을 줄 수 있고, 이런 경험을 한 사람이 세상에서 더 이상 썩지 않도록 하는 소금의 역할을 하며 평등을 지향하는 사람이 될 것이다. 공공신학이 교회에서 먼저 실현되어야 한다.

거룩한 교제라는 말은 죄를 짓지 않는 깨끗한 사람들끼리의 교제라

---

94   박영호, 『에클레시아』(서울: 새물결플러스, 2018). 특히 제4장(336-340)을 보라.

는 뜻이 아니다. 죄를 짓지 않았다고 하는 것은 거짓말이다. 거룩한 교제
는 죄를 고백하는 교제다(요일 1:8-10). 물론 공적 예배에서 공개적으로
죄를 고백하는 것은 고려해야 할 것이 많으니 신중을 기해야 한다. 그러
나 깊은 사귐을 맺는 몇몇 그리스도인들이 서로에게 자신의 연약함과 상
처와 죄악을 고백할 때 이를 친밀한 교제라고 부른다. 이런 교제를 가르
치는 곳은 교회밖에 없고, 이런 환경은 교회가 가장 잘 만들어준다. 죄를
서로 고백할 정도의 영적 교제가 이루어진다면, 이제 하나 됨은 저절로
따라온다. 세상의 모든 신분적 차이는 "용서받은 죄인"이라는 하나님 앞
에서의 새로운 신분 앞에서 무력해지기 때문이다. 사실 신분적·계급적 차
별을 만들어내는 자체가 죄다. 이런 의미에서 셀 처치나 가정 교회 같은
공동체를 중요하게 생각하는 교회야말로 계급적 한계를 극복하는 모델이
되기에 적합하다. "큰 공동체에서는 우리는 우리의 동료를 선택할 수 있
지만, 작은 공동체에서는 이미 우리의 동료가 선택되어 있다"라는 G. K.
체스터턴의 말에는 상당한 진실이 있다.[95]

    그런데 A라는 교회가 하나의 민족, 하나의 계층, 하나의 성향을 가진
사람들로 구성되어 있다면, 신약이 말하는 교회의 모습을 구현할 수 있을
까? 그 교회에 나오는 사람들끼리 무작위로 소그룹을 편성한다 해도 다
른 계층의 사람을 만날 확률이 거의 없다면? B 교회는 보수적 성향을 띤
경상도 출신 중산층 성도들이 대부분이고, C 교회는 한국교회의 타락한
행태에 질린 진보적 지식인들만 모인 교회라면 어떨까? 심지어 많은 대
형 교회에서 그렇게 하듯이 나이와 사회적 신분이 비슷한 사람이나 법조
인이나 의사와 같이 동종 직업을 가진 사람, 혹은 취미가 같은 사람들끼

---

95   팀 체스터 외, 김경아 역, 『교회다움: 교회를 교회답게 하는 두 가지 중심』(서울: IVP,
         2012), 155에서 재인용.

리 소그룹을 편성해서 교제하게 해준다면? 이 경우 세상이 교회에서 배우는 것은 하나도 없을 뿐 아니라 교회가 하나의 이익 집단으로 전락하고 만다. 여기서 사귐이 아주 없지는 않을지 몰라도 이를 성경이 말하는 거룩한 사귐이라고 부르기는 어렵다. 우리 사회를 갈라놓고 갈등을 일으키는 지역, 계층, 노사, 세대, 젠더의 차이를 교회가 어떻게 극복할까? 이 문제들은 모두 각각의 특징과 역사적 배경과 복잡한 관련 이슈들을 가지고 있기 때문에 한꺼번에 대답할 수는 없다. 여기서는 하나의 사례로서 계층 문제에 집중해 답을 모색해보고자 한다.

한마디로 말해 대한민국 교회는 중산층 교회다. 일반적으로 '중산층'(middle class)이란 소득을 기준으로 상대적으로 정의하는데, 전체 가구를 소득 순으로 나열했을 때 가운데 소득에 해당하는 중위 소득의 50-150%인 가구를 가리키는 말이다. 중위 소득의 50% 미만은 저소득층이고, 150% 이상은 상류층 혹은 고소득층이라 부른다. 이 기준에 따르면 우리나라 전 인구의 절반가량이 중산층인데, 외환위기 이후 계층 간의 격차가 심해지고, 소득이 양극화되며, 중산층이 점차 축소되는 경향을 보인다.[96] 통계에 따라 중산층의 숫자가 일정하지 않지만, 2008년 통계청 조사에 따르면 중산층이 약 46.5%다.

그러나 소득 수준으로만 정의한 중산층의 개념은 우리에게 와 닿지 않는다. 안정적인 소득은 기본이고, 주거와 직업의 안정성, 또한 사회 문화적 수준이나 자녀 교육을 위한 투자 등이 함께 고려되어야 한다. 2008년 삼성경제연구소는 중산층을 "대학을 나와서 10년 정도 직장에서 근무했으며 가구당 월평균 수입이 300만 원 이상이고, 30평대 아파트

---

96   중산층의 정의와 추이에 대해서는 강성진 외, "중산층의 추이, 이탈원인과 대책", 한국보건사회연구원 협동보고서(2010), 19-32; 김동열, "한국 중산층의 구조적 변화: 1990년 이후 소득 및 소비구조의 변화", 연금시장리뷰 47권(2011) 1-16.

에 살고 있으며, 2000cc 이상 중형차를 몰고 있는 사람들로 40-50대 자수성가형 사람"이라고 정의했다. 10년이 지난 오늘날에는 가구당 수입이 500만 원, 연봉이 1억은 되어야 중산층이라 할 것이다.

한국교회는 어떤 계층의 성도들로 구성되어 있을까? 강인철이 객관적 수치를 근거로 한국교회의 중산층화를 연구했다.[97] 그의 연구에 따르면 서울 강남과 분당의 주민 두 명 중 한 명은 기독교인일 정도로(가톨릭 포함) 중산층 가운데 기독교 신자가 많다. 2001년부터 10년 동안 상장 법인 CEO의 전형은 "서울 강남에 사는 50대 남성 크리스천"이다. 좀 오래된 통계이기는 하지만, 1992년 우리나라 중산층은 전 인구의 60.7%인데, 개신교인은 71.7%가 중산층이다. 고소득층과 빈곤 계층을 합한 비중산층은 28.2%이고 기독교인 중 고소득층을 15% 정도로 본다면, 기독교인 10명 중 8-9명이 중산층 이상인 셈이다. 개신교인들은 고학력자의 비율도 높고, 직업별로도 다른 종교보다 전문직에서 높은 비율을 보이며, 도시에 거주하는 비율도 높다. 25년 이상이 지난 지금은 중산층의 비율이 50% 이하로 줄어들었고, 저소득층의 비율은 늘었는데, 중산층 기독교인의 비율은 줄지 않았다. 즉 저소득층 기독교인 숫자는 10% 정도에 그칠 것으로 추산된다. 2015년 개신교 인구를 960만여 명으로 추산했는데, 이중 80-90%는 중산층 이상이라는 말이다.

우리나라 기독교가 중산층화된 데는 역사적인 원인이 있다. 우리나라 기독교는 처음부터 중산층에 친화적인 요소들을 가지고 있었다. 먼저 평안도, 황해도 등 한반도의 서북 지역에서 기독교가 가장 왕성하게 전파되었다. 서북인은 기독교와 서양 문물뿐 아니라 미국적 복음주의의 정신인 근면과 성실, 정직을 내면화했다. 일제 강점기 때도 상업과 공업

97　강인철, 『민주화와 종교: 상충하는 경향들』(오산: 한신대학교출판부, 2012), 317-337.

이 발달한 곳은 평양을 중심으로 한 서북 지역이었고, 해방 후 다수가 월남해 남한의 산업화에 지대한 영향을 끼쳤다.[98] 이런 전통은 산업화 시대에도 지속되어 기독교인들이 시장 경제 체제를 쉽게 받아들였다. 게다가 기독교인들은 구한말 이래로 신교육(新教育)의 혜택을 가장 많이 받았다. 신교육을 도입한 주체가 바로 서구의 선교사와 이들을 따르던 기독교 지식인이었고, 이러한 경향은 산업화 시대까지 계속되었다. 알다시피 산업화 시대 교육은 사회적 지위를 향상시키는 가장 중요한 통로였다.[99] 한국전쟁 후 대한민국 국민은 대체로 가난했고 기독교인이라고 예외는 아니었다. 그러나 한 세대가 지나자 근면과 금욕과 교육열이 내면화되어 있던 기독교인들이 대거 중산층으로 올라선 것이다.

기독교인이 중산층으로 사는 것 자체가 잘못은 아니지만 교회가 한 사회 계층에 편중되어버린 것은 문제다. 부와 가난이 대물림되는 시대, 가난의 수렁에서 헤어나오지 못하는 저소득층은 교회에서도 환영받지 못한다. 저소득층에게 교회에 나오지 말라고 하는 사람은 없겠지만 그들이 교회에 적응하기 어려운 풍토가 되었다. 중산층이 좋아할 만한 지성적이며 때로 비판적인 메시지, 중산층이 부담할 수 있는 각종 헌금과 회비들, 중산층의 옷차림과 교회 인테리어와 언어 문화 등이 교회에 자리 잡았다. 블루칼라, 비정규직 노동자, 청년 아르바이트생, 하위 서비스업 종사자 등은 생업 때문에 일요일에 교회에 올 수 없는 사람들이다. 이들에게 전도하려는 시도를 하지도 않고 이들을 위한 교회를 세우지도 않는다. 어렵사리 전도를 해 교회에 나와도 메시지가 와 닿지 않거나, 다른 성도들과의 외모나 옷차림, 냄새 등이 신경 쓰여 교회에 적응하지 못하고, 친교에 동

98　강인철, 『한국의 개신교와 반공주의』(서울: 도서출판 중심, 2007), 542 이하.

99　근대 한국의 교육열의 원인과 현상, 그리고 그 폐해에 대해 비판적인 분석을 한 책으로는 박노자, 『우승열패의 신화』(서울: 한겨레신문사, 2005)를 참고하라.

참하지 못한다.

교회의 중산층화는 목회자의 중산층화와 맞물려 있다. 목회자의 중산층화는 신학생 시절부터 시작된다. 신학생 가운데도 중산층 출신이 많고, 그중 상당수는 목회자의 자녀나 혹은 교회 중직자의 자녀들이다. 물론 가난한 저소득층 출신도 있다. 그런데 저소득층 출신 신학생이 신학을 공부하는 신학대학원 3년 혹은 학부 포함 7년의 기간은 성경을 배우고 경건을 연습하는 기간이면서 동시에 이들이 중산층 대열에 합류하는 기간이기도 하다. '대학원'을 졸업했다고 하는 것 자체가 신학생들의 사회적 신분을 향상시켜준다. 신학대학원에서 박사 학위가 있는 교수들의 고상한 강의를 매일 듣고, 컴퓨터에 익숙해지며, 실력 있고 말 잘하고 잘 생긴 동료 급우들과 교제하고, 식사 후에는 테이크 아웃 커피를 마신다. 다수의 신학생은 전도사로서 교회에서 사역을 하는데, 그 기간 역시 중산층이 되는 데 기여한다. 사역을 하는 교회 역시 중산층이 주류를 이루는 교회라서 중산층의 생활 수준에 길들여지는 인턴 시기를 보내는 것이다. 소비 수준을 역진(逆進)시키는 것이 얼마나 어려운가? 졸업할 때가 되면 자신의 현재 형편보다 더 낮게 살아야 한다는 생각을 자연스럽게 한다. 석사 학위를 손에 쥔 후 어렵사리 빠져나왔던 가난한 사람들의 삶으로 돌아가는 것은 어렵다.

교회도 교육을 많이 받은 목회자를 선호한다. 목회자의 학력에 대한 요구는 일제 강점기에 춘원 이광수로부터 시작해,[100] 산업화 시대를 거쳐 오늘에 이른다. 신학생과 목회자의 학력은 지속적으로 높아졌다. 신학생과 목회자의 학력에 대한 선망도 중산층화의 한 증상이요 또한 중산층화를 부추기는 요인이기도 하다. 눈여겨보아야 할 사실은 모든 신학교가 국

---

100 채현석, "이광수의 기독교 시비론", 「한국기독교사연구」 5호(1985), 21-23.

가의 인가를 받는 것을 선호하고 또한 받아왔다는 점이다. 일제 강점기에 기독교계 사립 학교들이 국가(일제)의 인가를 받기 위해 많은 노력을 기울였고, 이를 위해 기독교 정체성을 저버리는 등의 타협도 했다.[101] 해방 후 신학교들도 국가의 인가를 받기 위해 온갖 노력을 기울였다. 교육 당국의 인정을 받는다는 것은 학문적 수월성을 가진 정식 학교가 된다는 의미에서 긍정적인 면이 많이 있다. 그러나 그 과정에서 교회의 지도자들이 국가와 타협하고 기존의 질서를 옹호하며, 국가 권력과 질서 속에 재배치되면서 순치(馴致)된 측면이 없지 않다.[102] 오늘날 한국교회 목회자들은 한편으로는 과거 미인가(未認可) 신학교 시절의 '야성'(野性)을 회복하고 싶어 하면서 다른 한편으로는 박사 학위를 선망하는 모순된 행태를 보이고 있다.

한국교회 중산층화는 복음 전파의 대상이 중산층에 제한됨으로써 기독교인 숫자 하락의 중요한 원인이 되었다. 앞서 살펴보았듯이 우리나라 중산층의 비율은 50%를 밑돈다. 게다가 1998년 IMF 사태와 2008년 경제 위기 이후 전 세계적으로 중산층이 점점 줄어들고 저소득층의 숫자가 증가하고 있다. 한국교회는 900만 성도의 90%가 중산층이고 중산층에만 복음을 전하려 한다. 나는 한국교회 성도 수 하락의 중요한 이유가 여기 있다고 생각한다. 대한민국에 교회가 없는 곳이 없고 과포화 상태에 이르렀다고들 말한다. 하지만 그것은 지리적으로 볼 때만 그렇다. 사실상 중산층에 있는 사람들에게만 복음이 전달되고 있는 것이다. 지역적으로 십자가 불빛을 볼 수 없는 곳은 없지만, 계층, 직업, 세대, 인종, 성별 등에 따라 복음이 들어가지 않은 사람들의 그룹(population group)이 무수히 존

101   박용권, 『국가주의에 굴복한 1930년대 조선예수교장로회의 역사』(서울: 그리심, 2008).
102   양낙흥, 『개혁주의 사회윤리와 한국장로교회』(서울: 개혁주의신행협회, 1995), 184-186.

재한다. 다수의 저소득층, 장애인, 재소자 출신, 소년소녀가정, 가출 청소년, 노숙인, 각종 중독자, 다문화 가정의 자녀들, 북한 이탈 주민, 성매매에 종사하는 여성들. 특히 취업을 하지 못한 20-30대 젊은이들을 위한 교회나 신앙 프로그램이 전무하다.

저소득층은 복음 전도의 블루오션이다. 한국교회가 우리 사회의 50%가 넘는 저소득층에 눈을 돌려 이들을 복음화할 전략을 수립한다면, 다시 한번 성장이 일어날 것이라 확신한다. 한국교회의 성장이 멈춘 데는 동성애나 이슬람 혹은 안티 기독교 세력과 같은 외적 요인의 영향은 미미하다. 중산층의 삶의 방식과 특권을 포기하기 어려워하는 기득권 세력과 그들의 뒤를 바짝 좇는 신학생들이 있을 뿐이다. 무자비한 경쟁으로 인해 핏물로 얼룩진 레드오션 속으로 또다시 뛰어들 이유가 없다. 그러나 이미 기독교의 행태가 중산층화되었기 때문에 이를 벗어나기란 쉬운 일은 아닐 것이다. 이 문제는 우리 시대의 도전이요 과제다. (중산층 교회를 극복하는 구체적인 방안에 대해서는 제6장과 7장에서 상세히 다루도록 하겠다.)

한국기독교 중산층화의 문제는 숫자적 성장을 멈추게 한 정도가 아니다. 한국교회가 어쩌면 교회이기를 포기하는 데 이른 것이 아닌가 하는 질문이 생긴다. 한 사회에 이해관계를 달리하는 다양한 계층이 존재하는데 유독 중산층만 교회에 온다는 것 자체가 교회가 병들었음을 보여준다. 주류 목회자와 신학 교수의 대부분이 중산층에 속해 있다는 것은 그들이 자신의 계급적 이해를 초월하지 못한다는 의미다. 계급의 차이를 뛰어넘지 못할 만큼 약한 복음이 어떻게 하나님 왕국의 복음일 수 있겠는가? 사회적 약자에게 긍휼의 마음이 없는 사람이 어찌 주님의 제자일 수 있겠는가? 누가 그런 교회를 하나님이 다스리는 교회로 인정하고 경외심을 느끼겠는가? 그런 교회가 어떻게 양극화로 신음하는 우리 사회의 미래를 책임질 수 있겠는가?

대안 공동체로서의 교회

나는 앞서 교회가 사회에 영향을 끼치는 대안 공동체가 되어야 한다고 말했다. 이제부터 포스트모던 시대 대안 공동체(alternative community)로서의 교회론을 주창한 신학자들의 논의를 간단히 살핌으로써 우리 시대 교회에 관한 이론적 고찰을 끝낼까 한다. 독일 가톨릭교회의 사제이면서 신약학자인 게르하르트 로핑크(Gerhard Lohfink, 1934-)는『예수는 어떤 공동체를 원했나』에서 교회가 "대조 사회"(Kontrastgesellschaft, contrast society) 혹은 "대안 공동체"(alternative community)가 되어야 한다고 주장했다. 그는 예수께서 이 땅에서 하신 사역은 열두 제자를 택해 타락한 이스라엘을 대체할 공동체를 만들려는 것이었고, 교회가 그 일을 이어받았다고 말한다. 교회는 세상의 소금과 빛으로서 세상 속에 존재하는데 세상을 본받아서는 이 사명을 감당할 수 없다. 세상과 구별되는 교회의 가장 큰 특징은 전쟁과 폭력을 추구하는 세상에서 교회가 평화주의를 택하는 것이다. 로핑크는 예수께서 이 땅에서 바로 이 하나님 왕국의 재건을 원하셨는데, 후대의 교회는 예수를 은사 받은 치료자나 사교성 좋은 복지사, 혹은 상담사로 전락시켰다고 비판한다.[103]

교회를 대조 사회로 정의하는 로핑크의 교회관은 평화주의를 주창한 미국 메노나이트 신학자 존 하워드 요더(John Howard Yoder, 1927-1997)의『예수의 정치학』이 보여주는 교회의 사명과 정확히 일치한다.[104] 또한 요더의 영향을 강하게 받은 미국 윤리학자 스탠리 하우어워스(Stanley

---

103 게르하르트 로핑크, 정한교 역,『예수는 어떤 공동체를 원했나: 그리스도 신앙의 사회적 차원』(왜관: 분도출판사, 1985). 특히 제3부 7장과 4부 6장을 보라.

104 존 하워드 요더, 신원하 외 역,『예수의 정치학』(서울: IVP, 2007).

Hauerwas, 1940-)의 '교회 윤리'(Ecclesial Ethic)와도 유사하다.[105] 하우어워스 역시 교회를 "대안 사회"로 묘사한다. 그는 그리스도의 성품을 따라 교회다운 교회가 되는 것이 교회의 목표이지, 세상을 변화시키는 것이 교회의 본질이 아니라고 주장한다. 현실에 참여하기 위해 사회 경제적 대답을 놓고 세상과 대화할 것이 아니라 교회가 진정한 교회가 됨으로써 세상이 세상으로 드러나게 해야 한다고 말한다. 진정한 교회가 되는 것은 예수님의 십자가 정신을 본받는 것인데, 구체적으로는 비폭력적 평화주의의 길을 걷는 것이다. 하우어워스가 이렇게 말할 때, 그는 우리가 앞서 살펴보았던 라인홀드 니버나 맥스 스택하우스의 공공신학을 정면으로 비판하고 있다. 그는 기독교가 세상과 대화하려다가 기독교의 언어가 세상의 언어로 번역되는 과정에서 오염되어 기독교의 정체성이 흐려질 것을 우려한다. 하우어워스는 기독교가 세상에 참여하기 위해 이런저런 대안을 내어놓는 것은 결국 다시 크리스텐덤으로 돌아가려는 시도일 뿐이라고 비판한다. 그는 그런 어쭙잖은 시도를 그치고 교회에 전념하라고 조언한다.

이제 내 견해를 말하고자 한다. 지금까지 잘 따라오신 독자라면 짐작할 수 있겠지만, 나는 대체로 공공신학을 따르면서 로핑크나 하우어워스가 지적한 점을 수용하려는 입장이다. 우선 하우어워스에게서 인정할 만

---

105 국내에 번역된 하우어워스의 저작은 다음과 같다. 스탠리 하우어워스, 문시영 역, 『교회 됨』(서울: 북코리아, 2010); 김기철 역, 『하나님의 나그네 된 백성』(서울: 복있는사람, 2018); 홍종락 역, 『한나의 아이: 정답 없는 삶 속에서 신학하기』(서울: IVP, 2016) 등이 있다. 하우어워스를 소개하고 그의 통찰을 한국교회에 접목시키려는 시도는 다음과 같다. 문시영, "S. 하우어워스의 교회윤리로서의 사회윤리", 「기독교사회윤리」 제20집 (2010), 163-189; 문시영, "'공공신학'의 교회, '교회윤리'의 교회", 「한국기독교신학논총」 제88집(2013), 211-232; 김현수, "자유주의자 vs. 분파주의자: 공공신학자 맥스 스택하우스와 교회윤리학자 스탠리 하우어워스의 논쟁", 「한국기독교신학논총」 제80집 1호(2012년 4월), 277-301; "정의로운 평화를 위하여: 스탠리 하우어워스의 디트리히 본회퍼 읽기에 대한 비판적 고찰", 「장신논단」 제44집 1호(2012년 4월), 163-185.

한 부분을 생각해보자. 첫째, 교회가 세상의 대조 사회 혹은 대안 공동체가 되어야 한다는 것은 일반적인 의미에서는 누구나 받아들일 수 있는 좋은 말이다. 사도행전에 나타난 교회는 분명 당시 예루살렘 사회나 로마제국 안에 세워진 대안 공동체임이 틀림없다. 그들은 힘이 지배하는 사회에서 힘의 사용을 포기하고, 탐욕과 성적 방종이 난무하는 시대에 거룩한 삶을 사는 공동체였다. 앞서 내가 강조한 것처럼 인종과 민족과 문화와 계급과 젠더를 초월해 그리스도 안에서 하나가 된 공동체였다. 이들은 사회를 변화시키려는 구체적 프로그램을 갖고 있지 않았음에도 마치 산위에 있는 마을이 숨겨질 수 없는 것처럼 로마 제국에 널리 그리고 빠르게 알려졌다. 둘째, 하우어워스에게 '이원론'이나 '분파주의'(sectarianism)의 굴레를 씌우는 것은 정당하지 않다. 하우어워스는 교회가 사회의 변화와 관계없는 공동체가 되어야 한다고 말하는 것이 아니라, 교회가 사회에 영향을 끼칠 수 있는 방식이 바로 교회가 세상에 대해 초월적 입장을 견지하는 것이라 말하기 때문이다. 한 가지 더, 하우어워스나 로핑크가 공공신학자들의 노력에 대해 염려하는 바를 나도 가지고 있다고 말하고 싶다. 공공신학자들이 복음을 현대의 언어로 번역하고 혹은 성경의 가르침을 현실 사회에 적용하려 할 때, 자칫 복음의 본질을 약화시키거나 교회의 특수성을 타협하기 쉽다는 점이다.

하우어워스가 말하는 교회의 특징에 꼭 들어맞는 대안 공동체가 있다. 미국 펜실베이니아주 랭커스터에 위치한, 종교개혁 시대에 시작된 소종파의 하나인 아미시(Amish) 교도들이 사는 마을이다. 이들은 현대 문명을 거부하고 주로 농사를 짓거나 건설 노동자로 일한다. 농사지을 때도 기계 대신 말을 사용하고, 자동차 대신 '버기'라는 마차를 타고 다닌다. 정부에 세금을 내지 않고, 도움도 받지 않으며, 군대에 가지 않고, 교육은 읽고 쓸 수 있도록 8학년까지만 시킨다. 예수님의 산상수훈을 글자 그대로 지키려고 노력하는 사람들인데, 이들이 바로 평화주의적 대조 사회다. 내가 7년간 살던 필라델피아에서 차로 2시간 거리에 있어서 여러 번 이 마을에 갔었는데, 갈 때마다 큰 영감을 얻고 돌아오곤 했다.

2006년 평화롭던 아미시 마을에 무장괴한 하나가 난입한 사건이 있었다. 그 괴한은 초등학생 여자 아이들 10명을 인질로 잡고 있다가 5명을 총으로 쏴죽이고 자신도 스스로 목숨을 끊었다. 괴한은 마치 처형시키는 것처럼 여자아이들의 머리에 총을 쏘았고, 그 과정에서 피가 튀지 않은 책걸상이 없었다. 범인은 결혼해서 세 명의 아이를 둔 아버지였는데 정신적인 질병이 있는 것으로 알려졌다. 충격 사건이 있은 후, 아미시 마을의 지도자는 고난을 당한 사람을 위로하면서, 살인범을 용서하고 그의 가족도 위로하자고 권했다. 아미시 사람들은 지도자의 말을 따랐다. 죽은 아이들의 부모가 범인의 가족을 방문해 용서와 화해가 이루어졌으며, 죽은 범인의 가족을 위해 모금을 벌였고, 장례식에도 30명이나 참여했다. 죽은 아이들의 장례식에 참여했던 범인의 아내는 그의 편지에 이렇게 썼다. "당신들의 동정심은 우리 가족과 우리 지역 사회를 넘어서서 이 사회 전체를 변화시킬 수 있는 힘이 되었습니다." 이 사건은 미국 사회에 큰 반향을 불러일으켰고, 수많은 사람에게 그리스도인으로 사는 것이 무엇인지를 보여주었다. 아미시는 자기들만의 삶의 방식을 고집하는 폐쇄적인 공동체이지만, 분명 도덕적으로 쇠락해가는 미국 사회에 큰 빛을 던져준 대조 사회였다.

너무 거친 일반화인지 몰라도 일본 기독교는 하우어워스의 길을 택했다. 몇몇 위대한 엘리트 신앙인들이 기독교와 평화주의를 동시에 선택했다. 정의와 공평에서 제일가는 나라를 만들기 원해 비전론(非戰論)을 주장한 우치무라 간조(內村鑑三), 제2차 세계 대전 중 반전 운동을 일으켜 투옥당한 기독교 사회주의자 가가와 도요히코(賀川豊彦), 헌법 9조("평화 헌법")의 일본 측 당사자였던 시대하라 키주로(幣原喜重郎) 수상 등이 바로 그들이다. 이들은 일본이 원폭의 수세(水洗)를 받아 오랜 군국주의가 죽고 새로운 평화주의 일본이 시작되었다고 선언했다. 지금도 전쟁을 할 수 있는 나라로 헌법을 바꾸고자 하는 정부에 대항해 평화주의 시위에 앞장서는 사람들의 상당수가 기독교인들이다. 험한 길을 택한 일본의 기독교는 대중들에게 영향을 끼치지 못하고 소수 엘리트의 운동에 국한되었다. 대한민국은 그들과 다른 반대의 길을 걸었다. 앞서 제2장에서 충분히 설명한 것처럼 평화 대신 전쟁을, 평화주의 대신 국가주의를 선택했다. 그 결과 대중의 마음을 얻었고 큰 성장을 이루었다. 나는 일본의 선택에 찬동하기는 어렵지만, 일본 기독교로부터 배워야 할 것이 많다고 생각한다.

하우어워스의 정신에 상당한 경의를 표하면서도, 내가 문제 삼고 싶은 것은 과연 하우어워스의 교회관이 현재 우리의 현실에서 실현 가능한가 하는 점이다. 앞서 예로 들었던 아미시 마을과 같은 공동체라면 가능하겠지만, 이미 탐욕과 폭력으로 오염된 세상 한가운데 세워진 대한민국 교회에서는 불가능하다. 예를 들어 A라는 교회에 B 성도가 출석하고 있다. 그는 예수님을 인격적으로 만나 신앙을 고백한 신실한 성도다. 그의 직업은 군인인데 장군 진급을 앞두고 있는 대령이다. 하우어워스의 교회관에 의하면, 전쟁을 일삼는 세상 속에서 교회는 예수님의 평화주의를 따르는 대안 공동체여야 한다. 과연 이 대령은 어떻게 해야 하나? 직업 군인이기를 포기해야 하는가? 대한민국과 같은 징병제 국가에서 종교적 이유로 병역을 거부해야 하는가? 현대 사회의 산업은 대체로 무기 산업과 연관된 군산(軍産) 복합체의 일부인데, 그렇다면 젊은 그리스도인 C는 이런 산업체에 취업하지도 말아야 하는가? 이런 공동체는 오히려 폐쇄적이며 심지어 자기 의에 빠진 엘리트만의 공동체가 되기 쉽지 않겠는가?

그러나 현실적이지 않다고 해서 예수님의 산상수훈을 없는 것처럼 생각해서는 안 된다. 앞서 제3장에서 예수님의 산상수훈을 우리 시대에 지키는 법에 대해 언급한 적이 있다. 예수님의 산상수훈은 그리스도인의 삶의 이상적 원리를 말씀한 것이기 때문에 이를 현실에 직접 적용하기는 어렵다는 취지였다. 마음에 품은 분노와 음욕과 맹세와 원수 사랑과 평화주의에 관한 예수님의 말씀을 글자 그대로 지키려 할 때는 오히려 역작용이 생기기 마련이다. 산상수훈의 이상적인 법은 현실에서 두 가지 기능을 수행한다. 하나는 현실에서 그리스도인의 삶을 살도록 하는 동력과 모범을 제공한다. 예수님의 무조건적 아가페의 사랑으로부터 내가 현실에서 행할 수 있는 조건적인 작은 사랑이 흘러나온다. 물론 현실에서는 마음에 품은 죄악과 실제로 범한 죄악을 구분해야 하며, 주의 이름으로 맹세와 서원을 하며, 법정에서는 탈리오법에 따르는 정의가 시행되어야 하고, 불가피한 전쟁은 용인될 수밖에 없다. 예수님께서는 땅에 있는 자를 아버지라 부르지 말라는 주문을 하심으로써 상하 관계가 아닌 극단적인 평등을 주장하셨다(마 23:9). 아버지는 한 분 하나님뿐이고 이 땅에 있는 자들은 진정한 아버지가 아니기 때문이다. 로핑크는 이 구절을 문자적으로 적용해 교회에서의 모든 직제와 세상에서의 모든 높낮이를 철폐하고자 했다.[106] 그러나 성경은 이 땅에 있는 아버지를 공경할 것도 명령하며(엡 6:1; 딤전 5:8), 이 땅에 세운 지도자의 명령을 따르라고 말한다(롬 13:1-7; 벧전 5:5).

둘째, 산상수훈의 이상적인 법은 현실에서 내가 지킨 작은 법들에 만족하지 못하도록 한다. 형제에게 물리적 위해를 가하지 않았더라도 그에 대해 분노를 품고 있는 나를 바라보며 괴로워한다. 탐욕과 정욕에 시달리

---

106 게르하르트 로핑크, 정한교 역, 『예수는 어떤 공동체를 원했나: 그리스도 신앙의 사회적 차원』(왜관: 분도출판사, 1985), 181-184.

는 나를 생각하면서 인간의 한계를 절감하고 하나님을 바라본다. 나와 가족의 생명을 지키기 위해 할 수 없이 상대에게 위력을 가할 때도 이를 안타까워하며 회개한다. 불가피하게 전쟁을 준비하고 연습하지만, 적국의 군인을 불쌍히 여기며 주님이 오셔서 전쟁을 종식시키기를 고대한다. 장군으로 진급한 것을 자랑할 것이 아니라 부끄러워해야 할 일이라고 생각한다. 무기산업체에 근무하면서도 평화로운 사용을 약속하는 정치인에게 투표한다. 우리 주님은 곡식을 심었는데 마귀가 뿌린 가라지도 함께 자라는 것이 세상이고, 교회이며, 또한 나 자신이다. 섣불리 가라지를 뽑다가 곡식도 상할 수 있다. 우리는 이상적인 주님의 말씀에 비추어 우리 교회의 한계를 인정하고 그 말씀을 목표 삼아 투쟁할 뿐이다. 우리의 교회는 전쟁 중인 교회다!(church militant)

제6장

포스트크리스텐덤 시대 교회의 변화: 기성 교회

제5장에서 포스트크리스텐덤 시대를 맞아 최근 일어나는 교회의 변화를 이론적으로 살펴보았다면, 제6장과 7장에서는 이 논의들을 현실 교회에 구체적으로 어떻게 적용할 수 있을지를 생각해보고자 한다. 프리크리스텐덤-크리스텐덤-포스트크리스텐덤의 변화는 오랜 세기에 걸쳐 일어난 거대한 변화의 과정이다. 4세기 로마가 기독교를 국교로 정한 후 기독교의 모든 것에 변화가 일어난 것처럼, 크리스텐덤의 해체는 그에 버금가는 변화를 동반할 것이다. 교회의 형태, 성도들의 습속은 물론이고, 메시지와 신학까지 모든 것에 서서히 변화가 일어나고 있고 또 일어나야 한다. 이 책에서 그 변화의 영역들을 다 다룰 수는 없다. 이제 변화가 시작되었다. 앞으로 일어날 세대는 새로운 시대에 기독교의 변화되어가는 모습에 놀랄 것이다. 그들은 지난날 화려했던 건물과 사람과 제도들이 역사의 뒤안길로 사라져가는 것과 새로운 형태의 교회가 세워지고 부흥하는 것을 볼 것이다. 우리는 정확히 어떤 방향으로, 어떤 형태의 교회가 형성될지 예측할 수 없다. 우리 시대를 '포스트'(post) 혹은 '이머징'(emerging)이라 표현하는 이유를 생각해보면 된다. 과거의 것들은 지나갔고 새로운 것들이 생겨나고 있다. 지금은 맹아(萌芽)의 상태로 여기저기서 돌출적으로 생겨날 뿐 어떤 형태를 갖추어 제도화될지는 그 누구도 모른다.[1] 우리는 그저 인

---

1   Alan Roxburgh, "Reframing Denominations from a Missional Perspective," Craig Van

내하며 성령의 인도하심을 묵묵히 따를 뿐이다. 이 책에서는 내가 지금까지 연구하고, 고민하며, 실제로 경험했던 것들을 중심으로 몇 가지를 정리하는 것에 만족하려 한다. 제6장은 기성 교회의 변화를 모색하는 장이고, 제7장은 교회를 개척하는 사람들을 위한 일종의 매뉴얼이다.

기성 교회에 염증을 느낀 사람들은 기성 교회는 절대 변할 수 없다고 생각해서 교회에 나가지 않거나 교회 개척에 동참한다. 나도 앞서 논의한 우리 시대의 새로운 교회를 구현하기 위해서는 새로운 교회 개척 운동이 일어나야 한다는 데 전적으로 동의한다. 그러나 기성 교회도 하나님께서 세우신 교회다. 지난 130여 년 동안 민족 복음화와 세계 선교를 위해 사용하신 하나님의 도구다. 이를 진정한 교회가 아니라고 단정하는 것은 일종의 오만이다. 앞서 이야기한 선교적 교회론은 특정한 교회의 형태를 규정하는 것이기보다는 원리를 제시한 것이다. 나는 현재 교회가 어떤 형편에 있든지 원리를 습득해 이를 현실에 적실성 있게 적용할 수 있다고 믿는다. 먼저 메시지와 전도 및 교육의 변화, 영성 훈련의 다양화, 교회 형태의 변화 그리고 국내 선교와 해외 선교의 변화 가능성을 모색해보고자 한다.

1. 메시지의 변화

매 주일 설교를 하다 보면 회의에 빠질 때가 많다. 과연 일주일에 한 시간 설교를 통해 성도들의 변화를 이끌 수 있을까? 내 지식과 언변과 고민과

Gelder, ed., *The Missional Church and Denominations: Helping Congregations Develop a Missional Identity* (Grand Rapids: Eerdmans, 2008), 100.

열정과 영적 체험까지, 아니 나 자신까지 매대(賣臺)에 내어놓고 판매하는 "말씀의 행상인"(peddlers of God's word, 고후 2:17, NASB)은 아닐까? 작은 감동을 이끌어내어 성도들이 "은혜 받았습니다"라고 인사는 하는데, 진정한 영혼의 변화가 일어나고 있는 것일까? 많은 목회자들이 의문을 품으면서도 할 수 있는 일이 설교밖에 없어서 맥 빠진 진부한 설교를 반복한다. 아니면 설교가 아닌 다른 방식의 목회를 추구하기도 한다. 예전(禮典), 소그룹 모임, 영성 운동, 사회봉사, 선교 활동 등의 말이 아닌 행동을 강조하는 목회를 지향하는 것이다.

그러나 뭐라 해도 교회의 중심은 설교다. 개신교 특히 복음주의는 말씀의 종교다. 공식적인 설교 외에도 다양한 형태의 전달 형식이 있겠지만, 결국 모두 성경에 기초한 메시지로 집중된다. 제자 훈련이나 소그룹 모임을 해도 성경 말씀과 해석이 중심이 되고, 목회자가 심방을 하며 위로의 말을 전할 때도, 기도회를 인도할 때도, 찬양곡을 선정할 때도 반드시 메시지가 포함되기 마련이다. 우리의 신앙이라는 것이 어떤 형태로든지 성경에 근거한 것이며, 성령은 성경에 기록된 말씀을 통해 일하시기 때문이다. 성경 해석과 설교에 관해서는 제4장에서 충분히 논했기 때문에, 이번 장에서는 포스트크리스텐덤 시대를 맞은 기성 교회 설교자들이 주의할 몇 가지 점을 살펴보고자 한다.

우리 시대 회중의 성격

맨 처음 언급하고 싶은 것은 우리 시대 설교자들은 회중석에 앉아 있는 성도들이 누구인지를 알아야 한다는 것이다. 한마디로 그들은 설교를 듣는 성도들이 포스트크리스텐덤 시대를 사는, 포스트모더니즘의 영향을 깊이 받은 사람들이라는 것을 이해해야 한다. 과거 청교도 시대의 청중들은 기독교 세계에서 태어나 유아세례를 받고 교리를 공부했으며 매주 교회에 출석하는 사람들이었다. 적어도 명목상으로는 그렇다. 그러나 오늘날 교회에 와서 앉아 있는 사람들 가운데 상당수는 믿음이 없는 사람들이다. 기독교에 대해 호감을 보이는 사람도 있고 아내의 손에 이끌려 억지로 와서 앉아 있는 사람도 있다. 천지 창조나 동정녀 탄생이나 오병이어의 기적이나 부활과 사후 세계에 대해 믿지 않는 사람도 많고, 교리들을 믿느냐고 물어보면 믿는다고 대답은 하겠지만 실제로는 별 관심이 없는 사람들이 대부분이다. 젊은 남자 성도들의 상당수는 종교 다원주의자라고 이야기하기 어렵지만 타 종교에 열린 태도를 보이는 것은 분명하다. 신앙고백이 뚜렷한 사람도 일주일에 하루 잠깐 영적인 생각을 할 뿐 엿새는 세속 사회에 살면서 세속적인 일과 생각과 오락에 파묻혀 산다.

크리스텐덤 성도들에게 성경은 하나님의 말씀이고, 목사는 하나님의 사람이며, 설교는 하나님의 말씀을 대언하는 행위였다. 예컨대 빌리 그레이엄 목사가 "하나님이 이렇게 말씀하셨습니다" 혹은 "성경은 이렇게 말합니다"라고 회중들에게 전하면, 모든 회중이 그의 말을 최고의 권위로 받아들였다. 그러나 오늘날 회중석에 앉아 있는 다수의 청중에게 성경은 이해하지 못할 언어와 사건으로 가득 찬 고대의 문서일 뿐이다. 목사는 하나님의 종이기보다는 자기들이 낸 돈으로 월급을 받는 종교인, 직업인에 불과하다. 그에게 잘해주면 복을 받고 그에게 위해를 가하면 3대가 벌을 받는다는 이야기를 어머니와 아내로부터 들어온 터라, 목사를 만나 반갑게 인사를 나누지만 더 깊은 관계를 맺기는 꺼린다. 설교는 그저 들어두면 좋은 이야기일 것 같은, 그러나 도무지 이해할 수 없는 표현들로 가득 찬 동어반복일 뿐이다. 회중석에 앉아 있을 때도 눈은 목사를 (혹은 스크린을) 쳐다보지만 생각은 내일 거래처 사람과의 미팅, 보기 싫은 상사, 요양원에 있는 부모님 방문, 시험 망친 아들 과외 선생 구해줄 일, 예배 마친 후 먹을 점심 메뉴 등 사방팔방으로 흩어진다.

우리 시대 회중에게 설교한다는 것은 참으로 큰 도전이 아닐 수 없다. 이를 위해서는 두 가지가 동시에 충족되어야 한다. 하나는 회중의 현실을 이해하는 것이고 다른 하나는 성경을 이해하는 것이다.[2] 이 두 가지는 모든 시대 모든 설교자가 고민하는 것이겠지만 우리 시대에는 이 두 가지 중 어느 하나도 쉬운 것이 없다. 사회 구성원들이 어느 정도 복음을 이해하고, 어느 정도 같은 목표를 지향하던 사회에서는 성경 주해와 적용의 방식에 관한 큰 틀의 합의가 있었다. 그러나 다원화된 세계에서는 성경 해석도 파편화되어 있고 현실 인식에도 정해진 틀이 존재하지 않는다.

우리 시대 목회자가 처한 상황은 마치 파푸아 뉴기니의 한 원주민 마을에 파송된 선교사와 같다. 선교사는 선교 훈련원에서 초급 언어를 1년 배우고 선배 선교사로부터 문화에 대한 강의를 들었을 뿐이다. 그는 원주민 언어를 다시 배워야 하고, 익숙하지 않은 문화와 습속과 예의에 매번 당황하며, 권력의 서열과 의사 결정 구조와 윤리의 우선순위를 알지 못한다. 원주민이 죄로 여기는 것이 무엇인지, 성스럽게 숭배하는 대상이 무엇인지, 이들이 어떤 어두운 과거와 구원의 경험을 가지고 있는지 전혀 아는 바가 없다. 사실 오늘날의 목회자는 파푸아 뉴기니 원주민 마을에 파송된 선교사보다 더 어렵다. 원주민들은 기독교에 대해 잘 모르는 데다 선교사의 문명에 존경심을 품고 있기 때문에, 선교사가 시간과 노력만 들

2　설교학의 고전이라 할 수 있는 존 스토트 외, 박지우 역, 『존 스토트의 설교』(서울: IVP, 2016)에서는 설교를 말씀과 현실을 연결하는 다리라고 정의한다. 설교학 고전의 반열에 오를 것이 예상되는 팀 켈러, 채경락 역, 『팀 켈러의 설교』(서울: 두란노, 2016)는 존 스토트의 도식을 따르면서도 훨씬 더 우리 시대의 정신을 상세하게 분석한다. 복음과 문화의 양자를 동일하게 다루면서도 설교자의 인격을 변화시키는 성령의 역사에 대한 강조가 두드러진다. 내가 어렴풋이 생각하던 것을 정확하게 그리고 포괄적인 설명을 제시해 이 책에서 큰 도움을 받았다.

이면 그들에게 접근하기란 그리 어렵지 않다. 그러나 오늘날 대한민국의 회중들은 기독교에 대해 잘 안다고 생각하는 데다, 교회에 대해 존경심은 커녕 반감을 보인다. 언제 교회를 떠나는 것이 좋을지 기회를 엿보고 있는 사람들도 많다.

우리 시대 목회자들이 먼저 갖추어야 할 덕목은 자신들이 세상과 성경을 사실 알지 못한다는 것을 인정하는 겸손한 자세다. 단언컨대 대다수의 목회자는 현실을 모른다. 상당수의 목회자들이 3-4대째 예수 믿는 집안 출신이다. 교회에서 자라났고 중고등학생 때 회심을 경험했다. 가족과 성도들의 축복 가운데 신학교에 입학했다. 그들의 삶의 반경은 학교와 교회와 집이다. 학교는 이들이 세속 세계를 만나는 유일한 환경인데, 이들은 기독교에 적대적인 교수나 사상을 만나면, 이에 직면하는 대신 교회나 선교 단체의 따뜻한 품으로 후퇴했다. 큰 죄에 빠진 경험이 없고 늘 성경을 끼고 살았기 때문에 자신들은 거룩하고 의롭다는 생각이 그들의 내면에 뿌리 깊게 자리 잡고 있다. 교회와 세상을 구분해 세상적인 것을 정죄한다. 세상을 경험하지 못하고, 따라서 혼란과 고뇌 가운데서 복음을 발견한 경험 없이 가업(家業)을 이어받은 목회자가 대다수다. 그들의 설교는 끝없는 순환 논법의 연속일 뿐 회중의 문제 속으로 단박에 뛰어들지 못한다. 회중은 회개의 리스트를 주지 않고 회개를 외치는 설교에 어리둥절하고, 비현실적인 지적과 선포에 어떻게 반응해야 할지 난감해 한다. 그들은 설교자가 그리스어와 히브리어를 섞어가며 어려운 진리를 설명할 때 반쯤 졸고, 제 흥에 겨워 눈을 지그시 감고 손 들고 찬양할 때 어디에 시선을 둬야 할지 당황스럽다.

우리 시대의 목회자들은 회중이 당면한 문제 속으로 뛰어들어야 한다. 내가 아는 성경, 내가 해석한 세상과 회중들이 사는 세상에 괴리가 있음을 깨닫고 또 깨달아야 한다. 그 괴리가 너무 커서 세상을 설명할 수 없고 회중의 질문에 답을 줄 수 없다는 것에 절망하고 또 절망해야 한다. 과연 내가 지금까지 알고 있던 성경이 진짜로 답을 줄 수 있는 것인지를 의심하고 또 의심해야 한다. 마침내 하나님 앞에서 두 손을 들고 성령께 모든 해석과 설명과 대답을 달라고 간절히 구해야 한다. 먼저 내 자신의 오만과 편견으로 가득한 해석을 내려놓고 성령이 확신으로 인도해주시기를 구해야 한다. 물론 성령께 의지한다고 해서 인간적인 노력을 하지 않아도 된다는 말이 아니다. 성령은 아무 문제의식도 없는 우리에게 하늘의 비밀을 보여주지 않으신다. 아니, 그가 비밀을 보여주어도 우리가 그 의미를 알지 못한다. 우리는 성경을 알기 위해 그리고 우리의 현실을 알기 위해 부단한 노력을 기울여야 한다.

성도들이 어떤 사람인지 안다면, 자연히 교회 메시지의 내용과 전달 방식도 달라질 것이다. 설교를 전하거나 성경 공부나 제자 훈련을 인도할 때 혹은 찬양곡을 선곡할 때나 대표 기도할 때 모두 마찬가지다. 몇 가지 팁을 제시하고자 한다.

교회에서의 언어 사용

회중의 상당수가 불신자고 신자의 대다수가 세속적 가치관과 삶의 방식을 따르는 이들이라는 사실을 아는 목회자라면, 언어 사용에 대해 고민할 것이다. 교회에서 태어나고 자라난 성도들은 교회의 용어를 통해 말씀의 요지를 쉽게 전달받을 수 있지만, 교회 문화에 익숙하지 않은 사람들은 그 용어를 이해하지 못했기 때문이다. 지난 주일 주보를 펼쳐놓고 교회에 처음 나온 신자들이 이해하지 못할 표현들을 찾아보라. '강도사', '입례 찬송', '통일 48장', '지존하신 주', '순 모임', '사순절', '예루살렘 조' 등 일상생활에서는 전혀 사용하지 않는 단어들이 많다. ('주보'라는 단어도 그중 하나다.) 설교 때는 성경의 인명과 지명들을 아무 설명 없이 사용하고, 대표기도 때는 성경에 나오는 은유와 클리셰(cliché)로 한껏 멋을 낸다. 때로는 '잃은 양', '탕자', '불신자', '세상에서 방황하던 삶' 등과 같이 듣는 비신자들이 자기들을 가리키는 말인 줄 알면 시험에 들 것 같은 표현도 거침없이 사용한다. 교회에서도 사용하고 일반 사회에서도 사용하지만 그 뜻이 다른 용어들도 있다. 예컨대 교회에서 자주 사용되는 '사역'은 'ministry'라는 영어 번역어로서 영적인 일을 가리키는 단어지만, 일반인들은 그 단어를 듣고 군대에서 삽질하고 눈 치우던 일을 떠올릴 수 있다. 최악의 경우는 설교에서 성경 원어나 영어 표현을 동원해 설명하는 일이다. 성경의 원어는 설교자 자신이 성경을 이해하기 위해 연구할 때 사용하면 좋겠다. 설교라는 것은 설교자 자신이 깨달은 하나님의 말씀을 성도들의 삶의 정황에 맞도록 풀어주는 것이지, 그 깨달은 과정까지 일일이 설명하는 것이 아니다.

대형 교회들을 중심으로 일어나는 재미있는 현상 중 하나는 표어나 구호를 정할 때 혹은 설교 제목을 붙일 때 멋을 너무 부린다는 것이다. 성경의 한구석에 있는 잘 사용하지 않는 표현을 끄집어내거나, '영', '영적', '초월적', '차원' 등을 붙여 속물적인 목표를 신비스러운 표현으로 덧칠을 한다. 한국어로도 충분히 표현할 수 있는 말을 영어나 고전 그리스어로 표현하는 경우도 많다. '블레싱', '아웃리치', '미니스트리', '디아코니아', '리프레시', '쥬빌리' 등등이 그런 예다. 대형 교회가 외국에서 공부하거나 목회하던 목사들을 초빙하면서 벌어진 현상인데, 스스로를 식민지로 생각하는 사대주의에서 아직 벗어나지 못한 것도 같고, 어떤 경우는 일종의 콤플렉스에서 나온 것 같기도 하다. 누구나 이해할 수 있는 평이한 표어를 쓰면 좋겠다. 사람들의 이목을 끌지 못할 수 있겠지만, 목회자가 오랫동안 진심으로 기도하면서 성령의 감동으로 받은 진정성 있는 표어가 사람을 변화시킨다.

신앙을 가진다는 것은 일반 세상의 언어 습관에서 벗어나서 거룩한 언어의 사용법을 배우는 것이라고도 말할 수 있다. 전문적인 법률 용어를 사용할 수 있어야 법관이 되고, 의사가 되기 위해서는 라틴어 어원을 가진 의학 용어들을 쉽게 줄줄 표현할 수 있는 것처럼 말이다. 신앙이 오래된 사람들은 성경의 인물이나 신학적 용어를 통해 자신의 신앙을 자주 표현한다. "아브라함과 같은 믿음을 가집시다"라든가 "육을 좇지 않고 영을 좇는 사람이 되기 원합니다"와 같이 말이다. 여기서는 그 표현들이 과연 어떤 상황에서 사용되고 어떤 의미로 사용되는지를 정확히 이해하는 게 중요하다. 어려운 법률 용어가 그 사건에 적합한 것인지 법관이 판단하고, 환자의 병명과 그 증상이 일치하는지를 의사가 진단할 수 있어야 하는 것처럼 말이다. 단지 용어와 표현에 익숙해진다고 해서 신앙이 있는 게 아니다.

설교가 성경과 상황에 다리를 놓는 것이라 할 때, 이것은 일차적으로 성경의 언어를 일반인이 사용하는 언어로 번역하는 것을 의미한다. 이것은 오래된 성경의 언어를 현재 살아 있는 언어로 만드는 작업이다. 예수님이 사용하신 언어를 보라. 그분은 항상 일상적인 삶에서 소재를 끌어와서 모든 사람이 다 알아들을 수 있는 말로 설명하셨다. 그러면서도 구약성경을 잘 아는 사람들이라면 그 표현 속에 숨어 있는 깊은 의미를 들을 수 있었다. 예수님의 가르침은 그동안 축적되어온 미쉬나 문헌의 구절들을 자신들의 의도에 맞추어 왜곡시켜 주석하는 바리새인들과 달랐다. 사안의 정곡을 찔러 듣는 이들이 때로는 통쾌하고 때로는 섬뜩 놀랐다. 예수님이 사용한 용어와 비유들 가운데 못 알아들을 말이 어디에 있는가? 사람들이 가끔씩 그분의 말이 어렵다고 불평한 적이 있는데(예. 요 6:60) 이는 그분이 사용한 단어가 어려운 것이 아니라 그분이 보여주는 하나님

나라의 신비를 이해하기 어려웠기 때문이다. 믿음을 가지면 글을 모르는 사람들이라도 그 뜻을 분명히 이해할 수 있는데 말이다. 교회 안에서 통용되는 추상적이고 무의미한 언어들을 반복적으로 나열할 것이 아니라 성경의 한 단어, 한 문장이라도 그것을 우리 성도들의 일상용어로 어떻게 표현할 수 있을지를 연구하자.

설득과 변증

포스트크리스텐덤 시대의 회중은 성경과 설교의 권위를 인정하지 않는다. 그들은 이성의 시대를 지나온 사람들이기 때문에 지성적으로 설득이 되지 않으면 받아들이지 않는다. 그들은 모든 권위가 무너지고 사회 구조가 해체된 다원주의 시대에 살고 있기 때문에 전통의 권위도 인정하지 않는다. 이것이 설교에 설득이 필요한 이유다. 어떤 목회자들은 설교란 설득이나 변증이 아니라 모름지기 선포(proclamation)라고 말할지 모른다. 그들은 회중이 듣든지 안 듣든지 하나님의 권위로 선포하면 성령이 듣는 사람의 귀와 마음을 열어 믿음을 일으키신다고 주장한다. 그들은 "내 말과 내 전도함이 설득력 있는 지혜의 말로 하지 아니하고 다만 성령의 나타나심과 능력으로 하여"(고전 2:4)라는 말씀을 금과옥조로 여긴다. 하지만 설득과 선포는 서로 모순된 개념이 아니다. 설득이 선포의 여러 가지 요소 중 하나라고 생각하는 것이 옳다. 성경에 나타나는 설교들을 보라. 그 설교들은 강한 선포와 합리적 설득으로 구성되어 있다. 이는 고린도전서만 살펴보아도 알 수 있다. 고린도 교회에 발생한 여러 문제들을 해결할 때, 사도 바울은 단지 예수님을 맹목적으로 믿으라고 강요한 것이 아니라 여러 가지 논증과 수사를 통해 고린도 교인들을 설득한다. 예컨대 부활에 관해 서술하는 고린도전서 15장은 그저 무조건 믿으라고 권하는 것이 아니라 여러 가지 증명과 변호로 독자들을 설득한다.

우리 시대의 목회자들은 변증학(Apologetics)에 관심을 보여야 한다. 변증학은 비신자로 하여금 기독교에 대한 불신감이나 비합리성을 제거함으로 예수를 영접할 수 있게 도와주는 신학의 한 분야다. 변증학을 설교에 응용한 것을 변증 설교라고 부른다. 개혁주의 변증학자 존 프레임에 따르면 변증에는 세 가지 측면이 있다.[3] 첫 번째는 신자의 믿음에 대한 근거를 제시함으로써 기독교가 진리임을 보여주는 증명(proof)의 측면이다. 부활하신 주님이 도마에게 나타나 자신을 보여주시는 것이나 바울이 고린도전서 15장에서 여러 가지 방법으로 부활을 증명하는 것 등이 그 예다. 두 번째는 비신자들이 기독교를 공격할 때, 이에 대해 답변을 제시하는 변호(defense)로서의 소극적인 측면이다. 안티 기독교가 한국 기독교를 비판할 때 기독교가 민족의 역사에 끼친 좋은 영향을 설명해 변호하는 것이다. 세 번째는 불신자의 사고와 삶의 방식이 어리석음을 보여줌으로써 기독교의 진리를 반증하는 비판(offense)의 측면이다. 이사야 44:15-17에서 우상숭배자들의 어리석음을 조롱하는 장면이 좋은 예다.

변증 설교는 회중석에 앉아 있는 비신자나 의심이 많은 성도에게 대단히 유효하다. 물론 예수를 믿는 것은 성령의 중생시키는 역사가 반드시 있어야 하는 것이지 인간 설교자의 변증적 노력만으로는 불가능하다. 그러나 복음의 변증은 성령이 즐겨 사용하시는 도구 중 하나다. 물론 변증의 노력 없이도 쉽게 예수를 믿는 사람도 있지만 말이다. 변증 설교는 이

---

3 존 M. 프레임, 전지현 역, 『하나님의 영광을 위한 변증학』(서울: 영음사, 2011). 존 프레임은 미국 웨스트민스터 신학교 변증학 교수인 코넬리우스 반틸(Cornelius van Til)의 제자이자, 그의 전제주의적 변증학을 대중화시킨 신학자다. 나도 개인적으로 프레임의 강의와 책을 통해 많은 것을 배우고 영향을 받았다. 반틸은 서구 기독교 사회가 몰락하고 새로운 시대가 오는 것을 감지한 위대한 신학적 선구자 중 한 사람이다.

미 잘 믿고 있는 신자들에게도 유익하다. 그들이 지성적으로 확신할 수 있도록 해주고 전도할 때 필요한 논리를 제시해주기 때문이다.

내가 지금까지 전한 거의 모든 설교에 변증적 요소가 등장한다. 설교의 본문과 주제를 정하고 묵상하면서 내가 나 자신에게 매번 묻는 질문이 있다. "정말 이 말씀이 진짜일까? 세상은 하나님 없이도 잘 돌아가는 것처럼 보이는데, 정말 하나님이 일하시는 것이 맞는가? 나 자신은 이 말씀을 믿고 있는가?" 우선 나를 설득해야 한다. 내 질문과 제시하는 답에 내가 먼저 설득되지 않으면 회중에게 자신 있게 하나님 말씀을 선포할 수 없다. 나는, 내가 나를 설득하는 과정에서 생기는 질문들을 성도들도 궁금해할 것이라고 생각해 그 질문과 대답을 설교에 포함시킨다.

삶으로 보여주는 메시지

포스트크리스텐덤 시대의 회중을 믿음의 세계로 이끌기 위해 한 가지 더 필요한 것이 있다. 지성적 설득에는 그 이상이 필요하다. 포스트모던 현대인은 합리성이 이익에 봉사하는 도구일 뿐이라는 것을 알고 있기 때문에 합리성만으로는 안 된다. 이들은 이미 기독교의 가르침을 어느 정도는 알고 있는데, 다만 그 가르침대로 살아가는 사람을 보지 못했을 뿐이다. 그뿐만 아니라 과거 기독교가 저지른 죄악의 역사도 알고 현재 기독교 지도자들의 탐욕과 스캔들도 잘 알고 있다. 이런 사람들에게 복음을 전하는 사람이 가져야 할 가장 중요한 덕목은 진정성(authenticity)이다. 말보다는 삶을 보여주고 로고스보다는 에토스로 설교해야 한다. 변증학의 근거가 되는 본문인 "너희 속에 있는 소망에 관한 이유를 묻는 자에게는 대답할 것을 항상 준비하라"(벧전 3:15)는 말씀도 단지 지성적 변론을 말하는 것이 아니다. 세속의 한가운데서 담대함과 선행으로 비신자들에게 감동을 주고, 그러한 삶의 이유를 묻는 자들을 위해 대답할 말을 준비하라는 의미다.

설교자의 표정이나 몸짓을 통해 진정성이 어느 정도 전달될 수 있다. 그러나 자신은 말씀대로 살지 않으면서 거울을 보고 연습한 표정이나 몸짓은 금세 탄로 나기 마련이다. 다른 사람 앞에서 진정성을 가진 것처럼 보이도록 훈련된 사람도 시간이 지남에 따라 그 얄팍함이 드러난다. 무엇보다도 사회적 자아와 진정한 자아의 분열을 자신이 견디지 못할 것이다. 실제로 사랑하는 사람이 사랑을 말하고, 실제로 능력을 행하는 사람이 능력에 관해 설교하며, 실제로 하늘의 가치를 따라 사는 사람이 초월을 이야기해야 진정성이 있다.

바울이 빌립보시에서 전도하는 과정(행 16장)은 언제나 설교자들의 영감의 원천이 된다. 빌립보는 마케도니아의 수도이고 로마의 식민지였다. 로마 제국의 군사적 요충지였고 로마시의 법을 그대로 따르는 도시였다. 다른 도시에 비해 로마 시민이 많이 살았고, 그들은 자신들이 로마 제국의 일부임을 영광스럽게 생각했다. 빌립보에 복음을 전하러 들어온 바울 역시 로마 시민이었다. 로마 시민권! 이것이 빌립보에서 바울이 로마 시민을 전도하는 장면을 이해하는 핵심 키워드다. 빌립보 사람들에게 로마 시민권은 모든 권력과 영예의 원천이었다. 모든 질서의 핵심에 로마 제국이 있고, 제국의 시민들은 성스러운 로마를 에워싸고 거기서 흘러나오는 권력과 풍요를 나누어 받으며 살아간다. 그러나 바울에게 로마 시민이란 하늘 권력의 부산물이거나 모방에 불과하다. 바울에게 진정한 영광의 원천은 하늘나라이고 그의 자랑은 천국 시민권이다. 그에게 로마 시민권은 때로는 배설물과 같은 것이고 기껏해야 잠시 동안 안전을 보장해주는 도구에 불과하다.

로마 시민권을 둘러싼 두 입장이 한판 대결을 벌이는 장면이 사도행전 16장에 기록되어 있다. 빌립보의 로마 시민들은 불안한 삶을 복술로 달래고, 권력 유지를 위해 불의를 서슴지 않는 모습을 보였다. 그러나 우리의 천국 시민 바울은 하늘의 능력으로 귀신을 제압하고 천상의 사랑으로 사람을 감화시켰다. 자신이 로마 시민인 동시에 로마 시민권을 얼마나 하찮게 여기는지를 극적으로 밝힘으로써 빌립보의 관료들을 당황하게 만들었다. 바울 안에서 진정한 하늘 제국의 영광과 사랑의 위대함을 맛본 빌립보 사람들은 천국 시민이 되기를 열망했다.

과거 크리스텐덤 시대는 교회의 영광과 국가의 영광이 함께 갔다. 제3세계 타 문화권에 선교할 때 복음과 기독교 국가의 발달된 문명이 함께 전해지기 마련이었다. 좋게 말하면 기독교 문명의 전파이고 나쁘게 말하면 제국주의적 선교 방식이었다. 우리나라에 복음이 전해질 때는 제국주의적 강압이나 회유는 비교적 적었지만, 선교사들 사이에서도, 한국 그리스도인들 사이에서도 예수를 믿으면 미국처럼 부강하고 자유로운 나라가 될 수 있다는 생각이 밑바닥에 깔려 있었다. 이런 전도 방식은 한국 기독교인의 의식에 내면화되었다. 전도 집회에 초청받은 간증자는 으레 고난 중 예수를 믿어 병 고침 받고 잘살게 되었다는 이야기를 하면서 회심을 이끌어낸다.

그러나 포스트크리스텐덤 시대에 이런 전도 방식은 통하지 않는다. 우리 사회에 이미 기독교인들보다 더 잘 사는 사람이 많아졌고, 세상의 문화가 교회의 문화를 앞선 지 오래다. 지금은 새로운 방식을 고민해야 한다. 바로 사도행전을 비롯한 신약성경이 말하는 방식이다. 세상 사람들이 사는 방식과 전혀 다른 세계, 전혀 다른 삶의 방식이 있음을 보여주어야 한다. 하늘의 가치관이 몸에 배고, 거룩하고 경건하며, 사람을 사랑하는 마음이 가득하고, 고난 가운데 기뻐하며, 하늘의 능력이 언뜻 비치는 삶을 통해 사람들은 충격과 감동을 받는다. 우리를 통해 그 세계를 맛본 사람들이 "선생님들, 우리가 어떻게 하여야 구원을 얻을 수 있을까요?"(행 16:32)라고 물을 때, 온유함과 두려움으로 우리의 소망을 설명하는 것이 우리 시대에 가장 적합한 전도 방법이다.

현실을 해석해주는 메시지

성경을 아는 것이 먼저냐 현실을 아는 것이 먼저냐 하는 문제는 오랜 역사를 가진 해묵은 논쟁이다. 진보적인 학자일수록 상황에 더 초점을 맞추고 보수적인 학자일수록 성경에 초점을 맞추려는 경향을 보인다. 보수적인 학자들은 성경을 제대로 주해하는 것이 먼저고 이어 적용을 위해 현실을 알아야 한다고 말한다. 진보적인 학자들은 현실이 질문을 하면 성경이 답해야 한다고 생각해 현실 인식에 우선성을 부여한다. 보수적인 학자들은 진보주의자들처럼 생각하면 결국 현실이 성경을 컨트롤하게 된다고 비판하고, 진보주의자들은 보수주의자들이 아무도 묻지 않는 질문과 그에 대한 대답만 한다고 비판한다.

그러나 내 경험에 따르면 성경에 대한 이해와 현실에 대한 이해는 동시에 이루어진다. 성경을 알수록 현실을 보는 눈이 열리고, 현실을 알수록 성경을 더 깨닫게 된다. 물론 이 모든 깨달음의 배후에는 성령이 계신다. 나는 내가 근무하는 대학에서 만나는 사람들을 통해 다윗의 궁중 기록에 등장하는 군상(群像)이 현실로 다가오는 것을 느꼈고, 이집트와 메소포타미아와 해양 세력들에 끼어 있는 이스라엘의 역사와 예언자의 메시지를 통해 한반도 문제의 본질을 이해할 수 있었다. 예컨대 이사야서에 나오는 강대국 아시리아나 이집트의 군사력을 의지하지 말라는 말씀(사 8:7; 31:1)을 이해하지 못했는데, 우리나라가 미국이나 중국에 의존하다가 결국 그들에게 종속되는 것을 보면서 무릎을 탁 쳤다. 우리의 현실을 의식하면서 성경을 해석해야 하고, 성경을 읽을 때 우리의 현실을 고려해야 한다.

현실 속에서 복음을 안다는 것은 곧 세상 속에서 어떻게 살아야 할지를 알려줄 수 있다는 뜻이다. 목회자들이 우리 시대 회중의 현실에 합당한 메시지를 그들의 언어로 설명하는 것은 다름 아닌 그들의 죄를 정확히 지적함으로써 그들이 회개하고 예수님과의 사귐으로 들어오라는 부름이며, 동시에 그들로 하여금 세상 속으로 들어가서 악한 세상을 부정하고 하나님의 뜻을 거기서 이루라는 명령이다. 우리 시대 죄악의 목록을 뒤집으면, 적극적인 선행의 목록이 된다. 성도들에게 회개할 내용을 구체적으로 제시할 수 있다면 이는 곧 대사회적인 메시지를 던질 준비가 되었음을 의미한다. 교회가 반정부 성명서를 내고 집회에 참여하는 일도 필요하겠지만 이는 이차적인 일이다. 성도들이 세상 속으로 들어가서 해야 할 일을 제시하는 것이 교회 본연의 임무다.

설교자는 성도들의 일상에서 일어나는 문제들에 대해 성경적인 대답을 제시해야 하지만, 역사적 사변이 일어났을 때 이를 해석하는 것도 설교자의 몫이다. 일상과 역사적 대사건이 서로 다른 것이 아니다. 소소한 일상이 모여 역사적 대사건이 일어나고, 역사적 대사건들이 우리의 일상과 의식을 규정한다. 설교는 정치 평론이 아니기 때문에 강대상에서 정치 이야기하면 안 된다고 말하는 사람도 있다. 그러나 설교자가 정치적·역사적 사건에 대해 성경적 해답을 주지 않으면 그것을 누가 준단 말인가?

어찌하여 이런 일이 일어났습니까?

2017년 3월 10일 헌법 재판소에서 박근혜 대통령을 파면하는 역사적 선고가 있었다. 8:0 헌법 재판관 전원 일치의 판결로 탄핵이 결정되었다. 나는 탄핵이 결정된 다음 주일에 그간 시리즈로 진행하던 설교를 한 주 멈추고 탄핵을 대하는 그리스도인의 자세에 대해 설교했다. 내가 지금까지 이야기했던 내용들에 대한 구체적인 예가 될 것 같아 당시의 설교를 요약하겠다. 본문은 사사기 21:1-4이고 제목은 "어찌하여 이런 일이 일어났습니까?"였다.

탄핵이 결정되던 날 모든 국민이 숨죽여 발표문을 들었다. 환희의 포용, 안도의 한숨, 분루(憤淚)와 오열이 교차되었다. 정치 주체와 경제 단체들, 종교계에서 성명을 내었다. 그 내용은 대동소이한데, 요약하면 헌재의 판결을 존중하고 수용하며 이제는 분열된 국론을 통합하고 갈등을 치유할 때라는 것이었다. 나는 국민들의 반응과 지도자들의 성명들을 들으면서 뭔가 아주 중요한 것이 빠졌다고 생각했다. 즉 모든 이들이 한결같이 사회 통합을 원하는데, 도대체 어떻게 사회 통합을 이룰 것인가? 사회 통합이 지도자들의 말 몇 마디에 척척 이루어질 수 있는 성질의 것인가?

과거 이스라엘 백성들에게 일어났던 하나의 이야기를 통해 답을 찾고자 한다. 사사기 19장부터 21장에 걸쳐 기록된 사건인데 그 내용은 이렇다. 한 부부가 여행 중 베냐민 지파의 기브아라는 마을에서 유숙하게 되었다. 마을의 불량배들이 이 손님의 아내를 밤새도록 욕보이고 폭행해 결국 죽였다. 그 손님은 자기 아내의 시신을 열두 덩이로 잘라 이스라엘 열두 지파에 보냈다. 죽은 아내의 복수를 해주고, 정의를 실현시켜 달라는 의도였다. 이스라엘 각 지파 대표들이 모여서 회의를 열었다. 우선 그들은 베냐민 지파에 사람을 보내어, 죄를 지은 불량배를 내어놓을 것을 전했다. 그러나 놀랍게도 베냐민 지파는 기브아의 불량배를 내놓지 않았고, 이스라엘 연합군은 베냐민 사람들을 상대로 정의를 위한 전쟁을 선포하기에 이르렀다.

연합군은 전투에 나가기 전 누가 선봉에 설 것인지를 하나님께 물었다. 유다 지파가 제비에서 뽑혀 전투의 선봉에 섰는데, 뜻밖에도 이스라엘이 패하고 2만2천 명의 병사를 잃었다. 이스라엘 사람들은 뭔가 크게 잘못되었다고 느끼며 다시 하나님께 기도했다. 하나님은 다시 전투를 허락하셨는데, 이번에도 참패하여 1만8천 명이 죽었다. 이들이 다시 모여 하나님께 물었다. "우리가 다시 나아가 내 형제 베냐민 자손과 싸우리이까, 말리이까?"(삿 20:28) 하나님은 이번에는 반드시 승리할 것이라 약속하셨고, 그 말씀대로 이루어졌다. 이스라엘 연합군은 베냐민 사람 2만5천 명을 전멸시키고 도시를 불살랐다. 베냐민은 겨우 6백 명만 살아남아서 그 명맥을 유지하게 되었다.

이상한 일이 아닐 수 없다. 왜 하나님은 두 번씩이나 이스라엘 사람들이 전투에 패해 4만 명의 무고한 군인을 죽게 하셨을까? 왜 이 사악한 베냐민 사람들은 두 번이나 승리할 수 있었을까? 패륜아를 사형시키는 것이 정의이고 하나님의 거룩함을 보존하는 것이 아닌가? 하나님도 이들의 정당성을 인정하셨기 때문에 전쟁에 나가서 싸우라고 하시지 않았는가? 그 대답은 잠시 후에 듣기로 하고….

그 전투에서 승리한 후에 어떤 일이 벌어졌는지 살펴보자. "백성이 벧엘에 이르러 거기서 저녁까지 하나님 앞에 앉아서 큰 소리로 울며 이르되, '이스라엘의 하나님 여호와여, 어찌하여 이스라엘에 이런 일이 생겨서 오늘 이스라엘 중에 한 지파가 없어지게 하시나이까?' 하더니"(삿 21:2-3). 이들은 전투가 승리로 끝난 뒤 본진으로 돌아가서 소리를 높여 통렬하게 울고 또 울었다. 탄식하며 하나님께 물었다. "어찌하여 이런 일이 일어났습니까?" 이 또한 이상한 일이 아닐 수 없다. 악한 적을 물리쳐 정의가 실현되었다. 응당 승리한 장졸들은 얼싸안고 축하하며, 전쟁 영웅에게 환호하고, 축제와 퍼레이드를 벌이며, 소떼와 금품과 노예 등의 전리품을 나누어야 할 것이다. 이것이 모든 전쟁의 승자들이 하는 일이다. 세 번 만에 승리했으니, 그 승리는 더욱 값질 것이다. 세상에 전쟁에서 승리한 어떤 군인들이 두 다리를 뻗고 앉아서 땅을 치며 대성통곡하면서, "어찌하여 이런 일이 일어났습니까?"라고 부르짖는단 말인가?

바로 이런 눈물과 통곡과 후회를 하나님께서 원하신 이유가 바로 이것이다. 그래서 하나님이 이스라엘이 두 번씩이나 전투에서 패하게 하신 것이다. 나는 오늘 대한민국에 필요한 것도 바로 이 눈물과 통곡이라고 믿는다. "어찌하여 이런 일이 일어났습니까? 우리가 어쩌다 이 지경이 되었습니까?" 이스라엘 연합군이 흘린 눈물의 의미가 무엇일까? 오늘 우리는 무엇 때문에 울어야 하고 무엇을 위해 통곡해야 하는가? 정의가 승리했다는 기쁨의 눈물인가? 내가 지지하던 대통령이 불명예스럽게 퇴진하게 된 데서 오는 억울함과 분함의 눈물인가? 과연 하나님이 원하시는 눈물은 어떤 것일까?

첫째, 자신도 동일한 죄악에 참여했음을 회개하는 눈물이다. 하나님은 베냐민만 죄를 지은 것이 아님을 이스라엘 백성에게 가르쳐주시고자 그들이 두 번이나 전쟁에 패하도록 하셨다. 언뜻 보기에 이 전쟁은 보복과 정의를 위한 단순한 전쟁처럼 보인다. 그러나 사정이 그렇게 단순한 것은 아니었다. 과연 베냐민 사람들을 징벌하는 이스라엘 사람들은 순수한 마음으로 전쟁을 벌였을까? 사실은 베냐민 사람들이 행했던 것과 유사한 음란과 살인과 폭력이 이스라엘 전체에 퍼져 있었다. 그러나 이들이 모여서 베냐민을 징벌하기 위한 전쟁을 할 때, 자신들의 악은 생각하지 않았다. 심지어 자기들의 악을 가리기 위해 정의의 이름으로 다른 사람에게 분노를 돌렸다. 자신들의 공명심을 만족시키고 의로움을 과시하기 위한 생각도 숨어 있었다. 혹은 이들의 마음 깊은 곳에 베냐민 사람들을 죽여 자기의 땅을 늘리고 전리품을 차지하려는 욕망이 도사리고 있었을지 모른다. 하나님께서는 베냐민뿐 아니라 온 이스라엘에게 연대 책임을 물으셨다.

문제가 된 국정 농단 사건에 대해 학자이자 법률가인 한 전직 고위 관리가 다음과 같이 말했다. "최순실 국정 농단 사건은 1987년 6월 항쟁으로 태어나 정착되어가던 민주적 헌법 질서를 마비시킨 기이한 사건이다." 이 말을 듣자마자 나는 강한 거부감이 이는 것을 느꼈다. 이게 정말 "기이한 사건"일까? 1987년 민주화 이후 우리 사회가 공정하고 투명하고 살기 좋은 민주 사회가 되었는데, 갑자기 최순실이라는 사이비 종교에 물든 성질 사나운 여자가 나타나서 온 세상을 휘저어놓았단 말인가? 나는 절대 그렇게 생각하지 않는다. 일어날 일이 일어난 것이다. 그가 아니었으면 다른 사람이 일으켰을 것이다. 내가 바로 최순실이다! 권력을 가진 자는 부를 챙기려 하고, 기업을 스폰서로 생각하며, 부당한 방법으로 자녀에게 물려주지 않는가? 법조인들이 공정하게 수사하고, 기소하며, 재판하고, 변호했는가? 경제인들이 횡령과 배임과 뇌물과 담합과 비자금으로부터 자유로운가? 언론이 이미지 정치를 부추기는 데 한 몫을 담당하고 있지 않았는가? 의사들은 죽은 사람의 사인(死因)을 정확하게 쓰고, 교수들은 규정에 따라 성적을 평가했는가? 이 땅의 목회자들은 과연 정의로운 삶을 가르쳤는가? 이 사건은 "기이한 사건"이 아니다. 우리 모두가 공범으로 연루된 사건이다.

둘째, 서로를 불쌍히 여기는 긍휼의 눈물이다. 이스라엘 백성들이 전쟁에서 이기고 흘린 눈물은 패배한 베냐민 사람들을 향한 눈물이었다. 베냐민 사람들은 이스라엘 백성들과 함께 하나님의 약속을 받았고, 또한 죄악도 공유했던 동료들이었다. 수만 명의 베냐민인이 불명예를 안고 죽었고, 그 가족들의 미래가 보이지 않는다. 또한 이스라엘 연합군의 사망자도 4만 명이나 되었다. 모두가 불쌍한 사람들(Les Misérables)이다.

2016/17년 광화문과 시청 집회에 나온 사람들을 크게 나누면 세 종류다. 한 집안에 3대가 있는데, 3대가 다 다른 삶의 궤적과 가치를 지니고 있다. 60-70대는 국가를 전쟁으로부터 구해내고 산업화를 이룬 어르신들이다. 이들에게 가장 중요한 가치는 안보와 시장 경제다. 40-50대는 민주화 투쟁을 통해 1987년 체제를 이룬 386세대이며, 이들의 가장 중요한 가치는 평등과 번영이다. 20-30대는 대학을 졸업했는데 직장이 없고, 스펙을 열심히 쌓는데 일자리가 없다는 청년들이다. 이들의 가치는 공정이다.

각 시대마다 영광과 자랑이 있다면 각 시대를 지배하는 죄악도 있다. 과거 전쟁과 가난을 겪었던 우리 부모님 세대는 전쟁을 통해 두려움과 증오를 배웠다. 40-50대는 민주화를 이루었다고 하지만, 아파트 평수를 넓히고, 자녀 대학 보내는 데 모든 것을 다 쏟은 위선과 물질주의에 빠졌다. 20-30대 젊은이들은 삶의 목표를 잃어버리고 영혼에 대한 진지한 탐구가 없이 탕진 문화를 즐기고 있다.

광화문과 시청에 나오는 사람들은 모두 엄청난 기득권 세력이 아니다. 어르신들은 전쟁이 남긴 트라우마(trauma)로 국가 안보에 대한 진지한 위기감을 느끼고 있으며, 후손들에게 공산주의와 가난을 물려주고 싶지 않은 어버이들이다. 장년층은 부모를 모셔야 하고, 자녀 결혼을 시켜야 하는데 벌어놓은 돈도 없고, 이른 정년을 맞아 노후를 걱정해야 하는 무거운 짐을 진 중년들이다. 청년들은 안정된 직업이 없어 마음을 추스르지 못하는 우리의 자녀들이다. 모두 불쌍한 우리들의 자화상이다.

국정 농단과 탄핵에서 우리 모두가 패배했다. 우리의 손으로 뽑은 우리의 대통령을 우리가 몰아낸 것은 부끄러워해야 할 일이다. 강대국 사이에 둘러싸인 한반도에서 사드(THAAD)를 강요당하고, 경제 보복을 당하며, 저 건너에서는 소녀상을 철거하라 한다. 형제끼리 주먹질하다가 이웃에게 가서 내 동생 좀 때려주라고 부탁해야 하는 게 우리의 현실이다. 서로를 끌어안고 긍휼의 눈물을 흘리자.

셋째, 하나님의 뜻을 이루어 드리고자 결심하는 결단의 눈물이다. 이들은 하나님 앞에 앉아서 큰 소리로 울었다. 자신들의 존재 의미를 생각했다. 하나님이 열두 지파를 만드신 것은 열두 지파가 온전히 보전되고, 온 세상에 빛이 되라는 의미다. 그런데 이제 베냐민이 사라지게 되었다. 이들은 분열과 반목으로 하나님의 마음을 아프게 한 것을 회개하면서 새로운 하나님의 백성이 되기를 결단했다.

이들은 모두가 패했다. 베냐민 지파 사람들은 6백 명밖에 남지 않고 다 죽었다. 다른 지파도 4만 명이 죽었으니 그들이 당한 슬픔을 헤아릴 수 없을 것이다. 그러나 그들은 모두 값진 승리를 얻었다. 함께 거룩하게 되었고, 참된 정의가 무엇인지를 알았으며, 참된 형제 사랑을 깨달았다. 그들의 눈물과 통곡을 통해 온 이스라엘이 통합되었다. 대한민국도 이렇게 되었으면 좋겠다. 우리의 과제는 분열과 갈등이 아니라 통합이다. "어찌하여 이런 일이 일어났습니까?" 눈물과 통곡을 통해서만 통합이 가능하다.

다양한 방식의 영성 훈련

내가 앞서 제시한 교회의 구체적 변화에 대한 제언은 주로 목회자에 집중되어 있다. 불만을 품는 평신도 독자들도 있을지 모르겠다. 아마도 내가 신학교에서 학생들을 가르치다 보니 목회자와 목회자 후보생들에게 관심이 많아서 그럴 것이다. 또 목회자가 교회에서 차지하는 비중이 절대적이다 보니 목회자가 변화되어야 성도들이 바뀔 것이라고 생각해서다. 그러나 나는 신학교에서 가르치는 사람이기 이전에 한 사람의 성도이자 한 개인이다. 나는 늘 하나님 앞에 단독자로 서 있고, 죄가 가득하면서도 하나님의 용서를 체험한 자로 그분의 뜻을 따르고자 노력한다. 나는 그리스도께서 각 사람을 불러 제자로 세우시고, 성령께서 각 사람에게 은사를 주셔서 그 사명을 감당하게 하시는 분임을 믿는다. 나는 뼛속까지 만인제사장주의자다.

나는 주로 설교를 담당한 목회자들에게 제언했지만, 실은 잘 생각해 보면 모든 성도에게 제언한 것이다. 모든 성도는 세상 속에 살면서 죄악에 물들어 사는 사람들이자, 동시에 하나님의 말씀으로 세상을 변화시키는 하나님의 선교의 주역이다. 목회자뿐 아니라 성도들 개인도 교회에서 통용되는 추상적 언어에 만족하면 안 된다. 그 언어가 내 삶에서 무엇을 의미하는지 깊이 생각해야 한다. 주일에 들은 설교 말씀을 내가 진정으로 믿고 있는지, 합리적으로 설득이 되었는지, 그 말들을 실제로 실천하며 살고 있는지 항상 질문해야 한다.

성도들이 이런 질문을 스스로 하도록 지도하는 것이 또한 목회자의 사명이다. 어떻게 그렇게 할 수 있을까? 설교를 통해서만은 가능하지 않다. 성도들이 하나님 앞에서 스스로를 보도록 해주어야 한다. 바로 영성 훈련이다. 때로 소리를 높여 기도하고, 묵상 중에 하나님의 세미한 음성을 듣는 법을 알려주어야 한다. 매일의 기도도 필요하지만, 고난 가운데서 금식하며 간절히 주의 뜻을 찾는 것도 중요하다. 일상 속에서 하나님이 원하시는 바가 무엇인지, 윤리적 결단을 내려야 할 갈림길에서 어떤 길을 선택해야 하는지, 성도들 스스로가 깨달을 수 있도록 도움을 주어야 한다.

2. 하나님의 선교의 교회적 적용

앞서 제5장에서 하나님의 선교 개념에 근거한 선교적 교회론을 논했다. 또한 그 선교가 가능하기 위해서는 교회가 공공의 영역에서 자신의 메시지를 설명할 수 있어야 하고 또한 그 영역의 문제들에 참여해야 함을 이야기했다. 다소 복잡한 신학적 논의였는데, 이제 현실 교회로 돌아와서 우리가 어떻게 그런 삶을 살아야 하는지를 설명하고자 한다. 교회가 곧 세상으로 보냄을 받은 선교의 기관이라고 했는데, 구체적으로 어떻게 하라는 의미인가? 교회가 세상 속에 들어가서 선교 기관으로서의 역할을 하는 것인가, 아니면 성도 한 사람 한 사람이 자기의 위치에서 선교사로서의 삶을 사는 것인가? 답은 두 가지 모두 병행되어야 한다는 것이다. 우선 성도 개인이 해야 할 일에 대해 생각해보자.

(1) 성도 개인이 세상으로 보냄 받은 선교사

기성 교회의 가장 중요한 기능은 예배다. 각각의 삶의 자리에 흩어져 살던 성도들이 일주일에 한 번 한자리에 모여 하나님을 예배한다. 하나님이 천하를 다스리시는 분임을 고백하고, 보이는 세상이 전부가 아님을 깨달으며, 설교를 통해 구체적으로 자신을 돌아보고 사명을 새롭게 하는 것이다. 예배 시간에 하나님을 체험한 성도들은 다시 자신들의 자리로 흩어져 각자에게 맡겨진 일을 한다. 선교적 교회는 성도들이 예배와 말씀을 통해 세상 속에서 자기 삶의 방식을 바꾸는 것에서 시작한다.

대다수의 성도들은 소시민이다. 국가를 움직이는 권력자도 아니고 구조적 변혁을 위해 자신을 불사르는 투사도 아니다. 그러나 나는 소시민이 중요하다고 생각한다. 구조적 변혁을 말로 떠드는 것보다 하나님 나라의 가치를 일상에서 묵묵히 수행하며 사는 사람이 참 하나님의 사람이다.

나는 여러 해 동안 목회 활동을 하면서 교회 자체의 성장보다 성도들을 격려해 자신의 영역에서 죄를 짓지 않고 선을 행하는 것에 초점을 맞추었다. 성도들에게 대한민국에서 일어나는 크고 작은 일들에 대해 성경적으로 해석하는 눈을 뜨게 함으로써 자신들이 그 죄에 빠져 있음을 알고 회개하며, 사회 속으로 들어가서 성경의 뜻에 따라 살 것을 촉구했다. 나는 우리 사회의 구조와 우리를 지배하는 거대한 악에 관해 성경적 관점에서 설명했다. 악의 세력이 얼마나 우리의 삶에 속속들이 들어와 있고, 얼마나 강하고 집요하며, 우리는 그 앞에서 얼마나 무력한지를 알려주었다. 성도들은 설교를 들으면서 세상을 판단하는 능력을 키우고, 그리스도의 통치를 소망하며, 자신의 힘이 아닌 성령의 능력에 의존할 것이다. 단순한 감정적 동요가 아닌 진정한 회개가 이루어지고, 사회적 죄를 멀리하며, 가까이에 있는 사람부터 조금씩 변화시키는 일상에서의 선교사가 될 것이다.

성도들이 예배에 참석하고, 봉사활동을 하며, 소그룹 모임을 통해 교제하는 것을 그들 곁에서 보는 것이 목회자가 느낄 수 있는 즐거움이다. 그러나 내게 가장 큰 기쁨을 준 것은 성도들이 자신의 삶에서 잘못을 깨닫고 돌이키며 세상에서 작은 변화를 일으킨 것을 들었을 때다. 예컨대 한 중견 학습지 회사의 사장이 기업의 목적 중 하나가 직원들의 일자리를 마련해주는 것이라는 내 설교를 듣고 어려운 여건에서도 인원 감축을 최소화했다는 이야기를 들었을 때였다. 한 2년만 그 자리에 있어도 아파트 한 채 산다는 대기업 구매부서의 부장이 거래처의 금품과 향응을 거절했다는 간증을 하면서 연말에 구두 티켓 정도는 받아도 되느냐고 물을 때였다. 한 사람은 자금을 대고 한 사람은 기술을 대어 동업하던 두 집사가 이익의 분배 문제로 다투고 갈라서려고 할 때, 나의 중재로 화해하고 조금씩 양보했을 때 느꼈던 기쁨은 오래 지속되었다. 대기업 임원인 한 집사가 대주주의 가족을 중심으로 정실에 의해 운영되는 비민주적 기업 문화를 바꾸기 위해 노력하다가 조직에서 어려움을 겪는다고 의논할 때 진심으로 그를 위해 복을 빌었다. 교회 앞에서 풀빵 장사하는 어려운 형편의 집사가 설교를 듣고 자신과 세상에 대한 원망에서 돌이켜 공평하신 하나님께 감사하게 되었다는 편지를 보냈을 때, 설교자가 되길 참 잘했다고 생각했다.

결국 신앙이다

누가복음 19장에 나오는 세리장 삭개오를 살펴보자. 뽕나무에 올라가서 예수님을 보려던 키 작은 삭개오 말이다. 그는 자기 재산을 나누어 주는 것으로 자신의 회심을 표현했다. 삭개오는 지금까지 모은 모든 재산의 반을 가난한 사람들에게 주고 토색한 일이 있으면 네 배를 갚겠다고 공언했다. 무슨 일이 일어났을까? 삭개오가 살았던 여리고는 인구 수천 명의 당시로서는 대단히 큰 도시였다. 삭개오의 재산이 수십억이었다면, 가난한 가정은 한 가정당 백만 원쯤 나누어 받았을 것이다. 그 가정은 그 돈으로 소고기를 사먹고, 옷 한 벌 해 입고, 부모님 용돈 드리면 남는 것이 없다. 여리고 사회에는 변화가 있었을까? 삭개오는 지금까지 남의 것도 많이 빼앗고 뇌물을 주기도 하고 받기도 했을 텐데, 회심 후에는 그런 일을 하지 않을 것이니 그 사회가 깨끗해졌을까? 그는 아마도 뇌물의 고리를 끊으려다가 자신의 지위를 보전하지 못하고 쫓겨나고 말았을 것이다. 그의 뒤를 이은 세리장은 어떤 사람일까? 삭개오는 나쁜 짓을 하면서도 일말의 양심이 있었기 때문에 극도로 사악하지는 않았는데, 그의 후임은 그런 가책을 모르는 사람이라면 어떨까. 여리고는 삭개오 때보다 더 형편이 나빠졌을 수도 있다.

그러니 개인적인 선행이 무슨 의미가 있는지 회의에 빠질 수밖에 없다. 오랜 세월 관행으로 굳어온 악습에 대해 개인의 힘으로 어떠한 변화도 만들어낼 수 없는 것처럼 보인다. 삭개오 개인이 양심의 평안을 누리는 것 외에 사회적 의미가 과연 있을까? 있다. 예수님이 한 부자 청년에게 가진 것을 다 팔아서 가난한 자들에게 나눠주고 주님을 좇으라고 말씀하신 적이 있다. 그 청년은 순종하지 못하고 수심에 가득 차서 예수님을 떠났다. 그러나 삭개오는 예수님이 명령하지도 않았는데, 자기 재산을 팔아서 가난한 사람에게 나눠준 최초의 사람이다. 두 번째 사람은 바나바로서 키프로스에 있는 자신의 밭을 팔아서 가난한 성도들에게 나눠주었다. 세 번째 사람은 아나니아와 삽비라인데 나눠주긴 했으나 성령을 속이다가 죽음을 당했다. 성경에 더 이상의 기록은 없으나 아마 초기 교회에 이런 사람들이 많아서 예루살렘 교회가 물질적으로 풍성했을 것이다. 초기 교회의 아름다운 선행의 전형이 된 사람이 바로 삭개오였다.

수도사의 삶을 보라. 수도사의 아버지라 일컬어지는 대 안토니우스(Anthony the Great, 251-356)는 부자로 태어났지만 자신의 재산을 가난한 사람들에게 나눠주고 이집트 광야에서 살았다. 중세기 위대한 수도사 아시시의 성 프란치스코(San Francesco d'Assisi, 1181-1226)도 부유한 상인의 아들로 태어났으나 자신의 옷마저도 포기하고 수도사가 되었다. 어떤 이는 모든 것을 나눠주고 가난을 택한 수도사의 삶은 개인의 신앙을 증명할 뿐 사회에 어떤 영향도 끼치지 않았다고 생각할지 모르겠다. 그러나 물질을 포기하고 주님과 교제하는 사람이 존재한다는 사실 하나만으로도 그 사회적 파급력은 적지 않았다. 미개한 고대 세계, 탐욕스러운 중세기에, 이들이야말로 기독교 세계의 양심을 지키고 사회의 붕괴를 막은 위대한 신앙인들이었다. 이들이 직접 삭개오의 영향을 받았다고 말할 수는 없겠으나, 삭개오와 같은 유형의 헌신을 한 것은 분명하다. 우리는 개인의 결단과 선행을 과소평가하지 않아야 한다. 세상을 초월하는 개인들의 삶이 모이고 또 모여서 거대한 물결을 만들어낸다.

나는 민주화 시대에 젊은 시절을 보냈다. 성경이 민주화와 인권과 평등에 관해 무엇이라고 말하는지 질문하며 성경을 읽었다. 신약성경이 쓰인 로마 제국 시대의 가장 큰 사회악은 바로 노예제였기에 성경이 노예제에 대해 설명하는 것을 알면 도움이 될 것 같았다. 노예제에 대해 설명하는 구절이 너무 적은 것만 해도 실망스러운 일인데, 그 내용을 읽고 더 실망이 컸다. "주 안에서 부르심을 받은 자는 종[노예]이라도 주께 속한 자유인이요, 또 그와 같이 자유인으로 있을 때에 부르심을 받은 자는 그리스도의 종이니라.…형제들아, 너희는 각각 부르심을 받은 그대로 하나님과 함께 거하라"(고전 7:22, 24). 현실의 고통을 경험해보지 못한 목사의 점잖은 체하는 훈시 같았고, 뭘 어찌할 수 있겠느냐는 현실주의자의 냉소 같았다. 어쨌든 내 기대를 충족시키지 못하는 말장난 같은 구절에 기분이 몹시 언짢았고 바울에 대해, 또한 성경에 대해 실망하고 반감까지 일었다.

바울이 노예제에 대해 언급한 것은 한 군데 더 있다. 회심하고 도망친 노예 오네시모를 해방시켜줄 것을 권유하는 편지인 빌레몬서다. 바울은 이 편지에서도 노예제 폐지를 주장하지 않았다. 그는 노예 소유주인 빌레몬에게 오네시모를 당장 해방시킬 것을 명령하는 게 아니라 빌레몬의 자발적 선의에 호소한다. 빌레몬서를 보면, 우리는 바울이 노예도 예수를 믿으면 주님 안에서 자유인이라는 것을 진심으로 믿었다는 사실을 알 수 있다. 바울은 오네시모를 가리켜 "갇힌 중에 낳은 아들", "내 심복"(my own heart), "사랑받는 형제"라고 불렀고, 바울을 영접하는 것처럼 그를 영접할 것을 부탁했다. 이 구절은 바울의 개인적 신앙에는 경의를 표하게 하지만, 사회적 변화를 일으키기에는 미흡한 구절인 것처럼 보인다.

그러나 언뜻 보면 개인적 신앙과 사랑 정도로 해석되고 말 것 같은 바울의 생각이 이후 노예제 폐지의 근거를 제공하는 자산이 되었다. 바울의 신앙과 사랑을 가진 사람들이 노예 해방과 인권 운동에 앞장선 것이다. 노예를 형제로 표현한 한 장짜리 편지가 세계사를 바꾸었다.

게다가 나중에 나는 고린도전서 7장에 나오는 노예제에 대한 내 해석이 오해에서 비롯되었음을 깨달았다. 바울은 단지 부르심을 받은 그대로 있으라고만 말한 것이 아니었다. 노예가 해방될 기회가 있으면 기회를 사용해 자유롭게 되는 편을 택하라고 조언했다(고전 7:21하). 그의 말을 뒤집으면, 노예 소유주도 해방시킬 조건이 되면 해방시키는 편을 택해야 한다는 의미다. 그리고 바울은 이에 대한 근거로 "너희는 값으로 사신 것이니 사람들의 종이 되지 말라"(고전 7:23)라는 말을 제시했다. 이 짧은 말씀은 매우 중요한데, 구약성경 레위기 25장의 희년법을 비롯한 모든 인권과 토지법을 규정하는 토대가 되는 사상이다. 이는 이스라엘 백성들은 하나님이 이집트에서 해방시킨 사람들이기 때문에 토지를 소유한 자유민으로 살아야 하고, 하나님에게만 종이 되어야 한다는 말이다(레 25:55 등). 그러니 바울은 보수주의자나 냉소주의자가 아니었다. 그는 인간의 자유와 평등을 믿는 급진적 이상주의자이면서 동시에 현실의 엄혹함을 이해하고 전략적 언어를 구사하는 현실주의자였다. 그는 민족과 주종 관계와 젠더와 같은 차별을 낳는 이 땅의 제도를 근본적으로 부정하고 모든 인간이 동등한 형제자매인 것을 알면서도 현실에서는 여건이 허락되는 한에서 할 수 있는 만큼 조금씩 바뀌길 원했다.

나는 나이가 들고 경험이 쌓이면서 노예제로 대표되는 인권과 해방에 대한 바울의 대답을 진심으로 받아들일 수 있었다. 나는 민주화 운동에 헌신한 선배와 동료들의 희생에 무임승차한 것에 대해 평생 부채 의식을 느끼며 산다. 그러면서도 한편으로는 민주화를 주도했던 386세대가 목숨으로 얻은 자유를, 자신들의 아파트 평수를 늘리고 자녀들을 대학

보내는 데 소비하는 것에 안타까움을 느낀다. 어렵사리 구조적 개혁을 달성했는데 다시 그 구조의 약점을 틈타 결국은 개혁의 결과를 무(無)로 돌리는 악의 강고함과 인간의 간교함에 분노한다. 또한 권력자의 회유와 억압에 쉽게 자신의 영혼을 파는, 아니 스스로를 상품으로 내어놓는 인간의 약함에 절망했다.

결국 다시 신앙이다. 곧 한 시절의 메마른 정의감이 아니라 하나님이 부어주신 사랑과 용서를 확산시키는, 신앙에서 나오는 자기희생적 정의감이다. 멀리 있는 추상적인 대상에 대해 분노하고 개혁하는 것이 아니라 가장 가까이에 있는 형제자매와 성도들을 돌보는 것이다. 자기 개혁이 먼저다. 세계화 시대 모든 사람이 구매자이면서 동시에 생산자인 시대, 모두가 불안할 수밖에 없는 시대, 거시적인 담론을 늘어놓는 것이 아니라 우리의 삶을 단순한 삶으로 바꾸는 것이다.[4] 기업인은 기업의 가치와 윤리를 먼저 생각하고, 공직 사회에서는 자기가 맡은 일에 충직하고 투명하게 일하며, 전문직에 종사하는 사람들은 일주일에 몇 시간이라도 재능을 기부하고, 가장 가까운 친척에게 다만 얼마라도 사랑의 손길을 펴는 것이다.

사회 참여에서 개인이 영성이 중요한 이유가 또 하나 있다. 사회 변혁을 추구하는 사람은 복잡한 변수들의 관계 속에서 불가피하게 타협할 때가 많다. 그는 자신이 무엇을 하고 있는지 잊어버릴 위험이 높다는 말이다. 악인들과 이전투구(泥田鬪狗)처럼 다투다 보면 자신도 악의 일부가 되어가는 것을 느끼지만 이미 올라탄 호랑이 등에서 내리기 어렵다. 일상을 살아가는 성도들도 마찬가지다. 교회가 세상 속에 있고 세상은 교회 안에 있다. 특히 기독교를 통해 자신의 생업을 이어가는 기독교 기관에서

---

4   미국 클린턴 행정부에서 노동부 장관을 지낸 로버트 라이시의 책에서 배운 것이다. 로버트 B. 라이시, 오성호 역, 『부유한 노예』(서울: 김영사, 2001).

일하는 사람들, 목회자와 교회 직원, 신학교 교직원, 기독교 구호 단체나 기독교 매체 종사자 등은 자신이 하는 일이 하나님의 영광을 위한 일인지, 자신의 생계를 위한 일인지, 자기가 속한 기관의 지속성을 위해 하는 일인지 구분이 안 될 때가 많다. 이들이 지루한 노력과 투쟁을 통해 큰일을 이루면 그 업적을 자랑할 것이다. 그리고 그 업적은 죄악이 자리 잡을 수 있는 또 하나의 견고한 틀이 되어 얼마 후 또다시 청산의 대상이 된다.

반면 하나님과 깊은 교제를 맺고 있는 사람은 늘 자신의 죄에 대해, 세상의 악의 세력에 대해 민감하다. 반대자의 세력도 강하지만 자기 죄악의 깊이도 이에 못지않음을 의식하고 있다. 교회는 예배 시간에 성도들을 하나님 앞에 세워 그분의 영광에 도취되도록 해주고, 우리의 의(義)가 해어진 옷과 같이 초라함을 보여주어야 한다. 가난한 마음과 젖은 눈으로 예배당을 나서서 내가 속해 있는 누추한 현실 속으로 두려움 없이 들어가게 해주어야 한다. 성도들 개인이 하나님 앞에서 자신을 돌아보는 법을 가르쳐주고, 함께 모여 기도하면서 기도의 불씨를 타오르게 해야 한다. 나는 고난을 겪는 성도가 기도 중 하나님을 만나 회개하고 헌신하는 것이 백 가지 제자 훈련보다 그를 더 빨리 그리스도의 제자가 되게 한다고 믿는다. 구역 예배, 순 모임, 목장 모임도 달라져야 한다. 중산층이 모여 서로 인맥을 쌓고, 추상적인 기도 제목만 오가는 것이 아니라, 세속에 섞여 살며 지었던 죄와 연약을 서로 고백하고 진심으로 기도해주는 모임이 되어야 한다.

(2) 국내 선교를 통한 선교적 교회

교회는 성도들 개인을 훈련시켜 세상으로 내보내는 방식으로 하나님의 선교에 참여할 뿐 아니라 교회 자체가 선교의 주체가 되는 방식으로 참여하기도 한다. 성도들은 교회가 주체가 되는 교회의 선교 활동에 참여해 세상을 대하는 방식을 배우고, 교회는 성도들 개인이 할 수 없는 선교 사역을 공동체의 힘으로 감당하며 세상의 변화를 이끈다. 복음을 듣지 못한 사람들에게 복음을 전하고 그들의 삶을 변화시키는 모든 행동을 선교라고 할 수 있겠지만, 편의상 국내 선교, 청년 선교, 해외 선교 등으로 구분해 설명하고자 한다. 이런 선교 활동들은 모두 기성 교회에서 기획하고 추진할 수 있는 활동들로서 주로 내가 목회하면서 진행했던 선교 활동을 예로 들어 살펴보고자 한다.

첫째는 국내 선교다. 1990년대 초반까지만 해도 선교는 주로 해외 선교를 가리키는 말이었다. 간혹 국내에 거주하면서도 일반적인 전도의 방법으로 접근할 수 없는 특수한 대상에게 복음을 전할 때 이를 선교라고 불렀다. 예컨대 교정 선교, 장애인 선교, 낙도 선교 등과 같이 말이다. 또한 앞서 잠깐 살펴본 것처럼 1970년대 진보적인 교회에서 하나님의 선교의 국내 버전으로서 산업 선교가 있었지만 한국교회 전체로 확대되지 못했다. 1990년대에 들어오면서 '국내 선교'라는 개념이 정착되고 확산되었다. 그 계기가 된 것은 외국인 노동자의 유입이었다. 1990대 초반부터 우리나라에 부족한 노동 인력을 보충하기 위해 산업 연수생 제도를 시행했고, 수만 명의 외국인 노동자들이 한국에 밀려들었다. 한국 땅에 살지만 외국인인 이들에게 복음을 전하는 것은 분명 선교의 영역이었고, 그 참에 그동안 특수 선교의 대상으로 여겨져 왔던 영역까지를 포함해 '국내 선교'라 부르게 되었다.[5]

---

5   대한예수교장로회 합동 측 선교부인 GMS에서도 1990년대부터 국내 선교사를 임명 파송하기 시작했다. 미국의 경우 오래전부터 국내 선교(domestic mission) 개념이 정착되었다. 가장 대표적인 국내선교 기관은 미국 남침례교의 북미선교부(North American Mission Board)로서 교회 개척, 재난 구호, 군대, 교도소, 병원, 학교 기숙사 등에 채플렌

외국인 노동자가 유입되지 않았더라도 국내 선교는 반드시 필요한 교회의 사역이었다. IMF 구제 금융 시대 이후 세계화가 급속히 진행되고 소득의 양극화와 더불어 문화적 양극화도 점차 심해졌다. 앞서 제5장의 말미에서 설명한 것처럼 교회는 중산층에 편중되어 있는데 반해 저소득층은 숫자도 많아지고 다양해졌다. 비정규직 노동자, 차상위 계층, 장애인, 재소자, 성매매 여성, 이주 노동자, 탈북자, 학대받는 여성, 거리의 청소년, 소년소녀가정, 독거노인, 특수 아동 등으로 확대되었다. 선진국에서는 진작 있었지만 우리나라에서는 좀처럼 생길 것 같지 않던 노숙인도 등장했다. 이들은 중산층 중심의 교회에 적응하기 어려운 선교의 대상들이다. 심지어 중산층에 속한 사람들 사이에도 서로 문화가 다른 경우가 많다. 이혼 직전에 있는 주부, 우울증을 앓고 있는 중년, 알코올 중독자, 안정된 직업을 갖지 못한 고학력 실업자, 노동조합 간부, 밤낮을 바꾸어 근무해야 하는 직업을 가진 사람, 외국에서 10년 살다가 온 절반의 한국인 등등…. 이들 모두가 우리 사회의 일원이면서도, 자신만의 독특한 언어와 문제의식과 습관과 문화를 갖고 있는 사람들이다. 같은 한국말을 쓰는 데도 서로 다른 사고 체계로 인해 소통하기 어렵다.

많은 교회가 이미 국내 선교에 눈을 떠 이를 실천하고 있다. 웬만한 교회는 경노 대학, 소년소녀가정 돕기, 복지 시설 방문, 교도소 선교 등의 프로그램을 진행하고 있고, 대형 교회는 복지관을 설립하거나 위탁받아 운영한다. 또한 교단 차원의 사회봉사 상설 부서가 있어 디아코니아(*diakonia*, 섬김이라는 어원을 가진 단어로 사회봉사를 가리킨다)를 전담한다. 많은 교회가 단순한 복음 전도로는 다양한 문제를 가진 사람들에게 다가가

파송 등의 사역을 하고 있다. 이 기관은 엄청난 규모의 조직과 재원을 확보하고 있다. 자세한 내용은 홈페이지를 참고하라. 〈http://www.namb.net〉.

기 어렵다는 것을 알았다. 성도들이 전도를 하기 위해서는 선교의 개념을 갖고 대상을 정하고, 방법을 의논하며, 전문적인 훈련을 받아야 한다. 가장 바람직한 것은 문제를 가진 이들이 교회에 와서 적응하면서 한 공동체가 되는 것이겠지만, 그렇게 되기까지 많은 시간과 노력이 필요하다. 나는 교회가 특수한 그룹의 사람들에게 복음을 전하고 봉사하는 사명을 감당하길 바란다. 꼭 복지관을 세울 필요는 없다. 중형 교회에서는 선교 부서를 교회 안에 두어 선교를 담당하게 할 수도 있고, 여력이 없는 교회에서는 이미 세워져 있는 복지 기관에 정기적으로 방문해 자원봉사를 할 수도 있다. 이런 국내 선교를 통해 성도들이 얻는 신앙적 유익은 이루 말할 수 없다.

국내 선교는 선교적 교회론으로 이행하는 가교가 되었다. 최소한 나에게는 그랬다. 나는 이전에 선교란 오직 해외에서만 하는 것인 줄 알았는데, 국내에서도 선교라는 말을 사용하는 것이 새로웠다. 그 대상은 가까이 있고 나와 우리 교회가 언제든지 참여할 수 있다. 단지 복음만 전하는 것이 아니라 그들의 삶을 돌보아야 한다. 이웃에 살면서도 전혀 다른 상황을 경험하며 전혀 다른 문화권에 있다는 게 신기했다. 내가 선교적 교회론에서 주장하는 하나님의 선교를 큰 거부감 없이 받아들일 수 있었던 것은 국내 선교에 참여했던 경험 때문이다. 내가 경험한 두 가지 외국인 노동자 선교를 잠시 소개하고자 한다. 하나는 필리핀 노동자를 대상으로 한 '디아스포라선교회'고, 다른 하나는 국내의 중국인을 대상으로 한 '원씬즈치아'다.

디아스포라선교회

내가 미국에서 공부를 마치고 귀국한 후 맨 먼저 관계를 맺은 교회는 경기도 평택시 송탄의 남부전원교회였다.[6] 남부전원교회가 위치해 있는 송탄은 미군의 오산 공군기지로 유명한 곳이고, 또한 주변에 그리 크지 않은 산업 단지가 있는 도농(都農) 복합지다. 오래전부터 미군과 군속이 많이 살았기에 외국인이 낯설지 않은 도시다. 나는 그 교회에서 1996년부터 2005년까지 5년간은 협동 목사로, 5년간은 담임 목사로 도합 10년을 시무했다. 협동 목사로 있을 때 담임 목사님이 필리핀인을 대상으로 선교회를 조직하면 어떻겠느냐고 제안하셨다. 산업 연수생 제도가 시행된 지 몇 년이 지났지만 그들을 선교하려는 노력은 많지 않았던 때였다. 성남 외국인노동자의집(소장 김해성 목사)과 희년선교회(대표 이만열 교수) 정도가 초창기 외국인 노동자 선교를 위해 세워진 기관이었다. 나는 몇 명의 청년들과 함께 기도 모임을 만들고, 필리핀과 외국인 노동자의 상황을 공부하기 시작했다. 몇 안 되는 논문과 법무부에서 발간하는 백서를 읽고, 성남 외국인 노동자의 집을 방문하며, 영어 공부를 하고, 필리핀 노동자에게 접근할 방법을 찾았다.

　시행착오를 많이 겪었다. 공단 안에 있는 사무실에서 예배를 드리고, 공단으로 가서 그들을 교회까지 일일이 차로 데리고 올 때도 있었으며, 그들의 숙소에 심방도 갔다. 사역의 방향을 잡을 수가 없어서 뭐든 닥치는 대로 했다. 밀린 임금을 받아주며, 기계에 손가락 잘린 형제를 병원에 데리고 가고, 희년선교회에서 만든 의료 보험에 가입하도록 하며, 휴일에 함께 놀러 다니기도 했다. 예배드리고 복음을 전하는 것은 후순위로 밀렸다. 한참 재미있게 성장해 스무 명쯤 모여서 예배드리던 중 IMF가 터졌고, 그 여파로 산업 연수생들이 대거 귀국하는 사태가 벌어졌다. 한국 사람도 일할 자리가 없는데 외국인까지 와서 일자리를 다 차지한다는 볼멘

6　홈페이지는 〈http://www.nambooch.or.kr〉다.

소리가 여기저기서 터져나왔기 때문이다. 그러나 이것은 사실이 아니다. 3D 업종에 한국 사람이 취업하지 않아서 중소기업은 예나 지금이나 외국인 노동자가 아니면 운영이 안 되는 것이 현실이다. 어려운 일이 벌어지면 누구에게든지 그 책임을 뒤집어씌우려는 대중과 언론의 얄팍한 의식을 알게 해준 사건이었다. 어쨌든 선교는 중단되었고, 한참 만에 다시 전열을 재정비해 디아스포라선교회라는 이름으로 출범했다.

신앙 좋은 젊은 집사들 몇 가정이 참여했고, 필리핀 형제자매들도 많아졌으며, 아세아연합신학교에서 공부하던 필리핀 사역자도 모셨다. 매주일 오후 4시쯤 한국인 성도들이 귀가한 후 필리핀 사람들이 하나둘씩 교회로 모여들었다. 필리핀 사람들은 가톨릭 신앙을 가진 이들이 많았는데, 개신교에 대해서도 큰 거부감을 보이지 않았다. 우리 교회는 전원교회라서 산으로 둘러싸여 있고, 넓은 운동장에 작은 수영장도 갖추고 있었으며, 바비큐를 할 수 있는 시설이 잘 구비되어 있었다. 매 주일 우리는 저녁 예배 후, 고기를 구워먹기도 하고 시니강(필리핀식 찌개)이나 룸삐아(필리핀식 만두)를 만들어 먹었으며, 어두워질 때까지 농구를 했다. 마침 집사 한 분이 당시 돈으로 5천만 원 정도 가치가 있는 아파트를 기증했다. 이를 팔아서 70평 되는 건물 한 층을 얻어, 일부는 집회실로 쓰고 일부는 쉼터로 사용하도록 리모델링했다. 공사를 마치고 입주 예배를 드리던 날이 기억난다. 필리핀 형제자매 50명 정도와 20명 정도의 우리 스태프들이 한데 어우러져 빙 둘러서서 게임을 하며 웃고 즐겼다.

사건도 많이 있었는데 그 가운데 우리 사역의 방향을 결정짓게 만든 한 가지 일을 이야기하려 한다. 우리 교회에 가끔 출석하는 D라는 필리핀 형제가 토요일 저녁 늦게까지 술을 마시다가 동료와 싸움을 벌였다. 서로 주먹질이 오간 끝에 상대방이 주위에 있는 각목을 집어 들어 D의 머리를 때렸는데, 그 각목의 끝에 커다란 못이 박혀 있었다. 그는 수원 아주대병원으로 옮겨졌으나 얼마 후 사망하고 말았다. D의 병원비와 장례비가 급히 필요했다. 스태프 가운데 집사 한 분이 여기저기 분주하게 돌아다니면서 돈을 마련했다. 아주대학병원에 가서 병원비를 흥정하고, D가 다니던 회사와 그를 한국으로 오게 해준 송출 회사를 찾아가 반 협박해 돈을 받아냈다. 교회에서도 바자회를 열어 돈을 모금했다. 두 주 만에 3천만 원이라는 돈이 모아졌다. 병원비를 지불하고 시신을 싣고 필리핀으로 가서 장례식을 마치니, 남은 돈이 1,500만 원이었다. D의 어머니에게 위로금 조로 이 돈을 드렸다. 우리는 D의 죽음에 대해서는 슬퍼하면서도, 우리의 할 도리를 다했다고 스스로 위로하며 뿌듯함을 느꼈다. 이를 곁에서 지켜본 필리핀 형제자매들도 몹시 고마워했다.

주일이 돌아왔다. 예배와 식사를 마치니 일고여덟 시쯤 되었다. 어둑어둑한데 택시 한 대가 교회 마당으로 들어왔다. 죽은 D의 동생 A였는데, 그의 모습이 가관이다. 머리카락을 빳빳이 세우고, 보라색 아디다스 트레이닝복을 아래위로 입고 나이키 에어 농구화를 신고, NBA 공인 농구공을 팡팡 튀기며 걸어오는데, 입에서 술 냄새가 확 풍긴다. 그렇게 쫙 빼입으려면 100만 원은 족히 들 텐데…. 당시 그들의 월급이 50만 원 정도 되었다. 그 돈이 어디서 났을까? 나와 우리 스태프들이 발에 불이 나도록 뛰어다니며 모금한 돈, 어머니에게 준 위로금의 일부를 이 친구가 가로챈 것이다. 우리 모두는 망연자실했다. 나는 너무 실망한 나머지 디아스포라 선교회를 그만두고 싶은 마음까지도 생겼다. 두어 달 동안 주일 모임을 가지기는 했으나 의욕을 잃은 상태였다.

깊이 생각하며 기도하던 중 하나님의 인도하심을 느꼈다. 사역의 방향을 전환했다. 추석이 한 달 정도 남아 있었는데, 그해 추석에는 에버랜드에 놀러가는 대신 영성 수련회를 계획했다. 진천의 한 수양관을 빌려 필리핀 형제자매들을 초청했다. 우리 청소년이나 청년 수련회를 하는 것처럼 성경 공부와 예배와 기도회 중심으로 계획을 짰다. 30명가량이 참석했다. "독수리 날개 쳐 올라가듯…." "파워 오브 러브"(Power of Love)라는 곡을 거의 한 시간 동안 반복해서 부른 후, 내가 못하는 영어로 한 시간 설교했고, 이어서 기도회를 인도했다. 놀랍게도 우리 청년들이 은혜 받는 것처럼 이들도 눈물을 흘리며 찬양하고 꼿꼿이 앉아 말씀을 듣고 기도회를 다 따라했다. 많은 형제자매들이 이날 회심을 경험했다. 이들을 중심으로 제자반이 형성되었고, 이들이 디아스포라선교회의 중심 멤버가 되었다. 이때 은혜 받은 사람들이 필리핀에 돌아가 교회의 리더가 되었고 빈민촌에 교회를 세우기도 했다. 수많은 필리핀 사람들이 이들을 통해 그리스도께로 돌아왔다.

이 사건을 통해 깨달은 바가 많이 있었다. 외국인 노동자들을 불쌍히 여기고 한국에 적응할 수 있도록 도움을 주는 것도 좋은 일이다. 그러나 선교의 궁극적인 목적은 그들이 예수 그리스도를 영접하고 그 삶이 바뀌는 것이다. 영적인 변화가 없이 외적인 행복과 평안을 주는 것은 제대로 된 답이 되지 못한다. 내가 선교적 교회론을 이야기한다고 해서 단순한 사회 참여나 인간 해방을 말하는 것으로 오해하면 안 된다. 이런 선교는 1970년대 WCC에서 유행하던 것으로 지금은 진보주의 진영에서도 한물간 것으로 생각한다. 내가 경제 사회적 요인들을 강조하는 첫 번째 이유는 사회 변혁에 있는 것이 아니라 성도들의 진정한 회개와 변화에 있다. 그리고 또한 사회적 요인을 고려하지 않는 회개는 진짜 회개가 아니다.

원씬즈치아

디아스포라선교회에 이어 또 하나의 국내 선교 단체를 교회 안에 세웠다. 2001년 초 평택 지역에 와 있는 중국인 노동자를 위한 모임이 필요하다는 생각이 들었다. IMF 때 강제 출국 당했던 외국인들이 다시 국내에 들어올 수 있는 문이 열려 많은 외국인 노동자가 평택 지역으로 몰려들었는데, 그중에서도 중국인 한족(漢族)의 숫자가 가장 많았다. 하나님께서 주신 비전이라 믿고 중국인의 형편이 어떤지 리서치를 시작했다. 이미 필리핀 산업 연수생을 대상으로 한 디아스포라선교회를 설립해 정착시켰던 경험이 있기 때문에 어느 정도 복안은 있었다. 한여름의 어느 주일 오후, 우리 교회 4명의 신앙 좋은 청년들을 불러 그들과 이야기를 시작했다. 담임 목사인 내가 앞장서는 것보다 젊은이들에게 사명을 불어넣는 것이 좋겠다고 생각했다. 그들은 기도부터 시작하겠다며 토요일마다 기도 모임을 가졌다. 어느 날 기도 모임에 가보니 서로 등을 마주대고 기도하는 것이었다. "아니 서로 기도하다가 싸웠습니까? 왜 서로 등을 돌리고 기도합니까?"라고 물으니 그들의 대답이 놀랍다. 사방에서 중국인들이 복음을 향해 몰려오라고 동서남북을 향해 기도한다는 것이었다.

10월 첫 주일에 시작 예배를 드리기로 결정했다. 이름은 "따뜻한 향기 가득한 집"이라는 의미의 원씬즈치아(溫馨之家)로 정했다. 필리핀 디아스포라선교회에서 겪은 시행착오가 있었기 때문에 처음부터 일반 교회와 똑같이 예배와 제자 훈련을 중심으로 하고, 부차적으로 이들의 육신적 필요를 채우는 쪽으로 방향을 잡았다. 조선족 동포 신학생 한 사람을 소개받아 그를 사역자로 초빙했다. 이런저런 방식으로 홍보를 많이 했지만, 한 달 동안 한 명의 중국인도 오지 않았다. 한 달 만에 한 사람이 왔고, 한 주 후에 두 사람, 한 달 후에 네 사람… 이런 식으로 중국인들이 오기 시작했다. 청년들의 기도와 같이 사방에서 중국인이 몰려들기 시작하는데 1년 만에 100명이 넘었고, 가장 많은 때는 200여 명이 함께 예배를 드렸다.

아무런 연락책도 없이 무작정 한국에 오는 중국인이 많았기 때문에 우리는 그들이 직장을 잡을 때까지 머물 쉼터를 운영했다. 25평짜리 빌라 하나를 세내어 운영했는데, 어떤 날은 20-30명이 잠을 자야 하는 때도 있어서 결국 두 채로 늘어났다. 당시만 해도 외국인 노동자를 돕는 교회가 거의 없었기 때문에 중국인들이 일단 우리 교회를 거쳐 갔다. 그렇게 거쳐 간 노동자들이 도합 만 명(!)이 넘었다. 대전과 같이 멀리서 오는 형제들도 있었다. 우리 교회가 만남의 장소가 된 것이다. 물론 그들이 다 예수를 믿은 것은 아니겠지만 언젠가 우리가 베푼 친절을 기억할 수 있을 것이라 생각했고, 꼭 그들이 예수님을 영접하지 않아도 이 일은 우리가 해야 할 일이라고 믿었다. 설과 추석 때 공장이 문을 닫아 갈 데가 없는 사람들을 위해 단합 대회나 신앙수련회를 갖기도 했다. 한번은 300명이나 되는 중국인들을 버스 7대에 나눠 태우고 에버랜드에서 야유회를 가진 일도 있었다.

수많은 중국인이 복음을 기쁨으로 받아들였다. 중국에 복음의 문이 활짝 열렸다더니 한국에 와 있는 노동자들에게도 그런 모양이었다. 많은 사람이 회심을 경험했고 신앙이 급성장했다. 발안 산업 단지에서 평택 우리 교회까지 오려면 진흙탕 길을 걷고 버스를 타고 택시를 갈아타야 하는 2시간 거리였는데, 그 먼 곳에서부터 한 주도 거르지 않고 예배에 참석하는 사람들이 많았다. 어떤 중년 자매는 의사 출신으로서 가족을 부양하기 위해 한국에 왔다가 복음을 받았다. 진지하게 복음을 믿고 시간이 날 때마다 성경을 읽었으며, 5년 후 귀국해서 자기 가정에서 교회를 세웠다. 원쎈즈치아 선교회에서 교역자로 섬겼던 조선족 동포 전도사들도 귀국해 북경과 사천성에 교회를 세우고 사역을 충실히 감당하고 있다는 좋은 소식도 들려온다. 이후에도 중국인 선교회는 지속적으로 성장했고 여러 가지 놀라운 일들이 이들을 통해 이루어졌다.[7]

---

7   남부전원교회에서는 지금까지도 필리핀 노동자를 위한 디아스포라선교회와 중국인을 위한 원쎈즈치아를 활발하게 운영하고 있다. 남부전원교회 웹페이지 〈www.nambooch.or.kr〉를 참고하라.

나와 우리 성도들은 디아스포라선교회와 원씬즈치아를 세워 운영하면서 많은 것을 깨달았다. 처음 시작할 때는 단순히 복음을 필요로 하는 외국인들이 있으니 시작한 것뿐이었고 외국인에게 복음을 전한다는 허영심도 마음 한구석에 있었음을 부정할 수 없다. 국내 선교 사역들을 통해 얻은 첫 번째 유익은 나와 전혀 다른 사람들과 얼굴을 맞대고 사는 경험이다. 대체로 나와 다른 인종과 민족을 만나면 근거 없는 존경심이나 불필요한 적대감을 갖기 마련이다. 특히 동남아와 중국인에 대한 우리의 감정은 건전하지 못하다. 그러나 필리핀 사람이나 중국 사람을 같은 울타리에서 오랜 세월 만나면서 이들을 이방인 대하듯 하지 않게 되었다. 더욱이 일 년에 몇 차례 외국인과 함께하는 예배와 행사들을 통해 좀 더 진지한 신앙적 교제가 있었다. 내 안에 계신 성령이 그들 가운데서도 일하시는 것을 경험할 때, 외국인을 긍휼히 여기는 정도가 아니라 동등한 지위에서의 영적 교제를 할 수 있었다. 동남아 사람들을 열등하게 여기는 것이 얼마나 잘못된 일인지를 몸으로 느꼈다.

둘째, 나와 우리 성도들은 복음과 문화의 관계를 좀 더 명확히 알았다. 우리가 그리스도인의 삶이라고 부르는 것은 하늘에서 뚝 떨어진 것이 아니라 우리의 역사 속에서 형성된다. 우리는 우리의 신앙의 양태를 당연하게 여기지만, 외국인의 낯선 삶의 양식을 만날 때 우리 교회의 문화를 상대화할 수 있다. 우리는 우리와 다른 신앙의 표현 방식, 다양한 형식의 찬양, 다양한 형태의 예배를 경험했다. 여러 가지 문화를 만날 때 당황하지 않고 받아들일 수 있었고, 동시에 진정한 신앙과 문화로 포장된 신앙도 구분하는 법을 배웠다.

셋째, 우리 교회는 선교적 삶을 배웠다. 선교가 남의 이야기가 아니라 바로 우리 곁에 있는 우리의 일임을 알았고, 작은 성취를 통해 그리스도의 복음에 힘이 있음을 목격했다. 그리고 악한 문화 속에서 그리스도인으로 사는 선교적 삶을 배웠다. 처음에 우리는 동남아 사람이나 중국 사람을 대하면서 가식적으로 대했다. 교인 중 일부는 교회에서 만났으니 웃고 편안히 대하지만 속으로는 무시하는 마음을 가진 사람도 있었을 것이다. 나도 그랬다. 그러나 시간이 흐르면서 동남아 사람을 대하는 이중적 태도에 대한 반성이 우리 안에 일었다. 동남아 사람들을 대등한 관계에서 만나본 성도들이라면, 자신의 직장이나 작업장에서 만나는 사람들을 함부로 대하지는 않을 것이다. 이런 경험을 한 사람이 동남아로 출장을 간다면 거기서 성을 매수하고 임신시키고 무책임하게 떠나버리지는 않을 것이다. 이런 경험을 한 사람이 동남아 여성과 결혼을 한다면 아내를 학대하지 않고 처가의 문화와 언어를 존중할 것이다. 이런 경험을 한 사람이 음식점에서 서빙을 하는 조선족 동포 이모들을 만나면 그들에게 반말하지는 않을 것이다. 나는 우리 삶에서 작은 변화를 만들고 그 변화 때문에 예수님을 알게 하는 선교사의 일이 바로 이런 일이라고 생각한다.

이 글을 읽는 모든 교회가 국내 선교를 시작하길 권유하고 싶다. 앞서 이야기한 세 가지 신앙적 유익 외에도 교회 내의 선교팀은 교회에 대단한 활력을 불어넣을 것이다. 교회의 활력은 체육 대회나 바자회나 비전 트립이나 예배당 건축에서 일어나는 것이 아니다. 죄인 한 사람이 회개하고 돌아오는 것이 하나님의 천사들이 누리는 기쁨이요(눅 15:10), 또한 우리의 기쁨이다. 이런 사역은 돈이 많이 들 것이라고 지레 걱정하는 분들도 많을 것이다. 남부전원교회에서 디아스포라선교회와 윈씬즈치아를 운영할 때 마침 예배당을 지은 후라서 빚이 많았다. 15억 정도 되는 빚이었는데 4주 헌금 중 1주 치가 전부 이자로 나갈 정도로 재정이 빡빡했다. 이두 개의 선교를 운영하는 데 매년 거의 6-7천만 원의 재정이 투입되었다. 그러나 돈이 없어서 필요한 행사를 못한 일은 없었다. 어떻게 해서든지 필요한 재정은 채워졌고, 게다가 덤으로 몇 년 안에 한국 성도들도 배가 되었다.

국내 선교에는 외국인 노동자 선교만 있는 게 아니다. 주변을 둘러보면 복음을 필요로 하지만 우리 교회로 인도하기 어려운 수많은 종류의 사람들이 보일 것이다. 각각의 교회에 맞는 사역이 있다. 대상을 정하기 위한 기도부터 시작해야 한다. 하나님께서 우리 교회를 바로 이곳에, 지금 이 시대에 세운 이유를 알려주시도록 말이다. 우리 교회를 통해 구원받을 사람들이 누구인지, 성령께서 목회자를 비롯한 각 성도의 마음에 감동을 주어 동일한 방향으로 가게 해달라고 기도해야 한다. 동시에 지역적 특성에 대한 연구도 병행해야 한다. 어떤 사람들이 우리 주변에서 복음을 듣지 못하고 있는지, 우리 교회의 역량은 어떠한지, 성도들은 충분히 훈련되었는지를 고려해야 한다.

충분한 기도와 연구 없이 덜컥 시작했다가 망한 일도 여러 번 있었다. 서울 방배동에 조선족 동포들이 식당 종업원으로, 가사도우미로 많이 살고 있다는 것을 알게 되었다. 이들을 위한 예배를 개설하고, 교역자를 청빙하며, 쉼터까지 열었으나 결국 실패했다. 노래자랑을 개최해 백여 명이 참가한 것이 전부였다. 내 마음도 확신하지 못했던 프로젝트였다. 또 한번은 중국인 한족 유학생이 한국에 많이 들어와 있는데 이들을 위해 무언가 해야겠다고 마음을 먹었다. 역시 교역자를 초빙하고, 성도들이 팀을 만들어 학교들을 돌면서 중국인들을 만나고, 예배를 개설했지만, 거의 열매를 맺지 못했다. 수천만 원의 교회 재정이 들어가고 여러 명의 헌신자들이 수개월에 걸쳐 준비한 프로젝트가 실패로 돌아가면 그 타격은 크다. 그러니 기도로 많이 준비하고, 충실히 연구하며, 성도들에게 선교의 타당성을 충분히 설명하고, 성령의 도우심을 구해야 한다.

(3) 하나님의 선교로서의 청년 선교

앞서 언급한 필리핀 노동자를 위한 디아스포라선교회와 중국인을 위한 원씬즈치아의 경우는 대한민국에 살기는 하지만 타 문화권에 복음을 전하기 위한 노력이었다. 국내 선교는 진정한 의미의 선교적 교회로 가기 위한 가교의 역할을 했다. 이번에는 국내에 거주하는 외국인에게가 아니라 우리 시대의 청년들에게 복음을 전하기 위한 선교적 노력에 대해 이야기하겠다. 역시 내 경험을 토대로 말하려 한다. 나의 보잘것없는 경험에 지면을 할애하는 것이 쑥스럽지만, 어쨌든 몇 년간 내 지성과 노력을 바친 흔적이기 때문에 진정성이 담겨 있을 것이다. 바로 '청년공간 이음' 이야기다.

우리 시대의 청년

내가 청년 문제에 관심을 갖기 시작한 것은 2010년경이 아닌가 생각한다. 유명한 『88만 원 세대』[8]가 출간된 것이 2007년이었는데, 이 책은 단지 청년들의 암울한 현실과 미래를 묘사할 뿐 아니라 우리 사회가 세대 간 갈등에 돌입했음을 보여주려 한 역사적 의미를 지닌 책이다. 즉 청년들이 이렇게 살기 어렵게 된 것은 기성세대가 청년들의 일자리와 재산을 탐욕스럽게 차지하고 있기 때문이라는 것이다.

이 책을 읽고 두 가지 생각이 내 마음을 사로잡았다. 첫째, 이 책이 묘사하는 대한민국 사회의 현상이 그대로 교회에 적용된다는 것이다. 한국

---

8   우석훈, 박권일, 『88만 원 세대』(서울: 레디앙, 2007). 이 책은 20대 청년의 95%가 88만
     원의 월급을 받는 비정규직 노동자가 될 것이라고 예측하고, 그 이유가 세대 간 소득과
     재산의 불균형 때문이라고 진단한다. 젊은이들이 스펙 쌓기를 멈추고 대안을 만들어야
     할 때가 되었다고 주문한다.

교회의 기성세대 지도자들은 자신이 이룬 과거의 업적을 사유화해 누리고 자녀에게 물려주려 할 뿐 미래의 주역인 젊은 지도자들에게 권리와 책임을 이양하려 하지 않는다. 은퇴 후의 안정된 삶을 위해 교회에 해를 끼치고, 당회장, 총회장, 대표 회장의 명예와 이권을 놓지 않으려고 법정 투쟁을 벌이는 모습에서 교회의 미래나 자신이 세운 기관의 사명을 염려하는 마음을 찾아볼 수 없다. 나는 이들의 행태를 지켜보면서 말할 수 없이 화가 나고 또한 슬펐다. 청년 교역자들이 한편으로는 불쌍했고, 한편 이러한 현실에 순응하는 소극적인 모습이 미웠다.

둘째, 나 자신도 기성세대이며 같은 오류를 범하고 있음을 깨달았다. 기성세대 지도자의 한 사람으로 다음 세대 청년들에게 미안한 마음이 떠나지 않았다. 조상들로부터 영광스러운 교회를 물려받았는데, 이제는 초라하고 부끄러운 교회를 다음 세대에게 물려주게 되었다. 일생을 교회 밥 먹으면서 대접 잘 받았는데 다음 세대 젊은이들에게는 각자도생(各自圖生)을 당부해야 한다. 이대로 주님께 갈 수는 없는 노릇이었다. 다음 세대를 위해 내가 헌신해야 할 것이 무엇인지 고민하기 시작했다.

지금은 거의 일반 명사가 되었지만 처음 "3포 세대"라는 말을 들었을 때 가슴이 덜컥 내려앉았다. 나 자신의 과거를 돌이켜보면 즐거운 날보다 고통스러운 날이 많았고, 특히 20대 때는 너무 많은 고민을 안고 살았다. 그럼에도 때로 좋았던 시절이 있었는데, 우선 연애할 때를 꼽을 수 있겠고, 더 좋은 것은 장가들어 신혼 여행 갔을 때, 그리고 더욱더 좋았던 것은 올망졸망 아이들을 낳아서 기를 때였다. 그런데 오늘날 젊은이들이 포기한다는 그 '3포'가 정확히 연애와 결혼과 출산이다. 이 세 가지를 빼면 우리의 고단한 인생에서 무엇이 남을까? 요즘 젊은이들은 그런 거 없이 더 편하게 살 수 있다고 말하는 것 같은데, 최소한 내가 경험한 인생에서는 연애, 결혼, 출산이 가장 큰 즐거움이다.

우리 사회는 청년에 대해 다소 상반된 두 가지 시각을 보인다. 한편으로는 청년들을 낮추어 보면서 다른 한편으로는 이용한다. 어르신들은 요즈음 청년들이 너무 좋은 환경에 살면서 감사할 줄 모르고 유약하다고 말한다. 가난하게 태어나서 굶어가면서 가족을 부양하고 산업화를 이루었던 '국제 시장' 세대가 그렇게 생각하는 것은 당연할지 모른다. 386세대는 청년 시절에 국가와 민족의 현실을 바꾸기 위해 좁은 감방에서 투쟁했던 것을 기억하면서 젊은이들의 패기 없음을 질타한다. 교회에서도 비슷하다. 과거 고난 속에서 하나님을 만났던 어른들과 달리 "여호와를 알지 못하는" 새로운 세대(삿 2:10)의 출현을 불안한 눈초리로 바라본다.

다른 한편 기성세대는 청년들을 이용한다. 그들은 젊은이들을 저임금의 비숙련 노동에 묶어두고, 젊음의 에너지와 열정을 착취하며, 걸그룹의 춤과 노래를 게슴츠레한 눈으로 소비한다. 알바 노동자의 절반이 청년이고, 청년의 절반이 알바 노동자다. 그들의 제복과 미소와 높은 톤의 존댓말 뒤에 숨어 있는 고통과 절망을 알지 못한다. 청년들은 최신 정보 통신 기술(ICT) 기기와 콘텐츠의 '호갱'이고, 각종 자격증 시장의 주요 고객이다. 다이어트 업계, 화장품 업계, 성형외과, 대학과 대학원들이 이들 없이는 존재하기 어렵다. 선거철이 되면 소위 '청년팔이'가 기승을 부린다. 청년을 위한 정당, 청년을 위한 정책, 청년을 위한 후보라고 홍보하지만, 대부분의 경우 일회성에 그친다. 그도 그럴 수밖에 없는 것이 청년 문제는 우리 경제와 팽팽하게 엮여 있고, 우리 경제는 전 세계 경제의 영향을 받기 때문에 한두 정치인이 이를 해결할 수는 없는 노릇이기 때문이다.

우리나라 청년 고용률은 40% 안팎이다.[9] 청년층 취업 인구가 10명

---

9 뉴스를 보면 청년 실업률이 낮을 때는 8%, 높으면 11% 정도다. 별로 심각하게 다가오지 않는 수치다. 10명 중 1명이 실업자라면 큰 문제는 아닐 듯싶다. 그러나 '실업률' 통계에는 트릭이 숨겨져 있다. 실업자 속에 학생, 주부, 군인(의무), 취업 준비생, 자발적 취업

가운데 4명 정도밖에 안 된다는 의미다. 이렇게 생각하면 와 닿을 것 같다. 우리나라 대학생 전체의 숫자는 300만 명가량인데, 대부분의 대학생이 알바를 경험해보았다. 그런데 이들이 졸업하면 10명 중 두세 명 정도가 이른바 '괜찮은' 직장에 취업하고, 나머지는 계속 알바를 해야 한다. 편의점, 주유소, 레스토랑, 커피숍, PC방, 빵집, 쇼핑몰 등 거의 모든 직종에서 알바를 쓰고, 그 숫자는 최소 100만 명에 이를 것으로 추산된다. 이들 알바 노동자들은 최저 시급을 받고 하루 종일 일하는데 한 달 내내 일하면 120만 원에서 150만 원정도 벌 수 있다. 이 돈에서 식대, 버스 카드, 휴대폰 요금, 대학 학자금 대출 등을 갚고 나면, 쓸 돈이 남지 않는다. 문제는 이들이 계속 이런 삶을 살아야 한다는 데 있다. "무항산(無恒産)이면 무항심(無恒心)"이라. 안정된 직장이 없으면 바른 마음을 가질 수 없다. 조금 남은 돈마저 술과 놀이에 탕진해버리고, 몇 년간 돈 모아서 성형하며, 비트 코인에 투자해 일확천금을 꿈꾼다. 이들이 연애를 하고, 결혼을 하며, 아이를 낳고, 집을 장만하는 것은 불가능에 가깝다.

사실 가난한 청년들은 눈에 잘 띄지 않는다. 나는 과거 대학생 때 미국의 저명한 사회 민주주의자 마이클 해링턴(Michael Harrington, 1928-1989)의 『또 하나의 미국: 미국의 빈곤 연구』라는 책을 읽고 충격을 받았던 기억이 있다.[10] 제2차 세계 대전과 한국전쟁 후 호황을 구가하던 미국

포기자 등은 들어가지 않고, 일주일에 한 시간만 일해도 취업자로 계산된다. 그러니까 청년 가운데 대학을 졸업하고서도 취업이 어려워 대학원에 진학하거나, 군대에 있거나, 일찍 결혼을 하거나, 취업을 준비하는 사람, 그리고 아예 취업을 단념한 사람은 실업자 수에 들어가지 않는다. '고용률'은 실업률보다 현실을 더 잘 보여주는 지표다. 2018년 우리나라 실업률은 9.5%이고 '청년 고용률'은 42.7%다. 20-30대 청년 가운데 고용된 사람은 100명 중 42명에 불과하다는 말이다. 그것도 일주일에 한 시간만 일해도 취업자로 포함시킨 수치다. 청년 가운데 직업을 원하지 않는 사람은 거의 없을 텐데 100명 중 60명이 직업이 없는 것이다.

10   E. Michael Harrington, Jr, *The Other America: Poverty in the United States* (New York:

사회였지만 전 인구의 25%가 빈곤층이었다. 더 큰 문제는 그들이 보이지 않는다는 사실이다. 해링턴의 분석에 의하면, 빈곤층은 슬럼화된 도시의 한구석에 집단적으로 거주하고 있고, 아무도 그곳을 방문하지 않기 때문이다. 정치인들이 보이지도 않는 사람들에게 관심을 갖고 정책을 입안할 리는 만무하다. 우리나라의 가난한 청년도 역시 잘 보이지 않는다. 그러나 그들이 보이지 않는 이유는 1950년대 미국과 다르다. 우리의 청년들은 도시의 한가운데 다른 사람과 어울려 살지만, 말끔한 유니폼을 입고 짙은 화장을 하고 있기 때문에 보이지 않는다.[11]

교회에서 청년들의 지위와 역할은 어떠한가? 과거 우리 어렸을 적에는 주일학교 교사와 성가대 및 각종 힘쓰는 일들을 청년들이 도맡아 했다. 지금은 웬만한 교회에서는 청년을 만나기 어렵고, 대형 교회나 청년 중심의 교회에만 청년들이 몰려 있다. 주체적으로 자신의 신앙을 이야기하고 미래를 설계하는 청년의 숫자는 매우 적다. 젊은 사역자(전도사)들은 최저 임금에 훨씬 못 미치는 사례비를 받고 일하고, 많은 선교 단체나 찬양 사역 단체들에서 혹독한 열정 페이를 받는다. 청년이 귀한 시대라서 많은 청년이 출석하는 교회의 목사나 단체의 대표들은 큰 명성을 얻는다. 성도들의 연령대가 전체적으로 높아진 지금 20-30대가 발언을 하려고 하면 어린애들 말이라고 귀담아 듣지 않는다. 대다수의 교회와 기성세대 성도들은 청년을 전도하려 하지 않는다. 말로는 다음 세대를 위하고, 교회가 다시 청년들로 가득 차기를 기도한다지만, 실제로는 아무것도 양보하

Macmillan, 1962); Maurice Isserman, "Michael Harrington: Warrior on Poverty" *The New York Times*, June 19, 2009.

11 한겨레21 편집장 안수찬은 2년 동안 가난한 청년들을 공들여 취재한 보고서를 2011년 발표했다. 참고. 안수찬, "가난한 청년은 왜 눈에 보이지 않는가", ⟨http://1boon.kakao.com/h21/poverty⟩.

지 않는다.

　우리 시대 청년들이 처한 환경을 생각하다 보면 "목자 없는 양과 같이 고생하며 기진"하던(마 9:36) 예수님 시대 사람들의 모습이 떠오른다. 농번기에 5천 명이 한자리에 모일 정도로 직업이 없던 사람들이었다. 더욱 안타까운 것은 이들이 "목자 없는 양"과 같았기 때문이다. 당시의 목자는 '여우'와 같이 먹잇감을 밝히던 헤롯이었고, 하나님의 책망과 백성의 신음에 귀를 기울이지 않고 자신들의 세계에 갇혀 있던 바리새인, 사두개인이었다. 이런 '밭'을 보신 예수님은 "추수할 것은 많되 일군이 적다"라고 탄식하시며 제자들을 훈련시켜 보내셨다(마 9:37).

　나는 이 말씀을 묵상하면서 세상으로 보냄을 받은 나와 내가 섬기는 교회가 청년을 위해 할 수 있는 일이 무엇일까 생각하기 시작했다. 나는 하나님을 믿고 또한 교회를 믿는다. 우리 시대 청년들의 나아갈 길은 오직 하나님만 알려주실 수 있고, 그들의 영혼과 삶을 인도하는 유일한 기관은 교회라는 것을 믿는다. 청년의 미래를 내가 다 책임질 수는 없는 노릇이지만 적어도 내가 속한 교회가 할 수 있는 일이 있다고 믿으며 책을 읽고 연구하고 또 기도했다.

왜 청년 '선교'인가?

　청년들을 교회로 인도하기 위해서는 청년 친화적인 공간을 만들고, 청년 사역자를 고용하며, 청년들이 원하는 프로그램을 위해 예산을 쏟아 부으면 될 것이라고 생각하는 사람도 많은데, 현실적으로 그렇게 간단한 일이 아니다. 가장 먼저 생각해야 할 것은 상당수의 우리 시대 청년들은 주일(일요일) 아침에 교회에 오는 것이 어렵다는 사실이다. 교회에 나올 여유가 있고 주말에 쉬는 직장에 취업한 청년들은 30%가 채 되지 않는다. 비정규직 노동자나 알바 노동자들은 일요일에도 일해야 하는 경우가 많다. 교회에 잘 나오던 청년들이 직장과 알바 때문에 주일에 교회에 오지 못하게 되었을 때, 무기력하게 이들을 놓쳐버리는 경우가 얼마나 많은가? 그저 현실을 안타까워하다가, 몇 달 보이지 않으면 잊어버린다. 더 안 좋은 것은 이들이 주일에 일하는 직장에 취업한 것이 신앙이 약해서 그렇다는 시각으로 바라본다는 점이다.

청년들이 많이 모이는 교회들도 있긴 하다. 대형 교회에서 능력 있는 지도자를 초빙하고 좋은 시설을 갖추어 청년들을 끌어들인다. 청년들이 모이기 시작하면 모이는 숫자의 위력이 더 많은 청년들을 잡아끈다. 청년들은 큰 교회에 예배가 살아 있고 찬양이 좋아서 간다고 하는데 좀 더 솔직해지자. 혹시 예배 이외의 다른 이유들이 있는 게 아닌가? 대형 교회 청년부를 비난하려는 게 아니다. 그들 나름의 고민과 노력이 있고, 성령의 일하심이 있을 것이라 믿는다. 그러나 자신들의 사역이 대세인 것처럼 자랑하면 안 된다. 작은 교회에서 힘겹게 주일학교 봉사하는 청년들을 흡수해 성장했으면서 작은 교회의 청년회와 주일학교가 죽어간다고, 그리고 그 대안은 자신의 교회라고 말하지는 말아야 한다.

또 한 가지 청년들이 교회에 접근하기 힘든 이유가 있다. 바로 교회의 문화와 소위 '세상 문화'가 너무 다르기 때문이다. 설교 시간에 태극기 집회에서나 들을 수 있는 말을 하나님의 이름으로 외칠 때, 꼭 안티 기독교인이 아니라도 이를 수용할 수 있는 젊은이들은 그리 많지 않을 것이다. 교회 나가는 친구들이 친절하게 대해주어서 몇 번 청년부에 참석했는데, 여름 수련회에서 눈물을 흘리며 알아듣지 못하는 말로 기도하는 모습에 혼비백산하기도 한다. 십일조와 주일성수, 금연과 금주와 순결, 거기에 반동성애와 반이슬람과 같은, 청년들의 현실과 동떨어진 윤리적 코드에 자신들을 맞추는 것이 너무 어렵다. 창문 없는 1.5평 고시원에 살면서 '혼밥' 먹고 '혼술' 마시는, 애인도 친구도 없는 '흙수저'들이 명문 대학과

좋은 직장에 다니면서 신앙과 성품도 좋은 '교회 오빠'들과 어울리기는 쉽지 않다.[12]

나는 우리 시대 청년들에게 복음 전하는 일을 선교라고 생각한다. 제5장의 선교적 교회를 논하는 과정에서 언급했던 것처럼 그리스도께서 세상에 보냄을 받은 것처럼 우리도 청년들의 세상으로 보냄을 받았다는 의미다. 더욱 중요한 것은 오늘날 청년 세대가 기존 교회와 문화적 단절이 심각함을 인식했다는 데 있다. 앞서 말한 것처럼 언어가 다르고 삶의 세계가 다르며 윤리와 문화 코드가 다르기 때문에 비신자 청년들이 기존 교회에 들어오기 어렵다. 마치 선교사가 전혀 다른 문화권으로 파송되는 것처럼 청년들의 세계로 들어가서 복음을 전하자는 의미에서 선교라고 부르고자 한다. 또 한 가지 이유가 있다면, 선교는 단지 개인에게 전도하고 교회를 세우는 데 최종 목표가 있는 것이 아니라 회심한 사람의 삶의 문제도 동시에 해결하려는 총체적 개념이기 때문이다. 과거 우리나라에 기독교가 들어와서 영혼만 구원한 것이 아니라 우리 사회 전반을 변화시킨 것처럼 우리 청년들의 삶과 그들이 살고 있는 사회까지 변화시키려는 목표를 가지고 있어야 한다. 소위 "통전적 선교"(holistic mission)를 지향하는 것이다. 가난한 청년을 어렵사리 전도했으나 중산층 청년부에 맞지 않는 경우가 많다. 가난한 알바 노동자 청년이 예수를 믿었을 때 어떤 삶을 살 수 있는지를 보여주는 삶의 양식을 개발해야 한다.

청년 선교를 위한 준비

몇 년 고민하며 세월을 보내는 동안 어느 정도 복안이 섰다. 나 혼자

---

12 소위 '교회 오빠'를 사회학적으로 분석한 책, 백소영, 『세상을 욕망하는 경건한 신자들』 (서울: 그린비, 2013).

는 자신이 없어서 우선 신학대학원 학생들 가운데서 청년 사역에 관심이 있는 사람들을 모았다. 내 관심사와 선교의 방식을 다른 사람들과 나누면서 확인받고 싶은 이유도 있었다. 몇 사람의 신학생이 부름에 호응해 모임을 만들었다.

우선 청년의 현실을 이해하기 위한 책을 몇 권 같이 읽었다. 엄기호의 『이것은 왜 청춘이 아니란 말인가』[13]를 통해 청년들의 현실을 세밀히 들여다볼 수 있었다. 최태섭의 『잉여사회: 남아도는 인생들을 위한 사회학』[14]은 젊은이들이 '잉여'가 되는 과정을 사회학적으로 분석했고, 젊은이들의 독특한 문화적 특징도 설명했다. 세 번째로 읽은 책은 서울대 사회학과 교수인 송호근이 편집하고 8명의 소장학자들이 글을 쓴 『위기의 청년세대』[15]인데, 이들은 앞의 두 책과 같이 청년들의 현실을 어둡게만 보는 것이 아니라 청년들의 미래 출구에 대해 조언한다. 이 시대의 청년들은 정보 사회에 최적화되고, 문화적 감수성과 창의성이 뛰어나며, 새로운 감각으로 정치를 대하고 있다는 것이다. 우리가 가장 많이 배운 책은 백욱인이 11명의 저자들의 논문을 엮어 펴낸 『속물과 잉여』였다.[16] 이 책을 통해 IMF 이후 젊은이들의 삶이 '잉여'가 되어가고 기성세대는 '속물'이 되어가는 것을 알 수 있었으며, 청년들의 '병맛문화'의 사회적 의미, 자기계발서 소비의 역사에 대해 배웠다. 특히 포스트모던 상대주의 세상에서 '진정성'이라는 판단 기준 설정에 동의했다. 다음으로 읽은 책은 『잉여의 시선으로 본 공공성의 인문학』이라는 긴 제목의 책이다.[17] 이 책은 몇몇 천

---

13 엄기호, 『이것은 왜 청춘이 아니란 말인가』(서울: 푸른숲, 2010).

14 최태섭, 『잉여사회: 남아도는 인생들을 위한 사회학』(서울: 웅진씽크빅, 2013).

15 송호근 외, 『위기의 청년세대』(서울: 나남출판, 2010).

16 백욱인 편, 『속물과 잉여』(서울: 지식공작소, 2013).

17 백소영 외 저, 『잉여의 시선으로 본 공공성의 인문학』(파주: 이파르, 2011).

주교와 진보적 개신교 연구소들이 진행한 공동 심포지엄의 결과물을 엮은 것이다. 기독교계에서 우리 시대 청년의 문제에 대해 연구하기 시작했다는 데서 좋은 출발점이 될 만했다.

책만 읽은 것은 아니다. 우리와 같은 생각을 하는 사람들을 찾아보았다. 어찌어찌해 가산디지털단지 내에 '무중력지대 G밸리'라는 곳을 알게 되었다. 한 성공한 치과 의사가 청년을 위해 '프로젝트 노아'라는 NGO 단체를 만들었는데, 이 단체에서 '무중력지대'라는 공간을 서울 시내 두어 곳에 열었고, 이를 서울시가 지원해 함께 운영하고 있었다. 우리의 프로젝트를 위한 많은 아이디어를 여기서 얻을 수 있었다. 그러나 '무중력지대'는 특별한 이념이나 목표가 있는 것은 아니었고, 단지 공부나 휴식이나 창업을 원하는데 공간이 없는 청년들에게 공간을 빌려주고 있었다. 기독교인들이 운영하는 단체를 수소문했으나 아무 데서도 찾을 수 없었다. 우리가 이런 사역을 처음 시작한다는 뿌듯함이 마음 한구석에 있었지만, 아무도 가지 않은 길을 가려는 데서 오는 두려움이 더 컸다.

신학생들과 함께 책을 읽고 대화하고 길을 모색하면서 청년들의 현실에 대한 이해가 깊어졌을 뿐 아니라 우리가 해야 할 일과 그 일을 하는 자세에 대해 정리할 수 있었다. 무엇보다도 중요한 것은 함께 일할 동역자들을 만났다는 점이다. 그중에서도 김효성 전도사와의 만남이 많은 것을 변화시켰다. 그는 30대 중반의 싱글로서 신앙이 균형 잡혀 있고, 호감을 주는 긍정적인 외모와 멘탈리티를 갖고 있다. 과거에 고난을 많이 겪었는데 이는 청년 사역을 위한 더없는 자산이 될 것으로 보였다. 게다가 앞으로의 사역에 대한 사명감도 투철했다. 모든 선교 사역이 다 그렇지만 사역의 주체는 결국 사람이다. 김효성 전도사 외에도 많은 좋은 친구들을 만났는데, 그 이름을 다 거명하지는 않겠지만, 평생 동역자가 되고 후원자가 될 제자요 후배들이다.

여름 방학을 지나면서 마음속에 어느 정도 윤곽이 잡혀갔다. 무엇을 시작하려면 내가 목회하는 교회에서 시작해야 한다. 여기에 인적·물질적 자원이 있기 때문이기도 하고, 교회 공동체가 함께 선교적 목표를 이루어 가는 것이 옳다고 생각하기 때문이다. 같은 마음으로 기도해 공동의 목표에 도달하고, 이를 위해 헌금하며 자원 봉사하는 것이 선교적 교회의 임무다. 또 성도들이 이런 교회의 일에 동참하다 보면 자신들의 가정과 직업 세계 속에서 조금이나마 삶의 방식이 바뀔 것도 기대했다.

그러나 차마 성도들에게 말을 꺼내지 못했다. 거절당하면 어떻게 할까, 실패하면 어떻게 할까 하는 두려움 때문이었다. "우리 교회에 속한 청년들도 어려운 사람이 많고 그들을 위한 시설도 부족한데, 믿지도 않는 청년들까지 신경 쓰란 말이오?" 무언의 외침이 들리는 듯하다. "괜스레 오지랖 넓게, 맡겨진 일이나 잘할 것이지…, 혹시 괜히 잘난 척하려는 거 아니야?" 내가 나를 잡아당긴다.

몇 달 동안 끙끙 앓고 있는데 한번은 새벽 기도 시간에 마음 깊은 곳에서 들리는 소리가 있었다. "Do something!" 나는 이 말을 내게 주시는 성령의 음성으로 알아들었다. "언제까지 이리저리 재고만 있을 거냐? 실패가 두려워 땅에 묻어두고만 있을 것이냐? 뭐라도 좋으니 시작이라도 한번 해봐라." 이 음성에 용기를 얻어 구체적인 계획을 세우기 시작했다.

대상과 접근 방법

선교에서 가장 먼저 해야 할 일은 구체적인 대상을 찾는 일이다. 특별히 나는 서울시 관악구 봉천동(지금은 인헌동, 낙성대동 등으로 이름이 바뀌었다) 일대의 원룸촌에 관심을 갖게 되었다. 고시원과 고시텔, 원룸과 반지하방 등이 빽빽이 들어서서 수만 명의 젊은이들을 수용하고 있는 지역이다. 지방에서 올라온 대학생도 있고, 대학을 졸업했지만 그곳을 벗어나지 못하는 젊은이들도 살고 있다. 부모님이 보내준 50만 원의 용돈과 알바로 번 50만 원을 보태어도 방값과 식비와 교통비와 통신비에 못 미친다. 이 중 줄일 수 있는 것은 식비이므로 하루 두 끼 '학식'(학생 식당)이나 컵밥, 컵라면 등으로 때운다. 비싼 커피를 사서 마실 수 없고 따라서 사람들과 교제하기도 어렵고 연애는 꿈도 못 꾼다.

봉천동 지역의 복음을 듣지 못한 청년으로 대상을 정했고, 이제 구체적 목표와 그 목표를 달성하기 위한 구체적 방법을 모색해야 했다. 내가 정리한 청년 선교의 목표는 크게 세 가지였다. 첫째, 청년에게 접근하기 위해 대상에 대한 연구가 필요하다. 그들의 삶의 형편이 어떤지, 그 배후에 있는 사회 경제적 여건은 어떠한지, 청년들이 어떤 생각을 하며 사는지, 언어적이며 문화적인 특성은 어떠한지에 대한 넓고 깊은 연구가 필요하다.

둘째, 청년 세대에게 필요한 복음의 메시지를 개발해야 한다. 예수님을 믿고 구원 얻는 복음이 모든 세대를 구원할 보편적인 메시지인 것은 분명 맞다. 하지만 청년들의 언어와 정서에 맞는 메시지를 찾아야 한다. 청년들이 기독교의 어떤 부분을 받아들이기 힘들어하고, 두려워하는 것이 무엇인지, 그들이 쉽게 빠지는 죄와 유혹은 어떤 것들인지를 알아야 한다. 또한 메시지뿐 아니라 전달 방식도 함께 고민해야 한다. 고시원에 살면서 주야로 알바를 하는 노동자들에게 어떻게 접근할 수 있는지, 고시원에서는 서로 얼굴을 마주칠 일이 없는데 어떻게 전도할 수 있는지 등도 연구의 주제다.

마지막으로는 새로운 시대 새로운 청년 삶의 모델을 만들어야 한다. 잉여와 같은 삶을 사는 청년들이 예수를 믿으면 어떻게 변화되는지를 가르쳐주어야 한다. 삶의 양식까지 탐구하지 않으면 기껏 교회로 인도해도 쉽게 다시 세상에 빼앗기고 말 것이다. 늘 쪼들리는 프리터족이 예수 믿으면 갑자기 복 받아서 정규직에 채용되고, 돈 많은 부모가 생기는 것은 아닐 것이다. 이들에게 모두 신학교에 가라고 권할 수도 없다. 이 시대의 가난한 젊은이들에게 하나님이 원하시는 삶의 양식이 있을 것이라 믿는다. 그들이 기존의 가치관을 복음으로 뛰어넘어 주어진 삶에 만족하면서 더 큰 소망과 변혁을 꿈꾸는 사람이 될 수 있다.

목표는 거창하지만 작은 것부터 시작하기로 결정했다. 출발점으로 청년 선교를 위한 센터를 열기로 했다. 봉천동의 청년들이 접근하기 좋은 위치에 청년을 위한 무료 공간을 여는 것이다. 교회로 사람들을 불러들이는 것이 아니라 세상 속으로 들어가서 사람을 만나는 성육신적(incarnational) 선교 방식이다.[18] 기존의 교회 공동체를 강화하는 것이 아니라 새로운 공동체 환경을 만드는 것이다. 문화생활을 할 여유도 없고 심지어 제대로 먹지도 못하는 청년들이 센터에 와서 함께 커피를 마시고, 집밥도 먹으며, 대화하고, 노래하며 교제를 할 수 있는 공간을 만드는 것이다. 청년들의 취업을 돕고 문화생활을 도울 프로그램을 만들어 제공하며, 청년 사역자 혹은 청년 선교사가 상주해 정신적 고통을 겪고 있는 사람에게 상담을 해준다, 이 모든 것을 무료로 제공한다는 원칙을 세웠다.[19]

이 센터에서 기독교적 색채는 완전히 뺐다. 교회를 연상케 하는 소품을 진열하지 않고, 찬송가를 틀지 않으며, 직접적인 전도를 하지 않고, 예배를 드리지 않는다. 단지 공신력을 높이는 차원에서 "청년공간 이음은

---

18 '성육신적' 선교 방식은 우리나라에 거의 맨 처음으로 소개된 선교적 교회 입문서, 앨런 허쉬·마이클 프로스트, 『새로운 교회가 온다』(서울: IVP, 2009)의 인상적인 주장이다. 또한 팀 체스터 외, 김경아 역, 『교회다움: 교회를 교회답게 하는 두 가지 중심』(서울: IVP, 2012)에서도 영감을 얻었다.

19 무료로 하는 것이 옳은지 작은 돈이라도 받는 것이 옳은지에 대해 많은 논의가 있었다. 가장 걸림돌이 되는 것은 세무 관계였다. 또한 혹시 무언가 잘못되었을 때 법적인 책임도 따를 것 같다. 나중에는 유료로 하더라도 일단은 무료가 낫겠다고 생각했다.

백석대학교회 성도들과 백석예술대학교 교수들이 후원하는 비영리단체입니다"라는 문구를 조그맣게 써놓았다. 기독교의 이름을 전면에 내걸지 않는 이유는 복음을 부끄러워해서가 아니다. 무료로 서비스를 한다고 하면 청년들은 이를 미끼로 삼아 교회에 데리고 가려 한다고 의심하기 때문이다. 나는 그런 식의 전도 방법이 오늘날은 먹히지 않는다고 생각한다. 교회와 기독교인들에게 충분히 실망한 청년들이기 때문에, 진정성 있는 모습으로 봉사하고 다가가야 한다. 혹시 성도들 중에 이런 방식을 이해하지 못하고, 공연한 데 돈 쓴다고 할 분들이 있을까 염려했지만, 의외로 성도들도 잘 이해했다. 성도들도 미끼를 던지는 얕은 전도가 안 먹힌다는 것을 짐작하고 있던 터였다.

'청년공간 이음'

드디어 2015년 11월 마지막 주일 설교를 통해 나의 구상을 밝히고 성도들의 협조를 구했다. 기도와 물질적 헌신을 당부했다. 성도들이 이 순간을 기다리고 있었다는 듯이 일사천리로 일이 진행되었다. 한 달 안에 1억5천만 원 정도의 헌금이 모아졌다. 함께 의논하고 일할 핵심 멤버인 운영 위원 몇 분을 위촉했다. 주로 백석대학교회의 선교부 임원들과 백석예술대학교의 교수들 가운데서 젊은이들에게 특별히 관심을 보이는 분들이었다. 특히 하덕규 교수를 언급하지 않을 수 없다. 그는 '시인과 촌장' 시절부터 밥 딜런 같은 아름다우면서도 깊이 있는 노래를 만들었고, 예수를 믿은 후에는 기독교 세계관에 심취했다. 개인적 질병의 고통을 겪고서 신앙이 더욱 깊어졌고, 교회의 미래를 염려하는 마음과 새로운 교회의 형태를 꿈꾸는 데서 나와 생각이 일치했다. 하 교수 이외에도 여러 명의 헌신된 성도와 교수들이 함께했는데, 모두 절절한 사연도 있고 뜨거운 열정도 있는 분들이었다. 나는 그분들에게 오래전부터 구상을 나누고 조언을 구했다.

봉천동 낙성대입구역과 서울대입구역의 딱 중간에 48평 정도의 4층 공간을 임대했다. 그때는 몰랐는데, 알고 보니 '샤로수길'의 끝자락이다. '샤로수길'은 압구정동 '가로수길'을 패러디한 것인데, 서울대입구역에서 시작하는 작은 골목길이다. 길 이름은 서울대학교 정문이 마치 '샤'자처럼 생긴 데서 유래했다. 샤로수길에는 여러 나라의 음식점들이 들어서고 있으며, 젊은이들이 많이 몰리는 곳이다. 운영 위원들과 의논해 공간의 개념을 결정하고, 인테리어 시공자를 선정해 공사를 하고, 집기를 들여놓는데 두 달이 소요되었다.

센터 이름을 공모하여 '청년공간 이음'이라고 지었다. 나는 원래 다른 이름을 원했는데, 내 뜻대로 모든 것이 되지는 않는다. '이음'의 모토를 Home, Hub, Hope의 3H로 잡았다. "거친 현실을 사는 청년들을 환대하는 쉼터"라는 의미의 'Home', "낯선 이들이 만나 함께 이어가는 허브"라는 의미의 'Hub', "미지의 내일로 나아갈 용기를 얻는 디딤돌"이라는 의미로 'Hope'. 어찌하든지 '이음'이 예수님의 사랑이 체화된 공간이요, 미래 세대 공동체로 발전되기를 기도하면서….

드디어 '이음'이 문을 여는 2016년 4월 첫 주일이 되었다. '이음'을 위해 헌신한 성도들과 운영 위원들이 모여 감격스러운 개소식 예배를 드렸다. 무슨 말씀을 주시렵니까? 기도하는 중 머리를 스치는 두 구절의 말씀이 있었다. "너는 피투성이라도 살아 있으라! 너는 피투성이라도 살아 있으라!"(겔 16:6) 이방 땅에서 태어난 발짓하는 갓난아이와 같은 이스라엘 백성들에게 절규하듯 외치신 하나님의 음성이다. 우리 시대 고통받는 청년들에게 주시는 메시지로 다가왔다. 다른 하나는 사도행전의 말씀이다. "떠들지 말라. 생명이 그에게 있다!"(행 20:10) 바울이 설교 도중 창에서 떨어져 죽은 청년 유두고를 살리며 한 말이다. 다른 사람들이 볼 때는 숨이 끊어졌는데, 바울은 그를 안고 그 위에 자신의 몸을 대고 엎드렸다. 그리고 그를 살려냈다. 고통받는 청년들을 살리라고 말씀하시는 성령의 음성을 들었다. 청년들에게 소망이 없다고 문제만 제기하는 이들에게 "아무것도 안 하면서 소란 떨지 말라. 생명이 아직 그에게 있다!"고 말하고 싶다.

성령의 인도를 따라서

오픈했지만 손님이 없었다. 거의 한 명의 청년도 찾아오지 않고 서너 달이 후딱 지나갔다. 오픈을 기념해 작은 음악회를 열었지만 관객보다 연주자가 더 많았다. 이런저런 방법으로 홍보하고 알렸으나 간을 보기 위해 하루에 몇 사람이 잠깐 들를 뿐이었다. 김효성 매니저(전도사라는 명칭은 쓰지 않기로 했다)도, 운영 위원들도, 나도 어떻게 해야 할지 몰랐다. 그러나 선교지에 가면 접촉점을 찾기까지 많은 시간이 필요한 것처럼 이곳도 선교지이니 인내를 가지고 기다려야 한다고 생각했다. 나는 2년은 기다려야 하지 않겠느냐고 호기 있게 말했으나 속은 타들어 갔다. 인테리어와 집기와 보증금에 1억 원 이상이 들어갔고, 매달 유지비와 행사비가 5백만 원씩 들어가는데, 이거 실패하면 더 이상 우리 교회에서 무슨 일을 시작하기는 어려울 텐데, 기도의 응답으로 시작한 건데, 내가 잘못 들었나? 기도로 하나님께 맡기는 방법밖에 없었다.

6개월이 지나면서 청년들이 오기 시작했다. 처음에는 한두 명씩 와서 이용하더니, 시간이 가면서 급격히 늘었다. 1년이 지났을 때 이용하는 청년은 매일 20명 정도로, 2년이 된 이후는 매일 40-50명, 매월 1천 명 이상이 '이음'을 이용한다. 공부도 하고, 대화도 나누며, 점심도 먹고, 차도 마신다. '이음'에서 준비하는 취업을 위한 프로그램, 각종 자격증 마련을 위한 특강, 운동과 다이어트 등에 많은 젊은이들이 지원해 도움을 받는다.

일 년에 두 달을 택해 매 금요일에 작은 음악회를 연다. 젊은이들이 좋아할 만한 재즈와 팝을 공연하는데, 저명한 뮤지션들이 재능 기부를 하고 관객들은 따뜻함을 느낀다. 거의 모든 홍보는 온라인을 통해 이루어진다. 주소는 〈www.i-eum.net〉이고, 페이스북과 인스타그램에도 사이트('청년공간이음')가 있으니 궁금한 분은 한번 들어가보면 좋겠다.

김효성 전도사는 '이음'의 매니저다. '이음'을 관리하고 운영하며 행사를 진행할 뿐 아니라 '이음'을 찾는 청년들을 세심하게 살피고 필요를 채워준다. 그는 신앙과 열정만 있는 것은 아니다. 전직 일식 요리사다. 웬만한 음식은 손쉽게 조리할 수 있다. 요즘 같이 먹는 것이 대세인 세상에서 더할 나위 없는 스펙인 셈이다. 어떤 면에서 보면 내가 청년을 위한 사역을 시작하게 된 것이 김효성 매니저를 만남으로써 가능하게 되었다고도 볼 수 있다. 나는 '이음'과 같은 공간을 만들기 원하는 몇몇 교회가 접촉을 해올 때마다, 사명감 있고 준비된 사람이 있느냐고 질문한다.

우리가 시작한 착한 일

설립 3주년을 맞는 2019년 봄, '이음'의 성과를 꼽으라면 두 가지 정도를 꼽을 수 있겠다. 하나는 많이 알려졌다는 것이다. 하루 이용자가 많은 것은 물론이고, 온라인에서 더 잘 알려졌다. 두 번째는 '이음'을 아는 사람들은 모두 칭찬한다는 점이다. '이음'을 이용하는 청년들은 한결같이 고마워하고 다른 이들에게 추천한다. 대부분이 교회와 관계없는 청년들인데 교회에서 운영한다는 것을 알고는, 교회도(?) 좋은 일을 한다며 놀라워한다. 청년들을 염려하는 신앙 좋은 기독교인들도 여럿 방문하는데, '이음'이 추구하는 가치와 운영 방식에 대해 공감하며 도울 일이 없는가 묻는다. 관악구와 서울시에도 알려져서 최근 서울시에서 지원하는 '일자리 카페'의 하나로 선정도 되었다. 매스컴에도 가끔 등장하니 유튜브를 찾아

보면 볼 수 있을 것이다.

'이음'의 앞으로의 과제는 크게 두 가지다. 하나는 하드웨어적인 것이다. 지금까지 백석대학교회에서 일 년에 5천만 원 이상의 운영비를 조달하고 있다. 그러나 언제까지 교회에 기댈 수만은 없는 노릇이다. 게다가 만에 하나 불미스러운 일이 벌어졌을 때, 교회가 무한 책임을 질 수도 있다. 그래서 '이음'이 정부에 등록된 비영리 단체가 되도록 노력했고, 2019년 좋은 소식을 들었다. 비영리 단체로 등록하는 이유는 교회의 재정 보조와 관리 감독으로부터 단계적으로 독립해 자생력을 키우기 위해서다. 이는 마치 해외에 파송된 선교사와 모교회(母敎會)와의 관계와 비슷하다. 처음에는 모교회의 파송을 받고, 후원과 지도를 받다가 독립적인 기관이 되는 것이다. 재정적으로만 독립하는 것이 아니라 인적 자원 면에서도 독립해야 한다. 현재는 중요한 포지션에 있는 운영 위원들이 백석대학교회 선교 위원과 백석예술대학교 교수들인데 앞으로는 같은 소명을 가진 외부인과 '이음' 출신의 청년들에게도 문을 열 계획이다. 또한 정부에 비영리 단체로 등록하면 사회적 공신력을 더 얻을 수 있는 장점도 있다.

두 번째 과제는 이게 핵심적인 것인데, 앞서 제시한 세 가지 목표를 달성하는 것이다. 청년들과의 접촉을 통해 그들을 이해하고 그들의 삶 속으로 들어가서 그들에게 필요한 성경의 메시지와 전달 방식을 발견하며, 더 나아가 그들의 환경에 맞는 삶의 양식을 개발하는 것이다. 매우 거창한 목표인데, 이 목표를 향해서는 아직 거의 걸음을 떼지 못한 것이나 마찬가지다. 사실 매니저 혼자 이 일들을 다 하는 것은 불가능하다. '청년연구소'와 같은 기관이 병설되어 많은 교수와 청년 지도자와 신앙 있는 청년들이 함께하면 좋겠다는 바람이 있다.

앞으로 '청년공간 이음'이 어떻게 발전할지 나는 모른다. 과연 위에서 말한 목표들을 달성할 수 있을까? 우리나라 청년 선교의 돌파구가 될 수 있을까? 아니면 또 하나의 카페 교회가 될 것인가? 하나님만 아신다. 문제가 생겨서 문을 닫을 수도 있다. 선교지 정세에 변화가 생겨서 평생을 바쳐 일군 스테이션을 빼앗기고 오는 선교사들이 얼마나 많이 있는가? 나는 이런 낭비도 하나님이 하시는 일의 일부라고 믿는다. 이 말씀으로 내 믿음을 고백한다. "너희 안에 착한 일을 시작하신 이가 그리스도 예수의 날까지 이루실 줄을 우리는 확신하노라"(빌 1:6).

우리나라 중대형 교회들이 '이음'과 같은 정신을 가진 카페를 하나씩 개설하면 어떨까 제안하고 싶다. 지역에 따라 차이가 있겠지만 초기 비용은 1억 원 내외이고 일 년 운영비는 인건비 포함해 5천만 원 정도다. 외국에 선교사 한 명 보내는 셈 치면 된다. 일 년 예산이 수십 억 되는 교회에서 이 정도는 지출할 여유가 있을 것이다. 이런 카페가 전국에 100개만 들어선다면 교회에 대한 젊은이들의 인식은 크게 달라질 것이다. 우리 시대 복음 전도를 위한 최우선의 과제는 교회의 이미지 개선이다.

(4) 해외 선교

우리가 지금 포스트크리스텐덤 시대에 살고 있다는 자각은 해외 선교의 정의와 방법에도 영향을 끼칠 수밖에 없다. 크리스텐덤 시대 선교의 역사는 곧 정복의 역사라고 말해도 과언이 아니다. 4세기 로마 제국이 기독교화된 후 로마 제국과 신성 로마 제국이 팽창하면서 주변국들을 정복하는 과정에서 피정복민을 강제로 개종시켰다. 15세기 대항해 시대 이후 서구 기독교 사회가 미국 대륙과 아시아, 아프리카를 정복하고 식민화하는 과정이 또한 선교의 역사와 일치했다. 이 과정에서 이슬람 세계와의 대결을 피할 수 없었다. 이슬람도 기독교와 같은 방식으로 한 손에는 칼, 다른 손에는 쿠란을 들고 피정복민을 개종시켰다. 선교사들은 흔히 '선교'를 "군사적 정복"(conquest)이라는 은유를 사용해 정의한다. 물론 사회를 지배하는 어둠의 세력을 물리친다는 의미의 정복이지만, 이 은유를 사용하는 선교사와 성도들은 자신들의 의식 속에 제국주의적 성향이 잠재해 있음을 부인할 수 없을 것이다.

　근대 제국주의적 선교는 예수님의 정신과 배치되는 프로젝트였다. 기독교는 "인민의 아편"이고 선교사는 제국주의의 '주구'(走狗) 역할을 하기 일쑤였다. 총칼과 상품을 앞세운 선교는 으레 원주민의 반발에 부닥칠 수밖에 없고, 잠시 성공한 것처럼 보여도 곧바로 뒤집어지곤 했다. 네덜란드가 인도네시아를 3백 년간 지배하면서 개혁교회를 이식하려 했지만, 인도네시아는 해방 후 몇 년이 못 되어 세계 최대의 이슬람 국가가 되었다. 베트남에서 로마 가톨릭의 자취를 찾아보기가 쉽지 않으며, 지금껏 인도나 중국의 민족주의자들에게 기독교는 배척해야 할 외세의 종교일 뿐이다. 우리나라의 경우 하나님의 섭리로 복음 전도의 주체가 제국주의 일본이 아닌 미국이었다. 미국 선교사들이 우리의 독립을 지지하고 성원한 것이 해방 후 한국에 대규모 복음화가 가능했던 원인 중 하나다.

　제2차 세계 대전 후 더 이상 과거와 같은 군사적·정치적 의미의 식민지 개념은 사라졌지만, 해외 선교에는 아직도 크리스텐덤 선교의 잔재가 남아 있다. 어떤 선교사가 아프리카 케냐로 파송을 받는다면, 사람들은 "와 그 어려운 곳에 가서 고생이 많으시겠어요. 우리가 기도 많이 할게요"라고 말할 것이다. 반대로 다른 선교사가 영국으로 선교하러 간다고 하면, 사람들은 고개를 갸웃거리며, "영국에 선교하러 가신다고요? 거기 기독교 국가 아닌가요? 우리보다 훨씬 잘 사는데 선교비 많이 들겠네요"라고 말한다. 그러나 2009년 통계에 따르면 케냐의 기독교 인구는 83%이고 개신교도 48%에 미친다. 케냐는 이미 세속 국가가 되어버린 영국보다 또한 심지어 우리나라보다도 기독교 인구 비율이 높다. 그런데도 모름지기 선교사는 높은 문명권에서 낮은 문명권으로, 문화적으로 우월한 나라에서 개발도상국으로, 화폐 가치가 높은 나라에서 낮은 나라로 파송되는 것이라는 제국주의 시대의 흔적이 우리 마음 깊은 곳에 잠재되어 있다.

세계화와 선교

세계화의 시대를 살아가는 우리들은 제국주의적 선교 개념에 대해 심각하게 반성해야 한다. 세계화가 과연 지구의 미래를 위해 바람직한 현상인가에 대해서는 다양한 논의가 있지만, 한 가지 분명한 것은 세계화가 이미 거스를 수 없는 대세라는 점이다. 2008년 세계적 금융 위기의 원인 중 하나로서 세계화가 거론되었고, 그래서 보호 무역주의가 대두될 것이라고 예언하는 사람들도 있지만, 다시 보호 무역주의로 회귀하지는 못할 것이다. 세계화는 자유 무역이라는 미명 아래에 저개발 국가를 계속해서 저개발 상태로 묶어두는 구조다. 강대국들이 자신들이 타고 올라간 보호 무역이란 사다리를 걷어차 버린 결과다.[20] 최근과 같은 경제 위기가 주기적으로 찾아올 때 가장 큰 고통을 받게 될 사람들은 저개발 국가의 가난한 민중들일 것이 분명하다. 그런데 세계화로 고통을 받는 10/40 창(window)에 속한 나라의 국민들이 바로 선교의 대상일 경우가 많다.

선교하는 나라는 세계화의 혜택을 받는 나라이며, 피선교국이 바로 세계화의 피해를 받는 나라인 것이다! 제국주의적 선교의 망령이 되살아날 수 있는 구조다. 우리 대한민국은 서양 제국주의자의 후예들과는 다른 피부색을 가졌기에 어디서나 환영을 받는다고 말할 수 없다. 우리도 모르

---

20 장하준, 『나쁜 사마리아인들: 장하준의 경제학 파노라마』(서울: 부키, 2007), 특히 제1장을 보라.

는 사이에 대한민국은 이미 제국주의의 대열에 들어서 있다. 이미 아프간과 이라크 등지에 군대를 파송했고, 그 결과 2009년 예멘 자살 폭탄 테러의 표적이 우리나라 관광객이었다. 아랍권 국가에게 한국은 이미 기독교를 공격적으로 선교하는 나라다.

　선교를 하는 우리가 제국주의 국가이고 피선교국이 세계화의 압박을 받는 나라라는 것을 늘 염두에 두는 것이 중요하다. 피선교국이 저개발국가라고 해서 그 국민을 무시할 권리가 우리에게 없다. 가진 것도, 지식도 뒤떨어지고, 복음도 받지 못한 가난한 사람들에게 시혜(施惠)하는 마음을 가지면 안 된다. 그 앞에서 우리의 가진 것을 자랑하는 속물근성을 보이지 않아야 한다. 한 걸음 더 나아가서 그들에게 '빚진 자'라는 심정을 가져야 한다. 나는 과거 IMF 사태 이후 불법 체류 외국인 노동자들이 강제 추방될 때, 목동 출입국 관리 사무소에서 노동자들 수십 명이 무릎 꿇고 앉아 있는 모습을 목격한 적이 있다. 또한 국내에 거주하는 중국인들을 향해 이름 대신 "야 인마!"라고 부르고, 때로 물리적 폭력을 행사하는 것도 여러 차례 보았다. "너는 이방 나그네를 압제하지 말라. 너희가 애굽 땅에서 나그네 되었은즉 나그네의 사정을 아느니라"(출 23:9)는 말씀이 생각났다. 우리가 외국의 식민지로 살아온 날이 엊그제인데 그새 잊어버리고 이방 나그네를 이렇게 대하다니. 내 자신이 모욕을 당한 것처럼 얼굴이 화끈거렸던 기억이 있다. 과연 한국에서 밀린 월급도 제대로 못 받고 갖은 수모를 겪고 돌아간 사람들에게 한국인이 선교를 한다면 고맙게 받아들일까? 수백만 원의 밀린 돈을 받지 못하고 떠나는 몇 사람들에게 내 사비로 20만 원씩 주면서 미안하다고 고개를 숙였었다. 아무쪼록 한국을 나쁘게 생각하지 말고 한국에서 파송된 선교사들에게 악감정을 전파하지 않기를 원하는 마음이 간절했다.

　같은 원리를 북한 선교에도 적용할 수 있다. 북한은 남한 사람에게 복합적인 감정을 느끼고 있다. 통일을 이루어 함께 살아야 할 같은 민족이면서, 동시에 오랜 세월 동안 미제(美帝)의 앞잡이로서 총칼을 겨눈 적이 있던 적대적인 국가다. 특히 기독교와 공산주의는 1920년대부터 서로를 증오하면서도 두려운 감정을 품고 있다. 해방 정국과 한국전쟁 때의 적대 행위는 말할 것도 없다. 분단 후에도 북은 기독교에 대한 악선전을 지속했고, 남에서도 기독교인들은 공산주의를 가장 싫어한 사람들이었다. 지금도 다수의 기독교인들은 북한의 붕괴와 그로 인한 흡수 통일을 위해 기도하고 북한의 인권 개선을 위해 목소리를 높인다. 통일이 된다면 한국의 교회들은 지금껏 그래왔던 것처럼, 공격적 선교 방식으로 북한을 선교하려 들 것이다. 대도시와 명승지마다 대교회의 이름을 딴 화려한 지교회를 세우고, 물량 공세로 사람들을 모으며, 공산주의 체제를 비난할 것이다. 그러나 이런 전략과 이런 방식으로는 북한 인민들의 마음을 얻을 수 없다. 전도에서 가장 중요한 것은 마음을 얻는 것이다. 나는 북한이 개방되더라도 대규모 회심이 일어나리라고 기대하지 않는다. 선교는 예수님이 보여주신 자기희생의 디아코니아 외에는 불가능하다.[21]

후기 식민주의와 다원주의

해외 선교를 생각하면서 한 가지 더 고려해야 할 것은 피선교국 가운데 많은 나라가 이미 후기 식민주의(Post-Colonialism)와 다원주의의 영향 아래에 있다는 사실이다. 과거 식민지였던 제3세계 사람들이 자신을 지배하던 서구의 눈으로 자기를 보던 것에서 탈피해 자신의 기준으로 자신을 보려 하는 담론을 후기 식민주의라고 한다. 식민지 시절 형성된 사회 구

---

21 개혁주의 신학자이면서 통일 운동의 최전선에 있는 주도홍 박사로부터 아이디어를 얻었음을 밝혀둔다. 주도홍, 『통일 그 이후: 독일 통일 15년의 교훈』(서울; IVP, 2006)을 참고하라.

조나 문화적 틀을 비판적으로 본다는 말이다. 후기 식민주의를 대표하는 학자로 유명한 분은 얼마 전 작고한 에드워드 사이드(Edward Said)를 들 수 있다. 그는 서구 사람들이 자신의 관점에서 동양인들을 바라보면서 미개하고 원시적이며 때로는 신비에 둘러싸인 나라로 생각하는 경향이 있다고 분석했다. 이런 태도를 오리엔탈리즘(Orientalism)이라고 부른다. 동양은 동양 나름대로의 삶과 가치와 역사와 문화와 종교가 있는데, 이를 서구인의 입장에서 보고 싶은 것만 보고 자기 입장에서 평가하는 태도를 말한다. 예를 들어 동양은 여성, 독재, 비이성, 야만이 지배하는 나라이고 이에 반해 서양은 남성, 민주, 이성, 문명이 있는 곳이라는 시각이 확대 재생산된다.[22]

오리엔탈리즘에 대한 비판이 종교의 영역에까지 확장되면 곧바로 종교 다원주의가 될 것이다. 사람들이 기독교가 타 종교에 비해 우월하다는 주장 자체가 서구 중심적 사고에서 비롯된 것이 아닌가 하는 의심을 하게 되었다. 복음 전도의 대상이 되는 과거 서구 기독교 국가의 식민지였던 저개발 국가 국민들의 의식이 깨어났다. 그들의 관습과 문화와 종교를 무시하고 이들을 정복하려 한다면, 오히려 배척을 당하고 그들 속으로 깊이 침투할 수 없게 되었다. 이런 사정을 잘 아는 선교학자 중 일부는 선교사가 해야 할 일은 개종을 위한 전도가 아니라 타 문화에 대한 경외심을 갖고 그 문화의 심층에 있는 종교성(혹은 영성)의 깊이를 발현하도록 도와주는 것이라고까지 말한다. 한 걸음 더 나아가서 기독교는 그 배타성 때문에 사회 통합의 걸림돌로 여겨지고, 환경 파괴와 여성 억압적 가부장제의 주범이라고 비판받는다. 다원성의 세기를 살아가는 21세기 인간에게 절대를 주장하는 기독교는 독선과 아집으로 여겨진다.

---

22 참고. 에드워드 사이드, 박홍규 역, 『오리엔탈리즘』(서울: 교보문고, 2015), 제1장 1절.

이러한 포스트모던, 후기 식민지 상황에서 선교를 한다는 것이 무엇을 의미하는지, 어떤 전략을 세워야 할지 깊이 생각해봐야 한다. 우선 선교사들은 복음을 변증할 수 있는 능력을 갖추어야 한다. 과거 서구의 선교사들처럼 총칼과 불평등 조약과 강제적 개항으로 복음을 전할 수는 없다. 발달한 근대적 학문과 우월한 문명을 내세워 전할 수도 없다. 이제 이들을 설득하는 수밖에 없다. 이슬람의 단일신론과 인격신이 어떻게 양립할 수 없고, 삼위일체론을 전제할 때 쉽게 설명될 수 있다는 것을 보여야 한다. 불교의 무신론이 어째서 설 수 없으며, 대승불교의 공(空) 개념이 결국 기독교의 신 개념으로 완성된다는 것을 이해시켜야 한다. 변증 가운데 가장 강력한 변증은 삶으로 보여주는 변증이다. 타 종교의 구원관이 허무주의에 빠지는 데 반해 기독교인들이 항상 소망의 하나님을 품고 살 수 있는 것을 보여줘야 한다. 성경의 기독교가 (종종 역사적으로 나타난 기독교와 다르게) 세상을 섬기고 소외된 이웃과 함께하는 종교임을 보여야 한다.

사도행전에 나타난 바울의 선교가 우리에게 시사점을 던져준다. 바울은 복음을 전하기 위해 미개한 지역으로 간 것이 아니다. 마케도니아의 수도 빌립보와, 그리스 제2의 도시 데살로니가, 헬레니즘 문명의 발원지 아테네, 로마 제국 제3의 대도시 고린도, 소아시아의 중심 대도시 에베소, 그리고 마침내 로마 등, 그는 자신이 갈 수 있는 한 최고로 번성하고 문명이 발달한 도시들로 갔다. 이는 단지 복음 전도의 효율성을 위함이거나 전략적 위치 때문만이 아니었다. 그곳들을 복음으로 '정복'하기 위함이었다. 그는 외관상 화려한 로마 제국 도시에 사는 권력자들의 가면을 벗겨내고 맨얼굴을 드러냈다. 그리고 진정한 복음의 능력이 어떤 것인지를 그 문명의 어두운 뒷골목에서 신음하는 낮은 자들을 돌보는 것을 통해 잘 보여주었다.[23] 한 사회를 평가할 때, 바울은 문명의 발전 vs. 저개발의 범주로 평가하지 않았다. 그는 한 사회가 정의로운가 불의한가, 백성들이 자유로운가 억압받는가, 사랑이 지배하는가 혐오가 지배하는가, 궁극적으로는 복음적 삶을 살고 있는가 아닌가 하는 기준으로 평가했다. 때로 문명이 발전한 나라가 더 자유롭고 정의로울 수도 있지만, 반드시 그런 것은 아니다.

우리는 지금 사도 바울 시대로 돌아갈 수는 없다. 하지만 지금 행해지는 선교의 방식은 많이 바뀌어야 한다. 가장 현실적이면서도 성경적인 대안들을 찾아야 한다. 중국 선교사이며 선교학자였던 롤런드 앨런(Roland Allen, 1868-1947)은 『바울의 선교 vs. 우리의 선교』라는 명저에서 근대 영국의 제국주의적 선교 방식이 바울의 방식과 많이 다르다고 비판했다.[24] 바울은 자신의 뛰어난 지식이나 문화를 전한 것이 아니라 성령의 능력을 따라 복음을 전했다. 그는 재정적으로 다른 사람에게 짐을 지우지 않기 위해 스스로 일했으며, 복음을 전한 곳에 오래 머물러 복음의 열매를 누린 것이 아니라 복음을 받은 사람들을 짧은 기간 안에 지도자로 세워놓고 떠나갔다. 바울의 이러한 선교 방법은 발달된 문화를 통해 기독교를 전하고, 선교사가 재정적 지원에 의존하며, 복음을 전한 교회에 머물러 그들의 신앙을 지도하던 제국주의적 선교 방식, 크리스텐덤의 선교 방식과 달랐다. 또한 미셔널 처치 운동의 최초 창시자들인 레슬리 뉴비긴이

---

23   최근 번역된 브라이언 월쉬와 그의 아내 실비아 키즈마트의 『제국과 천국: 세상을 뒤집은 골로새서 다시 읽기』(서울: IVP, 2011)는 로마 제국의 가치와 그 위에 세워진 사회가 정의와 평화와 사랑의 복음으로 어떻게 무너져가게 되는지를 매우 흥미롭게 서술한다. 이 책의 원제목은 "골로새서 리믹스하기: 제국의 전복"(*Colossians Remixed: Subverting the Empire*)이다.

24   Roland Allen, *Missionary Methods: St. Paul's or Ours?* (Cambridge, U.K.: Lutterworth Press, 1912). 홍병룡 역, 『바울의 선교 vs. 우리의 선교』(서울: IVP, 2008).

나 데이비드 J. 보쉬(David J. Bosch)의 저작들에 나타난 새로운 선교의 개념을 살펴 이를 해외 선교에 적용할 수 있겠다.[25] 선교사가 교회의 파송을 받아 저개발국 타 문화권으로 들어가서 교회를 세우고 교회로 끌어들이는 (attractional) 전통적 개념이 아니라 하나님의 파송을 받아 성육신의 삶을 사는 것이 곧 복음을 전하는 것이라는 미셔널 처치 개념이 구체적으로 표현되고 현실화되는 모델을 개발해야 한다.[26]

현재 우리의 해외 선교 방식이 바뀌어야 하는 데는 성경적 이유 외에 현실적인 이유도 있다. 우리나라는 가장 많은 선교사를 파송하는 선교 대국 중 하나다. 우리나라에서 파송한 선교사의 숫자가 2만 명을 상회한다고 한다. (이 숫자를 다 믿어야 할지는 모르겠지만 말이다.) 세계 각국에 나가 있는 선교사들은 주로 대도시에서 사역한다. 물론 전도할 사람들이 대도시에 많이 살고 있고, 사도 바울을 따라 전략적으로 대도시를 선택한 것이다. 그러나 다른 이유도 있다. 말이 잘 통하지 않는 곳에서 언제 어떤 위협이 닥칠지 모르니 치안이 보장된 곳에서 살아야 한다. 가족들이 살기에 너무 불편하면 안 되고 자녀들을 국제 학교에서 교육시킬 수 있어야 한다. 오늘날 전 세계 대도시의 생활비는 어느 정도 평준화되어 있다. 우리보다 화폐 가치가 10분의 1에도 못 미치는 나라라 해도 대도시 생활비 수준은 비슷하다. 집세는 좀 싸도 자동차 값이 2배고, 그 외의 경비들이 비싸다. 우리나라 전국에 1만 개 정도의 자립한 교회가 있다고 할 때, 한

25 레슬리 뉴비긴, 홍병룡 역, 『오픈 시크릿: 마침내 드러난 하나님의 비밀, 선교』(서울: 복 있는사람, 2012); 데이비드 J. 보쉬, 김병길, 장훈태 역, 『변화하고 있는 선교』(서울: CLC, 2000).

26 아나뱁티스트 전통에서도 미셔널 처치의 개념을 받아들이면서 전 지구화된 포스트크리스텐덤 교회가 나아가야 할 선교의 개념과 방향에 대해 제안하고 있다. Alan Kreider & Eleanor Kreider, *Worship and Mission after Christendom* (Harrisonburg, VA: Heral Press, 2011), 189-218.

크리스텐덤의 유산을 물려받지 않은 우리 사회의 경우는 어떤가? 어렸을 적 우리는 기독교인의 안식일로서 주일을 거룩하게 지켜야 한다고 배웠다. 한국의 기독교 신자들은 구속사의 흐름이나 문화의 차이에 따른 해석의 다양성을 알지 못한 채 성경을 문자적으로 이해하는 경향이 강하다. 어떻게 해서 토요일 안식일이 주일로 변경되었는지 묻지 않고, 구약이 언급하는 모든 안식일 준수에 관한 율법들을 글자 그대로 수용했다. 내가 대학생 때, 안식일이 일요일이 아니라 토요일이라는 사실을 처음 듣고 얼마나 놀랐는지….

한국의 성도들은 일주일에 하루를 일하지 않고 예배와 교회 봉사에 참여하면서 자신의 신앙을 표현해왔다. 농번기의 농부들도 주일에는 일을 하지 않았고, 신앙심이 깊은 그리스도인들은 음식점 문을 닫았다. 주일에 시행되는 입학시험이나 국가고시 치르는 것을 꺼렸고, 입대한 젊은이들은 '빠따'(매)를 맞으면서도 주일을 사수했다. 북한의 기독교인들과 김일성 정권이 충돌하게 된 계기는 기독교인들이 1946년 11월 3일 주일에 치러지는 북조선 인민위원회 선거에 불참을 선언한 것이었다.[27] 주일성수는 크리스텐덤의 전통 위에 있지 않던 사회에서 기독교인들이 직면한 매우 도전적인 과제였음이 틀림없다. 그러면서도 근대화(개화)가 시대적 과업으로 인식되던 시대, 서양 문물과 함께 들어온 양력(陽曆)을 지키는 것이 시대를 앞서가는 것으로 인식되던 시대, 이 책에서 유사 크리스텐덤이라 부르던 시대에, 그리스도인들이 주일을 지키는 것은 자긍심을 가질 만한 일이었다.

나도 평균적인 한국의 신자로서 엄격한 주일성수를 신앙의 표현으로

27　연합 노회의 결의문 제1항은 다음과 같다. "성수주일(聖守主日)을 생명으로 하는 교회는 주일에는 예배 이외의 여하한 행사에도 참가하지 않는다." 참고. 한국기독교역사연구소 북한교회사집필위원회, 『북한교회사』(서울: 한국기독교역사연구소, 1996), 397-401.

생각했다. 1990년대 초 미국에서 공부하면서 청년들을 목양할 때, 주일 오후 학생들과 운동을 마치고 패스트푸드점에서 식사하면서 다소간 양심의 가책을 느꼈다. 한국에 돌아와서 목회할 때는 다시 주일성수를 강조할 수 있어 마음이 편했다. 주일에는 돈을 쓰지 말라고 설교했고, 주일 저녁에 모임이 있으면 토요일에 미리 음식을 준비할 것을 조언했다. 성도들이 개인적으로 주일을 지키는지는 알 수 없었지만, 최소한도 교회 경내에서는 주일을 지키도록 했다. 그런데 2006년 서울로 목회지를 옮긴 후 정말 놀랐다. 주일에 물건을 사고 음식점에 가서 교제하는 것은 물론이고, 오후에 친교를 위해 영화관에까지 가는 것이 아닌가. 그것도 젊은 청년들이 아니라 장로와 안수 집사들이 앞장서서 말이다. 딱 한 분 고신 측 교회에서 오신 장로님이 이것을 반대한 적이 있었을 뿐이다. 그때로부터 또 10여 년이 흘렀다. 아마 지금 우리나라 대도시 교회 가운데서 과거처럼 엄격하게 주일을 지키는 교회를 찾아보기는 어려울 듯싶다. 많은 목회자가 주일성수를 단지 주일 예배에 참여하는 것 정도로 가르치는 것이 현실이다.

서구에서도 크리스텐덤 시대가 저물어가면서 주일성수 개념이 희박해져 가는 지금, 우리는 우리의 신앙을 표현할 수 있는 다른 방식을 찾아야 할 때가 되었다. 주일성수가 그리스도인의 표지가 되는 시대는 지나갔다. 시대가 바뀌었으니 윤리도 바뀌어야 한다는 뜻이 아니다. 이미 바울 서신이 안식일 준수에 대해 어떻게 설명하고 있는지, 그리스도께서 그 법을 어떻게 성취하셨는지에 대해서는 제3장에서 충분히 살펴보았다. 무엇보다도 우리 시대 주일성수에 심대한 역기능이 있다. 역기능은 크게 두 가지다. 첫 번째 역기능은 21세기 한국 사회에서 구조적으로 주일을 지키지 못하는 사람들이 많아졌다는 사실에서 기인한다. 서비스업은 우리나라 전체 산업에서 약 80%의 비율을 차지하는데, 그중에 줄잡아 3분의

1은 일요일에 영업을 할 것이다. 공장에서 토요일 밤늦게까지 일하는 노동자, 일요일에 잔업(殘業)하는 사람들, 전국에 있는 약 2만5천 개의 편의점과 주유소, 패스트푸드점 등에서 알바 노동자로 일하는 사람들의 숫자가 얼마나 많을까? 관광이나 레저와 관계된 비즈니스는 일요일에 더 붐빈다. 이런 직종에 종사하는 이들은 예수를 믿고 싶어도 교회에 갈 수 없는 사람들이다. 그중 다수가 젊은이들이다. 나는 청년을 교회에서 찾아볼수 없는 이유가, 젊은이들이 안티 기독교에 물들었기 때문이 아니라 바로여기에 있다고 생각한다. 거의 모든 교회가 주일 11시에 예배를 시작하기때문에 주일에 일하는 사람들이 예배에 참여할 수 없고, 비신자를 교회로인도할 수 없다. 교회에 나오기 위해서는 생업을 포기해야 하는, 지기 어려운 멍에를 젊은이들의 목에 지우는 것이다(행 15:10).

두 번째 역기능은 기독교 신앙의 객관적 표지를 주일성수에 국한시킴으로써 신앙의 더 중요한 표현을 망각하게 한다는 것이다. 예컨대 "주일은 쉽니다"를 모토로 내세운 기업이(실제로 주일에 컨베이어 벨트를 돌리지않는지 혹은 골프 클럽 예약을 받지 않는지는 모르겠지만) 불법 노동 행위와 갑질과 횡령과 세금 탈루를 일삼으면서도 주일을 지킨다는 이유로 기독교 기업이라고 자처한다면, 이들이야말로 "하루살이는 걸러내고 낙타는 삼키는" 위선자라는 책망을 들어 마땅할 것이다(마 23:24).

그럼 구체적으로 어떻게 하자는 말인가? 주일 예배를 폐지하고 다른 요일에 모이자는 말인가? 일요일은 휴일에 불과하니 가족들과 함께 보내라고 가르쳐야 하나? 늘 그렇듯이 중요한 것이 무엇인지를 생각하면된다. 여러 세기 동안 신성시되던 주일에 대해 의문을 제기하게 된 동기를 생각하자는 것이다. 바로 주일 11시에만 예배드릴 때 예배에 나오지못하는 사람들이 있다는 것이 가장 큰 문제였다. 지금 주일을 잘 지키는사람들에게 혼란을 주자는 것이 아니다. 어렸을 적부터 주일을 잘 지키고 그것을 신앙의 표현으로 생각하는 많은 성도들의 양심에 상처를 줄 필요는 없다. 현행 주일 예배는 그대로 드리되, 각 교회의 형편에 따라 예배를 추가할 수 있을 것이다. 일요일에도 일해야 하는 사람들을 위해 아침 일찍 드리는 예배를 신설하거나, 늦게 퇴근하는 청년들을 위해 밤에 예배를 드릴 수 있다. 시장 근처에서 목회하는 분들은 시장이 쉬는 날을 택해 모이고, 휴양지에서는 여행객이 가장 뜸한 날 모일 수 있을 것이다. 이도 저도 어려운 성도들을 위해서는 그들과 약속해 소그룹 예배를 상시 개설할 수도 있고, 정 어려우면 일하는 곳을 찾아가 함께 점심을 먹으며 모일 수도 있다. 그리고 무엇보다도 안식일이 사람을 위해 존재한다는 안식일의 참 의미에 대해 성도들에게 가르쳐야 한다.

술·담배 문제

교회의 삶을 규정하는 윤리도 시대의 변화에 따라 바뀌기 마련이다. 술 담배는 우리나라 초기 교회부터 기독교인들이 금기시했는데, 이에 대해서도 상대적으로 생각해야 할 것이다. 내가 겪었던 이야기를 하나 들려드리고자 한다.

앞서 원씬즈치아라는 중국인 노동자를 위한 모임을 만들었던 것을 말했다. 원씬즈치아가 세워진 지 2년쯤 지났을 때 어려운 문제가 생겼다. 모임이 급성장해 200명이나 되는 중국인이 매 주일 예배에 참석했다. 처음에는 교육관의 한 집회실에서 모였는데, 숫자가 많아져서 본당을 나눠 썼다. 한국인 성도들이 11시 예배를 마치고 본당을 비우면, 12시 30분부터 중국인들이 1시간 예배를 드리고, 다시 한국인이 2시 오후 예배를 드리는 식이다. 중국인들은 교회에 도착하자마자 점심 식사를 하고, 잠시 쉬었다가 12시 30분 예배에 참석한다. 문제는 식사를 마친 중국인들이 담배를 피우는 것이었다. 예배를 끝낸 한국인들이 2층 본당에서 아래로 내려가다 보면 허름한 점퍼를 걸친 수십 명의 중국인들이 양지 바른 담벼락에 죽 둘러앉아 담배를 피우고 있었다. 참으로 볼썽사납고 혹여 지나가는 사람들이 볼까 무서운 장면이다. 이들을 지도하는 전도사와 한국인 스태프에게 부탁을 해보았으나, 중국인들은 10살부터 식후에 아버지와 맞담배를 피우기 때문에 하루아침에 고치기 어렵다는 것이다. 이제 갓 교회에 나온 신앙이 없는 사람들이기 때문에 광고는 하겠지만 강요할 수는 없다는 대답을 들었다.

당회가 열렸는데 당회원들이 중국인들을 성토했다. 예배당을 지은지 한 2-3년밖에 안 되어서 아직 새 건물인데, 중국 성도들이 여기서 담배 냄새를 풍기고 꽁초를 버리며 심지어 침도 뱉는다. 다음달 당회에서는 재떨이를 놓을지 말지를 진지하게 논의했다. "아니, 세상에 재떨이 있는 교회가 어디 있습니까?" "그래도 본당에 담배꽁초 떨어져 있는 것보단 낫지 않습니까?" 갑론을박 끝에 한구석에 재떨이를 놓기로 했다. 그런데 이보다 더 심각한 문제가 있었다. 여성도들이 남편을 설득해 겨우 교회에 나와 예수를 믿고 이제 막 담배를 끊었는데, 그 남편들이 다시 담배를 피운 것이다. 중고생들도 교회에서는 담배를 안 피우는데, 이들도 좋지 않은 영향을 받았다. 화장실에서 담배 연기가 모락모락 올라오는 것을 나도 여러 번 보았다. 한 신앙 좋은 여자 집사는 교회 안마당에 다리를 뻗고 주저앉아 큰 소리로 울부짖었다. "거룩한 교회가 어째서 이렇게 되었나요?" 나는 담임 목사로서 어떻게 대처해야 할지 난감했다.

어느 토요일 오전 교역자 회의 시간이었다. 부교역자 한 사람이 중국인 담당 전도사에게 불평을 털어놓았다. 아직 거처를 구하지 못한 중국인들이 우리 교회를 주소지로 해놓았기에, 중국에 있는 그들의 가족이 교회로 소포를 많이 보내왔다. 대부분 입던 옷가지들인데 냄새가 고약할 뿐 아니라 분량도 많아 교역자 사무실의 4분의 1을 차지했다. 이걸 치워주고, 앞으로 주소를 우리 교회로 하지 말아달라는 이야기였다. 중국인 사역을 맡은 조선족 전도사는 얼굴이 벌게져서 고개를 수그리고 연신 미안하다고 말한다. 그 대화를 들으면서 속에서 무언가 치밀어 올라오는 것을 느꼈다. 나는 화를 벌컥 내며 큰소리로 호통을 쳤다. "아니, 소포가 그렇게 문제가 됩니까? 구원의 복음을 듣기 위해 주일마다 몰려오는 영혼이 보이지 않습니까? 전도사, 목사들이 전도는 하나도 못하면서 무슨 말을 그 따위로 합니까? 얼마든지 더 쌓아놓으라고 하세요. 그렇게 하는 것이 한 영혼이라도 구원받는 데 도움이 된다면 말입니다."

말을 해놓고 나니까 머리가 맑아지고 모든 게 명확해지는 것 같았다. 다음날이 주일이었는데, 나는 성도들에게 확신 있게 설교했다.

성경에 담배 피우면 안 된다는 말이 어디 있습니까? 술부터 끊고 교회에 오라는 말이 어디 있습니까? 담배 피우고 술 마시며 노름하고 죄인의 삶을 사는 사람이 교회에 와서 복음을 듣고 구원을 얻는 것이 순서입니다. 성도들의 손으로 새로 지은 깨끗한 본당에서 담배를 피우고 침을 뱉는 것이 얼마나 가슴 아픈 일인지는 저도 잘 압니다. 그렇지만 우리가 청소 한 번 더하면 되지 않겠습니까? 성경에 "소가 없으면 구유는 깨끗하려니와 소의 힘으로 얻는 것이 많으니라"(잠 14:4)는 말씀이 있는데 우리 순서를 분명히 합시다. 소를 위해 구유가 있습니까, 구유를 위해 소가 있습니까? 예배당이 중요합니까, 영혼이 중요합니까? 예수님이 깨끗한 예배당을 좋아하시겠습니까, 한 영혼들이 돌아오는 것을 기뻐하시겠습니까? 제가 여러분에게 약속하겠습니다. 중국인들이 예수 믿고 변화되면 스스로 담배를 끊게 될 것입니다. 6개월 안에 안 끊으면 제가 책임지겠습니다.

어떻게 책임을 지겠다는 것인지는 몰라도, 감사하게도 몇 개월 지나지 않아 이 문제는 말끔히 해결되었다. 중국인들이 회심하고, 생활 습관을 고치며, 예배당을 소중하게 생각하기 시작한 것이다.

　나와 우리 교회는 이 사건을 통해 큰 교훈을 얻을 수 있었다. 우리는 그동안 금연을 성경에서 명령하는 본질적인 그리스도인 삶의 일부로 인식하고 있었는데, 중국인들과의 만남을 통해 담배를 상대화시킬 수 있었다. 이제 우리나라 사람들 가운데 담배를 피우는 사람이 교회에 와도 그를 거부하지 않을 수 있었다. 동시에 담배를 피우지 않는다고 해서 반드시 신앙이 좋은 것이 아님도 알았다. 비본질적인 것과 본질적인 것을 구분하는 지혜를 얻었고, 비본질적인 것을 용인하는 너그러움과 본질적인 것을 더욱 소중히 여기는 마음을 가질 수 있었다. 나는 이것이 바로 갈라디아서 2장에 나오는 안디옥 사건의 핵심이라고 생각한다. 안디옥에서 있었던 음식 문제가 원씬즈치아에서는 담배의 문제였다. 음식이라는 비본질적인 것을 상대화시킬 수 있어야 믿음이라는 본질이 드러난다. 나는 갈라디아서 2장의 눈으로 담배 문제를 대하려 노력했고, 담배 논쟁을 거치면서 갈라디아서 2장의 논점을 명확히 이해할 수 있었다. 성경을 제대로 이해할 수 있었던 것은 덤으로 주어진 축복이었다.

모든 성도가 제사장이다

4세기 크리스텐덤 사회가 되면서, 성직자와 평신도의 구분, 교회를 건물로 여기는 현상 등의 변화가 교회에 일어났다.[28] 과연 이런 변화가 사회

28　이에 대한 자세한 분석은 빈센트 브래닉, 홍인규 역, 『초대교회는 가정 교회였다』(서울: UCN, 2005)를 참고하라. 특히 이 책의 부록 "바울과 가정 교회"는 교회의 본질과 그 타락에 대한 역자의 고민이 담긴 논문이다.

적 변화에 따른 어쩔 수 없는 자연스러운 변화인가, 혹은 발전인가 아니면 타락인가에 대해서는 앞의 제1장에서 논한 바 있다. 포스트크리스텐덤 시대의 신학자 중 크리스텐덤 때 수립된 제도들을 부정하면서 과거 프리크리스텐덤으로 돌아가자고 하는 사람들이 있다. 이들은 평신도와 구분되는 성직자 계급이 생기고, 건물 중심의 교회가 된 것을 타락으로 생각한다. 그러나 나는 앞서 제1장에서 설명한 것처럼 꼭 그렇게 생각하지는 않는다. 나는 교회 제도의 변화와 관련해서는 실용주의적 관점을 취한다. 성직자 계급도 필요가 있어서 출현한 것이고, 종교개혁가들이 만인제사장주의를 주장한 것도 시대적 중요성을 지니고 있다. 역사적 논쟁들을 거친 다양한 성경 해석을 알고 있는 우리는 성경과 역사를 살피면서 우리 시대에 필요한 것을 취하고 의미 없는 것들은 버리면 된다. 과거의 제도를 무조건 고집하는 보수주의적이며 율법주의적인 태도는 성령의 자유로운 사역을 가로막고, 과거의 것을 무조건 버리자는 태도는 불필요한 혼란을 야기한다.

종교개혁가들이 주장했던 만인제사장주의부터 생각해보기로 하자. 종교개혁가들은 로마 가톨릭교회의 두 교회의 구분을 반대하면서 만인제사장주의를 주창했다. 교황을 포함한 사제를 칭하는 "가르치는 교회"(ecclesia docens)와 평신도를 칭하는 "배우는 교회"(ecclesia discens)의 구분이다. 로마 가톨릭교회가 교회를 두 계급으로 나눌 때 나름대로 이유가 있었겠지만, 종교개혁 시대에 들어와서는 이렇게 나눔으로써 발생하는 역기능이 더 커졌다. 사제는 성경 해석권이나 중보 기도의 독점적 권한을 가지고 평신도를 지배했고, 평신도는 실제로는 세속적 삶을 살면서도 사제의 축복을 받기만 하면 된다는 식의 미신적 신앙을 가졌다. 종교개혁가들은 베드로전서 2:9의 "너희는 왕 같은 제사장들"이라는 말씀을 근거로 모든 성도가 하나님께 직접 나아가 기도할 수 있고, 사제 이외에 영주와 같은 평신도도 교회 문제에 개입할 수 있다고 주장했다.

　우리가 젊었을 적을 회고해보면, 오래된 개념인 만인제사장주의가 1970년대 한국교회에 들어와 다시 회자되기 시작했다. 두 가지 이슈가 동시에 제기되었다. 하나는 목사의 권위주의다. 1970년대 이전에 사람들은 목사가 영적 권위를 행사하는 것을 당연시했다. 그러나 민주화의 요구가 사회적으로 거세지면서, 지성적으로 깨인 성도들은 영적 권위와 세속적 권위를 동시에 주장하는 목사에게 저항하기 시작했다. 그들은 '당회장'이라는 호칭 대신 '담임 목사'라 부르고, 민주적으로 교회를 운영하며, 강대상의 높이를 낮추고, 성도들에게 강대상에 신발을 벗고 올라가라고 할 거면 목사도 슬리퍼를 신지 말며, 축복권이나 저주권과 같은 성경적 근거가 희박한 개념으로 성도들을 위협하지 말 것 등을 요구했다.

　두 번째 이슈는 평신도들의 수동적 성격이다. 우리는 초기 한국교회에서는 예수를 믿는 거의 모든 사람이 교회에 소속감을 갖고 충성했을 것이라 추측할 수 있다. 예수 믿는 것이 특이하게 여겨지고 많은 경우 박해를 동반하던 시대, 예수를 믿기 위해서는 상당한 신앙의 신비를 체험하지 않고서는 불가능했다. 일단 예수를 믿고 교회에 나오는 사람들은 제사를 지내지 않고, 주일에 출근하지 않으며, 술·담배를 하지 않을 정도의 신앙을 갖고 있었다. 이들은 투철한 신앙으로 교회에 헌신했다. 그러나 1970년대가 되면서 박해 가운데서 예수를 믿는 사람은 적어지고, 2대, 3대째 믿는 사람들이 많아졌다. 어렸을 적부터 교회에 다녔지만 체험적 신앙을 갖지 못하고, 주일 오전 예배만 겨우 참석하는 사람들이 회중의 상당수를 점하게 되었다는 말이다. 어떻게 해서든지 이들의 신앙을 일깨우고 교회의 봉사에 참여시키는 것이 모든 목회자의 바람이었다. 이런 고민을 가진 대표적인 목회자를 예로 들자면, 『평신도를 깨운다』의 저자 옥한흠 목사다.

두 가지 이슈 중 교회 민주화의 요구는 대체로 충족되었다고 볼 수 있다. 강대상이 무대로 바뀌고, 드럼이 무대 위에 떡하니 자리 잡았으며, 민주적 리더십을 가진 젊은 목회자들이 대세가 되었고, 교회의 재정이 투명하게 공개되었다. 오히려 너무 민주화되다 보니 목회자의 영적 권위와 영혼에 대한 책임감까지 흐려진 것 같아 염려가 될 지경이다. 물론 여전히 제왕적 목회 스타일을 고집하는 목회자도 아주 없는 것은 아니지만 말이다. 그러나 두 번째 문제는 매우 제한적으로만 해결되었다. 아니, 문제가 더욱 심해졌다. 평신도의 교회 참여율이 더욱 저조해진 것이다. 1970년대 이후 또 한 세대가 지나가면서 2대, 3대째가 아니라 3대, 4대째 믿는 가정에서 태어나고 자란 회중이 더 많아졌다. 인구의 대다수가 도시에 살면서 다른 사람들과 깊은 관계를 맺는 것을 부담스러워하고 익명으로 사는 것에 익숙해졌다. 젊은이들이 교회에 헌신하기는 더 어려워졌다. 대학 입시 때는 물론이고 대학 입학 후에도 그리고 졸업 후에도 스펙 쌓기와 취업을 위해 바쁘고, 취업이 되면 장시간 노동에 시달려야 하며, 대다수의 젊은 부부는 맞벌이를 한다. 주일 오전 예배 한 번 드리는 것도 벅찰 지경이다. 이들은 자연히 주일 오전 예배 외에는 아무것도 요구하지 않고, 익명성도 보장되는 대형 교회를 선호한다. 교회에도 소비자 시대가 열린 것이다.

우리 시대 교회를 개혁하려는 목회자들 사이에서 다시 만인제사장주의가 중요한 개념으로 떠오르고 있다. 셀 교회나 가정 교회를 주장하는 사람들은 오늘날 대형 교회에서 성도들이 그리스도 몸의 지체가 아니라 예배만 참석하는 방관자가 되는 것을 안타까워하면서, 그 대안으로 소그룹을 통한 친교를 제시한다. 성경에 나오는 초기 교회의 성도들이 한 몸, 한 가족이 되어 은사에 따라 서로를 돌보고 섬기는 모습에 착안한 것이다. 그 안에서는 어떤 사람도 소외되지 않고 모두가 제사장으로서 봉사

한다. 나는 앞서 제5장 말미에서 이야기한 것처럼 기본적으로 이들의 공동체 교회 아이디어에 적극적으로 찬동한다. 단 소그룹을 편성할 때 사회적 지위나 신분, 학력을 뛰어넘도록 편성할 것을 권하고 싶다. 진정한 하나 됨은 초기 교회에서 그러했던 것처럼 세상적인 차이를 뛰어넘는 것에 있기 때문이다. 비신자들이 세상적인 차이를 뛰어넘는 그리스도인들의 하나 됨을 보고 그리스도의 진정한 사랑을 알게 될 것이다. 혹시 그렇게 하는 것이 현실적으로 어렵다면, 자신의 교회가 초기 교회를 따르는 진정한 교회라고 자신 있게 말하지는 않았으면 한다.

내가 계층의 차이를 뛰어넘는 친밀성을 강조하는 더 중요한 이유는 차별을 뛰어넘는 하나 됨에 대한 이상(理想)이 없이 소그룹만 강조하는 교회는 교회 중심주의의 다른 표현일 수 있기 때문이다. 이런 교회에서는 평신도 사이의 친밀한 교제와 그들의 전도 활동이 교회 성장의 한 방편일 뿐이다. 소그룹을 교회 성장의 방편으로 생각하는 교회를 꼭 나쁘다고는 할 수 없으나, 이 책에서 내가 강조했던 세상으로 보냄 받은 선교적 교회와는 거리가 있다.

나는 만인제사장주의의 근거 구절인 "너희는 왕 같은 제사장"이라는 말씀의 원래 의미로 돌아가야 한다고 생각한다. 베드로전서의 문맥에 따르면, 초기 교회의 성도들은 로마 제국 한구석에 나그네와 같이 흩어져 사는 소수의 그리스도인들이지만, 그들이야말로 로마 제국에서 고통받는 백성들을 위해 제사장으로 택함 받은 사람들이다. 성도는 교회 안에서 제사장이 아니라 세상에서 제사장이 되어야 한다. 이러기 위해서는 목회자들이 교회 안에서 하는 봉사에만 성도들을 너무 잡아매지 않아야 한다. 진정한 봉사는 차량과 주방, 성가대와 주일학교와 같이 교회에서의 성도들을 위한 봉사가 아니고(목회자를 위한 봉사는 더더욱 아니다), 세상 속에서 펼치는 봉사다. 교회에서의 봉사는 세상에서의 봉사를 훈련하는 것일 뿐 성도들의 진정한 일터는 세상이다. 그러니 멸치와 성도는 볶을수록 고소하다고 농반진반(弄半眞半)으로 말하면서, 이런저런 프로그램으로 성도들을 교회에 묶어놓아 지치게 하지 않길 바란다. 각각의 성도들이 자기 직업의 전문성을 갖고 일터와 세상을 섬기는 법을 가르쳐야 한다. 물론 세상에서 죄를 멀리하는 것도 가르쳐야 한다. 나는 악과 고통이 가득한 세상에서 제사장으로 섬기다가 상처 입은 성도들이 예배를 통해 하늘의 위로를 맛보고, 소그룹의 친밀한 사귐으로 용기를 얻을 수 있도록 해주는 것이 만인제사장주의의 진정한 의미라고 믿는다.

나는 성직자와 평신도의 구분과 관련해 어쩔 수 없는 면이 있고 또 일정한 순기능도 있다고 생각한다. 성직 제도는 크리스텐덤과 필연적 관계가 아니다. 성직 제도는 기원후 4세기 콘스탄티누스 시대보다 훨씬 이전에 생겼고 교회가 성장함에 따라 세분화되고 제도화되는 자연스러운 변화를 겪었다. 나는 21세기 교회에 성직자가 더욱 필요하다고 생각한다. 성경을 연구하고, 교회를 이끌며, 성도를 돌보는 데 자신의 일생을 바치는 사람이 반드시 필요하다. 평신도를 깨우는 사람도 목회자이고 성직 제도를 비판하는 사람들도 대부분 목사들이다.

목사직이 계급이냐 기능이냐에 관한 문제에 대해서는 더 많은 논의가 필요하다. 나는 일단 목사직에는 계급적인 측면과 기능적 측면이 모두 있다고 본다. 목사는 하나님의 말씀을 맡은 사람이기에 합당한 존경을 받아 마땅하다. 또한 그는 성령이 주시는 여러 가지 은사 중 하나를 가지고 있는 동등한 지위의 여러 지체 중 하나일 뿐이다. 주님 앞에서는 어떤 선생도 지도자도 아버지도 없고 우리는 다 형제일 뿐이다(마 23:8-10). 그러나 주님은 어떤 이는 부모로, 어떤 이는 교회를 다스리는 자로, 어떤 이는 지도자로 세우시고 그에게 합당한 권위를 주셨다(롬 13:1).

교회 건물

나는 교회 건물과 관련해서도 실용주의적 관점을 지지한다. 장소성(場所性, placeness)은 인간이 뛰어넘을 수 없는 한계이면서 동시에 인간이 자신을 표현하는 방식이다. 예배의 장소로 가정이 가장 이상적이라고 생각하는 이들도 있겠지만, 교회 건물에서 예배를 드리는 것에도 유용한 면이 많이 있다. 우리가 예배당에서 말씀을 듣고 은혜를 경험하면, 메시지만 기억되는 것이 아니다. 우리의 머리와 몸이 은혜를 받았던 장소를 함께 기억한다. 그곳을 찾아가면 과거에 받았던 은혜가 떠오르고 감격이 되살아난다. 때로 메시지는 생각이 안 나도 그 분위기 때문에 은혜가 되는 경우도 있다. 예수님이 거니셨던 갈릴리 해변에 가면, 우리는 예수님의 모습을 더욱 가깝게 느낄 수 있다. 이런걸 미신이라고 볼 수는 없다. 인간은 지성적 측면만이 아니라 이런 정서적 측면도 갖고 있는 존재다. 단 우리가 장소에 얽매이지는 않아야 하지만 말이다.

중국의 경우 문화 혁명 후 가정 교회 혹은 지하 교회의 형태로 교회가 유지되면서도 많은 부흥과 성장을 이루어 세계를 놀라게 했다. 건물도 없고, 헌금도 없으며, 성직자도 없는 교회였기 때문이다. 중국 가정 교회 지도자 몇 사람을 만나 이야기하면서 의아한 생각이 든 적이 있다. 나는 중국의 가정 교회 체제를 이상적이라 생각하고 있었는데, 그들은 한국과 같이 교회 건물과 풀타임 성직자가 있는 것을 더 발전된 체제로 생각하고 있었기 때문이다. 그들은 성경을 올바르게 주해할 수 있는 높은 수준의 신학 교육을 받은 목회자가 있어야 하고, 주중과 주말에도 자유롭게 모임을 갖기 위해 독립된 건물이 필요하다고 말한다. 요즘은 중국에서도 성도들에게 십일조를 비롯한 헌금도 강제하고, 또한 경제 발전 덕분에 헌금도 잘 걷힌다고 한다.

보이는 건물보다 보이지 않는 하나님의 말씀을 강조하는 개혁주의 전통은 구약의 성전과 신약의 예배당을 철저히 구분한다. 개혁주의자들은 오늘날 예배당을 성전이라고 부르는 것에 큰 저항감을 느낀다. (나도 예배당을 성전으로 부르지 않는다.) 구약 바빌로니아 포로기 직전, 성전을 우상의 하나로 음란하게 섬긴 일을 나무란 예레미야의 질타, 또한 하나님은 인간의 손으로 지은 곳에 계시지 않는다고 말한 스데반과 바울의 신학을 염두에 두고 있다. 그러나 시편의 성전에 올라가는 노래 모음(예를 들어 120-134편)을 생각해보라. 아마 그 본문에 나오는 성전의 아름다움을 설교할 때는 설교자나 회중들이나 모두 자신의 교회 건물을 상상할 것이다. 한국교회가 교회 건물에 대해 균형 있게 사고하면 좋겠다. 밖에서는 온갖 죄를 지으면서 예배당 안에 들어오면 구원을 받을 것처럼 생각하면 안 되지만, 그렇다고 해서 예배당을 짓기 위해 집을 팔아 바치고 주님의 얼굴을 닦는 것처럼 예배당을 정성껏 청소하는 성도들을 폄하해서도 안 된다.

그러나 새로운 시대에 새로운 교회론을 추구하는 사람들은 교회 건물에 대해서도 좀 더 진전된 생각을 할 필요가 있다. 서구 크리스텐덤 시대에는 고딕 스타일 예배당이 도시 한가운데 가장 높은 곳에 자리 잡고 있었다는 사실 자체가 중요한 상징적인 의미를 지닌다. 기독교 세계의 중심이 교회이고 교회가 모든 권력과 축복의 정점이었다는 의미다. 교회 내부도 권위적 형태를 띤다. 강대상이 높은 곳에 위치하고 성도들은 회중석에 앉아 듣기만 한다. 그러나 선교적 교회론을 받아들인 교회라면, 일반 시민들이 친숙하게 여기고, 그들에게 다가가기 용이한 공간으로 교회 건물을 설계해야 한다. 누구든지 접근하기 쉬운 곳에 예배당이 위치해야 하고, 일주일에 엿새는 주민들에게 개방된 공간이어야 한다. 새롭게 교회를 개척하는 사람이라면 자신이 목회할 대상과 목회의 방식을 따라 창의적으로 공간을 꾸밀 것을 제안한다. 몇 평 되지도 않는 예배당에 키보드에 기타에 드럼을 동원하고 스크린까지 거는 천편일률적인 인테리어 스타일은 지양해야 할 것이다.

대교회에 관한 논의

또한 교회의 형태에서 다루어져야 할 분야로 소위 '대교회'(greater church) 혹은 교단(denomination)에 관한 논의도 필요하다. 미셔널 처치 운동을 선도하는 신학자 중 한 사람인 앨런 록스버그는 우리 시대 미국의 교단들이 과거의 교리와 체제에서 정체성과 정당성을 찾지 못하고 있음을 지적한다. 그는 우리 시대 신학자들은 과거와 미래의 경계를 가르는 문지방에 서서, 과거를 회고하면서 미래를 전망해야 한다고 말한다. 유럽의 30년 전쟁 후 베스트팔렌 조약(Peace of Westphalia) 때 세워진 국가-교회와 지성의 체제가 또 하나의 30년 전쟁(1914-1945의 제1차와 제2차 세계 대전) 이후 수명을 다했고, 이제 새로운 체제가 형성되기를 기다리고 있다.[29] 록스버그는 이전의 통합적이고 수직적인 체제보다는 느슨한 수평적 연합 체제가 되어야 한다고 주장한다.

우리나라에서도 각 교단들마다 내홍을 겪지 않는 곳이 없을 정도다. 총회장이나 감독 회장을 뽑는 데서 오는 잡음, 예산 배분의 불공정성, 신학교 운영을 둘러싼 갈등, 각종 수익 사업의 이권 문제 등으로 바람 잘 날이 없다. 전통이 있고 오래된 '장자(長子) 교단'이라고 해서 더 나을 것도 없다. 사실상 한국교회 전체의 이미지가 하락하는 현실에서 특정한 교단에 가입했다고 해서 공신력이 보장되는 것도 아니다. 우리 시대 교단의

---

29   Alan Roxburgh, "Reframing Denominations from a Missional Perspective," Craig Van Gelder, ed., *The Missional Church and Denominations: Helping Congregations Develop a Missional Identity* (Grand Rapids: Eerdmans, 2008), 75-103.

역할과 정당성에 대한 많은 논의가 필요하다.

교단의 가장 중요한 직무는 권징인데, 이것이 약화되었다는 것이 내게 가장 큰 문제로 다가온다. 노회나 총회 재판국과 같은 교회 법정이 권력과 정실에 좌우되는 비전문 기관이기 때문에 믿을 수 없다는 의식이 팽배해 있다. 대형 교회의 세력 때문에 그 교회 담임 목사에 대해서는 치리권을 제대로 시행하지 못한다. 장로교회의 각 교단마다 무지역(無地域) 노회라는 특이한 제도가 있어서 목사가 한 노회에서 권징을 받으면 다른 노회로 쉽게 이적할 수 있다. 이게 여의치 않으면 비슷한 신학을 가진 다른 교단으로 옮겨도 되고, 독립 교단으로 가면 그는 환영을 받는다. 때로 세속 법정에 호소해 교회 법정의 판결을 뒤집기도 한다.

권징은 교회를 거룩하게 유지하는 방편이다. 종교개혁 시대 진정한 교회의 표지를 찾으려고 노력했던 종교개혁가 칼뱅은 "말씀의 순수한 선포"와 "성례의 합법적인 집행"과 더불어 "권징"을 제3의 표지라고 말했다. 말씀과 성례가 핵심적인 교회의 표지이지만, 권징이 성실히 수행되지 않으면 앞의 두 가지를 지킬 수 없기 때문이다. 권징이 수행되지 않으면 교회의 교리적·윤리적 거룩함을 유지할 수 없고, 교회가 거룩하지 않다는 것은 교회의 본질적인 속성을 잃는 것이다.[30]

자정(自淨) 능력을 상실해 거의 회복이 불가능할 정도로 타락한 한국 교회가 어떻게 다시 정결한 신부로 거듭날 수 있을까? 계속해서 세속 법정에 교회의 문제를 맡길 것인가? 세속 법정은 공권력을 가진 정의의 보루이지만, 교회 자체가 가진 문제를 세심하게 다루지는 않는다. 교회가 추구하는 최고의 가치인 복음 전파나 사랑 같은 것은 법정적 정의를 추구하

---

30 오늘날 한국교회가 맘몬 숭배에 빠져 거룩함을 잃은 모습을 적나라하게 보여주는 책으로는 박득훈, 『돈에서 해방된 교회: 교묘한 맘몬 숭배에서 벗어나는 길』(서울: 포이에마, 2014).

는 세속 법정의 칼날 아래 상처를 입고 만다. 세속 법정에서 승소하면 세상을 다 얻은 것처럼 자축하는데, 세속 법정의 판단을 구하는 자체를 부끄럽게 여겼던 바울의 정신은 다 잊은 것 같다. 자본주의 사회에서 세속 법정보다 더 궁극적 판단은 대중의 심판이다. 목회자가 교회에서 권징을 받아도, 세속 법정에서 제재를 당해도, 성도들이 계속해서 많이 모이면 용서가 된다. 사람들이 많이 모이는 것이 바로 하나님이 그 목회자와 한편인 증거라고 생각하기 때문이다. 이 정도로 우리는 성경에 무지하고 하나님의 심판에 둔감하다.

교회 법정도 세속 법정도 대중의 판단도 교회를 정화(淨化)할 수 없다면 도대체 거룩한 교회를 어떻게 회복할 수 있을까? 바빌로니아 포로지에서 영적 부흥이 일어난 것처럼 교회가 완전히 망한 후에 폐허에서 다시 시작해야 회복할 수 있을까? 그렇게 되지 않기를 간절히 바랄 뿐이다. 나는 하나님께서 예비하신 사람이 있고 일하실 때가 있음을 믿는다. 썩은 냄새를 풍기는 퍼렇게 이끼 낀 시궁창도 장마철 폭포수와 같은 물살에 다시 송사리가 노는 일급수가 되는 것처럼 성령의 강한 은혜를 기대한다. 그리스도께서 성전에 임하셔서 도가니의 불로, 세탁자의 잿물로 레위인을 정결케 하리라는 예언의 말씀이 이루어질 것을 믿는다(말 3:1-3). 성령을 위로부터 부어주시고, 새로운 교회 공동체 운동을 시작하게 하시며, 사랑과 용서에 기초한 정의로운 교회를 다시 일으킬 날을 사모한다. 무너진 정의를 바로 세우기 위해 교회와 세속의 법정에서 자신을 소비하는 분들을 아무 의미 없는 일을 한다고 탓하는 것이 아니다. 오지도 않을 허황된 미래를 바라보며 아무 일도 하지 말자는 것이 아니다. 나에게 맡기신 일에 최선을 다하지만, 보이는 것에 모든 소망을 두지 말자는 것이다.

4. 포스트크리스텐덤 시대 교회의 지도자

성경과 시대가 요구하는 새로운 교회를 상상하는 데 빠질 수 없는 요소는 교회의 지도자가 갖추어야 할 자격과 성품에 관한 논의다. 성령의 역사는 사람을 택하고 훈련시키는 일부터 시작되기 때문이다. 예수님도 제자를 훈련시켜 세우는 일에 공생애 전체를 바쳤다고 해도 과언이 아니고 사도 바울도 자신의 서신들에서 은사에 따라 지도자를 세우는 일의 중요성을 여러 차례 강조한다.

미국 선교적 교회 운동(GOCN)의 창시자 중 한 사람인 앨런 록스버그는 2,000년 기독교 역사를 통해 리더십 유형의 변화가 여러 차례 있었다고 말한다.[31] 신약성경에 나타나는 사도는 "보내심을 받은 자"라는 의미로서 예수 그리스도의 모범을 따르는 사람, 성령의 은사를 받아 회중을 인도하는 사람, 현실에 만족하지 않고 새로운 시대를 사는 사람, 단순한 복음 전도가 아닌 인간성 회복을 위한 하나님의 의도를 아는 등의 특징을 가진 사람이다.[32] 콘스탄티누스 이후 크리스텐덤 시대가 되면서 기독교 지도자상은 사도에서 사제(priest)로 바뀌었다. 의식을 집례하고 교구를 돌봄으로써 체제를 수호하는 사람이 된 것이다. 교구민들에게 세례를 베풀고 성찬을 집행하는 것은 교회의 회원에게 행하는 신앙의 행위임과 동시에 국가를 안정되게 유지하는 행위다. 오랜 세월 박해에 시달리던 사람들이 안정된 교구에 소속되고 성도를 돌보게 된 것에 감사하면서도, 이런 과정에서 불가피하게 교회는 정치화되었고, 선교는 제도화되었다.

---

31   Alan Roxburgh, "Missional Leadership Equipping God's People for Mission," Darrell L. Guder ed. *Missional Church: A Vision for the Sending of the Church in North America* (Grand Rapids, Eerdmans, 1998), 183-220.

32   위의 글, 184-190.

종교개혁 시대 이후 개신교에서는 사제에서 교사(pedagogue)로 역할 유형이 바뀌었다. 말씀 설교와 가르치는 것과 성례를 집행하는 것이 목사의 주된 임무가 되었다. 모더니즘 시대(17-18세기 중엽)를 거치면서는 교사에서 전문인(professional)으로 바뀌었다. 모든 사람이 교육을 받는 시대가 되면서 사역자들은 좀 더 전문적인 지식과 성품을 요구받게 되었고, 새로 도입된 신학교(seminary) 형태의 교육 기관에서 전문적인 교육을 받은 전문인으로서의 사역자가 양성되었다.

록스버그에 따르면 최근 들어서 교회에서 요구하는 리더의 모습이 다양하다. 오늘날의 교회는 기독교가 사적인 종교가 되면서 각 개인의 영적 요구에 따라 정신 치료를 해주는 상담가(counselor), 교회를 운영해야 하는 운영자(manager), 영적인 문제에 대한 전문적인 지식을 가진 기술자(technician), 이 세 가지가 혼합된 유형의 사역자를 요구하고 있다.[33] 하지만 이 세 가지를 갖춘 사역자가 사람들의 요구를 만족시키고 사회적 요구를 충족시키는 지도자가 될 수는 있어도, 새로운 시대가 요구하는 사역자가 되기에는 부족하다고 결론짓는다.[34]

우리나라도 짧은 역사이지만 신학 교육 시스템이 변화를 겪었다. 시대별로 개략적으로 다음과 같이 구분할 수 있다. 1893년 감리교 '신학반'과 1901년 장로교평양신학교가 세워진 때부터 일제 강점기까지를 제1기라 할 수 있다. 당시는 복음 전도와 교회 개척을 위한 사역자를 키워낸

---

33   위의 글, 190-198.

34   록스버그 이외에 신학교의 신학 교육을 비판한 고전적 저서로는 Edward Farley, *Theologia: The Fragmentation and Unity of Theological Education* (Eugene OR: Wipf and Stock Publishers, 2001)을 들 수 있다. 최근 발행된 GOCN의 신학 교육과 관계된 책은, Craig Van Gelder, ed. *The Missional Church and Leadership Formation: Helping Congregations Develop Leadership Capacity* (Grand Rapids: Eerdmans, 2009), 특히 제1부를 보라.

시기다. 복음주의 신앙을 가진 선교사들이 신학교 운영과 교수를 대부분 담당했다. 제2기는 해방 후부터 1960년대 말에 이르는 기간으로 각 신학 교의 신학적 정체성이 강조되는 특징이 있다. 미국에서 시작된 근본주의/ 현대주의 논쟁이 한국에서 재현됨으로 신학적 특징에 따라 교단이 분리 되었고, 각 교단은 자신들의 신학을 전수하기 위한 신학교를 설립했다. 제 3기는 1970년대부터 1990년대까지 신학교 교육이 정착되는 시기였다. 5.16 군사 정변 후 1교단 1신학교 원칙, 신군부 쿠데타 후 1980년 비인 가 신학교 정비 등 국가의 통제가 있었고, 큰 교단의 신학교를 중심으로 교육부의 인가를 받았다. 1980년을 전후해 신학 수업의 연한이 늘어나고 단설 대학원대학교들이 생겼다. 이는 신학연구원(4+2년제)을 거쳐 신학대 학원(4+3년제로서 목회학 석사[M.Div.] 학위를 수여함)으로 정착되었다. 인가를 통해 사회적 공인을 얻기는 했지만 교육부의 감독과 통제 아래에 편입되 었고, 복음 전도와 교회 세우는 것에 신학의 목표를 두기보다 학문적 수 월성에 더 초점이 맞추어졌다. 제4기는 2000년 이후로서 한국교회의 전 반적인 하락과 더불어 신학 교육의 열기가 식고 지원자의 숫자가 줄어드 는 시기다.

우리나라 신학 교육 기관의 변천은 기독교 지도자상의 변화와 밀접 한 관계가 있다. 제1기는 복음적 체험이 뚜렷하고 전도의 열심과 능력을 중시했다면, 제2기는 목회자가 분명한 신학을 정립하도록 하는 일에 관심 을 쏟았고, 제3기는 사회적으로도 인정을 받을 수 있는 설교자를 양성하 는 일에 중점을 두었으며, 제4기에는 교회의 필요에 따라 설교자, 여전도 사, 상담가, 찬양인도자, 행정가, 신학 교수 등을 배출하는 기관이 되었다.

오늘날 신학 교육 기관들이 위기를 맞았다는 데 많은 사람들이 동의 할 것이다. 첫째, 지원하는 신학생의 숫자가 대폭 줄어들어 존립의 위기 에 처했다. 저출산의 영향으로 학령(學齡) 인구가 감소한 탓도 있지만 그보다는 신학대학원 졸업생들이 일할 자리가 별로 없다는 것이 알려졌기 때문이다. 목사에 대한 사회적 신뢰도가 하락한 것도 간접적 영향을 끼쳤을 것이다. 신학교가 존립을 걱정하게 되었다는 사실로부터 뜻하지 않은 부작용이 생겼다. 신학교가 경쟁적인 시장(市場)이 되었고 우승열패(優勝劣敗)의 정글이 된 것이다. 학생 유치가 최고의 목표다. 신학교 교수의 자리보다 박사 학위를 받은 교수 요원이 많기 때문에 운영자의 입맛에 맞는 사람을 뽑을 수 있게 되었다. 교수들이 하나님의 종이라는 자의식과 비판적 사고를 잃어버린 채 학교 시스템의 일부가 되었다. 행정 조직이 교수 모임을 대체했고, 승진과 직급과 정년 후의 연금 등이 교수들의 주요 관심사가 되었다. 국내외 신학교에서 공부하는 석박사 과정 대학원생들은 힘 있는 교수나 이사들에게 줄 대기 바쁘다. 어디서나 악화(惡貨)가 양화(良貨)를 구축하는 법이다.

두 번째 위기는 신학대학원들이 교육의 목표를 잃어버렸다는 데 있다. 우리는 대체로 미국 신학교의 교육 과정 틀을 거의 그대로 따르는데, 서구의 신학은 성경과 영성과 학문과 사회적 삶을 아우르는 진정한 의미의 신학의 이상을 잃어버린 채 파편화되었고, 성직자 직업을 위한 훈련 과목으로 변질되었다는 비판을 받고 있다.[35] 계몽주의 시대 이후 4유형(성경, 교회사, 조직, 실천) 구분이 정착되면서 신학이 학문화되었고, 엘리트 성직자의 전유물이 되었으며, 세분화되었고, 공적인 삶과 거리가 먼 교회만의 학문이 되었다.[36] 고학력 목회자를 선호하는 목회 현장의 요구, 교육

35 Edward Farley, *Theologia: The Fragmentation and Unity of Theological Education* (Eugene: Augsburg Fortress, 1994).

36 2004년 9개 신학대학원의 교수들이 모여 연구하고 발간한『신학교육개선공동연구 백서』에서도 이런 문제를 깊게 논의했으며, 영성 강화와 이론과 실천의 통합을 결론으로 제시한 바 있다. 참고. 신학교육개선공동연구협의회 편,『신학교육개선공동연구 백서』(미간행 프린트물, 2004). 최근 발행된 포스트크리스텐덤 시대 신학 교육과 관계

부의 표준에 맞추려는 교직원의 관료주의, 외국의 학위를 선호하는 지적 사대주의, 기독교 지도자의 전통적인 엘리트주의 등이 결합되어 신학 교육이 지성주의에 빠졌다.

세 번째 위기는 신학대학원들이 신학생들의 훈육(discipline)이나 성품 교육(character building)이 이루어질 수 없는 구조가 되었다는 데 있다. 신학 교들이 신학생을 유치하기 위해 경쟁하는 시대에 만일 학생들에게 엄격한 입학 조건과 윤리와 훈육을 강요한다면 경쟁 학교에 학생을 빼앗길 우려가 있다. 학생들은 비싼 등록금을 내기 때문에 수요자로서의 자세를 가지고 있고, 교수 평가 제도는 교수에 대한 존경심을 약화시켰다. 신학대학원도 대학원이라는 국가적 제도에 편입되어 있기 때문에 여타 대학원보다 더 엄격한 윤리적 잣대를 요구하기 힘든 것도 사실이다. 신학생들이 신학교에서 3년 혹은 7년간 지내고 졸업을 하면, 신학적 지식은 많아질지 몰라도 영성이나 인격이 더 성숙해질 것을 기대하기 어렵다. 많은 신학생들은 정체성과 이상을 상실한 채 급격히 현실주의로 기울고 있다. 세속적 목표를 지향하고 자신의 성취를 자랑하는 데 부끄러움 없거나 큰 교회 목사의 자제로서 권리를 누리는 것을 당연하게 생각한다. 아니면 암담한 미래에 절망해 기성 교회와 지도자를 비판함으로써 자신의 신앙과 정신을 좀먹는다.

이제 우리는 새로운 기독교 지도자상을 상상하고, 이에 따라 신학 교육의 목표와 교과 과정을 재정립해야 한다. 과거의 것들에 안주해서는 안된다. 신학교마다 신학적 정체성을 형성하는 것은 필요한 일이지만 충분조건은 아니다. 신학적 정체성을 강하게 주장하는 것이 오히려 목회자를

된 책은 Craig Van Gelder, ed. *The Missional Church and Leadership Formation: Helping Congregations Develop Leadership Capacity* (Grand Rapids: Eerdmans, 2009), 특히 제1부를 보라.

관용과 포용의 정신을 결여한 좁은 사람으로 만들 가능성이 농후하다. 지성적인 설교자를 양성하는 것도 신학교의 목표인데, 문제는 설교할 대상이 점점 줄어든다는 데 있다. 설교하기 전에 전도하는 것부터 배워야 한다.

신학 교육이 교육 목표와 인재상과 교과 과정과 훈육 방식을 혁신하지 못하면, 미래 한국교회에 필요한 지도자를 양성하지 못할 수 있다. 과거의 방식을 고집하며 기득권을 놓지 않는 것은 성령의 자유로운 일하심을 무시하는 행위다. 우리가 사는 포스트크리스텐덤 시대는 전통적인 교회가 제대로 기능하기 어려운 사회로 변모했다. 특히 현재 우리 사회와 같이 반기독교적 정서가 강하고, 젊은 신학생들이 사역해야 할 안정된 교회가 부족한 현실에서는 새로운 유형의 리더가 길러져야 한다. 포스트크리스텐덤 시대에 필요한 영적 지도자들의 특징을 간단히 정리해보고자 한다. 목회자 후보생의 자질이나 신학 교육 전반에 관해 논하려는 것이 아니고 단지 우리 교회의 상황에 집중해 간단히 몇 가지만 지적하고자 한다.

첫째, 나는 우리 시대 지도자상을 진정성 있는 그리스도의 제자라고 정의한다. 우리 시대에 필요한 지도자는 하나님이 살아 계심과 내 죄를 용서하고 받아주셨음을 확실하게 체험해야 한다. 그는 그리스도와 맺는 영적 교제를 최우선으로 생각하고 성령 충만을 위해 늘 기도하는 사람이어야 한다. 기독교가 사회적으로 인정받던 시절에는 이런 확신이 없어도 설교를 잘하면 받아들여졌고, 학력이 높고 외국 유학을 다녀왔으면 더욱 인정을 받았다. 그러나 우리 시대가 요구하는 지도자는 목회자나 장로의 가문에서 태어나 기독교 교육을 받고 가족들의 축복 속에서 엘리트 코스를 밟은 사람보다는 박해와 무시 속에서 확실한 증거를 받아 예수를 믿고, 고난 가운데 훈련을 받으며, 하나님밖에 의지할 데가 없는 사람이다.

이런 사람들은 하나님의 사랑을 받고 있기 때문에 사랑의 에너지가 넘친다. 성도들을 진심으로 긍휼히 여기고 성령 안에서 교제하는 것을 기뻐한다.

둘째, 기존 틀에 얽매지 않고 성령의 인도를 따라 창의적인 목회를 할 수 있는 사람이어야 한다. 성령의 인도를 받는다고 말하면 흔히 반지성주의를 연상하는데 절대 그렇지 않다. 성령은 모든 지식을 갖고 계시고 우리를 진리 가운데로 인도하시는 분이다. 성경이나 신학적 지식을 많이 아는 것보다는 성경을 통해 하나님의 마음을 읽는 법을 배운 사람이어야 한다는 뜻이다. 우리 시대의 악한 정신이 교회 제도를 오염시켰고 목회자들을 타락시켰기 때문에, 현실을 비판하고 새로운 시대를 내다보는 안목이 절실하게 요구된다. 기존 교회의 잘못된 습속을 비판적으로 볼 수 있어야 하고, 그 악습이 하나님의 일을 가로막고 사람들에게 상처주는 것에 분노해야 하며, 그것들이 내 안에도 도사리고 있음을 깨닫고 탄식하며 이를 극복하기 위해 씨름하는 사람이어야 한다. 더불어 복음의 영광에 대한 신념과 영혼에 대한 강한 열정을 가지고 있기 때문에 성령의 인도를 받으면서 기존 틀에 얽매지 않는 목회를 할 수 있는 자유로운 영혼의 소유자여야 한다. 크리스텐덤 시대 우리의 얼굴을 덮었던 수건이 벗겨지고, 새롭게 맞이한 시대에 자유롭게 일하시는 성령을 의지하며 우리의 길을 개척해야 한다.

셋째, 영적 권위와 민주적 리더십을 동시에 가진 사람이어야 한다. 영적 권위를 가지고 사람들 위에 군림하는 제왕적 리더십은 사람들에게 상처를 줄 뿐이다. 앞서 말한 첫 번째 특징과 두 번째의 특징을 가진 사람들은 흔히 과도한 나르시시즘과 열등의식이 결합된 독재자로 전락하는 경우가 많다. 이런 리더십은 우리 시대에 맞지 않고, 무엇보다도 성경에 맞지 않는다. 앞서 우리 시대의 교회는 공동체 교회를 지향해야 한다고 주장했는데, 민주적 리더십을 갖지 않으면 공동체 교회를 이룰 수 없다. 그러나 그렇다고 해서 민주적 리더십을 가진 사람이 다 하나님의 사람은 아니다. 하나님의 뜻에 대한 확신과 성도들에 대한 책임감이 가득한 사람은 민주적 리더십에 만족하지 않고 하나님의 뜻을 관철하려 노력한다. 그리고 그가 가진 영적 권위에 성도들은 순종하며 따른다.

넷째, 사역에 열매를 보인 사람들이어야 한다. 목회직을 열망하는 사람은 신학교에 들어오기 이전부터 교회 사역에서 열매가 있어야 한다. 하나님의 말씀을 전도할 수 있고, 말씀을 전했을 때 회개의 역사가 일어나며, 영혼을 사랑하는 마음이 가득하고, 무급으로라도 교회를 위해 봉사할 수 있어야 한다. 한 지역이나 공동체에서 평신도로 목회 사역을 하다가 전문 사역을 위해 성경을 좀 더 알아야 하겠다는 마음으로 들어오는 곳이 신학교이어야 한다.

그러나 지금 대다수의 신학교는 입학 사정에서 목회자 후보생이 그동안 보인 사역의 열매를 전혀 고려하지 않는다. 주로 영어, 성경, 상식 등의 학과 점수 위주로 시험을 보고, 간단한 면접을 통해 소명의 여부 등을 확인한다. 설사 소명을 받은 경험이 없더라도 언젠가 소명을 받을 것이라 생각하며, 입학을 허용한다. 신학교가 생존하기 위해 그렇게 한다고는 차마 말하지 못하겠지만 말이다. 목회자 후보생은 3년간의 수업을 받으면 졸업하고 고시를 거쳐 안수를 받는다. 소명도 없고, 사역의 열매도 없는 사람이 얼마든지 목회자가 될 수 있는 구조다. 신학생들은 1학년 때부터 서로를 "전도사님!"이라 부르고(전도 한 번 한 적이 없는데도…), 자기 아내를 "우리 사모"라고 부르는 웃지 못 할 일도 벌어진다. 신학교를 졸업하고 목사 고시를 패스하면, 자격을 획득한 전문인이 되었기 때문에 다시 평신도(layman)로 돌아갈 수 없다. 영적 열매가 없어도 교회에 의존해 생활해야 하는 사람이 된 것이다.

다섯째, 세상의 평판에 연연하지 않고 자신을 헌신할 수 있는 사람이어야 한다. 앞서 우리는 한국교회가 중산층 중심의 교회라고 분석했다. 다음 세대의 사역자들이 중산층 교회에서 일할 자리는 부족하지만, 저소득층과 소외 계층에서 사역할 자리는 블루오션처럼 넓게 열려 있다. 안락한 중산층의 삶을 포기하고 가난한 사람들을 위해 목회할 사람이 절실히 필요하다. 고생을 두려워하지 않고 사회적 비난과 조롱을 감수할 수 있을 정도의 확신이 있는 사람이어야 한다. 신학생들과 나누는 우스갯소리지만, 신학생들이 극복해야 하는 최고의 난관은 권사 장모님이다. "아니, 신학대학원 나온 사람이 공장 노동자들 사이에서 뭘 한다고 그래? 곱게 키운 내 딸 고생시키려고 이게 웬 말인가?"

포스트크리스텐덤 시대의 새로운 지도자상을 말하면서 주로 목회자와 신학 교육에 초점을 맞추었다. 내가 오랜 기간 목회자 양성 기관에서 일했기 때문에 목회자와 신학 교육에 필요한 덕목을 설명했지만, 목회자에게 필요한 덕목이 교회 내 평신도 지도자들에게도 필요한 덕목이기 때문이다. 앞서 말한 다섯 가지 덕목은 교회 내의 일꾼을 선출하고 훈련시키는 기준도 될 수 있다.

7년 흉년을 대비하라

나는 제6장을 통해 기성 중대형 교회들이 대한민국 교회를 위해 지향해야 할 방향과 구체적인 실천 방법을 이야기했다. 다수의 기성 교회는 한국교회의 하락을 아직 절감하지는 못하고 있을 것이다. 고령화가 급속히 진행되고, 주일학교가 없는 교회가 많아지며, 교회에서 청년을 보기는 어렵지만, 아직은 한국교회의 몰락이 와 닿지 않을 수 있다. 회중석은 지난해나 올해나 큰 변화가 없이 성도들로 가득하고, 교회 재정 상황도 그다지 나쁘지 않기 때문이다. 초대형 교회의 경우는 이런 상황을 더 느끼지 못할 것이다. 주일마다 차 댈 곳이 없을 정도로 붐비고, 교회의 프로그램들은 성황리에 잘 돌아가며, 인터넷 설교 조회수는 몇만 회를 상회하고, 담임 목사의 저서는 불티나듯 팔린다. 파티는 이대로 계속될 것 같다.

그러나 7년 풍년 기간이 끝나가고 있다. 곧이어 7년의 흉년이 온다. 파리하고 흉한 소들이 살지고 아름다운 일곱 소를 다 잡아먹고, 속이 빈 일곱 이삭이 충실한 일곱 이삭을 삼킬 것이다. 어렸을 적 이 성경을 읽으면서 어떻게 비쩍 마른 소가 살진 소를 잡아먹고, 속 빈 이삭이 충실한 이삭을 삼킬 수 있을까 그림이 그려지지 않았는데, 우리 한국교회의 현실을 보면서 충분히 그럴 수 있음을 깨달았다. 흉년이 심해 앞선 7년의 풍년을 기억하지 못할 것이다. 벌써 가물가물하다.

미래를 대비해야 한다. 곡식의 5분의 1을 비축해야 한다. 단순히 재정을 쌓아놓아 교회 자금이 고갈되었을 때 풀어쓰라는 말이 아니다. 교회의 인력과 재정과 에너지의 5분의 1을 미래를 대비하는 데 사용해야 한다는 뜻이다. 메시지를 준비하고 설교할 때도 오랜 세월 교회에 충성한 권사들뿐 아니라 5분의 1은 이제 전도되어 교회 나오기 시작한 불가지론자 40대 직장인을 염두에 두고 준비하길 바란다. 교회를 건축하고 운영하는 데 현재처럼 5분의 4의 재정과 인력을 쓰고, 교회 안팎의 하나님의 선교를 위해 5분의 1을 사용했으면 좋겠다. 미래 지도자는 저절로 키워지는 게 아니다. 교단과 신학교는 기존 권력을 놓고 다툴 것이 아니다. 미래 지도자상을 정립하고 신학교를 개혁하는 것을 중요한 의제로 생각하고, 각 지역 교회에서도 젊은이들을 세우는 데 힘을 쏟아야 할 것이다.

제7장

포스트모던 시대 교회의 변화:
교회 개척

추수할 것은 많되 일꾼이 적다?

"추수할 것은 많되 일꾼이 적다!" 예수님께서 제자들을 내보내시면서 하신 말씀이다. 하나님 나라 복음을 들어야 하는 사람은 많은데 복음을 전할 일꾼이 부족하다는 탄식이다. 그러나 지금 우리나라에는 이 말씀이 적용되지 않는 것 같다. 오히려 반대로 추수할 것이 적고 일꾼은 넘쳐난다. 전국 방방곡곡 어디를 가든지 교회가 없는 곳이 없다. 전국에는 약 6만 개 정도의 교회가 있다. 목회자의 숫자는 통계에 따라 차이가 있지만 약 16만 명 정도로 추산된다. 게다가 매년 만 명 정도가 신학교를 졸업하고 안수를 받는다고 한다. 교회 수보다 사역자의 수가 많으니 신학교 졸업생들이 취업(?)할 교회가 없고, 개척을 하려 해도 좋은 목(?)은 누군가 이미 다 차지했다.

앞으로 30년 후 어떤 일이 벌어질까? 특별한 일이 없는 한 기독교 인구는 지금의 반으로 감소할 것으로 예상된다. 지금 우리가 출석하는 교회 성도들의 연령 분포를 보면 미래 교회의 모습을 짐작할 수 있다. 현재 20-30대 성도들이 30년 후면 교회 중직이 될 텐데, 지금 20-30대 성도들의 인구는 50대 이상 성도의 절반에 불과하다. 한 세대 후에는 기독교 인구가 절반으로 떨어지는 것은 물론이고, 그 인구의 절반이 은퇴한 고령층이 될 것이다. 성도수와 헌금이 동시에 감소함으로 교회가 활력을 잃을

것으로 예상된다.[1]

정체된 한국교회를 살리기 위해 많은 사람이 많은 노력을 기울이고 있다. 다음 세대의 교회가 어쩔 수 없이 축소된다면, 우리는 그 후의 세대를 기약하기 위해 최선을 다해야 한다. 나는 한국교회가 다시 한번 부흥기를 맞기 위한 가장 근본적인 방안은 교회 개척을 통한 활로를 모색하는 것으로 생각한다. 교회성장학의 창시자 피터 와그너의 유명한 말이다. "하늘 아래 단 하나 가장 효과적인 복음 전도 방법은 새로운 교회를 개척하는 것이다"(The single most effective evangelistic methodology under heaven is planting new churches). 그의 언명은 세대를 거듭하면서 그 의미가 발전하고 중첩되어 거의 공리(公理)처럼 회자되고 있다. 나는 피터 와그너가 말할 때와 그 뜻은 상당히 다르지만, 교회 개척이 우리 시대에도 가장 효과적인 방법이라고 믿는다.

나는 앞서 포스트크리스텐덤 시대의 도래와 더불어 새로운 형태의 교회가 생겨야 한다고 말했다. 또한 성령이 우리 시대에 맞는 새로운 교회를 구현할 수 있도록 사람들을 격려하신다고도 설명했다. 교회를 새롭게 하는 가장 좋은 방법은 교회를 개척하는 길이다. 기존 교회를 변화시키는 것은 거센 저항 때문에 더딜 뿐 아니라 실패할 가능성이 높다. 목회자가 방향성을 가지고 기존 교회를 변화시키는 데 한계가 있고, 많은 경우 불필요한 논쟁과 갈등으로 세월을 보낼 것이다. 나는 대중 집회 중심의 교회를 셀 처치(cell church)로 바꾸는 것이 얼마나 어려운 일인지, 또한

---

1   최윤식, 『2020-2040 한국교회 미래지도: 지속가능한 한국교회를 위한 최초의 미래학 보고서』(서울: 생명의말씀사, 2013)와 최윤식·최현식, 『2020-2040 한국교회 미래지도 2: 하나님이 한국교회에 주신 마지막 골든타임 10년을 놓치지 마라』(서울: 생명의말씀사, 2015). 미래학자 최윤식은 10년 주기로 한국에 불어닥칠 경제 위기와 더불어 교회의 재정난과 성도수 감소 등을 이유로 한국교회의 미래가 어둡다고 전망한다.

예배 중심의 교회를 제자 훈련 중심의 교회로 전환하려 할 때 본래의 정신이 어떻게 바뀌는지를 목격한 바 있다.

반면 개척 교회는 새로운 형태와 신학을 구현하기 쉽다. 몸집이 작고 움직임이 빨라 창의적인 아이디어를 쉽게 실험할 수 있다. 기독교의 역사를 보면 언제나 작은 무리들의 운동이 성령의 도우심으로 반향을 일으켰고 이것이 교회 개혁의 원동력이 되곤 했다. 독일의 종교사회학자 에른스트 트뢸치(Ernst Troeltsch, 1865-1923)는 교회를 '기성 교회'(Church)와 '분파'(Sect)로 구분한 바 있다. 기성 교회가 제도화되고 활력을 잃을 때, 성령의 감동을 받은 몇몇 사람이 새로운 교회 운동을 일으킨다. 그리고 그 분파 운동이 세력을 넓혀 기성 교회를 개혁하게 된다.[2] 나는 지금이 바로 교회 개척을 통해 교회를 개혁하고 변화시켜야 할 때라고 확신한다.

그렇지만 개척 교회가 성공하기 어렵다는 것은 이미 잘 알려진 사실이다. 처음 교회를 오픈하는 것도 어렵고, 지속 가능한 성장을 위한 충분한 인원이 모이는 것은 더욱 어렵다. 대다수의 개척자는 막막한 가운데 소명 한 가지만 가지고 교회를 시작한다. 교회 개척을 어디서 어떻게 시작해야 하는지, 매뉴얼도 없고, 물어볼 멘토도 없으며, 함께 준비하고 사역의 방향을 고민할 동료도 없는 경우가 태반이다. 어떤 개척 모델이 있는지조차도 알지 못한 채 재정의 부족만 고민하는 경우가 허다하다. 그러다 보니 그저 자신이 배운 기성 교회의 축소판으로서의 교회를 세울 수밖에 없다. 교회를 시작한 후 몇 년은 버티지만 재원(財源)이 하나씩 둘씩 끊어지고, 결국 교회를 다른 개척 목회자에게 넘기는 경우가 많다. 이 과정에서 목회자는 슬럼프에 빠지고 소명감이 무디어지며 영적 탈진을 경

---

2   트뢸치의 대표작 *The Social Teachings of Christian Church 1, 2* (N.Y.: Harper, 1961). 이 책은 Westminster John Knox Press(2009)에서 재출간되었다.

험하고 가족들과 갈등이 일어난다.

그러나 생각해보라. 기존 교회의 축소판인 개척 교회를 시작하면 누가 그 교회를 찾아오겠는가? 바로 옆에 큰 건물의 위용을 뽐내는 기성 교회가 있으니 그리로 갈 것이 아닌가? 현대식 시설을 갖추고 있고, 예배의 음악이 살아 있으며, 설교도 좋고, 자녀 교육을 위해 많은 투자를 하는 검증된 교회로 가지 않겠는가? 게다가 개척 교회는 조금만 성장하면 예배당을 건축하자고 할 것이 뻔한데 말이다. **무릇 개척 교회를 시작하는 자, 기존 교회를 답습해서는 승산이 없다!**

무턱대고 새로운 방법을 도입하는 것이 능사는 아니다. 그러면 어떻게 새롭게 할 것인가? 나만의 방법을 개발할 것인가? 카페 교회, 도서관 교회를 세우면 되는가? 어디서, 어떤 형태로, 누구와 함께, 무슨 돈으로 해야 할까? 생각할 것이 끝도 없이 많다. 그러나 이 모든 것에 앞서 먼저 큰 그림을 그릴 수 있어야 한다. 우리 사회가 어떤 역사적 단계에 와 있는지, 우리 교회는 우리 시대의 영적 요구를 만족시켜주는지를 판단할 수 있는 기준이 필요하다. 우리 시대에 복음을 들을 수 없는 대상을 선정하고 그들을 이끌기 위한 교회여야 한다. 우리 시대에 맞는 메시지를 개발하고, 이를 확산하기 위해 교회를 세워야 한다. 나는 앞서 우리 시대를 분석하는 틀을 제시했다. 이번 장에서는 그 틀을 염두에 두면서 교회 개척의 방향을 제시하고자 한다. 새로운 교회를 위해 장소를 정하고, 내 취향에 따라 인테리어를 꾸미며, 프로젝터를 설치해놓고, 기타 치는 사람에게 부탁하며, 예배 후 밥을 해 먹는다고 될 일이 아니다. 순서를 바로 해야 한다. 첫째는 목회의 대상을 정해야 하고, 둘째는 그 대상에 맞는 방식을 고민해야 한다. 하나씩 살펴보도록 하자.

1. 누구를 대상으로 복음을 전할 것인가?

"여기 사람 있어요!"

"추수할 것은 많되 일꾼이 적다!" 언뜻 보면 우리 시대에는 맞지 않는 말씀 같은데, 사실은 이 말씀이 오늘날처럼 정확히 들어맞는 시대도 없다. 지금도 추수할 것은 널려 있는데 준비된 일꾼은 너무 적다. 무슨 소리냐고? 우리나라에 교회가 없는 지역을 찾기는 어렵다. 지도를 펼쳐놓고, 십자가 있는 곳을 중심으로 반경 100m의 원을 그린 후 빨간색을 칠하면 아마 전 국토가 빨갛게 되지 않을까 싶다. 백두 대간과 독도만 빼놓고 말이다. 게다가 16만 명이나 되는 목회자와 매년 만 명씩 쏟아지는 목회자 후보생이 있는데 일꾼이 없다고?

자, 지도를 바닥에 놓고 평면도를 보지 말고, 지도를 눈높이로 들어 입면도를 보자. 무엇이 보이는가? 계층, 직업, 세대, 인종, 성별 등에 따라 복음이 들어가지 않은 사람들이 무수히 존재하는 것이 보이지 않는가? 예컨대 내가 12년 동안 살았던 서초구 방배동 지역을 보자. 방배동에만도 수십 개의 교회가 있다. 서초역 앞 사랑의교회를 비롯해 수천 명 이상이 모이는 대형 교회들이 두어 개 있고, 중형 교회도 10개 이상이며, 상가 교회, 2층 교회, 반지하 교회도 여기저기 많이 있다. 더 이상 교회를 세울 곳이 없는 포화 상태라고 할 수 있다.

그러나 사람들 속으로 들어가 보면 이야기가 달라진다. 복음이 구조적으로 들어갈 수 없는 사람들이 많이 있다. 우선 일요일에 일하는 사람들이 많다. 아마 직장 때문에 주일 예배에 참석할 수 없는 사람이 전국 수백만 명에 달할 것이다. 이에 대해서는 앞서 논했기 때문에 생략하기로 하고, 단 일요일에 일하는 사람들을 위한 교회가 없다는 것만 말해두자.

서울의 평균적인 상가 건물은 대체로 4층 높이의 건물인데, 1층과 2층은 점포이고, 3층과 4층은 작은 방으로 쪼개어 월세를 놓는다. 침대 하나, 책상 하나 있는 한 평 반 넓이의 소위 '고시원'이다. 재래식 주택이나 연립의 반지하방이나 옥탑방에도 영락없이 사람이 살고 있다. 특히 서울에서 혼자 사는 청년(20-34세) 가구 가운데 지·옥·고(지하방, 옥탑방, 고시원)에 사는 사람이 2015년에 37.2%이며, 숫자로는 약 20만 명가량 된다고 한다. 그들에게는 얼굴이 없다. 서로 마주치기를 싫어한다. 전도를 받아본 적도 별로 없다. 여러분이 나가는 교회의 성도들 가운데 고시원에 사는 사람을 본 적이 있는가?

소규모 작업장도 전국 여기저기 산재해 있는데, 얼마나 많은 노동자가 열악한 기숙사에서 숨만 쉬고 사는지 모른다. 고급 빌라와 큰 평수 아파트에는 가사 도우미나 베이비시터로 일하는 조선족 동포나 영어 가정교사를 겸하는 필리핀 젊은 여성들이 함께 살고 있다. 먹자골목으로 들어가면 한 집 건너 하나가 술집이고 노래방이다. 여기서 일하는 성매매 여성 혹은 유사 성매매 여성의 숫자는 전국에 약 20만 명(!) 정도 된다고 한다. 학교와 집을 나온 거리의 청소년들, 뮤지션을 꿈꾸며 연습실을 전전하는 학생들, PC방, 만화방에서 숙식을 해결하는 친구들, 방구석에 틀어박혀 자판만 두드리는 '히키코모리'(引きこもり)가 도대체 몇 명이나 될까? 집에만 누워 있는 재가 장애인, 수요에 턱없이 부족한 특수 학교를 찾아 헤매는 정신 지체 장애인, 사회에 적응도 못하고 복지 혜택도 못 받는 경계성 장애인들도 통계에는 잡히는데 눈에는 보이지 않는다.

앞서 언급한 사람 중 누구도 교회에 나가려 하지 않고, 아무도 그들을 전도하려고 하지도 않는다. 혹시 어렵사리 교회에 데려다 놓아도 교회에 붙어 있기 힘들다. 예컨대 고시원에 사는 사람들은 서로 마주치기를 싫어한다. 토요일 늦게까지 일하고 일요일도 잔업을 하는 노동자들은 주일 11시 예배에 맞춰나가기 어렵다. 장애인, 재소자, 소년소녀가정, 노숙인, 각종 중독자들은 교회에서 환영받지 못한다. 예수님이 특히 마음을 쓰셨던 '창기', 즉 성매매 여성은 교회에 발붙이기 어렵다. 야한 옷에 짙은 화장을 하고 나타난 가정 파괴범을 반길 여자 성도들은 많지 않을 것이고, 남자 성도들도 혹시 아는 사람 만나지 않을까 두려워할 것 같다. 언어와 문화가 다른 다문화 가정이 앞으로 인구의 10%가 될 것이라고 한다. 북한 이탈 이주민은 우리나라에 벌써 3만 명이다.

몇 년 전 우리 교회에 출석하던 지방 출신 신학생이 고시원에 사는 중년 남성 2명을 우리 교회로 인도한 적이 있었다. 그 신학생 자신도 고시원에 살았는데, 오다가다 안면을 트게 된 고시원 사람들을 전도한 것이다. 한 명은 과거에 신앙을 가졌던 분이라서 담임 목사인 나를 보면 90도로 인사를 한다. 나는 최선을 다했다고 말할 수는 없지만, 다른 성도에 비해서 나름대로 신경을 썼다. 1년쯤 지나 그 신학생이 임지를 찾아서 떠난 후, 이들은 교회에 발길을 끊었다. 길에서 만나면 멋쩍게 인사하는데, 내가 교회에 나오시라고 권유하니 교회가 자기들에게는 맞지 않는다고 대답한다. 무엇이 맞지 않았을까? 술 냄새 풍기는 그들을 아래위로 훑어보는 시선이 싫었을까? 세련된 정장을 입고 친절하게 말하는 10년은 젊어보이는 자기 또래 여성들 곁에서 초라함을 느꼈을까? 중산층에 어울리는 지성적인 설교가 알아듣기 어려웠을까?

나는 개척을 생각하는 분들에게 바로 이렇게 복음을 들을 수 없었던 사람들을 대상으로 시작하라고 권하고 싶다. 또 교회가 교회를 낳는 이른바 증식(multiplication)을 통해 교회를 개척하려는 중대형 교회도 위에서 말한 사람들을 대상으로 개척해야 한다고 믿는다. 본 교회와 똑같은 개념의 교회를 세우고 물량 공세를 해서 기존 성도들을 빼올 생각하지 말고, 복음이 들어가지 못한 사람들을 위한 교회를 세울 것을 고려해보라는 것이다.

타깃 그룹

이런 질문을 하는 사람이 있을 것이다. "어떤 특정한 대상을 정해 목회를 시작하라는 겁니까? 특정한 대상을 위한 교회라…. 그게 말이 되나요? 교회는 모든 사회적 계층의 사람들이 함께 있어야 하는 곳이 아닌가요?" 백프로 옳은 말이다. 나도 전적으로 동의한다.

과거 1980년대 내가 신학생일 때 '교회성장학'이라는 생소한 분야의 학문이 한국에 소개되었다. 교회성장학의 창시자는 미국 풀러신학교의 선교학자 도널드 맥가브란(Donald McGavran, 1897-1991)이다. 그의 유명한 책,『교회성장 이해』가 도서관 서가에 꽂혀 있는 것을 보고 뽑아서 읽었던 기억이 있다. 나는 우선 '교회성장학'이라는 말 자체에 대해 거부감이 일었다. "교회를 성장시키는 분은 성령님이신데 어떻게 교회의 성장을 학문적으로 논할 수 있을까? 교회를 이렇게 공학(工學)적으로 접근할 수 있는가? 교회가 하나님의 말씀을 올바로 전하면 성령께서 구원받기로 작정된 사람들을 보내주는 것이지 인간적인 방법을 써서 어떻게 교회를 부흥시킨단 말인가?" 하는 소박한 생각 때문이었다.

그 책을 더욱 싫어한 이유는 바로 타기팅(targeting)이라는 개념 때문이었다. 맥가브란과 교회성장학파는 교회를 개척할 때 먼저 타깃 그룹(target people)을 정하라고 조언한다. 어떤 사람은 복음에 좀 더 잘 반응하고 어떤 사람은 마음의 문을 닫으니, 이를 잘 분별해 복음에 반응하는 사람들이 많은 지역에서 교회를 개척하라는 것이다. 맥가브란은 이게 교회성장의 첫 번째 길이라고 권고했다. 나는 혼란에 빠졌다. "교회라는 것이 유대인이나 그리스인이나 종이나 자유자나 남자나 여자나 모두를 포용해야 하는 기관인데, 특정한 그룹을 택해 그들을 집중적으로 공략하라니? '타깃'이라는 단어는 물건이나 서비스를 팔기 위해 특정 부류를 겨냥하라는 마케팅 용어인데, 이를 전도에 붙이다니? 교회가 자본주의에 이렇게 굴복할 수 있는가? 역시 미국인들은 어쩔 수 없어…."

맥가브란은 시작에 불과했다. 이후 그의 아이디어를 따르는 많은 사람이 저마다 책을 저술해 출간했고, 수많은 외국의 저작물이 번역되었으며, 목회에 '성공'한 한국의 목회자들도 그 흐름에 동승했다. 내가 미국 유학을 마치고 귀국한 것이 1995년인데, 와 보니 교회 성장에 관한 책들이 기독교 서점의 가장 눈에 잘 띄는 서가를 장식하고 있었다. 『성장하는 세계 10대 교회』, 『교회성장의 7가지 방법』 등등의 제목을 붙인 화려한 표지의 책들이었다. 나는 절망감을 느꼈다. 이렇게까지 해서 교회를 성장시켜야 하나? 이러한 현상 자체가 교회의 쇠퇴와 타락의 징후가 아닐까? 그러나 나의 걱정은 아랑곳하지 않고, 교회성장학파의 제안에 따라 이 땅에 마케팅 교회가 태어나 성장했고 많은 폐해도 낳았다.

'타기팅'이라는 말을 그렇게 싫어하던 내가 이 낡은 개념을 다시 꺼내어 지금 사용하고 있다. 이렇게 사용한 데는 두 가지 이유가 있다. 첫째, 우리 사회도 집단들 사이에 넘기 어려운 벽이 존재하게 되었고, 이로 인해 집단마다 전도의 방식이 달라야 한다는 것을 깨달았기 때문이다. 미국 사회는 각종 인구 집단(population group)이 지역별로 나뉘어 살고 있다. 인종에 따라, 교육 수준과 직업에 따라, 빈부에 따라, 삶의 방식과 사고의 습관이 다른 사람들이 따로 떨어져 살고 있다. 돌이켜 생각해보니 교회성장학파의 타기팅은 이렇게 다른 사람들에게 똑같은 방식으로 복음을 전할 수는 없지 않겠느냐는 문제의식에서 시작한 것이었다. 맨해튼의 고급 아파트에 사는 여피(Yuppy)족과 노숙자 쉼터(shelter)에서 잠자리와 식사를 해결해야 하는 흑인들을 같은 방식으로 전도할 수는 없지 않겠는가?

그런데 우리 사회도 미국 사회만큼이나 복잡하게 분화되었다. 1980년대 우리나라의 3대 빈민은 노동자, 농민, 도시 빈민이었다. 그런데 지금은 노동자 가운데도 억대 연봉을 받는 대기업 노동자가 있고, 하청 업체 직원, 비정규직, 계약직 노동자가 있다. 모든 농민이 다 가난한 것은 아니다. 도시 빈민도 연령과 직업과 교육 수준과 사는 곳 등에 따라 천차만별이다. 세계 각국 인력의 교류가 활발하고 결혼 이민자가 함께 사는 다민족·다문화 사회가 성큼 다가왔다. 각각의 대상들에 복음을 전하기 위해 특별한 소명이 있어야 하고, 맞춤형 전도 방법과, 다양한 예배와 교회 운영의 형태가 필요해졌다.

우리나라는 미국과 달리 사는 지역에 따라 계층이 달라지지 않는다. 방배동의 한쪽은 100평짜리 고급 빌라촌이고, 한쪽 골목에 들어가면 월세 30만 원짜리 고시원이 옹기종기 모여 있다. 가리봉동에 가면 큰 길 하나를 사이에 두고 고층 빌딩이 즐비한 최첨단 디지털 단지와 중국인들이 사는 비좁은 골목이 공존한다. 바로 이 사실이 한 지역에 교회가 있으면 그 교회는 모든 계층을 포함할 수 있을 것이라는 착시 효과를 일으키는 원인이다.

타기팅이 필요한 둘째 이유는 앞서 제2부에서 논했던 것처럼, 소위 '전통적 교회'라고 부를 수 있는 교회들이 대부분 중산층이라는 특정한 그룹에 맞도록 특화되었기 때문이다. 한국의 대다수 교회가 의식을 하든 하지 않든 중산층 중심이거나 혹은 중산층을 지향한다. 목회자들에게 물어보면 자신들의 교회는 지역에 있는 모든 계층의 사람들에게 열려 있다고 대답할 것이다. 그러나 실상 그들은 자기들도 의식하지 못하는 채 중산층을 '타깃 그룹'으로 삼고 있는 것이다.

우리 주님이 세우신 교회는 인종과 사회적 계층과 성별을 초월한 보편적 교회다. 그런데 의도한 것은 아니지만 현재 대한민국의 교회는 보편성을 잃은 중산층만의 교회가 되고 말았다. 잃어버린 보편성을 찾기 위해 편파성을 강조해야 하는 아이러니컬한 상황이 되었다. 한 대상을 정해 복음을 전하는 타기팅이 정당화될 수 있는 이유다.

중산층 교회의 극복

지금 개척 교회를 시작하려는 신학생이 있다면, 우선 저소득층을 위한 교회를 세우고 전도하기를 권한다. 저소득층을 위해 교회를 개척하는 것은 중산층(中産層) 혹은 중상층(中上層)의 독점물이 되어버린 복음의 보편성을 위해 반드시 필요한 우리 시대의 과업이다. 기존 교회에서 손을 대지 않는, 손을 댈 수도 없는 사람들에게 개척 목회자가 복음을 전해야 한다. 저소득층이 블루오션(blue ocean)이다. 개척을 꿈꾸는 사람들은 이미 레드오션(red ocean)이 되어버린 1,000만 이하의 중산층 기독교인들이 아니라 교회가 지금까지 외면해온 이들을 위한 교회를 세워야 한다. 이게 교회 개척자가 "교회 생태계"에서 담당해야 할 역할이다.[3] 빨간 십자가가 빼곡하게 들어선 도시에 중대형 교회의 축소판을 또 하나 만드는 것이 무슨 의미가 있을까?

우리 집에서 물고기를 키운 적이 있었다. '구피'(Trinidadian guppis)라는 작은 열대어를 분양받아 키우기 시작했는데 재미가 쏠쏠했다. 번식력이 좋아 몇 번이나 큰 어항을 사서 이주시켜줘야 했다. 나중에는 꽤 비싼

---

3   "교회 생태계"라는 말은 양희송이 자신의 저서 『다시, 프로테스탄트: 한국교회, 우리는 지금 어디에 서 있는가』(서울: 복있는사람, 2012)에서 한국교회를 비판하며 대안으로 제시한 개념이다. 한국에는 메가 처치도 있고, 중대형 교회도 있으며, 작은 교회, 개척 교회도 있는데, 어느 한 교회만 살아남는 것이 아니라 각각의 교회들이 교회 생태계 안에서 서로의 역할을 분담해 건강하게 살도록 하자는 것이다.

값을 주고 공기 발생기 등 여러 가지 장비가 달린 좋은 어항을 구입했다. 환경이 좋아져서 그런지 구피는 새끼를 더 잘 낳았다. 어느 날 숫자를 세어보니 300마리가 넘었다. 그야말로 물 반, 고기 반이었다. 그런데 놀라운 일이 벌어졌다. 어느 날 아침, 먹이를 주려고 보니 고기들이 허연 배를 뒤집고 죽어 있었다. 그날 하루 사이에 그 300마리가 한 마리도 안 남기고 다 죽었다. 왜 죽었을까? 어항 안의 생물학적 산소 요구량(BOD)이 제로가 된 것이다. 300마리가 꼬물거리며 먹고 싸대니 작은 공기 발생기가 이를 감당할 수 없었던 것이다. 나는 죽은 물고기를 치우면서 레드오션이 되어버린 한국교회를 생각했다. 이미 포화 상태가 되어버린 시장이 아닌 블루오션으로 나아가자.

소수자를 위한 목회

저소득층 외에도 기독교가 들어가지 않은 곳은 또 있다. 바로 소수자들(minority)이다. 우리나라는 크리스텐덤 사회였던 적이 없음에도 불구하고 역사의 발전 과정 가운데 기독교인이 다수파이고 사회의 주류가 되었다. 앞서 말했지만 우리나라는 '유사 크리스텐덤'을 경험했다. 기독교인이 사회의 주류 계층이 되었다는 것은 양면성을 띤다. 한편으로는 하나님이 주신 승리이고 기독교인의 노력이 결실을 맺은 것으로 하나님께 감사해야 할 일이다. 그러나 다른 한편으로는 소수자가 다수파 기독교로부터 소외된다는 것을 의미한다.

성경의 정신을 제대로 이해한 성도와 교회라면, 자신들이 사회의 주류를 형성했지만 그 안에 소수자를 품을 수 있는 여유와 사명감을 가지고 있을 것이다. 하나님의 선택을 받은 사람은 특권을 부여받은 것이 아니라 다른 사람을 대신해 저주를 짊어지도록 부르심을 받은 것이다. 선택받은 사람이 하나님의 명령을 잘 지켰다 해도 하나님께 요구할 권리가 있는 것은 아니다. 우리는 용서받은 죄인들이기 때문이다. 하나님의 선택에 대해 끊임없이 감사하면서 사회적 약자들과 복음을 모르는 사람들을 위해 복음을 전하는 것이 교회의 사명이다.[4]

우리 사회에도 소수자들이 많다. 앞서 이야기한 경제적 빈곤층만이 소수자가 아니다. 다문화 사회로 진입하면서 외국인 노동자, 다문화 가정의 아내와 자녀들, 북한 이탈 주민(탈북자) 수십만 명이 우리 사회에서 살고 있다. 나는 1996년부터 2005년까지 평택 송탄의 남부전원교회에서 협동 목사와 담임 목사로 목회했다. 그때 필리핀과 중국인 산업 연수생들을 위한 선교를 활발하게 펼쳤다. 필리핀인을 위한 '디아스포라선교회', 중국인을 위한 '원씬즈치아'(溫馨響家)를 설립해 사역했다. 주일마다 예배를 드리고, 복음을 전하며, 제자 훈련을 했고, 떼인 급료를 받아주고, 병원을 데리고 가고, 출입국 문제를 도우며, 설과 추석 연휴 때마다 신앙수련회를 가졌던 아름다운 추억이 있다. 디아스포라선교회를 위해 쉼터를 운영하고, 중국인을 위해서는 쉼터 2곳을 운영했다. 매주 필리핀인 40-50명, 중국인은 많을 때는 200명까지 출석했다. 지금은 전국에 외국인 노동자를 위한 교회가 많아졌지만 그 당시만 해도 초창기여서 여러 지역에서 우리 교회를 벤치마킹했다.

나는 "너는 이방 나그네를 압제하지 말라. 너희가 애굽 땅에서 나그네 되었었은즉 나그네의 사정을 아느니라"(출 23:12)라는 말씀에 글자 그대로 순종하려고 노력했다. 우리 민족이 구한말과 일제를 거치면서 주변의 많은 나라들에서 나그네 삶을 살았다. 지금 조금 잘 산다고 해서 나그

4　선택에 대한 해석에 대해서는 레슬리 뉴비긴, 홍병룡 역, 『다원주의 사회에서의 복음』(서울: IVP, 2007), 제7장을 보라.

네를 압제하고 무시하는 것은 하나님의 은혜를 모르는 배은망덕이고, 천박한 속물근성에 다름 아니다. 기독교인이라면 살 길을 찾아 입국하는 난민들을 환영하고 그들에게 복음을 전해야 한다.

이런 용어를 사용하는지 몰라도 '윤리적 소수자'(ethical minority)들도 있다. 우리 사회에서 용인되기 어려운 사회적 낙인(stigma)이 찍힌 사람들이다. 예컨대 성매매 여성이나 재소자 출신, 싱글맘 등이다. 또한 법적·도덕적으로는 잘못이 없지만 사람들로부터 따돌림을 받는 사람들도 있다. 한부모 가정의 자녀나 다문화 가정 출신들, 경계성 장애인 등이다. 우울증이나 공황 장애, 성격 장애 등 다른 사람과 어울리기 어려운 사람들도 있다. 최후의 소수자라고 불리는 동성애자의 숫자도 점점 늘어간다. 이들은 자신들의 삶이 부끄럽고 과거 전력이 드러날까 두려워하며 숨어서 산다. 서로의 삶에 깊숙이 관여하는 교회와 같은 곳을 피한다.

우리나라의 특이한 현상인데, 특정한 정치 성향과 이념을 가진 사람이 교회 내에서 다수를 점하고 있다. 한국 기독교의 다수가 이성이나 과학을 적대시하는 반지성주의에다가 보수적인 정치 성향을 가진 근본주의로 나아가고 있다. 민주화 시대에는 정교분리를 내세워 사회 문제 참여를 거부하다가, 진보 진영이 집권을 하면서 보수를 넘어서 극우적 성향을 보이기까지 한다.[5] 설교 시간에 자신의 정치적 견해를 거리낌 없이 드러내는 목사들도 있다. 서북(평안도와 황해도) 세력과 영남 세력이 주로 우파의 정치적 고향인데, 교회에서는 이 두 지역의 세력이 다수파를 차지한다. 서울의 평균적인 교회는 서북 출신의 목사가 세웠고, 지금은 2대 목사가 목회하며, 성도의 평균 연령이 60세고, 여성도가 80%인 중형 교회다. 십중

---

5   한국기독교의 근본주의적 성격과 정치적 보수화에 대해서는 졸저, 『대화로 풀어본 한국교회사 2』(서울: 부흥과개혁사, 2009), 제7장과 11장을 보라.

팔구 강한 친미·반공 성향을 가진 지도자와 목사의 말이라면 맹종하는 성도들이 주를 이루고 있다.

이런 교회를 견디지 못하는 사람들이 있다. 진보적인 정치 성향을 보이는 젊은이들(젊은이들은 젊다는 이유로 대체로 진보적이다)은 극우적 성향을 보이는 나이 많은 목사의 설교를 참기 어렵다. 진보적 성향을 보이는 호남 출신은 자신의 정치적 색깔을 감추고 신앙생활을 한다. 과학과 상식을 중요하게 생각하는 합리적인 사람들은 '가정의 평화를 위해' 주일에만 가끔 나올 뿐이다. 세상과 자신에 대해 진지하게 고민하는 남자들에게 자신의 성공을 자랑하는 목사의 가벼운 설교는 만족을 주지 못한다. 요즈음 사회적 의제를 이끌고 있는 페미니스트들은 기본적으로 가부장적 사고를 하고, 가끔 성희롱에 가까운 발언을 아무렇지도 않게 설교 시간에 이야기하는 목사를 혐오할 것이다.

이런 식으로 차(車) 떼고 포(包) 떼면 남는 사람은 도대체 누구란 말인가? 지금 한국교회는 그 남는 사람들만 데리고 목회를 하고 있다. 전 인구의 20-30%밖에 안 되는 중산층이다. 그들 외에는 전도할 엄두를 내지 못한다. 모든 인류, 모든 인생, 모든 지성을 넉넉히 포괄할 수 있는 넓은 복음이 이렇게 좁은 틀에 갇혀 있다니. 시원스레 뻗은 레바논의 백향목 같은 복음이 이리저리 굴러다니는 작은 가시덩굴 같은 한국교회 밑에서 고생이 많다!

지역적으로도 소외된 지역들이 있다. 농촌 산골 마을이나 외딴 섬, 소도시의 도농 복합 지역에는 아직도 교회가 부족한 곳이 많다. 누군가 내게 가장 교회를 세우고 싶은 곳이 어디냐고 물으면, 나는 서슴지 않고 산업 단지라고 말한다. 과거에는 공단(工團)이라고 불리던 곳이다. 대한민국의 웬만한 도시에는 산업 단지가 하나씩 있다. 안산이나 울산과 같은 대규모의 산단(産團)도 있지만 각 도시마다 작은 공단이 하나씩 있으니, 그 숫자는 다 헤아리기 어렵다. 그런데 산업 단지 근처에 교회가 있는가? 있기는 하다. 원래 공단이 조성되기 전 원주민들이 다니던 교회인데, 노년층만 남은 전통적 교회가 대부분이다. 이 교회들은 산업 단지에 있는 노동자를 전도하려 하지는 않는다. 아니 봄가을로 노방전도는 하지만, 주일 오전 11시를 주일 예배 시간으로 고집하다 보니 그 시간이 노동자들의 생체 리듬과 맞지 않는다. 나는 한때 공단에서 교회를 개척할지 말지를 한 일 년 동안 진지하게 고민했다. 그러나 나이가 많고 그동안 살아온 세상이 너무 달라 젊은 노동자들의 세계를 이해하지 못할 것 같아 포기했다. 대신 젊은 개척자가 있으면 힘을 다해 돕고 싶은 마음 간절하다.

내가 이렇게 저소득층과 소수자들에게 관심을 보이는 이유는 또 하나 있다. 앞서 말한 것은 다소 '공학적'(工學的)인 이유였다. 지금 한국교회는 중산층이라는 매우 제한된 그룹의 사람들에게만 복음을 전하기 때문에 성장하지 못하고 있다. 이것은 전도와 개척의 블루오션을 찾아야 한다는 것을 의미하고, 이는 다시 한국교회를 부흥시키고 성장시키는 동력이 될 것이다.

내가 어려운 사람들에게 관심을 보이는 또 하나의 이유는 바로 사회 정의를 실현하자는 것이다. 좀 생뚱맞게 들릴 수도 있다. 사회 정의라고 하면, 우리는 "기회는 평등하게, 과정은 공정하게, 결과는 정의롭게"라는 한 정치인의 구호와 같이 가난한 자와 부한 자의 차이를 줄여서 공평하게 살도록 하는 것으로 생각할 것이다. 이를 위해 정치와 경제에서 민주화를 이루고, 공평한 재판이 이루어지며, 모든 불공정한 요소들을 제거해야 한다. 우리는 투표로서 민의를 보여주고, 안 되면 촛불집회를 통해 잘못된 것을 바로잡아야 하는 것으로 사회 정의를 생각한다.

그러나 나는 가난한 사람에게 복음을 전도하는 것이 사회 정의를 위해 가장 긴요한 일이라고 믿는다. (미국식의 복음주의자들이 믿는 것처럼) 가난한 사람에게 복음이 들어가면 더 열심히 노력해서 잘 살 수 있다는 의미가 아니다. 혹은 (공산주의자들이 기독교를 '민중의 아편'이라고 비판하는 것처럼) 복음을 믿게 되면 가난하게 사는 것이나 부자가 되는 것이나 상관하지 않게 된다는 말도 아니다. **나는 복음의 능력을 믿는다. 복음이 포괄적이고 전복적(顚覆的)인 사회 변혁의 동력이 된다는 성경의 전망과 역사의 발자취를 믿는다.** 저소득층과 소수자들에게 복음이 들어가면 그들의 영혼에 소망이 생기고, 의식이 깨어나며, 삶의 방식이 바뀐다. 자신의 기득권을 지키고 세습시키는 것을 최고의 목적으로 삼는 주류 세력을 비웃으며, 정의로운 사회에 대한 전망과 소명을 가슴에 품을 것이다. 한 세대가 지나면 이들이 우리 사회의 변화를 창조적으로 이끄는 주역이 된다.

다른 것은 모두 차치하고서라도 한 젊은 개척자가 자신의 모든 것을 소수의 가난한 사람들을 위해 바친다는 결심만큼 진지한 결심이 또 어디 있을까? 이 결심이 정치가(statesman)에서 정치꾼(politician)으로 급전락하고야 말 정치 지망생의 결심과 비교할 수 있겠는가?

2. 대상에 따른 목회 방식 개발

"모든 가능한 방법으로"

개척 교회를 세우려는 목회 지망생이 새로운 전도 대상을 모색했으면, 그다음으로 해야 할 일은 이들을 전도할 방법을 찾는 것이다. 앞서 말했지만 새로운 전도 대상은 전통적인 방식의 교회가 포용하기 어려운 사람들이다. 기존 교회의 방법을 반성하지 않은 채 열심만 가지고 그들을 전도하려고 했다가는 백이면 백 실패할 것이다.

전도를 위해 새로운 방법을 찾는 것은 잘못된 것이 아니다. 사도 바울의 예를 들어보자. 사도 바울의 반대자들이 고린도에 와서 바울을 비난했다. 그들이 바울에 대해 가지는 혐의는 여러 가지였는데, 그중 하나가 바로 그가 보수를 받지 않고 전도한다는 것이었다. 바울은 텐트 만드는 기술로 돈을 벌어 자신과 또 동행하는 전도자들이 쓸 필수품을 샀다. 과거 예수님께서는 제자들을 둘씩 짝지어 보내시면서, 한 집에 들어가 머물며 그들이 주는 것을 먹으라고 말씀하신 적이 있다(마 10:10-11; 고전 9:14). 구약성경에서도 제단을 섬기는 제사장들은 백성들이 가져온 제물을 먹을 권리가 있었다. 그러나 바울은 예수님의 가르침과 달리 고린도 교회 성도들로부터 보수를 받지 않았다. 아직 믿음이 연약한 고린도 성도들로부터 복음을 전한 대가로 돈을 받으면, 돈 때문에 복음 전하는 자로 오해받을까 우려했을 것이다("너희에게 폐를 끼치지 않기 위하여", 고후 11:9). 바울의 반대자들은 바로 이 점을 들어 바울이 오랜 전통과 예수님의 말씀을 어기는 전도자라고 비난했다(고후 11:7; 12:13).

바울이 항상 물질적 후원을 받지 않은 것은 아니었다. 그는 빌립보 교회와 데살로니가 교회로부터는 여러 번에 걸쳐 헌금을 받았고(빌 4:15-16), 또한 로마에 있는 교회가 스페인 전도의 비용을 부담할 것을 기대했다(롬 15:24). 그는 영적인 것을 받은 사람들이 육적인 것으로 공궤하는 것을 당연하게 여겼다(고전 9:11; 롬 15:27; 갈 6:6). 그러나 고린도 교회로부터는 어떠한 물질도 받기를 거절했는데, 이는 복음을 전하는 데 방해가 될까 염려했기 때문이었다.

바울이 보기에 전도를 받은 사람으로부터 물질을 받느냐, 아니면 자신이 일을 해서 비용을 충당하느냐 하는 것은 단지 '방법'의 문제에 불과했다. 복음의 내용이 변하지 않으면 '방법'은 상황에 따라서 얼마든지 바꿀 수 있는 것이다. 아니, 불변하는 복음의 내용을 지키고 전파하기 위해

방법이 상황에 따라 바뀌어야 한다. 바울의 이와 같은 신념은 다음과 같은 구절에 잘 나타나 있다.

> 유대인들에게 내가 유대인과 같이 된 것은 유대인들을 얻고자 함이요, 율법 아래에 있는 자들에게는 내가 율법 아래에 있지 아니하나 율법 아래에 있는 자 같이 된 것은 율법 아래에 있는 자들을 얻고자 함이요, 율법 없는 자에게는, 내가 하나님께는 율법 없는 자가 아니요 도리어 그리스도의 율법 아래에 있는 자이나, 율법 없는 자와 같이 된 것은 율법 없는 자들을 얻고자 함이라. 약한 자들에게 내가 약한 자와 같이 된 것은 약한 자들을 얻고자 함이요 내가 여러 사람에게 여러 모습이 된 것은 **아무쪼록**('by all possible means' NIV, '어떻게 해서든지' 표준새번역) 몇 사람이라도 구원하고자 함이니(고전 9:20-22).

모든 사람이 내용만 변함이 없으면 방법은 언제든지 변할 수 있다는 명제에는 동의할 것이다. 그러니 정작 중요한 것은, 어디까지가 변하지 않아야 할 복음의 핵심적 '내용'이고 어디서부터가 가변적인 '방법'이냐 하는 것이다. 바울의 천재성이 여기에서 발휘된다. 바울에게 핵심은 단순하고 방법의 범위는 넓다. 복음의 사역자들이 세속적인 일을 해도 되느냐 아니냐 하는 문제는 오늘날까지도 중요한 논쟁거리다. 수많은 기성 교회 목회자와 신학자들은 여전히 사역자가 세속적 직업을 가지는 데 대해 부정적이다. 그러나 바울 서신 전체를 보면 이 문제는 가변적인 방법의 문제에 불과하다.

이것보다 바울이 당면한 좀 더 중요한 문제는 신자들의 삶에 관한 윤리적 문제로서 음식법, 예배의 날(안식일이냐, 주일이냐?), 할례 등과 같은 것들이었다. 위의 세 가지는 구약의 오경에 명백히 기록된 명령들로서 천오

백 년에 걸쳐 지켜오던 것들이다. 바빌로니아에게 멸망당한 후 외국에 흩어져 살 때에도 결코 포기하지 않았던 하나님 백성의 표지였다. 그런데 바울은 이 세 가지를 상대화시켰다. 이 세 가지 법이 영원히 변하지 않는 하나님의 법이 아니라 단지 한 시대에 주어졌던 유대인들을 위한 법이라는 말이다. 바울은 이제 새로운 시대에는 이런 외적인 법에 의존할 것이 아니라 우리의 내면에 쓰인 하나님의 법을 따라야 한다고 담대히 주장했다(고후 3:18).

이 문제들은 1세기 초기 교회에서 가장 큰 논쟁의 주제였다. 유대인 그리스도인들은 이 문제들 때문에 바울을 끝까지 받아들이기 어려웠고, 바울은 유대인 그리스도인들을 율법주의로 회귀하려는 반쪽짜리 신앙인으로 생각했다. 바울의 이런 확신과 담대함은 인간으로부터 나올 수 있는 성질의 것이 아니다. 구약성경의 본질을 꿰뚫고 있었고, 그리스도의 마음을 가졌으며, 무엇보다도 성령의 인도를 받았기 때문에 가능한 일이었다.

바울이 이렇게 오랜 세월 하나님 백성의 표지처럼 여겨졌던 것들을 상대화시킨 이유가 무엇일까? 바로 "그리스도의 복음에 아무 장애가 없게 하려"는 것이었다(고전 9:12). 그에게 가장 중요한 가치는 복음이었고, 영혼을 구원하기 위해서라면 얼마든지 자신이 중요하게 생각하는 것을 버릴 준비가 되어 있었다(고전 9:22).

한 가지 첨언하자면, 바울이 이렇게 복음을 위해 적합한 방법을 선택할 때, **항상 자신의 것을 버리는 쪽을 선택했다는 점이다.** 그는 이방인들을 위해 자신이 익숙한 율법 준수를 버리는 쪽을 택했고, 고기 먹는 것을 절제했으며, 사회적 약자들에게 복음을 전하기 위해 약한 자의 모습으로 다가갔고(고전 9:22), 자기 손으로 수고하는 편을 택했다. 그는 자신에게 주어진 권리를 다 사용하지 않았고, 모든 사람의 '종'이 되었으며, 자신의 몸을 쳐서 복종하는 것처럼 절제했다(고전 9:12, 19, 27).

여성 안수의 경우

나는 우리 시대 중요한 논쟁들을 할 때도 바울의 정신을 따라야 한다고 믿는다. 예를 들어 여성 안수 문제를 생각해보자. 여성 안수는 한때 한국 교회의 가장 중요한 이슈였고, 몇몇 교단에서는 지금도 해결되지 않은 문제다. 1930년대 중반 조선예수교장로교 총회에서 함경도 출신 목회자를 중심으로 이 문제가 제기되었다가 여성 안수를 주장하던 쪽이 참패를 당한 적이 있었다. 60년이 지나 1990년 초중반 대표적 보수 교단인 장로교 합동 측에서 치열한 논쟁이 있었고, 결국 그 교단에서는 여성 안수가 허용되지 않았다. 내가 속한 장로교 백석 측에서는 긴 논쟁 끝에 2011년 여성 안수를 결정했다.

한국교회에서 여성 안수 문제가 논의될 때 과연 여성 안수가 성경에서 허용되었느냐 하는 주제가 논쟁의 핵심이었다. 찬성 측에서는 신약 교회에도 여성 지도자들이 많이 있었고 그중에서도 로마서 16:7의 여성 사역자 '유니아'는 '사도'라 칭함을 받은 사람이라는 해석을 내어놓았다. 또한 바울 서신 전체에서 남자와 여자를 동등하게 보기 때문에 여성에게 안수 주는 것이 문제가 되지 않는다고 주장했다. 반대 측에서는 "여자는 교회에서 잠잠하라"(고전 14:34)는 구절에서 여성 안수를 명백히 반대하고, 남자와 여자 사이의 높낮이는 반드시 지켜야 할 '창조 질서'(creation ordinance)라고 주장했다. 여성 안수의 성경적 증거를 찾으려 한 논쟁은 끝내 성경관 논쟁으로 끝을 맺고 말았다. 고린도전서의 여성 안수 반대 구절을 '해석'하려고 했던 찬성 측에 대해 성경의 영감과 무오류를 반대하는 세력이라고 규정해버린 것이다.

백석 총회에서 여성 안수를 결정하기 1년 전 연구 위원을 임명했는데, 나는 임명된 8명의 연구 위원 중 하나였다. 나는 그간의 논의를 섭렵하고 다른 연구 위원들과 여러 차례 토론을 가진 후, "바울이라면 어떻게 생각했을까?"라고 나 자신에게 물어보았다. 가장 핵심적인 복음의 내용을 제외한 모든 것을 바꿀 준비가 되어 있던 바울 말이다. 바울이라면, "과연 여성 안수가 복음의 진전에 어떤 가능성을 열어주는가? 여성 안수를 반대하는 것이 어떤 사람에게는 복음의 장애가 되기도 하는가?"라는 질문을 했을 것이라 믿었다.

오랫동안 나와 같이 사역했던 여전도사 한 분이 군부대 사역자로 부임했다. 처음에는 안수를 받지 않고 전도사로 일했다. 작은 부대이고 작은 교회라서 다른 사역자 없이, 예배 인도, 설교, 상담 사역 등 모든 사역을 도맡아 했다. 군부대의 특성상 여성 목회자가 환영을 받는 분위기였고, 사역의 열매도 많았다. 얼마간 전도사로 일하다가 좀 더 권위 있게 예배를 인도하고 말씀을 전하며 축도를 하고 세례와 성찬을 집례하기 위해 안수가 긴요했기 때문에 모 교단에서 안수를 받았다. 안수받기 전 두어 번 정도 세례식과 성찬식을 할 때 내가 가서 설교하고 집례한 적도 있었으나, 나는 이것이 매우 부자연스럽고 비정상적이라고 생각했다. 성례나 축도는 말씀 선포에 종속적인 것이다. 설교는 하는데 성례를 집행하지 못한다는 것은 본말이 전도된 것이다. 바울이라면 오늘날과 같은 상황에서 여성 안수를 시행하는 것을 선택했을 것이라고 생각한 계기가 된 사건이었다.

다시 한번 강조하지만 여성 안수는 복음의 내용이 아닌 방법의 문제다. 여성 안수가 방법의 문제라는 것은 다음 이야기를 들으면 더 분명히 알 수 있다. 백석 총회가 2011년 여성 안수를 결정하자 백석대학교 신학대학원 여성 학우들은 일제히 환호했다. 전체 학생의 약 3분의 1이 여성이었는데, 이들 대부분이 안수받기를 원했다. 나는 회의가 들었다. 우리나라 교회의 정서는 여성 목사를 환영하는 분위기는 아니다. 특별한 몇몇 여성 목사가 있고(그중 전국에서 제일 유명한 분은 바로 우리 신학대학원 출신이다), 군목이나 특수 목회에 안수받은 여성 사역자가 필요하고, 은사 중심의 '가정제단'에서 목회할 여성 목사가 있을 수 있다. 그러나 상당수의 여성 학우들은 기존 교회에서 부교역자로 사역을 해야 할 것이다. 기존 교회에서 여성을 담임 목사로 청빙하는 일은 우리 세대에는 거의 일어나기 어려울 것 같다. 기존 교회에서 부교역자로 사역할 때, 목사 안수증은 오히려 걸림돌이 될 수 있다. 그래서 나는 강의 시간에 여성 학우들에게 안수받을 때 자신의 미래를 생각하며 받을 것을 조언했고, 안수받지 않는 편이 더 낫겠다는 뉘앙스를 가지고 말했다.

이내 여성 학우들이 반발했다. "아니 지금까지 남성이 교회의 모든 결정권을 가지고 영광을 독식했는데, 아직도 가부장적 사고를 하고 계십니까? 시대가 이렇게 바뀌어서 여성 대통령도 나왔는데, 교회의 유리 천정이 제일 두껍습니다. 20년 경력의 여전도사가 이제 갓 신학대학원 졸업한 부목사의 지휘를 받고 그보다 봉급을 적게 받는 것이 정당한 일입니까? 교수님도 남자라서 어쩔 수 없군요!" 생각보다 강한 반발에 멈칫했다. 이들의 반발에 심정적으로 동의가 되고, 아닌 게 아니라 나이 어린 부목사가 영적으로 노련하고 성숙한 여전도사에게 반말조로 명령하는 것은 정의롭지 못하다고 생각해왔고, 나 자신이 보수적인 가부장제를 초월하지 못한 구시대의 사람인 것도 맞는 것 같다. 그리고 교회가 사회를 소극적으로 따라가야 하는지, 아니면 적극적으로 시대를 이끌어야 할지에 대해서도 깊이 생각할 부분이 있다.

그러나 그래도 나는 안수의 문제는 복음 자체의 중요성이나 복음을 듣고 회심할 영혼의 중요성에 비하면 부수적인 것이라 믿는다. 사실 나는 남성의 안수도 비슷하게 생각하는 편이다. 평신도로 있으면서 많은 열매를 맺던 사람이 신학을 공부하고 목사 안수를 받은 후 영혼에 대한 사랑과 봉사 정신을 잃은 모습을 너무 많이 보았다. 하나님 앞에서 안수받은 사람과 받지 않은 사람의 차이가 크면 얼마나 크겠는가? 안수가 복음 전도에 걸림돌이 되면 안수받지 않는 것이 맞다. 바울은 심지어 세례조차 상대화하지 않았던가! "그리스도께서 나를 보내심은 세례를 베풀게 하려 하심이 아니요, 오직 복음을 전하게 하려 하심이로되"(고전 1:17상). 정의 로우신 하나님께서는 여전도사가 모든 수고를 아끼지 않고 회심시킨 사람을 남성 담임 목사가 세례를 주며 마치 자신의 열매인 것처럼 생각하는 것에 대해서도 판단하시리라 믿는다.

내가 이해한 사도 바울의 정신이 오해되지 않기를 바란다. 복음 전파의 효율성(efficiency)을 위해 별 생각도 없이 아무 방법이나 쉽게 받아들인다는 말이 아니다. 나는 200년 전 미국의 부흥사 찰스 피니(Charles Finney)가 대규모 회심을 만들어내기 위해 여러 가지 '새로운 방법'(new measures)과 음악 등을 동원해 부흥회를 인도한 것에 대해 다소간의 저항감이 있다. 당시 그의 방법이 성령을 의지하는 것이 아니라 회심을 유도해내기 위한 심리적 장치라고 생각해 이를 반대한 개혁주의자들의 주장에 공감한다. 지금도 피니의 후예들이 대중을 현혹하기 위해 온갖 엔터테인먼트를 동원하고 마케팅 방법을 사용하는 것이 복음의 세속화를 가속화시킨다고 생각한다.

'실용적'인 것 자체가 나쁜 것은 아니다. 다만 '실용주의'(pragmatism)로 전락하면 안 된다. 세속적인 목적을 정해놓고 원하는 결과를 얻기 위해 반성경적·반역사적 방법을 무비판적으로 받아들이는 것이 문제다. 다시 사도 바울의 경우를 보자. 그는 어렸을 적 당시 학문의 중심지 가운데 하나였던 '다소'(또는 타르수스[Tarsus])에서 배운 수사학을 자신의 서신에서 많이 사용했다. 또한 로마 시대 군인의 이동을 위해 닦아놓은 도로와 안정된 치안이 복음 전파에 유용하게 사용되었다. 그러나 바울은 로마의 군국주의와 그리스 철학이 죄로 물들어 있음을 누구보다도 잘 알았고 그것들을 '배설물'로 여겼다. 그는 복음 전파를 위해 로마 시민에게 주어진 권력을 이용하지 않고자 했다. 그는 한 명의 로마 시민을 위해 아홉 명의 노예가 일하는 사회를 용납할 수 없었다. 그는 자신의 시민권이 하늘에 있음을 분명히 알았기 때문이다. 아이러니컬하게도 인간의 문명을 배설물로 여길 때 그것들을 사용해 좋은 결과를 만들어낼 수 있다. 편의성에 중독되면 복음 전파는 인간 문명의 전파로 전락해 결국 교회의 쇠퇴를 가져온다.

우리 시대 세속적 문명도 그 한계와 죄악성을 알고 용도에 맞게 사용하면 복음 전파를 위해 유용하게 사용될 수 있다. 그러나 한 대형 교회가 물량 공세를 앞세워 자신과 닮은 교회를 중소 도시들에 세우고, 수평 이동을 유도하면서 전통적인 교회 생태계를 무너뜨리는 행태는 우리 시대 악덕 기업의 생리를 그대로 답습한 것이다. 교회에 대중음악을 도입한 것은 엘리트 음악을 타파하려 했다는 점에서 칭찬할 만하지만, 대중문화의 선정성과 스타 시스템까지도 무비판적으로 도입함으로써 세상과의 구별을 흐리게 했다는 비판을 피할 수는 없다.

내가 제시하는 새로운 방법들은 우리 시대를 관통하는 물질주의를 역행하는 것이고, 물질주의로 인해 소외된 사람들에게 관심을 쏟자는 것이다. 오랜 세월 굳어진 전통과 제도가 복음과 동일시되어서도 안 되고, 그런 전통과 제도들이 많은 사람이 주님께 나오는 데 걸림돌이 되어서도 안 된다. 유대인들도 지키기 어려운 것을 이방인에게 강요함으로써 사람들의 목에 불필요하게 무거운 멍에를 지우는 것을 반대했던 예루살렘 총회(행 15장)의 정신으로 돌아가자는 것이다.

새로운 실용적 방식이 성령의 인도를 따르는 것인지 아니면 세속주의와 영합하는 것인지를 판단하는 기준이 한 가지 더 있다. 나를 더 '종'이 되게 하고 내 '권리'를 사용하지 않도록 하는 것인지, 아니면 나에게 유익이 되는 것인지를 물어보면 된다. 사람들은 자기의 이익을 밝히는 것에 너무도 영악해서 자신도 모르는 사이에 자기에게 유리한 기준을 복음 전파의 효용성과 동일시하는 경향이 있기 때문이다.

새로운 방식을 제안함

논의가 약간 옆으로 빗나갔다. 하지만 여성 안수의 문제는 과거의 방식으로부터 탈피해 새로운 방식을 시도하려는 사람들이 부닥칠 수 있는 질문의 중요한 사례이기 때문에 자세히 이야기했다. 새로운 방식에 관한 이론은 복잡했으나, 실제가 그렇게 이해하기 어려운 것은 아니다. 교회를 개척하는 사람들이 고려해야 할 것을 몇 가지 생각해보자.

첫째, 맨 먼저 생각할 수 있는 것은 개척 목회자는 복음을 전할 타깃 그룹의 **필요**에 민감해야 한다는 것이다. 개척 목회자들이 가져야 할 필수적인 자산은 사랑이다. 사랑은 하나님을 알지 못하는 사람들에게 접근할 수 있는 유일한 접촉점이기도 하다. 사랑은 사람들을 불쌍히 여기고 그들의 필요를 채우고 싶어 하는 마음이다. 필요를 채우기 위해서는 반드시 먼저 그들의 필요를 알아야 한다. 내가 주고 싶은 것을 주는 것은 사랑이 아니다.

예컨대 농촌에서 목회하려는 사람은 교회만 세울 것이 아니라 농촌에 사는 사람들의 필요가 무엇인지를 먼저 알아야 한다. 언뜻 떠오르는 농촌 목회자는 전남 곡성의 선한이웃공동체 이형균 목사다. 40대 초반의 나이에 아무도 가지 않는 시골 마을에 가족과 함께 들어갔다. 그는 이곳에서 마을 사람들과 함께 닭을 방목해 자연유정란을 생산해 판매한다. 주

민들과 소통하고 경제적 도움도 주고 이들의 영혼을 돌본다.[6]

한번은 어떤 신학생이 개척 목회를 어떻게 시작해야 하는지 자문을 구해왔다. 50대 초반의 독신 여성이다. 내가 물었다. "어떤 사람에게 가장 마음이 갑니까?" 목회의 **대상**을 묻는 질문이다. 그의 대답은 "내가 사는 곳은 경기도 하남시의 작은 마을인데 그곳에 사는 다문화 가정 자녀들이 가장 마음에 걸립니다." 한국인과 결혼한 베트남, 캄보디아 여성들이 와서 아이를 낳고 사는데, 그 엄마들을 볼 때 애잔한 마음이 들 뿐 아니라 자녀들이 학교에서 공부를 잘 못하고 따돌림당하는 것을 보면 많이 괴롭다고 한다. 그는 평신도 선교사로 몽골에 파송되어 학교에서 학생들을 가르친 일이 있기 때문에 더 그럴지도 모른다. 다음으로 내가 물었다. "당신이 할 수 있는 일이 무엇입니까?" 그는 피아노를 가르칠 수 있고 노래를 지도할 수 있다고 말했다.

내가 조언했다. "그러면 그 지역에 가서 피아노 교습소를 여시오. 십자가를 걸거나 교회 명패를 붙이지 말고, 당신이 전도사인 것도 알리지 마시오. 다문화 가정 자녀들에게 다른 곳보다 싼 값에 피아노와 노래를 가르쳐주고, 간식도 정성껏 만들어주며, 방과 후 공부도 가르쳐주시오. 무슨 일이 일어나는지 봅시다." 그는 내가 가르쳐준 대로 했다. 피아노 교습소를 열어 다문화 가정 아이들을 모집해 반값에 피아노를 가르쳤다. 오후에 엄마가 돌보지 못하는 아이들을 위해 음식도 만들어 먹이고 공부도 도와주었다. 불과 몇 개월이 지나지 않아 다문화 가정 엄마들과 친해졌고 이들과 상담도 하고 이들에게 복음도 전했다. 몇몇 한국 아이들도 피아노 교습소에 등록했다. 그중 어려운 문제가 발생한 가정을 위해 사랑하는 마

---

6   뉴스앤조이 취재팀이 농어촌에서 새로운 개념으로 목회하는 교회를 찾아 책을 펴냈다. 뉴스앤조이 취재팀, 『마을을 섬기는 시골교회』(서울: 뉴스앤조이, 2012).

음으로 정성껏 문제를 해결해주었다. 2년이 채 못 되어 감명받은 사람들이 그에게 다가오고, 그는 이 사람들과 성경 공부를 시작했으며, 드디어 십자가를 걸고 정식으로 교회를 시작했다고 소식을 전해왔다.

둘째, 예배의 장소, 시간, 헌금 등에 대한 고정 관념을 바꾸어야 한다. 교회 개척을 생각하는 많은 사람은 우선 교회를 세울 장소부터 걱정한다. 아무런 목회의 계획이 없이 먼저 상가부터 계약한 신학생도 만나본 적이 있다. 그러나 대상에 따라 예배의 장소는 가변적일 수 있다. 어떤 개척자는 가정이 파괴된 한 여성을 상담해주다가 2-3사람이 모인 소그룹이 형성되었고, 이들의 집에서부터 교회를 개척했다. 그는 일주일에 서너 개의 소그룹을 인도하다가 때가 되어 예배당을 얻었다. 어떤 신학생은 회사에서 신우회를 설립해 운영하다가 교회를 시작했는데, 첫 몇 년 동안은 그 회사의 회의실을 예배 장소로 사용했다. 요즈음은 한 시간에 1-2만 원만 지불하면 대여해주는 미팅 장소가 많이 있으니 편리하게 이용할 수도 있다.

한번은 내가 백석대학교회에서 시무하고 있을 때, 제자 중 한 사람이 백석대학교회의 한 장소를 빌려 예배드릴 수 있겠느냐고 물어온 적이 있다. 젊은이들 한 10여 명으로 구성된 시작한 지 얼마 되지 않은 작은 교회였다. 내가 시무하던 백석대학교회는 건물을 학교와 함께 사용하는데 강의실이 많기 때문에 장소에 좀 여유가 있다. 한 건물에 두 개의 다른 교회가 있는 예를 경험해보지 못해 약간 이상한 생각이 들긴 했지만, 흔쾌히 승낙했다. 그리고 우리 교회에서 기왕 식사를 준비하니, 점심도 같이 먹자고 했다. 그들은 자신들의 건물을 얻어 나가기까지 1년 이상을 강의실 한 칸을 빌려 예배를 드리고 우리와 밥도 같이 먹었다.

이런 생각도 한번 해본다. 기존 교회들이 개척 교회를 위해 오후의 남는 시간에, 아니면 주중에, 자신의 교회 한 모퉁이를 빌려주면 어떨까?

교회 건물은 집회를 위해 설계된 건물이기 때문에 사용하기가 편리하다.[7] 또 주일에만 그것도 오전 예배 때만 사용하는 곳이 많은데, 아까운 낭비다. 미국에 있는 한인 교회 중 약 80%는 미국 교회를 빌려서 오후 2시에 예배를 드린다.

예배의 시간도 탄력적이어야 한다. 과거 30년 전에는 주일 오전 11시가 예배 시간이었다. 정각 오전 11시에 '땡, 땡' 강대상 위의 작은 종을 쳐서 예배의 시작을 알렸다. 하나님께서 그 시간에 맞춰서 예배를 받기 위해 강림하시기 때문에 1분이라도 늦으면 안 된다고 믿었다. 주일학교 교사와 봉사자들을 위한 '1부' 예배가 주일 9시에 개설될 때 교회들마다 논란이 많았다. 대다수의 성도와 목회자들에게 오전 11시 예배가 '대'예배이고 '본'예배이며 '정식'예배였다. 지금은 대형 교회들을 중심으로 주일에 3-5부까지 예배를 드린다. 이 중 이른 아침에 드리는 1부 예배는 주일에도 일하는 직장인들을 위한 예배이고, 오후 1시나 2시 예배는 젊은이들을 위한 찬양 중심의 예배다. 이런 발전은 주로 교회가 성장하면서 좁은 예배당에 더 많은 회중을 수용하기 위한 것이었다.

내가 말하는 예배 시간의 가변성은 목회 대상의 형편에 맞추자는 의미다. 예를 들어 산업 단지에 있는 교회를 생각해보자. 기숙사에 사는 공장 노동자들은 주일 오전 11시 예배에 참석하기 어렵다. 그 시간은 노동자들이 아직 잠자리에 있을 시간이다. 토요일 늦게까지 잔업을 하거나, 잔업이 없는 날은 소주 파티를 하고 늦게 잠자리에 든다. 12시가 다 되어 일어나 간단히 아침 겸 점심을 먹고, 밀린 빨래와 청소를 하며, 저녁에 친구 한두 명 만나 술 한 잔 하고, 내일을 위해 일찍 잠자리에 든다. 산업 단지

---

7   노원구의 빛과소금의교회(장창영 목사 시무)는 예배당이 비는 주일 오후에 탈북자 교회인 행복이넘치는교회에 예배당을 빌려주고 있다.

주변의 교회들이 노동자들에게 전도를 하려고 시도해보았을 것이다. 그러나 '주일 11시'라는 고정 관념에 매여 이들에게 복음을 전해 영혼을 구원하는 데 실패하고 말았다. 본질과 수단이 뒤바뀌어도 이만저만한 것이 아니다.

예배의 요일에 대해서도 다시 생각해야 한다. 앞 장에서 살펴본 것처럼 주일에 교회에 나오지 못할 형편에 있는 사람들이 너무 많다. 업종별로 휴무일이 다르다. 주일이 아닌 날도 예배를 준비해 드리거나, 아니면 아예 평일에 예배를 드리는 교회를 개척하는 것도 좋은 방법이다. 사람이 안식일을 위해 있는 것이 아니고, 안식일이 사람을 위해 있는 것이다. 게다가 오늘날의 '주일'(일요일 자정부터 다음날 자정까지)은 성경의 '안식일'(금요일 일몰부터 토요일 일몰까지)도 아니지 않은가!

헌금에 대해서도 생각해보자. 헌금을 낼 수 있는 형편이 아닌 사람들에게 헌금을 강요하는 것보다 헌금의 정신을 잘 가르쳐서 후일 신앙이 생겼을 때 헌금하도록 하는 것이 낫겠다. 1980년대 이후 중국 교회의 부흥을 이끈 교회는 '처소교회' 혹은 '가정 교회'다. 그런데 처소교회에는 헌금이 없다. 처음 처소교회 예배에 참석했을 때 헌금을 거두지 않아 정말 이상했다. 주일 예배 때 헌금 안 해본 일이 없었고, 헌금이 예배의 본질 중하나라고 배워왔기 때문이었다. 처소교회 지도자에게 왜 헌금을 안 하느냐고 물었다. 그는 왜 헌금을 해야 하느냐고 반문했다. 생각해보니 예배당 건물이 아닌 가정에서 모이고, 예배 후 차 한 잔 마시고 헤어지며, 전임 사역자가 없으니, 헌금을 해도 쓸 데가 없을 것 같았다. 나는 처소교회에서 헌금을 받지 않는 것이 중국 교회가 급성장한 원동력이 아닐까 하는 생각을 잠시 해보았다. 원동력까지는 아니더라도 최소한 성장을 방해하는 요소로 작용하지는 않았을 것 같다. (중국인들이 헌금을 아주 안 하는 것은 아니었다. 내가 묵을 숙소를 제공한 성도는 그 도시에서 큰 비즈니스를 하는 사람이었는데,

복음 전도를 위해 한 번에 중국 돈 100만 위안을 헌금했다.) 지금은 중국 교회도 가정 교회에서 벗어나 교회 건물을 건축하려 하고, 전문 사역자를 도와야 하기 때문에 정기적인 헌금을 하는 교회가 많아졌다. 중국 교회가 한국교회로부터 배울 것만 배워야 하는데 말이다.

셋째, 목회자의 생활비와 교회 유지비를 목회자 자신이 충당하는 방식을 생각해볼 일이다. 앞서 나는 중산층이 아닌 저소득층이 블루오션이기 때문에 여기에 주목해야 한다고 말했다. 그런데 전도할 대상이 넓게 열려 있는 것을 알지만, 신학생과 개척자들이 관심을 기울이지 않는데, 그 이유는 이들이 헌금할 능력 즉, 자신의 생활을 책임지고 예배당을 지속 가능하게 유지할 능력이 없기 때문이다.

터놓고 이야기해보자. 대한민국 교회가 중산층화되었고 가난한 사람을 위한 교회는 별로 없다는 것을 많은 사람이 어렴풋하게는 알고 있었을 것이다. 또한 젊었을 때 가난한 사람들을 위해 무언가 해야 한다는 의무감도 한두 번씩은 가져보았을 것이다. 특히 교회를 개척하려는 사람들은 심각하게 고려해보았으리라고 본다. 그러나 막상 이들을 위한 저소득층이나 소수자들을 위한 교회를 개척한다고 생각하면, 교회 운영 비용과 목회자의 생계비를 조달할 일이 막막하다.

메가 처치는 최고급 시설의 '성전'을 건축하고 주차장을 마련하는데, 이는 중산층을 위한 것이기도 하고, 중산층 성도가 필요한 이유이기도 하다. 중형 교회도 교회의 유지와 프로젝트를 위해 헌금을 할 수 있는 사람들이 필요하다. 그런데 놀라운 것은 개척 교회도 중산층을 지향하는 것은 큰 교회와 별반 차이가 없다는 사실이다. 예컨대 중소 도시에서 30-40평 정도의 표준적인 개척 교회 하나를 운영하려면 매월 최소한 5백만 원은 있어야 한다. 처음 교회를 오픈할 때는 모아놓은 돈도 있고, 이전 교회의 성도들과 주위의 친척들이 헌금을 약정해 매월 5백만 원을 어렵사리 모을 수 있다. 그러나 1년, 2년이 지나면서 후원금이 반으로 줄고, 3년이 지나면 가족과 친척 외에는 남지 않는다. 3년째가 중요한데, 3년 안에 매월 50만 원씩 십일조 헌금하는 성도 10가정 이상을 모으면 이 교회는 지속 가능한 교회가 될 것이고, 이 성도들을 모으지 못하면 한두 해 안에 보증금을 잠식해 예배당 건물을 내놓게 된다. 우리 사회에서 매월 50만 원씩 십일조 하는 성도를 보통 중산층이라 부른다. 개척 교회가 중산층을 겨냥할 수밖에 없는 이유다.

개척 교회가 중산층을 대상으로 하지 않으려면 목회자의 생활비와 교회 유지비를 성도들의 헌금에 의존하지 않아야 한다. 가난한 신학생이 어떻게 이 비용을 충당한단 말인가? 여러 가지 방법이 있을 수 있다. 재력이 있는 평신도 그룹과 함께 교회를 시작하는 것이 제일 좋다. 재력이 있는 나이 많은 헌신자와 젊은 개척자가 동역하는 것도 가능한 방법이다. 아니면 남편이나 아내가 직업을 가지고 배우자를 지원할 수도 있다. 내가 아는 가리봉동의 중국 동포 교회는 남편이 사업을 하는 분인데, 아내가 안수를 받아 목회를 시작했다.[8] 지금은 교회가 커져서 자립할 수 있지만, 수년 동안 남편 장로가 전적으로 교회의 재정을 담당했다.

혹은 목회자가 직업을 갖는 것도 생각할 수 있다. 한편으로는 자신의 생활을 돕는 것이고, 다른 편으로는 전도할 대상자를 만나는 길이 되기도 한다. 예를 들어 알바 노동자를 위해 헌신한 사람이 있다고 해보자. 그 자신이 알바를 한 경험이 있든지 아니면 하고 있어야 한다. 그래야 알바 노동자의 삶의 방식과 고통과 즐거움을 알고, 그들에게 다가가는 방법, 전도하는 방법을 알 것이다. 아무도 없는 밤에 홀로 일하는 사람을 찾아가서 컵라면 하나 대접하면서 대화를 나눈다. 그에게 많은 생활비와 활동비가

8　한중사랑교회를 개척해 큰 부흥을 이룬 서영희 목사와 부군이신 이상부 장로.

필요한 것은 아니다. 생활비의 절반 정도는 자신이 알바를 해서 벌고, 남는 시간 사역을 한다. 동네의 중형 교회에서 선교사 한 사람 파송한 셈 치고, 그의 생활비의 절반 정도, 매월 100만 원씩만 보조해주면 되지 않겠는가? 그런 중형 교회가 어디 있느냐고? 이 글을 읽고 그런 교회가 생기기를 희망한다.

수년 전 『4천 원 인생: 열심히 일해도 가난한 우리 시대의 노동일기』[9]라는 책을 읽고 큰 감명을 받은 적이 있었다. 한겨레신문의 젊은 기자 4명이 최저 임금 노동 현장에서 수개월씩 일하며 경험한 르포를 엮은 책이다. 식당 설거지, 대형 마트, 가구 공장, 난로 공장 등에 실제로 취업해, 여성 노동, 비정규직 노동, 이주 노동의 현실을 온 몸으로 겪었다. 나는 노동자들의 문제를 그저 추상적으로만 생각했었는데, 이 책을 읽으면서 노동자 한 사람 한 사람을 볼 수 있었다. 책을 읽는 내내 마음 한쪽에 분한 마음이 들었다. '아니, 신문 기자도 기사를 쓰기 위해 현장에 들어가서 몇 달 동안 몸으로 뛰는데, 왜 우리 젊은 신학생들은 이렇게 하지 못할까?'

그리고 혼자 상상의 나래를 펼쳐나갔다. 내가 다시 젊어진다면 공부 대신 개척을 택할 것이다. 과거 민주화 운동 하던 친구들이 학력을 속이고 위장 취업해 노동조합을 결성했던 것처럼 나도 신분을 속이고 공장에 취업을 한다. 다른 노동자들과 똑같이 일하고 똑같이 월급 받고, 그들과 똑같은 고달프고 지겨운 생활을 이어간다. 잔업이 있는 날이면 일요일에도 출근해야 하고 너무 피곤해 예배드리는 것도 잊어버릴 수 있다. 기독교인 전도자의 정체성을 잊지 않도록 해주는 것은 매일 1시간 홀로 드리

---

9 안수찬, 전종휘, 임인택, 임지선, 『4천 원 인생: 열심히 일해도 가난한 우리 시대의 노동일기』(서울: 한겨레출판, 2010). 비슷한 개념의 책들도 있다. 세명대 저널리즘스쿨 대학원생들이 발로 뛰어 취재한 르포 모음이다. 제정임 등, 『벼랑에 선 사람들: 서럽고 눈물 나는 우리 시대 가장 작은 사람들의 삶의 기록』(파주: 오월의봄, 2012).

는 경건 생활과 동료들을 향한 사랑과 관심이다. 그러던 어느 날 동료 중한 사람이 손가락이 절단되는 사고를 당한다. 나는 몸을 사리지 않고 그를 둘러업고 병원으로 가서 치료받도록 돕고, 매일 정성스럽게 간호하며, 물질의 부족을 조금이나마 채워주려고 노력한다. 치료받는 한 달 동안 그와 많이 친해졌고, 그는 내 사랑에 반응을 보이기 시작한다. 나는 주일 오후 성경 공부에 그를 초청하고, 그는 흔쾌히 승낙한다. 이렇게 해서 몇 명이 모이고, 일 년 후에는 그런 그룹이 서너 개로 늘어난다. 2년이 지났을 때 있는 돈을 다 끌어 모아 산업 단지 안에 작은 사무실 한 칸을 얻어 '환대의 집'을 시작한다. 매일 저녁 오픈해 커피를 대접하고 라면도 끓여주지만, 특히 일주일에 한 번은 맛있는 집밥을 정성껏 만들어 고향을 느끼게해준다. 2년이 지났을 때 원하는 사람들을 위해 교회 간판을 걸고 정식 예배를 시작한다. 너무 허황된 상상인가?

복음은 변함이 없지만 복음을 전하는 환경은 늘 변한다. 구태의연한 방법이 아니라 새로운 시대에 맞는 교회의 모습을 상상하고 이를 실험해야 한다. 안락한 중산층의 삶을 포기하고 사회적 소수자와 같이 살면서 대가를 바라지 않는 신앙, 사회적인 비난과 조롱, 가족들의 눈총을 감당할수 있는 신앙을 가진 사람이 이 일을 할 수 있다. 진정으로 복음을 전하려는 열망을 가진 사람은 보수를 받든지 그렇지 않든지, 교회의 건물이 있든지 없든지, 내 삶과 말로 복음을 전하는 사람이라는 자의식만 있다면, 하나님께서 길을 열어주실 것이라 믿는다.

3. 개척 목회자의 소명

지금까지의 이야기를 정리해보자. 나는 지금 개척을 준비하는 목회자에게, 개척을 돕고 싶은 동역자들에게, 그리고 분립 개척을 진행하고 있는 교회의 담당자들에게 말하는 중이다. 이미 레드오션이 되어버린 중산층을 위한 목회를 계획하지 말고, 우리 시대 구조적으로 복음을 듣지 못하는 사람들에게로 향할 것을 권한다. 구조적으로 복음을 듣지 못하는 사람이 생긴 이유 중 일부는 우리 사회가 포스트크리스텐덤 사회인데, 아직도 크리스텐덤 예배와 교회 운영 방식을 고집하기 때문이다.

개척 목회를 시작할 때 가장 먼저 해야 할 일은 전도할 대상을 정하는 것이다. 우리 사회가 분화되고 파편화되었기 때문에 과녁을 정확히 잡지 않으면 화살을 낭비할 것이다. 대상을 정했으면 다음으로는 그 대상에 적합한 전도와 목회 방식을 생각해야 한다. 물건을 팔기 위해 사람들의 취향을 저격하라는 뜻이 아니다. 지금까지 어쩌면 중산층만을 위한 취향을 고집했기 때문에 저소득층 사람들이 예수를 믿지 못했던 것을 제자리에 돌려놓자는 것이다. 사도 바울의 정신을 따라 어떤 가능한 방법을 동원해서라도 복음을 전해야 한다.

독자들이 여기까지 따라오는 것이 어렵지는 않았을 것이다. 주일 오전 정각 11시에 예배를 시작하지 않으면 이단이라고 생각하는 사람 외에는 말이다. 내 이야기가 객관적으로는 그럴듯한데, 정작 중요한 문제가 남아 있다. 목회의 대상을 어떻게 찾아낼 것인가? 내가 그 일에 적합한지 어떻게 알 수 있는가? 이 어려운 일에 누가 도전할 것인가? 바로 소명에 관한 문제다.

잠시 변명을 하고 지나가야 할 것 같다. 내가 앞서 말한 개척 목회의 방향을 생각한 지는 10년 이상 꽤 오래되었다. 그렇지만 이 생각을 입밖으로 내놓지 못하고 있었는데, 이는 내 생각과 삶에 괴리가 있기 때문이다. 나는 기성세대에 속한 목회자다. 신학대학원을 졸업해 안수를 받고 학위까지 마쳤다. 기존 교회에 청빙을 받아 여러 해 동안 목회를 했고, 신학대학원 교수로 부름을 받아 교수로 섬기고 있다. 매달 어김없이 봉급을 받아 가족들을 부양할 수 있었고, 교회에서나 사회에서나 존경을 받으며 살아왔다. 그러나 이제 내가 제시하는 새로운 교회는 아무도 가보지 않은 길이다. 안정된 보수가 주어지지 않고, 사회적으로 존중받을 것을 기대할 수 없다. 나는 일생 편안히 목회했는데, 후배들에게는 성도들의 후원과 존경을 기대하지 말라고 말하는 것은 양심에 찔리는 일이다. 한마디로 나는 '문지방' 위에 서 있었다. 기존 질서와 새 세계의 문지방에 서서 고민하고 있었다. 과거의 체제가 너무 낡아서 그 안에서 살 수는 없다. 그러나 그렇다고 새로운 세계로 진입할 용기는 없었다. 혼란과 상실감과 위기의식을 느끼는 전형적인 '경계성'(liminality) 위에 놓인 사람의 모습이었다.[10]

2012년경으로 기억한다. 당시 미국 비블리컬 신학교(Biblical Theological Seminary)의 총장이었던 던바(David G. Dunbar)라는 분이 학생 선발을 위해 한국의 유수한 신학교들을 순회하다가 백석대학교 신학대학원을 방문한 적이 있었다. 비블리컬 신학교는 미국 동부 필라델피아 북부의 해필드라는 지역의 소규모 신학교로서 학문적인 명성보다는 목회자 양성에 치중하는 보수적 신학을 표방하는 학교다. 내가 마침 던바 총장을 영접하고 운전도 해주면서 그와 몇 시간 동안 대화할 기회가 있었다. 나는 당시 새로운 교회에 대해 고민하며 마침 한국에 소개되기 시작한 선교적 교회에 대해 호감을 가지고 책을 몇 권 읽었던 때였다. 그런데 알고 보니 던바 총장이 바로 선교적 교회에 헌신된 사람이었다. 그는 한국의 여러 보수적인 신학교들을 다녔으나 선교적 교회에 관심이 있는 사람을 처음 만났다고 하며 무척이나 기뻐했다. 그는 선교적 교회의 중요성에 대해 이

10 　'경계성'(liminality) 개념은 영국의 문화인류학자 빅터 터너의 『의례의 과정』(*The Ritual Process*)에서 제시된 개념으로서 사회적 변동에 따른 정치·문화·심리적 변화의 과정을 설명해준다.

야기해주었고, 또 비블리컬 신학교를 자신이 총장으로 있는 동안 선교적 신학을 정립하고 가르치는 학교로 거듭나게 하고 싶다는 소망을 밝혔다. 거의 모든 교수가 그에게 동조했고, 이제 이사들을 한 사람 한 사람 설득하고 있는 중이라고 말했다. 교수들이 뜻을 같이해 새로운 비전을 가지고 학교를 새롭게 만들어나가려는 모습이 인상적이었다.[11]

던바 총장에게 내 고민을 꺼냈다. 내가 생각하는 미래 한국교회의 모습이 제자들에게 희생을 요구하는 것이기 때문에 말을 꺼내지 못하고 있다는 것도 털어놓았다. 그는 자신도 내 고민을 잘 이해한다고 하면서, 그래도 그런 말이라도 해주는 교수가 필요하지 않겠느냐고 격려해주었다. 어차피 새로운 시대는 젊은 목회자가 감당해야 할 시대이므로 그들이 당할 문제까지 앞당겨 짐질 필요는 없다고 말했다. 던바 총장은 기성세대 교수가 해야 할 일은 젊은이들이 새로운 방식의 교회를 세울 때 잘못된 것이 아니라는 것을 일러주고, 또한 너무 과격한 쪽으로 가지 않도록 인도하는 것이라고 말했다. 던바 자신도 오랜 세월 이런 생각을 가지고 학생들을 가르쳤고, 그의 가르침에 따라 새로운 개념의 개척 목회를 하는 제자들도 있다고 알려주었다.

나는 던바 교수의 말에서 힘을 얻었다. 비록 내가 어려운 개척의 길을 가지는 못하더라도, 새로운 교회를 제시하는 것만으로도 필요한 일을 하고 있는 것이라 위안을 얻었다. 젊은 사역자들이 실험하는 새로운 교회의 모델의 장단점을 살피고, 정당성을 부여해주며, 부족한 점을 보충해주는 역할을 할 수는 있을 것 같았다. 지금도 후배들에게 미안한 마음뿐이다. 그러나 내 일도 하나님이 주신 소명이라 생각하며 담담히 감당하기

---

11 그 후 약 6년의 세월이 흘렀는데, 비블리컬 신학교는 그 이름을 '미시오 세미너리'(Missio Seminary)로 바꾸고, 필라델피아 다운타운에 새 캠퍼스를 마련해 이주한다는 소식을 들었다. 교수들이 품은 뜻이 가시화되는 것 같아 한없이 부러웠다.

로 했다.

부르시는 하나님

각설하고, 나는 위에서 무턱대고 한 지역을 택하지 말고 먼저 대상을 찾으라고 조언했다. "과연 나에게 맞는 목회의 대상을 어떻게 찾을 것인가?" 이 질문을 이렇게 바꾸는 것이 좋겠다. "하나님께서는 내가 어떤 사람들을 섬기기 원하시는가?" 우리가 알아야 할 것은 목회의 시작, 특히 개척 목회의 시작은 내가 아니라 바로 성령이시라는 사실이다. 내가 목회하고 싶은 사람을 찾는 것이 아닌 하나님께서 당신의 백성을 맡길 일꾼을 찾고 계신다는 점이 중요하다.

성경 사도행전을 보자. 한 지역 혹은 한 집단에 복음을 전하기 시작할 때, 하나님은 전도자들을 친히 뽑아 보내셨다. 베드로를 비롯한 열두 제자를 예수님께서 뽑으셨고, 결원이 생겼을 때 사도들은 제비를 뽑아 충원했다. 예수님께서 택해 맡긴 것이다. 예루살렘 교회에 분쟁이 났을 때 그리스파 유대인의 지도자 일곱 명을 택하셨다. 빌립을 택해 사마리아로, 에티오피아 내시에게로 보낸 분도 성령이었고, 바울도 주님이 직접 하나님의 그릇으로 택하셨다. 이방인 전도를 위해서는 성령께서 친히 바나바와 바울을 따로 세우셨다. 바울의 글이다. "베드로에게 역사하사 그를 할례자의 사도로 삼으신 이가 또한 내게 역사하사 나를 이방인의 사도로 삼으셨느니라"(갈 2:8).

초기 교회에서 이렇게 일하신 성령은 지금도 자신이 원하시는 사람을 뽑으신다. 크리스텐덤 시대에 들어오면서 교회의 일꾼 선택 방식이 달라졌다. 성직자의 자녀들 중에서 신앙과 성품이 성도들의 인정을 받고 신학 교육 기관에서 소정의 교육을 마친 사람들이 성직자로 임명된 것이다. 때로는 영적인 자격이나 실력을 갖추지 않아도 가업을 이어 성직자가 되기도 했다. 크리스텐덤 교회에서도 하나님의 영원하신 작정이나 선택과 같은 교리를 통해 성령의 주도권을 가르치지만, 이는 이론으로만 남아 있을 뿐 사실은 인간이 만든 제도에 의해 성직자를 뽑았다.

대체로 크리스텐덤 시대 풀타임 사역자들은 하나님으로부터 부름을 받았다는 자의식이 부족한 채, 교구를 물려받아 체제를 유지하는 사제(priest)로 일했다. 우리가 사는 포스트크리스텐덤 시대, 물려줄 교구도 청빙받을 교회도 없는 시대, 이 시대에는 다시 하나님의 부르심이 중요한 요인으로 등장하게 되었다. 안정된 봉급과 사회적 지위를 기대할 수 없기 때문에 하나님의 소명 받은 자라는 자의식이 없는 사람은 견뎌내지 못한다. 어찌 보면 이 점은 오히려 잘 된 것 같다. 그동안은 소명을 받지 않은 사람도 그럭저럭 견딜 수 있었는데, 이제는 안 된다. 그야말로 진검승부(眞劍勝負)의 대결장이 펼쳐진 것이다. 문득 20년 전 IMF 시대에 교회에서 보내는 돈이 반으로 줄고, 다시 환율 때문에 결국 4분의 1밖에 받지 못하게 되었을 때, 신학교 동기인 중국 선교사가 한 말이 생각난다. "그동안 돈으로 선교하던 선교사들은 다 떠나고, 진짜 선교사 몇 명만 남았어요. 나는 이때가 하나님께서 진짜와 가짜 선교사들을 구별하고 정리해주시는 때라고 믿습니다."

하나님이 사람을 택하시는 방법은 여러 가지다. 바울과 같이 전혀 예상하지 못한 사람을 초자연적으로 부르기도 하신다. 지금도 성령이 사람들을 이렇게 부르시는 경우가 있다. 한국 최초의 선교사 중 한 사람, 언더우드 선교사의 부르심에 관한 이야기를 한 번쯤은 들어보았을 것이다. 언더우드는 인도 선교사로 갈 준비를 다 해놓고 있었는데, 출발하기 며칠 전 한국인 선교사를 모집하는 호소를 들었다. 다른 친구들에게 권유했지만 모두에게 거절당했을 때, "너는 왜 못 가느냐?"라는 강력한 주님의 음성을 들었다고 한다. 물론 꿈이나 환상이나 음성을 들었을 때 정말 하나님의 부르심인지는 더 생각해보아야 한다. 때로 자신의 욕심이 환상을 만들어내는 경우도 있기 때문이다.

마음의 소원

하나님께서 사람을 부르는 더 일반적인 방법이 있다. 하나님의 일하시는 방법을 말씀한 성경 가운데 다음 구절이 매우 중요하다.

> 너희 안에서 행하시는 이는 하나님이시니, 자기의 기쁘신 뜻을 위하여 너희에게 소원을 두고 행하게 하시나니(빌 2:13).

일하는 분은 분명히 하나님이시다. 그런데 그분은 당신의 뜻을 고집하거나 사람들을 세뇌시키지 않으신다. 하나님은 사람들로 하여금 먼저 그 일을 소원하게 하신다. 하나님이 소원하게 하시는 것은 결국 하나님이 세뇌시키는 것이 아닌가 하는 의문이 있을 수 있다. 하나님께서 어떤 방법으로 인간의 마음에 소원을 두는지에 대해서는 전문 조직신학자에게 맡기자. 한 가지 분명한 것은 우리가 소명을 찾을 때 멀리 가서 찾을 것이 아니라, 바로 우리들 내면을 들여다보아야 한다는 것이다. 과연 내 안에 어떤 소원이 있는가 물어보라는 말이다.

성경을 살펴보자. 하나님께서 모세를 떨기나무에서 부르셨는데, 부름을 받기 이전에 그는 이미 하나님의 백성에 대한 소원을 가지고 있었다. 자신이 히브리인인 것을 알고 동족과 함께 고난당할 결심을 했다(히 11:24-26). 엘리야는 비가 오지 않을 것이라는 명령을 전하라고 부름을 받았다. 그는 이런 부름을 받기 이전부터 죄악이 만연한 이스라엘에 하나님의 심판이라도 임해 이스라엘을 하나님께 돌이켜 달라고 "비가 오지 않기를" 간절히 기도하고 있었다(약 5:17). 이사야의 경우도 부르심의 주체는 하나님이시지만, 하나님이 물으실 때 선뜻 대답한 것으로 보아 이사야는 이전부터 고통받는 세상에 대해 탄식하며 구원을 기다리고 있었다(사 6:8). 예수님이 제자로 부르신 나다나엘도 이스라엘의 위로를 기다리며 묵상하고 있었다(요 1:48).

바울의 경우는 이방인의 사도가 될 것이라는 소원이 전혀 없지 않았는가? 바울 자신도 자신의 소명을 전혀 예상하지 못한 은혜의 부르심이라고 고백한다. 하지만 그의 마음 깊은 곳에 소원이 있었다. 그는 율법에 대한 열정이 있는 디아스포라 유대인으로서, 예수님 십자가의 복음이 유대교를 무너뜨릴 것을 알고 스데반을 돌로 칠 정도로 강한 의지를 가지고 있는 사람이었다. 그러나 스데반의 논리 정연한 설교와 그가 죽을 때 남긴 용서와 평안의 모습이 그의 뇌리에서 떠나지 않았다. 그의 마음은 두 갈래로 갈라져 있었고 이미 상당 부분 스데반이 전한 복음이 옳다는 것을 인정하고 있었다. 예수님은 이를 이렇게 묘사하셨다. "가시채를 뒷발질하기가 네게 고생이니라"(행 26:14하). 자기도 인식하지 못하고 있었지만 바울의 내면은 이방인의 복음 전도자로 준비되어가고 있었다. 바울은 야고보나 베드로와 비교해볼 때 이방인의 사도로 부름 받기에 가장 적합한 사람이었다. 빌립보서 2:13은 결국 바울 자신의 고백이기도 하다.

우리의 '소원'을 찾기란 쉬운 일이 아니다. 내가 무엇을 좋아하는지, 누구에게 마음이 향하고 있는지, 나도 모르는 경우가 많다. 나의 소원을 찾기 위해 하나님 앞에서 자신을 열어놓고 하나님과 대화해야 한다. 공부도 연구도 많이 해야 한다. 나의 소원을 깨닫기 위해서는 내가 처한 현실과, 나 자신 그리고 성경의 가르침, 이 세 가지를 동시에 알아야 한다. 첫째, 내가 사는 세상이 어떻게 돌아가고 있는지, 이 세계를 지배하는 악은 무엇이고, 하나님의 왕국은 어떤 방식으로 나타나야 하는지를 배워야 한다. 역사의식과 시대적 사명을 알아가는 것이다. 둘째, 나를 알아야 한다. 내 소명을 찾아가는 과정은 나를 찾아가는 과정이기도 하다. 나는 태어날 때부터 가지고 있는 기질이 있고, 나만의 교육과 경험과 고난과 연단이 있다. 나를 알아가는 것은 세계를 아는 것과 떼어놓을 수 없다. '나'는 온 세계의 축소판인 '소우주'(microcosmos)다. 셋째, 하나님의 말씀을 알아야 한다. 말씀은 이 세계를 해석하는 눈을 기르게 해준다. 또한 나를 보게 해준다. 말씀에 비추어 자신을 성찰하는 가운데 자신의 장점과 단점, 연약함과 죄악, 하나님의 은혜로 변화된 부분들이 또렷하게 나타날 것이다. 말씀이 나를 이 세상의 어디쯤에 위치한 사람인지를 알려준다. 내가 할 수 있는, 나밖에 할 수 없는 일이 무엇인지 알려준다.

위의 세 가지를 공부하고 묵상하는 가운데 자연스럽게 관심이 가는 사람(대상)이 떠오를 것이다. 물론 가만히 앉아서 되는 것은 아니고, 관심이 가는 대상의 정보를 적극적으로 수집하는 과정이 필요하다. 정보를 알면 알수록 어떤 경우는 자신의 일이 아니고, 감당할 자신도 없으며, 관심도 더 이상 쏟지 않는 분야가 있다. 반면 어떤 경우는 관심을 쏟으면 쏟을수록 더 알고 싶고, 안타까운 마음이 들고, 기도할 때 괜히 마음이 시리고 눈물이 나고, 사랑스럽게 보이는 대상이 생긴다. 드디어 하나님께서 그들을 불쌍히 여겨 누군가를 보내 그들을 구원해달라고 기도하기에 이른다. 그러다가 언젠가 "그러면 네가 가라!"는 하나님의 음성을 듣는 것이다. 하나님께서는 이렇게 우리의 눈을 여시고, 당신의 마음을 전달하시며, 우리의 길을 인도하신다.

자기 평가

가장 어려운 부분이 아직 남아 있다. 개척을 시작하려는 사람은 자신의 능력과 자질을 객관적으로 평가할 수 있어야 한다. 건강과 지적 능력과 사교성과 도덕성, 결단력 등이 있는지 평가해야 한다. 개척 목회를 할 사람은 건강해야 하고, 사고가 건전해야 하며, 낙관적이면서 사람들에 대한 이해심이 넓어야 한다. 목회자의 자녀로 곱게 자란 사람보다는 들풀과 같은 야성을 가지고 세상의 경험이 많고 회심의 체험이 뚜렷한 사람이 좋다. 회복탄력성도 중요하다. 회복탄력성(resilience)이란 마치 고무줄이 늘어났다가 원상태로 되돌아오는 것처럼 피로에 지친 몸과 정서가 빨리 그리고 온전하게 회복되는 힘을 말한다. 회복탄력성이 약해 조그마한 정신적 충격에도 헤어나올 수 없는 사람은 개척자로서는 적합하지 않다.

과거에 받은 상처가 회복되지 않은 사람은 상처부터 치유해야 한다. 정서적으로 완벽한 사람은 존재하지 않지만, 과거의 아픔이 다른 사람에게 부정적인 영향을 끼쳐서는 안 된다. 예수님의 마음으로 불쌍히 여기는 것과 약자를 지배하려는 마음을 구분할 수 있어야 하며, 상대의 죄를 미워하는 마음과 질투를 구분할 수 있어야 한다. 주 안에서의 사랑이 쉽게 성애(性愛)로 바뀔 수 있음을 알고 한계를 넘지 않을 자제력이 있어야 한다.

과거 사역의 열매를 가지고 자신을 판단해보아야 한다. 개척 목회를 하려는 사람은 헌신을 다짐하기 이전부터 교회 사역에서 열매가 있어야 한다. 하나님의 말씀을 전도할 수 있고, 말씀을 전했을 때 회개와 변화의 역사가 일어나야 한다. 연초에 주일학생 10명을 맡겨주었는데 연말에 5명밖에 남지 않았다면, 그리고 반토막 난 데 대해 이런저런 변명을 늘어놓는다면, 그는 사명을 재고해보아야 한다. 새로 입주하기 시작한 아파트에 가서 전도해 결신자를 얻고 구역을 조직해 양육해본 사람이 개척할 수 있다. 아무 사례를 받지 않았어도 최선을 다했어야 하고, 그 영광을 다른 사람이 차지해도 불의하다고 느끼지 않았어야 한다.

다른 사람들의 견해도 들어야 한다. 초기 예루살렘 교회에서 그리스파 지도자 일곱 명을 세울 때, 예수님이 초자연적으로 개입한 것도 아니고 사도들이 권위를 가지고 임명한 것도 아니다. 그들을 세운 주체는 '온 무리'였다(행 6:5). 성령께서 성도들에게 동일한 마음을 주신 것이다. 가장 가까운 사람이나 나를 사랑하는 영적 지도자의 의견을 반드시 물어야 한다. 디모데를 선발해 사역자로 세운 것은 바울이었다(행 16:1-3). 그러나 최종 결정은 결국 자신과 성령이 함께하는 것이다. 하나님이 주시는 불같은 마음의 소원이 일어나지 않으면 안 된다.

소명을 위한 기도

가장 중요한 것은 기도다. 자신의 소명과 사역해야 할 사람들이 누구인지를 알려달라고 하나님께 아뢰는 것이다. 기도와 공부를 통해 우리의 소명이 더 넓은 관점에서 재정의되기도 하고(broadening), 동시에 하나님이 특별히 이 시대의 교회와 사회를 위해 나를 어떤 곳에 부르셨는지 더 좁혀져 가기도 한다(narrowing down).

소명을 위해 기도할 때는 특별히 다음과 같은 것들을 염두에 두고 기도해야 한다.

- 하나님의 일을 향한 열망이 하나님께서 원하는 것인가, 일시적 흥분인가? 주를 위해 고난을 당할 준비가 되어 있는가?(눅 14:28-33)
- 내가 좁은 길을 걷는 것이 하나님의 부르심에 대한 응답인가, 나의 희생을 보여주기 위한 만용인가?

- 어떤 사람들을 보면 불쌍한 마음이 드는데, 이 마음이 얕은 동정심에서 나온 것인가, 아니면 하나님이 이 사람들을 맡기시려고 내 속에 소원을 주신 것인가? 어떤 대상을 보면 싫어지는데, 이것이 포기하라는 하나님의 사인인가, 아니면 극복해야 할 장애물인가?
- 가족이나 영적 지도자 혹은 성도들의 평가를 어떻게 받아들여야 할 것인가? 때로 그들의 평가가 공평하지 않은 것일 수도 있고, 극복해야 할 시험일 수도 있다. 능력이 부족해도 채우시는 하나님을 의지하고 나아가야 하는가, 아니면 '믿음의 분량'을 넘는 것이므로 그만두어야 하는가?
- 길이 잘 열리지 않는데, 하나님이 막으시는 것인가, 아니면 하나님은 인내로 극복하기를 기대하시는가? 길이 잘 열리는데, 이것이 하나님이 원하는 일이기 때문인가, 아니면 모든 사람이 쉽게 갈 수 있는 넓은 길이기 때문인가?
- 어떤 일을 결정하려 하면 마음이 평안해지는데, 이것이 하나님의 뜻을 따름으로써 하나님이 주시는 평안인가, 아니면 쉽고 편한 길을 따르려는 데서 오는 안도감인가?

개척 목회를 시작하기 전에 얼마 정도의 기간을 두고 기도하면 되는가? 정답은 응답을 받을 때까지다. 그 기간은 사람에 따라 다르다. 어렸을 적부터 특정한 대상을 생각하며 소명감을 느끼고 준비해온 사람은 단지 방법만 고민하면 된다. 그러나 아무 생각 없이 막연히 개척 사역을 생각하는 사람이라면 훨씬 더 많은 시간을 기도로 보내야 한다. 나는 신학대학원생들에게 매번 여름·겨울 방학 때마다 한 주간을 내어 기도원에 가서 이 문제에만 매달려 기도하라고 주문한다. 그리고 개척 교회를 시작하기 전 최소 2년 동안 대상과 방법을 찾아서 연구하고, 다른 사람의 사역을 방문하며, 기도하는 데 시간을 온전히 보내야 할 것이다. 그러나 너무 오래 기도만 해서는 안 될 것이다. 어느 정도 준비가 되면 용기 있게 시작하고, 다시 다음 단계를 위해 기도하는 것이 필요하다. 하나님께서는 한꺼번에 모든 것을 다 보여주고 일하지는 않으신다.

교회에서 다른 교회를 분립 개척하려 할 때도 마찬가지로 이 시대에 꼭 필요한 목회의 대상을 찾기 위해 온 성도가 함께 기도해야 한다. 하나님께서 일치의 영을 주셔서 한 방향으로 인도하실 것이다. 나는 직접 개척 목회를 해본 적이 없다. 다만 다른 사람이 한 것을 연구하고 묵상하고 읽은 것뿐이다. 하지만 늘 개척자의 심정으로 목회를 해왔고, 내가 시무하는 교회인 평균적인 중형 교회에서 개척을 한다면 어떻게 해야 하는지를 생각했다. 평택시의 남부전원교회에서 목회할 때는, 필리핀 산업 연수생을 위한 '디아스포라선교회'와 중국인을 위한 '원씬즈치아'를 시작했다. 또한 백석대학교회에서는 '청년공간 이음'이라는 선교 센터를 설립했다. 이 책의 제6장에서 '청년공간 이음' 센터를 설립하는 과정을 이야기했다. 나는 내가 앞서 말한 개척의 과정을 그대로 밟으려고 노력했다. 아니면 거꾸로 '이음' 센터를 만드는 과정을 정리한 것이 앞서 말한 개척 이야기라고 할 수도 있다.

내가 이 책에서 교회 개척에 관한 모든 것을 다 쓴 것은 아니다. 교회 개척을 위해 어떻게 목회 철학을 수립하고, 어떻게 동역자를 구하며, 어떻게 자금을 모아야 하는지, 어디에 예배당을 마련해야 하며, 언제 개척 예배를 드려야 하는지…. 교회 개척도 목회의 한 분야다. 모든 분야가 다 그렇듯이 자기 생을 바쳐 길을 연 전문가들이 있고, 그들의 간증과 경험과 축적된 이론을 담아 출간된 책들이 시중에 많이 있다. 또한 개척을 시작해서 한 세대 안에 크게 성장한 교회(예컨대 미국 뉴욕의 리디머 처치)나 교회 개척을 중요하게 생각하는 각 교단들에서 개척 학교를 열어 자신들의 경험을 전수해주기도 한다. 개척을 진지하게 시작하는 사람은 반드시 상당한 시간과 노력을 들여 그들의 경험을 배워야 할 것이다.

신학생들 사이에서도 금수저가 있고 흙수저가 있다. 3대째 목회를 하는 가정에서 태어나 어렸을 적부터 성경을 배우고, 교회를 경험했으며, 일류 대학을 나왔고, 유학을 다녀왔으며, 아름다운 아내와의 사이에서 예쁜 딸 하나를 낳은 장래가 촉망되는 신학생이 있다. 반면에 고난 가운데 예수를 만나 신학교에 왔지만, 그의 주변에는 그를 인정하고 기도와 물질로 후원하는 사람이 하나도 없고, 사역의 경험도 없으며, 일류 대학도 일류 신학교(?)를 나온 것도 아니고, 그 신학교에서조차 알바하느라고 공부를 제대로 못한, 아직 결혼은커녕 연애도 못해본, 목회는커녕 살 길도 막막한 신학생도 많다.

흙수저 신학생에게, 개척의 길로 나서기를 권하고 싶다. 그것도 앞서 말한 것처럼 저소득층, 주일에 일해야 하는 사람, 산업 단지 기숙사의 블루칼라, 알바 노동자, 소수자들이 사는 현장에서 뒹굴 것을 권하고 싶다. 기성 교회는 잊어버려라. 그들만의 리그이기 때문에 끼워주지 않는다. 혹시 그 리그에 겨우 진입해 자리 하나를 얻는다 해도 평생을 열등의식에 시달리며 살 것이 뻔하다. 신학교에서 몸에 밴 중산층의 삶과 사고방식, 즉 고상한 신학적 담론과 점심 후의 테이크아웃 커피와 교수 연구실의 서향(書香)을 빨리 잊어버릴수록 좋다. 나를 떠낸 웅덩이가 어디인지, 내가 속해 살던 진토(塵土)가 어떤 곳이었는지를 기억하라. 나의 출신지와 출신 성분을 잊지 말고 거기서 더 가난하고 어려운 사람들, 목사를 물질적으로 지원하기 어려운 형제들을 돌보기 시작하라. "아골 골짝 빈들에도 복음 들고" 가겠다고 눈물로 부르던 노래대로 살라는 것이다.

불공평하다는 생각이 드는가? 억울한 마음이 드는가? 나는 하나님을 믿는다. 역사를 이끄시는 그분은 교만한 자와 권세 있는 자를 그 위(位)에서 내치시며, 비천한 자를 높이는 분이시다. 그분은 세상에서 가난한 자들을 택해 믿음에 부요하게 하는 분이시다. 하나님은 세상의 천한 자들과 멸시받는 자들과 없는 자들을 택해서 있는 자들을 부끄럽게 하신다. 어렵게 개척해 교회가 성장하면 큰 교회로 청빙된다는 의미인가? 전혀 아니다! 작은 교회에서 능력을 인정받으면 큰 교회로 스카우트되는 것은 교회가 타락했다는 징후다. 하나님이 목회자를 높이시는 방법은 세상적인 지위를 높여주는 게 아니다. 그리스도의 보내심에 순종해 세상 속으로 들어가는 것이 우리의 가장 큰 영광이다. 한 영혼을 얻은 기쁨이 세상의 영광을 압도하게 될 때 비로소 예수님의 십자가의 영광에 참여하는 것이다. 하나님은 이런 사람을 하나둘씩 모아 새로운 시대를 여신다.

금수저 신학생에게, 개척의 길로 나서기를 권하고 싶다. 능력 있는 목회자는 큰 교회에 청빙되고 능력 없는 목회자는 개척하는 우리 시대의 현상은 한 세대 전만 해도 없었던 새로운 현상이다. 젊은이들이 패기를 잃고 안정적인 직업만 택하는 현실이 교회 속으로도 기어들어 왔다. 지금은 초대형 교회를 이룬 한 세대 전의 목회자들이 덜 똑똑해서 개척을 했겠는가? 그대가 진실로 능력 있는 자라면 아버지가 세운 도장(道場)에서 목검으로 똑딱거릴 것이 아니라 무사들이 목숨을 내걸고 진검승부를 펼치는 강호(江戶)로 나오라!

유대의 멸망기에 금수저 한 사람이 있었으니 이름이 '바룩'이다. 귀족의 가문에서 태어났고, 글을 읽고 쓰는 사람이 많지 않았을 때, 글을 배워 서기관이 되었다. 청년 바룩, 궁중에서 일하며 안정된 가정을 이룰 영화를 누리는 삶이 그 앞에 놓여 있었다. 그러나 예레미야가 자신이 받은 계시를 필사하는 사람으로 그를 뽑으면서 그의 삶은 급변했다. 어쩌면 그는 선왕 때로부터 유명한 예언자였던 예레미야의 서기관이 되는 것이 입신양명의 길일 것이라고 잠깐 기대했는지 모른다. 그러나 그런 일이 일어나기에는 정세가 너무 급박하게 돌아가고 있었다. 예레미야가 비난을 받을 때 바룩도 비난을 받고, 예레미야가 피신할 때 그도 몸을 감추어야 했다. 바룩은 자신의 심경을 이렇게 토로한다.

화로다! 여호와께서 나의 고통에 슬픔을 더하셨으니 나는 나의 탄식으로 피곤하여 평안을 찾지 못하도다(렘 45:3).

예레미야는 하나님의 말씀을 받아 바룩에게 이렇게 권면한다.

네가 너를 위하여 큰 일을 찾느냐? 그것을 찾지 말라. 보라! 내가 모든 육체에 재난을 내리리라. 그러나 네가 가는 모든 곳에서는 내가 너에게 네 생명을 노략물 주듯 하리라. 여호와의 말씀이니라(렘 45:5상).

바룩이 입신양명하기는 틀렸다. 하나님의 백성들이 모두 고난 받는 때, 금수저나 흙수저나 고난당하는 것은 시간 문제다. 바룩은 예레미야의 예언과 같이 전시에 목숨만 건져 겨우 빠져나온 사람처럼 오래 살아남았다. 그리고 예레미야의 예언을 다음 세대에 전달해주어 새로운 시대를 예비하도록 한 사람이 되었다. 고통받는 시대에는 '큰 일'을 찾으면 안 된다.

나가는 글

일제 강점기 시인 윤동주의 유고 시집, 『하늘과 바람과 별과 시』[1]의 대표
시 중 하나인 「병원」(病院)이다.

> 살구나무 그늘로 얼굴을 가리고 병원 뒤뜰에 누워,
> 젊은 여자가 흰옷 아래로 하얀 다리를 내려놓고 일광욕을 한다.
> 한나절이 기울도록 가슴을 앓는다는 이 여자를 찾아오는 이, 나비 한 마
> 리도 없다.
> 슬프지도 않은 살구나무 가지에는 바람조차 없다.
>
> 나도 모를 아픔을 오래 참다 처음으로 이곳에 찾아왔다.
> 그러나 나의 늙은 의사는 젊은이의 병을 모른다.
> 나한테는 병이 없다고 한다.
> 이 지나친 시련, 이 지나친 피로, 나는 성내서는 안 된다.
>
> 여자는 자리에서 일어나 옷깃을 여미고 화단에서
> 금잔화 한 포기를 따 가슴에 꽂고 병실 안으로 사라진다.
> 나는 그 여자의 건강이, 아니 내 건강도 속히 회복되기를 바라며

---

1   윤동주, 『하늘과 바람과 별과 시』(서울: 더클래식, 2018).

그가 누웠던 그 자리에 누워본다.

이 시는 20대에 질병을 얻었던 젊은 윤동주 자신이 병원에서 겪었던 경험이면서 동시에 병원과 같은 암울한 시대를 살아가는 백성을 묘사한 것이다. 가슴을 앓는 수줍은 젊은 여인은 앞으로 많은 세월을 살아가야 할 미지의 나라고, 병이 없다고 판정한 늙은 의사는 파란 녹이 낄 정도로 오랜 세월을 살아왔던 어느 왕조다. 젊은 여자와 화자(윤동주)에게 병을 짊어지운 장본인이 이 늙은 의사일 수도 있다. 질병의 유무를 판정할 권한을 가진 그는 젊은이가 겪고 있는 시련과 피로에 대해 알지 못한다. 어쩌면 알면서 시치미를 떼는 것인지 모른다.

다음은 윤동주로부터 2천5백 년 전 먼 나라에 살았던 비운의 예언자 예레미야의 노래 중 일부다.

사람은 젊었을 때에 멍에를 메는 것이 좋으니,
혼자 앉아서 잠잠할 것은 주께서 그것을 그에게 메우셨음이라.
그대의 입을 땅의 티끌에 댈지어다. 혹시 소망이 있을지로다.
자기를 치는 자에게 뺨을 돌려대어 치욕으로 배불릴지어다(애 3:27-30).

예레미야도 5백 년 왕조가 무너진 직후에 이 시를 썼다. 윤동주처럼 예레미야도 잃어버린 자신의 나라를 젊은 사람으로 묘사했다. 윤동주의 젊은이가 앓는 '병'은 예레미야에게는 '멍에'다. 그 멍에는 정치권력과 종교권력이 야합해 오랜 세월 차곡차곡 쌓아온 크리스텐덤의 죄업(罪業)이다. 그 멍에를 지운 사람들은 자기들이 그 멍에를 꺾어주겠다고 호언장담하지만(렘 28:10), 아아 그럴수록 멍에는 더 무겁고 강해져 간다.

병에 시달리며 멍에를 짊어진 젊은이는 무슨 일을 할 수 있을까? 이상하게도 윤동주의 젊은이는 늙은 의사에 대해 분노하지 않으며, 예레미야의 젊은이는 그 멍에가 하나님이 지워주신 멍에라 믿으며 다른 사람에게 책임을 돌리지 않는다. 대신 저주받은 뱀처럼 땅의 티끌에 입을 처박으며 수치를 감내한다. 윤동주의 젊은이도 결심한다. "모가지를 드리우고 꽃처럼 피어나는 피를 어두워가는 하늘 밑에 조용히 흘리겠습니다"(「십자가」).[2] 이것이 바로 혹시(삼하 12:22; 16:12) 베푸실지 모를 하나님의 긍휼에 소망을 거는 사람들의 신앙이다. 윤동주의 젊은 여인은 생명력 강한 노란 들꽃 한 송이를 가슴에 품고 조용히 병실로 돌아가며, 젊은 화자는 긍휼과 연대의 표현으로 그 여자의 자리에 눕는다. 꺼져가는 심지를 밟지 않으시는 우리 주님의 성품을 아는 사람들의 행동이다.

윤동주와 예레미야는 동일하게 시의 주인공으로 젊은이를 등장시킨다. 일제에 유린당한 멸망한 조선의 백성들, 세속 사회 바빌로니아에서 두려움에 떨고 있는 작은 무리, 그 백성이 바로 새로운 세계를 열 젊은이임을 믿었기 때문이다. 나도 중병에 걸리고 무거운 멍에를 짊어진 우리의 교회를 젊은 교회라 부른다.

---

2 위의 책.

포스트크리스텐덤 시대의
한국 기독교

Copyright ⓒ 장동민 2019

1쇄 발행	2019년 5월 24일
4쇄 발행	2021년 12월 30일

지은이	장동민
펴낸이	김요한
펴낸곳	새물결플러스

편 집	왕희광 정인철 노재현 한바울 정혜인
	이형일 나유영 노동래 최호연
디자인	박인미 황진주 김은경
마케팅	박성민 이원혁
총 무	김명화 이성순
영 상	최정호 곽상원
아카데미	차상희

홈페이지	www.holywaveplus.com
이메일	hwpbooks@hwpbooks.com
출판등록	2008년 8월 21일 제2008-24호
주 소	(우) 04118 서울 마포구 마포대로19길 33
전 화	02) 2652-3161
팩 스	02) 2652-3191

ISBN 979-11-6129-110-9 03230

책값은 뒤표지에 있습니다.